沂水名片

◎ 千年古县

◎ 全国文明县城

◎ 国家园林县城

◎ 国家可持续发展实验区

◎ 国家农业产业化示范基地

◎ 全国旅游标准化示范县

◎ 全国休闲农业与乡村旅游示范县

◎ 全国法治县创建先进单位

◎ 全国科普示范县

沂水年鉴

YI SHUI NIAN JIAN

2018

中共沂水县委
沂水县人民政府 主办
沂水县地方史志办公室 编

方志出版社
Publishing House of Local Records

编辑说明

一、《沂水年鉴（2018）》（以下简称《年鉴》）的编纂以马克思列宁主义、毛泽东思想、邓小平理论、“三个代表”重要思想、科学发展观、习近平新时代中国特色社会主义思想为指导，坚持辩证唯物主义和历史唯物主义的立场、观点和方法，客观、翔实地记述了2017年全县政治、经济、文化、社会等方面的内容，集中展示全县经济社会发展的新进程、新成就、新经验。

二、《年鉴》是中共沂水县委、沂水县人民政府主办，沂水县地方史志办公室编纂的地方综合性年鉴，旨在全面、系统地介绍沂水县政治、经济、文化、社会诸方面的发展情况，力求反映沂水地方特色，为各级领导进行决策提供依据，为各行各业提供信息咨询，为地方史志储备资料。同时，也为社会各界了解沂水、研究沂水提供服务。

三、《年鉴》采用分类编辑法，设篇目、分目、条目三个层次，以篇目分类，分目横列，条目记事，条目为记述内容的基本单位。为便于读者阅读和检索，条目标题均采用黑体字加【 】表示。

四、《年鉴》入选人物，主要包括2017年任实职的县级班子领导成员、县级以上劳动模范和先进工作者等。

五、《年鉴》所用数据，首以统计局公布或认定的数字为准，统计局未计入的，以主管部门认定的数据为准。

六、《年鉴》大部分稿件和随文图片由各乡镇（街道）、县直各部门各单位提供，专人撰写，主要负责人审核，为示负责，文末署撰稿人姓名；卷首图片由县互联网信息办、县住建局、县旅发委提供；艺文中大部分照片由摄影家高兴友协助拍摄。县史志办撰写部分稿件并总纂全鉴。

七、《年鉴》自1999年首次公开出版发行以来，一直以内容记述年度为卷号。根据2017年12月实施的《地方综合年鉴编纂出版规定》中规定："年鉴卷号，以出版年份标识，标注在年鉴名称后"，故原2017卷年鉴以出版年度2018为卷号。

2017 年 12 月 18 日，中共山东省委常委、组织部部长杨东奇（左二）到沂水县调研基层党建工作

2017 年 9 月 16 日，中共临沂市委书记、市委党校校长王玉君（前排右一）到沂水县调研经济社会发展情况

2017年11月4日，中共临沂市委书记、市委党校校长王玉君（前排右一），市委副书记、市长张术平（前中）带领全市新旧动能转换现场交流会与会人员到沂水县现场观摩

2017 年 9 月 27 日，中共沂水县委书记、县委党校校长薛峰在龙家圈撤镇设街道揭牌仪式上致辞

2017 年 3 月 2 日，中共沂水县委副书记、县长陈永生（前右）代表沂水县与临沂市旅游发展委员会签订旅游发展战略合作协议

中国共产党沂水县第十四次代表大会

中共沂水县委书记薛峰在中国共产党沂水县第十四次代表大会上作报告

2017 年 1 月 18—19 日，中国共产党沂水县第十四次代表大会在县人民会堂召开，来自各条战线的 367 名代表及列席人员参加会议。

大会选举产生了中国共产党沂水县第十四届委员会委员、候补委员，中国共产党沂水县纪律检查委员会委员，出席临沂市第十三次党代会代表。会议表决通过了《中国共产党沂水县第十四次代表大会关于中共沂水县第十三届委员会工作报告的决议》和《中国共产党沂水县第十四次代表大会关于中共沂水县第十三届纪律检查委员会工作报告的决议》。

沂水县第十八届人民代表大会第一次会议

中共沂水县委副书记、县长陈永生在沂水县第十八届人民代表大会第一次会议上作政府工作报告

新当选的沂水县第十八届人大常委会主任王永浩讲话

2017年1月22—25日，沂水县第十八届人民代表大会第一次会议在县人民会堂召开。会议听取审议县人大常委会工作报告、县人民政府工作报告、县人民法院工作报告、县人民检察院工作报告，审议2016年国民经济和社会发展计划执行情况与2017年计划报告、2016年财政预算执行情况和2017年财政预算报告，并作出相应的决议。会议选举县人大常委会主任、副主任、委员；县人民政府县长、副县长；县人民法院院长；县人民检察院检察长；市十九届人大代表；县人民代表大会各专门委员会主任委员；举行向宪法宣誓仪式。

中国人民政治协商会议第十届沂水县委员会第一次会议

沂水县政协主席张道胜在中国人民政治协商会议第十届沂水县委员会第一次会议上作报告

2017 年 1 月 22—24 日，中国人民政治协商会议第十届沂水县委员会第一次会议在沂水县城举行。会议认真审议并通过了九届县政协常务委员会工作报告和提案工作情况的报告。会议根据《中国人民政治协商会议章程》的有关规定，选举产生了政协第十届沂水县委员会主席、副主席、秘书长和常务委员。

中共十九大专题

喜迎盛会

2017 年 9 月 21 日，全县“迎接十九大、忠诚保平安”誓师动员大会在县府广场举行

2017 年 10 月 17 日，沂水县举办“喜迎十九大·第一书记抓党建促脱贫攻坚”成果摄影展

收听收看

收听收看习近平同志在中国共产党第十九次全国代表大会上的报告沂水主会场

院东头镇院东头村村民杜纪涛一家收听收看大会直播

庆祝盛会

2017年10月20日，沂水县举办庆祝中共十九大“汉风沂韵”雪山艺墅杯隶书联展

2017年11月12日，县诗词学会在文峰诗社举办庆祝中共十九大诗词吟唱会

学习贯彻

2017年11月25日，县委中心组开展中共十九大精神专题学习

2017年12月11日，全县科级干部学习贯彻中共十九大精神专题集中轮训班正式开班

殡葬改革

2017年5月，沂水县实施了以“殡葬全免费”为主题、以公益性公墓建设为突破口的殡葬改革：对具有沂水户籍、在沂水去世的居民，殡葬过程中涉及的遗体运输费、火化费、骨灰盒费和公益性公墓使用费全部免除，由县财政承担，让群众不花一分钱就能办好“身后事”。沂水殡葬改革工作得到干部群众高度认可，群众的思想观念发生了改变，社会效果好，沂水县已形成了“厚养简葬”的浓厚社会氛围。

领导关怀 <<<

工作推进 <<<

2017年5月9日，沂水县召开公益性公墓建设现场推进会议

2017年6月13日，沂水县在人民广场举行“实施全民惠葬、推进移风易俗、倡树文明新风”万人签名活动

媒体聚焦 <<<

2017 年 6 月 29 日，人民日报社记者到沂水县采访殡葬改革工作

2017 年 7 月 1 日，新华社记者到沂水县采访殡葬改革工作

公墓建设 <<<

“125”工程

为贯彻落实中共沂水县第十四次代表大会和2017年县委工作会议精神，全县上下高举发展争先大旗，围绕“走在前列，争创强县”的目标，沂水县委、县政府坚持以重点带全局，首次提出大力实施“125”工程，对2017年全县的重点工作、民生实事、重点项目拉出单子、列出目标、明确责任。2017年，“125”工程共进行了3次动态调整充实，共包含10项重点工作、21件民生实事、86个重点产业项目。“125”工程的实施，实现了以重点突破带全局，全年实现生产总值400亿元、增长7.4%，全县经济综合实力继续位居全市9县之首。

工程启动

工程推进

重点工程

民生实事类工程——正阳路大桥

重点产业项目类工程——月澜湾

精准扶贫

2017 年，沂水县实现 2.8 万贫困人口脱贫，巩固提升已脱贫 3.9 万人，52 个重点贫困村“摘帽”，年度减贫任务超额完成。2017 年度，在临沂市对各县区历次精准扶贫考核中，沂水县均获得第一。

领导调研

2017 年 9 月 1—2 日，国务院参事、国务院扶贫开发领导小组专家咨询委员会副主任汤敏（前左二）带队到沂水县调研

2017 年 9 月 3 日，国务院扶贫办开发指导司副司长杨刚（右二）到沂水县开展资产收益扶贫调研

工作交流

2017 年 4 月 11 日，山东大学“驻马店市深化农村改革与精准扶贫培训班”到沂水县考察深化农村改革与精准扶贫工作

2017 年 12 月 7 日，西藏日喀则考察团到沂水县参观考察脱贫攻坚工作

扶贫在行动 <<<

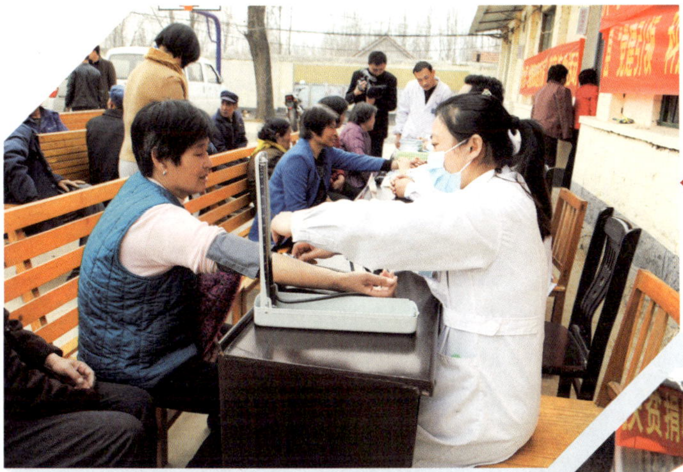

2017年3月23日，县科协组织开展“党建引领、科技助力”精准扶贫专家行活动

2017年8月7日，县工商联会员企业助力精准扶贫，捐助困难群众

扶贫项目 <<<

桑皮纸文化产业扶贫项目

龙家圈街道扶贫增收车间

城市建设

滨河风光

北城新貌

全景沂水 全域旅游

旅游新业态 >>>

2017 年 2 月 17 日，山东龙冈旅游股份有限公司在北京市金阳大厦举行挂牌上市的敲钟仪式，成功登陆全国中小企业股份转让系统（新三板）

蒙山龙雾茶博园

民宿：沂蒙老山街

泉庄天地合生态休闲庄园

四十里堡镇特色西瓜采摘

AAAA级景区 >>>

萤火虫水洞

天上王城

山东地下大峡谷

天谷·天然地下画廊

雪山彩虹谷

东方瑞海国际温泉度假村

沂水各地

沂城街道高端食品产业园

道托镇石门山旅游景区

高桥镇生态农业

马站镇响水河综合治理工程

杨庄镇驻地全景

富官庄镇重点招商引资项目

圈里乡光伏项目发电

沙沟镇大王山优质果品示范基地

诸葛镇新貌

龙家圈街道花彩小镇

黄山铺镇黄山广场

崔家峪镇清源河湿地

夏蔚镇樱桃基地

高庄镇杏峪村远景

泉庄镇石棚村俯瞰

院东头镇红嫂纪念馆

许家湖镇万亩榛子园

四十里堡镇夜景

Contents

目 录

党务·政务

Party Affairs · Government Affairs

Contents

目　录

Contents

法治·军事

Rule by Law Military Affairs

目 录

Contents

目　录

Contents

目 录

Contents

目录

财政·税务
Government Finance · Taxation

金融·保险
Finance · Insurance

Contents

目 录

科学·技术

Science · Technology

教育·体育

Education · Sports

Contents

文化·卫生

Culture · Health

目　录

社会事业

Social Undertakings

Contents

目 录

Contents

目　录

人　物

People

附　录

Appendix

Contents

索 引

Index

特　　载

中共沂水县委书记薛峰在县委工作会议上的讲话

（2017 年 12 月 30 日）

这次县委工作会议，主要是总结 2017 年工作，安排部署 2018 年工作任务和措施。刚才，我们对 2017 年度全县重点工作先进单位和先进个人进行了隆重表彰，对落后单位进行了公开惩戒。在此，我代表县委、县政府，向受到表彰的先进集体、先进个人表示热烈的祝贺！向一年来奋战在各条战线上的广大干部群众表示崇高的敬意！向广大外来投资者和外来工作人员表示亲切的慰问！向为全县改革发展稳定打下坚实基础、一贯支持县委县政府工作、关心全县经济社会发展的各位老领导、老干部、老同志表示衷心的感谢！

以上，6 条工作线的牵头县领导作了发言，1 个乡镇、1 个部门、1 家企业作了典型发言，1 个乡镇作了表态发言。通过发言来看，大家的精神状态都很足，劲头很大，充满了大干快上、争先进位的决心和气魄。6 条工作线的工作谱气，有思路、有实策，有激情、有担当，很振奋士气、鼓舞人心，要进一步运用好分线作战、联合攻坚的工作机制，把各条线的重点工作实施好推进好，为全县跨越发展打下坚实基础。3 个单位的典型发言，向大家展示了一年来他们能够取得先进名次的一些好经验、好做法，刚才我们对先进集体、先进个人进行了表彰奖励，根据年初制定的考核方案设置了若干奖项，分九组进行了颁奖，这九组里面有四类奖励是含金量比较高的，第一个奖项是乡镇科学发展综合考核，今年一共为 9 个乡镇授奖，分一、二、三等奖，正好是全县乡镇的一半，这 9 个乡镇在各项工作考核中成绩优异、名列前茅，也是我们其他乡镇学习的榜样，考核结果经过了县委常委会、四大班子联席会的审议，个别乡镇的负责同志知道结果后，给我发了短信，表示压力很大，同时也表示下一步要知难而进、知耻而后勇，这个态度很可贵。第二个奖项是县直部门服务经济社会发展先进单位，一共是 32 个部门，这些部门为全县经济社会发展的服务态度优、服务效率高、服务效果好，得到了乡镇、其他部门、企业和群众的高度认可，这些部门也是我们其他县直部门学习的榜样。第三个奖项是贡献沂水功勋企业，一共是 18 家企业，这 18 家企业在 2017 年为全县经济社会发展做出了突出贡献，无论是在企业经营、安置劳动力、财税贡献上，还是参与公益事业上，都做出了很多贡献，他们是全县所有企业学习的榜样，在会议期间，有的企业负责人给我发短信，对没有进入先进行列表示歉意，并决心明年一定要争先进位，这个态度也非常可贵。第四个奖项是我们今年对 69 名同志记三等功，这 69 名同志在今年工作中成绩优异、贡献突出，在记功的时候我们进行了反复研究，主要集中在以下几项工作：第一块是给在“125”工程实施中做出突出贡献的同志进行记功，十项重点工作前三名，每项工作给 2 名同志记功，21 件民生实事前五名，每件实事给 1 名同志记功，50 个产业重点项目前十名，每个项目给 1 名同志记功；第二块是给在全市三次观摩中做出突出贡献的同志进行记功，全市新旧动能转换现场交流观摩，也是含金量最重的观摩，我们是全市第二名，给 7 名同志记功，全市基层党建年度观摩，我们是全市第一名，给 4 名同志记功，全市优质农产品基地品牌建设现场观摩，我们是全市第二名，给4名同志记功；第三块是给在十九大安保维稳、脱贫攻坚、殡葬改革、环保督察等重点攻坚任务中做出突出贡献的同志进行记功。今年记功，我们每位受记功人员发了一个纯银的银牌，都是带着编号、进行备案的，也都是不可复制的，希望大家向他们学习。刚才三个单位的典型发言，都有一些很好的经验、很好的做法，其中最根本的一条，就是实干，就是干字当头，他们的成绩是有目共睹的，他们的成绩是干出来的，不是想出来的，不是玩出来的，更不是吹出来的。刚才发奖的时候，有的乡镇领奖的同志都忙不过来了，书记也授奖、镇长也授奖，几乎囊括了所有的奖项，有的乡镇则奖项屈指可数，个别乡镇是两手空空，这个时候可能有的同志就眼红了，但“眼红不如脸红，心动不如手动”，“临渊羡鱼，不如退而结网”，习近平总书记在十九大上说了一句话，“中华民族伟大复兴，绝不是轻轻松松、敲锣打鼓就能实现的”，我们也是一样，奖牌也好、银牌也好，绝不是你轻轻松松、敲锣打鼓就能获得的，关键还是要看实干。希望全县各级学习借鉴先进单位、先进个人的良好精神风貌、工作激情和推动工作的实招妙招，努力干事创业、争创一流，同时也希望这次受到表彰的单位，不要骄傲自满，不能躺在功劳簿上睡大觉，要保持危机感和紧迫感，以走在前列的标准和要求谋划推进工作，为全县发展贡献更大力量。落后的单位也要知难而进、迎难而上，努力改变被动落后的局面。同时，先进和后进是相对的、暂时的，这一点是辩证的，希望先进的继续保持，后进的要加倍努力，尽快赶上来，争取明年工作有崭新的变化、名次有明显的提升。下面，根据县委研究的意见，我讲四个方面的问题。

一、充分肯定2017年取得的工作成绩

2017年，是新一届党委政府执政的第一年，也是很不平凡的一年。这一年，可以说大事多、难事多，但是经过全县广大干部群众的共同努力，我们取得了良好的成绩。

（一）以清晰的思路引领发展，实现了四个提升。按照“一二三四五”的工作思路，以“125”工程为总抓手，明确方向精准发力，取得了显著成效。一是经济综合实力进一步提升。初步统计，全年实现地区生产总值400亿元；地方财政收入20.1亿元；规模以上固定资产投资360亿元；社会消费品零售总额200亿元；城乡人均可支配收入24010元。新获得全国首批国土资源节约集约“四个创新”示范点、国家畜牧业绿色发展示范县、全国平安渔业示范县、全国体育工作先进县、全国新型城镇化质量百强县市、全国投资潜力百强县市等多项“国字号”“省字号”荣誉。二是产业发展质量进一步提升。深入推进新旧动能转换，优化产业结构，三次产业比重调整为9:44:47。坚持走规模化经营、标准化生产之路，积极发展现代农业，农业综合效益进一步提升，农民增收渠道更加多元。全年建设提升现代农业产业园区18处，新培育家庭农场60个。一手抓招商项目引进，一手抓本土企业转型升级，双轮驱动促进工业经济提质增效，全年共引进招商项目53个，实际利用县外资金182亿元，杭萧钢构、罗欣药业、青岛斑科、晟锂环保、锋芒科技等一批新产业项目成功落地，为工业发展注入了新动能；扎实开展“百企百项百亿”活动，积极推动县内企业实施技术改造、科技创新、管理升级，促进旧动能焕发新生机，工业主导产业运行持续向好。实现规模以上工业产值1200亿元、利税90亿元。三是城乡建设面貌进一步提升。加快推进新型城镇化，撤县设市工作稳步推进，龙家圈成功撤镇设街道，省里已把我县纳入全省下批县改市重点县范围。实施了新一轮城市总体规划修编，顺利通过省政府审批。大力实施“以河为轴，两城同建”战略，东城品质进一步提升，河西滨河新城建设全面启动，重点工程建设进展顺利，正阳路沂河大桥建成通车。这座沂河大桥今年年初开工，12月下旬正式竣工通车，可以说是“一桥飞架东西，天堑变通途”，下一步我们计划还要修建沂蒙山路沂河大桥、月澜湾沂河大桥，通过几座桥的修建，来彻底解除东西城相融相通的瓶颈制约。深入实施“全景沂水、全域旅游”发展战略，加快打造全域大景区，促进旅游产业动能增强、势能放大，旅游接待人次和总收入继续保持省内县域领先和全市第一；“萤火虫水洞.地下大峡谷”创AAAAA工作已通过省旅发委初评。推进城乡一体化建设，成为全市首个通过省级农村无害化卫生厕所全覆盖认定验收的县，成功申报全国城乡交通运输一体化示范县首批创建县。实施城市管理执法体制改革，提升城乡精细化管理水平，顺利通过了全国文明县城复评验收。四是改革创新活力进一步提升。向改革要活力，承担实施了16项国家、省、市级改革试点，在全市各县区中最多。向开放要活力，积极实施走出去战略，完成外贸进出口总额82亿元，其中出口61亿元。向创新要活力，新增产学研合作企业291家，新培育省市级企业技术中心、工程研究中心11处，高新技术产业产值比重提高到24%。向园区要活力，牢牢把握全省县域科学发展园区经济试点县机遇，着力提高青岛保税港区沂水经济合作区的国际化开放水平，积极打造庐山化工园区、机械电子产业园、中轻跨境产业园、高端食品产业园等专业特色园区，沂水经济开发区综合评价列全省第29位，首次进入全省前三十强。

（二）以过硬的意志作风攻坚克难，锤炼和打造了四种精神。盘点今年的工作，我们也深深地感受到，一路走来很不容易，我们办成了一件又一件大事，攻克了一个又一个难关。一是发扬高点定位、奋勇争先的精神，三项观摩取得历史最好成绩。县领导靠前指挥，责任单位精心筹备，在全市优质农产品基地品牌建设现场观摩、全市新旧动能转换现场交流观摩、全市基层党建年度观摩中，分别取得了两个第二名、一个第一名的好成绩，创历史最好水平。二是发扬迎难而上、敢为人先的精神，殡葬改革创全国先河。以敢为天下先的勇气，在全国率先实施了“殡葬全免费”政策，为全省全国的殡葬改革趟出了一条新路。省委书记刘家义、市委书记王玉君、市长张术平等多位省市领导先后作出批示，中央电视台、新华社、《人民日报》《经济日报》《光明日报》《农民日报》《大众日报》等100多家主流媒体报道了沂水做法，全县群众非常认可。市里于8月1日推广了沂水经验，8月28日我县在全国殡葬工作座谈会上作了典型发言，下一步省委省政府将在我县召开现场会对沂水经验在全省予以推广。殡葬改革从建国以后就在推进，但看一下各地推行的情况，要么是不了了之，要么以失败而告终，殡葬改革非常难，很多地方在回避这个难题，今年我们沂水县迎难而上、知难而进，敢于做第一个吃螃蟹的人，走出了一条非常好的改革之路，集中体现了迎难而上、敢为人先的精神。三是发扬群策群力、众志成城的精神，打赢了十九大安保维稳攻坚战。把安保维稳作为硬任务，连续打赢了省党代会、省两会、全国两会、“一带一路”高峰论坛、十九大安保维稳攻一系列维稳硬仗。今年安保维稳最漂亮的一仗，就是十九大安保维稳攻坚战，我们成立十四个工作专班，有关县领导牵头指挥，各乡镇各部门分工把守，全力抓好基层矛盾化解、人员稳控、社会治安、安全生产等重点工作，整个十月份，我县实现了零失控、零进京、零上访、零非访、零登记、零通报、零问责“七零”成果，在全市是唯一的一个县，集中体现了群策群力、众志成城的精神。四是发扬和衷共济、敢于担当的精神，顺利迎接了中央环保督察和省委巡视。今年下半年，我们先后迎来了省委巡视、中央环保督察，在大家的共同努力下，这两项工作我们取得了非常好的效果，集中体现了和衷共济、敢于担当的精神。在大是大非面前、在关键时刻面前、在急难险重面前，也最能考验和检验干部是不是能够担当、是不是敢于担当。这四种精神是我们在工作中锤炼和打造的，在新的一年要继续发扬。

（三）以强烈的责任担当强基固本，夯实了四项基础。一是深入抓好党的建设，夯实执政基础。全面压实管党治党主体责任，抓实“基层组织建设提升年”活动，80%的村集体收入达到3万元以上，彻底消除了“空壳村”。深入推进“两学一做”学习教育常态化制度化，加强干部队伍教育管理。持续推进正风肃纪，共立查违纪案件196起213人，给予党政纪处分178人，实现了有效震慑。二是深入抓好民生工作，夯实社会和谐基础。全年民生支出占财政支出比重达82%。高考本科进线人数3015人，进线率48.5%；新增城镇就业10125人；改造棚户区1957户。“文化科技卫生”三下乡成效明显。深入抓好食药安全监管，确保了群众“舌尖上的安全”。三是深入抓好脱贫攻坚，夯实全面小康基础。把脱贫攻坚作为全面建成小康社会的底线任务，今年共实现2.9万名贫困人口脱贫、52个重点贫困村“摘帽”，今年以来全市每次月度考核和年中考核，我县都获得了第一名的好成绩；两次代表临沂市接受了省脱贫攻坚年度考核和专项督查，均取得优异成绩。四是深入抓好要素环境保障，夯实持续发展基础。提高金融服务实体经济能力，全年新增贷款23.4亿元，新增存贷比继续位居全市前列，新增新三板挂牌企业1家，总数达到3家，新增齐鲁股权交易中心挂牌企业3家，总数达到12家；发展提升现代物流和电商产业，新增运输车辆1045台、车辆吨位1.7万吨，电商交易额达到160亿元；对准企业所需，精准招才引智，共引进高层次人才970名、先进科技成果150项；多方争取，全面挖潜，全年供应土地4000多亩，保障了建设发展需要。强化工作推进机制，对“125”工程严格落实县级领导包扶、推进班子主抓、全程督导考核机制，实现了快推进、快落实。加强民主政治建设，巩固发展团结和谐的政治局面，特别是人大、政协充分发挥监督作用，对“125”工程、殡葬改革等重点工作进行视察监督，有力地推进了工作开展。

总之，过去的一年，在急难险重任务多重叠加、硬仗接二连三的情况下，全县各级各部门和广大干部积极应对挑战、抵御风险、克服阻力、排除万难，以自我加压、敢打敢拼的精气神，以超常的付出和加倍的努力，推动了经济社会又好又快发展，向上级、向全县群众也向我们自己，交出了一份比较满意的答卷。在此，我代表县委县政府，对所有关心支持沂水发展、投身沂水建设的同志们，再次表示衷心的感谢！

在充分肯定成绩的同时，也要清醒地看到，我们的工作中还存在一些问题和不足。一是发展规模上的不足。整个经济体量还比较小，特别是人均占有水平比较低，与全国百强县的指标差距比较大。二是发展质量上的不足。发展不平衡不充分的矛盾比较突出，城乡之间、乡镇之间发展不平衡，产业发展不充分，新旧动能转换步伐还不够快、成效不够明显。三是工作理念上的不足。部分领导干部“抓好党建是最大政绩”的理念树得不牢，党建工作抓得不够紧不够实；部分单位、企业新发展理念树得不牢，对推进发展转型升级的认识不够、办法不多；部分单位、企业“绿水青山就是金山银山”的理念树立得不牢，没有形成高度的环保自觉。四是工作作风上的不足。部分干部拼劲、韧劲不够，在招商引资、项目建设、“125”工程推进上行动迟缓，畏难发愁，实绩不明显，等等。对于这些问题，我们要认真研究措施加以解决，特别是对一些顽疾老问题，一定要真改真做真提升，决不能查摆问题年年老面孔、整改措施年年老一套，没有变化、没有实效。

二、深刻把握新时代新形势，明确2018年工作思路目标

2018年是贯彻党的十九大精神的开局之年。站在新的历史方位，党的十九大确立了习近平新时代中国特色社会主义思想的指导地位，勾画了强国复兴的总蓝图。新思想引领新实践，新时代呼唤新作为，与全省全市同步全面建成小康社会，是我们这届党委政府必须承担好的历史责任；坚持走在前列、加快争创强县，是当前和未来一个时期沂水发展的最大目标引领，也是百万沂水人民的热切期盼；发展转型升级的挑战和区域激烈竞争的态势，要求我们必须牢固树立逆水行舟、不进则退的危机感和紧迫感，全力开拓创新，加快发展步伐。2018年全县工作的总体要求是：全面贯彻党的十九大精神，以习近平新时代中国特色社会主义思想为指导，继续坚持“一二三四五”的工作思路，高举发展争先大旗，立足“走在前列、争创强县”目标，以“125”工程为总抓手，坚定不移贯彻新发展理念，坚定不移深化供给侧结构性改革，坚定不移落实以人民为中心的发展思想，坚定不移推进党的建设伟大工程，进一步加快新旧动能转换，进一步提高经济发展质量和效益，进一步增强群众的获得感和幸福感，进一步扩大沂水的知名度和影响力，努力争创全国百强县，加速推进撤县设市，建设富裕文明和谐美丽新沂水！主要工作目标初步确定为：地区生产总值增长7.5%，地方财政收入按可比口径增长5%，固定资产投资增长12%，社会消费品零售额增长10%，进出口总额增长6%，城乡居民人均可支配收入增长7.8%，城镇失业率控制在3.7%以内。

三、突出重点推进工作落实，奋力谱写改革发展新篇章

思路和目标确定以后，关键在于狠抓落实。2017年，我们实施“125”工程，取得了实实在在的成效。一年的实践证明，实施“125”工程，以重点突破带活全局，不仅是重要的工作引领，也是高效的工作方式。前期，根据各重点工作线和乡镇部门提报的工作计划，“两办”、绩考办、发改局等部门梳理确定了2018年度“125”工程的盘子，还是10项重点工作，20件民生实事，50个重点产业项目，但里面的内容有了新变化。这些重点工作、重点工程项目，是全县各领域工作的牛鼻子，要抓紧抓实，打造精品、形成亮点，引领带动全县发展取得更大的实效。

（一）以新旧动能转换为统领，推进工业强势崛起。工业是强县的主力军，当前在安全生产、

节能降耗、环境保护等标准要求越来越严的情况下，必须加快转型升级。要围绕现代化工业体系的打造，抓好“四个培植”，即培植主导产业、培植大企业、培植利税大户、培植大企业家，进一步提高全县工业经济的运行质量和财税贡献，为加快争创全国百强县提供强力支撑。2018年，全县规模以上工业企业总产值要增长10%以上、利税增长12%以上。一是招大引强选优，培植新动能，助力“弯道超车”。要围绕传统产业提升和新兴产业培育，深入开展建链、补链、强链招商，大力引进技术领先项目，引领和激活现有产业发展提升；大力引进新兴产业项目，打造新的产业集群，培育新的发展生力军。要抓住疏解北京非首都功能、京津冀协同发展、长江经济带建设等机遇，围绕装备制造及电子信息、食品与生物医药、新能源新材料、精细化工、康养文旅产业有重点地招引，瞄准世界500强、国内500强、行业百强有目标地对接，全年确保利用县外资金190亿元以上。二是推动产业升级，改造旧动能，加速“变道换向”。统筹利用各类政策资金和激励措施，抓好食品、机械电子、能源化工、矿产加工等传统主导产业的改造升级，食品产业抓区域品牌塑造，提高产品附加值；机械电子产业抓装备水平提升，年内装备数控化率提高20%以上，提高产业竞争力；能源化工产业抓安全生产转型升级，将现有化工企业压缩到40家左右，提高产业环保度；矿产加工产业抓整合提升，提升产业聚集度。用好环保、安全生产、节能减排“三个工具”，加快淘汰落后产能、过剩产能，清理“僵尸企业”，盘活闲置资源，万元GDP能耗降低3%以上。三是促进企业提升，培植先进企业，加快“二次创业”。深入实施重点企业县领导包扶和县直部门干部联系服务机制，引导激励企业加快新技术、新产品、新工艺的研发应用，促进产品供给水平跃升，提高市场竞争力和持续盈利能力。继续实施“百企百项百亿”活动，策划实施好一批重大技改项目。持续开展企业家培训考察活动，塑造和弘扬企业家精神。建立“人才＋技术＋项目”捆绑引进机制，积极对接引进创新创业领军人才、掌握核心技术的高端人才，加快产学研合作，年内力争申报市级以上科技项目30项以上，完成技改投入增长10%以上，培植销售收入过10亿元企业10家以上、纳税过千万元企业25家以上。四是打造园区平台，强化载体功能，实现“聚集发展”。把园区作为新旧动能转换的先行区和主战场，进一步提高经济开发区、青岛保税港区沂水经济合作区和各专业特色园区的配套水平、管理水平，打造“投资无费区”；在每个园区加强主导产业链的打造和上下游企业的链接，形成产业集群、企业集聚、要素集约、服务集中的高效发展格局。经济开发区要努力争先进位，确保在全省综合评价中再前进3个位次。

（二）以融合发展为方向，加快实施乡村振兴战略。要坚持农业农村优先发展，促进农村一二三产业融合发展，加快推进农业农村现代化。要以国家现代农业示范区建设为总抓手，进一步构建现代农业产业体系、生产体系、经营体系，培养打造一支懂农业、爱农村、爱农民的“三农”工作队伍，推动农业大县向农业强县转变。一是推进产业特色化。每个乡镇街道的特色产业要有鲜明的定位，围绕特色种植业、养殖业的培植，稳妥推进土地规模化流转，形成品类丰富、集中连片的发展格局。要围绕特色产业优势，开发功能产品、特定人群消费产品、精深加工产品等，延长农产品加工链条，提高农产品附加值。二是推进基地规模化。充分享受“第二轮土地承包到期后再延长三十年”政策红利，引导农业龙头企业、农民合作社、家庭农场、职业农民等经营主体，通过承包、租赁、股份合作等多种形式进行规模化经营，大力发展设施农业、创意农业、现代园区农业，年内重点建设提升县级现代农业园区10处以上。三是推进产品品牌化。加快优质农产品基地品牌建设，积极开展“三品一标”认证，打造品牌农产品放心产地。深入开展农产品安全专项整治，主要农畜产品质量安全监测合格率稳定在98%以上。办好桃花节、杏花节、樱桃节、捕鱼节等特色农产品节庆活动，积极参与农产品展览展销会，扩大区域化品牌化市场效应。今年我们优质农产品基地品牌建设现场观摩取得了全市第二名的成绩，这开了一个好头，沂水是一个农业大县，农产品品种多、产量大、质量好，但是品牌是我们的薄弱环节。我们的林果，像苹果、桃子、大樱桃、生姜、韭菜等种植面积都很大，质量都很好，但是没有形成在全国全省叫得响的品牌。今年在听取农业线明年工作计划汇报的时候，我提出来，明年我县一定要在农业品牌上实现新突破，打造几个在全国全省叫得响的品牌。我在兰陵工作过，苍山大蒜这个品牌价值将近五十个亿，在全国排在第七位，还有苍山牛蒡、苍山红辣椒，也都形成了品牌。我们沂水有沙沟韭菜、夏蔚大樱桃、院东头生姜等这样一些优势产品，能不能打造出几个知名的品牌来，在这方面，我们要付出积极的努力，争取明年有所突破。我到沂水工作后，提出能不能打造"沂水十品"，沂水是一个旅游大县，也是一个农业大县，农产品资源丰富，要将两者紧密结合起来。我们都知道"云南十八怪"，去云南旅游都想了解指的是哪"十八怪"，我们沂水能不能打造"沂水十品"，让游客来到沂水旅游，感觉这"十品"不买等于没来沂水，觉得很遗憾。本开部长要牵好头，组织宣传部、工商局、食药局、商务局等部门进行策划，通过网上公开征集、投票等形式，在沂水的优质产品中评选出十类产品，比如青援的饼干、鼎福的到口酥、夏蔚的大樱桃、沙沟的韭菜、院东头的生姜、马站的百合、金龙山的桃、夏蔚的全蝎、沂水的布鞋等等都可以，评选出"沂水十品"后，集中打造、集中包装、集中对外宣传，让外地游客来沂水后就想买这"沂水十品"。品牌很重要，过去人们是追求吃饱，现在是吃好，并且要吃得放心、吃得安心，比如蔬菜里面药残最多的就是韭菜和菜花，韭菜味道很鲜美，人们都想吃，但现在都不敢吃，沙沟、富官庄等乡镇的韭菜种植面积比较大，我们能不能打造出一种吃了让人放心的韭菜，打出无公害、健康的品牌来，这样既能提高销量，也能提高产品价格。像平度马家沟的芹菜，是山东省著名地方特产，别的产地的芹菜一两块钱一斤，马家沟的芹菜十几块钱一斤，质量和口感绝对不一样。我们要加快"沂水十品"的评选宣传工作，当然首先要把好安全关，通过"沂水十品"的评选宣传推介，提高产品附加值，延长旅游产业链条。四是推进发展融合化。全面完成农村集体产权制度改革，激活农村各类生产要素潜能，让经营活起来、资源用起来。加快农业接二连三，与旅游、文化、物流、电商等深度融合，发展农业"新六产"，拓展农业价值链。积极引导工商资本进入农业领域，以泉庄镇尹家峪田园综合体为引领，着力打造一批跨界融合、功能叠加的现代农业综合体，用新理念、新业态、新模式激活农村发展，促进农民增收。工商资本进入农业领域，这也是大趋势，特别是"第二轮土地承包到期后再延长三十年"的政策，为土地确权以及土地规模经营打下了良好的基础，下一步肯定会有一大批工商资本注入农业领域。我们今年全市优质农产品基地品牌建设现场观摩看的几个项目，也是工商资本注入，有县内的企业家投资，也有县外的企业家投资，解决了一家一户想办办不成、办不了的事，带领群众发家致富，引领农业的发展，这是一个很好的趋势，下步要进一步加强。

（三）以中等城市培育为目标，大力提升城乡建设品质。深入开展全省新型城镇化试点、中等城市培育试点工作，坚持打造沂蒙北部中心城市的定位，进一步彰显"山区水城""森林绿城""光影沂水""休闲沂水"特色，加快推进撤县设市。年内重点实施6大类、66项城建重点工程，常住人口新型城镇化率达到54%。一是"两城同建"要大干快干。今年年初我们提出"以河为轴、两城同建"的思路，这一年来我们做了大量前期基础性的工作，明年我们要设立城建工作专线，"两城同建"要成立东城和西城两个指挥部，每个指挥部至少要有3~4名县级领导，这几名县级干部也不再联系其他项目了，集中精力抓好城建工作，东西城比着干，特别是西城要有大动作。"两城同建"，重在西城、难在西城、急在西城、靓在西城，正阳路大桥也修好了，下步还有几座桥要修，西城到了大发展、大开发的时候了，明年要有实实在在的行动，不能光停留在概念上、规划上；东城要大力开展改造提升，提升品质、彰显内涵。明年城建工作要重点打造几个亮点，第一个亮点是西城，这是个大亮点，要加快旧城拆迁步伐，龙家圈已经改成街道了，要强化城市管理的理念，加强管控。我前期到了龙家圈一个村，虽然这个村在龙家圈街道驻地，但都是平房，这说明我们原来违章建筑管控得不错，也为我们下步的西城开发打下了好的基础，拆迁成本不算高。我老家在城中村，现在房屋至少是两层的，一般都是三四层的，拆迁成本太高了。我们在龙家圈规划了15平方公里，下步要管控好违章建筑，加快拆迁和土地流转步伐，明年形成十几处甚至几十处热火朝天的建设工地。明年全市新旧动能转换现场观摩我们要看西城的拆迁现场、建设现场。第二个亮点是沂河山庄片区，这个地方有一千多亩地，目前只剩了一些尾子，学校开始建了，路也开始修了，下步也要加大拆迁力度。这个片区建起来以后，一下高速进入眼帘的就是一座现代化新城，是东城最耀眼的地方。第三个亮点是我们的沂河线，最南部有沂河度假小镇，这是临沂城开集团和深圳华侨城共同投资建设的项目，前段时间已经签了约，这个度假小镇建成以后非常漂亮；顺河而上有沂蒙山路沂河大桥、正阳路沂河大桥、月澜湾沂河大桥，还有花彩小镇、水杉林、“一馆三中心”、龙岗大酒店，在这里打造一个不低于AAAA级的三桥风景区，形成“三河交汇、三桥飞架、三岛辉映”的良好格局，当然明年不一定能打造出来，但是明年很多工作都要开展了。沂河顺河而上这条线，下步将是一条靓丽的风景线，这就解决了我们县城没有什么可看、全县旅游留不住人的问题，让游客看完地下大峡谷、天上王城、地下画廊等景区后，再到县城来看三桥风景区、沂河度假小镇，吃住行游购娱一条龙，形成沂水一日游、两日游甚至三日游。除了这三个亮点外，当然还有其他的城建亮点，比如棚户区改造、老城改造，今年我们改造了中心街，市民非常高兴，下步要针对群众关心关切的老旧区域进行改造，我们不可能一下子都改完，但是要逐步地改。二是城市经营要大做文章。城市的发展，一靠建设，二靠经营，建设出亮点，经营出效益。我们的县城沿路风光很漂亮，但纵深30米，丑陋点、薄弱点就一览无余，有很多的城中村和老旧小区，环境脏乱差。我们要抓住国家棚户区改造政策的机遇，加快旧城改造和旧村改造步伐，最大限度让利于民、让利于村，不要与民争利、与村集体争利，我们也不缺这点钱，这个钱给老百姓和村是应该的，在这一点上，大家一定要解放思想。我曾经提出，下一步我县搞旧村改造，所有老百姓的安置房要和商业开发的房子一个档次、一个标准，绝对不能有所差异。外地很多安置房和商业开发的房子质量档次差别很大，可能再过几年以后，安置的房子又成了棚户区，又得拆、又得改。下一步我县搞旧村改造，在安置房建设上不要偷工减料，质量标准要和商业开发的房子一样，让老百姓说好。旧村改造大有可为、大有作为，无论是东城、西城都是这样，要加快推进。要积极放开市场，吸引外地企业进入沂水城市开发领域，形成竞争，实现更好收益。要积极研究探索城市建设多元化融资机制，特别是抓好PPP项目、农发行政策性贷款的争取工作，缓解财政投入压力。三是城乡统筹要见实见效。突出地域特色和文化内涵，从“特”上做文章，从“美”上下功夫，搞好小城镇总体风貌设计和建筑改造提升，推进特色小镇和美丽乡村建设。以创建全国城乡交通一体化示范县为主线，实施国道克黄线G233沂水绕城段工程，让干道交通网更顺畅，在今年“125工程”民生实事考核评比中，克黄线工程排名倒数第一，是进展最慢的，但2018年，这可能是实施最快的工程，前几天，在“125工程”考核评比完成后，我们召开了一个重点工作点评总结会议，项目负责同志在会上作了发言，表示2018年克黄线工程要全线建成通车；实施县乡道大修改造工程，让民生交通更便利；实施农村公路安全生命防护工程，让群众出行更安全；改造提升客货运换乘中心、公交站场、停靠站点、公交线路，让城乡交通更便捷。加快推进供水、污水、燃气等设施向镇村延伸，深入实施农村新型社区配套建设，继续抓好农村危房改造、村内道路硬化户户通、农村无害化厕所改造工作，让群众生活得更安心、更暖心、更舒心。四是城市管理要为民亲民。坚持“为人民管好城市”的理念，依托新组建的城市管理局，推动城市管理法制化、规范化、现代化，建设智慧城市，营造更加井然的城乡秩序。城市管理是一门大学问，群众也有一个逐步认识、接受到配合、支持的过程，前段时间交通部门出台了机动车礼让行人的新规，开始很多人也不理解，但慢慢就理解了，看到行人站到人行道边时，车就立刻停下来了。相对驾驶员来说，行人是弱者，这样做也体现了社会文明。我们的城市管理有时候可能会严厉一些，对一个人带来了麻烦，但却为更多的人带来了便利，不能站在个人的角度上去报怨城市管理给自己带来了麻烦，要想到还有更多人需要这种便利。

（四）以文旅融合发展为方向，打造文化旅游强县。一是要聚焦“三张品牌”，打造文化名城，争创文化强县。沂水文化历史悠久、底蕴浓厚。要围绕沂水群众最引为自豪的三张文化品牌，即以齐长城、春秋古墓、非遗文化等为代表的千年古县文化品牌，以沂河文化、岱崮文化、乡村文化等为代表的山水田园文化品牌，以第一位红嫂祖秀莲、中共山东分局旧址、沂蒙山根据地为代表的红色文化品牌，深入挖掘整理，彰显文化内涵。这三张文化品牌，是我在听取文化旅游线工作汇报时提出来的，对于这三张品牌，我们一定要做实、擦亮。现在社会上一提红嫂就想到了沂南，沂南有红嫂纪念馆，有明德英、王换于；一提岱崮地貌，就想到了蒙阴；一提到省政府，就想到了莒南。实际上，沂水县的红色文化遗址和人物的历史时期比这些县都要早得多，红嫂祖秀莲是抗日战争时期的红嫂，是历史上有记载的第一位红嫂。“蒙山高，沂水长，我为亲人熬鸡汤”，这首歌家喻户晓。最近上映了冯小刚导演的一部电影《芳华》，影片中先后四次演奏了《沂蒙颂》，就是歌颂的红嫂祖秀莲的事迹，她是抗日战争时期的红嫂，现在宣传的沂蒙六姐妹、明德英、王换于都是解放战争时期的红嫂，比祖秀莲晚了很多年。所以我们要大张旗鼓地宣传，第一位红嫂在沂水，谁也争不去，《沂蒙颂》的主角就是祖秀莲，就是沂水人；沂蒙 72 崮，36 崮在沂水，并且面积最大的崮是纪王崮。我在兰陵工作时，听说抱头崮最大，崮上面积 100 多亩地，实际上我们的纪王崮崮上面积有 600 多亩地。所以在岱崮地貌中，第一崮在沂水，崮的数量也是沂水最多。还有革命旧址，莒南县的山东省政府旧址是在 1945 年抗日战争胜利前夕设立的，而沂水县的中共中央山东分局旧址是在 1938 年设立的；我们还有《大众日报》创刊地、沂蒙山根据地，沂水还是沂蒙山区的腹地，对这些如果不宣传，没有人知道，我们自己不宣传，别人就会先入为主拿走了。所以，我们要大力宣传、弘扬沂水的红色文化，并且要名正言顺、理直气壮地宣传，这就是我们沂水的资源。要保护修复好齐长城、纪王崮春秋古墓等文化遗址，争创国家级重点文物保护单位；鼓励扶持高桥手绣、龙家圈桑皮纸、杨庄小棉袄、马站裘皮画等争创国家级非遗文化遗产；以沂蒙山根据地、红嫂纪念馆、跋山水库纪念馆等革命旧址为载体，全力打造党性教育基地，让沂水的丰富文化有讲头、有听头、有传头。大力开展“建美丽城市、做文明市民”行动，深入实施文化惠民工程，深化巩固全国文明县城创建成果。二是要加快“三区同创”，打造全域旅游第一县。沂水是全域旅游发祥地，要坚持“全景沂水，全域旅游”战略，高点规划景区提升及精品旅游专线打造工作，大力发展乡村旅游，让沂水“无处不风景”。要加快争创国家旅游示范区、省级旅游度假区、AAAAA 级景区“三区同创”，实现高端品牌引领，让沂水旅游名片更新更亮，叫响“全省全域旅游第一县、全市域内创建 AAAAA 级景区第一县、沂蒙山水田园游第一县”品牌。今年萤火虫水洞·地下大峡谷景区在争创 AAAAA 级景区上有了很大进展，但在“125”工程 10 项重点工作考核评比中排名倒数第一，就是因为这块牌子没能扛来。2018 年很关键，要加快工作，争取将这块牌子扛回来。AAAAA 级景区和 AAAA 级景区有天壤之别，目前全省只有 11 家 AAAAA 级景区，AAAA 级却是 214 家，含金量绝对不一样。青州古城原来并没有多少名气，去年争创 AAAAA 级景区后，旅游非常火爆。临沂市域内目前还没有 AAAAA 级景区，沂蒙山 AAAAA 级景区是和潍坊市共同创建的，如果我们的萤火虫水洞·地下大峡谷景区能创成 AAAAA 级景区，就是全市市域内第一家。三是要推进“三个融合”，加快文旅融合发展。要推进理念融合，树立“文旅联姻”理念，以文化提升旅游内涵，以旅游彰显文化品牌，实现共进互促。要推进业态融合，深入整合文化旅游资源，大力发展特色文化游。要推进链条融合，精心打造文化旅游产品，开展“沂水十品”的组织评比工作，形成“吃住行游购娱”一体的文旅产业链条，把游客旅游时间的最长段、消费项目的最粗段、休闲旅游的最慢段留在沂水。这几个最长段、最粗段、最慢段，就是要拉长沂水旅游的产业链，让游客光看不行，还要吃，光吃不行，还要住，光住不行，还要买，走了以后还要宣传。另外，我县旅行社的发展也是一个短板，沂水旅游资源很丰富，现在很多自驾游、小团体游的游客到了沂水，怎么吃、怎么住、怎么玩，设计上很关键，这里面旅行社起很大作用，下步要加强对优秀旅行社的培育，同时宾馆的管理和服务提升也要跟上。

（五）以内涵外延拓展为路径，提升服务业发展水平。服务业与群众生活息息相关，与农业、工业发展息息相关，要积极发展提升住宿餐饮、文化娱乐、家政养老等生活性服务业，更好满足广大群众消费需要。生产性服务业重点抓好三个方面：一是着力提升现代物流业。物流业是一个既富民也富税的产业，我县有着丰富的工业、农业产品，物流量大，而目前现代物流业档次质量并不高，急需转型升级。要围绕打造区域专业物流节点城市目标，坚持“枢纽沂水、物流八方”发展战略，积极招引先进物流项目，培育扶持一批具有示范带动作用、品牌优势和核心竞争力的大物流企业，健全县乡村三级农村物流网络，提供更快捷、更高效、更方便的物流服务。我县有化工、矿山建材产业，都是大进大出的产业，食品、农副产品也很多，物流量是比较大的，应该说是一个物流大县，但目前我们叫得响的物流品牌并不多，缺少上规模、档次比较高的物流企业，这是我们一个短板，要着力加强对这类物流企业的培育。二是着力提升电子商务业。拓展线上销售渠道，推广我县特产名品，促进县内产品生产销售与电商网络的深度融合。要积极引进先进电商企业，加快建设电子商务集聚区，年内电子商务交易额突破210亿元，积极创建山东省第三批电子商务示范县。我县的电子商务业起步比较早，但现在到了一个瓶颈制约期，特别是县内几个电子商务园区，个别的也是名不副实，下步在质上要有一个大的提升，否则的话，就跟不上电子商务发展的步伐，可能也面临着淘汰出局的危险。三是着力提升金融服务功能。要进一步畅通银行融资主渠道作用，年内确保新增贷款40亿元以上，更好地为实体经济服务。要推动县内企业到国内A股市场、香港板块、新三板和区域性股权交易市场挂牌融资，提高直接融资比重。

（六）以人民对美好生活的向往为奋斗目标，全力保障和改善民生。一是积极释放改革红利。稳步实施好所承担的国家级农村集体产权制度改革试点、全国城市建设用地节约集约利用评价试点、省级中等城市试点等16项改革试点任务，扩大改革受益面，让群众享受到更多的改革红利。正在实施的国家级的改革试点要走在全国前列，省级的改革试点要走在全省前列，2018年承接的新的国家级、省级改革试点，要先行先试，改出亮点。二是加快发展民生事业。加大“全面改薄工作”力度，加快西城第四实验中学、第六实验小学和东城第三实验中学、第五实验小学工程建设，新建、改扩建幼儿园20处。加快医药卫生体制改革，积极创建国家级卫生县城；推动各类医联体建设，建立县乡医院专科联盟，基本实现“小病不出村、大病不出县”的就医目标。西城医院项目建设要抓紧时间推进，学校快要建成了，即将投入使用，医疗设施也要跟上。城市中一个地方的位置好不好、土地价格高不高，就是看学校、看医院，目前西城还缺少一个大医院，规划已设计好了，要抓紧时间建设实施。统筹做好县内企业用工和劳务输出工作，鼓励农村劳动力就地就近就业，全年确保新增城镇就业7000人以上；实施全民参保登记计划，社会保险综合覆盖率达到91%以上。大力实施食品安全战略，确保群众吃得健康、吃得放心，加快争创国家级食品安全先进县。三是全力推进脱贫攻坚。2018年是精准扶贫基本完成任务的一年，要加强对扶贫政策落实、扶贫资金使用、扶贫资产收益分配的监管，进一步建立完善扶贫产业项目长效运营管理机制，确保全年3500名贫困人口脱贫，巩固提升6.7万已脱贫人口，防止返贫、致贫问题，坚决打赢脱贫攻坚战，向党中央、国务院和上级党委政府交上一份满意的答卷。四是继续深化殡葬改革。进一步加强对公益性公墓的管理维护，严格落实党员干部带头推进殡葬改革的要求，充分发挥好红白理事会的作用，稳妥引导进公墓安葬。坚持“三为主、三不准、三严禁”，坚决堵住漏洞、刹住歪风，加快形成厚养简葬的新风尚，深入推进移风易俗。我县殡葬改革已经实施了7个多月的时间了，从7月1日全县110处公益性公墓建成以后，新逝人员实现了100%进公墓，这个势头很好，机关干部工作做得非常扎实、非常到位、非常稳妥，群众也非常理解、非常支持、非常拥护，亲人去世以后进公墓也成了群众一个自觉的行动。这几天《人民日报》《光明日报》《农民日报》又相继刊发了全县殡葬改革的经验，《焦点访谈》栏目也要到我县进行采访，省市调研组已调研完了，我们还要筹备省委省政府的殡葬改革现场会，下步工作中要把握好几点：第一是党员干部要带头，这次收听收看会议的都是党员干部，我们一定要带头。过去是我们干部推着群众、引导着群众，下一步可能就是群众推着我们、看着我们、监督着我们。很多时候，改革真正的阻力，很大程度上还在党员干部身上。有句老话是“站着说话不腰疼”，在引导群众进公墓上，干部说别人的时候可能理直气壮，但到自己摊上这个事的时候，可能就不这样想了，这是不行的。对这项工作，全市已经推广了，全省也要推广，对于全国我们也是趟出了一条很好的路子，现在我担心的不是群众，而是有的党员干部会成为改革阻力。希望全县各级干部在殡葬改革上，一定要站得直、坐得正，给群众作出表率，不要让群众指着我们的脊梁骨；要让群众做的，我们党员干部必须首先要做到。生老病死，人之常情，谁家也会摊上这样的事，如果我们摊上这种事的时候，一定要作出表率。前段时间，市里有位领导家是沂水的，他父亲去世了，给县里打了个电话，说支持县里的工作，要让家里老人进公墓，但要选一个位置，这句话传到了我的耳朵里面，我让有关领导回话，一是这是互相支持，二是群众能办到的，我们党员干部也要办到，三是必须进公墓，但不能挑、不能选，要按号来。后来这位同志就按顺序位置把老人安葬进了公墓。第二是殡葬改革已经开展7个多月了，取得这样的成绩很不容易，全县各级都付出了很大的心血和汗水，成果来之不易，大家要珍惜，一定把这项改革健康、稳妥、有序地推进下去。我们已经开了一个好头，取得了很好的成绩，这个时候一定要把握好。第三一定要实事求是，不能弄虚作假，如果发现弄虚作假的情况，一经查实，县委县政府将严惩不贷。上级要推广我们的经验做法，我们这个典型一定要过硬，我多次讲过，工作干不好是能力问题，弄虚作假是品质问题，我们能够放过没有能力的人，但绝对不能放过品质差的人。对此，我们有言在先，把丑话说在前面。这些年来，我国各地的殡葬改革，没有改成功的，有些改着改着就出事了，省外有个市就因为强制平坟出大事了，多个领导干部被处理。这7个多月来，我们一家一家地做工作，明知道这件事很难，把握不好就会出大事，但我们敢于迎难而上，毅然做了第一个吃螃蟹的人，付出这么多的汗水、这么多的心血，这个时候绝对不能出问题，在这方面谁要是出了问题，谁就是沂水的罪人。

（七）以维护社会和谐稳定为根本，坚决守住三条底线。一要坚守安全生产底线。强化对各级落实安全生产责任制的督查，督促各单位、各企业做到制度执行到位、设施配置到位、措施落实到位。持续不断地开展安全隐患排查，把发生安全事故的危险系数降到最低。对这个底线，在县委常委会、县政府常务会以及安全生产大会上我们都强调过，特别是当前要结合冬季的特点，抓好冬季的安全生产。冬季天干物燥，天气比较寒冷，极端天气比较多，又面临着元旦春节，大量人员回来过年，要集合这些特点，抓好今冬明春安全生产工作，特别是把握好道路交通、山林防火、校园安全、化工企业、消防等重点领域，不能出任何问题。二要坚守生态环保底线。今年的中央环保督察，指出了我们存在的一些问题，我们要汲取教训，扎实做好今后的生态环保工作。要牢固树立“绿水青山就是金山银山”的理念，适应今后环保督察常态化的形势，实行更加严格的环境保护问责制和奖惩制，全力打好蓝天、绿水、净土“保卫战”。进一步转变发展理念，严把招商引资生态环保标准，坚决不要“带血的GDP”“黑色的GDP”，推进生态发展，建设美丽沂水。三要坚守社会稳定底线。深入抓好基层矛盾纠纷排查化解工作，健全完善“雪亮工程”和基层网格，提高社会治理水平，建设平安沂水。总结十九大安保维稳工作经验，继续坚持好领导干部包案、定期接访、带案下访等行之有效的机制，确保全县大局稳定。

四、坚定不移全面从严治党，为各项工作开展提供坚实保证

中共十九大指出，“党政军民学、东西南北中”，党是领导一切的。全县各级要牢固树立“抓好党建是最大政绩”的理念，坚决贯彻新时代党的建设总要求，进一步坚持和加强党对各项工作的领导，总揽全局、协调各方推进经济社会发展。

一是全面从严治党，营造风清气正的政治生态。紧紧围绕学习宣传贯彻中共十九大精神这条主线，扎实推进理论武装工程。严格落实各级党委全面从严治党主体责任，积极推进“两学一做”学习教育常态化制度化，组织开展好“不忘初心、牢记使命”主题教育，严格党内政治生活，做好意识形态工作，提高政治站位，站稳政治立场。持续加强机关、城市街道、社区、“两新”组织党建工作，深入开展“打霸治痞”集中行动，确保圆满完成村“两委”换届选举，提升干部群众“结亲连心”工作，夯实基层党建基础。把纪律规矩挺在前面，组建县监察委员会，持之以恒正风肃纪，让政治生态更加清朗。当前我们已经开始了村“两委”换届，前天下午我们也召开了今冬明春全县打击黑恶痞霸违法犯罪集中行动动员大会，这次集中行动，很大程度上就是围绕这次村“两委”换届，重点打击干扰、破坏、阻挠选举的村霸，打击长期干扰村级政权运转的痞霸势力；要坚持露头就打，打早打小、打死打尽，坚决不能客气，特别是对一些重点领域、重点行业、重点事、重

点村、重点人，绝不姑息养奸。公检法三个部门要配合开展好，确保打出声势、打出效果。

二是坚持党管干部原则，培养高素质的干部队伍。持续加强对干部的教育管理培训，提升专业能力和综合素质，真正做到"想干事、会干事、干成事、不出事"，打造一支政治坚定、作风一流、担当奉献、廉洁奉公的干部队伍。继续深化重点工作、重点项目、重点企业包扶机制，让更多的干部冲到发展一线、项目前线去，在服务经济发展中接受锻炼、增长才干、展现风采。坚持一线考察选拔干部机制，"用实绩说话，用贡献衡量"，营造担当作为、干事创业的浓厚氛围。

三是坚持严督实考，全面提高工作执行效率。2018年我们确立了新一轮"125"工程，分八条重点工作线作战，刚才有6名同志已经作了表态，我和陈永生县长也各牵头一条线。要以此为载体，进一步深化分线作战、分工负责、线面结合、统筹推进的工作机制，大力实施重点工作，确保达到理想的预期效果。要进一步完善提升绩效督查、考核奖惩措施，传导压力、激发动力，弘扬劳模精神、工匠精神和钉钉子精神，扎实做好各项工作。工程项目有一个建设周期问题，要认真梳理筛选优秀项目，从现在开始就着手谋划明年的全市观摩，确保继续取得好成绩。加强工作调度通报，动员全县各级比学赶超打擂台、抢抓落实争一流，让2018年成为全县各项工作大干快上的一年、大放异彩的一年、发生巨变的一年。

今年召开这次会议，是对2017年工作的总结，也是对2018年工作的动员，大家不要以为元旦到了，可以休息休息了。一月份省、市、县人代会将相继召开，二月份过年，要是过完年吃完饺子再动手，就已经晚了。对所承担的工作任务，现在开完会就要动手，线的问题、指挥部的问题都要抓紧考虑，八条重点工作线的工作，我和陈永生县长两个月就要调度一次。春节以后过几天就到3月了，多数项目建设、企业新上项目、城建项目要在一年内完成就不太现实了，何况这里面还有很多不确定性，所以春节前能动手的要及早动手，争取主动。今天的会议既是总结会，更是动员会，2017年成绩如何，一张纸掀过去了，要及时研究2018年怎么办，加紧推进工作，做到早干、大干，干出成效。

沂水县人民政府县长陈永生
在沂水县第十八届人民代表大会第二次会议上的报告

（2018年1月16日）

2017年工作回顾

2017年是新一届政府的开局之年，是我们直面挑战、经受考验、发力奋进的一年。一年来，在市委、市政府和县委的坚强领导下，全县上下团结一心，按照"一二三四五"工作思路，高举发展争先大旗，以"走在前列、争创强县"为目标，以"125"工程为总抓手，攻坚克难，真抓实干，打赢了一场又一场硬仗，实现了一个又一个突破，辛勤的付出取得了沉甸甸的成果。预计实现地区生产总值400亿元、增长7.5%；一般公共预算收入20.1亿元，同口径下降4.7%，剔除减税降费、清理一次性欠税等因素，实际增长24%；规模以上固定资产投资360亿元、增长13%；外贸进出口总额82亿元、增长10.8%；社会消费品零售总额203亿元、增长10.5%；经济总量继续保持全市前列。

结构在调整中优化。三次产业比例调整为8.5 ∶ 43.5 ∶ 48。工业经济质效双增。主导产业培植取得新成效，食品、机械电子等产业加快向园区集聚、向高端迈进；新能源、新材料等产业链式发展、不断壮大；化工产业安全生产转型升级、矿产企业规范整治稳步推进。规模以上工业企业发展到373家，完成产值1112亿元、利税84亿元，分别增长13.4%和25%。骨干企业群体进一步壮大，培植销售收入过10亿元工业企业9家，其中过50亿元1家、过30亿元1家；纳税过千万元工业企业19家，其中过亿元2家。现代服务业发展势头强劲。新增、提升AA级以上景区7处、累计达到40处，继续保持全市第一和省内县域领先；萤火虫水洞·地下大峡谷景区AAAAA级创建通过国家旅游局资源评价和省旅发委初审；国家全域旅游示范区创建走出了“沂水实践”之路。现代物流服务体系不断完善，实现物流业税收2.4亿元。电商交易额达到160亿元，成功创建为省级电子商务示范县。现代农业融合发展迈上新台阶。工商资本进入现代农业取得显著成效，“接二连三”融合发展深度推进。完成土地规模化流转5.4万亩，规范和新建优质农产品基地18处，新发展合作社178个、家庭农场60个，新认证“三品一标”10个；马莲河农村产业融合示范园入围国家级示范园创建名单。

动能在转换中增强。招商引资成效显著。引进项目53个，实际利用县外资金182亿元，杭萧钢构、罗欣药业、青岛斑科、晟锂环保、长弓光电等一批发展前景好、科技含量高的产业项目落地实施，新动能加速形成。技术改造推进顺利。实施工业技改项目130个，完成投资120亿元，企业“二次创业”内生动力不断增强。新培育循环经济示范企业7家、清洁生产企业3家，万元GDP能耗降低3.77%，传统动能焕发新生机。创新活力持续增强。引进各类人才970名、先进科技成果225项，新增产学研合作企业291家，创建市级以上科技创新平台18家，新认定高新技术企业9家，高新技术产业产值占比提高到24%。

城乡在统筹中发展。新一轮城市总体规划获得省规委会通过，中等城市建设拉开序幕。顺利通过全国文明县城复评。两城同建亮点纷呈。组织实施6大类78项重点工程，完成投资46.6亿元。正阳路沂河大桥顺利通车，两城融合更为紧密；新建、改造中心街等道路14条，新铺设各类管网97.5公里，新增亮化22万平方米、绿化16万平方米，新增、改善供暖400万平方米，城市品质进一步提升。镇村面貌持续改善。完成建筑改貌10.3万平方米，启动农村新型社区建设项目5个；新建、改造县乡道路118公里，农村户户通硬化路363万平方米；在全市率先通过省级农村无害化卫生厕所全覆盖验收；美丽乡村覆盖率达到46%。常住人口城镇化率达到54.59%。撤县设市工作稳步向前推进。生态环境更加优美。以中央环保督察为契机，全力开展环保突出问题治理攻坚，全年空气优良天数增加21天，河流出境断面稳定达标，土壤污染防治全面启动。新增造林绿化4.5万亩。沂河水利风景区成功创建为“国家水利风景区”。一年来，每个重大生态治理项目都得到了有效落实，每条河流都有了河长，每个村庄都有了保洁员，沂水的白天更美了，夜晚更靓了，蓝天白云、繁星闪烁的日子更多了。

活力在改革中释放。实施以“殡葬全免费”为核心的殡葬改革，让群众不花一分钱办好“身后事”，开创了全国先河，形成了“沂水样本”。大力推进“放管服”改革，加快行政审批流程标准化建设，全面推行“多证合一、一照一码”，新增市场主体8114户。顺利完成综合行政执法和城市管理体制改革。规模以上工业企业规范化公司制改制完成年度目标；新增新三板挂牌企业1家、齐鲁股权交易中心挂牌3家；本外币存贷款余额分别达到456亿元和311亿元，分别比年初增加28亿元和24亿元。“飞地经济”节地模式入选全国首批国土资源节约集约模式创新示范点。经济开发区综合评价跃居全省第29位，被列为第二批体制机制创新试点开发区。农村集体三资“三清”进展顺利，农村集体产权制度改革有序推进；完成小型水库管理体制改革，被确定为全省第一批小型水库管理标准化县。大力实施名牌战略，驰名商标、著名商标、名牌产品分别达到3件、26件和8件，沂水品牌影响力进一步提升。

民生在发展中改善。全年民生支出占财政总支出的86.4%，发展成果由人民共享得到更好落实。居民收入较快增长。城乡居民人均可支配收入分别达到24128元和13072元，分别增长8.5%和9%。就业创业不断扩大。新增城镇就业10125人，农村劳动力转移就业11840人，城镇登记失业率2.4%。各类教育均衡发展。新建、改扩建中小学5所、幼儿园42所，高标准建成临沂机电工程学校。高考本科进线3015人、进线率48.5%，继续保持全市领先。卫计服务更加高效。为65岁以上老人免费查体10.6万人次，家庭医生签约服务17.8万人。成功创建为省级卫生计生综合监督示范区。文体事业繁荣发展。县图书馆获评国家一级馆，博物馆改造提升、齐长城保护主体工程顺利完成，公益演出送基层2500余场；为120个行政村配套了健身设施。社会保障更加完善。社会保险覆盖率保持在90%以上。新建保障性住房1856套，完成棚户区改造1957户，农村危房改造2829户。建成居家养老服务信息平台和2处示范性社区养老服务中心，新建城市社区日间照料中心6处、农村幸福院24处。全国残疾预防综合试验区试点县创建工作推进顺利。社会治理持续向好。深入开展安全生产“大快严”行动，不断健全“风险分级管控”和“隐患排查治理”体系，安全生产形势总体平稳。在全国率先开展食用农产品“全覆盖、批批检、百分百”快检，顺利通过省级食品安全先进县验收。“雪亮工程”稳定运行，圆满完成十九大安保维稳任务，社会更加和谐稳定，群众安全感满意度居全市第一。精准扶贫成效显著。统筹推进六条工作线和行业部门扶贫，完善“一载体两分离”机制，全市历次月度和年中考核均获第一。2017年又有2.9万贫困人口稳定脱贫、52个重点贫困村成功“摘帽”，全面小康路上不让一人掉队的承诺在沂水有了掷地有声的回应。

作风在实干中转变。牢固树立“四个意识”，扎实推进政府系统“两学一做”学习教育常态化制度化。坚持依法行政，自觉接受监督，人大代表建议、政协委员提案办结率100%。优化政务服务，清理各类证明和盖章类材料28项，公布“零跑腿”事项18项、“只跑一次”事项151项；政务服务热线诉求办理群众满意率97.8%。严格落实中央八项规定精神，坚持不懈反对“四风”，办公用房彻底规范，公车改革全面完成。坚决惩治腐败，查处违纪案件196起213人。政府作风明显好转，服务效能有了新的提升，务实高效、实干为民的良好政风正逐步形成。

同时，国防动员、人民防空、民兵预备役和双拥工作进一步加强，妇女、儿童和老年人权益得到更好保障，统计、物价、审计、粮食、对台、气象、史志、档案、保密、民族宗教、外事侨务、应急救援、防灾减灾、新闻出版等各项事业均取得了新的成绩。

各位代表，回顾一年的工作，大事多、急事多、难事多、喜事也多。我们经历了中央环保督察国家大考，创造了殡葬改革沂水经验，争取了全国城乡交通运输一体化示范县首批创建县、全国农村集体产权制度改革试点县、全国首批殡葬综合改革试点县、全省中等城市试点等多项试点任务，取得了全市新旧动能转换现场观摩第二名、优质农产品基地品牌现场观摩第二名、基层党建工作责任制考核第一名的优异成绩，荣获了全国投资潜力百强县市、全国新型城镇化质量百强县市、全国体育工作先进县、全国首批国土资源节约集约“四个创新”示范点、全国平安渔业示范县、全国首批畜牧业绿色发展示范县等多项国家级荣誉。成绩的取得，是中央、省市和县委正确领导的结果，是县人大、县政协监督支持的结果，更是全县人民撸起袖子拼命干、一颗汗珠摔成八瓣换来的！在此，我代表县人民政府，向在各条战线和各个岗位上勤奋工作、无私奉献的广大干部群众，向给予政府工作热情支持的人大代表、政协委员，向驻沂武警官兵、公安干警和省市属单位，向离退休老干部和所有关心支持沂水经济社会发展的各界人士，表示崇高的敬意和衷心的感谢！

肯定成绩的同时，我们更要清醒地面对当前存在的突出矛盾和问题：发展不平衡不充分仍然是制约县域经济大而不强、大而不优的最大短板；传统产业的转型升级、提质增效、新旧动能转换仍然任重道远；安全生产、生态环保、各类风险防控的底线压力仍然越来越大；教育、医疗、就业等民生领域仍然有许多让老百姓烦心让群众不满意的地方；面对新形势，一些干部仍然存在本领恐慌、不愿作为、不敢担当、懒政怠政的现象；进入新时代，政府职能仍然需要进一步转变，自身建设仍然需要进一步加强，等等。对此，我们必须坚持问题导向，采取有效措施，全力加以解决。

2018年工作安排

各位代表，凡是过去，皆为序章。中共十九大开启了中国特色社会主义新时代，描绘了全面建设社会主义现代化国家的宏伟蓝图。新时代是中国最好的时代，也是每一个沂水人迎来幸福的芳华时代。幸福都是奋斗出来的。站在新起点，面对新形势，我们必须放眼全局，用战略思维审时度势；必须立足沂水，用前瞻眼光谋篇布局。

放眼全局，国家乡村振兴战略的全面实施，全省新旧动能转换重大工程的全面启动，全市新一轮县域经济振兴计划的全面推进，让我们迎来了难得的发展新机遇。立足沂水，不断增强的县域经济综合实力，新动能释放形成的新兴产业，日趋完善的立体大交通格局，山清水秀的自然生态环境，深邃历史底蕴、红色文化传承凝聚的沂蒙精神，百万干部群众吃苦耐劳、敬业奉献、勇于争先的优秀品格，形成了沂水跨越赶超的独特后发优势。机不可失，时不再来。只要我们坚定加快发展的信心和决心，抢抓机遇，放大优势，乘势而上，顺势而为，就一定能在新一轮县域经济发展竞争中弯道超车、赢得主动、大有作为！

今年政府工作的总体要求是：全面贯彻党的十九大精神，以习近平新时代中国特色社会主义思想为指导，继续坚持“一二三四五”工作思路，高举发展争先大旗，立足“走在前列、争创强县”目标，以“125”工程为总抓手，坚定不移贯彻新发展理念，坚定不移深化供给侧结构性改革，坚定不移落实以人民为中心的发展思想，进一步加快新旧动能转换，进一步提高经济发展质量和效益，进一步增强群众的获得感和幸福感，进一步扩大沂水的知名度和影响力，努力争创全国百强县，加快推进撤县设市，建设富裕文明和谐美丽新沂水。

主要预期目标为：地区生产总值增长 7.5% 左右，一般公共预算收入按可比口径增长 6% 左右，固定资产投资增长 12% 左右，社会消费品零售总额增长 10% 左右，进出口总额增长 7% 左右，城乡居民人均可支配收入分别增长 8% 和 8.5% 左右，城镇登记失业率控制在 3.5% 以内，全面完成市政府下达的万元 GDP 能耗目标。

一、以新旧动能转换为统领，加快培育实体经济新引擎

实施做大增量工程。突出抓好产业招商。围绕高端食品、机械电子、生物医药、新能源新材料、康养文旅等产业，开展建链、补链、强链招商，加快培植产业集群。着力抓好以企招商、以商招商，深入挖掘信息，及时对接洽谈。抓好产业基础、资源禀赋、配套服务的招商推介，用沂水美誉度提高招商吸引力。加大走出去请进来力度，省外对接京津冀、长三角，省内重点对接半岛经济圈。年内引进投资过 10 亿元项目 3 个以上，实际利用县外资金 190 亿元以上。

实施优化存量工程。加快传统产业转型升级，全面提升实体经济发展水平。食品产业抓品牌塑造。尽快打造一批全国全省知名品牌，进一步提高市场占有率和知名度。机电产业抓装备提升。引导企业积极应用先进设备，力争数控化率提高 20% 以上。化工产业抓转型升级。全面开展“四评级一评价”，淘汰一批、重组一批、转产一批、升级一批，将化工企业调整到 40 家左右。完成庐山化工园区省级申报认定。

实施融合发展工程。坚持一二三产联动发展，逐步实现跨界融合、互动互促。积极引导工商资本进入农业领域，支持新型农业经营主体开展规模化经营，塑造“四种”新型业态，培育发展农业“新六产”。深入推进“互联网 +”，全方位促进原料、生产、销售与电商平台对接。加快旅游业与城乡建设、现代农业、交通物流的融合发展，用新理念、新业态、新模式激活各类生产要素潜能，提高综合效益。主动融入“一带一路”战略，新增外贸进出口备案企业 30 家以上。

二、以高质量发展为主线，加快构建现代产业新体系

推进工业转型升级。围绕打造现代化工业体系，加快战略性新兴产业培育，着力培植主导产业、大企业、利税大户和大企业家。壮大规模企业。规模以上工业企业产值、利税分别增长 10% 和 12%。继续实施“百企百项百亿”工程，技改投入增长 10%，对 100 家以上企业工艺、设备进行更新改造。重点实施恒泰纺织 3 万吨纱线及 1000 万米高端绒布、永丰轮胎 200 万套高端轮胎等 30 个投资过亿元的技改项目。培植领军企业。“敲开核桃、一企一策”，鼓励企业创新发展，抢占制高点，主导行业话语权。培植销售收入过 30 亿元工业企业 3 家以上、纳税过 5000 万元工业企业 7 家以上。打造高端品牌。实施质量强县战略，推进“一企一标”，争创中国驰名商标 1 件，著名商标 2 件、名牌产品 1 件。培育优秀企业家。完善企业家培训学习制度，加强企业家队伍建设，弘扬企业家精神，引导全社会形成尊重、关爱企业家的良好氛围。

加速发展现代服务业。深入实施“全景沂水、全域旅游”战略，以大项目、新业态促进旅游业新旧动能转换，推进 AAAAA 级旅游景区、国家全域旅游示范区、省级旅游度假区“三区”同创。充分利用人文、历史、山水和红色资源旅游价值，策划一批文旅支撑项目，打造文旅融合新业态。加快沂河度假小镇建设，形成沂水南部城市旅游新景观。完善全域旅游服务体系，建设提升 1 条红色旅游专线和 5 条旅游干线，塑造“行走中的家”沂水民宿品牌。新增 AAA 级以上景

区2处。加快物流业发展，培育大型物流骨干企业，健全县乡村三级物流网络，新增运输车辆吨位1万吨以上。实施“电子商务+”工程，促进产品产销与电商网络深度融合，电商交易额达到210亿元。

提高农业供给质量。以实施乡村振兴战略为契机，以工业化理念经营农业，以市场化理念引导农民，推动农业产业特色化、基地规模化、产品品牌化、发展融合化。按照精品、宜居、生态、全域标准，以尹家峪田园综合体为示范，带动一批农业园区向跨界融合、功能叠加的田园综合体发展。新培育县级现代农业园区10处。改善农业基础设施条件，新增节水灌溉2.2万亩、水肥一体化1.8万亩。注重农业新装备应用，推广物联网、智能控制等新技术，进一步提高农业质效。实施品牌创建工程，打造“沂水十品”，开展无公害农产品、绿色食品、有机食品和农产品地理标志认证，抓好沂水苹果、沂水大樱桃、沂水生姜等优质农产品宣传推介，新增“三品一标”认证6个。农畜产品质量安全抽检合格率稳定在98%以上，争创省级农产品质量安全县、全国智慧渔业工作示范县。认真履行粮食生产、流通和储备责任，确保粮食安全。

三、以新型城镇化为核心，加快形成城乡融合新格局

实施中心城区带动战略。深化中等城市培育试点工作，彰显“山区水城”“休闲沂水”特色，打造临沂市域副中心城市。加快推进“以河为轴、两城同建”战略，投资67亿元，实施道路桥梁建设、公共设施配套等6大类66项重点工程。拉开西城建设框架，重点推动滨河西路、沂蒙山路沂河大桥等道路桥梁建设，实施9个片区开发，加快市民文化艺术中心等公共设施配套，完善文化教育、体育休闲功能。提升东城内涵品质，实施沂蒙山路改造、老旧小区综合整治等十大工程；顺应群众期待，用好国家棚户区改造政策，积极推进城中村改造；加快沂河山庄东片区开发建设，在东部形成新的亮点组团。围绕沂河做好文章，建设滨河休闲带，与月澜湾内河水系、万亩水杉林、花彩小镇等有机结合，形成“三河交汇、三桥飞架、三岛辉映”的沂河沿岸新景观。

深入推进城乡融合发展。加快编制城区控制性详细规划、小城镇总体规划和村庄规划，科学指导城乡建设。认真做好全国城乡交通运输一体化示范县创建工作。完成克黄线主体工程建设，大修改造沂崔路等县乡道路35公里，完成农村公路安防工程70公里，村内道路户户通硬化200万平方米。以马站、许家湖、泉庄、院东头等镇为示范，搞好公共服务设施配套和改造提升，打造产业“特而强”、功能“聚而合”、形态“小而美”、机制“新而活”的特色小镇。新建农村新型社区5处。

提高城乡精细化管理水平。保持违建管控高压态势，以“零容忍”态度推进违法建设治理。继续推进数字化城管；新建城市便民市场2处、新增停车位6600个，从严治理占道经营，规范车辆停放，让城区道路更加通畅；搞好户外广告整治，提升城市视觉形象。继续推动“厕所革命”，新建、改造城市公共卫生间8处，改造农村无害化卫生厕所5500个。提升公交站场、换乘枢纽建设水平，推动公交线路向镇村延伸，让老百姓出行更加便捷。

四、以改革创新为动力，加快增创县域发展新优势

扎实推进各项改革。稳步实施好所承担的16项国家、省市级改革试点任务，让群众享受到更多的改革红利。巩固深化殡葬改革成果，形成“厚养简葬”的社会自觉，促进“殡改”成果制度化、规范化、常态化。扎实推进社区治理暨养老服务创新实验区建设改革试点工作。加快农村产权制度改革，探索经营权流转、股份合作、土地托管等方式，为各类人才回乡创业创造良好条件。完成农村集体产权制度改革，发展壮大集体经济。深入推进“放管服”改革，推广“双随机抽查”制度，加强事中事后监管。加快经济开发区体制机制改革，充分调动创新创业积极性。

全力推动科技创新。强化企业创新主体地位，完善激励措施，引导企业争创省级以上工程技术中心、重点实验室等研发平台。年内争创市级以上企业技术中心4家，新认定高新技术企业5家，高新技术产业产值占比达到25.6%。推进高端数控机床、洗涤酶等十个重点领域科技攻关，破解产业发展技术瓶颈。争取列入市级以上科技项目30个、申请发明专利120件。加强人才培养和引进，年内引进高层次人才300名以上，为创新发展提供智力支持。

着力优化发展环境。优化平台载体。统筹抓好经济开发区、青岛保税港区沂水经济合作区建设，提高项目承载力和服务力。强化用地保障。充分利用增减挂

钩和工矿废弃地复垦，挖潜造地；严把项目用地评审，节约集约用地。优化金融服务。发展新型金融业态，加大金融服务实体经济力度，年内新增人民币贷款40亿元；力争山东玻纤国内主板上市，新增挂牌企业4家。严防金融风险。健全风险防控机制，严厉打击各类金融违法行为，坚决守住不发生系统性金融风险的底线。优化政务服务。突出简政减税减费重点，实施“提速工程”“减负工程”，全面推行办事要件“一次告知、一门受理、全程代理、超时默认、首问负责”制度，抓好生产力服务中心规范运营，努力用最好的环境吸引投资，用最优的服务留住客商。

五、以绿色生态为引领，加快建设美丽沂水新家园

守住生态底线。牢固树立生态发展理念，坚决守住生态保护红线，严禁不符合主体功能定位的各类开发活动。凡是不符合生态环保的项目，投资规模再大、财政贡献再高，也要坚决拒之门外。坚决杜绝表面上高唱“绿水青山”、实际上大搞“黑色增长”的行为，绝不要以牺牲环境为代价的黑色GDP，绝不走先污染后治理的老路，真正守好老祖宗留给我们的绿水青山，为沂水的永续发展、为子孙后代留下金山银山！

推进绿色发展。坚持走绿色低碳循环发展新路，鼓励企业推进节能改造、实施清洁生产，综合运用“三个工具”，淘汰一批落后产能。积极开展建筑、交通等重点领域节能，实施重点改造项目12个。大力倡导节能减排全民行动，引导全社会形成绿色低碳、文明健康的生活和消费方式。

加强环保治理。深刻汲取中央环保督察反馈问题的沉痛教训，坚决打赢污染防治攻坚战。铁腕治气。精准施策，深度治理工业、散煤、扬尘污染和秸秆焚烧，打赢蓝天保卫战，确保全年空气质量持续改善。高标治水。加强畜禽养殖污染综合治理，着力解决面源污染问题；全面落实“水十条”，严抓河流断面水质改善、黑臭水体治理，切实改善水环境质量，确保出境断面稳定达标。重拳治土。严格落实“土十条”，确保土壤环境质量总体稳定，农用地和建设用地土壤环境安全得到基本保障。通过坚持不懈的努力，换来天蓝、水清、地净，让老百姓享受到真真切切的“绿色福利”。

筑牢生态长城。积极响应“国土绿化”行动，加快“绿满沂蒙”“多彩沂水”建设，完成造林4万亩。通过国家湿地公园验收，争创全国绿化模范县。深入推进河长制工作，抓好河道确权划界和“一河一策”，严格沂河自然保护区管理。治理水土流失面积30平方公里。高标准整治非煤矿山，搞好地质环境恢复治理。深入开展农村环境综合整治，建设生态宜居、乡风文明的美丽乡村。

六、以服务民生为根本，不断满足人民群众对美好生活的新期待

造福人民是政府一切工作的出发点和落脚点。群众所盼的就是我们要干的。今年我们将以20件民生实事为重点，落实好每一项为民举措，实施好每一个惠民项目，把每一件看得见、摸得着的“身边小事”办到群众心坎上，让老百姓的生活一年更比一年好。

决胜脱贫攻坚。按照“提高脱贫质量，实现稳定脱贫”目标，注重扶贫与扶志相结合，全面落实扶贫措施，加强扶贫资金监管，完善扶贫项目长效运营机制，让贫困群众长期稳定增收；年内基本完成脱贫任务，绝不让贫困群众在脱贫路上少一人、落一个。擦亮教育品牌。科学研判人口增长趋势，逐步解决“大班额”问题，推进“全面改薄”，新建、改扩建幼儿园20所，抓好第三实验中学、第五实验小学等学校建设，新增校舍5.2万平方米、运动场地6万平方米。加强师资队伍建设，稳步推进校长职级制改革，争创名师名校。提高就业质量。落实积极的就业政策，突出抓好高校毕业生、失业人员、城镇困难人员、退役军人等重点群体就业创业，实现新增城镇就业8000人，农村劳动力转移就业1.5万人。提升保障水平。认真落实城乡低保、临时救助、特困人员供养、贫困学生资助等惠民政策，做到应保尽保、应助尽助。实施医疗卫生条件改善项目3个；推进医联体建设，完善医疗急救体系，提升基层服务能力。加强残疾康复服务。保障妇女儿童权益。繁荣文体事业。深入挖掘沂水悠久的历史文化，打造“千年古县”文化品牌；办好各类文化惠民实事；加快县方志馆、档案馆规划建设；争创国家三级博物馆。发展全民健身事业，抓好雪山彩虹谷国家级健身步道及体育休闲小镇规划建设，完成100个村健身广场设施配套。创新社会治理。争创国家级食品安全先进县，保障人民群众“舌尖上的安全”。全面落实安全生产责任制，健全完善双重预防机制，坚持不懈排查整改安全隐患，坚决杜绝重特大事故发

生，确保安全生产形势持续稳定。坚持依法治县和以德治县相结合，深入推进普法依法治理，全面实施“三项制度”，建设法治沂水。继续推进公安基层基础建设三年攻坚，加快“雪亮工程”延伸应用，强化网格化管理，建设平安沂水。践行社会主义核心价值观，以争创全国文明城市为契机，大力开展文明创建活动，树立文明沂水新风尚。办好政务服务热线，打造一流民生服务平台。抓好气象、地震、人防、消防、应急等工作，提升防灾减灾救灾能力。统筹做好双拥共建、民族宗教、广播电视、新闻出版等各项工作，促进社会事业全面进步，让人民群众获得感、幸福感、安全感更加充实、更有保障、更可持续。

全面加强政府自身建设

各位代表，为人民服务，对人民负责，受人民监督，让人民满意，是政府始终如一的工作导向、奋斗指向。“打铁必须自身硬”，做好新一年工作，推进“走在前列、争创强县”，必须全面加强政府自身建设。

要心中有党，旗帜鲜明讲政治。牢固树立“四个意识”，增强“四个自信”，在思想上、政治上、行动上同以习近平同志为核心的党中央保持高度一致，做到思想上认同核心、政治上维护核心、行动上紧跟核心，重大原则问题立场坚定，大是大非面前绝不含糊。不折不扣地贯彻执行上级党委政府和县委的决策部署，坚决做到立场稳、方向准。

要心中有民，执政为民做表率。民之所望，施政所向。坚持以人民为中心的思想，践行为人民服务的宗旨，夙夜在公，勤勉工作，以“食不甘味、寝不安席”的紧迫感，“责无旁贷、舍我其谁”的责任感，及时回应群众关切。克服“本领恐慌”，不断增强科学发展的本领、依法执政的本领、群众工作的本领，真正掌握工作主动权，全心全意把每一件民生实事办成办好。

要心中有责，勇于担当干事业。习近平同志指出“有多大担当才能干多大事业”。在争创强县的奋斗实践中，我们要有甘于付出、甘于奉献的胸怀，要有敢于担当和为担当者担当的自觉，真正做到面对挑战敢于迎难而上，面对困难敢于挺身而出，面对失误敢于承担责任，以政府的率先垂范营造良好的干事创业氛围。

要心中有戒，廉洁勤政树形象。认真履行政府系统全面加强党的建设、全面从严治党主体责任，严格落实中央八项规定精神和省市配套办法，持之以恒纠正“四风”，坚决纠查损害群众利益的不正之风，筑牢思想防线，坚守道德底线，不碰法律红线。坚持依法行政，加大行政监察和审计监督力度，严格执纪问责，坚持有腐必反、有贪必肃，营造风清气正的政治生态，努力实现政治清明、干部清正、政府清廉。

专　记

“125”工程

【概述】 为贯彻落实中共沂水县第十四次代表大会和2017年县委工作会议精神，全县上下高举发展争先大旗，围绕“走在前列，争创强县”的目标，县委、县政府坚持以重点带全局，首次提出大力实施“125”工程，对2017年全县的重点工作、民生实事、重点项目拉出单子、列出目标、明确责任。2017年，“125”工程共进行了3次动态调整充实，共包含10项重点工作、21件民生实事、86个重点产业项目。

【重点工作类】 2017年，全县共实施十项重点工作，分别为：深化“三引一促”（引资金、引人才、引技术，促进科学发展）；加快企业“二次创业”；推进两城同建；继续推进国家现代农业示范区建设；脱贫攻坚；推进国家重点生态功能区建设；开展基层组织建设提升年；城乡建设用地增减挂钩；加快推进撤县设市；争创国家AAAAA级景区。

【民生实事类】 2017年，全县共实施21件民生实事，总投资32.2亿元，分别为：解决城区学校大班额问题；城市展览馆、市民文化活动中心、旅游集散中心；全民健身运动中心；正阳路沂河大桥及正阳路西延工程；沂蒙山路沂河大桥、东城道路改造及道路两侧建筑风貌提升工程；全县公益性公墓建设；大气污染、水污染防治；G233克黄线沂水绕城段改建工程；棚户区改造和老旧小区综合改造工程；城乡环卫一体化、农村改厕和“户户通”道路硬化工程；居民供热工程；老年公寓建设工程；卫生医疗条件改善；县乡道路大修工程；农村危房改造工程；废弃矿井地下采空区防治和安全隐患区治理；农村饮水安全工程建设；重点病险水库、塘坝除险加固；科技文化卫生“三下乡”；创业就业工作；城市公共卫生间建设及城区便民市场、停车场建设。

2017年7月1日，全县125工程重点产业项目旅游线调度会与会人员开展重温入党誓词活动

【重点产业项目类】 2017年，分三批共实施86个重点产业项目，总投资185.59亿元，其中，招商引资项目45个、工业技改项目11个、城建项目6个、旅游文化项目8个、农业项目16个。

【重要会议】 2017年2月21日（农历正月二十五日），沂水县高规格、大规模召开“125”工程誓师大会，通过电视全县直播，万名干部百万群众同步收听收看，动员全县把握重点，立即行动，大干快上，全力打好2017年度全县重点工作推进攻坚战，为全年任务目标的顺利实现打好基础，为加快实现进入全国百强县的目标提供强力支撑。

3月28日，全县隆重举行

10个重点产业项目集中开工仪式，总投资额达38亿元，开工仪式主会场设在住建局引进的蓬建元丰杭萧钢构项目现场，此次大项目好项目的率先开工，打响了“125”工程实施的“第一炮”。

4月17日，在沂河山庄一楼多功能厅召开全县层面的一季度“125”工程调度会议，听取调度“125”工程推进情况，并对10项重点工作、20件民生实事和50个重点产业项目进行评价；10项重点工作最后一名（由包扶领导发言）、20件民生实事最后两名（由牵头单位主要负责人发言）、50个重点产业项目最后三名（由第一责任人发言）作表态发言。

5月22日，召开第一批“125”工程未正式开工项目调度会，会上，县委书记薛峰作了重要讲话，就全县第一批“125”工程建设，指出了存在的问题，提出了明确要求，部署了工作任务。

6月27日至7月1日，五条线分线召开二季度“125”工程调度会，分管领导召集，牵头部门筹备，绩考办参与，按照实地观摩、现场评价、当场公布成绩的方式，对“125”工程重点产业项目（第一批）进行现场观摩调度，排出了名次。

12月4—8日，分线召开三季度“125”工程调度会，采取各线交叉现场观摩、会议评价排名的方式，其中招商线观摩技改线，技改线观摩城建线，城建线观摩招商线，农业线、旅游线交互观摩。

【重要文件】《关于2017年度“125”工程实施的意见》（沂发〔2017〕4号）；《县委办公室县政府办公室印发〈关于健全“125”工程评审体系的实施意见〉的通知》（沂办发〔2017〕30号）；《县委办公室县政府办公室印发〈全县“125”工程工作考核办法〉的通知》（沂办发〔2017〕34号）。

【工作机制】 **分类审核机制**。对上级党委政府的重大决策，需要沂水县强力落实推进的，由县委常委会研究决定，列入“125”工程重点工作类推进；对争取上级政策支持，数额较大，或县委、县政府决策实施的重点民生项目，由县政府常务会议研究确定，列入“125”工程民生实事类推进；对各责任单位申请的重点项目，由县委督察落实委员会召开评审会议研究确定，列入“125”工程重点产业项目类推进。

动态管理机制。建立“125”工程重点产业项目动态管理进出机制，县委督察落实委员会每季度组织召开一次项目评审会，对乡镇、部门申请纳入“125”工程的重点项目进行综合评审，及时将计划投资额不低于5000万元（现代农业项目可适当放宽）、已签订投资协议和选址的项目作为准入门槛，将实施前景好、预期利益高、工程进度快、符合准入条件的项目纳入“125”工程大盘子，确保项目进有动力；严格规范退出标准程序，对纳入“125”工程调度，长期无进展或不再实施的项目，要求项目责任单位作出说明，并依次有序清理退出，确保项目退有压力。

督察推进机制。实行“125”工程闭环管理，对各重点工程项目统一登记，建立台账，由绩考办全程一线跟踪督察、追踪问效。通过推行周调度、月通报工作机制，对各重点项目一月一考核，一月一评比，紧盯项目进度，咬住问题不放，把好推进过程。在县内主要媒体开设专栏、绩考简报设立专刊，正反双向报道，形成强大舆论压力。对督察过程中发现工作推进缓慢、服务不力的责任单位和相关责任人，严格问责，谁的责任谁承担，谁的问题谁负责，一级一级传压力，逐级逐人抓落实。

调度考核机制。所有县级班子领导成员、乡镇（街道）、县直部门全部参与“125”工程，每项重点工作、民生实事和重点产业项目实行县级班子领导包扶、责任单位牵头主抓、帮扶单位靠上服务的工作体系，任务明确，分工清晰。每季度召开大规模、高规格的“125”工程调度会，对“125”工程实施情况进行现场调度，现场评价，现场打分，打分靠后的工作（项目）由第一责任人现场说明原因，当面表态承诺。年底，严格按照《全县“125”工程工作考核办法》规定，从“125”工程项目提报、推进、退出、服务等方面进行考核，考核成绩计入乡镇、县直部门年度综合考核成绩，增强各级各部门抓工作的压力感和紧迫感。

干部一线考察机制。把“125”工程一线“主战场”变成干部“大考场”，推动“125”工程与干部工作深度融合，以推进“125”工程为中心，在督事中抓好、用活察人职能，做到以督事来察人，以察人促督事。日常考察上，建立干部一线表现记实制度，发挥绩考员“干部观察员”作用，对干部指挥协调、谋划思路、解决问题等全程跟踪记实，每月推荐一名优秀干部，每季度向组织部干部科报备干部记实情况；专项考察上，将督察落实作为部长工程，成立“125”工程专项考察组，实行组织部部长、副部长分工联系乡镇和重点工作线制度，深入项目一线全面考察了解干部作用发挥和县直部门服务情况，每季度评选表现突出的责任人通报表扬；成果运用上，干部科安排专人汇总日常考察、专项考察信息，形成干部真实评价，对在工程一线埋头苦干、成效显著的干部重点培养、优先提拔，对表现平平、工作被动的干部视情节处理，形成“想干事的有机会、会干事能干事的有舞台、干成事的有地位”的良好氛围。

【工作成效】 2017年“125”工程的实施，实现了以重点突破带全局，全年实现地区生产总值400亿元、增长7.4%，全县经济综合实力继续位居全市九县之首。一是推动全县重点工作实现了新突破。十项重点工作中，有8项重点工作全部完成，撤县设市和争创国家AAAAA旅游景区的前期准备工作全部完成。21件民生实事中，殡葬改革、正阳路沂河大桥及正阳路西延工程等12件民生实事全部完成，全民健身运动中心、G233克黄线沂水绕城段改建工程等9件民生实事前期拆迁等工作全部完成；86个重点产业项目中，蓬建元丰杭萧钢构等38个建成、其他具备推进条件的项目转入2018年继续推进。2017年，沂水县取得了全市新旧动能转换现场观摩第二名、优质农产品基地品牌现场观摩第二名、基层党建工作现场观摩考核第一名的优异成绩，创历史最好水平；在2017年全市科学发展总结表彰大会上，沂水县获得脱贫攻坚、民生工作、宣传文化四项工程三个奖项第一，多个奖项名列前茅。二是形成了进位赶超的新氛围。通过实施“125”工程，把全县的重点工作、民生实事、重点产业项目纳入大盘子，从体制上、机制上、制度上推动各项工作开展，各级各部门纷纷上项目、积极促发展，各级各部门把最精干的力量投放在“125”工程上，广大党员干部把最好的状态呈现在“125”工程上，在全县范围内掀起了你追我赶、比学赶超的浓厚氛围，以实际工作成效凝聚全县广大干部群众干事创业、真抓实干的共识。三是展现了各级干部真抓实干的新风貌。在实施“125”工程过程中，包扶县领导深入基层、冲在一线、干在现场，责任单位的领导干部靠得上、顶得住、办得好，服务部门的同志用心干、用力帮，组织部实行部领导分工联系乡镇和重点工作线制度，对干部在项目一线现实表现全程记实，督察员定期反馈备案，全县上下以不达目的誓不罢休的豪情，知难而进、迎难而上，形成了通力协作、携手攻坚的强大合力，广大干部也在实干中锻炼展示了自己，让干部在群众心中的务实肯干形象进一步彰显。四是形成了推动工作更高效落实的新机制。逐步探索建立了“125”工程重点项目评审等动态管理进出机制，把好入口，畅通出口；实行县领导包扶挂帅、责任单位牵头主抓、帮扶单位靠上服务的工作体系，一级带着一级干；“125”工程全部纳入重点督察，县绩考办全程跟踪问效，对标考核，设立了“龙虎榜”，展开了擂台赛等，通过这些严督实考、督事察人的机制，把重点工作、重点项目压到各级干部的肩上，通过清晰的单子、清晰的节点、清晰的责任，让每个乡镇部门和每名责任干部都有了具体的责任事项，让想干事者有了机会、让能干事者有了舞台，从机制上真正树立起了“以实绩说话，用贡献衡量”的鲜明导向。实践证明，“125”工程是一个管用、实用、高效的制度设计，是贯彻落实全县“一二三四五”工作思路、推动全县工作高效开展的总抓手，是加快全县发展、实现争先进位跨越赶超的总引擎。

（张金锋）

殡葬改革

【概述】 2017年5月9日，沂水召开了全县公益性公墓建设现场推进会，会上确定实施全面惠葬政策，探索“深化殡葬改革，推动移风易俗”新路子。殡葬改革是一项系统的社会工程，全县所有乡镇、部门积极参与，以农村公益性公墓建设为抓手，全面实施“全民惠葬”工程，全民惠葬政策的核心主要是两个“全免费”：一是火化相关费用全免费，从5月10日起，对具有沂水籍户口、在沂水死亡的居民，殡葬过程中所涉及的尸体运输费、火化费、骨灰盒及其他配套用品费用全部免收，由县财政统一负担；二是进公墓安葬全免费，沂水县新死亡人员进公墓安葬全免费，自愿把老坟迁到新公墓全免费。两个“全免费”实实在在让群众得实惠，推动殡葬改革移风易俗工作深入开展。

【指导思想】 全面贯彻落实中共十九大精神，深入贯彻习近平总书记系列重要讲话和视察山东重要讲话、重要批示精神，以社会主义核心价值体系建设为根本，以推进移风易俗建设为目标，坚持政府主导、科学规划、因地制宜、适度集中、节约土地、厚养简葬、公益惠民的原则，加大农村公益性公墓建设力度和使用率，在全县上下形成崇尚文明、勤俭节约的良好风尚，为“走在前列、争创强县”做出积极贡献。

【组织领导】 为加强对殡葬改革工作的组织领导，县委、县政府成立了以县委书记、县长为组长、宣传部部长为常务副组长的殡葬改革工作领导小组，负责整体工作的统筹部署。建立健全工作机制体制。中共沂水县委、沂水县人民政府出台了《关于进一步加快公墓建设推进殡葬改革的实施意见》，两办下发了《沂水县加快公墓建设深化殡葬改革工作考核方案》和《关于稳妥做好公益性公墓使用工作的通知》，沂水县殡葬改革工作领导小组制定了《关于规范农村公益性公墓建设标准的通知》《沂水县公益性公墓管理办法》《关于加强对殡仪服务专用车辆及驾驶人员管理的规定》等10余个文件。在民政局设立了县公墓管理办公室（副科级），并成立了公益性公墓建设督导组和规划组，负责乡镇公益性公墓建设的规划选址和工作督导。

【宣传发动】 工作中，坚持“三为主”“三不准”和“疏堵结合”的工作方法，确保工作稳妥，坚决杜绝像河南周口平坟事件的发生。“三为主”就是“以正面工作为主、宣传引导为主、攻心说理为主”；“三不准”就是“不准一刀切、不准强制、不准搞平坟运动”。一是坚持通过宣传来疏导。印发了《致全县人民的一封公开信》和《移风易俗宣传提纲》，通过县内各大媒体和村村响大喇叭、宣传车、文艺演出等形式，积极宣传殡葬改革政策；同时，严格落实中央和省两办关于党员干部带头推动殡葬改革的意见，印发了《致全县党员、干部和企业家的一封信》，要求党员干部和企业家带头丧事俭办、带头移风易俗，在殡葬改革中发挥示范表率作用。沂水县一名政协副主席，将老家墓地让出来，交给镇里建设公益性公墓，公墓建成后又带头将十几座祖坟迁回到新公墓，在周边群众中引发了强烈反响。县人大、政协、工青妇、工商联、教育等部门建立了联动机制，在各自领域加大宣传引导力度，发挥多方力量引导群众认可到公墓安葬，镇村干部靠上做逝者亲属的工作，特别是开头几例，有的乡镇领导亲自带着花圈去参加群众的葬礼，为逝者鞠躬。“万事开头难，开了头就不难”。二是坚决从源头上“堵”。组织各职能部门深入开展源头治理，坚持殡葬服务的公益属性，县里不再审批经营性公墓，实行“三严禁”，严禁乡镇和村向外租售土地用作墓地，严禁在基本农田修建坟墓，严禁制作和销售大棺材。

【工作载体】 深化殡葬改革，促进殡葬改革转型升级，主要是从农村公益性公墓建设入手，全面实施全民惠葬政策。确定了全民惠葬两步走战略，即尽快实行火化费用全免和6月底前完成镇级公益性公墓建设，达到全县居民丧葬需求全覆盖。一是实施全面惠葬政策。全民惠葬政策的核心主要是两个“全免费”，政策实施后，殡仪馆由自收自支改为全额拨款，县财政每年拿出 1000 万元用于殡仪馆正常运转。统一火化炉标准，骨灰盒全部由政府采购。二是公益性公墓建设全面启动。公益性公墓建设主体由社区（村）改为乡镇；建设数量充分考虑乡镇规模、人口密度和地形地貌因素，本着“就近就便、尊重群众意愿”的原则，按照小乡镇 2 处、中等乡镇 3 处、大乡镇 4 处的要求进行规划选址，对地形狭长或面积较大的乡镇，可增加 1 至 2 处。5 月 20 日前完成了规划选址，6 月 30 日前全面完成了建设任务，达到沂水县居民丧葬需求全覆盖要求。共规划建设镇级公益性公墓 109 处、县级 1 处，建设墓穴达 10 万个，总投近亿元。

【督察调度】 沂水县殡葬改革工作充分运用现代信息网络技术和数字化手段，开发了《公墓管理应用系统》，把所有乡镇（街道）公益性公墓编入公益性公墓工作管理系统，公墓信息详实，全县公益性公墓建设和安葬使用情况一目了然，实现了公墓管理规范化、长效化、信息化。县公墓管理工作办公室按照点、线、面结合的方式加大对公益性公墓建设和使用工作的督导检查，除定期召开全县调度会议外，每季度对全县的公益性公墓的管理、维护、使用拉网式普查一次，对工作中发现的问题进行调查核实，对发现的问题及时予以处理。

【工作成效】 一是节约土地，保护资源。实施殡葬全免费政策后，县财政每年投入 2000 万元左右，即可为群众节省殡葬费用约 2 亿元，而节地型的公益性公墓一亩地可安葬 400 具骨灰，一年仅需 20~30 亩地，节省了 90% 的土地，如果去世人员全部进公墓，全县每年可节约木材 1 万方左右。二是群众直接受益，普遍欢迎。截至从 2017 年底，全县实施火化免费 4995 人，6 月中旬以后实现了新去世人员 100% 进公墓，新的安葬模式已经被群众普遍接受。三是社会广泛好评。中央电视台、《人民日报》等 100 多家主流媒体宣传了沂水做法，有的媒体评价开创了全国先河，形成了“沂水样本”。四是文明新风正在形成。殡葬全免费政策已经形成了社会共识，新的安葬模式带动了丧事简办，带动了殡葬移风易俗的发展，丧葬陋俗基本取消，有的群众主动把原来修好未用的坟墓整平，把原来的棺材拆作他用；骨灰盒替代了大棺，公墓替代了大坟，佩戴黑纱、白花代替了披麻戴孝，鞠躬代替了磕头，献花代替了烧纸，“厚养俭葬”新风尚已经在沂水县逐步形成。

【领导关怀】 沂水县殡葬改革工作受到各级领导的关注和重视。国家民政部和省市领导多次来沂水调研并给予充分肯定，省委书记刘家义还有多位省市领导分别作出批示，要求推广沂水做法，临沂市已经在全市各县区推开，并且市里已经确定，对各县区给予一半的资金补助。8 月 28 日，沂水县在全国殡葬工作座谈会上介绍了沂水做法。11 月 24 日，沂水县被民政部确定为“全国殡葬综合改革试点”。

【媒体报道】 全县殡葬改革和公益性公墓建设工作开展后，中央、省、市等主要新闻媒体对此高度关注，先后派出阵容强大的记者队伍，主动深入沂水，挖掘新闻素材。记者深入实际、深入生活、深入群众，大力宣传沂水县殡葬改革工作的做法和经验，形成了报纸、广播、电视、网络共同聚焦、集中关注的报道合力。2017 年，中央、省、市主流新闻媒体来沂水采访这项工作的记者 100 余人（次），在市级以上主流媒体发表联系群众稿件 300 余篇（条），在宣传层次、宣传数量和宣传效果上都是空前的，为推动全县殡葬改革和公益性公墓建设工作的深入开展营造了浓厚的舆论氛围。沂水免费丧葬政策

出台后，人民网、国际在线、中国青年网、光明网、环球网、中国日报网、四川新闻网、四川新闻网、多彩贵州网、成都全搜索网、新浪、网易等近50余家全国主流知名媒体，@头条新闻、@新京报、@京华时报、@新浪新闻等官方微博共计50余个，A新兰陵、沂水发布、沂水网、今日山东视点、丽江新声等40余家微信公众号，以《沂水实施全民惠葬政策》《沂水县全面推进殡葬改革　丧葬不花钱墓地也免费》《山东临沂沂水居民丧葬费全免　殡葬改革减负高达上亿元》《沂水“殡葬费全免”不止省了钱》等为题，积极肯定沂水惠葬改革。与此同时，国内多家主流媒体还先后发表评论文章重点推崇了沂水惠葬改革，新华每日电讯文章《沂水殡葬费全免的“民生行动派”启示》，《新京报》文章《“殡葬费全免”，有多少地方能迈出沂水这一步？》《“殡葬费全免”，解决“死不起”应向沂水学习》，齐鲁晚报文章《殡葬“全免费”，沂水样本值得点赞》，《华商报》文章《丧葬费全免不该“一花独放”》，《华西都市报》文章《殡葬费全免，一次积极的改革实验》，《燕赵晚报》文章《“殡葬费全免”应成为全国普惠性政策》等，在积极肯定沂水免费殡葬改革措施的同时，希望各地政府向沂水惠葬政策对照看齐，呼吁惠葬改革全国推广。

花坛葬

（肖飞）

大事记

2017 年

1 月

4 日，院东头镇四门洞村入选国家级美丽宜居村庄。

6 日，省政府印发《关于公布新的中小城市试点名单和特色小镇创建名单的通知》，正式批复沂水县成为省级中等城市试点，批复许家湖镇为省级重点示范镇。

17 日，经临沂市旅游区（点）质量等级评定委员会验收并公布，沂水县沂蒙风情小镇旅游区被评为国家 AAA 级旅游区，沂水县长虹农业生态园旅游项目、红鹤谷现代农业旅游园区、高庄镇兵工旅游小镇、夏蔚樱桃小镇旅游景区、泉庄镇石棚云崮泉乡景区、龙泉湖休闲旅游景区被评为国家 AA 级旅游区。沂水县 A 级景区数量达到 33 家，位列山东省县域城市第一名。

18 日，中国共产党沂水县第十四次代表大会在县人民会堂开幕。

22 日，中国人民政治协商会议第十届沂水县委员会第一次会议在沂城街道南二楼会议室开幕。

23 日，沂水县第十八届人民代表大会第一次会议在人民会堂开幕。

2 月

21 日，沂水县召开实施“125”工程誓师大会。“125”工程，即：沂水县将在 2017 年推进 10 项重点工作、抓好 20 件民生实事、实施好 50 个重点产业项目，全面拉开了沂水县进军全国百强县的大幕。

3 月

20 日，国家发改委等 5 部委发布了 2016 年（第 23 批）国家认定企业技术中心名单，沂水县山东隆科特酶制剂有限公司企业技术中心入围，占全省通过国家认定企业技术中心数量的十分之一。至 2017 年，全市共有 12 家国家认定企业技术中心，沂水县占 2 家。

4 月

2 日，泉庄镇成为山东省首个荣获“山东省长寿颐养示范镇”称号的乡镇。

12 日，省水利厅副厅长张建德带队来沂水县检查防汛工作，张建德一行现场听取沂河河道工程情况汇报，对沂水县在防汛中所做的工作给予充分肯定。

14 日，马站镇获得省级“美丽宜居小镇”称号。

5 月

5 日，农业部渔业渔政管理局局长张显良率调研组来沂水县调研渔业发展情况，对沂水县渔业发展工作给予了充分肯定。

9 日，全县公益性公墓建设现场推进会议召开，推动了全县公益性公墓建设工作深入开展。

15 日，省政府办公厅党组成员、史志办主任刘爱军带队来沂水县调研史志工作。刘爱军对沂水县史志工作进行的有益探索给予高度评价，并指出，下一步要继续完善、提升史志经验，在适当时机，组织有关专家来沂水进行深入调研，在全省推广沂水经验。

15—16 日，国家农业部经管司副司长戴军带队来沂水县调研农村产权制度改革工作。戴军对沂水县农村产权制度改革试点工作所取得的成效表示肯定。

27 日，中国佛教书画研究院山东分院揭牌暨全国书画作品邀请展在县博物馆举行。

5 月，沂水县顺利通过了省级部门验收，成功入选了全国首批 56 个畜牧业绿色发展示范县，是山东省 4 个入选城市之一、临沂市唯一入选的县区。

6 月

20 日，首届中国·马站食用百合高峰论坛在马站镇举行，沂水食用百合研究开发中心作为目前国内唯一一家省级百合科普示范基地，有多个食用百合优良品种在世界各地生根开花。

22 日，水利部人才资源开发中心主任、教高陈楚带领专家组来沂水县评审沂河水利风景区国家级创建工作。专家组对沂水县沂河水利风景区建设给予了高度评价。

6 月，沂水县被交通运输部列为全国城乡交通运输一体化示范县第一批创建县。

7 月

3 日，民政部社会事务司司长王金华带领调研组来沂水县调研殡葬改革工作。对沂水县实行殡葬全免费政策、推进殡葬改革工作的具体做法和取得的成效给予了充分肯定。

11 日，全国科学安全使用农药技术培训现场会在沂水县召开。

8 月

8 日，省水利厅厅长刘中会来沂水县调研水利工作。刘中会一行到跋山水库进行了实地察看，详细了解水库水位、设备运行等情况，并听取水库雨水及调节、水资源利用、防汛等相关工作情况汇报。

21 日，临沂市人民政府发布《关于调整沂水县部分行政区划的通知》：撤销龙家圈镇，以其原行政区域设立龙家圈街道办事处，街道办事处机关驻原龙家圈镇政府驻地。

9 月

1—2 日，国务院参事、国务院扶贫开发领导小组专家咨询委员会副主任汤敏带队来沂水县调研。专家组对沂水县脱贫攻坚工作取得的成绩给予高度评价。

3 日，国务院扶贫办开发指导司副司长杨刚带队来沂水县开展资产收益扶贫调研。调研组到脱贫攻坚项目现场进行实地察看，并听取了相关工作情况汇报，对沂水县的扶贫开发工作给予充分肯定。

14 日，新动能　新发展——“开放的山东”全媒体采访活动走进沂水。采访团成员利用图片和文字的形式，生动记录下沂水的美丽与发展，让更多的人了解沂水、关注沂水。

21 日，沂水县首家“省博士后创新实践基地”挂牌仪式在玻纤集团股份有限公司举行。

10 月

19 日，全国农技中心副主任王戈带领种植管理、耕地质量中心、药检所等农业专家来沂水县调研农业工作。调研中，充分肯定了沂水县在农业产业化经营、农资市场管理、农业技术推广和保护提升耕地质量建设工作中所取得的成绩。

24 日，沂水县福利中心获全国“敬老文明号”殊荣。

11 月

24 日，沂水县入围全国首批殡葬综合改革试点。

28 日，沂水县举行县综合行政执法局、城市管理局成立暨授旗宣誓仪式。

11 月，许家湖镇荣获“2017 年全国综合实力千强镇”称号，是全市唯一一个进入前 500 名的乡镇。

Δ 四十里堡镇成为全县首个国家级民主法治示范村。

12 月

1 日，中国水利报社总编辑李先明带队来沂水县调研。李先明一行实地察看了沂水县河长制工作开展情况，并详细了解了沂水县水利工作开展情况。对沂水县的水利工作给予了充分肯定。

18 日，省委常委、组织部部长杨东奇来沂水县调研基层党建工作。杨东奇对沂水县基层党建工作取得的成绩给予充分肯定。

20 日，正阳路沂河大桥建成通车，大桥东起滨河东路，西至滨河西路，桥梁全长 499.2 米。

概　况

建置区划

【地理位置】 沂水县地处山东省中南部，沂山南麓，临沂市北部。位于北纬35°36′~36°13′，东经118°13′~119°03′之间。东邻诸城市、莒县，西与沂源、蒙阴县交界，南与沂南县毗连，北与安丘市、临朐县接壤。居沂、沭河上游，东（营）红（花埠）、石（臼所）兖（州）、博（山）沂（水）、薛（家岛）馆（陶）、沂（水）邳（州）、韩（旺）莱（芜）等6条省道贯穿全境，青（岛）莱（芜）高速公路、胶（州）新（沂）铁路经过沂水境内并分别设出入口和县级站。东西最大横距78公里，南北最大纵距67.5公里，总面积为2414平方公里，约占全省总面积的1.6%，列省内各县（市）第二位，居临沂市各县区之首。

【建置沿革】 远在20多万年前就有人类在沂水聚居生息繁衍。隋开皇十六年（596年）改东安县为沂水县，另置东安县于古盖县。隋末，废东安县并于沂水县，县属琅琊郡，沂水县名沿用至今。几经变迁，至新中国成立初期，沂水县属于鲁中南行政区的沂蒙专区，专署驻地沂水城。1950年5月，撤销鲁中南行政区并调整专区区划时，沂蒙专区改为沂水专区，沂水县属之。1953年8月，沂水专区撤销，并入临沂专区；莒沂县撤销，其中9个区归沂水县，沂水县属临沂专区。1967年，沂水县属临沂地区。1994年12月，临沂地区撤销，建立临沂市（地级市），沂水县仍属之。

【行政区划】 2017年8月，经省、市人民政府批准，沂水县政府撤销龙家圈镇，设立龙家圈街道。至此，全县辖2个街道、16个乡镇：沂城街道、龙家圈街道、道托镇、高桥镇、马站镇、杨庄镇、富官庄镇、圈里乡、沙沟镇、诸葛镇、黄山铺镇、崔家峪镇、夏蔚镇、高庄镇、泉庄镇、院东头镇、许家湖镇、四十里堡镇。

环境资源

【地质地貌】 沂水县地质构造较为复杂，地层较齐全且古老，主要有太古代、元古代、古生代、中生代和新生代第三系、第四系共五类。最古老的地层（也是山东省最古老的地层）称沂水岩群，形成于中太古代，属太古宙地层。该岩群发育于沂沭断裂带内，汞丹山凸起中部，成岛状、透镜状、条带状等各种包体形式，残存于中太古代、新太古代及古元古代变质花岗岩侵入岩体中。总出露面积约50平方公里。自下而上划分为石山官庄岩组和林家官庄岩组，岩群总厚1729米，地质年龄约为30亿年。

各类地层的大体分布是：太古代、古生代地层在县境西部、北部和东部，约占全县总面积的68%，地层形成年代距今有6亿~10亿年；中生代地层出露于沂沭断裂带间，形成年代距今约5亿年；新生代第三系、第四系地层主要分布于山间谷地及沂、沭等河流两岸，形成年代距今约0.3亿年。

出露地层由老到新的层次是：前震旦系，分布于县境东部、西部、北部及西南部，基岩以片麻岩为主。震旦系，分布于黄山铺、龙家圈、崔家峪等乡镇（街道）。岩石种类有两种：黄绿色页岩夹薄层泥灰岩，分布于柳泉、北越庄一带；石英砂岩，分布于院东头镇、夏蔚镇、泉庄镇、崔家峪镇的磨峪一带。寒武系，分布于县境西部、北部青石山区及富官庄等乡镇，主要岩石为石灰岩及页岩。奥陶系，分布于许家湖镇的吕丈坡及富官庄等乡镇，主要岩石为石灰岩及白云质灰岩。白垩系，分布于沂沭断裂带之间一些地区，主要岩石为砂岩、凝灰质砂砾岩及安山玄武岩。第三系上下玄武岩组，零星分布于圈里、诸葛等乡镇，主要岩石为伊丁玄武岩、橄榄玄武岩、夹松散砂砾层及黏土层。第四系，主要分布于沂、沭等主要河流两岸，为冲积、洪积松散地层，既有粗砂层及砾石透镜体，又有黄土粉沙、粗砂层及砂土和光屑混合物。

【山脉】 境内山脉多为沂山和蒙山余脉，有大小山头、岭头 3794 个。其中，海拔高度大于 800 米的 5 个，700~800 米的 9 个，600~700 米的 42 个，500~599 米的 262 个，400~499 米 的 522 个，300~399 米的 1085 个，200~299 米 的 1438 个，140~199 米的 431 个。著名的“沂蒙七十二崮”中，沂水县境内有 47 个。其中七十二崮之首的纪王崮，坐落在县内的泉庄镇。全境山岭按其主要特征基本分为泰薄顶、狼坑子、高板场、长虹岭四大山脉。泰薄顶山脉位于县境北、东北部，是沂山延伸部分，东北—西南走向，主峰泰薄顶海拔 916.1 米，为县内最高峰。狼坑子山脉位于县境西部，是蒙山延伸部分，西北—东南走向，主峰狼坑子山海拔 640 米。高板场山脉位于县境西南部，是蒙山延伸部分，西北—东南走向，主峰高板场海拔 642 米。长虹岭山脉位于县境东部，是沂山延伸部分，南北走向，主峰西跋山海拔 294 米。

【河流】 全县有大小河溪 622 条。其中，河道长 1~2 公里的 352 条，2.1~3 公里的 97 条，3.1~4 公里的 50 条，4.1~5 公里的 31 条，5.1~6 公里的 22 条，6.1~7 公里的 25 条，7.1~8 公里的 8 条，8.1~9 公里的 10 条，9.1~10 公里的 3 条，10.1~20 公里的 14 条，大于 20 公里的 10 条。主要河流有沂河、沭河和浯河。沂河为山东省第一大河，也是县内过境的最大河流。发源于沂源县鲁山南麓，在下河村东南入沂水县境，流向东南，在县城西北入跋山水库。出库后折向南流，在邵家宅村南入沂南县境。境内流程 56 公里，河床最宽处 1200 米，平均宽 670 米，流域面积 1437.7 平方公里。较大支流有马连河、崔家峪河、朱陈河、梓河、暖阳河、顺天河和小沂河等。沭河源于泰薄顶，东源头始于泰薄顶东的寺峪村北，西源头始于泰薄顶西的石槽峪村北。两源之水于沙沟镇霹雳石村东南汇合，东南流入沙沟水库，出库后流向东南，在下村东南入莒县境。境内流程 51.3 公里，流域面积 747.6 平方公里。较大支流有马站河、秀珍河、住龙河、道托河和四十里堡河等。浯河系潍河支流，发源于圈里乡太平山，县境内长 23.1 公里，流域面积 225 平方公里。

【气候】 沂水县属暖温带季风气候区，大陆度为 62.4%，具有明显的大陆性气候特点：四季分明，冬季干冷，雨雪稀少；春季干旱，易发生春旱；夏季高温高湿，雨量集中；秋季秋高气爽，常有秋旱。全县累年平均气温 12.3℃，气候宜人，7 月气温最高，平均 25.5℃；1 月份最低，平均 −2.8℃。极端最高气温 41.7℃（2002 年 7 月 15 日），极端最低气温 −24.9℃（马站，1981 年 12 月 19 日）；光照充足，年日照时数 2414.7 小时；年均降水量 629.2 毫米。

【土壤】 沂水县土壤共有 3 个土类，11 个亚类，17 个土属，67 个土种，以棕壤土类为主。其中，棕壤土 9.7 万公顷，占全县可利用土地面积的 47.7%，主要分布在沂河以东；褐土面积 8.73 万公顷，占全县可利用土地面积的 43%，主要分布在低山丘陵区；潮土面积 1.89 万公顷，占全县可利用土地面积的 9.3%，主要分布于沂、沭河两岸。

【水资源】 沂水县水资源丰富，水质优良。多年平均年降水量 19.42 亿立方米，地下水资源总储量 5.12 亿立方米，多年平均地表水、地下水资源年总储量 8.164 亿立方米。全县地下水属重碳酸盐钙型水，pH 值在 7.1~8.1 之间，属弱碱性。个别在 6.6~7.0 之间，呈弱酸性。总硬度多数在 8.5~15.9 德国度之间，属适度硬水，有少部分在 4.2~8.4 德国度之间，属软水，仅有回民街、制革厂一带大于 25.2 德国度，属极硬水。总矿化度除个别大于 1 克升外，全县大部地区均小于 0.5 克升，属淡水，可供人畜饮用及工农业用水。

【土地资源】 全县常用耕地面积 7.54 万公顷，林地面积 8.72 万公顷。山地丘陵为林果业、畜牧业主要基地。盛产黄烟、花生、地瓜、玉米等。沂沭河冲积平原土层深厚，土质肥沃，灌溉便利，是粮食和蔬菜主要产区。

【生物资源】 沂水县农作物有20科，59属，80多种。粮食作物主要种类有小麦、玉米、地瓜、大豆、高粱、谷子等，经济作物以花生、黄烟、棉花为主，蔬菜以白菜、萝卜为主；林果中，属木本植物的有56科，118属，213种，主要种类是松柏、杨、榆、槐、柳、泡桐、桑、苹果、梨、山楂、葡萄、桃、杏、板栗、柿子、核桃、花红、樱桃、枣等；草本植物有100多种，能构成植物群落的优势植物有30多种；水产植物主要为藕、苇、蒲；药用植物251种，其中人工种植的达72种，主要为丹参、桔梗、元参等。鸟类有12目，19科，35种，以麻雀、喜鹊、家燕为主；兽类常见的有野兔、黄鼠狼、獾、狐狸、狼等；鱼类有6目，11科，35种，以青、草、鲢、鲔、鲤、鲂鱼为主；畜禽以牛、驴、骡、马、羊和兔、鸡、鸭、鹅为主。农业害虫天敌有2纲，58科，77种，主要为青蛙、瓢虫、步甲虫、草青蛉、赤眼蜂、肿腿蜂等。

【矿产资源】 沂水县已发现矿产资源45种，能源矿产2种（铀、地热），金属矿产8种（铁、钛、金、银、铅、锌、镁、铜等），非金属矿产33种（长石、石英砂岩、白云岩、瓷石、蛭石、脉石英、花岗岩、膨润土、石灰岩、木鱼石、石英片岩、石榴子石、重晶石、磷、大理石、园林石、辉绿岩、沸石、瓷土、陶土、水晶、砚石、页岩、方解石、萤石、麦饭石、玄武岩、阳起石、燧石、建筑石材、黄砂、砖瓦黏土、宝玉石），水气矿产2种（矿泉水、地下水）。

【旅游资源】 著名景区有地下大峡谷、雪山彩虹谷、天然地下画廊、地下萤光湖、天上王城、灵泉山森林公园等。古文化遗址有南洼洞遗址、姑子顶遗址、凤台遗址、打擂台遗址、薛王台遗址、东安古城遗址、齐长城遗址等。

人口民族

【人口】 2017年年末，全县常住人口100.36万人。其中，城镇人口54.7万人，占总人口的54.5%；农村人口45.66万人，占总人口的45.5%。人口密度416人/平方公里。

【民族】 全县除汉族外，还有回族、蒙古族、苗族、彝族、壮族、布依族、朝鲜族、满族等32个少数民族，6989人，分布在各乡镇、街道和部分县直单位。其中，回族5839人，占少数民族人口的83.5%。有6个民族村居。

经济和社会发展

【综述】 2017年，在县委、县政府的正确领导下，全县上下团结一心，按照“一二三四五”工作思路，高举发展争先大旗，以“走在前列、争创强县”为目标，以“125”工程为总抓手，攻坚克难，真抓实干，全县经济保持稳中有进的运行态势，民生保障持续加强，社会事业全面发展。

一、综合

2017年全县实现地区生产总值400.39亿元，增长7.4%。其中第一产业实现增加值37.65亿元，增长4.1%；第二产业实现增加值170.95亿元，增长11.1%；第三产业实现增加值191.79亿元，增长4.6%。三次产业结构由上年的9.9:43:47.1调整为9.4:42.7:47.9，第三产业所占比重同比提高0.8个百分点。人均地区生产总值39957元，同比增长8.6%。

二、农林牧渔业

农业生产平稳增长。全年完成农林牧渔业增加值39.17亿元，同比增长4.2%，其中农业增加值26.36亿元，同比增长3.7%；林业增加值0.93亿元，同比增长7.4%；牧业增加值9.05亿元，同比增长4.6%；渔业增加值1.31亿元，同

农林牧渔业增加值构成情况

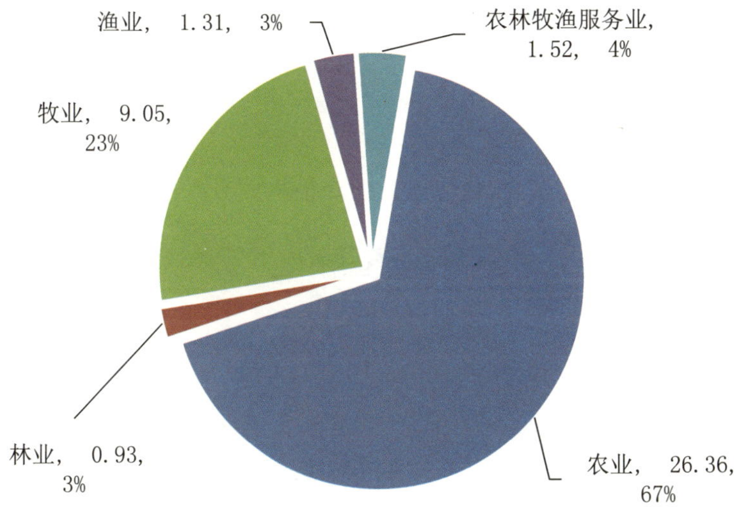

比增长5%；农林牧渔服务业增加值1.52亿元，同比增长10.3%。

主要农作物产量。全县粮食播种面积74.73万亩，同比下降7.5%；全年粮食总产量30.25万吨，同比下降6.3%，亩产404.8公斤，增长1.2%。其中夏粮总产9.1万吨，下降16.5%；平均亩产349.2公斤，增长0.6%。秋粮总产21.15万吨，下降1.2%；平均亩产434.6公斤，增长0.2%。花生总产10.06万吨，增长0.1%；烤烟总产5560吨，增长0.7%；蔬菜总产55.7万吨，增长4.5%；瓜类总产55800吨，增长39.3%。

林业生态建设。全年共完成成片造林1.67万亩；完成幼林抚育3万亩；新发展林下经济0.82万亩；新发展苗木花卉0.68万亩。有林地面积达到165万亩，森林覆盖率达到45.1%。

畜牧业。全年生猪出栏109.6万头，增长0.98%；羊出栏66.7万只，下降5.9%；家禽出栏5017万只，下降5.1%；肉类总产量15.3万吨，下降3.2%；禽蛋产量6.7万吨，增长9.8%；奶类总产量1.5万吨，与去年持平。

渔业生产。全年水产品产量17600吨，与去年持平。淡水养殖面积达到6.9万亩。

主要农产品产量表

表1

项目	计量单位	2017年实际	比2016年增长（%）
粮食作物	—	—	—
面积	万亩	74.73	-7.5
单产	公斤	404.8	1.2
总产	万吨	30.25	-6.3
夏粮	万吨	9.1	-16.5
小麦	万吨	9.1	-16.5
秋粮	万吨	21.15	-1.2
玉米	万吨	16.05	-1.1
谷子	吨	604	2.7
高粱	吨	82	-8.9
地瓜	万吨	4.65	-1.8
经济作物	—	—	—
棉花	吨	2028.5	1.9

续表 1

项目	计量单位	2017 年实际	比 2016 年增长（%）
花生	万吨	10.06	0.2
蔬菜及食用菌	万吨	57.7	4.5

三、工业

工业企业数量情况。年末规模以上工业法人企业 373 家。其中，年主营业务收入过 5 亿元、10 亿元、20 亿元的企业分别为 50 家、5 家和 2 家。纳税过千万元的工业企业 19 家，其中过亿元 2 家。

工业生产平稳增长。全县工业实现增加值 165.37 亿元，增长 10.9%。其中，规模以上工业增加值增长 8.5%，较上年提升 1.8 个百分点。规模以上工业企业实现工业总产值 1112 亿元，增长 13.4%；实现利税 83.1 亿元，增长 25%；其中：利润总额 46.8 亿元，增长 20.2%；主营业务收入 1068.9 亿元，增长 14.5%。

规模以上工业产值构成

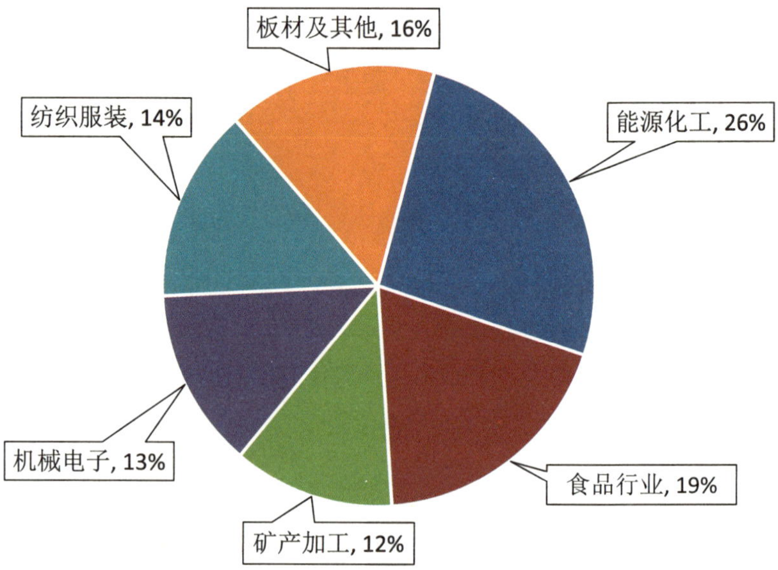

“四大板块”实现产值 779.2 亿元，增长 15.4%，占规模以上工业企业总量的 70.1%。其中能源化工行业完成产值 287.7 亿元，增长 12.7%，占规模以上工业总产值的 25.9%，占比提高 1 个百分点；食品行业完成产值 210 亿元，增长 15.3%，占规模以上工业总产值的 18.9%，占比下降 2.9 个百分点；矿产加工行业完成产值 134.5 亿元，增长 9.6%，占规模以上工业总产值的 12.1%，占比下降 2.6 个百分点；机械电子行业完成产值 147 亿元，增长 28%，占规模以上工业总产值的 13.2%，占比提高 2.1 个百分点；纺织服装行业完成产值 157.8 亿元，增长 22.3%，占规模以上工业总产值的 14.2%，占比提高 2.6 个百分点；板材及其他行业完成产值 175 亿元，下降 9%，占规模以上工业总产值的 15.7%，占比下降 0.2 个百分点。

四、固定资产投资、建筑

固定资产投资快速增长。全县完成固定资产投资 347.5 亿元，增长 11.7%。三次产业分别完成投资 21.6 亿元、153.1 亿元、172.8 亿元，分别增长 42.1%、9.3%、10.9%。工业技改投资 110.5 亿元，增长 11.2%，占工业投资的 72.2%。高新技术产业投资 49.7 亿元，占全部投资的 14.3%。民间投资完成 298 亿元，增长 10.8%。亿元以上新开工投资项目 48 个，完成投资 101.8 亿元。

房地产稳定增长。全县房地产开发投资完成 15.8 亿元，增长 0.4%；新开工面积 72 万平方米，增长 7.2%。商品房销售面积 82.9 万平方米，增长 10%；商品房销售额 32.5 亿元，增长 18.2%。

建筑业平稳发展。全年完成建筑业总产值 12.66 亿元，增长 17.9%，实现建筑业增加值 5.58 亿元，增长 16%。

五、国内市场、外经外贸、旅游

市场消费稳中有进。商贸流通业持续繁荣，限额以上商贸流通企业 107 家，全年完成社会消费品零售总额 209.2 亿元，增长 10%。实现批发和零售业增加值 79.81 亿元，增长 5%。其中实现批发业增加值 26.59 亿元，增长 5%；实现零售业增加值 53.22 亿元，增长 5%。实现住宿和餐饮业增加值 5.51 亿元，增长 6.1%。其中实现住宿业增加值 1.66 亿元，增长 7.5%；实现餐饮业增加值3.85亿元，增长5.5%。电商发展迅速，建成县级电商服务中心1个，乡镇服务站15个，村淘、京东、邮政、供销等各类村级服务点156个，全年电商交易额达到160亿元，增长33%，成功创建为省级电子商务示范县。

对外贸易平稳发展。全年实现进出口总额81.2亿元，增长9.4%。其中出口额65.5亿元，增长19.4%；进口额15.7亿元，下降18.9%。全县实际利用外资额14865万元。

旅游业健康发展。全年共接待游客1271万人次，实现旅游总收入127.4亿元，分别较上年增长15.1%和16.2%。新增、提升AA级以上景区7处、累计达到40处，继续保持全市第一和省内县域领先，其中AAAA景区6家、AAA景区12家、AA景区22家；省级旅游强乡镇7个；全县提供旅游住宿床位18957张，其中星级酒店住宿床位1919张，乡村民宿、连锁酒店等其他社会酒店床位17038张。

六、运输、电力

交通运输快速发展。全县物流企业87家，其中国家3A级仓储型物流企业1家，国家4A级综合型物流企业4家，经营物流专线的企业2家，开通公铁联运的物流企业2家。运输车辆5178台，其中2017年新增运输车辆1045台，新增车辆吨位1.7万吨。全年实现物流业税收2.4亿元；城市公交系统进一步完善，拥有城市公交车60辆，其中电动公交车58辆。CNG燃气城乡公交车170辆。公交线路29条，其中城市公交线5条，村镇公交线24条；公交站点495处，其中城市公交站点185处，城乡公交站点310处。2017年末，全县省、县、乡村各级公路共3506.3公里，新增公路里程26.6公里。总里程中省道6条，239.8公里；县道337.5公里；乡道265.3公里；村道2663.7公里。二级公路158.3公里；三级公路343.1公里；四级公路2765.2公里。胶新铁路沂水段9.26公里，瓦日铁路沂水段53.2公里；青莱高速48.28公里，青临高速58.07公里。

全县用电量稳定增长。全县全社会用电量达到29.66亿千瓦时，增长10.8%，其中：工业用电量22.06亿千瓦时，增长11.3%；城乡居民用电量4.6亿千瓦时，增长9.6%，其中城镇居民用电量1.9亿千瓦时，增长32.5%，乡村居民用电量2.7亿千瓦时，下降2.4%。

七、财政、金融、保险

财政收支略有下降。全年实现财政总收入32.1亿元，下降1.7%。一般公共预算收入20.12亿元，下降4.7%。其中税收收入15.46亿元，下降7.4%。全年财政支出48.6亿元，下降1.1%。其中，一般公共服务支出4.02亿元，下降9.6%；公共安全支出1.5亿元，与上年基本持平；医疗卫生支出6.6亿元，下降4%；科技支出1333万元，下降10.2%；节能支出8468万元，下降24.9%；教育支出15.95亿元，增长2.7%；城乡支出1.3亿元，下降1.5%。

全年实现国、地税收入28.2亿元，增长13.7%。其中国税收入17.8亿元，增长51.8%；地税收入10.4亿元，减少20.4%。

信贷规模持续扩大。全县年末金融机构本外币存贷款余额751.3亿元，较年初增加49.9亿元。其中，年末金融机构本外币存款余额440.1亿元，较年初增加26.1亿元；金融机构本外币贷款余额311.2亿元，较年初增加23.8亿元。贷款中，涉农贷款237.65亿元，较年初增加18.65亿元；小微企业贷款123.88亿元，较年初增加5.9亿元。

保险业健康发展。全县年末实现保费收入14.9亿元，增长26.8%，占全市保费收入的6.2%。其中，财险保费收入4.6亿元，增长49.9%；人寿险保费收入10.2亿元，增长18.5%。保费赔偿及保险金给付2亿元，增长33.3%。

八、教育、文化、卫生、安全

教育事业快速发展。2017年，全县参加高考人数6219人，进入自主招生控制线以上（一本进线）人数1261人，进线率20.3%；本科进线人数3015人，进线率48.5%；有4名考生被北大清华录取。

文化事业蓬勃发展。全县共有文化馆、图书馆、博物馆各1处，均免费向市民开放。图书馆有馆藏纸质图书40万册，电子图书11万册，报纸期刊4.1万册，累计办理读者卡2.5万张，被评为国家一级馆；县内文物51067件（套），其中博物馆馆藏文物50462件（套）。全县设有文化站19个，其中达到国家三级以上标准的文化站9个，建有文化广场1081个。

卫生机构更加健全。全县辖区内共有医疗卫生机构618个。其中综合医院6个，乡镇卫生院21个，社区卫生服务中心1个，社区卫生服务站6个，村卫生室547处。医疗卫生机构床位6958张，卫生技术人员6709人。其中，执业医师及执业助理医师2089人，注册护士2666人。

安全生产。发生各类生产安全事故13起，死亡9人，分别比上年下降40.9%和15.7%，受伤人数8人，经济损失175.61万元。其中道路交通11起，死亡7人，受伤6人，经济损失5.61万元；工矿商贸及其他事故2起，死亡2人，经济损失170万元。

九、居民生活

居民收入稳定增长。全县居民可支配收入24220元，增长8.9%。其中，城镇居民可支配收入33580元，增长7.9%；农村居民可支配收入12990元，增长8.3%。

户籍人口持续增加。截至2017年年末，全县户籍总户数402033户，户籍总人口1178401人。其中，城镇人口489602人，乡村人口688799人。全县当年出生落户人口33408人，出生率28.58‰。其中，男性17310人，女性16098人，新生儿性别比107.5:100；死亡人口11730人，死亡率10.03‰；人口自然增长率18.54‰。总人口中男性人口603993人，女性人口574408人，人口性别比为105.15:100。按年龄段分，0~17岁人口248925人；18~34岁人口266924人；35~59岁人口425776人；60岁及以上人口236776人。

党务·政务

中国共产党沂水县委员会

【中国共产党沂水县第十四次代表大会】 会议于2017年1月18日召开。大会回顾总结了沂水县第十三次党代会以来的工作，研究确定了今后五年全县工作的指导思想和主要任务，选举产生了中国共产党沂水县第十四届委员会和纪律检查委员会。

【中共沂水县委十四届二次全体会议】 会议于2017年11月18日召开。主要是深入学习贯彻中共十九大、十九届一中全会、习近平总书记在瞻仰中共一大会址时的重要讲话和省委十一届二次全会、市委十三届三次全体扩大会议精神，听取和讨论薛峰同志受县委常委会委托作的工作报告，审议通过《中共沂水县委关于深入学习贯彻党的十九大精神的决议》，并从八个方面就学习贯彻党的十九大精神作出部署：（一）充分认识党的十九大的重大意义，统一思想凝聚力量，迅速兴起学习宣传贯彻十九大精神热潮；（二）自觉用习近平新时代中国特色社会主义思想指导实践，努力实现走在前列争创强县目标；（三）全面贯彻新发展理念，加快现代化经济体系建设；（四）加强民主政治建设，充分调动各方面积极性；（五）推动文化繁荣兴盛，努力建设文化强县；（六）着力改善民生和创新社会治理，让人民拥有更多获得感和幸福感；（七）扎实推进生态文明建设，努力建设美丽沂水；（八）全面从严管党治党，全力夯实党的执政基础。

【县委工作会议】 会议于2017年12月30日召开，主要回顾总结2017年全县工作，兑现奖惩，安排部署2018年工作任务和措施。县委书记薛峰作重要讲话。

2017年沂委文件目录一览表

表2

序号	文件名称	文号	印发时间
1	中共沂水县委关于认真落实全面从严治党进一步加强党员教育培训工作的实施意见	3	2017.01
2	中共沂水县委关于开展基层组织建设提升年活动的实施意见	14	2017.03
3	中共沂水县委关于印发《2017年度落实全面从严治党主体责任重点任务分工意见》的通知	34	2017.04
4	县委、县政府关于印发《沂水县电子商务进农村三年规划及实施方案》的通知	39	2017.05
5	中共沂水县委关于印发《中共沂水县委巡察工作实施办法》的通知	28	2017.04
6	县委、县政府关于深入推进农业供给侧改革加快培育农业农村发展新动能的实施意见	63	2017.08
7	县委关于成立中共沂水县驻北京流动党员委员会的通知	73	2017.09
8	县委印发《关于进一步落实省委巡视边巡边改要求整改方案》的通知	74	2017.09
9	中共沂水县委、沂水县人民政府2017年度全县重点工作考核表彰决定	90	2017.12

2017 年沂发文件目录一览表

表 3

序号	文件名称	文号	印发时间
1	县委、县政府关于2017年度全县招商引资工作的意见	2	2017.02
2	县委、县政府2017年度全县工业民营经济工作意见	3	2017.02
3	县委、县政府2017年度“125”工程实施意见	4	2017.02
4	县委、县政府2017年度金融工作意见	5	2017.03
5	县委、县政府2017年现代物流业发展工作意见	6	2017.03
6	县委、县政府2017年度全县城乡建设工作意见	7	2017.03
7	县委、县政府关于印发《沂水县省级中等城市试点工作实施方案》的通知	8	2017.03
8	县委、县政府2017年度全县旅游工作意见	9	2017.03
9	县委关于落实全面从严治党要求、加强和改进县直机关党建工作的意见	10	2017.03
10	县委、县政府关于加快推进全县工业转型升级的意见	11	2017.05
11	县委、县政府关于进一步加快公墓建设推进殡葬改革的实施意见	12	2017.05
12	县委、县政府关于印发《沂水县化工产业安全生产转型升级专项行动实施方案》的通知	15	2017.07
13	中共沂水县委关于建立“支部主题党日”长效机制 推进“两学一做”学习常态化制度化实施意见	16	2017.07
14	县委、县政府2017年减轻农民负担工作意见	18	2017.08
15	中共沂水县委关于深入学习贯彻党的十九大精神的决议	19	2017.11

县委办公室工作

【概况】 中共沂水县委办公室是县委的综合办事机构。2017年，设机要局、保密办、农工办、改革办、维稳办、文书科、综合一科、综合二科、信息科、调研科、农工科、督查室、法规科、行政科、财务科、保卫科、车队等17个科室，2017年有工作人员45名。

2017年，县委办公室在县委的正确领导下，认真学习贯彻中共十八大、十八届历次全会和中共十九大精神，坚持以习近平新时代中国特色社会主义思想为根本指引，牢固树立“四个意识”，忠诚践行“五个坚持”，紧紧围绕县委中心大局，以“当好大参谋、搞好大协调、抓好大督查、做好大保障”为目标，不断完善服务理念，全面提升服务水平，狠抓工作任务落实，有力保证了县委各项决策的顺利实施和县委机关的高效运转，为建设“四个沂水”、实现“走在前列、争创强县”奋斗目标做出了积极贡献。先后被评为全省党委信息工作先进单位、全市保密优质无事故先进单位、全县服务经济社会发展先进单位、全县脱贫攻坚工作先进单位、全县政法综治暨平安沂水建设工作先进单位、全县环境保护工作先进单位、全县人口和计划生育工作先进单位、全县老干部工作先进单位。

【重点工作】认真落实县委“一二三四五”的工作思路，以“125”工程为总抓手，坚持把“三引一促”作为办公室服务全县经济发展的主流前沿阵地，积极“走出去”“请进来”，先后到深圳、青岛等地开展招商并邀请企业负责人到沂水县实地考察；促成山东理工大学、潍坊科技学院教授专家与沂水县山东源泉机械、临沂业隆通用机械公司签署合作协议，帮助企业解决生产难题。扎实做好县直部门联系服务企业工作，帮助山东玻纤、群力通机械、三洋机械三家企业解决困难需求9条，其中帮助山东玻纤集团协调解决了新上35万千瓦发电机组项目手续办理，有效改善了城区供暖情况。2017年，办公室共引进域外资金1.7亿元，引进B类创新人才2名、B类创业人才1名。

【综合文字工作】精细提供综合文稿。坚持在吃透上情、把握下情、了解外情的基础上，努力贴近领导思路和群众意愿，不断提高各类文稿的指导性、针对性和实效性，参与起草了县第十四次党代会等重要会议材料，撰写县委主要领导综合性会议讲话300余篇、100多万字。精心准备典型汇报。根据不同的会议主题和汇报对象，争取用最简练的语言来挖掘亮点、提炼经验、展示形象，先后围绕脱贫攻坚、新旧动能转换、殡葬改革、信访维稳等重点工作，撰写领导典型发言、署名文章、汇报材料70余篇，在《人民日报》《人民论坛》《大众日报》等中央、省主流媒体刊发30余篇，较好地实现了让中央、省市领导了解沂水县经济社会发展情况、给予更大支持的目的。精准组织调查研究。围绕县委“一二三四五”的工作思路和“125”工程两大主题，以经济社会发展的前瞻性问题、阶段性重点工作中出现的新情况新问题、领导关注的热点难点、群众的需求诉求为重点，撰写调研报告18篇，“智囊团”“思想库”的参谋助手作用得到充分发挥。其中，《沂水县实施全民惠葬政策殡葬改革趟出新路子》被省委以改革简报形式在全省刊发推广，进入领导决策，要求在全省推广经验；《关于推进村级干部队伍建设的思考》被省《调查与研究》刊发，《沂水县发展全域旅游、开拓乡村旅游新境界》《精准施策、机制破解，沂水县探索建立“一载体两分离”精准扶贫机制》分获全省党委政研系统优秀调研成果二、三等奖。

【深化改革工作】主动承担改革试点重任。稳步实施了国家级县级公立医院综合改革试点、全国农村集体产权制度改革试点、国家级不动产登记信息基础平台联系点试点、国家级城市建设用地节约集约利用试点、全省新型城镇化改革试点等16项国家级、省级改革试点任务，是全市承担改革试点任务最多的县。高效推进改革试点进程。明确改革任务书、路线图和时间表，建立“月调度、季分析、半年小结、全年盘点”的调度督查制度，县级公立医院综合改革试点、不动产登记信息基础平台联系点试点、农村集体产权制度改革试点任务顺利完成，经济体制、生态文明、民主法制、文化、司法、社会治理、社会事业、党的建设以及纪律检查等重点领域改革有序高效推进。深入挖掘改革试点经验。加强对改革试点的总结评估，加快对试点成果的复制推广，努力通过改革试点创造经验、拓宽思路、助推发展。在省级全域化旅游试点中，总结提炼的“1+3+N”旅游监管体制、旅游中心论等体制机制经验，被新华网、《中国旅游》杂志、国家旅游局网等知名网络媒体刊发；在农村集体产权制度改革试点工作中，利用“研判建议”“沟通反馈”两个机制界定成员身份的做法得到农业部有关领导肯定。推进地方特色改革形成试点。实施的以“殡葬全免费”为主要内容的殡葬改革，开创全国先河，形成“沂水样本”，刘家义、林峰海、王玉君、张术平等省市领导分别作出批示，中央电视台新闻联播、新华社、《人民日报》《经济日报》等100多家主流媒体报道。通过改革试点申报，沂水县被国家民政部确定为全国殡葬综合改革试点县。

【信息工作】紧紧围绕县委中心工作和经济社会发展大局，抓住重点、关注热点、突出亮点、剖析难点，信息工作成绩有了大幅提升，被评为全省党委信息工作先进单位。2017年，共整理上报各类信息1226篇，被市级以上（包含市级）采用217篇。常规信息求“精”。坚持吃透上情、力求有高度，摸清下情、力求有深度，立足本地、力求有特色，报送的《沂水县殡葬过程全免费政策在全国首开先河》《沂水县紧盯“四新”促“四化”打造经济增长新亮点》《沂水县创新“五化”机制打造村级督查新模式》等信息均被省委办公厅采用。问题建议类信息求

"透"。强化问题导向，及时了解上级重大决策部署落实中的问题，全方位反映基层群众的意见要求，报送的《当前农村公共文化供给侧改革存在五方面问题亟待解决》《农村"空巢老人"生活状况亟待改善》《扶"贫中之贫"攻"坚中之坚"亟需关注五个"难中之难"》《关于田园综合体建设的几点思考和建议》等信息被省办、中办采用。紧急信息求"准"。把紧急信息报送作为信息工作的"底线""红线"和"高压线"，按照"七个必报"要求，制定第一责任人、主渠道报送、"三同时一提前"、通报问责等紧急信息报送制度，加强与公安、国安、网信、安监、交通、民政、环保、食药监等部门单位的沟通联系，一旦发生突发事件或紧急情况，及时互联互通，全年未发生一起紧急信息上报漏报情况。

【农村工作】 印发《关于加快推进美丽乡村标准化建设的工作方案（2017—2020年）》，编制完成全县美丽乡村建设总体规划，对美丽乡村建设重点项目进行责任分解、节点量化，做到职责清晰、责任明确。重点做好美丽乡村达标创建、村居道路硬化和改厕、城乡环卫一体化、路域环境综合整治等工作的调度、督导，全年实地督导57次，编发进度通报15期、工作简报12期。做好沂蒙美丽乡村信息管理平台日常维护，完成全县945个村庄信息的录入、日常更新以及基本情况调查统计。先后围绕如何做好美丽乡村建设和扶贫攻坚结合文章、特色小镇建设、村级增收等工作进行专题调研，撰写的《沂水县创新"六种模式"壮大农村集体经济》《沂水县坚持"六个入手"推进旅游扶贫》被上级采用。

【维稳工作】 以大局稳定、群众满意为目标，加强重点群体教育稳控，扎实开展稳定风险评估，全力维护社会政治安全，做到责任分解、排查化解、包案稳控、舆情监管、应急处置、倒查追究"六个到位"，推动各级领导干部认真履行维稳"第一责任人"和"一岗双责"责任，凝聚形成齐抓共管维稳工作合力，圆满完成了各级"两会"、省市县党代会、"一带一路"高峰论坛、党的十九大等重要安保维稳任务，维护了全县大局和谐稳定。

【督查工作】 围绕全县中心工作抓督查。对城乡环卫一体化、美丽乡村建设等11项重点工作，定期不定期调度督导，深入剖析工作推进中存在的问题和难点，并为领导提出可行性对策建议。围绕上级交办、领导批办事项抓督查。重点对国务院第四次大督查第九督查组热线电话反映的5项问题进行专项督查，满意率全部达到上级要求。围绕中央环保督察信访件抓督查。承办中央环保督察组交办沂水县的23个批次92件信访案件，至2017年年底，已按时销号79个，没有出现一个超期信访件。研究制定2017年度乡镇科学发展综合考核办法并组织实施，做到考核科学合理、指挥棒作用充分发挥，有力推进了全县各项重点工作的推进落实。

【文书保密机要工作】 公文处理方面，认真落实改进文风相关要求，对以县委、"两办"名义印发的文件、通知严把"政策关、文字关、格式关、程序关"。全年共审核把关文件249件，收发上级来文700余件，无一起上级来文丢失、涉密资料外泄现象发生。印发《关于做好党内规范性文件备案工作的通知》，建立备案工作台账和发文登记制度，规范文件备案审查，全年共向市报备党内规范性文件26件。扎实开展规范性文件清理工作，对新中国成立以来以"两办"名义发布的规范性文件进行了全面梳理、清理，废止84件、宣布失效11件。会务服务方面，认真落实改进会风和厉行节约、反对浪费有关要求，全年共承办县委、县府及有关部门召开的会议、活动300余次，做到会议、活动通知发放准确及时，会场布置严谨得体，签到准确无错漏，文件分发规范有序，会中服务周到细致，会后材料回收及时。值班工作方面，坚持24小时值班，不空岗脱岗，不出事误事，确保政令畅通。全年共接待上访人员6000人（次）。高度重视领导批示件的办理工作，落实责任、提高效率，全年转办县委主要领导各类批示件400余件。保密机要工作，认真落实密码安全保密管理制度，严格执行紧急重要电报译传办理规定，全年共译传办理电报1007份，其中密码电报632份，未发生任何失泄密事故。认真开展各项保密检查工作，积极组织辖区机关单位保密宣传及培训，督促各单位进行保密自查自评，全年共检查机关单位72个，检查档案60余份，检查计算机111台，其中政务内网计算机52台，涉密计算机5台。

【行政后勤工作】 坚持"集中财力，保证重点，勤俭节约，照顾全面”工作原则，为县委机关各项工作的正常开展提供了保障。经费管理方面，牢固树立勤俭节约意识，认真落实中央“八项规定”要求，全年参与接待市级以上领导及部门300批次，接待大型党政考察团10余次。车辆管理方面，严格执行公务用车使用管理各项规定，强化安全意识和节约意识，2017年累计出车约6000余台（次），总里程70余万公里，做到了调度合理，服务周到，安全行驶无事故。

2017年沂办发文件目录一览表

表4

序号	文件名称	文号	印发时间
1	县委办公室、县政府办公室印发《关于加快推进美丽乡村标准化建设的工作方案（2017—2020年）》的通知	4	2017.02
2	中共沂水县委办公室印发《关于推进城市街道、社区区域化党建工作实施意见》的通知	7	2017.03
3	县委办公室、县政府办公室关于印发《沂水县创建全国绿化模范县实施方案》的通知	9	2017.03
4	中共沂水县委办公室印发《关于进一步落实党委（党组）意识形态工作责任制方案》的通知	10	2017.03
5	县委办公室、县政府办公室关于印发《沂水县加强扶贫资金资产管理大集体经济实施细则（试行）》的通知	11	2017.03
6	县委办公室、县政府办公室关于印发《沂水县农村集体三资“三清”工作实施方案》的通知	12	2017.03
7	县委办公室、县政府办公室关于印发《沂水县公共法律服务“五个一”工程建设实施方案》的通知	15	2017.04
8	县委办公室、县政府办公室关于印发《促进全县电子商务发展扶持办法》的通知	16	2017.05
9	县委办公室、县政府办公室关于印发《沂水县创建国家全域旅游示范区任务分解方案》的通知	21	2017.05
10	县委办公室、县政府办公室关于印发《沂水县全面实行河长制实施方案》的通知	23	2017.05
11	中共沂水县委办公室关于印发《全县聚焦扶贫领域集中整治和查处群众身边不正之风和反腐问题实施方案》的通知	24	2017.05
12	县委办公室、县政府办公室关于印发《健全“125”工程评审体系的实施意见》的通知	30	2017.05
13	县委办公室、县政府办公室关于印发《沂水县新旧动能转换重大工程工作方案》的通知	35	2017.06
14	县委办公室、县政府办公室关于印发《加强和改进新形势下公安基层基础工作的意见》的通知	36	2017.06
15	中共沂水县委办公室印发《关于推进“两学一做”学习教育常态化制度化的工作方案》的通知	49	2017.07
16	县委办公室、县政府办公室关于印发《进一步提高行政效能优化发展环境的规定》的通知	51	2017.07
17	县委办公室、县政府办公室关于印发《关于进一步推行服务承诺制首问责任制限时办结制实施意见》的通知	52	2017.07
18	县委办公室、县政府办公室关于印发《沂水县党政事业单位国有资产清查工作实施方案》的通知	54	2017.07

续表 4

序号	文件名称	文号	印发时间
19	县委办公室、县政府办公室关于建立党政一体法律顾问制度的通知	19	2017.05
20	县委办公室、县政府办公室关于印发《沂水县引进医学类高层次人才实施方案》的通知	27	2017.05
21	县委办公室、县政府办公室关于印发《沂水县农村集体产权制度改革工作实施方案》的通知	58	2017.07
22	县委办公室关于印发《关于深入学习宣传贯彻省第十一次党代会精神工作方案》的通知	60	2017.08
23	县委办公室、县政府办公室关于加强“一村一警务助理”农村社区警务工作的实施意见	69	2017.10
24	县委办公室印发《关于开展党委联系服务专家工作实施意见》的通知	70	2017.10
25	县委办公室、县府办公室关于印发《沂水县深化农村改革综合性实施方案》的通知	74	2017.10
26	县委办公室、县府办公室印发《关于完善法律援助制度实施办法》的通知	75	2017.10
27	县委办公室、县府办公室关于印发《县级领导包乡镇督导安全生产工作方案》的通知	79	2017.12

2017 年沂办字文件目录一览表

表 5

序号	文件名称	文号	印发时间
1	县委办公室、县政府办公室关于印发《沂水县环境保护督查自查自纠工作实施方案》的通知	3	2017.01
2	县委办公室、县政府办公室关于印发《沂水县 2017 年城镇网格化管理工作实施方案》的通知	14	2017.03
3	县委办公室、县政府办公室关于印发《沂水县大气污染防治 2017 年攻坚行动方案》的通知	18	2017.04
4	县委办公室、县政府办公室关于印发《2017 年沂水县环保突出问题攻坚行动治理推进方案》的通知	19	2017.04
5	县委办公室、县政府办公室关于稳妥做好公益性公墓使用工作的通知	32	2017.06
6	县委办公室、县政府办公室关于印发《沂水县深化放管服务改革优化政务环境工作方案》的通知	42	2017.09
7	县委办公室、县政府办公室关于印发《2018 年国家重点生态功能区县域生态环境测评考核工作实施方案》的通知	47	2017.10
8	县委办公室、县政府办公室关于印发《沂水县河长制工作县级会议制度》等相关制度的通知	48	2017.11
9	县委办公室、县政府办公室关于 2017 年全县重点工作考核的通知	49	2017.11
10	县委办公室印发《沂水县全面从严治党主体责任工作考核方案》的通知	51	2017.11
11	县委办公室、县政府办公室关于印发《全县扶贫领域腐败和作风突出问题治理工作方案》的通知	52	2017.12

（朱善锋）

组织工作

【概况】 县委组织部的主要职责是认真贯彻执行党的组织路线和方针政策，加强党的组织建设、思想建设和作风建设，为全县经济和社会各项事业的发展提供组织保证。全县共有基层党组织2530个，党员59467人。2017年，县委组织部聚焦主责主业，紧扣中心大局，坚持改革创新，着力为科学发展配班子，为转型升级聚人才，为夯实基础强组织，为跨越赶超树导向，全力推进组织工作创新发展，为推动沂水走在前列、争创强县提供了坚实的组织保障。全市县区委书记抓基层党建工作年度观摩考核成绩位列第一；在县直部门服务经济社会发展综合考核中，县委组织部连续两年位列全县第一；“基层组织建设提升年”活动在“125”工程十项重点工作中综合排名第二；全县立功授奖的70人中，组织部有6人荣获三等功。

2017年，组织部设办公室、研究室、干部科、干部监督科、干部教育科、人才工作办公室、组织一科、组织二科、党员教育中心（正科级）、党性教育基地办公室（正科级）。县绩效考核办公室（正科级）、县委组织员办公室（正科级）、县委党性教育工作办公室（正科级）归口县委组织部。共有工作人员34人。

【领导班子和干部队伍建设】 扎实开展乡镇领导班子换届“回头看”，实时掌握乡镇领导班子运行和班子成员作用发挥情况。认真开展县直单位2016年度考核工作，调整理顺部分县直单位领导班子，提拔重用干部22名。围绕服务推进全县“125”工程，抽调20名35岁以下干部到绩考办担任督察员，抽调60名中层以上干部服务重点项目建设，抽调20名县直年轻干部到乡镇挂职锻炼。规范中层干部调整程序，完成了24个单位的中层干部调整审核备案工作。扎实做好省委巡视、选人用人专项巡视服务准备工作，认真做好省人大代表初步人选的推荐工作，顺利完成县直单位遴选和公务员、事业人员考录工作。

【干部监督】 健全干部监督工作联席会议制度，各成员单位提报交流监督信息100余条，对拟提拔重用干部遵纪守法和廉洁自律情况全部征求了成员单位意见。用好提醒函询诫勉制度，实行经济责任审计“三联合”制度，严格执行个人有关事项报告制度，对机关事业干部在企业兼职（任职）进行再梳理、再排查，做到发现一起查处一起。加强领导干部出国（境）备案自查清理和审批管理工作，畅通组织信访举报渠道，受理各类举报和咨询30件，全部办结。扎实推进干部人事档案专项审核工作，问题登记、汇总分析、调查研究和签字确认等环节工作基本完成，相关数据库信息及时更新。

【干部教育】 围绕干部需求和工作需要，先后举办中共十八届六中全会精神轮训班、新任科级干部培训班、沂水县县域经济发展（北京大学）专题研修班等培训班17期，培训人员3100余人次。组织开展青年干部学习中共十八届六中全会精神知识竞赛和“庆七一”党的理论知识电视竞赛。围绕学习贯彻中共十九大精神，利用11月、12月两个月的时间，开展集中轮训、集中宣讲、集中研讨“三集中”活动，掀起学习中共十九大精神热潮。成立党性教育工作办公室，遴选工作人员3名，公开招聘讲解员4名。完成沂蒙红嫂祖秀莲纪念馆重新布展工作，先后培训县内外150期8000余人次。建成桃棵子村“三同”教育基地，接待县内外班次16期620余人。深化结构化研讨工作，在研讨频次、主题选择、研讨形式、成果运用等方面进行创新性改进，进一步增强结构化研讨的生命力和实效性。

【人才队伍建设】 扩大人才外部引进，举办“百家院所进临沂”活动13次，建成各类研发平台69家，定期组织“百名教授家乡行暨智汇沂水发展论坛”“沂水县优秀大学生招才引智宣传推介会”等活动，到高校和科研院所对接专家教授625人次，新设人才工作站2处，年内共引进高层次人才654名。优化人才创业环境，实行县领导联系专家、相关职能部门联系人才项目制度，加强企业基础设施管网配套，为人才项目落地、建设提供优质服务。拓宽晋升渠道，推荐7名创业人才、14名创新人才参与申报市科技创新创业领军人才，推荐3名高技能人才获得“临沂市首席技师”称号。完善招才引智专项考核办法，签订人才工作目标责任书。举办全县人才工作暨招才引智培训会和上海交通大学“招才引智能力创新提升班”，建立人才工作数据库和人才工作责任清单，定期发布《沂水人才工作信息》简报，推动人才工作任务落实。招才引智和人才目标责任制考核位列全市第一。

【绩效考核】 督事方面，建立问题追踪督察机制，对领导批示及交办事项逐项建档、销号管理。建立“125”工程动态管理机制，3次评审共纳入重点产业项目85个，退出项目3个。开展“争先进位创一流，比学赶超求突破”活动，设立“龙虎榜”。调整完善重点工作考核办法，精简县直部门参与点评人员，首次新增纳税前20强企业负责人参与现场点评，开通点评微信公众号，实行点评成绩涂卡评价、微机汇总、当场公布。筹备全市新旧动能转换交流会现场观摩，观摩成绩列全市第二，隆科特饲料酶项目被评为全市10个好项目之一，开创5年来最好成绩。察人方面，坚持日常考察和专项考察相结合，建立干部一线表现记实制度，成立“125”工程专项考察组，实行组织部长、副部长分工联系乡镇和重点工作线制度，深入项目一线全面考察了解干部作用发挥和县直部门服务情况，推荐优秀干部16人，宣传表扬同志3名。在队伍建设方面，引导督察员以绩考专报或动态形式向县主要领导汇报，提报绩考件420篇，上报绩考件192件；推出《庐山化工园区企业分析报告》《11个拆迁片区整体分析报告》等高质量调研分析报告；建立督察员早晨会和晚分片例会制度，实行绩考件报送情况每月内部通报。

【基层组织建设】 实施“规范提升”工程。开展村级督查，建立党务巡查和村居经济责任审计“五化”模式，全覆盖督查359个村（社区），经济责任审计发现问题4741个，整改3900个，党务巡查发现问题5551个，全部整改；落实农村“一审三评＋四议两公开”工作法、城市社区重大事项“五议一备两公开”工作法；开展“群众诉求集中解决年”活动，组织入户走访2次，电话、短信联系1次，收集群众诉求2023条，解决1864条，全市“结亲连心”抽查考核中，沂水县以满分成绩稳居全市第一。实施“素质提升”工程。制定党内生活八规范，建立“支部主题党日”制度，建立党课下基层制度，开展上党课活动800余场（次），覆盖党员4.4万余人。实施“党员先锋”工程。开展“学灯塔、用灯塔”活动，依托“灯塔—党建在线”平台，在全省率先开展党组织关系网上转接试点工作；开展“临沂党建”在线发展党员工作试点，完善发展党员“全程质量监控”体系，新发展党员670名，20个三年以上不发展党员村全部销号；设立沂水县驻京、驻沪流动党员党委，在北京、上海、青岛等建立流动党员党组织38个，在乡镇建立流动党员服务站19个。实施“堡垒巩固”工程。开展“村霸”专项整治和后进村班子集中整治，全县58个市县备案后进村全部完成整治；推进“临沂党建”可视化信息平台建设，全县18个乡镇（街道）、359个村（社区）全部开通；抓实调查研究、研判分析、提前整治、人选储备各个环节，顺利召开村（社区）“两委”换届全县动员会、培训会、现场观摩会，12月18日，市委书记王玉君到四十里堡镇皂角树村进行了换届调研指导；开展联席会议成员单位结对帮扶城市社区活动，推进城市街道、社区区域化党建工作；在“两新”组织实施“党旗飘扬”工程、推行“区域化组建、网格化管理、一体化发展”党建管理模式；实施“12345”机关党建提升工程，解决机关党建“灯下黑”问题。实施“示范带动”工程。培树表扬10名十佳农村党组织书记；大力推进县委书记抓基层党建突破项目，实施“百个产业项目助推千村增收计划”，成立村级集体经济发展研究会，建立村级增收指挥调度中心，推行村级增收“二十策”，投入扶持资金1.3亿元，发展产业项目258个，覆盖828个村，2017年实现集体增收1405万元，彻底消除“空壳村”，全县80%的村集体收入达到3万元以上。“百个产业项目助推千村增收计划”，村级督查“五化”模式，流动党员“三位一体”管理，机关党建品牌创建，第一书记抓党建促脱贫攻坚等经验做法被省、市委组织部总结推广，市委组织部先后4次在沂水县召开现场会，县区委书记抓基层党建工作，年度观摩考核成绩位列全市第一。12月18日，杨东奇部长、王玉君书记、张宏伟书记等省市领导到沂水调研基层党建工作时，给予充分肯定。

【党员教育】 集中利用冬季和春季集中培训，举办各类培训班400余场，对流动党员、年老体弱党员等特殊群体落实寄学、送学和帮学措施，累计培训党员46502人（次）。利用“临沂党建”数据平台和党员教育质量评估抽查体系，对党员集中培训成效抽查检验，抽查3000余人（次）。开展农村和城市社区“两委”成员专科学历教育工作，依托县职业学校，抓好集中面授、送教下乡、党性教育等教学管理工作。至2017年底，已开展专科学历教育2期，培训学员394人。

【任职第一书记工作】 持续抓好第一书记工作，加大派出单位支持力度和政策资源倾斜力度，第一书记任职村发生了明显的积极变化。至2017年底，省市县第一书记已累计协调投入帮扶资金1.6亿元，发展和培育扶贫致富项目160个，实现集体收入720万元，硬化村内道路、生产路933公里，新建各项水利设施113处，改造提升村级办公场所43处，新建文体广场48处，协调解决实际问题247件。

（王莹莹）

宣传工作

【概况】 中共沂水县委宣传部是县委主管意识形态方面工作的综合职能部门。2017年，宣传部下设办公室、新闻科、理论科、舆情信息科、企工科、社会宣传科、文化产业发展办公室等7个科室；文联（社联）为正科级参照公务员管理机关事业单位，隶属于宣传部。有工作人员22名。

【理论教育】 把迎接党的十九大胜利召开及学习贯彻习近平总书记系列重要讲话精神作为首要政治任务，与“两学一做”学习教育常态化制度化紧密结合，扎实推进理论学习、宣传普及和研究阐释深入开展。理论学习求真求实。印发《关于加强全县各级党委（党组）中心组理论学习的意见》，编发《全县各级党委（党组）中心组理论学习参阅材料》500册，县委理论中心组集体学习14次，带动各级中心组学习取得新进展。组织发行好《全面从严治党面对面》和十九大学习辅导读物等书籍，确保党的新思想、新理念、新部署深入基层、入脑入心。持续开展“集中读书日”活动，全年共有7000余名机关干部入馆读书，大力营造了重视学习、崇尚学习、坚持学习的浓厚氛围。理论宣讲入脑入心。依托干部联系群众网络，实行专业理论队伍“送教下乡”、机关干部理论骨干宣讲与草根宣讲相结合，形成了横到边、纵到底、全覆盖的理论教育网格化宣讲体系，围绕习近平总书记系列重要讲话、党的十九大和省市党代会精神的学习宣传，共组织“贯彻党代会　喜迎十九大”等理论宣讲140余场（次），受众8万人（次）。推荐4名优秀宣讲员，纳入全市“草根宣讲团”，在全县各机关、社区、学校、企业巡回宣讲50场（次）。理论研究精益求精。围绕沂蒙精神、脱贫攻坚、移风易俗、国家全域旅游示范区创建等申报市级社会科学研究课题13个，为服务全县大局提供了智力支持。

【新闻宣传】 始终坚持正确导向，全县改革发展氛围更加浓厚。对内宣传凝心聚力。重点围绕脱贫攻坚、“三引一促”、移风易俗殡葬改革等“125”工程重点工作进行主题性、战役性宣传报道，在县电视台、《沂水报》开设了“全力实施‘125’工程加快争创强县步伐”专题专栏，宣传报道工作中的好经验、好做法及先模人物事迹，凝心聚力、鼓舞士气。并在电视台设立“曝光台”，对在重点工作推进中推诿扯皮、敷衍应付，影响全县发展大局的单位和个人，坚决予以曝光，“反弹琵琶”推进工作全面开展。对外宣传展示形象。围绕移风易俗殡葬改革、新旧动能转换等重点工作，累计向上发稿5000余篇，在省级以上主流媒体刊播重头稿件80余篇。其中，中央电视台《新闻联播》播发《山东沂水实现公益性公墓全覆盖》；新华社播发通稿《山东沂蒙老区：殡葬全免费，减负又惠民》；人民日报“干部状态新观察·县委书记抓改革”专栏首篇推出《推行殡葬改革　费用财政兜底——这件事，在沂水不花钱了》等一批重头稿件在中央和省市媒体刊发，进一步树立了

2017 年 8 月 30 日，县委宣传部举行创建省级四德工程示范县动员会议暨“榜上有名”发榜仪式

沂水对外新形象。舆情引导高效有序。加强舆情应急处置和舆论引导，对群众普遍关注的安全生产、食品药品安全等民生领域突出问题积极应对，主动协调，最大限度地降低了负面影响。2017 年共监控网上不良信息 1200 条，有力的净化了舆论环境。同时，积极参与上级网络管控指令，高质量完成省市网络引导任务 86 次，引导跟帖 20000 余条，排名位居全市第一。意识形态掌控得力。制定下发了《关于进一步落实党委（党组）意识形态工作责任制的工作方案》（沂办发〔2017〕10 号），成立了由县委宣传部牵头，县直有关部门、单位参加的意识形态工作联席会议制度，加强了对全县意识形态工作的统筹协调。定期分析研判通报意识形态领域情况，及时把握社会思潮动向，全年累计上报各类信息 1 万余条，位居全省各信息直报点、全市各县区前列。

【文明创建】 以创建文明城市为抓手，在长效机制上作文章，在常态管理上下功夫，公民文明素质和社会文明程度不断提升。移风易俗蹚出新路，全民惠葬首开先河。从 2017 年 5 月 10 日开始，首开全国先河，全面推行全民惠葬政策：对具有沂水户籍、在沂水去世的居民，殡葬过程中涉及的遗体运输费、火化费、骨灰盒费和公益性公墓墓穴使用费全部免除，相关费用由县财政承担。惠葬政策出台后，中央电视台新闻联播、新华每日电讯、人民日报新华网等百余家媒体分别播发、转载了沂水的做法，民政部及省市领导先后来沂水县进行专题调研；省领导刘家义、孙守刚、林峰海等对这一做法分别作出重要批示，给予高度评价。同时，大力倡导集体婚礼、文化婚礼、民俗婚礼三种模式，鼓励年轻人积极参与践行喜事新办，让文明节俭理念深入人心。文明创建不断深化，城乡文明水平显著提升。以全国文明县城复评验收为契机，大力开展“建美丽城市、做文明市民”行动，完善城市基础设施，提升公共服务水平，加大城市管理综合执法力度，努力减少焚纸、祭路、祭车、乱扔乱倒垃圾等不文明现象，努力形成完善的公共服务、良好的社会秩序、文明的道德风气。扎实开展乡村文明行动，成功申报经济开发区东王家庄子、四十里堡镇林家官庄、崔家峪镇青石万 3 个村为省级“乡村文明家园”，争取上级乡村文明行动扶持资金 30 万元。至 2017 年底，全县省级乡村文明家园达到 24 个。培育和践行社会主义核心价值观，思想道德高地进一步筑牢。成功争创全省第三批四德工程示范县，积极培育勤劳节俭、遵德守礼、知荣明耻的社会风尚。及时更新了 1063 个村、136 个机关、128 所学校和 209 家企业的善行义举四德榜，上榜人数累计达到 35 万人次，率先在全市实现四德榜建设村居、机关、企业、学校全覆盖。扎实开展“沂水好人”评选活动，先后评选中国好人 1 人、“山东好人”2 人、“临沂好人”4 人，“全省第一届文明家庭”3 个，“全市第一届文明家庭”4 个，沂水善行义举四德榜“榜上有名”先模人物 16 人。截至 2017 年底，全县共有中国好人 5 名，市级以上道德模范、各类好人 40 名。志愿服务制度健全，未成年人思想道德建设不断强化。至 2017 年底，全县共有注册志愿者 8.3 万名，各级文明单位党员志愿服务队伍 115 支，社区志愿服务工作站 100 个。同时，不断加强未成年人思想道德建设，围绕清明、端午、中秋等传统节日，广泛组织开展国学经典诵读活动，让未成年人既领悟传统节日的丰富人文内涵，又感受中华经典的不朽魅力。

【文化建设】 大力弘扬沂蒙优秀传统文化，推进公共文化服务均等化，不断提高群众文化生活满意度。基层宣传文化阵地建设不断巩固。全力做好县图书馆创建国家一级馆工作，投入80余万元购置图书设备及馆舍优化提升，完成国家复核验收工作。对照国家三级博物馆标准，筹资600余万元完成县博物馆改造提升。建成标准综合性文化服务中心328处，达标率91.4%。“文化扶贫”建设深入开展，全县92个贫困村文化活动室建设全部完成。建成文化广场1081个，实现行政村文化广场全覆盖，基层文化阵地进一步夯实。文化惠民服务水平大幅提升。以“文化科技卫生”三下乡活动为载体，扎实开展“千场公益演出送基层”活动，全年共组织文艺下乡演出2400场（次）、放映电影2万场（次），送书下乡1.6万余册，签约送科技下乡农技专家60人，利用科技信息双通工程平台发送信息24.5万条、服务4.2万人（次），完成下乡义诊120次，为老年人健康查体6.8万人（次），发放健康教育宣传材料10.8万份。同时，因地制宜，做好文艺培训工作，将“送文化”与“种文化”有机结合，今年以来共举办书画、音乐等各类文艺培训150次、各类广场舞培训1万余场（次），极大丰富了群众文化生活。文艺精品创作成果丰硕。微电影《距离》荣获“传递临沂好声音 争当中国好网民”最佳编剧奖；创作了以跋山水库修建为背景的广播剧《一双布鞋》，在省电视台进行推介；电影剧本《红柿子》获国家广电总局备案；长篇小说《隐居的王国》实现再版；结集出版了《沂水县非物质文化遗产普查资料汇编》5卷。成功推荐张伟良、吴照京入选第四届齐鲁文化之星，全县齐鲁文化之星总人数达到11人。文化创意产业蓬勃发展。突出项目带动战略，积极培植壮大骨干文化产业。山东龙冈旅游股份有限公司挂牌上市，成功登陆全国中小企业股份转让系统（新三板）。山东沂水萤火虫水洞·地下大峡谷旅游区成功通过AAAAA级景区景观质量评审，正式列入创建AAAAA级旅游景区名单。同时，引入现代市场营销理念，以会展经济促产业发展活力，在继续举办地下漂流节、天上王城冰fun节等基础上，全年策划举办了沂蒙花朝节、山东沂水（诸葛）杏花节等一系列特色节庆活动，推动了文化产业与旅游产业的深度融合，取得了显著的经济效益、社会效益和生态效益。

（武清秀）

统一战线工作

【概况】 县委统战部的主要职责是认真贯彻执行党的统战方针、政策；向上级反映情况，提出开展统战工作的意见建议，组织指导全县的统战工作；加强同党外人士的团结合作，积极开展民主协商，及时通报情况，反映党外人士的意见建议，充分发挥各界党外人士的作用；充分发挥统一战线联系广泛、人才荟萃的优势，积极参政议政，开展招商引资活动，为县域经济发展服务；负责党外人士的政治安排，会同有关部门做好培养、选拔、推荐党外人士担任政府和司法机关领导职务的工作，做好党外后备干部和新的代表人士队伍的建设工作；负责开展以祖国统一为重点的海外统战工作，联系港澳台和华人华侨中的有关社团及代表人士；负责开展海内外统一战线的宣传工作；协调政府各有关部门的统战工作。2017年设办公室、干部科、经济科3个职能科室，共有工作人员8人。2017年，获“中国统一战线宣传先进单位”荣誉称号，在全市科学发展观综合考核中获得优秀等次。

【党外代表人士工作】 建立数据库，完善后备干部储备。广泛物色发现党外代表人士，建立了沂水县党外代表人士数据库，抓好党外代表人士的发现储备，从企事业单位、人民团体和社会组织中推选了120名党外后备干部充实完善了全县党外代表人士数据库。加强选拔培养。选派2名政治思想好、工作实绩突出，群众威信较高的党外干部参加全市培训班，提升了领导水平和工作能力。加强党外代表人士的培养使用。将教育经费列入同级财政预算，制定并落实了教育培训计划，举办了党外人士培训班，培训党外人士200余人（次）；10月9日，由县委组织部、县委统战部联合举办的全县统战干部主体培训班在省社会主义学院举行开班仪式。全县各乡镇（街道）党（工）委统战委员、统战干事，新的社会阶层代表人士，共45人参加培训。选派3名政治素质好、工作能力强的党外代表人士推荐给组织部门，纳入全县后备干部范围，到乡镇挂职锻炼，进一步提高了党外代表人士的工作水平。

【社会组织统战工作】 建立数据库。托清底子建立台账，认真开展调查摸底，分门别类建档立卡，建立了全面、准确、清晰的社会组织和社会组织代表人士数据库。至2017年底，全县各类社会组织总数达920个，其中已建立党组织17个，从业人员总数达到6000余名。切实做好新的社会阶层党外代表人士推荐工作。通过严格把关，共推荐企业管理技术人员、中介组织和社会组织从业人员、自由职业人员、新媒体从业人员代表人士22名，进一步充实了新的社会阶层代表人士数据库。开展“两讲两做”主题教育实践活动。在全县“两新”组织的党员和党外代表人士中开展了“讲党性、做表率，讲信念、做贡献”为主要内容的“两讲两做”主题教育实践活动。搭建平台加强引导工作。通过学习培训中共十九大精神、社会主义学校培训、调研新的社会阶层人士工作、外出青岛调研学习、迎接兄弟县区参观学习等形式，引导新的社会阶层人士为全县重点工作出谋划策。加强品牌建设。进一步完善生产力发展服务中心和社会组织孵化中心实践锻炼基地建设，同时积极打造“同心扶贫攻坚行动”品牌，确立了同心·扶贫基地、同心·情暖六一、同心·重阳送暖3个品牌，并开展了一系列服务社会活动。

【基层统战工作】 进一步提升乡镇（街道）阵地规范、制度健全、组织有力、活动丰富的社区统战工作示范点。18个乡镇（街道）配齐专职统战干事，同时加强对社区统战工作的指导，确保有专门办公室、办公经费，办公档案整齐划一。邀请党外代表人士参加“同心同行”等活动。分别联合县司法局、县总工会、县妇联开展了同心法律服务、心理辅导进社区、“幸福沂家人”爱心助困行等活动，充分发挥了党外知识分子、新的社会阶层代表人士的积极性。各类捐赠活动物资折款共计12余万元。扎实开展统战品牌创建工作。按照上级着力打造基层统战工作品牌要求，确定了“三位一体”新的社会阶层人士工作运行机制和打通基层民主协商“最后一公里”两个统战品牌。统战社区建设稳步推进，许家湖春水社区、泉庄汇泉社区、马站杨城社区建设规范，成为基层统战社区建设的示范点。以活动为载体，积极开展科普知识讲座、中医小课堂、读书俱乐部等活动，丰富了社区居民的日常生活。

【宣传教育及信息调研工作】 高度重视统战宣传工作，营造了良好的舆论氛围。充分发挥报刊、网站、微信公众号等宣传阵地作用，于《联合日报》《人民政协报》《山东统一战线》《中国统一战线》发表文章4篇。在全市新的社会阶层人士统战工作会议和全市民族宗教局局长会议上作典型发言，有效的宣传了沂水统战的良好风貌。召开了全县统一战线学习贯彻中共十九大精神会议。传达学习会议精神，部署全县统一战线学习贯彻落实意见，画出实现中国梦、沂水梦的最大“同心圆”。完成重点调研课题1个一般课题3个，上报各类信息140篇条。征订《中国统一战线》152份，征订发放范围稳步推进，扩大了统一战线影响。

【服务全县中心工作】 招商引资工作成效显著，拜访客商40余人次，提报有价值的过亿元信息3条；充分发挥联络广泛的优势，先后招引落地了投资1亿元的绿邦养殖项目、投资3000万元的集英国际物流项目和2个投资过500万元的食品项目。引进B类创新人才5个，C类人才3个；积极协调青岛农业大学与沂水润德康食品公司进行产学研合作，引进国内领先技术一项（天然安全淀粉纳米颗粒的生物制备方法）。做好联系企业工作，积极对接协调两家企业，帮助解决困难问题7条。圆满完成了县政协十届二次会议筹备服务工作。

【统一战线参与扶贫工作】 村企共建助推脱贫。动员182家企业与135个贫困村进行结对帮扶，助力精准扶贫。截至2017年年底，各企业累计投入资金、物资折款5000余万元。牵头开展“四联八建”活动。特色产业项目建成40个村，扶贫就业车间建成39个村，电子商务网点建成38个村，公共服务平台、富民科技讲堂、孝善养老基金等全部建成并发挥作用，村级班子建设不断加强。驻村帮包助推脱贫。继续支持驻村第一书记工作，2017年，共投入资金230余万元，实施了社区（游客）服务中心配套，建设了莲藕种植基地村，集体新增收3万元，建设了高效特色农业灌溉、小农水利项目灌溉面积500余亩，提升改造了休闲广场新建文体广场，硬化道路1600米，建设了高标准的幸福院。公益慈善助推脱贫。为全县94名建档立卡贫困学生申报“泛海助学”47万元，每名学生享受5000元助学金资助。继续协助九三学社、鲁南眼科医院推进“亮康行动”，为符合条件的600余例白内障患者进行了免费手术，节约费用300万元。开展“班班通”助学公益活动，协助农工党省委援建10万元的“班班通一实验班”1个，并向29所中小学捐赠平板电脑、班班通教学资源、软件学习卡共计29万元。开展其他公益活动，工商联、慈善超市、食品商会联合举办爱心捐赠活动，30家企业捐赠价值6万余元的爱心物资，免费发放给贫困家庭。2017年，各类公益捐款捐物达600余万元。

（蒋丽娟）

民族宗教

【概况】 沂水县民族宗教事务局主要职责有贯彻执行党和国家、省关于民族宗教工作的方针政策和法律法规；拟定全县民族宗教工作的政策措施并组织实施；负责监督检查民族宗教政策和法律法规的执行情况；负责开展民族宗教政策和法律法规的宣传教育工作等。2017年，设办公室、综合科，有工作人员6人。

至2017年年底，全县有回、蒙古、苗、彝、壮、布依、朝鲜、满等32个少数民族，6989人，分布在各乡镇、街道和部分县直单位。其中，回族5839人，占少数民族人口的83.5％。全县有6个民族村居。全县有佛教、伊斯兰教、天主教、基督教4种宗教，信教群众1.3万余人，其中，佛教2030人，伊斯兰教5839人，天主教1390人，基督教3800人。有佛教协会、伊斯兰教协会、天主教爱国会、基督教三自爱国运动委员会、基督教协会等宗教团体5个，宗教教职人员14人，宗教活动场所39处。

【民族工作】 认真贯彻落实民族政策。春节期间，及时为穆斯林农户发放牛羊肉价格补贴60余万元，向县财政申请慰问资金，对150户少数民族困难户和少数民族人士进行了走访慰问，把党和政府的温暖送给了少数民族。执行好少数民族考生加分政策，为42名少数民族中考考生办理了民族证明。帮助3人办理了朝觐申请。

大力争取扶持资金。向上级申报民族宗教方面专项资金项目3个，批复少数民族发展资金项目2个，争取资金100万元。申请到位民族教育专项资金15万元。

加强清真食品管理。春节、中秋节前，从公安、工商、食品药品监管、民宗等部门抽调执法人员，组成检查组，在县级班子有关领导带领下，在城区范围内开展了清真食品生产经营集中检查活动，宣传了政策法规，消除了存在的问题。

深入开展民族团结进步宣传月活动。在沂水电视台和城区内大屏幕，利用一个月时间，滚动播放了党的民族政策、有关法律法规和宣传口号。推动宣传进校园、进社区，在民族小学、民族村居制作了高质量的宣传栏、宣传展板和标语板等。

【宗教工作】 深入学习贯彻全国、全省、全市宗教工作会议精神。借助党报党刊、民族宗教系统官网等，组织本单位全体干部职工和宗教界人士，对全国、全省、全市宗教工作会议精神进行了认真学习，特别是深入学习了习近平总书记在全国宗教工作会议上的重要讲话精神。通过学习，统一了思想，提高了认识，明确了责任，努力将会议精神贯彻落实到沂水各项宗教工作任务中。

扎实开展“两规范两提高”。制定了活动实施方案，成立了领导小组。召开了宗教团体、寺观教堂负责人会议，进行动员安排。坚持问题导向，通过组织开展民主评议、走访了解、问卷调查、梳理来信来访线索等多种方式，认真查找突出问题，针对存在的问题，认真搞好整改，提高了宗教工作水平。

天主教集中朝圣安全有序完成。天主教临沂教区“圣母月”活动，三天时间共有信教群众1.25万人参加。

深化宗教活动场所规范化管理。按照临沂市民族宗教事务局有关宗教活动场所实行“量化式管理、精准化规范”的部署，利用 3 天时间，对全县 39 处宗教活动场所逐一进行检查、督导，进行了信息、情况采集和评定打分，解决了部分场所的规章制度不完善、民主管理组织不健全、财务管理不规范、抵御渗透意识不强等问题。

宗教公益慈善工作健康开展。佛教界为县城敬老院送去大米、面粉各 20 袋，为一处小学捐献 1000 元和部分学习用具，向圣水坊村捐款 1.5 万元用于扶贫，资助 2 名贫困学生。7 月初，伊斯兰教界原籍新疆的维吾尔族企业经理阿迪力·卡米力夫妇出资万余元捐助沂城街道 5 名汉族困难小学生。圣诞节前，基督教会自发组织部分信教群众到县福利中心开展了献爱心活动，给 500 余名老年人送去了平安果、瓜子、花生、糖果等礼物，总价值 5000 余元。天主教界继续组织开展“每天节约 1 角钱”活动，用筹集到的资金对部分困难户给予帮助。几大宗教募集资金 2 万余元用于夏蔚镇大战地村的脱贫工作。

搞好沟通协调，积极支持县佛协于 5 月底在沂水博物馆举办了中国佛教书画研究院“全国邀请展”暨山东佛教书画研究院揭牌仪式，对增进佛教界与文化界交流，特别是宣传沂水起到积极推进作用。

民宗局拿出 2 万元（每处 1 万元）对夏蔚镇王庄天主教堂后办公用平房及沙沟镇上流庄阿訇所住的房子（因进水倒塌）进行修缮。

（彭晓东）

对台工作

【概况】 台湾工作办公室负责贯彻执行上级党委、政府的对台工作方针、政策以及县委、县政府的对台工作部署，制定并组织实施全县对台工作的具体工作规划、计划，组织、指导、管理、协调全县对台工作，对涉台事务进行归口管理，督促检查对台方针、政策的贯彻执行情况。2017 年底，有工作人员 5 人。

【涉台宣传】 抓住对台工作的突出特色与亮点，深入宣传沂台工作动态，在中国台湾网、华夏经纬网、山东与台湾、临台讯息等涉台信息中发稿 35 篇，发放宣传折页、书籍等 40 余本，宣传光盘 40 余个，加强涉台知识教育的宣传，维护台胞台属权益，充分发挥涉台刊物的宣传作用。

【台商台胞服务】 围绕“服务大局、服务台胞、服务基层”的基本要求，深入企业开展“送政策、送温暖、送服务”活动。建立台资企业服务制度，设立 1 部服务热线电话，保持 24 小时畅通，时刻为台商台胞搞好服务，并得到台商的充分肯定。十九大期间，在联系企业派驻安全督导员，压责任、查隐患、促整改、强监控、严管理，确保党的十九大期间全县企业生产安全稳定。为提升台资企业经济工作动态化、信息化水平，深入台资企业进行调研，详细了解台资企业的生产经营、发展等情况，及时帮助台企解决实际困难问题，维护台资企业平台信息库，为台资企业发展搞好服务。

【对台经贸合作与交流交往】 对台交流交往是密切两岸关系、加深两岸民众之间感情的重要形式和内容，是增强互信、争取台湾民心的重要举措。2017 年 3 月，台湾青年技师教育参访团一行 9 人，来沂水考察了解职业教育，及沂水的新农村建设情况，加强鲁台青年技师教育合作。中华促进会理事沂水籍台胞段喜贤分别于 6 月和 8 月先后两次带着自己的兄弟姐妹等亲属一行 9 人回到家乡四十里堡镇老官庄村祭祖探亲并小住，之后参观了四十里堡镇百亩农业园，对家乡的巨大变化表示赞叹，同时邀请家乡父老乡亲到台湾进行参观考察，为家乡经济发展贡献自己的一份力量，促进两岸亲情的联络，有效促进了两岸交流交往工作的开展。2017 年赴台经贸考察人数共计 10 人（次），邀请 32 名客商来沂水考察，通过沂台交流交往为加强经贸合作奠定良好基础。

【县台属联谊会】 充分发挥联谊会平台作用，积极开展“进台企，话亲情，助发展”活动，在台胞、台属中间沟通信息、联络感情；抓住台属资源，开展亲情招商，最大限度吸引台资到沂水；

强化协调、服务意识，指导台属致富创业，切实帮助台属解决遇到的困难，为台属经济发展创造良好环境。

【三引一促】 按照县委、县政府“三引一促”工作总体部署，充分发挥县台属联谊会的作用，利用他们交流广泛、联系密切的优势，吸收境内外客商前来投资兴业。积极落实主动走出去与高校联系沟通县委招才引智工作总体要求，成立领导小组，全力抓好引进人才工作，引进高学历人才1名，为企业注入了新的科技力量，完成全年“招才引智”任务目标。

【强化作风转变】 **一是认真抓好干部联系群众结亲连心工作**。按照要求认真组织开展“三个一”活动，召开村情村务恳谈会，进一步拓展联系内容，倾向联系群众需求诉求及时帮助解决实际困难问题，全面联系向提升服务水平、助推群众致富方面转型，推进干部联系群众工作常态化、长效化。

二是积极开展精准扶贫工作。经常深入15户贫困户家中，了解贫困户情况，分析致贫原因，结合实际，制定脱贫措施，从社会保障、发展经济作物、孝心养老等方面，积极帮助脱贫，并及时做好平台维护更新相关贫困户相关信息等基本工作，确保完成脱贫攻坚任务目标。

三是加强党员教育管理。以深入推进“两学一做”学习教育常态化制度化为契机，结合“机构化研讨”“支部主题党日”“固定学习日”学习活动，组织全体党员干部学政治理论、学业务知识，做到真学、实做、深改，通过学习，党员干部的政治意识、大局意识、核心意识、看齐意识得到了进一步强化，不断激发干事创业的激情和动力。

【服务经济发展】 帮助台资台属企业降低综合成本，增强企业竞争力；加强综合协调，创造良好发展环境；发挥牵头协调作用，解决台资台属企业生产经营中遇到的问题和矛盾。积极开展联系服务企业工作，帮助企业技术改造，利用高新技术和先进工艺改造提升传统产业，壮大生产规模，大力发展高新技术制革产业，有力地推动了企业的良好发展。

（张丽　彭丽莉）

机构编制工作

【概况】 沂水县机构编制委员会办公室承担县机构编制委员会的日常工作，既是县委工作部门，也是县政府工作部门，列入县委机构序列。2017年，县机构编制委员会办公室内设综合科（挂政策法规科牌子）、行政机构编制科、事业机构编制科、监督检查科（挂编制许可计划管理科牌子）、电子政务管理科（挂县机构实名制管理办公室牌子）5个科室；下设县政府行政审批制度改革办公室（简称县政府审改办），为副科级行政机构；下属县事业单位监督管理局，为正科级参照公务员法管理的事业单位；县机构编制电子政务中心，为副科级事业单位。有工作人员16名。获“全省机构与行政宣传工作先进单位”“全市机构编制系统先进集体”“全县政务服务工作先进单位”等荣誉称号。

【简政放权转变政府职能】 大力推进简政放权转变政府职能工作，研究制订《沂水县打通“放管服”改革最后一公里保障新旧动能转换工作方案》和《沂水县深化“放管服”改革进一步优化政务环境工作方案》，分解工作任务，细化工作责任。编制并公布乡镇（街道）行政权力清单。全县18个乡镇（街道）共有行政权力87项。编制并公布县乡两级公共服务事项目录清单，全县56个县直部门共有公共服务事项550项，沂城街道办事处有公共服务事项123项，其他17个乡镇各有公共服务事项121项。认真开展各类证明和盖章类材料清理工作，将11个单位的28项证明和盖章类材料，列入全年第一批取消调整的证明和盖章类材料目录。2017年8月，根据中央、省、市取消下放文件有关要求，对全县的行政权力事项进行了认真梳理，共取消行政权力事项64项，承接省市政府下放行政权力事项12项，整合行政权力事项16项，调整规范县级行政权力清单事项1项，调整规范县级行政审批中介服务收费项目3项。完成村（社区）开具的证明材料清理试点工作，全县共保留村（社区）开具的证明材料24项。大力推行“双随机、一公开”监管方式，切实加强事中事后监管。制订下发《沂水县全面推行“双随机、一公开”监管工作实施方案》，指导全县40个部门编制了随机抽查事项清单，建立了检查对象名录库和执法检查人员名录库，制定了随机抽查实施细则，明确了抽查比例和频次。全县40个部门，共有随机抽查事项296项，执法检查人员2830名。2017年9月，编制公布“零跑腿”和“只跑一次”事项清单。“零跑腿”事项18项，“只跑一次”事项151项，极大地方便了群众和企业办事创业。

【行政管理体制改革】 全面完成综合行政执法体制改革工作。完成跨部门跨领域综合行政执法体制改革，整合县城市管理执法大队、县城镇（乡）管理行政执法大队、县水行政监察大队、县国土局执法监察大队、县粮食监督检查大队、县旅游委旅游执法监察大队、县文化市场稽查队等7支执法队伍，组建综合行政执法大队并整建制划转到县综合行政执法大队。住建、发改、房管、人防、地震、水保、林业、商务等纳入综合行政执法范围的部门，划转相应执法人员和编制到县综合行政执法大队。组建后综合行政执法大队核定事业编制305名，实有人员290人。完成部门领域内综合行政执法体制改革。公共卫生计划生育领域，整合县卫生监督所、县人口与计划生育执法检查大队，组建县卫生和计划生育执法大队，交通运输领域，整合县交通运输局道路运输管理、公路管理、超限治理、海事管理等方面的执法力量，组建县交通运输综合执法大队。另外，在市场监管、食品药品、安全生产、劳动保障、农业等5个领域，各保留一支执法队伍，实行部门领域内综合执法。建立健全乡镇（街道）执法体系。县综合执法大队派驻19个执法中队到各乡镇和经济开发区，承担辖区内相关领域综合执法工作，派驻中队实行双重管理。各乡镇成立综合行政执法办公室，为副科级公益一类事业单位，统筹辖区内执法力量，开展联合执法。稳步推进城市管理执法体制改革。优化城市管理机构设置和职能配置，在综合行政执法局加挂城市管理局牌子，将市政公用设施运行、市容环境卫生、综合执法、园林绿化、数字化城市管理等相关职能，整合到城市管理部门。完善景区管理机制，设立沂蒙风情旅游景区管理中心，核定编制40名，具体负责拟定沂蒙风情旅游景区的旅游发展规划，协助县旅发委对景区内旅游行业进行职能监管，进一步规范全县旅游市场秩序，全力助推沂水县全域旅游战略发展。改革公墓管理体制，为县殡仪馆调整经费形式，将县公墓管理处更名为县公墓管理中心，机构规格调整为副科级，编制由3名调整为6名，满足新形势下公墓管理工作需要，助推全县殡葬改革的顺利开展。健全医药卫生工作体制，为加强中医药管理，在县卫计局加挂县中医药管理局牌子，局长由卫计局局长兼任，增配县中医药管理局副局长1名。

2017年6月2日，全县综合行政执法改革推进会召开

【事业单位改革】 全面完成公立医院法人治理结构建设工作，根据《沂水县公立医院法人治理结构建设实施方案》，组建县人民医院第一届理事会。印发《关于征集全县实行法人治理结构事业单位外部监事人才的公告》，面向社会征集了事业单位外部监事，通过职工选举确定了各单位职工监事，组建了各医院第一届监事会。出台《沂水县实行法人治理结构事业单位外部理事管理办法（试行）》《沂水县实行法人治理结构事业单位外部监事管理办法（试行）》等文件，外部监事的履职行为和能力得到规范和提升。全面开展2017年度事业单位绩效考核，对纳入考核范围的教育、卫生、社会保障等系统231家公益类事业单位组织考核，按照一定比例评定等级。考核结果在评先

树优、年度考核、用编计划、人员聘用等方面兑现奖惩。做好事业单位登记管理工作，全县206家事业单位的年度报告在3月31日前全部面向社会公开，共受理设立登记18件、变更登记30件、注销登记1件。推进事业单位业务范围清单化管理，印发《沂水县事业单位业务范围清单化管理工作实施方案》，按照“成熟一批、公开一批”原则逐步向社会公开。开展事业单位“双随机、一公开”监督检查，11月随机抽取3名执法人员和4家事业单位进行了检查，检查结果作为2017年事业单位绩效考核重要评分依据。

2017年6月30日，沂水县公立医院设立法人治理结构

【机构编制管理】 切实管住机构编制总量。加强机构编制管理，实行单位机构编制内部总量控制。对于职能任务增加的，通过重新理顺现有科室职能等方式解决单位需求，确需设立内设机构、核定编制的，实行单位内部机构、规格“撤一建一”，人员编制内部调剂，着力单位内部机构编制整合优化。加强动态调整盘活编制资源。坚持盘活存量、动态管理，全县范围内统筹从严，将机构编制资源向基层一线、重点和民生领域倾斜。在有空余编制的前提下，优先保障乡镇机关考选补充人员，2017年乡镇公务员招录72名，占全县补充公务员数50%以上。对重点领域实行“有编即补”的政策，为县市场监督管理执法大队核增9名编制，为县劳动和社会保障监察大队增加8名编制。教育、卫生两领域每年编制使用计划数，占全县事业单位总计划数的80%以上。科学下达2017年度用编进人计划。安排进人计划690名，其中公务员和参公人员招录计划142名，事业单位招聘计划399名，军转干部、退役士兵等预留计划149名，最大限度保证用人单位需求的情况下，确保当年度财政供养人员只减不增，实现“两个不突破”的总体目标。创新卫生教育类事业单位编制管理方式。对县人民医院、马站人民医院、县妇幼保健计划生育服务中心（县妇女儿童医院）3家县级公立医院，实行人员控制总量备案管理，分别同意备案人员控制总量653名、170名、134名。在保证中小学教职工“退补相当”的基础上，从全县总量中调剂出38名事业编制，设立中小学教职工临时周转编制专户，用于满编超编学校补充教师。扎实做好政府部门“三定”规定修订，根据市编办分工，顺利完成司法局、交通运输局两部门“三定”规定模板编制工作，对应上级印发的部门“三定”规定，全县16个单位已全部印发“三定”规定。加强机构编制信息化建设。专人负责数据信息维护更新，并建立动态管理机制和“月统计”核查机制，按时完成月报工作。全县机关事业单位依托实名制数据库进行网上办理业务，编制使用申请业务、增减人员业务等已实现网上办理全覆盖。机构编制实名制信息全面实行网上公示，数据定期更新。继续保持中文域名注册和网上标识加挂“两个全覆盖”，共为511个政务和公益中文域名完成续费。

（毛卫星）

县直机关党务工作

【概况】 中共沂水县委县直机关工作委员会负责县直机关企事业单位党的工作。2017年，设办公室、组织宣传科、群工科3个职能科室和中共沂水县直机关纪律检查工作委员会、沂水县直机关工会工作委员会、沂水县直机关人民武装部，有工作人员9人。县直机关党委所属基层党委15个，总支43个，支部454个，党员10938名。

【基层党组织建设】 通过开展“百个部门单位找问题补短板”大调研活动，发现县直部门单位党建工作存在的重点突出问题是：内容不系统，形不成体系；运行没特色，形不成模式；引领没力量，缺少集聚发挥；效益不明显，没有充分彰显。针对这些问题，全面加强了机关党建引领机关规范化建设工作，主要建立了五个体系：一是建立机关党建工作规范化体系，强领头增引力。把机关党建工作设计为“谋划部署、党组织班子、党员队伍、党建制度、党建阵地、创建活动、党建创新、保障经费、指定性工作、基层组织信访、党建效益、群众满意度”十二项基本组成要素，逐项制定落实清单，按清单逐一落实到位，全面增强机关党组织的创造力、凝聚力和战斗力，充分发挥机关党员的先锋模范作用。二是建立机关文化理念规范体系，振精神增动力。按照“核心理念、工作理念、制度行为、视觉形象”四项基本组成元素，编制《机关文化理念规范化体系手册》，提炼机关文化理念，提振机关精气神，提升机关人文品位，汇聚机关正能量。三是建立机关工作质量管理规范化体系，定流程增控力。导入ISO 9000质量管理和全面质量管理（TQM）理念，按照“计划、执行、检查、改进”的PDCA过程控制程序，编制《机关工作业务质量管理规范化体系手册》，促使机关工作沿着流程走、按照程序做，做到建立“零差错”工作机制，全程控制零缺陷。四是建立机关作风效能规范化体系，提效率增活力。主要围绕“结亲连心”联系服务群众、联系服务企业、部门服务经济发展、第一书记到村任职工作、机关效能管理五项工作，转作风、抓落实、提效能，增强机关党组织的服务功能。五是建立机关规章制度规范化体系，硬约束增执力。重点围绕党建工作、业务工作、保障工作三个方面，精准制定规章制度，精准执行落实到位，实现机关党组织建设工作有章可循，执行有章可依。

【党员教育管理】 2017年针对县直部门单位中干部最集中、党员最集中、人才最集中、智慧最集中，各部门单位分工明晰、工作特色鲜明、具有共同中国梦想的特点，深入贯彻落实县委从严管理教育党员的指示精神，结合县委结构化研讨、三严三实教育，以县直机关工委直接管理的133个县直单位的党组织为基本单元，对县直单位党员加强教育管理，积极探索，主动作为，对党建引领机关建设模式进行了有益尝试和实践，主要体现在“七型”机关打造上：一是围绕全面从严治党要求固本强基，建设团队型机关。对照全面从严治党要求及机关党建工作规范化体系中十二项党建工作基本要素，查问题，析原因，定措施，抓整改，补短板，切实达到思想政治过硬，党组织班子过硬，党员队伍过硬，党内政治生活过硬，工作作风过硬，落实党建工作责任过硬，持续提升机关党组织整体功能，建强机关团队，引领机关不断实现新发展。二是围绕提高综合素质抓住教育根本，建设学习型机关。继续坚持完善日常学习教育，重点突出用好“两学一做”学习教育、“集中学习讨论和结构化研讨”“两百一万”学研感活动三个学习教育平台，用习近平总书记系列重要讲话武装头脑，让《中国共产党廉洁自律准则》《中国共产党纪律处分条例》入脑入心见行动，自觉做“四有”合格党员，让学习教育成为常态，成为行动自觉。三是围绕坚持为民宗旨转变工作作风，建设服务型机关。按照机关作风效能规范化体系的内容标准要求，重点运用“结亲连心”联系服务群众、联系服务企业、部门服务经济发展、第一书记到村任职四个服务平台，强化服务措施，实现为民服务全覆盖。四是围绕提炼核心理念秉承文化聚魂，建设创新型机关。按照机关文化理念规范化体系的内容标准要求，扎实开展“单位有精神、科室有理念、人人有格言，机关创品牌”工作，创新设计机关党组织书记抓党建工作项目，彰显机关新生机、新活力、新精彩。五是围绕全面依法治县养成法治思维，建设法治型机关。按照全面依法治国、全面依法治县的部署，用法治思维和法治方式想问题、办事情、干工作，依法依规为民服务，做到达到一切工作有标准，一切标准有程序，一切程序有执行，一切执行有监督，努力打造一流的法治型机关。六是围绕严守纪律规矩牢记基准底线，建设廉洁型机关。严格遵守纪律规矩，坚守做人、处事、用权、交友的法律、纪律、政策、道德四条基准底线，持续增强政治意识、大局意识、核心意识和看齐意识，做到忠诚、干净、担当。七是围绕强化效能管理建立精准规章，建设高效型机关。通过精准制定本部门单位效能建设实施方案和效能任务产生、确认、分解、落实、报告、考评等规章制度及工作流程，开展“提振精神、提升能力、提高效率、提增服务”主题活动，层层传递增比进位压力，全面激发赶超跨越动力，提升群众和客商满意度。

【党风廉政建设】 配合县纪委查处了县直党组织和党员违纪案件，配合县纪委、县委组织部指导县直领导班子开好民主生活会，抓好了县直机关党风廉政建设责任制的落实。加强了对县直部门单位党员所在的重点岗位和关键环节的廉政风险防范，促进党员廉洁从政。紧紧盯住作风问题的重点难点，指导各级机关党组织认真履行职责，从严加强对党员特别是党员领导干部的监督，进一步增强党的纪律的刚性约束。认真做好信访和违法违纪案件查处工作，维护党纪党规的严肃性。加强廉政文化建设，深入推进党性党风党纪、廉政法规、廉洁自律教育，加强正反两方面典型的教育警示，引导党员受警醒、明底线、知敬畏，营造了风清气正的良好环境。

【机关工会工作】 2017年，县直机关工会工委在机关党工委和县总工会的领导下开展工作，对困难党员给予适时帮扶，春节前按时向县直单位300名困难党员及6名中华人民共和国成立前老党员发放了慰问金和补贴，为县直单位2200名离退休老党员征订了党建刊物。

【武装工作】 2017年，县直机关人民武装部按照县人民武装部的部署要求，重点抓了兵役登记、县直征兵送兵等关键环节，超额完成县人武部分配的任务数。突出抓了县直4个单位民兵应急连的组建、整顿、训练工作，积极做好节日战备值班和安全应急工作。

（宋信胜）

党校工作

【概况】 党校现有教职工39人，其中硕士研究生10人，高级职称3人、中级职称4人。设有办公室、教务处、业余教育工作处、理论教研室、文化教研室、总务处6个处室。2017年，先后获得“全县基层党建工作红旗党组织”“先进离退休干部党支部”“三八红旗集体”“计划生育工作先进单位”等荣誉称号。

【教学工作】 一是坚持领导干部党校讲课常态化。2017年，已有包括县委书记、县委党校校长薛峰在内的8名县领导来党校主体班次授课16次。二是创新实行班主任科室轮流制。以科室主任为领队，组建集班主任、讲解员等于一体的工作团队，轮流开展主体班次和“三同”教育教学管理服务工作。三是积极开展教育培训工作。先后举办了全县科级干部学习贯彻中共十八届六中全会精神轮训班（6期）、新任科级干部培训班（2期）、冬季集中培训理论骨干提升班、第五期青年英才成长培训班、全县科级干部学习中共十九大精神轮训班（7期）等5个主体班次共17期培训班，累计培训各级党员干部2800余人；按照党校分校教学计划安排，先后完成了18个乡镇（街道）农村党员春训工作，累计培训农村党员15200人。四是认真开展宣讲和讲解工作。先后到乡镇（街道）和县直部门宣讲六中全会30场，累计培训党员干部3558人，宣讲十九大精神17场，累计培训党员干部2470人；到沂蒙山根据

2017 年 7 月 24 日，全县第五期青年英才成长培训班开学典礼在党校举行

地、沂蒙红嫂祖秀莲纪念馆开展红色讲解 35 场，培训学员 2300 余人；组织开展“三同”教育培训班 14 个，共培训学员 750 人；先后承接市委党校第 58 期县级领导进修班等外训班次 7 个，累计培训学员 741 人；根据省委讲师团要求，积极参与“专家进基层”活动，先后到道托镇韩家曲等部分社区进行集中宣讲。五是坚持实行教学观摩制。在已有教学专题的基础上，着眼于党的理论新发展和干部教育新需要，先后开展了两轮教学观摩竞赛，共有《领导艺术——延安时期毛泽东应对重大历史事件的策略》《习近平关于治国理政的新理念新思想新战略》《十四年抗战的历史及启示》《沂蒙山根据地的诞生与发展》《孔子儒学精髓及时代价值》等 45 个教学新专题进入党校教学库，提升完成了 9 个教学专题，先后有 21 个专题进入科级干部培训班、青年英才成长培训班等主体班次的课堂教学，效果良好。六是创新干部教育培训模式。创新形成了“八个一”的“三同”教育培训形式。在改造提升沂蒙山根据地、祖秀莲纪念馆等教学基地基础上，围绕“三同”（同吃、同住、同劳动）这一主题，着眼于增强干部的群众观念、宗旨意识，探索形成了集“走一遍村庄、开展一次党性教育、流一次汗水、立一次志、访一次民情、开一次座谈会、学唱一首红歌、搞一次联欢”等八大模块于一体的党员干部“三同”教育培训新形式；创新实施了“微课堂 + 发言人”培训形式。着眼增强干部教育培训的实效性，结合干部教育培训实际，创新形成了包括集思广益确定研讨题目、分组开展穷尽式发言、发言人上“微课堂”并回答提问、大家共同点评等四步骤在内的“微课堂 + 发言人”干部研讨培训新形式，并在全县第五期青年英才成长培训班上进行了成功实战。

【科研工作】 坚持科研为教学服务、为咨政服务的理念，以教研咨一体化建设为目标，全面实行了团队科研制，先后组织开展了省市立项课题专项调研、乡镇党校分校建设情况调研等调研活动。2017 年，党校教师已发表《建立党员干部创新工作容错纠错机制研究》《沂水县村级干部队伍建设调研与思考》等国家、省市级论文 4 篇；先后立项《创新扶贫机制　决胜脱贫攻坚——沂水扶贫脱贫特色实践》《沂蒙“特色小镇”建设研究》等市社科和全市党校系统课题 8 项；结项省委党校《创新扶贫机制　决胜脱贫攻坚——沂水扶贫脱贫特色实践》、市委党校《开放发展理念引领青岛保税港区沂水功能区对外开放新阵地建设研究》《创新沂水县农村基层党建工作机制研究》、市社科《沂水推进供给侧结构性改革的思路与对策研究》《适应新常态　实现新作为——正确应对从严治党新常态下的干部“为官不为”》等课题 5 项；先后撰写完成全市宣传系统沂蒙精神主题理论文章 2 篇，完成全市党校系统“传承弘扬沂蒙精神”理论研讨会征文 2 篇；先后在省市党校发表通讯报道 15 篇；先后印发“微课堂 + 发言人”研讨成果、省市立项课题调研成果等专题简报 6 期并报送县领导；完成了县委办公室《深刻理解领会新时代中国共产党的历史使命》《讲政治、树牢“四个意识”、坚定“四个自信”》等专题约稿 5 篇。

【队伍建设】 一是班子率先垂范。领导班子带头开展“两学一做”学习教育常态化制度化，严格按照上级要求，自觉强化理论学习，坚决贯彻民主集中制，严格党内生活制度，加强全面从严治党广度和力度，团结协作，履行职责，全面提高了班子的整体效能，充分发挥了战斗堡垒作用。二是加强能力提升。根据“育名师、创名课、建名校、树品牌”的目标要求，全面加强师资队伍建设。至2017年底，已先后选派23名到省市委党校参加中共十九大精神骨干教师培训、科研咨政教育等培训；2名参加了全省宣传系统中共十九大精神培训班；7名先后参加了全市宣讲员培训、党性教育基地讲解员培训。三是强化政治素养。确保教师不但业务过硬，更要在政治上守好底线，做到守纪律、讲规矩，切实把“党校姓党”落到实处。2017年，有5名被评为“沂蒙优秀宣讲员”，2名被新聘为“沂蒙宣讲员”，先后荣获全市党校系统优秀教学奖1个、教学比赛二等奖1个、3等奖2个，全市“理论优质课”二等奖2个。

此外，把每周五下午固定为“两学一做”学习教育和集体学习日，实现了“两学一做”和集体学习内容的应学必学，并结合党校业务工作实际，积极开展了“两项教育一个活动”，即发展实践教育、革命传统教育和“支部主题党日”，扎实推进“两学一做”学习教育制度化常态化；先后对接招商引资信息3个；对接人才信息5个，引进B类人才1个；完成了2次入户结亲连心联系群众、3次联系贫困户工作，更新了贫困户脱贫档案材料；积极开展了丰汇泽化工、友谊织物、华德服装等3家企业的联系服务工作和安全生产工作；认真完成了诸葛镇坡庄一村、龙家圈街道柳泉村的第一书记工作和承担的“125”工程项目的服务工作；成立信访维稳工作小组，严格落实县委县政府的部署要求，圆满完成了为期2个多月的信访维稳工作任务；成立了党校新校建设工程指挥部，启动了新校建设工作。

（毛　真）

党史工作

【概况】 中共沂水县委党史研究室是全县党史研究工作的职能部门，为参照公务员法管理的正科级事业单位。单位以“存史、资政、育人”为己任，主要负责全县党史资源的征集、研究、编纂、宣传教育工作，负责涉及全县重大历史事件、重要党史类作品的政治把关工作，组织参与重要纪念活动、革命纪念场馆建设。单位下设办公室、业务科、宣传联络科3个科室，共8名工作人员。

【党史资料编研】 2017年，单位继续全力做好《中共沂水编年史（1919—2014）》书稿的校对印刷工作。该书采用编年体与纪事本末体相结合的编写方法，全面反映1919—2014年沂水人民在党的领导下开展新民主主义革命、社会主义革命和建设的光辉历程，系统展示了全县近代以来90多年中波澜起伏的历史变迁，是一部研究地方党史的重要基础性用书。全书以时间为经，事件为纬，共收录编写条目1000余条，字数达58万字，内容涵盖范围广，时间跨度长，事件记述系统、全面、详细。该书已完成最终校对审阅，交付印刷厂印刷出版。

组织党史业务人员重新对所保存的党史资料进行校对、充实和整理，编辑印刷新的《沂水县党史资料汇编》。该书收录了自沂水县党组织成立到社会主义建设时期人物传略、会议记录、纪念文章、人物生平、报刊资料和革命历史档案资料，其中当事人亲自撰写的回忆录是本书的主要内容，是研究沂水地方党史的第一手珍贵资料，具有重要的历史意义。至2017年底，该书已撰写完成290余篇，共计120万字的初稿工作。

【党史研究】 2017年，单位大力开展党史研究工作，通过形式多样的研究方式，努力展现丰富的沂水党史资源和挖掘潜力。单位安排党史业务人员负责《红军将士在山东》沂水卷的编写工作。通过查阅历史档案资料，整理收录49名中华人民共和国成立后工作生活在沂水县内的红军将士以及在土地革命战争时期参加革命工作的党员干部和革命群众。

继续安排人员组织协调好《改革开放实录（临沂卷）》沂水专题部分的编写工作，积极与相关单位做好沟通协调，做好上传下达工作，提供撰写资料和修改意见，确保各专题高质量完成写作任务。至2017年底，该书中涉及沂水党的建设、国土、教育等六个专题已全部交付，等待上级党史部门的定稿。

在前期工作的基础上，进一

步充实《县委书记口述史》，再次组织人员到上海、青岛、苏州、日照、淄博等地实地走访，共整理出 12 万字，收录了 14 名县委书记的 14 篇回忆资料，通过对重大历史事件亲历者的口述历史资料的整理，进一步发挥新形势下党史工作“存史、资政、育人”的作用。

【党史宣传与党史学习教育】 充分发挥党史资料的宣传教育作用，以服务县域经济发展为落脚点，立足部门优势，大力开发挖掘党史宣传载体，进一步做好党史宣传与党史学习教育工作。

拍摄革命教育片。2017 年，单位积极联合县委组织部、沂蒙风情旅游景区党工委联合拍摄专题影片《血战仙姑顶》，配合完成专题片资料提供、人物访谈、片子校对等工作。影片采用纪实的方式，通过生动的表现手法，再现 1942 年 10 月，被敌人围困在仙姑顶的八路军和干部群众通过英勇战斗，最终胜利突围的历史事件，反映沂水党组织带领沂水人民在抗战中做出的重大历史贡献。

推动党史教育进课堂。单位积极配合组织部和党工委的安排，分管领导在全县青年干部培训、入党积极分子培训等培训班上讲授沂水地方党组织的发展史，帮助青年干部了解沂水人民为地方的建设发展做出的努力，激发干事创业的激情。

申报党史教育基地和革命遗址。为弘扬沂蒙精神，形成独具沂水特色的党史教育品牌，积极与省、市两级进行沟通协调，努力推动沂蒙红嫂祖秀莲纪念馆和沂水县革命烈士陵园两处场所，申报山东省第三批党史教育基地；推动沂北工委、沂北行署成立旧址、岳庄小学成立旧址等九处革命遗址申报临沂市第二批重点抗日战争遗址。党史教育基地和革命遗址的成功申报，有助于沂水深入挖掘红色资源优势，打造沂蒙特色红色旅游。

（苏同艳）

老干部工作

【概况】 老干部局是县委主管全县离休干部工作和离退休干部党支部建设的职能部门。2017 年，局设办公室、服务科、关工委办公室、党工委组织科、老年人体育活动中心、老干部继续教育科 6 个科室和老年体协办公室、老年大学办公室、干休所 3 个副科级事业单位，有工作人员 17 名。在省委老干部局等单位组织的复核验收中，继续保持了“省级文明机关”“省级花园式单位”“全省老年大学示范校”“省级示范老干部活动中心”和“省级文明干休所”荣誉称号；2017 年获得服务经济发展先进单位；获得全县信访工作先进单位、全县城镇网格化管理工作先进单位等荣誉称号。

【离休干部政治待遇】 通过通报会、培训会和座谈会等平台实现离退休干部思想政治学习规范化和经常化。2017 年先后两次召开全县老干部通报会，邀请全县离退休老干部及社会各界人士代表参观了城建工业等经济社会发展项目，听取老同志重大决策意见，让老干部随时掌握地方发展形势。举办两次离退休干部党支部专题培训班，各乡镇以及有关县直单位的离退休干部党支部书记参加了培训，邀请县委党校高级讲师为学员们做了“一带一路”的专题报告，并组织学员实地参观了

沂水县第五届文体艺术节开幕式

沂蒙红嫂祖秀莲纪念馆、大众报刊创建地等红色教育基地，重温党的优良传统，铭记党为人民服务宗旨。召开沂水县老干部工作转型发展会议，贯彻落实全国老干部工作“双先”表彰大会和全国、省、市老干部局长会议精神，安排部署今后一个时期老干部工作转型发展任务，确立了“离休干部提升精准化服务水平，退休干部推进党支部和社团管理”的总体思路，确定从健全完善离退休干部党组织入手，逐步建立以弘扬正能量活动为主线，以文化养老为载体的老干部工作长效工作机制。

沂水县第五届老年文体艺术节闭幕式暨老干部工作表彰大会

【离休干部生活待遇】 顺利完成2017年的两刊征订工作，使用老干部专项党费并从县委组织部返回的党费中，统一为全县离休干部订阅了《老干部之家》。每季度编印一期《沂水老干部通讯》，向老同志通报全县重点工作情况，对易地的离休干部定期邮寄刊物资料，确保老同志及时了解经济社会发展情况。5月会同县卫计局、县医院等单位，对全县离休干部进行了健康查体，针对老干部身体状况实际，在往年常规检查的基础上增加了胸部CT、肿瘤障碍物等检查项目，同时为每位离休干部建立了电子健康档案并将查体结果及时进行了反馈。加大对老干部及遗属的走访慰问力度，统筹安排对全县离退休干部的走访慰问工作，为他们送去全县经济发展情况、“两费”政策解答、慰问金及慰问品。继续加大离休干部困难救助扶持力度，2017年共审核通过42名特困人员，发放救助金14.7万元，切实解决特困离休干部及离休干部遗属的实际困难。协调财政局拨付企（事）业单位离休干部医保统筹金225.7万元，确保医药费按时报销，协调财政局拨付企（事）业单位及市直移交的离休干部医保统筹金382.2万元，确保医药费按时报销。牵头、协调有关部门，认真做好有关离休干部分类、核查，及时提供拨付依据，确保企业离休干部生活补贴补发和离休干部护理费增发按时到位，并通过手机短信平台和办公电话及时向老同志进行政策说明、答疑解惑。

【文化养老品牌活动】 第五届老年文体艺术节继续推陈出新、打造浓厚老年文化氛围，在往年的基础上更加注重了展演节目和比赛项目的新颖化和普及性，整个艺术节共计13项活动，共组织发动近50个团体，5000余人参加，使全县的老年文体艺术节成为老年人文化生活的炫耀亮点和老年人相互交流的魅力舞台。开展基层辅导教学，积极发挥宣传带动作用，深入到全县三十多个基层社区对老年人喜爱的体育健身活动进行推广和专业辅导，挑选各活动站点委员会骨干，集中组织柔力球、健身球、太极拳剑等项目的培训，并帮助各社区站点成立了自己的健身队伍，扩大老年体育工作在基层的影响，丰富了老年人的文体生活。积极参加市老年大学关于庆祝中国共产党建党九十六周年书画展、省委老干部局主办的“齐鲁夕阳红　五彩中国梦”大型文艺展演活动以及县书画作品教学成果展，省、市举办的门球赛、各类培训班等，都取得了优异的成绩，鼓励了更多的老年人参与到“文化养老”活动中来。

【文化活动阵地建设】 着力抓好老年教育，努力提高教学质量和办学水平，不断扩大老年教育覆盖面。2017年县老年大学共开设11个专业，12个班次。老年文体活动全面开花，老年大学艺术团、金秋鼓乐队通过送文化下乡、参加广场秧歌节等形式，共演出80余场。组织老年大学艺术团到第一书记任职村进行慰问演出，为群众送去了温暖；金秋鼓乐队多次到县社会福利中心开展献爱心、慰问义演、免费理发等活动，同老人们谈心交流，将在老年大学的学习成果转化为一项项社会公益活动。以老年人健康为主题，开展丰富多彩的活动，邀请医疗专家以塑造老年人健康的生活方式、常见病的中医药特色治疗为主题，为老年大学学员做健康讲座，受到老同志普遍欢迎。通过政策支持、社会协助等措施，积极组建以老干部为主体的各类社团组织，至2017年年底，全县共建起书画、钓鱼、太极拳（剑）、象棋、花鸟等各类老年协会和社团组织300余个。新成立了秧歌、柔力球、健身气功等6个专门工作委员会，指导和组织老年人活动。

【老年文化建设交流】 关工委立足新职能，搭建活动载体，开展了一系列丰富多彩的活动，促进了青少年的健康成长。联合县教体局共同组织举办了“沂水县庆七一少年儿童书画展”，展出作品150余幅，活动的开展，为弘扬中华民族传统文化，促进青少年健康快乐成长做出了积极贡献。联合县检察院未成年人犯罪检察科的检察官到沂新中学开展了“法制教育进校园活动”，对如何保护自己和青少年维权等方面的知识进行了讲解。积极参加了省、市关工委组织的各类少儿书画、摄影创作大赛活动，在纪念临沂市关工委成立二十五周年暨中国人民解放军建军九十周年书画活动中，沂水有10名五老志愿者，20名少年儿童获奖，取得了优异的成绩。积极参加了省、市关工委组织的各类少儿陶艺、书画、摄影创作大赛活动，收到了良好效果。积极开展沂蒙关爱帮扶行动，积极争取市关工委的救助活动，与团县委、县教体局、县妇联等单位联合救助贫困中小学生500余名，救助金额达70余万元，在全县贫困村开展圆梦贫困高考大学生活动，切实解决了贫困学生的燃眉之急。

（陈　阳）

信访工作

【概况】 沂水县委县政府信访局的主要职责是：贯彻落实上级党委、政府关于信访工作的方针、政策和规定；处理群众来信，接待群众来访，宣传党和国家的有关方针、政策和法律、法规；承办上级党委、政府或有关部门领导同志批示交办的信访事项，并搞好处理结果的反馈。2017年，突出抓好了基层基础建设、信访积案化解、中共十九大安保维稳等各项重点工作，全县信访形势进一步好转，信访工作得到进一步提升。各级“两会”、省市县党代会、“一带一路”高峰论坛、中共十九大期间等重点敏感时期全县未发生有影响的信访问题，有力地维护了全县社会和谐稳定。中共十九大期间，全县进京上访取得了“七个零”（零进京、零上访、零非访、零登记、零通报、零查控、零问责）的好成绩，2017年，获“全省信访工作先进集体”“十九大安保维稳工作先进县区”荣誉称号。先后有临沂市兰山区、罗庄区、河东区、沂南县和省内蓬莱市、肥城市、乳山市、利津县等兄弟县区前来参观学习沂水县信访工作经验做法。2017年，设办公室、来信审理科、来访接待科、督办协调科、复查复核办公室等5个内部科室，有工作人员16人。

2017年9月15日，市委书记王玉君（右二）接访农民工代表

2017年11月19—24日，全县信访干部素质能力提升培训班在上海交通大学举办

【基层基础工作】 一是抓好信访信息系统应用。下大力气抓好信访信息系统的应用工作，所有信访业务都在系统内规范流转办理，在全县叫响了“来访必登、登录必办、办必规范”的口号。为了提高群众满意度，对纳入满意度事项实行全程三次督办，一次督办及时受理情况，二次督办查处进展情况，三次督办引导群众评价情况，大幅减少了重复上访和越级上访发生。二是大力推广应用网上信访。县乡诉求接待服务中心全部安装了网上信访自助机，群众有问题可以及时便捷地进行反映，网上投诉成为群众的一种习惯，全县网上信访占到信访总量的70%以上。三是深入推进依法逐级走访。继续深化《山东省信访条例》和《依法逐级走访办法》学习宣传活动，在接待场所公开相关政策法规、信访渠道、投诉指南、受理办理程序等，加强对越级走访群众的思想教育疏导和政策法规宣传，引导其依法逐级理性表达诉求。四是做到精准接访处访。进一步规范完善了接访工作“八项制度”，让群众的每次来访都有着落，只要其反映的问题合理合法，就会通过发函督办、电话督办、现场督办和会议督办等方式，确保其反映的问题都能得到及时解决，确保件件有去处、案案有着落、事事有回音。五是认真组织开展信访干部教育培训。为深入学习贯彻党的十九大精神，进一步提高全县信访系统干部的理论素养、业务水平和履职能力，2017年11月19—24日组织全县32名信访干部赴上海交通大学进行为期6天的信访干部素质能力提升培训，使参训学员更新了知识、拓宽了视野，启迪了思维，提升了能力和水平，为推动全县信访工作持续健康发展和社会和谐稳定奠定了良好基础。

【领导干部接访下访】 深入推进领导接访包案，着力特殊疑难信访问题，减少信访存量。一是进一步规范和提升领导干部公开预约接访工作。县委办、县府办印发了《关于2017年领导干部公开预约接访工作安排的通知》，县级接访领导按照“包掌握情况、包思想转化、包解决化解、包息诉罢访”的要求，对接访案件一包到底，积极回应群众诉求，千方百计解决难题。县级领导接访案件有效避免了重复上访和越级上访的发生。二是领导包案化解疑难信访案件。县级四大班子主要领导带头分析研判，亲自约谈信访人、亲自做思想教育疏导工作、亲自研究制订化解方案，其他副县级以上领导干部纷纷通过听取汇报、带案下访、约见信访人等形式，共同推动信访积案的化解。县级包案领导共听取案件情况汇报57次，主持召开分析研判会、协调推进会42次。市交办信访积案化解率全市排名第一。

【信访事项办理】 进一步规范信访事项办理程序，提高办理质量，控制信访增量。一是注重初信初访办理，努力提高信访案件的一次性结服率，控增量。把初信初访查处工作作为一项长期性、日常性工作来抓，建立了初信初访案件的查办督办、答复审理和激励等制度。二是注重抓好听证工作，实现信访问题阳光下解决。将简易听证工作纳入到信访工作常规化轨道上来，坚持“每案必听”“交叉听证”“灵活听证”“规范听证”，推动了疑难信访问题化解。三是抓好信访事项分流。严格实行诉讼与信访分离，将大量涉法涉诉和应当通过法定途径解决的投诉请求分流出去。同时，有关部门单位对部门法定途径分类处理信访投诉请求清单进行梳理，把符合条件的信访投诉请求及时导入法定途径办理，保障群众合理合法诉求依照法律规定和程序就能得到合理合法的处理结果。四是穷尽力气抓好积案化解，切实减少信访存量。按照“平常时期千方百计抓化解，敏感时期千方百计抓稳控”的工作思路，县信访联席办对重点信访案件进行滚动排查交办，实行每周一调度、每月一通报，进一步增强了责任单位的责任感和紧迫感，把人员稳定在了基层。

【信访秩序规范】 坚持教育引导与依法打击相结合，促使群众依法理性表达诉求，着力规范信访秩序。一是教育转化为主，稳控打击并重。坚持以人民为中心的发展理念，以团结、教育、转化为主，引导各类利益群体和人员理解上级的政策规定，自觉主动地维护社会和谐稳定。对非访、缠访闹访行为，坚持“零容忍”的态度，露头就打、狠打严打。同时，将依法打击非访户、缠访闹访户、煽动教唆上访户和违法集体上访等四个方面的违法上访行为，制成专题片，在县电视台、接访大厅循环播出，公开曝光，实现“打击一个、教育一片，打击一时、影响长久”的效果。二是积极预防和减少越级集体上访。加强对信访群众的宣传教育和思想疏导，引导群众依法逐级理性表达诉求。对人数较多的集体上访，引导其选派代表反映问题，并由县级领导接访约访，减少越级上访。充分发挥信访信息员在收集信息、预防化解矛盾等方面的作用，遇有重大信息随时报告，以便及时掌握动态，及早采取有效措施，把问题解决在当地和初发阶段。

【十九大安保维稳工作】 牢固树立“一切围绕十九大、一切服从十九大、一切捍卫十九大”的理念，按照“六不双零”的目标要求，群策群力，众志成城，圆满完成了十九大安保维稳任务。一是领导亲力亲为带头抓。县委常委会多次听取专题汇报，县委书记亲自研究、部署、调度，县委、县政府分管领导主动靠上开展工作，全力抓好十九大安保维稳工作。实行县级领导包保乡镇制度，每周三次以上到乡镇现场调度督导信访案件化解和重点人员、重点群体稳控等工作，做到问题共商、责任共担。二是联动作战合力抓。成立县安保维稳工作指挥部，从政法委、宣传部、公安局、维稳办、信访局、民政局、人社局、教体局等8个部门单位抽调专人，进行集中化办公，实现战时指挥部的实体化、常态化运作。对安保维稳工作进行日调度、日分析、日研判，重要敏感问题随时调度、及时督导，推动工作落实，形成了指挥统一、运转高效的作战体系。三是责任单位抓稳控。对重点群体和重点人员进行全面排查梳理，按照Ⅰ、Ⅱ、Ⅲ类分别建立台账，全部纳入重点管理、落实工作专班。各乡镇、部门（单位）严格落实稳控措施，确保不失控、不脱离视线。四是抓好驻京值班最后防线。为加强对驻京值班工作的组织领导，县里派出了由县委常委、办公室主任郭忠友，县人大常委会副主任杨治堂担任总指挥的值班工作组进京值班。同时，县委组织部专门批准成立了驻京值班临时党支部，将进京值班的70名党员分成了8个党小组，将党小组建在了驻京维稳值班的最前沿，成为维稳安保工作最强有力的挡板和防线，这也是全市成立的第一个临时维稳职能党支部。18个工作组在重点敏感部位24小时无缝隙、不间断值守，构筑起了铜墙铁壁，把人员稳控了在外围，劝返在途中，真正发挥了最后一道防线的作用，圆满完成了安保维稳工作任务。

（虢祥增）

档案管理

【概况】 沂水县档案局（馆）的主要职责为主管全县档案事业，根据档案工作的原则和国家档案工作的方针、政策、规划，结合实际制定全县档案事业发展计划、规划和规章制度，并组织实施；负责对县直各机关、团体、企事业单位、乡镇、村居及其他组织的档案工作进行监督指导以及对全县各单位贯彻实施档案法规情况进行监督检查，对违反档案法规的行为进行查处。局（馆）内设五个科室，分别为办公室、管理科（加挂法规科牌子）、业务指导科、征集编研室、信息中心。有工作人员17人，其中副高级职称4人，中级职称2人，初级职称5人。2017年，县档案局（馆）先后荣获“全省档案统计工作先进单位”“全省档案宣传工作先进集体”“全县服务两城同建工作先进单位”等称号。

【档案安全管理】 一是开展拉网

排查。邀请住建、消防、气象专家对档案安全进行拉网式排查，查出隐患5条。对查出的隐患，建档立册，明确整改责任人和时限，限期全部整改到位。工作中，对库房外挂建筑件进行了更换修缮、对楼顶进行了防渗处理；更新了防雷避雷设施；安装了大屏电视机、高配监控电脑、新型报警器，对安全监控系统进行了全面升级，全体工作人员轮流值班，实时监控库房和办公楼安全。二是健全安全管理工作制度。修订完善了《安全管理办法》《计算机安全管理制度》《档案查阅服务大厅工作制度》《库房管理“十要”“十不要”》《档案保密制度》《档案安全保管制度》《档案鉴定、销毁制度》《开放档案实施办法》等8项档案安全管理制度，连同其他19项工作制度汇编成册，全体干部职工全部认领了安全责任区，库房管理责任人每天定时进行库房安全巡视，按照档案“九防”要求做好库房日常管理；严格抓好档案入库清点管理、出库签字、双人进库等制度的落实。

【档案信息化建设】 一是完善档案数据库建设。全局馆藏档案和图书资料目录数据库已建设完成，计121万条；全文数据库存入文书档案和归档文件原文扫描件600余万页。链接资源库的馆内终端可以直接进行检索、查阅、打印，方便了档案资源的挖掘整理和利用；各单位及乡镇档案室终端通过共享平台，经授权可以在线查阅本单位（乡镇）或其他单位（乡镇）的档案资料，实现了档案资源利用的共享。二是完成了年度档案异地备份存放，保证数据的安全存储。运用复制、数字化光盘多种载体加强对革命历史档案的保护，同时按照上级要求，及时将革命历史档案电子数据报送国家重点档案普查数据和项目储备库。

【档案业务指导】 一是以科学化管理测评工作为抓手，指导各乡镇、单位做好档案整理工作，本着成熟一个、发展一个的原则，完成了1个示范单位、5个先进单位及面上的合格单位建设，全县有8个单位、15名先进个人被评为全市档案工作先进集体和先进个人。二是持续抓好档案接收、征集，新接收文书及专门档案6251卷、56899件入馆，其中纪检档案2103卷，技术监督局撤并机构档案4059卷，国土资源局房产登记档案56899件、破产企业会计档案89卷。

【档案征集编研】 一是拓展征集范围，丰富编研成果。征集全县重大活动照片921张，《沂水新闻》音视频2350分钟。同时，联合社会热心人士，外出征集接收王世芳沂水特色画作248幅。新拍摄了专题片《清曜四韵》，出版了《沂水记忆》《沂北之魂》《傅汝友传》《清朝科举制度下的文化家族》等4本资料。二是提供档案资料支持。积极参与院东头沂蒙红嫂祖秀莲纪念馆、龙家圈南黄家庄移民馆建设，并为县政协大型文化丛书《沂水文化通览》的编辑出版提供馆藏利用等支持。

【服务重点工作】 档案局作为东城路网工程牵头责任单位，承担了沂蒙山路沂河大桥、正阳路新华路安全隔离护栏、健康东路裕丰中路长虹路新建、中心街北一环北城四路振兴路改造提升、东干渠沂水管道等11项工程的牵头推进任务，年内圆满完成了年度建设目标，局主要负责同志被评为城建重点工程优秀责任人，工程指挥部被评为城乡建设工作优秀指挥部。

（杨　茗）

沂水县人民代表大会常务委员会

【概况】 沂水县人民代表大会常务委员会是沂水县人民代表大会的常设机构，从制度、组织上保证了沂水县人民代表大会在闭会期间充分发挥地方国家权力机关的作用，依法行使决定、监督、任免等各项职权。县人大常委会设办公室、研究室、人事代表工作委员会、信访工作室、法制工作委员会、农村工作委员会、预算工作委员会、财政经济工作委员会、城乡建设环境保护工作委员会、教育科技文化卫生工作委员会、老干科、开发区人大工作委员会12个正科级办事机构，有工作人员54人。

【沂水县第十八届人民代表大会第一次会议】 会议于2017年1月22—25日召开。会议听取审议县人大常委会工作报告、县人民政府工作报告、县人民法院工作报告、县人民检察院工作报告，审议2016年国民经济和社会发展计划执行情况与2017年计划报告、2016年财政预算执行情况和2017年财政预算报告，并作出相应的决议。会议选举县人大常委会主任、副主任、委员；县人民政府县长、副县长；县人民法院院长；县人民检察院检察长；市十九届人大代表；县人民代表大会各专门委员会主任委员；举行向宪法宣誓仪式。

【县人大常委会会议】 2017年共召开县人大常委会7次。常委会听取审议计划执行情况、财政预算和审计工作等报告，审查批准2016年财政决算和2017年预算调整方案，提高了财政资金使用的规范性、安全性、有效性。针对人民群众反映强烈的食品安全问题，开展了深入调研，专题听取和审议了县政府关于全县食品安全工作情况的报告，首次启动专题询问，提出了12个群众关心的热点、难点问题，切中食品安全的要害。县食药监局、卫计局、城管执法局、市场监管局等17个部门负责人到场应询，坦诚作答、直面问题、查找差距，切实保障了人民群众"舌尖上的安全"。出台了《沂水县人大常委会规范性文件备案审查规定》，把规范性文件备案审查作为规范政府依法行政的一项重要工作来抓，确保文件的合法性，有效维护了法制的统一和权威。研究出台了《沂水县人民代表大会常委会委员会审议意见办理情况票决试行办法》，办法规定，常委会会议对"一府两院"提交审议的专项工作报告进行无记名表决，表决设满意、基本满意、不满意三个等次，结果当场公布，通过开展审议意见办理情况票决，增强了"一府两院"为民办事实、办好事的责任感，保证了人大常委会审议事项的更好落实。听取关于关于全县"三引一促"工作情况的报告，提出了提高思想认识，加大招引力度；明确招引方向，深化精准招引；优化营商环境，加快项目进度；强化督查考核，完善管理机制的建议，激发招才引智的动力。听取关于全县新型城镇化试点工作情况的报告，提出了发挥规划在新型城镇化建设中的引领作用；强化新型城镇化的产业支撑；加强新型城镇化建设保障；努力提升城镇建设品位的审议意见，督促县政府坚持建管并举，以提高硬件设施建设水平促进城镇管理，让人民群众享受到新型城镇化发展的成果。听取关于脱贫攻坚、金融支持地方经济发展、食品安全、文化市场管理执法、《不动产登记暂行条例》落实情况、关于农村危房改造和硬化、改厕等工作情况报告，提出审议意见，并督促县政府根据审议意见进行办理，听取办理情况的报告，极大地提升了审议意见的办理效果。常委会先后听取审议"一府两院"工作报告20项，依法作出决议决定和审议意见37项，依法任免41名国家机关工作人员，圆满完成了既定的各项目标任务，为推动经济社会平稳快速发展和民主法治建设做出了积极贡献。

【视察、检查、调研和督办】 2017年，常委会议、主任会议先后组织开展18次视察调研、执法检查、跟踪督办活动。围绕事关全县经济发展、民生建设与社会和谐稳定等重大问题，深入开展调查研究，积极建言献策，加强监督检查，依法作出决议、决定。围绕落实"125"重点工程，紧跟县委步伐，加强调研视察，对项目推进过程中手续审批、考核调度等方面提出意见建议，促进了工程的加快建设。组织对全县加快推进新旧动能转换、工业经济转型、三引一促等工作进行视察，积极建言献策，推动影响经济发展的突出问题解决。持续关注经济开发区的建设发展，对高端食品园区、青岛保税区沂水经济合作区建设情况进行视察，提出了完善基础设施建设、加大招商引资力度、强化项目履约管理、优化园区发展环境等意见。围绕加快旅游业发展，视察了国家AAAAA级旅游景区创建工作，建议有关方面对照标准、查找差距，提升软硬件设施配套水平，决战决胜AAAAA级景区创建。与会前视察相结合，组织驻沂水的市人大代表对全县脱贫攻坚工作进行了集中视察，提出了盯住短板、聚焦重点、凝聚合力、创新举措等意见建议，并动员和组织各级人大代表积极投身脱贫攻坚工作，营造了"打赢脱贫攻坚战、人大代表当模范"的氛围。组织对公益性公墓建设情况进行了专题视察，推动了全县殡葬改革工作的深入开展。对全县公交车运行、跋山水库水源地保护、化解大班额、分级诊疗、"两城同建"等工作进行了视察调研，提出了有针对性的意见和建议，有效地改进了工作，提高了群众的满意度。对《中华人民共和国大气污染防治法》《中华人民共和国义务教育法》《中华人民共和国审计法》等5部法律开展了执法检查，重点解决个别部门存在的有法不依、执法不严问题，促进了法律法规在全县的贯彻实施。针对涉法涉诉信访中反映突出的执行难问题，组织对法院执行工作进行了视察，全面了解执行工作中存在的困难和问题，提出了进一步加大对“老赖”的惩戒力度、强化执行工作合力、提升执行工作的质量和效率等建议，确保按期完成“基本解决执行难”的目标任务。重视人大信访工作，年内共受理群众来信来访52件（次），通过及时交办、跟踪督办，督促解决了一批信访突出问题，为维护社会和谐稳定发挥了重要作用。积极搭建履职平台，坚持把深入开展代表闭会期间活动和培训作为提升代表履职能力的重要途径，以开展“走在前列当先锋、争创强县建功勋”主题实践活动为契机，千名人大代表贴近基层、贴近群众，听民声、解民忧、办实事，主题实践活动取得了明显成效。全县各级人大代表共走访联系群众3.6万人（次），提出建议541件，解决群众诉求1219件。围绕工作重点、发展难点和民生热点，邀请代表234人（次）开展18项专题调研视察、执法检查和对法院公开审理的部分案件进行旁听庭审；邀请136名代表列席常委会议，扩大代表对常委会工作的参与面。

【议案、批评和意见办理】 加强代表在人代会期间提出的建议、批评和意见的办理工作。县十八届人大一次会议期间提出建议、批评和意见116件，会后主任会议、常委会议进行专题研究，及时召开交办会，加大跟踪督办力度，做到交办到位、承办及时、任务明确、答复规范。县政府积极主动、认真负责、注重实效，县长亲自抓、分管县长靠上抓，各承办部门实施“一把手”责任制，真正把建议办理工作摆上重要议事日程，所有意见建议都在规定时间内办理完毕并书面答复代表，做到“件件有着落，事事有回音”。同时，重视闭会期间代表所提建议、批评和意见及常委会审议意见的办理工作。常委会对每次会议审议意见都要求在下次常委会上汇报办理情况，对委员们所提审议意见都要求涉办部门和单位报告落实结果，并进行了审议意见办理情况票决，加快办理速度，提高办理质量，增加代表的满意率。

（杨国栋）

沂水县人民政府

【县政府常务会议】 3月1日，县委副书记、县长陈永生在县政府三楼会议室主持召开县政府常务会议，听取了县粮食局关于《沂水县地方储备粮管理办法》、县交通运输局关于城乡交通运输一体化全国百强县创建工作开展情况、县发改局关于国家重点生态功能区工作情况、县消防大队关于全省消防工作会议精神及全县消防工作情况的汇报。陈海龙、戚树启、高慧明、何法江、张雷、武开鑫、于珊珊参加会议。

3月18日，县委副书记、县长陈永生在县政府三楼会议室主持召开县政府常务会议，听取了县经信局关于1—2月全县工业经济运行情况及经济形势分析、县安监局关于全市安全生产工作会议精神及近期工作打算、县教体局关于全县解决“大班额”问题工作情况、县供电公司关于中心街高压电网入地工作情况的汇报。陈海龙、冯慧、高慧明、何法江、张雷、武开鑫参加了会议。

4月14日，县委副书记、县长陈永生在县政府三楼会议室主持召开县政府常务会议，听取县环保局关于全县环保突出问题治理攻坚行动及环保督察迎查准备工作情况，县住建局关于全省中小城市培育试点和省级特色小镇创建启动电视会议、全省推进农业转移人口市民化现场会暨全市住房城乡建设工作会议精神贯彻落实情况，县经信局关于《关于加快推进全县工业转型升级的意见》《关于推动化工产业转型升级的实施意见》起草情况的汇报。陈海龙、戚树启、冯慧、高慧明、武开鑫、于珊珊参加会议。

5月24日，县委副书记、县长陈永生在县政府三楼会议室主持召开县政府常务会议，听取了县安监局关于沂水县安全生产“十三五”规划，县交警大队关于全市道路交通安全工作会议精神，县教体局关于全县中小学幼儿园和道路交通安全大检查工作情况，县国土资源局关于不动产登记、中基性岩项目延期、长深高速公路登记发证、2017年度城乡建设用地增减挂钩立项工作情况，县节能办关于全市节能暨散煤清洁化治理工作会议精神，县水利局关于全县河长制推进工作情况，以及县政府法制办关于全县2017年重大行政决策目录有关情况的汇报。陈海龙、戚树启、高慧明、武开鑫、于珊珊参加会议。

6月15日，县委副书记、县政府县长陈永生在县政府三楼会议室主持召开县政府常务会议，听取了全市大气污染防治攻坚行动调度会议精神，县住建局关于建设领域质量安全管理工作情况，县联企办关于《关于进一步推行服务承诺制、首问负责制、限时办结制的实施意见》《关于进一步提高行政效能优化发展环境的若干规定》及县优化办、联企办合并办公意见，县安监局关于近期省市安全生产会议精神及贯彻落实情况，县农业局关于农村集体产权制度改革试点工作的汇报。陈海龙、戚树启、何法江、张雷、武开鑫参加会议。

7月15日，县委副书记、县长陈永生在县政府三楼会议室主持召开县政府常务会议，听取了县国土资源局关于低丘缓坡荒滩等未利用地试点和地质灾害防治工作情况、县城管执法局关于全市城管精细化管理工作会议和城市管理综合考核工作会议精神及违法建设整治工作情况、县住建局关于《沂水县乡村建设工程质量安全管理暂行办法》(讨论稿)、县经信局关于全县化工产业安全生产转型升级专项行动工作情况，以及县财政局关于全县行政事业单位国有资产清查工作的汇报。陈海龙、戚树启、高慧明、何法江、张雷、武开鑫、于珊珊参加会议。

9月6日，县委副书记、县长陈永生在县政府三楼会议室主持召开县政府常务会议，听取了县综合执法局关于全市城市违法建设治理工作推进会议精神及贯彻落实意见、县水利局关于农业水价综合改革工作情况和沂河自然保护区突出问题整改工作情况、县安监局关于全市国务院安委会安全生产大检查综合督查迎查动员会议精神及贯彻落实情况、县交警大队关于全市道路交通安全百日攻坚行动调度工作会议精神及贯彻落实意见、县发改局关于全省易地扶贫搬迁工作会议精神及贯彻落实意见，以及县政府法制办关于《沂水县人民政府关于在综合行政执法领域开展相对集中行政处罚权工作方案》的汇报。陈海龙、戚树启、高慧明、何法江、武开鑫、于珊珊参加会议。

9月20日，县委副书记、县长陈永生在县政府三楼会议室主持召开县政府常务会议，听取了县环保局关于全县中央环保督察工作开展情况、县扶贫办关于全县脱贫攻坚工作情况、县教体局关于解决大班额全面改薄及校园安全工作情况、县人社局关于2017年度军官转业安置工作情况、县交通运输局关于创建全国城乡交通运输一体化示范县工作情况、县财政局关于《沂水县政府性债务风险应急处置预案》制定情况的汇报。戚树启、何法江、张雷、武开鑫、于珊珊参加会议。

10月27日，县委副书记、县长陈永生在县政府三楼会议室主持召开县政府常务会议，听取了县发改局关于全县前三季度经济运行情况、县环保局关于全县中央环保督察交办信访件后督察情况、县公安局关于贯彻落实关爱公安民警十项措施情况和全县公安机关基层基础建设三年攻坚战工作情况、县卫计局关于全县医疗卫生服务体系规划编制情况、县食安办关于全县迎接省级食品安全先进县验收工作情况的汇报。陈海龙、戚树启、何法江、张雷、武开鑫参加会议。

11月27日，县委副书记、县长陈永生在县政府三楼会议室主持召开县政府常务会议，听取了县发改局关于光伏扶贫工作情况，县国土资源局关于非煤矿山整治规范工作情况，县民宗局关于全市民族宗教工作会议精神及贯彻落实意见，县旅发委关于全市创建国家全域旅游示范市工作调度会议精神及沂水县国家全域旅游示范区和AAAAA级国家旅游景区创建工作情况，县编委办关于《沂水县关于加强综合行政执法协作配合的意见(试行)》《沂水县综合行政执法部门与相关行政管理部门监督管理职责分工办法(试行)》《沂水县综合行政执法责任追究实施办法(试行)》等文件，以及县消防大队关于全省冬春火灾防控会议精神、全县消防工作暨宣传贯彻《消防安全责任制实施办法》的汇报。陈海龙、戚树启、高慧明、张雷、武开鑫、于珊珊参加会议。

12月22日，县委副书记、县长陈永生在县政府三楼会议室主持召开县政府常务会议，听取了县住建局关于全市天然气供保会议、全市建设领域农民工工资拖欠治理会议精神及贯彻落实意见的汇报。戚树启、张雷、武开鑫、于珊珊、孟令君参加会议。

12月29日，县委副书记、县长陈永生在县政府三楼会议室主持召开县政府常务会议，听取了县人社局关于为于化凤等69人三等功有关情况的汇报。戚树启、张雷、武开鑫、于珊珊、孟令君参加会议。

【重要文件目录】

2017年沂政发文件目录一览表

表6

序号	文号	题　目	印发时间
1	沂政发〔2017〕7号	2017年全县节能降耗工作意见	2017.02.07
2	沂政发〔2017〕17号	沂水县落实水污染防治行动计划实施方案	2017.02.21
3	沂政发〔2017〕44号	关于公布2017年企业工资指导线的通知	2017.08.18
4	沂政发〔2017〕80号	关于创建全国城乡交通运输一体化示范县的方案	2017.07.18
5	沂政发〔2017〕91号	关于进一步健全特困人员救助供养制度的实施意见	2017.11.23
6	沂政发〔2017〕92号	关于餐饮质量安全提升工程的实施意见	2017.12.07
7	沂政发〔2017〕14号	关于落实粮食安全责任制的实施意见	2017.02.15
8	沂政发〔2017〕25号	关于印发《沂水县“十三五”基础测绘规划》的通知	2017.03.27
9	沂政发〔2017〕45号	关于印发沂水县在市场体系建设中建立公平竞争审查制度实施方案的通知	2017.08.18
10	沂政发〔2017〕46号	关于废止涉及供热燃气供电配套费标准制定的有关文件及规定的通知	2017.08.25
11	沂政发〔2017〕81号	关于印发沂水县土壤防治工作方案的通知	2017.09.27

县政府办公室工作

【概况】 县政府办公室负责管理机关事务管理局、镇域经济发展办公室（正科级事业单位）、法制服务中心，信息化中心（副科级事业单位），“12345”热线；内设应急办、外侨办、值班接待科、督查室、文书机要科、秘书一科、秘书二科、秘书三科、综合科、信息科、行政科、保卫科、财务科、外联中心、车队、政工科，有工作人员73人。2017年，先后被评为全市侨联工作先进单位、全省幸福进家活动先进单位、全省政务信息报送工作先进单位、全省政务信息网络年会一等奖、全市政府系统调研工作先进单位、全市政务信息工作先进单位、全县县直部门服务经济发展工作先进单位、全县残疾人工作先进单位、全县工会工作先进单位、全县政务服务工作先进单位、全县老干部工作先进单位。

【秘书工作】 始终将搞好服务作为第一要务，坚持在实践中提升服务质量，在服务中历练提升个人，以“双提升”促进工作扎实有效开展。一是认真做好文字服务工作。紧扣办公室中心工作，提升以文辅政水平。全年共起草领导讲话汇报、典型经验材料、政府文件等670余篇，完成调研文章15篇，采用政务信息31篇，为领导决策提供了参考依据，当好了参谋助手。二是认真协调服务工作。积极主动地与分管部门沟通，及时督促落实领导关心关注的重点问题，使各项决策部署不走样、不变调、不落空。全年协调筹备部门较大会议340余次，落实领导交办的批示件230余件，较好地发挥了秘书科在县领导与分管部门之间的桥梁纽带作用。

【值班工作】 值班工作以树立“窗口”形象为宗旨，围绕“值守”和“应急”两大核心任务，坚持“千人一面”的标准要求，做到“分分秒秒不离岗，时时刻刻保运转”，形成了信息型、应急型、综合型、主动型的工作格局。严格执行24小时值班制度，随时接报处理各类事件，2017年接待各级来电来访900余人（次），紧急性来访20余起，无一例出现处置不当现象，有效提升了服务型政府形象。充分发挥“上传下达、下情上报、联系左右、沟通内外”的重要作用，日平均处理各类政务电话40余次，累计上报、下发各类通知文件1800余件，未出现任何纰漏，有力保证了与市县各级各部门工作的衔接。坚持做好“兜底”服务，始终做到事事有着落、件件有回音。严格依法依规按程序做好县政府以及办公室印鉴印信和政府及办公室介绍信的管理使用工作。

【文书机要】 严格执行文件档案管理制度，认真按照程序流转办理来问来电。切实履行机要保密职责，严格工作程序，严守工作纪律，确保工作落实到位。2017年，共接收上级政府及有关部门来文3000余件，传真电报280多个，转办县委传真、文件400余件，办结率100%。同时，对外发送传真、文件300余件，转办文件2000余件。机要文件整理归档文件1800余件。

【政务督查】 2017年，共筹备县政府常务会议12次，整理《会议纪要》及会议记录各12期。同时，加强了对会议议定事项的督查，有力地促进了县政府重要决策的贯彻落实。认真做好领导批示件的督办工作。2017年，对县政府领导批示事项及时进行立项分解并开展督查，主要对中央环保督查迎查、不动产统一登记档案移交、社区治理和养老服务试点建设、“变型拖拉机”清理整治、学校改薄等工作进行了专项督查，促进了工作开展。其中，共转办领导批示人民来信60件、部门及乡镇请示汇报480件，整理上报批示件办理情况回复376件，编发《沂水政务督查》2期。认真做好人大代表建议和政协委员提案的办理工作，及时组织召开了全县人大代表建议和政协委员提案办理工作会议，对425件建议和提案落实了承办单位并发文限期督办，确保了办理任务全部完成。

【政务信息】 2017年全县政务信息工作取得省市“双第一”历史最好成绩，获“全省政务信息工作先进单位”“全市政务信息工作先进单位”荣誉称号，获得“全省政务信息网络年会一等奖”，并在山东省第二十八届政务信息网络年会上作典型发言。全年共编发《沂水政务信息·大范围》26期；共上报市级以上（包含市级）信息1392篇，被市级以上（包含市级）采用信息293篇。其中，市政府办公室采用210篇；省政府办公厅信息采用74篇；国务院办公厅采用9篇，其中国务院领导批示5篇。作为省政务信息直接联系县，全年共上报政务信息301篇，被省政府办公厅采用24篇，其中省专报采用6篇，省领导批示5篇，批示率高达83.3%。至2017年底，沂水政务信息工作连续四年取得全市第一的好成绩；连续四年位列全省前十（2017年第一、2016年第四、2015年第九、2014年第二），连续四次在全省政务信息网络年会上获得一等奖，并两次在会上作典型发言。

【综合文字】 坚持服务领导、服务基层、服务群众，发扬吃苦耐劳、极端负责、精益求精的精神，埋头苦干、克难攻坚，做好综合文字服务工作。立足全局性、思想性和指导性，起草完成政府工作报告、述职述廉等各类报告35篇，参谋助手作用不断提升。坚持统领性、科学性和务实性，全年完成各类领导讲话、汇报等226篇，以文辅政能力显著增强。积极针对经济发展、城市建设、社会保障等重点工作开展调研，全年完成调研14篇，服务发展水平不断提升。坚持展现发展新成绩、新风貌、新经验，在《大众日报》《临沂日报》《临沂经济》《现代文秘》等各类期刊、报纸发表新闻、信息等12篇，外宣工作取得新成绩。

【对外联络】 认真做好“三引一促”工作，对引进的项目实行专人包扶制，组织专门班子，全力靠上，开展服务，确保项目顺利推进实施，帮助新大陆轮胎、同创化工和大华汽贸三家企业解决困难需求11条。2017年，招引耐特龙环境科技、东郓生态农业、佳丰生态农业和宝隆国际大酒店等项目4个，投资4.1亿元；引进落地B类人才4人；为企业引进技术项目2个。办公室“三引一促”工作成绩位居县直部门第2名，县直部门联系服务企业第1名。

【应急管理】 一是完善预案体系，夯实工作基础。截至2017年10月，共计收到乡镇总体应急预案备案19份，另有40个县直单位的57项专项应急预案完成了修订并进行了备案。二是强化预案演练，提升救援能力。突出危险化学品、非煤矿山、重大食品安全、中小学校消防安全等行业，分别按要求制定了应急预案演练计划，同时，其他行业和乡镇、部门、单位、企业也都制定了具体的演练计划，并根据计划安排，积极开展应急救援演练工作。2017年全县共有37个县直部门（乡镇）组织应急演练77次，极大地提高了应急救援队伍的救援能力。三是加强队伍建设，提高保障能力。在依托公安消防大队组建应急救援大队的基础上，在各乡镇成立了专业应急救援队伍，县综合救援队伍达到91人，专业救援队伍达到41支2210人。四是完善应急储备，提高保障能力。抢险救灾、生活救助、公共卫生等应急物资及专业救援装备储备得到有效落实，全县配备应急装备5类、2352台（套）。五是加快应急平台建设，提高处置水平。2017年，投资60余万元，建成沂水县应急指挥平台，该平台配备9平方米大屏显示系统和可容纳150余人的应急指挥大厅，实现了与市应急指挥平台的互联互通，保证了市应急办视频点名工作的顺利进行。六是推进应急避难场所建设，增强应急避险能力。2017年9月，投资3万余元，在县府广场、文峰广场、昌辰广场、春风广场、体育广场及沂水一中、二中、四中、实验中学操场出资安装了应急避难场所标识牌15块，同时对文峰广场的应急避难设施进行了巡检，责令有关部门对发现损坏的1处应急避难厕所、3处应急电源做了整改。

【外事侨务】 2017年，侨务工作坚持以侨传情、以侨引资、以法护侨的原则积极推进工作开展。以开展“精准扶贫”为契机，对全县侨情进行了拉网式排查，排查出涉侨精准扶贫户6户，争取上级无偿扶贫资金1.04万元；春节前集中走访慰问归侨侨眷6户；接待华侨、华人和国际友人来沂水商务考察、捐资助学、探亲访友、观光旅游等活动2批、30余人（次）；办理因公出国团组2批2人（次）。

【信息化管理】 一是政务公开工作。制定下发了《2017年沂水县政务公开工作要点》《沂水县全面推进政务公开工作实施方案》等通知文件，指导全县各级各部门政府信息公开工作。通过建立管理人员队伍，实施专业化培训，强化监督考核等手段，不断提高政务公开工作水平，在省信息化工作领导小组办公室开展的2017年山东省政府网站绩效评估中取得了全省第29（市内第3）的成绩。2017年，各乡镇及县政府各部门累计主动公开政府信息26778条，发布宣传信息3.6万条，受理各类政府信息公开申请12件，切实加强了政府与社会公众之间的沟通和交流，有效地障了广大人民群众的知情权、参与权和监督权。二是政务专网协同办公应用工作。大力推行协同办公系统公文流转工作。根据《市委办公室市政府办公室关于进一步推进协同办公系统深入应用的通知》要求，结合沂水县实际制定下发了具体推进实施方案，狠抓工作落实和督导考核，全县协同办公系统应用工作取得明显成效，在全市协同办公系统应用半年考核中取得了第一名的好成绩。至2017年底，全县配备E本700余个，安装手机客户端5000余个，流转公文17万余件，为移动办公提供了便利条件。有效地提高了办公效率，节约了纸张，降低了行政成本。三是政府网站建设管理工作。根据国家政府网站普查工作要求，对全县各级政府网站进行规范管理，加大对政府网站的抽查检测力度，对发现的问题及时向有关单位通报，限期整改。对无力整改或整改不彻底的，坚决予以永久关停，2017年关停注销政府网站20余家，迁移或整合县政府各部门网站17家。有效保障了政府网站的规范运行。四是政务信息系统调查摸底工作。根据省市统一安排和要求，组织开展了政务信息系统调查摸底工作，对全县机房、网络、支撑系统、业务系统等资源，进行了全面核实、汇总、梳理和分析。至2017年底，全县共有机房30个，机柜104个，其中B级机房2个；网络27个；虚拟机2套，虚拟机数量70台；业务应用及数据库系统47套。通过调查摸底，掌握了各单位信息系统现状，摸清了底数，为下步工作开展提供了重要依据。五是政务信息资源目录编制工作。制定并下发了《关于开展政务信息资源目录编制暨政务信息资源普查工作的通知》（沂政办发〔2017〕97号），对目录编制范围内容、普查方式、工作要求进行了明确。召开了全县政务信息资源目录编制暨政务信息资源普查工作会议，对首批61个涉及部门分管领导和业务技术人员进行了专题业务培训，严格目录编制审核把关，加强工作日常督导调度，在全市率先完成了政务信息资源目录编制工作任务，并导入山东省政务信息资源共享平台。全县共梳理编制政务信息资源目录2049个，其中无条件共享目录1230个，占总目录的60.0%；有条件共享目录683个，占总目录的33.3%；不予共享目录136个，占总目录的6.7%。

【12345便民服务热线工作】 2017年，沂水县政务服务热线共承办工单66186件，其中，求助类47968件，投诉举报类18064件，建议类85件，感谢类53件，咨询类16件，回复工单65944件。热线问题主要集中在市容环境（8953件）、供暖（4367件）、居民用水（2700件）、干部作风（2681件）、环境保护管理（2443件）、物业管理（1879件）、交通设施（1641件）、社会救助（1578件）等方面。在接到群众诉求后，确保做到第一时间接收、第一时间转办、第一时间办理、第一时间回复，得到了广大群众的普遍认可。与电视台联合开设《聚焦12345》栏目，加强宣传引导，加大曝光力度。2017年开展现场督办200余次，播出电视节目11期。针对公益性公墓建设、供水、停车难、供暖、采砂等问题编写舆情专报11期，县委、县政府主要领导均做出批示，相关问题得到了有效解决。

（宋晓平）

行政审批工作

【概况】 沂水县政务服务中心管理办公室为县政府派出机构，机构规格为正科级，县政务服务中心管理办公室主要负责制定和实施政务服务中心各项管理制度并进行监督检查和考核；对县政府各部门进驻、委托事项的办理进行组织协调、监督管理和指导服务；负责“网上政务大厅”的运行管理；负责政务服务中心政务公开的组织协调和监督管理；对进驻政务服务中心的中介服务机构进行监督管理；对进驻窗口工作人员进行管理培训和日常考核；对本级政府服务大厅和基层便民服务工作进行指导、监督和考核；对公共资源交易、农村产权交易活动进行指导、协调、监督和管理等工作。下设综合科、考核督查科2个职能科室，核定行政编制5名；县公共资源交易服务中心，为县政务服务中心管理办公室所属的事业单位，机构规格副科级，下设工程交易科、政府采购科、产权交易科、业务科、信息技术科和财务科6个科室，核定事业编制26人。政务服务中心管理办公室有工作人员28人。2017年，中心各窗口累计受理办件40.5万件，平均每个工作日办件1621件，无超期办结件。

【政务服务体系建设】 一是以“互联网+政务服务”为引领，不断完善智慧政务平台。依托省市政务服务平台，积极推进行政许可事项和公共服务事项向网上审批平台集中，全县42个单位的255项行政许可事项全部“上网”，网办率达到80%。2017年中心各窗口通过政务服务平台共办理行政许可事项4820项，按时办结率为98.19%。全县794项公共服务事项已完成办事要素梳理、审核和流程定制工作，已全部纳入政务服务平台，实现政务服务事项“一站式”办理、“一张网”运行。二是狠抓基层便民服务体系建设，通过召开专题会议、建立台账、定期督导、视频监察等多种方式加大对乡镇（街道）便民服务工作的督导调度。对许家湖、龙家圈等已经建成达标的乡镇加强业务指导，充分发挥其便民服务作用；对杨庄、崔家峪、沙沟等新建便民服务中心按照“六统一”的要求，进一步规范场所建设、事项进驻、人员管理和业务运行；对马站、四十里等正在建设的便民服务中心督促其加快建设进度，有效推进了乡镇（街道）便民服务中心的标准化建设、规范化运行。至2017年底，全县18个乡镇（街道）全部建成了便民服务中心。三是为了建立健全为民服务长效机制，打造高效、便捷、务实的代办服务体系，按照县政府办公室《加强基层代办服务体系建设工作实施方案》要求，建立了以县政务服务中心为龙头、乡镇（街道）便民服务中心为纽带、社区（村居）便民服务室（代办点）为基础的代办服务网络，在县、乡、村配备了素质高、业务强、服务优的专兼职代办员，明确了代办范围、代办流程和工作要求，按照主动对接、自愿委托、免费服务、快速办理的要求，为企业和群众实行无偿代办服务，切实做到了便民利民。全年镇村共代办各类审批和服务事项20万余件。

【审批服务效能】 一是按照“三集中、三到位”改革要求，全面梳理中心进驻事项，开展审批流程标准化建设，对工作流程进行全面优化提升，对办理时限进行精简压缩，确保所有事项在政务中心办理时间最短、流程最优、环节最少、效率最高。通过流程优化，进驻中心的所有行政许可和公共服务事项承诺时限比法定时限缩短共计1411个工作日，缩时提速率达62.3%，62项行政许可和公共服务事项实现了即来即办、只跑一次的目标，107项行政许可和公共服务事项提速到5个工作日内办结。二是为优化投资建设项目审批流程，促进项目早落地、早投产、早见效，县政府下发了《沂水县投资建设项目联审联办实施意见》，对建设项目审批涉及的用地审批、发改立项、施工许可、竣工验收四个阶段实行分段并联审批，绘制分段流程图及服务手册，推行“咨询阶段联合告知、审批阶段联审联办”二级推进模式和“初审确认、容缺办理、疑难会商、协助报批”保障机制，加快实现投资建设项目“一窗受理、同步审查、并联办理、限时办结、统一收费、统一发证”，切实实现审批提速、服务提质。三是健全完善了考核激励机制。县里出台《沂水县政务服务工作考核办法》，将政务服务工作纳入县委、县政府的综合考核，窗口年度优秀比例提高到20%，有效激发了各级各部门抓政务服务工作的积极性与主动性。制定《政务服务工作群众满意度测评办法》，鼓励和引导社会公众对中心效能建设、服务质量、办件情况等进行动态评价，并将评价结果作为评先树优的重要依据，以此倒逼部门单位及工作人员增强责任感和压力感。

【公共资源交易】 一是推进公共资源交易平台规范运行。根据各级整合建设统一交易平台的要求，进一步梳理了公共资源交易种类，实行公共资源交易目录管理，进一步理顺交易流程，分析交易风险点，细化人员职责分工，增强了平台服务能力。与各主管部门和公证处沟通配合，规范信息发布、代理服务、开标评标、专家抽取等环节的监管。加强对交易中心设施设备的维护，新安装翼闸门禁等设施，充分利用信息化手段规范交易活动，增强了交易平台监管能力。二是实现与全市公共资源交易信息平台的无缝对接。按照全市统一要求，推广使用全市统一的公共资源交易系统，并积极与住建、财政等行业主管部门搞好沟通衔接，将县内建设工程、政府采购、交通、园林、水利等项目全部纳入系统运行，实现了公共资源交易数据资源共享和交易流程的透明化管理。三是规范了中介机构服务行为。制定了入驻中介机构管理考核办法，从人员考勤、工作纪律、业务办理、程序规范、执业道德等方面进行规范提升，进一步提高业务水平和服务质量。同时，做好网上中介超市上线运行的准备工作。按照《临沂市人民政府办公室关于加快推进网上中介超市上线运行的通知》要求，县政府办公室下发通知进行了安排部署，14个中介机构主管部门完成了收费项目清单、要素信息梳理录入和中介机构的网上注册工作。2017年，公共资源交易中心累计受理项目431个，成交399个，完成交易额26.3亿元。

（王加香）

城市管理行政执法

【概况】 沂水县综合行政执法局成立于2017年11月28日，加挂沂水县城市管理局牌子，为县政府工作部门。将城市管理、国土资源、发改、人防、防震减灾、水利、水保、林业、文化、旅游、粮食、商务领域的行政处罚权及有关的行政强制措施划入县综合行政执法局（县城市管理局）。将县住房和城乡建设局的市政公用、园林绿化职能划入县综合行政执法局（县城市管理局）。

将原县城市管理行政执法局的城市管理、市容环卫行政管理职能划入县综合行政执法局（县城市管理局）。主要职责是贯彻执行国家和省、市、县关于开展综合行政执法工作及市容环卫、市政公用、城市园林绿化的法律、法规、规章和方针、政策；拟订全县城市管理工作发展规划和城市管理工作的政策措施并组织实施；负责起草有关综合行政执法的规范性文件和标准，并组织实施。负责全县园林绿化的管理工作；负责编制园林绿化专业规划，拟订全县园林绿化发展中长期规划和年度计划并组织实施；负责城区园林绿化工程的规划、建设管理和质量监督工作；负责创建生态园林城市的综合协调工作。负责全县城市市政公用事业行业管理；负责城市规划区内雕塑建设管理工作。负责全县城乡环境卫生的管理工作；负责编制环境卫生专业规划，拟订环境卫生发展中长期规划和年度计划并组织实施；会同相关部门开展城区环境卫生设施的竣工验收备案工作；负责城区各类环境卫生作业公司的日常管理工作；负责对乡镇环境卫生作业发包工作的指导监督；负责环境卫生的行业管理、工作考核和监督检查。负责城镇容貌管理工作；负责城市规划区、旅游景区及各乡镇（街道）驻地范围内户外广告设置的管理工作，按照有关规定征收空间资源使用费；负责城镇道路两侧和公共场地的临时堆放物、搭建临时性的建筑物、构筑物或其他设施的管理。参与城市规划区内机动车停车场的规划、建设工作；负责城市规划区内停车设施运行维护的监督管理，负责公共停车设施的信息采集。行使省政府批准的城市管理方面、国土资源行政管理方面、人防（除涉密事项外）方面、发展改革方面、防震减灾方面、水行政管理（含水土保持）方面、林业行政管理方面、文化广电新闻出版行政管理方面、旅游服务业管理方面、粮食流通管理方面、商务行政管理方面、行政处罚权和相关法律、法规规定的行政强制权法律、法规、规章规定的行政处罚权。

2017年，县综合行政执法局辖县综合行政执法大队一个正科级单位、环境卫生管理处、东皋公园管理处、园林处三个副科级单位，设办公室、法制科、宣教科、督察科等14个科室和4个城区执法中队、1个直属中队、18个乡镇中队、1个公安驻综合行政执法中队，共有工作人员488人。2017年，被评为城乡建设工作、发展全域旅游工作、城乡环境综合整治、环境保护工作、信访工作、平安沂水建设等先进单位称号，先后获得全市城市管理工作先进集体、全市城乡环卫一体化工作先进单位。

【市容市貌管理】 一是严查六乱现象，推动精品城市建设。打响市容环境管理精细战。以夏季市容秩序集中整治等活动为抓手，严查店外经营、占道经营，加大对乱摆乱放、乱堆乱倒、乱搭乱建、乱贴乱画、乱扯乱挂、乱停乱放等“六乱”现象，实行错时管理、高峰岗管理，加强夜间巡查执法，2017年，共查处流动摊点8300余起，查处违法停车案件70000余起。以县城区“二环”以内主次干道、文化广场、集贸市场、公园、车站、各大医院、学校周边等区域为范围，共组织36次夜间集中整治活动，全体人员实行组合执法、轮流执勤，对城区环境卫生、早餐早市、夜市烧烤、店外经营、占道搭建、马路市场等行为进行重点整治、强化疏导、依法取缔、分类整治、还路于民。二是坚持规划先行、周密选址积极做好城区便民市场建设。根据全县城市规划和道路布局，建设了西朱家庄市场、前石良社区便民市场、牛岭埠便民市场，引导周边流动摊点入市经营，有效的缓解这几处区域流动摊点占道经营的问题。三是高点定位、乘势而上、增量建设城市停车场（位）。协调相关单位投资230余万元建设了小沂河南路停车场，并对中心医院周边停车位进行了系统规划，综合管理，增加停车位398个，有效地缓解了中心医院周边停车难问题。

【规划执法管理】 一是强化违法建设监管措施。加强日常巡查监管，实行检查关口前移，提早发现、尽早介入、尽快制止违法建设，努力从源头上降低违法建设发案率。组织召开了全县城市违法建设治理行动全面排查工作推进会议，全面开展摸底排查工作，建立健全长效管理机制。严防新增违法建设。加强批后监管，加大对私自变更建设规划许可、以招商引资名义开发房地产等违法行为的查处力度，保持对违法建设的高压态势。二是严格组织依法拆除工作。坚持拆控结合、以拆促控，对重点区域实行重点管控，对严重影响城市规划的违法建设依法强制拆除。全年共查处违法建设案件360余起，依法拆除违法建设180余起，累计拆除面积13000余平方米，有力震慑了违法建设行为，维护了城镇规划建设秩序。

【户外广告管理】 一是规范审批，严把户外广告准入关口。整顿户外广告经营秩序，合理控制临时性促销活动，避免发生促销活动扎堆扰民现象，城区范围内商业宣传活动秩序明显改善。二是科学规划，推进户外广告改造提升。严格把关，优化设计，努力做到一路一风格、一街一特色，先后完成了正阳东路、小沂河路、长安路、正阳中路、腾飞路等路段5000余平店面沿街招牌改造提升工作，同时对低档次楼顶广告进行三面翻改造。三是强化治理，努力清除城市“牛皮癣”。在加强日常管理、随见随清的基础上，定期组织保洁人员对城区主次道路、旅游线路、街巷两侧“野广告”、条幅广告进行拉网式清理，并不断完善野广告电话追呼系统。城区范围内擅自张贴、涂写现象明显减少。

【环境卫生管理】 一是继续加大投入，强化环卫基础设施建设。采取“减员增效率”与“增员提成效”相结合的方式，重新分配保洁任务，探索实行“5+1”作业新模式，利用人行道清洗车、道路清扫车、洒水车、高压清洗车、洗路车五种具备不同功能的机械化作业车辆，与人工捡拾保洁相配合。二是逐步完善县、镇、村三级考核体系。积极配合县领导小组办公室开展实地考核6次，电话调查2次，下发通报4期；每月1次对各乡镇中转站进行安全检查。在“闭环式”考核的基础上，加强对“保洁员自查、管理员巡查、单位督察”三位一体的深度结合，进一步加大考核力度，以严格的督察提升执行力，以严格的考核增进向心力；每月进行1次现场点评，指出存在的问题并跟踪解决，实现了城乡环卫保洁“全方位覆盖、无缝隙对接、一体化管理”。三是扩大收集覆盖，规范餐废处理。进一步明确了餐厨废弃物收集、运输的时间、方法、要求以及相关权利义务规定。

【队伍建设】 一是强化党风廉政建设，发挥基层党组织的模范带头作用。积极加强基层党组织规范化建设。落实基层党建工作责任制，严格党内组织生活，推进学习型党组织建设。落实党风廉政建设责任制。加强党风廉政建设，健全岗位风险防控机制，发挥党员先锋岗的模范带头作用。围绕业务抓党建、抓好党建促业务。构建双向良性发展模式。二是强化执法规范化建设、全面提升执法能力和水平。落实行政执法责任制。建立行政执法日志和行政执法公示制度，加强执法案例编纂和执法业务培训，提高执法人员法律素养和执法能力。优化行政处罚案件流程。优化行政处罚案件审批，形成科学有效的办案流程。加大行政强制执行力度，提高行政处罚威慑力。二是强化队伍作风建设，践行埋头苦干、砥砺前行的工作作风。认真贯彻八项规定要求，努力营造“崇尚实干、狠抓落实”的工作氛围，着力形成埋头苦干、善于执行的工作态度。坚持“一线工作法”，充分发挥领导干部的模范带头作用。创新干部队伍管理方法和激励机制，坚持德才兼备、以德为先的用人导向，提高工作效能和为民服务水平。三是健全监督机制，强化全方位监督。加强内部执法监督，进一步加大对重点岗位、重点环节的督察力度，强化安全管理、综合治理、计划生育等工作，全面提高城管执法队伍文明程度；加强外部监督，坚持开门办城管、主动办城管、依靠群众办城管，主动接受社会监督，扎实做好行风热线、“12345”市民热线、城管投诉举报和信访工作，2017年，该局受理各类案件4000余起，案件办结率100%，群众满意率98%。

（周润竹）

旅游工作

【概况】 沂水县旅游发展委员会主要职责是贯彻落实国家、省、市有关旅游发展的方针、政策和法规；负责制定全县旅游发展规划、政策及旅游行业管理章程，对全县经营旅游业务的单位进行行业管理；负责全县国内外旅游市场的开发及全县旅游形象的宣传和推广；负责全县旅游项目的审核、报批工作；监管旅游市场秩序和服务质量，受理旅游投诉，维护旅游者和旅游经营者的合法权益；监督实施国家有关旅游从业人员的职业资格制度和等级制度，指导全县旅游教育培训工作。2017 年，沂水县旅游发展委员会设办公室、市场开发科、监督管理科、规划发展科、旅游商品开发科、统计信息科 6 个职能科室，有工作人员 22 人。

至 2017 年，全县共有景区 40 处，其中 AAAA 级景区 6 处，居全省县级首位；旅行社及分支机构 25 家，星级饭店 6 家，住宿床位达 1.8 万余张；国家级农业旅游示范点 1 个，省级旅游强乡镇 7 个，省级工农业旅游示范点 12 个；省级金牌旅游购物商店 3 家、旅游商品研发基地 2 家；旅游休闲购物街区 3 家。2017 年全县各景区接待游客 1271 万人（次）、实现旅游总收入 127.4 亿元，同比分别增长 15.1% 和 16.2%。

【全域旅游发展】 全域旅游示范区创建工作加快推进。沂水县作为创建国家全域旅游示范区的重点县和先行县，2016 年就成立了县旅发委，建立了旅游联席会议制度、完成了“1+3+N”体制改革，走在了全市的前列。至 2017 年底，组建旅游发展委员会、建立旅游工作联席会议制度、建立“1+3”旅游综合监管机制等 61 项任务已基本完成，建设全域旅游服务区、编制全域旅游发展规划、提升旅游集散中心和咨询中心、提升旅游道路、规范完善旅游导向标识等 5 项任务正在加快推进，县旅发委列入县政府组成部门、建立旅发委（兼）专职委员会制度、设立县旅游业发展基金等 3 项任务正在积极研究，前期创建档案资料已于 2017 年 7 月报市旅发委，正进一步对档案资料进行充实完善。

国家 AAAAA 级景区创建工作有序开展。创建主体龙冈集团对涉及的 8 个大项、104 个重要工作点进行了提升完善，分为软件建设和硬件建设两个部分，已完成投资 1.6 亿元；县级层面涉及 22 个部门、5 个乡镇、55 项的工作任务基本完成。至 2017 年底，《关于山东沂水萤火虫水洞・地下大峡谷旅游区创建国家 AAAAA 级景区验收报告》已报到省旅发委，12 月 7—8 日省旅发委进行了初评现场检查、听取了创建汇报、反馈了意见。

景区提升改造工作效果显著。由杭州赛石园林投资的花彩小镇项目，一期投资 2 亿元，创造了从建设到开园时间最短、首日接待量达 10 万人的记录；引进由深圳华侨城和临沂城开公司投资 30 亿元的沂河度假小镇项目，至 2017 年年底，投资方正在设计规划方案；“萤火虫水洞・地下大峡谷”国家 AAAAA 级旅游景区正在加快建设，力争明年通过国家旅游局验收，全力打造沂水旅游金名片；雪山彩虹谷景区新上彩虹旋转漂流、彩虹森林滑雪场等项目，天上王城景区纪军七营、观光栈道等项目建设完成，天地合生态休闲庄园房车营地、林下餐厅等项目有序推进，共计完成投资 5 亿元。

旅游新业态发展工作实现突破。积极培育发展新六产，打造“田园综合体”，尹家峪田园综合体被国家发改委列为“国家农村产业融合发展示范园”项目，汇博农业主题公园等 14 处农业休闲园区正在向“田园综合体”方向发展；着力发展精品民宿，培育了沂蒙老山街、林下花墅等 10 处精品民宿示范点；“景区 + 运动”游实现破题，雪山彩虹谷国家级健身步道立项申请已获国家体育总局批准。至 2017 年年底，沂水县 18 个旅游重点项目完成投资 12.5 亿元，有 8 个旅游项目列入县“125”工程中 50 个重点产业项目。同时，积极推动精准扶贫与乡村旅游整体发展有机融合，院东头镇创新提出了“一体两利三增收”旅游扶贫模式，12 个重点旅游扶贫村完成了旅游特色村入村口标志物、游客中心、停车场、旅游厕所、旅游标识系统等基础设施，293 户建档立卡贫困户 456 人从中受益。

2017 年 2 月 17 日，山东龙冈旅游股份有限公司挂牌

2017 年 4 月 2 日，第六届山东沂水（泉庄）桃花艺术节在泉庄镇桃花山开幕

【旅游市场营销】 积极做好高端媒体宣传。根据 2017 年度省旅发委“联合推介、捆绑营销”工作要求，沂水县参与了山东卫视 10 秒版本的广告宣传，投放时段为全年隔日播出。继续与新华网、大众日报、江苏电视台等媒体开展合作，邀请省内大众日报、齐鲁网、山东商报等重点媒体到沂水县开展主题为“行走中的家”沂水民宿媒体体验采风活动。通过网站、报纸、微信刊发信息 100 余篇，在新浪微博发起的“游沂水睡民宿”话题的点击量达 275.4 万（次）。

省内营销催旺市场。年内组织县内旅游乡镇以及重点旅游企业到日照、青岛、烟台、济南、济宁等省内 12 地市进行旅游推介活动，吸引了全省 400 余家旅行社、50 余家媒体的关注和支持。

创意营销效果突出。沂水旅游紧跟市场变化，注重新媒体营销和特色创意营销、借力营销。“集齐五福免费游览景区活动”“没有萤火虫的夏天是不完整的”“对不起，我来晚了”“亲情沂蒙旗下景区 19.9 元抢购”等创意营销不断涌现。除此之外，萤火虫水洞举办的“中国梦·沂蒙情——万点萤光·万颗诗心”大型颂诗会，雪山彩虹谷彩虹跑、迷你马拉松、天上王城礼诗歌朗诵大赛等活动，进一步将旅游和文化、体育密切融合，构建了全域旅游发展大格局。出台《2017 年沂水县旅游奖励政策》，全年接待 200 人以上大团队 56 个，奖励金额近 70 万元。

节庆活动强势吸睛。先后举办天上王城第八届祈福文化庙会、雪山彩虹谷唐庙会、中国江北（沂水）第二届梅花节、第三届山东沂水诸葛杏花节、第六届山东·沂水（泉庄）桃花节、第三届夏蔚樱桃文化节、首届沂蒙花朝节、天上王城第七届夏日冰 Fun 狂欢节暨泉庄镇第六届采摘节、第三届彩虹文化节、“探秘萤光·破茧成蝶”研学旅行等一系列节庆活动，极大地丰富了沂水旅游市场，进一步提升了“山东好客·沂水情长”旅游整体形象品牌的曝光度和知名度，为广大游客呈现了全域旅游下全景沂水的风采。

【旅游行业管理】 开展教育培训。2017 年累计举办各类培训班共 4 次。3 月 23 日，县旅发委组织 8 个旅游特色镇村创建单位分管负责人和乡镇旅游办主任，赴沂南新立村、朱家林村、马泉村、竹泉村、香山村、三山峪村考察学习；5 月 25 日，县旅发委在天地合举办培训班，邀请东方瑞海国际温泉度假村朱丽华、姜晓青对 50 多名乡村旅游从业人员进行了培训，重点讲解了客房卫生整理、客用物品整理及摆放、餐厅摆台、前厅接待服务人员礼仪、厨房卫生、饭店标准化等方面知识；8 月 22 日，县旅发委组织蒙山龙雾茶博园等旅游企业，赴曲阜市学习文化主题饭店创建经验；9 月 22 日，县旅发委聘请星评员和星级饭店管理人员，在沂蒙风情旅游景区桃棵子村举办了乡村旅游培训班，就农家乐的经营管理和餐饮、客房服务等方面进行了现场指导，共有 58 人参加培训。

认真开展旅游安全工作。一是严格安全执法检查。县旅发委共对沂水县 30 家旅游企业，进行了 3 次综合检查，从 2017 年 7 月开始实行周检查制度，累计开出《安全隐患排除记录表》31 份，发现隐患 64 条；县旅发委与消防大队、综合行政执法局、市场监管局等旅游安委会成员单位开展了 3 次联合执法，检查企业 5 家，开出《现场安全生产工作检查登记表》5 份，发现隐患 10 余项；十九大会议召开期间，县旅发委选派 11 名安全督导员下沉一线，到 11 家重点 A 级景区和星级饭店现场督导旅游企业安全生产情况，确保了沂水县旅游平稳有序，没有发生旅游安全事故。二是重点做好节假日安全工作。4月28日，组织召开“五一”小长假旅游安全工作会议，6月24日，组织召开旅游安全生产会议，9月28日，组织召开国庆中秋假日旅游工作会议，相继下发了《沂水县旅游行业安全生产百日攻坚治理行动实施方案》(沂旅委发〔2017〕39号)、《沂水县旅游企业安全生产主体责任落实年活动实施方案》(沂旅委发〔2017〕38号)、《关于深入开展安全生产大检查的通知》(沂旅委发〔2017〕44号)等文件。

组织开展文明旅游和志愿服务活动。在节假日期间组织开展了“文明旅游志愿服务·让旅游更美好”主题活动，共印制文明旅游行为公约、倡议书、十大文明旅游提醒语等宣传材料3万余份，在长深高速路沂水出口、长途汽车站设立了2个志愿服务驿站，在旅游企业设立了10支志愿服务队40个志愿服务岗，共300名志愿者参与活动，累计为近4万名游客提供了旅游信息咨询、安全提示、投诉处理、应急救援救助等服务，提供扇子、纸杯、手提袋、纸牌、化妆镜等便民用品5000余件，茶水服务3000余人(次)，清理垃圾近2吨，为150余名游客提供了文明游览提示服务，及时制止了游客乱扔垃圾、随意插队、大声喧哗等不文明行为。4月8日，沂水县首届花朝节开幕，县旅发委组织临沂大学沂水分校的29名大学生志愿者开展了“文明赏花·让旅游更美好”主题活动；“五一”期间仅山东地下大峡谷景区就组织了200多名学生志愿者，开展了各项旅游服务；4月27日，雪山彩虹谷景区组织沂水县培智学校50名残疾智障儿童，免费到景区参观游玩。

实行旅游企业动态考核。为“建设全景沂水，发展全域旅游”，加快旅游产业升级转型步伐，根据《旅游法》及相关行业标准要求，制定出台了《2017年度全县旅游企业动态管理考核办法》，重点从经营管理、宣传促销、旅游标准化、参与县级以上活动、安全与投诉等五方面，对旅游企业进行全面考核打分，督导企业持续开展整改提升。

开展旅游信息采集工作。2017年，对全县旅行社、餐饮、住宿、娱乐、集散中心、咨询中心6大类、40家涉旅企业进行摸底调查，收集了包括卫星定位、基本信息、交通提示等49项数据及图片，提高了全县涉旅企业网络信息真实性、全面化程度。

【旅游景区选介】 山东地下大峡谷，国家AAAA级旅游景区，位于沂水县城西南8公里的龙岗山下，是一座风貌奇特的溶洞王国，洞体长度6100米，至2017年底，开发3100米，号称中国江北第一长洞。洞内气势雄伟壮丽，峡谷深切近百米、两壁如削、宽处百余米、窄处仅可容身，成具体而微之地下三峡。洞内分九大景段，有“一河”“九泉”“九宫”“十二瀑”“十二峡”等景观一百余处。景区除洞内美景外，还利用暗河水势开发了中国最长的溶洞漂流项目，全天候管轨电动滑道车(小飞龙项目)也是全国最长的环保游览项目之一，是集休闲、游憩、娱乐、度假、溶洞漂流为一体的旅游区。

萤火虫水洞，国家AAAA级景区，位于沂水县南部19公里的时密山下，景区分为蝴蝶谷、萤火虫水洞两大主题旅游区，另外还有崖瀑漂流、滑道车、梦幻昆虫园等60余处景点，是集休闲观光、科普教育、科考探险等多功能于一体的大型综合性生态旅游区。蝴蝶谷中有丝带凤蝶、枯叶蝶、麝香凤蝶等世界著名种类多达50种，谷内的小桥、流水、幽谷、鲜花和那翩翩起舞的彩蝶以及各类粗犷的原始植被，构成了一个幽静、自然的世外桃源，是中国北方最大的自然与人工巧妙结合的蝴蝶文化公园，也是中国北方最大的蝴蝶研究基地；萤火虫水洞形成于约0.65亿年至2.3亿年前，全长1200米，萤光湖面积2.5万平方米，体积24万立方米，洞体规模宏大，各种岩溶景观千姿百态，成千上万的萤火虫附于钟乳洞壁之上，像无数闪烁的星光在穹顶间闪烁，美不胜收，该旅游区可与新西兰的奥克兰维多摩萤火虫洞相媲美，为亚洲第一，神州独有。

天上王城，国家AAAA级景区，位于沂蒙山腹地，距沂水县城西北40公里处，地处临沂、淄博以及沂水、沂源、蒙阴两市三县交汇点，景区主体分布在纪王崮上。纪王崮海拔577.2米，顶部阔大，面积约4平方公里，南北长数公里，是沂蒙七十二崮中唯一有人居住过的崮，被誉为“沂蒙七十二崮之首”，加上国内唯一的山崮地貌群特征显著，悬崖峭壁、陡峭如削，周边自然风光秀美，便使纪王崮得“沂蒙第一崮，千古纪王城”之美名。天上王城景区利用纪国历史遗迹、奇特岱崮地貌、优美自然风光、古朴民居民宿等资源，建成王城文化体验区、奇崮风貌观赏区、生态田园生活体验区、山崮民情体验区、户外休闲运动区五大功能区，包含大大小小60多处景点，30多处历史遗迹。其中演武场中的大型马战、马术表演场面宏伟、气势磅礴，天然地下冰宫的冰雕艺术展美轮美奂、引人入胜，是景区主推的两个精品项目。

天谷·天然地下画廊，国家AAAA级景区，位于“红嫂”故里院东头镇，是集地下溶洞游览、体验参与、餐饮、客房、商务会议、科普、健身为一体的省内著名综合性旅游景区。景区溶洞全长6600米，已开发3200米，是一处江北罕见、临沂独有的纯天然景观溶洞，被众多专家誉为“江北第一溶洞”。洞内钟乳遍布，石笋林立，108处主要景观形态各异，令人叹为观止。“北国风光”“宇宙奇观”“南国风情”“海底世界”四幅各具特色的巨幅画卷，被洞内数道石门相隔，自然天成。洞内1200米地下河探险穿越漂流项目，沿途经历无数次的飞流直下，跌宕起伏，飞珠溅玉，惊险刺激。同时景区拥有风情万种的野人谷、大型高尔夫球场、激情卡丁车、室内激光碰碰车等景点项目。

雪山彩虹谷，国家AAAA级景区，位于沂水县城东2.5公里处，是集娱乐、休闲、度假、参与表演于一体旅游区，主要景点有彩虹谷、情人谷、欢乐谷、野战谷。其中主体景观彩虹谷，是通过实施人工降雨利用阳光折射，创造了晴天观彩虹的美景。走进彩虹谷，头顶雨雾缭绕，脚下溪流潺潺，空中彩虹环绕，使人顿生进入梦幻般的江南水乡感觉，被誉为“七彩山水与东方艺术的美丽奇遇”；进入彩虹门，来到彩虹文化广场，感受“彩虹浪漫花海”的世界，观赏长108米，高18米的“彩虹浪漫飞瀑”；漫步“仙子湖”“迷雾竹林”，体验“彩虹雨”文化；情侣们还可以在情人谷用同心锁许下爱的誓言。景区还有飞越彩虹（滑草）、彩虹旋转木马、美人鱼、儿童乐园、高空滑索、红嫂剧场、秀楼婚俗表演等娱乐项目。

东方瑞海国际温泉度假村，国家AAAA级景区，位于沂水县新南环路长安路口，是一处以温泉疗养为主的旅游景区，景区集客房、餐饮、温泉、会议、娱乐于一体，占地110亩，建筑面积36000平方米。温泉区分为接待中心、室内水疗馆、室外温泉区、贵宾包池四部分。接待中心内设有按摩大厅与按摩包房、休闲快餐、自助网吧、棋牌、健身房等，可以为游客提供更衣、淋浴、饮食、娱乐等服务；热带风情浓郁的室内水疗馆，拥有园林式景观泳池、各种水疗设备、瀑布温泉、动感滑梯乐园等项目；室外温泉区拥有保温连廊围合入口区、竹文化为主题的竹林泡汤区、中药养生为主题的药浴泡汤区、特色温泉为主题的特色浴区、地热温泉为主题的石板长廊区、动感娱乐为主题的泳池戏水和滑梯游乐区。

（高连成）

史志工作

【概况】 沂水县史志办公室主要职责是制定全县地方史志工作规划及规范标准，并组织实施；负责县级志书的编纂和旧志整理工作；对全县党政机关、企业、事业单位、乡镇（街道）、村等编纂的各类志书进行业务指导，并负责审稿验收；负责县政府主办的《沂水年鉴》的编辑出版工作；负责县情资料的收集、整理和研究，为社会各界提供县情咨询服务；编写地情教育丛书等工作。2017年，设人秘科、志书编纂指导科、年鉴编辑工作科、方志馆、开发利用服务科，有工作人员10人。《沂水县建设志》被评为优秀基层（专业）志。《沂水年鉴（2016）》出版发行，该鉴不仅是沂水史上安排部署最早、成稿速度最快、编纂周期最短的年鉴，也是2017年山东省第一部出版的大型综合年鉴。2017年，打造了9处基地、拍摄完成4部沂水名片。7月底，省史志办在遵义举办全省史志系统领导干部培训班，沂水县史志办作为全省唯一一个县级史志部门领导做了典型交流发言。11月，全省方志理论研讨会，县史志办作为全省仅有的两个县级史志部门参加典型交流发言。2017年，获“全市地方史志工作先进单位”“全市地方史志工作信息宣传先进单位”“全市地方史志地情研究先进单位”等荣誉称号。

【基层志书编纂工作】 不断加强与志书编纂单位的联系、沟通与协调，从篇目设置、资料搜集、文风志体等方面提出指导性意见，并请工作经验丰富、责任心强、吃苦能干的老专家、老学者参与志书编纂工作，有力地促进了基层和部门志书编纂工作的开展。至2017年年底，《沂水县水利志》初稿已全面完成，《牛岭埠村志》成功申报齐鲁名镇名村志。

【年鉴编纂工作】 为使年鉴更好地为全县经济社会发展和广大基层人民群众服务，经申请，由县编办批准，设立沂水年鉴编辑部。沂水年鉴编辑部全面负责沂水年鉴和各单位专业年鉴的编写指导工作，力争把沂水年鉴和各专业年鉴打造为精品志书。按照“一年一鉴”的工作要求，《沂水年鉴（2016）》编纂工作于2016年12月全面启动，于2017年5月出版发行，是沂水史上成稿速度最快、编纂周期最短的年鉴，该年鉴的提前出版发行，既提高了时效性，又大大增强了服务现实的功能。在资料征集工作中，实行分工负责联系制度，及时跟进，加强调度，督促指导各单位按时供稿。在编纂过程中，牢固树立精品意识，精校细对，严格把关，努力提高编纂质量和水平。并专门聘请退休及内退的史志专家参与《沂水年鉴（2016）》稿件编审、校对工作，进一步提高年鉴编纂质量。此外，还按时完成了省、市史志部门交办的《山东年鉴》《山东地方史志年鉴》《临沂年鉴》沂水部分的编写任务。

【方志馆建设】 新方志馆建设面积2100平方米，计划2018年主体建成。为高标准、高定位设计方志馆，县史志办会同方志馆设计、建设人员多次去外地参观学习，新方志馆建设正有序推进中。同时，积极协调服务好各部门加快规划建设步伐。继续搞好志书购买、交流和史志资料征集工作，丰富方志馆馆藏。

【地情资料库和地情网站建设】 大力推进了沂水县情网实用性、可读性和树形象的全面提升工作，对版面、栏目进行了全面调整和内容扩充。改版后的沂水县情网删除了原有栏目“图片沂水”，新增设了“沂水名片”等栏目，上传了大量视频、图片资料。“沂水县情网”和国家、省、市、县各级史志部门做了相关链接，并使用全省统一的地情资料库检索软件，极大地满足了基层的需求，最大程度地方便了广大人民群众。

【开发利用服务工作】 为积极响应中指组及省、市的要求，全面推进史志事业转型升级，沂水县史志办创新启动了开发利用服务基地的平台建设工作，沂水县史志办建立了高桥手绣民俗馆、沂蒙红嫂祖秀莲纪念馆、沂蒙山革命根据地、沂水桑皮纸、裘皮画、跋山水库管理处、雪山风情街沂蒙非遗馆、沂水县春风养老服务中心、穆陵关文化展览馆9处基地。基地的建立是从以修志工作向围绕全县经济社会发展的重心和服务基层广大人民群众这个根本进行的一次转型升级，也是从修志编鉴向多业并举的一次强力转变，实现了史志事业大局化，实现了史志事业全面化。

加大宣传平台推广，拓展了单一纸媒体志向广泛运用数字媒体志的转变，实现了地方志信息化和修志编鉴数字化、网络化，树立起了史志事业新形象。

（县史志办公室）

中国人民政治协商会议沂水县委员会

【概况】 沂水县政协是中国人民政治协商会议的地方委员会。其主要职能是政治协商、民主监督、参政议政。政协机关设有“五委二室一科”，即科教文卫体工作委员会（文史资料委员会）、社会联络和法制工作委员会、人口资源环境工作委员会、经济工作委员会、提案工作委员会、办公室、政协委员活动工作室、老干部管理科，有工作人员37人。

【沂水县政协十届一次会议】 中国人民政治协商会议第十届沂水县委员会第一次会议，于2017年1月22—24日在沂水县城举行。

会议认真审议并通过了九届县政协常务委员会工作报告和提案工作情况的报告。会议根据《中国人民政治协商会议章程》的有关规定，选举产生了政协第十届沂水县委员会主席、副主席、秘书长和常务委员。

【沂水县政协常委会议】 2017年共召开常委会议5次。

政协第九届沂水县委员会第二十次常委会议：政协第九届沂水县委员会第二十次常委会议于2017年1月18日召开。审议通过《关于召开县政协十届一次会议的决定》(草案)；审议通过十届一次会议的建议议程和日程(草案)；审议通过《常委会工作报告》(征求意见稿)；审议通过《提案工作情况报告》(征求意见稿)；协商通过十届县政协委员构成情况；审议通过十届一次会议主席团、秘书长名单和副秘书长名单(草案)；审议通过十届一次会议提案审查委员会成员名单(草案)；审议通过十届一次会议特邀人员和列席人员名单(草案)；通过《常委会工作报告》和《提案工作情况报告》报告人；协商决定人事任免事项。

政协第十届沂水县委员会第一次常委会议：政协第十届沂水县委员会第一次常委会议于2017年1月24日召开。会议主要议题：协商通过有关人事事项；县政协主席张道胜讲话。

政协第十届沂水县委员会第二次常委会议：政协第十届沂水县委员会第二次常委会议于2017年3月24日召开。会议主要议题：传达学习《政协沂水县委员会2017年工作要点》；审议通过《沂水县政协委员履行职责考评办法(试行)(草案)》和《关于进一步加强委员活动小组工作的意见(草案)》；学习《中国人民政治协商会议章程》；县政协主席张道胜讲话。

政协第十届沂水县委员会第三次常委会议：政协第十届沂水县委员会第三次常委会议于2017年7月25日召开。会议主要议题：听取县政府上半年经济社会发展情况通报；听取县法院上半年工作情况通报；听取县检察院上半年工作情况通报；听取并审议《关于加强和改进人民政协民主监督工作的实施意见(草案)》；县政协主席张道胜讲话。

政协第十届沂水县委员会第四次常委会议：政协第十届沂水县委员会第四次常委会议于2017年12月12日召开。会议主要议题：传达学习《政协沂水县委员会关于认真学习宣传贯彻党的十九大精神的通知》；审议通过有关人事事项；县政协主席张道胜讲话。

强化理论学习，夯实共同思想基础。十届县政协常委会坚持把学习放在重要位置，努力提高政治把握能力和履职能力。自觉把学习十九大精神作为头等大事，摆在首要位置，召开常委会议专题学习大会精神，深刻领会习近平新时代中国特色社会主义思想，准确理解把握新时期、新论断、新目标、新要求，自觉用马克思主义中国化最新成果武装头脑，增强政治意识、大局意识、核心意识、看齐意识，坚定道路自信、理论自信、制度自信、文化自信。印发了《政协沂水县委员会关于认真学习宣传贯彻落实十九大精神的通知》，号召全县政协组织和广大政协委员积极行动起来，带头学习，广泛宣传，自觉贯彻，推动大会精神深入群众，深入民心。注重政协知识学习，准确把握工作主题。常委会认真学习《政协章程》和政协理论知识，特别是习近平总书记关于人民政协性质定位、工作原则、任务使命、发挥专门协商机构作用、加强履职能力建设等重要论述，切实增强履职的自觉性和主动性。为切实提升换届后政协委员的理论素质和履职能力，及时邀请省市专家对全体政协委员进行系统培训，并组织部分常委、委员赴浙江大学开展了为期一周的政协履职能力提升培训班。通过学习培训，广大政协委员统一了思想，凝聚了共识，增强了本领，为做好新一届政协工作奠定了基础。

紧贴中心工作，凝心聚力担当实干。着眼加快新旧动能转换，重点就招商和工业技改工作组织部分常委、委员进行专题视察，从精准发力推动工业经济转型升级、多措并举提高招商引资成效、强化服务助推发展环境优化等方面提出了16条建议，县委、县政府主要领导作出批示，相关部门积极采纳落实，有力地推动了全县工业经济质效双增。组织有关政协委员和相关部门赴河南、山西、河北等省的有关县区考察学习，对沂水县全域旅游工作进行了视察，并召开政协常委会议进行专题协商，形成了《关于全域旅游及历史文化保护开发和利用的调研考察报告》，提出了以“双创”为引领、加大政策扶持、完善经营模式、发展乡村旅游等针对性较强的建议，推动了全县旅游产业的持续发展。将农业供给侧结构性改革列为重点调研课题，组织农业、林业、水利、果茶等相关部门和部分政协委员开展深入调研，提出了“延长产业链条，培育发展高精尖园区，促进产业融合”等合理化建议，并形成了调研报告，在市政协《关于加快推进农业供给侧结构性改革、促进全市农业现代化建设的建议案》中被吸收采纳。围绕促进科技成果转化、加强生态县建设推动绿色发展、加强河沙开采市场管理、机械产业新旧动能转换等18项重点课题开展专题调研，形成调研报告12篇，提出意见建议76条，许多建议转化为党政决策部署和部门工作措施。县政协各位主席按照县委要求，全力以赴参与到“125”工程建设上，扎实做好了产业项目发展、“两城同建”、易地扶贫搬迁、土地增减挂钩、贫困村“五通十有”等工作的牵头指挥和具体包扶工作，坚持工作在一线指挥，问题在一线解决，圆满完成了各项节点任务。县政协机关干部也积极投身到帮扶企业、城市建设、精准扶贫以及“第一书记”工作中，取得了较好成绩，被县委、县政府授予2017年度服务经济社会发展先进单位。县政协委员企业家协会顺利换届，在“三引一促”、产业提升、企业家培训、扶危济贫等方面发挥了积极作用，2017年底一次性捐助了价值15万元的家具及日用品，用于易地贫困户搬迁。广大政协委员立足本职，珍惜荣誉，在各行各业、各条战线上树标杆、做表率，涌现出了大批先进典型，有的激情创业、成为行业发展的排头兵，有的敬业爱岗、工作成效突出，有的助力精准扶贫、带动群众致富，有的热心公益事业、坚持奉献爱心，充分展现了政协委员的担当精神，彰显了政协委员的风采。

坚持履职为民，促进民生事业改善。沂水县开展的殡葬改革，是一项利国惠民、移风易俗的重要民生工程。为营造舆论氛围，凝聚共识合力，县政协及时组织视察，提出了“舆论先行、注意引导，科学规划、有序发展，精心管理、健全机制”等15条专业性、针对性较强的协商意见，得到县委、县政府主要领导批示和主管部门的采纳落实，推动这项工作走在了全省、全国前列。县政协还先后对“125”工程民生实事、脱贫攻坚等事关民生福祉、群众普遍关注的工作进行视察并提出建议，县委、县政府主要领导均作出重要批示，促进了工作开展。抓住事关群众切身利益的食品安全、城区道路拥堵、师资力量短缺、燃气市场管理等问题组织委员深入调研、提交提案，推动有关方面研究措施，改进工作，取得良好成效。《关于建立产品质量追溯体系，推动食品产业健康发展的建议》引起县委、县政府和业务主管部门高度重视，启动了食品生产企业食品安全追溯体系建设，制订了《食品生产企业风险分级监管实施方案》，在全县建立了远程监控系统，进一步提升了全县食品安全保障水平。发挥社情民意信息“直通车”作用，及时收集群众关心关注的问题，反映百姓所思所盼。一年来，共收集社情民意信息318条，被省市政协采用76条，沂水县反映社情民意信息工作在全省名列前茅，受到省政协表彰。深入开展以“四送两评价”为载体的争当“五个一”合格政协委员活动。县政协组织沂水中心医院、县人民医院、杏林中医协会等开展送医下乡活动四次，受益群众4600余人；沂水视康医院投入300多万元，对500例眼疾患者实行免费检查、免费住院、免费手术的“三免”公益活动。据统计，一年来全县政协组织和广大政协委员开展“四送”活动86次，捐款捐物价值500余万元，在保障和改善民生方面发挥了积极作用。

2017年10月25日，县政协联合杏林中医协会到县社会福利中心开展“送医下乡”义诊活动

弘扬传统文化，推动文化事业发展。县政协发挥“存史、资政、团结、育人”的社会功能，组织精干力量历时三年多，圆满完成了五卷本的《沂水文化通览》编纂工作，2017年底正式出版发行，被省政协评为全省优秀文

史资料一等奖。《沂水文化通览》上起远古时代，下至改革开放后的新时期，内容完整，史料翔实，是对全县文化的大整理、大挖掘、大研究、大展现，该书的出版发行，将进一步巩固沂水县在沂蒙腹地的文化中心地位，扩大沂水影响力和知名度，为沂水文化强县建设提供有力支撑。搞好宣传信息工作，利用《沂水政协》杂志等各类媒体和平台，进一步扩大对外宣传，加强对政协履职工作特别是委员先进事迹的宣传报道，一年来，在市级以上新闻媒体发表宣传沂水及政协的新闻稿件89篇，提高了沂水县的知名度和政协的社会影响力。充分展现传统文化魅力，先后举办了“贯彻十九大·展望新时代书画展”“学习十九大精神诗词吟唱会”“沂水诗词大赛”等28次各具特色的书画展览和诗词吟唱活动，积极开展送春联、送祝福进乡村活动，弘扬了优秀传统文化，丰富了人民群众文化生活。

完善制度机制，不断提升履职活力。认真落实中央和省、市委要求，协助县委制定《关于加强和改进人民政协民主监督工作的实施意见》，明确了会议监督、视察监督、提案监督、专项监督、反映社情民意监督等具体监督形式，健全了知情明政、协调落实、办理反馈、督查评价、权益保障等工作机制，推动了政协民主监督工作扎实有序开展。修订完善了《沂水县政协委员履行职责考评办法（试行）》《宣传信息工作考评办法》，明确了委员参加会议、学习、调研视察、撰写提案、反映社情民意信息、参加公益活动等履职工作的考评细则，进一步规范了委员履职行为。加强对各乡镇（街道）政协工委、驻城各委员活动小组的联系指导，在巩固加强乡镇（街道）政协工委建设的基础上，依托组长所在单位，打造有牌子、有场所、有制度、有人员、有活动、有档案的“六有”驻城委员活动小组，使阵地建设更加规范，小组活动更加活跃。年中，召开了政协基层工作暨委员履职经验交流会，通过相互学习，典型带动，有力推动了工作开展，在全市基层政协工作经验交流会上，沂水县政协做了典型发言。

加强自身建设，夯实政协工作基础。县政协党组自觉把抓党建作为首要政治任务，积极融入“两学一做”学习教育常态化制度化实践，制定印发了《中共沂水县政协党组关于加强自身建设的意见》，坚持每月单周集体学习，规范落实“三会一课”制度，着力建设示范党支部，深入推进从严治党，认真开展了“支部主题党日”活动和机关深化作风建设年活动，深入查找问题，制定改进措施，进一步健全完善了公务接待、公务用车、各类会议、视察调研、财务管理等规章制度以及机关党支部工作制度。工作作风进一步转变，履职能力和服务质量有了全面提升。积极做好老干部服务工作，定期组织老干部健康查体，坚持重大节日对老干部进行走访慰问，赢得了老干部们的好评。

（袁俊广）

中共沂水县纪律检查委员会、监察局

【概况】 中共沂水县纪委由县党代会选举产生，是党内监督专责机关，根据《中国共产党章程》履行监督、执纪、问责职责，肩负着维护党的章程和其他党内法规，检查党的路线、方针、政策和决议的执行情况，协助党的委员会推进全面从严治党、加强党风建设和组织协调反腐败工作的重任。监察局是县政府行使行政监察职能的专门机关，依据《中华人民共和国行政监察法》履行职责。1993年4月县纪委与监察局合署办公，实行一套工作机构、两个机关名称的体制，履行党的纪律检查和政府行政监察两项职能。2017年，设办公室、组织部、宣传部、党风政风监督室、案件监督管理室、信访室、第一纪检监察室、第二纪检监察室、第三纪检监察室、案件审理室、纪检监察干部监督室等11个副科级职能部室和6个县直派驻纪检组（监察室）。2017年12月，按照全县深化国家监察体制改革试点工作要求，从县检察院转隶27人。2017年共有工作人员86人。

【沂水县纪委全体会议】 2017年1月19日召开中共沂水县第十四届纪律检查委员会第一次全体会议，选举产生新一届县纪委常委、书记、副书记。会议表决通过了《中共沂水县纪委关于加强自身建设的决定》。新当选的县纪委书记王汝兵作讲话。1月23日召开中共沂水县纪委十四届二次全体会议。会议贯彻落实中央纪委和省市纪委全会精神，回顾总结了2016年全县纪律检查工作情况，安排部署了2017年工作任务。县委常委、县纪委书记王汝兵代表县纪委常委会作了工作报告，县委书记薛峰出席会议并讲话。

【助推主体责任工作】 协助县委制定全县落实全面从严治党主体责任重点任务分工以及检查考核工作方案，县委常委、党员副县长带队分别对所有乡镇（街道）和93个县直部门逐一进行了检查考核，县级党政领导班子成员根据工作分工分别同乡镇（街道）党政主要负责人和县直部门党政领导班子成员进行了履责谈话，推进主体责任落实。协助县委抓好省委巡视和市委巡察反馈意见整改落实工作，制定整改方案，督促抓好整改落实。县纪委常委分工对乡镇党政主要负责人、新任职的乡镇纪委书记和部分县直部门负责人开展廉政谈话，落实管党治党责任。在组织县级党政领导班子成员向县纪委全会述责述廉的基础上，探索开展了县直部门党委（组）成员向本单位全体党员述廉述责工作，审计局等12个县直部门分别召开述廉述责会议，县纪委派员全程指导和监督，述廉对象履责意识明显增强。进一步贯彻执行《问责条例》，强化党内问责工作，对24名领导干部进行了问责，其中给予党政纪处分13人，诫勉谈话11人，问责党组织3个，专题下发通报3期。

【纪律审查工作】 严明政治纪律和政治规矩，把好政治关、廉洁关，回复党风廉政意见655人（次）。规范畅通信访举报受理办理，共受理办理群众信访举报624件（次）。实践运用监督执纪“四种形态”，坚持抓早抓小，运用第一种形态办理苗头性、倾向性问题73件次。依纪依规加大纪律审查力度，全县纪检监察机关共立查违纪案件196起213人，涉及科级干部25人，给予党政纪处分186人，移送司法机关4人。规范监督执纪工作，深入贯彻落实监督执纪工作规则和省纪委实施办法，规范办案安全工作。召开反腐败协调工作会议和执法部门案件移送工作会议，受理公检法等机关移送案件77件次，通报案件75件次，提升反腐败协调合力。

【作风建设工作】 落实中央八项规定和实施细则精神、省市实施办法，严查“四风”突出问题，严防“四风”反弹回潮。紧盯重要时间节点和“四风”问题新形式、新动向，采取与其他县区交叉暗访、乡镇对调互查等方式，重点对扶贫工作中的形式主义、官僚主义问题情况集中开展明察暗访。把违反中央八项规定精神行为列入纪律审查重点，坚持快查严处，实行“一案双查”，持续释放越往后执纪越严的强烈信号。共查处违反中央八项规定精神的问题34起，处理44人，其中给予党政纪处分24人。加大通报曝光力度，分5次通报曝光9起典型问题，形成持续震慑。持续巩固深化作风建设成果，建立健全长效机制，推动社会风气持续好转。

【扶贫领域整治和查处群众身边的不正之风工作】 整治和查处群众身边的不正之风和腐败问题，聚焦扶贫领域开展全县整治和查处群众身边的不正之风和腐败问题工作。畅通扶贫领域投诉举报渠道，开设专线举报电话及网站举报专区，实行24小时专人值守，不放过任何一个问题线索。督促各乡镇、行业扶贫牵头部门开展集中整治，列出问题整改清单，实行销号管理。针对扶贫领域集中开展明察暗访工作，全县纪检监察干部全员参与，确保发现一批问题线索、查处一批重点案件、问责一批典型问题。强化问题线索交办督办，重点筛选31条扶贫领域典型问题线索，由县纪委常委包案，进行集中交办和重点督办。全年共查处侵害群众利益的不正之风和腐败问题98起，处理108人，给予党政纪处分100人，其中，扶贫领域案件33起，处理35人，给予党政纪处分28人，较好地维护了群众利益。对扶贫领域查处的典型案件一律点名道姓通报曝光，共通报发生在群众身边的不正之风和腐败问题典型案件5期14起，专题下发扶贫领域通报4期，通报曝光11起典型问题，形成了强烈震慑。

【健全完善监督体制机制工作】 积极稳妥推进全县国家监察体制改革试点工作，县委牵头抓总，县纪委抓好组织实施，各成员单位密切协作，制定实施方案，抓住关键环节，顺利完成人员转隶工作，为机构组建、选举挂牌等工作打下坚实基础。扎实开展巡察工作，制定巡察工作五年规划和

2017年工作计划，顶格配备巡察机构和人员，设立巡察办，列为县委工作部门，设立5个巡察组，抽调102名优秀人员建立巡察工作人才库。聚焦政治巡察，坚持问题导向，分四轮对12个县直部门单位和31个重点扶贫村居开展巡察。发挥“派”的权威和“驻”的优势，加强对驻在部门的日常监督，发挥好“探头”作用。

【廉政宣传教育工作】 面向全县党员干部开展“学党规党纪 筑纪律防线”主题教育活动，创新形式开展自主宣传，在《沂水报》开设“党风廉政看沂水”专栏，在广播电视台开设“廉政视窗”专栏；针对全县一般党员干部开展党规党纪知识测试，以考促学；开展乡镇（街道）、县直部门班子成员同中层站所、村居、科室负责人廉政谈话，层层压实责任；打造文化育廉工程，以马站镇廉政教育进村居、进社区、进校园为试点，辐射带动全县各级各部门廉政文化示范点建设，传播了廉政文化。多举措发力，开展“廉洁花开·丁香书韵”清廉朗读比赛、廉政文艺作品创作、“好家风伴我成长”演讲比赛、廉政公益广告和微电影征集评选等系列廉政文化活动，创作《送礼》廉政广播剧，营造了风清气正的良好氛围。开展廉政教育宣传，成立委局机关宣讲团，开展廉政宣讲55场次。汇编中央纪委和省市纪委典型问题通报，加强案例剖析，组织全县党员领导干部集中观看《永不停歇的征程》等警示教育专题片，最大限度发挥违纪违规典型案例的警示教育作用。

2017年12月27日，全县深化国家监察体制改革试点工作动员部署会议召开

【自身建设工作】 研究制定了关于加强自身建设的意见，坚持把思想政治建设放在首位，忠实履行党章赋予的职责。对全县98名纪检监察干部进行集中培训，提升纪检监察业务水平。利用每周五集体学习日和“支部主题党日”，组织集体学习十九大精神、党章党规党纪以及党的基本理论知识，深入推进“两学一做”学习教育常态化、制度化。部署开展“能力素质提升月”活动，提升纪检监察干部综合素质。切实规范选人用人机制，公开考选13名工作人员充实到执纪审查一线。建立机关绩效考核机制，制定外出审批管理办法、“八小时以外”行为监督管理暂行规定等制度，强化内部监督管理；修订完善乡镇纪检监察工作考核办法，开展乡镇纪委“三转”专题检查，推动乡镇纪委履职尽责。

（刘兴会）

群众团体

总工会

【概况】 沂水县总工会是党领导的职工自愿结合的工人阶级群众组织，是党联系职工群众的桥梁和纽带。2017年全县共有工会组织1611个，其中乡镇（街道）、开发区总工会19个，机关事业单位工会216个，产业（行业）10个，“两新”组织工会1366个，工会会员15.04万人，工会组建率和职工入会率分别达98%、99%。沂水县总工会设有组织部、宣教部、法工部、民管部、生产保护部、保障部、女工部、财务部、办公室、经审办公室10个职能部室，下辖县工人文化宫、县职工服务中心2个股级事业单位，有工作人员23名。2017年县总工会被授予“市级文明单位”荣誉称号。

【基层工会建设】 2017年，新建工会组织42个，发展会员2127人。9月，召开全县“党工共建”大力推进“两新”组织工会建设工作会议，并成立领导小组，出台《关于深化“党工共建”大力推进非公有制经济组织和社会组织工会建设的实施意见》《工会重点工作项目化管理办法（试行）》《关于加强基层工会组织规范化建设的意见（试行）》等文件，深化推广“四联”工作机制，提高工会组织规范化建设水平；探索联合建会、融合建会、整合建会“三合建会”模式，深化“二次覆盖”，增强组织覆盖面。其中，沂水县“网格片区”工会联合会、南庄社区工会联合会等建会典型被《山东工人报》《工会博览》等报刊杂志刊登。以“一库、二册、三站、四档、十有”为抓手，积极开展乡镇（街道）、经济开发区总工会“创优”、机关事业单位工会“达标”、企业工会建立“职工之家”活动。培育典型带动，在县级和乡镇（街道）、经济开发区层面选择一批有一定基础的工会组织作为示范点，提升全县工会基层规范化建设水平；探索“工会+社工+义工”的“三工”联动体系，实行“以工会为主导，以社工为承担，以义工为配合”的运作模式，不断提高规范化建设水平。

【创新创业】 开展“当好主力军，奉献在沂水”建功立业活动。围绕县委、县政府重点工程、重点项目，在全县职工中继续深入开展比技术促提升、比规范促安全、比创新促效能、比奉献促发展“四比四促”当好主力军、奉献在沂水主题竞赛。全县各级工会组织“操作运动会”技术比武等主题竞赛70余场（次），11月联合县人社等部门举办全县职工技能竞赛，大赛共设置车工、焊工、电工3大类7个项目，共有12个代表队100余名职工参加了比赛，联合县卫计局举办全县卫生计生系统技能竞赛。开展评先树优活动，召开全县庆五·一“振兴沂水”劳动奖章（状）表彰暨劳模先进事迹报告大会，推荐评选富民兴鲁1名，振兴沂蒙劳动奖章8名、振兴沂蒙劳动奖状2个，市级“工人先锋号”3个，“振兴沂水”劳动奖章65名，“振兴沂水”劳动奖状8个。同时，培养打造了县级劳模创新工作室“鸿雁工作室”，对劳模实行动态管理、跟踪服务，为274名离退休劳模发放荣誉津贴37.348万元。

【职工权益维护】 一是深化开展春送岗位、夏送清凉、金秋助学、冬送温暖四季帮扶活动，实现帮扶救助常态化，全年累计发放救助金60余万元；开展“百名劳模结对帮扶百户贫困家庭”活动，从全县各级劳模中选取了102名劳模与387户贫困家庭结成帮扶对子，着力激发脱贫内生动力，帮扶现金61.3万元、物资5万余元，建成劳模帮扶示范点6个，先后帮助276户贫困家庭实现脱贫，沂水县的经验做法被《山东工人报》头版头条报道。二是大力推进企业工会与行政沟通协商机制建设，创造性地提出了“一二三四”四步工作法：建设一个阵地、畅通两大渠道、健全三本台账、规范四步流程，规范沟通协商程序、标准，促进了工作高效开展。至2017年，全县165家企事业单位建制，应建已建率达到100%，经验做法得到了省市总工会的认可推广。三是注重发挥劳动关系三方机制的作用，通过联合下发文件、召开会议、开展邀约行动等，推动协商工作全面开展；通过“走出去、请进来”的方式，邀请山东管理学院教授王奎来沂水亲自授课；先后组织到潍坊市的寿光市、昌邑市、诸城市，济宁市的任城区等地参观学习；在业隆通用、亨井电子、旅游行业等原有典型的基础上，今年又新培树了大地玉米、歌尔电子、化工行业等5个企业、1个行业工资集体协商典型，同时聘请了3名专业律师担任法律顾问，为维护职工权益畅通法律渠道。四是开展“查保促”活动（查身边隐患、保职工安全、促企业发展），按照“五抓两强化”工作思路（“五抓”即：抓组织领导、抓全员培训、抓技能竞赛、抓督导检查、抓考评奖惩，“两强化”即：强化企业工会组织建设、强化坚持问题导向），走出了一条安全生产群防、群控、群治的常态化新路子，有效地推动了全县安全生产形势平稳、健康有序发展，并取得了明显成效。创新制定了《沂水县“查保促”活动工作规程（试行）》、拍摄“查保促”活动专题片，在全市“查保促”活动推进会议上作为唯一县区做了典型发言。至2017年，全县“查保促”活动已覆盖企业1478家、职工15.1万人，覆盖率分别达100%、94.9%。五是积极实施“推动职工成长计划”EAP项目，充实壮大职工心理志愿服务队规模，创建多个职工心理咨询室，进一步加强职工心理疏导，构筑发展和谐劳动关系。三八节期间，组织全县女职工进行健康查体，为120名困难女职工提供免费查体活动，提高了广大女职工的生理、心理健康水平。

【工会文化建设】 扎实推进先进企业、职工文化建设。一是整合全县职工文艺团体和职工文艺人才资源，成立了由热爱文艺工作的在职和退休职工及民间文艺团体组成的公益性综合职工艺术团，举办庆五一“中国梦·劳动美”—全县“劳动者之歌”文艺汇演，开展“送文化下基层”活动，慰问演出20余场。二是开展职工文体活动，深化“中国梦·劳动美”主题教育活动，联合县委宣传部、县体育办等单位举办了全县职工篮球赛、文艺演出、书画展、劳模宣讲等活动。三是在全县工会系统启动实施“工惠乐学”项目，召开“工惠乐学”项目推广发布会，面向广大职工提供心理健康、太极拳、乒乓球等公益性教育培训。

【工会队伍建设】 一是推进“两学一做”学习教育常态化制度化，开展“三会一课”“支部主题党日”活动，通过上党课、专题辅导等形式，加强学习培训，不断提高党员整体素质。二是开展实地教学，组织党员干部到沂南县沂蒙红嫂纪念馆、孟良崮战役纪念馆、院东头镇桃棵子村沂蒙红嫂祖秀莲纪念馆，参观革命纪念馆，重温入党誓词，学唱红歌《沂蒙颂》，接受党性教育。三是认真抓好选拔任用干部制度的学习贯彻落实，选优配强各部室负责人。加强对中层干部履职的监督管理，每年开展年度工作履职报告、年度工作考核，制定《沂水县工会工作考评办法》，在干部选拔过程中没有违反规定程序，在研究干部任免事项时严格执行主要负责人末位发言制度。四是充分发挥了工会财务服务基层、服务职工、服务大局的作用，遵循工会经费“来源于职工、用之于职工”的原则，在全县职工维权、困难职工帮扶，再就业培训方面安排专项资金，2017年县总工会为基层工会维权总计支出111.36万元，使工会经费用有所值，荣获全国总工会授予的“工会财务工作先进单位”荣誉称号。五是统筹做好县里安排的重点工作，积极参加精准扶贫、“三引一促”、城建指挥部、“第一书记”、联系群众、联系服务企业、城市网格化管理等工作。

（张海斌）

共青团沂水县委

【概况】 共青团是共产党领导的先进青年的群众组织，是广大青年在实践中学习中国特色社会主义和共产主义的学校，是党的助手和后备军。共青团沂水县委的主要职责是对全县青少年社团组织进行指导和管理；贯彻执行党和政府有关共青团、青少年工作的方针和政策；参与制定全县青少年事业发展规划；完成县委、县政府和团市委部署的以青年为主体的各项任务；负责全县团组织建设；负责向党组织推荐输送优秀青年干部。2017 年，团县委内设 4 个部室，有工作人员 6 人。县希望工程领导小组办公室、县少年先锋队工作委员会与团县委合署办公。

【组织建设】 一是深化共青团改革。按照上级共青团改革工作部署，从团县委组织机构、干部队伍、管理模式、运行方式等方面进行改革。起草并多次修订了共青团沂水县委改革实施方案，已经县委改革办审核通过。通过改革，配备了挂职副书记 1 名、兼职副书记 2 名；改革后团县委机关内设办公室、组织宣传部、青年发展部、学校少年部（维护青少年权益和社会联络部）4 个职能部室。落实全团带队，深化少先队改革，不断加强初中少先队和团队衔接工作。二是扎实做好县乡团委换届工作。8 月上旬，全县 17 个乡镇全部按照程序完成换届工作；共青团沂水县第二十次代表大会于 8 月 25 日胜利召开，大会选举产生了由 34 名委员、6 名候补委员组成的共青团沂水县第二十届委员会，一次全委会议选举产生了常委委员和书记、副书记。三是加强团的基层组织建设。严格执行各领域共青团基层组织工作条例，巩固和创新传统领域团的基层组织建设，做好城乡区域化团建工作和非公企业团建工作。强化团干部日常教育培训，组织 50 余名团干部到桃棵子村开展“三同”教育培训。做好“青年之家”等团属阵地建设，2017 年新建设“青年之家” 4 处，累计建设 19 处。加强校地合作，充分发挥临沂大学沂水校区人才优势，联合实施沂蒙精神传承计划、大学生就业领航计划、大学生创业起航计划、青年之家“彩虹翅膀”青少年成长营项目，带动和促进人才培养、青年就业、创新创业。

2017 年 8 月 25 日，中国共产主义青年团沂水县第二十次代表大会召开

【青少年思想道德教育】 一是认真学习宣传贯彻中共十九大精神。印发《关于组织全县团员青年认真学习宣传贯彻党的十九大精神的通知》，举办全县共青团骨干学习党的十九大精神专题报告会，通过组织团干部带头学习、深入基层深入青年开展宣讲、广泛发动基层团组织开展专题学习、综合运用各类媒体开展宣传等举措掀起学习践行中共十九大精神的热潮。二是扎实开展“学习总书记讲话　做合格共青团员”教育实践。3 月 15 日，召开全县动员会议，传达活动方案，安排部署 3 方面 10 项具体工作任务，向各级团组织免费发放教育实践记录本、配档表、团旗、团徽等团务用品，保障教育实践规范化开展。活动中，各支部基本做到了认真“学”，从严“做”，全面把握住了开展教育实践的重大意义、指导思想和总体要求。三是开展系列主题活动。抓住“五四”、建团 95 周年、建军 90 周年等重要节点，扎实开展“青春喜迎十九大”“我为核心价值观代言”“我眼中的最美青年”大讨论等主题教育实践活动。注重仪式教育，全县共开展“三礼三仪”280 余场（次）。组织县级“国学达人”挑战赛，推选 9 名选手参加省、市青少年国学达人挑战赛取得优异成绩。四是用好用活“青年之声”等新媒体。围绕重大时间节点、社会热点等，积极开展网络舆论正面引导。围绕“四个融合”工作要求，努力将“青年之声”打造成为共青团牵手广大青年、感知青年脉搏的桥梁纽带。持续推进团县委微信公众号、官方微博等新媒体建设，畅通联系服务青年渠道，策划了“沂水青年共话十九

大”微视频、一图读懂注册志愿者管理办法、鲁青担保贷H5页面等一系列网络文化产品。

【维护青少年合法权益】持续深化“共青团与人大代表、政协委员面对面”活动，引导县政协委员提案关心关注青少年权益维护。保证青少年社工站点正常运行。组织开展“法治进校园”宣讲活动4场（次），组织开展中队法制教育故事会，有效预防青少年违法犯罪。联合县公安局禁毒大队开展青少年禁毒教育、服刑人员困难未成年子女等重点青少年群体的关爱帮扶活动3次，举办禁毒防艾主题手抄报比赛1次，发布禁毒宣传文章6篇。组织各少先队组织、学校团组织负责人召开暑期青少年自护教育工作会议，并就应急逃生、安全用电、夏日防溺水、牙签弩整治等与青少年切身利益相关的工作及时跟进，通过“青春沂水”微信公众号进行广泛宣传引导。联合县消防大队开展“11·9全国消防日”消防知识专题讲座和应急演练活动。

【青年就业创业】一是运用“互联网+扶贫”的思维，坚持扶持+孵化+服务，推动电子商务与精准扶贫融合，共组织承办5期市级农村青年电商助力精准扶贫培训班。二是加强青年创业服务与指导。做好鲁青基准贷、鲁青担保贷扶持项目宣传推介，2017年共推荐2家企业申报鲁青担保贷贴息项目；共为3家小微企业申请2016年度鲁青基准贷贴息资金4.29万元。推荐沂水县生产力发展服务中心成功申报省级青年创业孵化基地，并充分发挥中心服务机构及创业导师团作用，服务青年创业创新。三是深化青年职业文明引领行动。规范青年文明号创建、管理机制，深化“青年文明号助千家”活动，2017年新推报市级青年文明号2个，申请推报国家级青年文明号1个；在青年技能工人、青年科研人员、青年经营管理人员等重点群体中开展创新创效活动，做好了青年安全生产示范岗、青年岗位能手、最美青工等评选推优工作。

【青年文明行动】坚持围绕县委中心工作发力，提高服务大局能力。一是服务经济发展。组织开展“青春建功中国梦　不忘初心跟党走”主题团日活动，组织参观全县“125”工程部分重点项目，激发团干部工作斗志、主动作为。推进“三引一促”工作，招引B类和C类人才各1名、生态农业项目1个。派驻1名副书记到诸葛镇上小诸葛村任职第一书记，助力脱贫。二是服务社会民生。围绕殡葬改革，组织开展“推进移风易俗，加快殡葬改革，倡树文明新风”万人签名活动及“小手拉大手　文明祭扫我先行”等主题宣传活动20余场（次），助推全县殡葬改革工作走向深入。三是服务生态沂水建设。开展“青春绿色行动·共建美丽沂水——2017年青少年植树活动”，开展各类植树造绿活动60余场（次），累计造林40公顷。开展“节能有我　绿色共享”节能宣传周活动。开展“小手拉大手　共筑碧水蓝天”行动，其中，环保创意宣传大赛征集绘画作品和标语作品共计709件，评选出70幅图画作品、40条标语作品进行网上投票，最终获选作品在全县主要路段、公园进行为期两周的集中展示宣传。四是服务安全生产工作。组织开展“六个一”青年安全生产主题教育活动，开展安全生产演练2次，集中宣传活动3次，推报山东泓达生物科技有限公司醋酸车间一班为省级青年安全生产示范岗。参与“平安小区”创建工作，结对帮扶阳光新城小区开展了创建活动。

【希望工程·助学助困行动】2017年，团县委以“万家志愿家庭帮户”为总抓手，积极开展“金晖助老”“沂蒙红领巾集结号”等志愿扶贫行动，全县共募集志愿扶贫帮扶资金、物资1521万元，助力贫困家庭脱贫致富。一是针对2097户学生贫困户，组织了农村孩子看城市、大学生暑期支教、“心手相牵　相伴成长”集体生日会等活动。争取澳大利亚魏基成天籁列车冬衣3000件，开展了“与爱同行　暖冬行动”，发放给贫困户家中学生。策划实施了“希望小书桌”公益关爱行动，为贫困小学生家庭进行学习空间改造。联合临沂大学沂水校区实施青年之家“彩虹翅膀”青少年成长营项目，搭建贫困学生关爱帮扶平台。二是针对老年贫困户，确定针对富官庄镇、诸葛镇、黄山铺镇、夏蔚镇4个乡镇15个省派第一书记村，建档立卡贫困人口中65岁以上、不集中供养的留守、失独老年人共171户、197名开展“金晖助老”结对帮扶活动，获得上级扶贫资金5.5万元。按照2名志愿者帮扶1户老人的标准，招募了342名青年志愿者与老人开展结对帮扶。全年共开展“五个一”助老志愿服务集中活动4次。三是注重整合社会资源，多渠道搭建关爱帮扶平台。

2017年，“希望工程”共筹集爱心助学金72万余元、物资40万余元，其中“圆梦行动”共争取助学金30.7万余元，资助65名贫困高考新生圆梦大学。争取市青联、市青企协组织来全县集中开展助力脱贫活动5次，带来扶贫资金、物资近9万元。指导沂水县向阳花中心助学项目入选团省委“青春扶贫·益暖齐鲁”贫困青少年关爱项目，获2万元资金补助。分别为听障老年人、听障儿童争取澳大利亚魏基成天籁列车数码蓝牙助听器530个、100个，价值1260万元。争取姚店子希望小学1处、富官庄镇爱心图书室1个，为3所小学争取希望图书共计6万元。

（程广秀）

沂水县妇女联合会

【概况】 沂水县妇女联合会是全县各界妇女联合起来的社会群众团体，是党和政府联系妇女群众的桥梁和纽带。主要职能是团结、带领全县妇女投身经济社会建设，促进经济发展和社会全面进步；教育、引导广大妇女，增强自尊、自信、自立、自强的精神，全面提高妇女素质，促进妇女人才成长；代表妇女参与社会事务的民主管理、民主监督，参与有关妇女儿童发展规划的制定，维护妇女儿童合法权益；为妇女儿童服务，加强与社会各界的联系，协调和推动社会各界为妇女儿童办实事、办好事，推进妇女事业的发展。2017年，县妇联内设3部1室，即办公室、组织宣传部、发展部、维权儿童部，有工作人员6人。县妇女儿童工作委员会办公室设在县妇联，承担县妇女儿童工作委员会日常工作。

【妇女参与经济建设】 紧紧围绕全县经济发展和“精准扶贫”工作部署，多措并举，积极作为，掀起全县妇女参与经济建设浪潮。扎实推进妇女居家灵活就业工作。县妇联协调新大洲体育用品、慧阳制衣、沙沟假发厂、双月鞋业等劳动密集型企业，建设“乡村车间”，安置妇女1万余名，人均增收2.5万元。带领部分村女支部书记、来料加工女经纪人到义乌学习来料加工先进经验，为巾帼扶贫车间捐赠资金2万元，助力居家灵活就业工作。开展了巾帼农家乐调研工作，县妇联牵线搭桥，通过协调专项资金、开展技能培训等，推动巾帼农家乐发展。大力推荐蒙山龙雾茶博园、沂蒙红嫂合作社等5处基地为市级“沂蒙大姐居家灵活就业示范基地”。创新发展家庭服务工作。县妇联带领部分家政培训学校负责人，到青岛参观学习，推动青岛爱心大姐服务社、沂水县妇联巾帼脱贫行动暨家政就业帮扶签约仪式在沂水县举行，3所家政培训学校成为“巾帼家政输出基地”，彻底解决了妇女从事家政“最后一公里”问题。阳光家政、沂蒙大姐家政、正文家政等培训学校举办各类培训班100余期，培训妇女1万余人。引领女企业家协会发挥作用。举办了“建功沂水 巾帼飞歌”——全县女企协年会暨庆“三八”巾帼风采展，70多名会员齐聚一堂展风采，进一步增强了协会凝聚力。举办了“标杆，比贡献，促发展”走进女企协会员单位活动，分别走进山东三众集团、浦发银行沂水支行、

沂水县女企协年会暨庆“三八”巾帼风采展演

沂水新大洲体育用品有限公司、沂蒙手绣车间等企业，为女企业家搭建沟通交流的平台。在2017年“春风行动”招聘洽谈会暨第十五届春季人才交流会上，县妇联发动妇字号企业11家，提供就业岗位1800余个，成功安置862名妇女实现就业。

【妇女参与文明和谐建设】 县妇联以培育和践行社会主义核心价值观为核心，组织妇女和家庭在文明和谐建设中引领风尚、展示风采。扩展“寻美”系列活动辐射面。继续深化寻找“最美家庭”活动，通过家庭自荐、组织推荐了200余个优秀家庭，其中3个家庭获省级文明家庭荣誉称号，4个家庭获市级文明家庭荣誉称号，1个家庭获临沂市十大最美家庭，5个家庭获临沂市最美家庭称号。联合县教体局举办了“好家风伴我成长”演讲比赛、演讲风采展活动，共吸引全县27个学校60名选手参加，有效传播了社会主义核心价值理念，展示了当代家庭的良好精神风貌。开展了寻找“最美阳台”“最美庭院”“最美绿化能手”活动，吸引广大城乡妇女在庭院、阳台养花植绿、美化家庭，培树了家庭成员的绿化、美化意识。深化“新农村新生活”宣讲活动。县妇联带领宣讲团进社区、进学校、进企业、进家庭，围绕脱贫致富、移风易俗、绿化美化、妇女健康等内容开展培训。举办15期骨干培训班，培训妇女3600人，乡镇妇联举办100余期培训班，培训妇女1.2万人，切实提高了广大农村妇女文明素质和致富能力。印发了2万册《新农村新生活指导手册》和3万本“新农村新生活”学习宣传笔记

沂水县“幸福沂家人”留守儿童集体生日会

本，免费发放到户，营造了“新农村新生活”培训的良好环境。开展“幸福沂家人”系列活动。实施“幸福沂家人”家庭教育品牌，成立讲师团，举办了3期心理健康讲座，举办了12期家庭教育大讲堂活动，提升家庭教育水平。实施“幸福沂家人”与爱同行活动，组织女企协走访慰问环卫工人，送去了毛巾、水杯等4万元的爱心物资；走进武警中队、消防大队、武装部，送去了2.5万元的慰问品。

【妇女儿童发展规划实施】 积极做好“两个规划”实施工作，努力为妇女儿童办实事。确定了2017年度为妇女儿童办六件实事，已全部顺利完成。一是新建改扩建城镇学校，解决好大班额问题。新建开慧实验小学、改扩建县实验小学，新建、改扩建幼儿园44处，学校大班额问题得到逐步解决。二是开展第二轮农村适龄妇女“两癌”免费普查工作。2017年检查3.2万名农村适龄妇女，进一步提高了广大农村妇女的健康水平。三是服务妇女创业就业发展。抓住妇女创业就业这一主线，深入实施巾帼创客项目、“乡村车间”项目、家庭服务项目，全面推进妇女创业就业工作。四是实施困境妇女儿童救助行动。招募700个志愿家庭结对帮扶困难学生，争取社会爱心企业开展助学行动，共募集爱心款物110余万元，2000余个家庭受益。开展贫困母亲救助活动，共争取资金42万元，救助148名“两癌”妇女。五是大力发展居家养老服务业。建设了集12349居家养老服务、社区便民服务为一体的社区综合服务信息平台，为社区居民和居家老人提供服务。六是实施残疾儿童抢救性康复救助工程。将残疾儿童的救助范围从6周岁扩大到了9周岁，相继建成5个县级康复机构，21处乡镇级残疾儿童康复指导站，有177名0~9岁残疾儿童在各级康复机构进行康复训练。

【维护妇女儿童合法权益】 切实履行维护妇女儿童权益职责，促进妇女儿童共享改革发展成果。维护妇女儿童合法权益。实行

"12338"妇女法律维权热线随时接访、领导班子成员轮流接访、妇女维权法律顾问团律师定期接访制度，2017年，共计接待来访、来电、来信152次，处结率100%。开展了幸福家庭服务团下基层活动。服务团深入乡镇、街道、社区举办20期妇女维权专题知识讲座，接受现场咨询140余次，发放宣传材料3万余份，增强了广大妇女遵纪守法、依法维护自身权益的水平和能力。积极参与平安小区创建帮扶工作，为温泉小镇提供雪亮工程帮扶资金2.01万元。积极跟进农村集体产权制度改革工作，县妇联作为县农村集体产权制度改革工作领导小组成员，有效维护农村妇女各项权益。

【妇联组织自身建设】 坚持重心下移，强化基层基础，努力把妇联组织建设成为可信赖依靠的"妇女之家"。扎实做好基层妇联改革工作。为扩大妇女组织覆盖面，增强基层妇联工作力量，积极推进基层妇联组织改革，全面开展了社区妇代会改建妇联和扩大基层妇联组织成员工作。至2017年，全县381个社区妇代会全部改建为妇联，改建后主席381名，副主席948名，兼职副主席682名，执委总数4443名，壮大了基层妇联工作力量。增强基层妇女儿童阵地建设和服务功能。推动基层妇女儿童阵地向乡镇（街道）、机关事业单位、非公有制经济组织、社会组织等各领域延伸，为更多妇女儿童提供服务。已建成1处县妇女儿童活动中心、9处妇女儿童家园、393处妇女之家。增强阵地服务功能，常态化开展宣传教育、咨询指导、救助帮扶、文体活动等特色工作，实现了"一家一特色、一家一品牌"。提升基层妇联干部能力素质。县妇联举办了新任社区妇联干部培训班、基层妇女干部培训班、乡镇妇联主席培训班，先后组织基层妇联干部、女企业家、女支部书记、女经纪人等30余人，参加法制维权能力培训、岗位能力建设培训、全市女干部培训等，进一步提升了妇联干部工作能力和水平。

（张伟伟）

科学技术协会

【概况】 县科协是县委领导下的人民团体，是党和政府联系科技工作者的桥梁纽带，是发展科学技术事业的重要社会力量。县科协机关设科普部（加挂"沂水县科学技术馆"牌子）、学会部和办公室。有工作人员8人。18个乡镇（街道）全部建立健全了科协组织，有县级学会（协会）16个，农村专业技术协会（经济合作组织）950个，并形成了一批批科技示范户、致富带头人和科普志愿者。

2017年，县科协先后荣获临沂市第十四届七巧科技系列活动竞赛优秀组织奖、第三十二届临沂市青少年科技创新大赛优秀组织奖、2017年全国科普日特色活动优秀单位、第五届山东省管理创新奖评选活动优秀组织奖、全县招才引智工作三等奖、全县招商引资工作先进单位等荣誉称号。

【科普基础设施建设】 2017年，与县委组织部联合着力打造"县科协科技助力两新组织服务中心"。另有科学技术馆1处，科普大篷车1辆，校园流动科技馆2套；体育广场、沂水一中和东皋公园科普广场3处，高标准科普宣传栏30处，村村通科普宣传栏279个，数字科普终端241处，社区科普馆6处。

【贯彻实施《全民科学素质行动计划纲要》】 县科协充分发挥全民科学素质工作领导小组牵头单位协调作用，整合资源，创新举措，以各类主题宣传和面向特定重点人群为重点，开展特色科普活动，全面提升公民素质，大协作、大联合，群众性、社会化的科普工作格局基本形成。积极参与全县防灾减灾日、食品安全周、科技活动周、2017年县委"125重点工程"送科技下乡等主题宣传活动。在沙沟镇卞庄村高效蔬菜基地举行了以"助力村级增收、建设美丽乡村"为主题的沂水县2017年全国科普日活动启动仪式。现场向挂职第一书记村赠送了相关科普书籍和部分农机具，开展了县供销联社飞防大队现场演示农业植保无人机演示、送科技到地头、专家义诊、科普进校园等系列科普活动。共出动科普大篷车3次，制作展出展板36块，发放宣传资料1600多份，在社会上营造了浓厚的科学氛围。与县委组织部党员教育中心联合播出《党旗下的科协》，与县委党校联合将领导干部和公务员科学素质纳入了党校培训课程。

【实施创新驱动发展战略】创新驱动发展模式，设立科协科技服务中心。抓住科技创新这个主业和科学普及这个基业，发挥自身优势，专门成立了沂水县科协科技服务中心，包括4个工作站和1条为民服务热线。一是中国科学院老专家技术中心沂水工作站。工作站主要解决沂水县人才需求、技术难题和科技成果转化。已对接企业23家，有科技需求的企业13家。工作站与山东家世诺饮品有限公司达成战略合作协议。牵头山东昆达生物科技有限公司与中科院青岛生物能源过程所5位博士签订了合作协议。同时，对东方管业、机床厂、祥腾化工、源泉机械进行了实地考察，达成了初步合作思路，并帮助引进B类人才8名。二是山东省企业管理研究会沂水工作站。在山东省企业研究会帮助下，张迎新、何敏乐、靳光乾3名专家，以及山东正顺集团等4家企业，与沂水县16家企业负责人进行了座谈。其中，山东隆科特酶制剂有限公司与宁波酶赛生物工程有限公司达成了初步合作协议，山东金航矿机有限公司与山东源泉机械有限公司达成了战略合作意向。推荐并通过了沂水农商行等两家企业申报了省级文明管理单位、一位企业主要负责人为省级文明单位先进个人，推荐并通过了沂水机床厂等两企业一乡镇获第五届山东省管理创新奖。三是临沂市

沂水县2017年全国科普日暨科技助力第一书记村增收行动启动仪式

老科协创新创业专业委员会沂水工作站。工作站积极开展各项工作，成功举办了首届中国·马站食用百合高峰论坛，取得了积极成效。四是山东广电智慧农业专家顾问团沂水工作站。山东省科协首席扶贫专家宋洪平研究员为团长，计划利用2~3年的时间，为全县打造2~3个特色小镇。至2017年底，已与沙沟镇党委政府达成初步协议，打造有机“沙沟韭菜”省内知名品牌。

【科普惠农示范工程】认真组织中国科协“基层科普行动计划”项目申报和实施工作，沂水县农技协联合会和高桥镇小瓮山社区获中国科协、财政部“基层科普行动计划”表彰奖励，共获奖补资金40万元。创新科技扶贫模式，实施科技助力精准扶贫工程。一是建立了县、乡、村三级科技服务网络。县设科技服务专家团，镇设科技服务专家队，村设科技服务小组。二是创新建立了“园区＋科研院所／专家＋贫困户”科普服务模式。9个乡镇41个村，村村设立科技大讲堂，科协全部统一制作配备门牌及制度牌，根据群众需求专家及时授课和培训指导，编印《沂水县科技助力精准扶贫农业实用技术要点汇编》，免费发放。各项培训和咨询工作有序开展，科技大讲堂的作用逐渐显现。三是开通为民服务科技热线，该电话不分节假日24小时开通，先后被临沂日报、山东科技报、大众网、新华网等媒体宣传报道。至2017年，已签约科技服务专家团成员54名，其中为沙沟镇、夏蔚镇聘请宋洪平、靳光乾、董兆昌等3位省级农业科技专家。接到并及时解决了群众种植、养殖等农技需求173次，群众满意率100%。

【青少年科普】在全民科学素质工作中，始终把青少年人群放在重要位置。在继续搞好科技馆免费开放，科普大篷车、校园流动科技馆巡展等日常青少年科普工作的基础上，创新联动机制，大力开展青少年科普。一是创新科技活动模式。和县教体局联合开展了“青少年科学普及模式创新与实践”的课题研究，构建“社

团＋辅导员＋学生”的工作模式，重点开展机器人、航模、3D打印、机床加工、七巧板、数棋、科普影视制作等科技活动。在县科技馆一楼新建沂水县青少年科学工作室一处，新建航模、机器人、模拟驾驶等活动室。二是丰富科技活动内容。联合教育、人社等单位，先后组织开展了“第32届沂水县青少年科技创新大赛”“沂水县第九届七巧科技竞赛”、科技辅导员培训班等活动。沂水县科协获临沂市第32届青少年科技创新大赛优秀组织奖。8月会同春风围棋学校组织棋校师生74人参观了临沂市科技馆。精心组织开展了由县科普志愿者专家团队举办的“体验科学”系列亲子实践活动。组织开展了山东省科普报告百校行、希望行走进实验小学等9场精彩科普报告，惠及师生2600余人。专门邀请“山东省老科学家科普报告团”成员、中国科学院欧阳自远院士来到沂水县，走进沂水二中做了题为《中国的探月梦》的科普报告，深受师生欢迎。三是出版汇编有益科普读物。县科协专门编写了《名人家书》，作为家庭教育指导材料，授之以渔，教育家长培育孩子。青少年的科普读物《为“益”鼓与呼》已准备正式出版。同时，针对大众健康汇编了《健康知识集锦》《生命与水》等智慧科普读物。

【学会、协会工作】 县科协认真履行职能，积极建设“和谐科技工作者之家”，为科技工作者搞好服务。组织开展了沂水县第三届优秀科技工作者评选活动，共评出优秀科技工作者30名，同时，推荐3名优秀一线科技人员参加了全市优秀科技工作者评选；动员组织科技科协界政协委员提交政协提案6件，上报高质量社情民意信息8篇，参与全县政协调研视察活动6人次。成功承办了临沂市老科协三届三次理事会暨全市老科协工作现场会，得到了与会领导和兄弟县区的充分肯定和高度评价。

【科普信息化建设】 积极推行“互联网＋”模式，大力推动科普信息化建设，开辟提升公众科学素质宣传新阵地，让科技知识在网上和生活中流行。在维护好“沂水科普网”的基础上，建立了科技助力精准扶贫微信群。全力经营好“沂水科普”微信公众号，坚持工作日固定推送一次科普信息，设有“中科院前沿科技日发布”、崇尚科学反对邪教“正气”专栏，沂水科普微信公众号关注人数已达5万多人。另外，与组织、广播电视、大众传媒机构合作开辟的《党旗红—党旗下的科协》栏目，全年播放科普栏目12期。

（王　燕）

沂水县工商业联合会

【概况】 工商联是中国共产党领导的多党合作和政治协商的单位，也是具有统战性、经济性、民间性的社会群众团体组织，是党委、政府联系非公有制经济的桥梁和纽带，是政府管理和服务非公有制经济的助手。县工商联的主要职责是指导和协调全县非公有制经济组织党建工作，宣传和贯彻党的路线、方针、政策，促进中央、省、市、县各项政策部署在非公经济组织的贯彻落实，促进非公有制经济组织健康发展和非公有制经济人士健康成长。2017年，共设主席1名，党组书记1名，副主席16名（其中驻会副主席3名），副会长18名，专职常委61名，专职执委176名。2017年，被山东省工商联授予“五好”县级工商联荣誉称号。

【思想教育工作】 一是继续从严抓好“两学一做”学习教育常态化制度化。为深入开展“两学一做”学习教育，会同县委统战部在全县“两新”组织中的党员和代表人士中开展了“讲党性、做表率，讲信念、做贡献”为主要内容的“两讲两做”主题教育实践活动。6月9—11日，成功举办了沂水县“沂蒙集团·东方地产杯”非公有制企业羽毛球比赛，全县21家非公企业24个代表队，76名非公经济人士共200余人参加了比赛。此次比赛进一步展示了沂水县非公企业良好精神面貌，丰富了企业文化体育生活，营造了浓厚的全民健身氛围。二是组织参加各级各类培训班。7月20—24日组织部分会员到北京中国人民大学进行了为期一周的关于企业管理方面的培训学习，同时，积极组织会员企业参加市联组织的各种培训活动，通过学习，增长了见识，加强了交流，提高了水平，锻炼了能力，为企业自身的发展奠定了基础。三是坚持“走出去、学回来”。10月31日，组织业务骨干和部分会员企业赴即墨区考察学习。重点考察了该区工商联的品牌商会“青年企业家商会”在发挥商会作用和商会管理方面的先进经验。四是深入学习宣传贯彻中共十九大精神。11月15日，组织全体机关干部和直属商会会长、各企业家副主席、副会长、常委和执委等全县非公经济代表人士近200人参加沂水县委召开的全县统一战线成员学习贯彻十九大精神会议。

【制度建设工作】 实行“一评两考”制度。即实行非公经济代表人士综合评价、县工商联执委年度履职情况百分考核和基层商会年度考核制度，进一步完善了对非公经济代表人士、县工商联班子成员以及基层商会的考核激励机制。实行主席轮值制度。凡不驻会的主席、副主席每人担任轮值主席1~2个月，明确其工作职责和任务，以充分发挥每位主席、副主席、常委、执委的作用。实行“双联”制度。即实行主席、副主席联系常委、执委，常委、执委联系会员的“双联”制度，以加强相互之间的联系沟通和交流合作，有针对性地开展好思想政治工作，促进会员困难问题的解决，切实达到相互促进、共同提高的目的。积极开展“四好”商会建设和“五好”县级工商联建设。制定并下发《基层商会建设制度》，积极开展“五好”县级工商联建设工作。

【组织建设工作】 3月9日召开县工商联第九次代表大会，选举产生沂水县工商联新一届领导班子，研究部署2017年全县工商联工作任务，新发展会员700余名。以“五好商会”创建内容为抓手，切实加强了基层商会和行业商会的阵地建设、制度建设，强力推进基层商会组织规范化有序运行；积极稳步扩大商会组织，在充分考察调研的基础上，3月31日，筹备召开了沂水县工商联同城联创商会成立大会；9月8日，筹备召开了沂水县工商联食品产业商会成立大会。异地商会建设稳步推进。12月23日，青岛市即墨区沂水商会召开成立大会。

【服务经济工作】 一是号召广大民营企业家致富思源、富而思进，主动承担社会责任，动员182家企业，加入“百企精准扶贫联盟”，与135个贫困村结成帮扶对子，积极履行企业的社会责任，助力精准扶贫工作。一年来，各企业累计投入资金、物资折款2100多万元。二是社会扶贫工作注重在抓扩面、抓深化、抓提升、抓氛围四个方面狠下功夫。在企业帮扶、志愿家庭帮扶的基础上，把科技扶贫、孝老扶贫、社会组织扶贫纳入了社会扶贫范围。以“精准扶贫，社会在行动”为主题，设立专题栏目，在电视、微信、广播、报刊等媒体对涌现出的好人、好事、好典型进行大张旗鼓的宣传报道。2017年，整个社会扶贫线累计投入资金、物资折款5000多万元；设立项目加工点和产业帮扶项目61个，安排就业500余人，解决群众生产生活困难和“五通十有”等方面问题30余处，各行业协会、商会等社会组织开展送温暖、献爱心活动100余次，捐助善款、物资折款200余万元。三是牵头“四联八建”扶贫工作。确定以41个村为重点开展“四联八建”贫困村提升工程。其中，省派第一书记村16个，县派第一书记村25个，涉及9个乡镇，共有贫困户5052户，8249人。通过县、乡、村三级联动，逐村建立了工作方案和台账，实行每周一调度，每月一总结，每季度一通报，落实责任，突出重点，多措并举，发挥驻村第一书记的作用。至2017年，特色产业项目、扶贫就业车间、电子商务网点、公共服务平台、富民科技讲堂、孝善养老基金、扶贫理事协会全部建成并已发挥作用，村级班子建设不断加强。四是配合组织部、选派办公室开展了“慧阳制衣杯”喜迎十九大第一书记脱贫攻坚摄影展，收到摄影作品1000多件，成功展现了精准扶贫、精准脱贫工作。

【信息宣传工作】 加强与沂水报社、电视台的合作，确保工商联重要活动和事件无漏报。同时，在县广播电视台开辟了《扶贫攻坚，企业家在行动》专栏，不定期宣传县工商联会员企业参与精准扶贫联盟，助力脱贫攻坚等方面的先进事迹。全年共进行采访活动26次，向市联以及县以上新闻媒体上报信息及新闻稿件20余条，调研报告2篇，在县级以上新闻媒体发稿20余篇。2017年2月，金琦被山东省工商联评为2016年度先进工作者。

【光彩事业工作】 引导会员企业积极履行社会责任，关心关爱社会弱势群体，开展“百企联千

户 关爱老年人”活动。利用春节、六一、九九老人节等重大节日开展有意义、有成效的帮扶关爱活动，弘扬社会正能量。5月25日，组织会员企业到富官庄镇徕庄小学开展“助力扶贫·情暖六一”活动，为徕庄小学的孩子们带去了价值3万余元的生活学习用品，并为11名贫困学生送上每人500元的助学金，向2名残疾贫困生送上了每人1000元的助学金；政协委员企业家协会于春节、六一期间走访看望失独困难家庭30余户，送去慰问金和生活用品4万余元。9月29日，为响应精准扶贫号召，县工商联、县民政局、县食品产业商会联合举办助力精准扶贫爱心捐赠活动，近30家爱心企业为慈善超市捐赠饼干、饮料、方便面、面粉等食品1000余箱（袋），价值6万余元，免费发放给贫困家庭。九九老人节前夕，组织部分会员企业到县社会福利中心看望老人，带去价值10万余元的慰问品。据统计，2017年，非公经济人士和社会组织为各类公益事业捐款捐物达600余万元。

（谭伟海）

沂水县残疾人联合会

【概况】 县残联履行“代表、服务、管理”残疾人职能，代表残疾人共同利益，维护残疾人合法权益，开展各项业务和活动，直接为残疾人服务，承担县政府委托的部分行政职能，发展和管理残疾人事业。2017年，县残联下设办公室、教育就业部、康复部、宣传文体部、组织联络部、维权部，有工作人员18人。

【基层残疾人组织建设】 基层基础进一步夯实。制定印发了《2017年度乡镇残疾人工作目标责任考核指标》和《沂水县残疾人专职干事岗位责任考核实施办法》，进一步加大了各项工作落实情况的检查考核力度。针对部分村居（社区）残协专职委员作用发挥不够的实际，根据《关于进一步加强全县村居（社区）残疾人专职委员队伍建设的通知》要求，于年初对所有专职委员进行了重新选聘。残疾人证核发工作扎实开展。至2017年底，累计办理残疾人证2940个。为减轻残疾人家庭负担，邀请市人民医院专家为残疾人进行了残疾等级变更评定，414名残疾人实现了等级变更。年度残疾人基本服务状况和需求动态更新工作圆满完成。根据省市安排，对全县乡镇残联理事长、专职干事和部分村居（社区）残协专职委员进行了专项业务知识培训，为残疾人基本服务状况和需求动态信息数据更新工作打下了坚实的基础。

【康复工作】 精准康复服务工作扎实开展。县残联会同教体、卫计、民政、扶贫办等部门制定出台了《沂水县精准康复服务行动实施方案（2017—2020）》，并会同县卫计局下发了《关于在精准康复服务中开展家庭医生签约服务工作的通知》，通过逐户核实，全县建档立卡贫困残疾人中有康复需求的残疾人和因病致贫困残疾人共有703名，康复需求全部落实到位。民生实事项目全部落实。安排177名0~9周岁残疾儿童在各定点康复机构进行免费康复训练，其中县级项目承担了44名；为505名贫困白内障患者进行了免费复明手术；为530名贫困精神障碍患者提供了服药救助和免费住院治疗；为贫困持证残疾人发放各类辅具1400余件。累计3837名有康复需求的残疾人得到了康复服务。“全国残疾预防综合试验区试点县”创建项目顺利推进。从2016年开始，会同卫计、公安、安监、妇联等部门重点在出生缺陷防治、疾病防治、伤害预防等残疾预防领域狠下功夫，努力将残疾人工作的关口前移。为800余名高危孕产妇进行了产前筛查和诊断，为300余名6周岁以下儿童进行了残疾筛查和诊断，发放各类宣传海报、资料15万余份。

【教育就业扶贫】 织密残疾人民生“保障网”。2017年，县残联认真落实残疾人基本养老保险、基本医疗保险和困难残疾人生活补贴、重度残疾人护理补贴等惠残政策，投入资金350余万元，为30548名持证残疾人代缴了居民基本医疗保险个人缴费部分，惠及全县所有建档立卡贫困残疾人；协调县人社局，投入资金37.76万元，为3776名重度残疾人代缴了最低额度的居民基本养老保险费；

1156名重度残疾人提前五年领取了养老金；做好了残疾人“两项补贴”审核工作，经审核符合困难残疾人生活补贴发放标准的残疾人18816名，符合重度残疾人护理补贴发放标准的残疾人10187名；投入资金19.75万元为9875名重度残疾人购买了意外伤害保险。实施“输血＋造血”双激励措施。严格落实《沂水县加快促进残疾人按比例就业的实施方案》，在2017年的事业编招考中，在卫生系统设置了一个残疾人专岗，定向招聘了1名残疾人；加大残疾人就业扶贫基地建管力度，会同县财政局制定出台《关于评选县级残疾人精准脱贫产业基地的实施方案》，按照基地规模和辐射带动能力评选了5处县级残疾人精准脱贫产业基地；会同人社、农业等部门举办残疾人实用技术培训班3期和创业知识培训1期，共培训残疾人137人；实施“千牵万”残疾人互联网＋就业创业扶贫行动，为居家残疾人配备摄像头、耳麦等设备，创新开展远程教育培训方式。对于经培训且自主创业的残疾人按照“扶上马、送一程”的工作思路，分别给予2000~10000元不等的创业扶持资金，帮助残疾人加快发展。至2017年年底，全县建档立卡贫困残疾人脱贫人数达到了95%以上。

【维权工作】 全力做好了残疾人信访工作和“12345”热线电话的办理工作。按照“抓工作必须抓信访”的要求，调整充实了信访维权工作领导小组，严格落实领导班子包案接访制度，及时了解、落实残疾人的需求诉求，做好政策的宣传、解释工作，将矛盾纠纷化解在基层，解决在萌芽之中。2017年，共接待残疾人来访20余起，“12345”热线电话反映问题9件，对以上来访和来电均给予了满意解答，通过抽查回访满意率达到100%。积极开展残疾人家庭无障碍环境建设工作。根据市残联《关于印发2017年全市残疾人家庭无障碍建设救助项目实施方案的通知》精神，投入资金85万元为500户贫困残疾人家庭进行了包括门口坡道、扶手安装、低位灶台等项目的改造工作，使他们真正享受到居家“无障碍”。做好了燃油补贴发放工作。投入资金12.74万元，按每人260元的标准为490名拥有机动轮椅车的下肢残疾人发放了燃油补贴。

【宣传及文体工作】 加大了残疾人事业的宣传力度。利用广播、电视、报纸、网络等各类媒体，宣传残疾人事业，在中国残疾人杂志、新华网山东频道、省市残联网站等新闻媒体上发表稿件信息300余篇。同时，会同县教体局、县广播电视台开办了《手语课堂》栏目，专门聘请县特教学校手语教师就日常生活用语进行教学，每周播出1期，全年播出54期。为广大市民提供了一个普及手语学习的平台。扎实开展了“第二十七次全国助残日”活动。助残日期间，县政府有关领导，团县委、县人社局、县卫计局、县民政局、县残联等单位负责人到县白内障复明中心、县康复中心和沂水县残疾人精准脱贫“梦想小镇”等进行了走访慰问和现场指导。县残联领导班子成员到县内康复机构看望了正在进行康复训练的残疾儿童，并为他们送去了慰问品。组织实施了残疾人文化进家庭“五个一活动”。投入资金4.5万元，帮助150名贫困、重度残疾人家庭开展以“读一本书、看一次电影、游一次园、参观一次展览及参加一次文化活动”为主要内容的残疾人文化进家庭活动。

【“四个平台”建设】 创新创业平台建设方面。依托临沂颐高电子商务产业园建设了占地面积3.7万平方米、入驻高端电商企业17家的沂水县颐高梦想小镇。利用电子商务产业园区的物流、仓储优势，创新培训方式，出台了“四免两补”政策，帮助有一定文化水平的残疾人开展电子商务创业。同时，为丰富创新创业平台建设内容，在沿街楼建设了占地面积300平方米的沂水县残疾人精准脱贫“梦想小镇”，设电商微商孵化中心、残疾人产品展厅、残疾人远程培训中心等。已培育残疾人高端电商企业3家，安置26名残疾人就业，辐射带动323名残疾人脱贫致富。托养服务平台建设方面。依托沂水县春风养老服务中心建设了占地2000余平方米的沂水县春风残疾人善爱之家。内设辅助性就业车间和文体活动室、康复训练室、图书阅览室等活动场所，中心和2家爱心企业签订了长期合作协议，为入驻的18名重度肢体和智力精神残疾人提供了水晶串珠、艺术剪纸、艺术插花和手工编织等4个就业项目。残疾人在善爱之家按照“332”模式工作生活，即每天上午开展辅助性就业工作3小时，中午免费午餐后午休2小时，下午免费康复理疗或文体活动3小时，该模式充分调动了残疾人入驻中心的积极性。康复服务平台建设方面。2017年5月，总投资350万元，建筑面积3000余平方米的康复中心建成投入使用。按照“政府主导，社会经营”原则，充分整合县人民医院的人员、技术、仪器等方面的资源优势，开展了辅助器具展示与配发、残疾等级评定、成年肢体残疾人康复、0~6周岁残疾儿童抢救性康复、贫困白内障患者康复、儿童低视力康复、贫困精神障碍患者康复等服务项目。信息服务平台建设方面。围绕残疾人“三能”目标和平台“四化”要求，在市残联统一架构的基础上，县残联对沂水县信息服务平台进行了合理布局，设置了工作动态、通知公告、惠残公示、政策法规、专干天地等9大功能模块，网站实行专人管理和定期不定期更新制度，至2017年年底，已更新各类信息数据1000余条；专门设置了在线留言功能，实现了残疾人“能说”的目标。同时，通过公开招标，将家庭无障碍改造服务、居家托养服务、0~9岁残疾儿童抢救性康复救助等服务项目设置为网上在线服务项目，家庭无障碍改造申请服务项目已开发完毕，进入了试运行阶段。

（张树明）

法治·军事

政法委及综治

【概况】 沂水县委政法委是县委领导全县政法工作的职能部门，与县社会治安综合治理委员会办公室合署办公。主要职责是根据党的路线、方针、政策和县委、县政府部署，统一全县政法各部门的思想和行动；对一定时期内的政法综治维稳工作做出全面部署，并督促贯彻落实；检查政法部门执行法律法规和方针政策的情况，结合实际，研究制定公正执法、落实党的方针政策的具体措施；大力支持和严格监督政法各部门依法行使职权，指导和协调政法各部门在相互制约的同时密切配合；组织、协调社会治安综合治理工作，推动各项措施的落实；组织、推动政法系统的调查研究工作，总结新经验，解决新问题，探索政法工作改革；研究加强政法队伍建设和领导班子建设的措施，协助党委及其组织部门考察、管理政法部门的领导干部；组织、协调对政法综治工作的宣传工作；宣传见义勇为先进事迹，倡导见义勇为行为，为见义勇为人员提供资金救助，奖励见义勇为人员；完成县委、县政府和上级政法委员会交办的其他任务。2017年，县委政法委设办公室、政工科、执法督查科、政策研究室等科室，县社会治安综合治理委员会办公室设综合科、见义勇为工作办公室，共有工作人员14人。2017年，沂水县被省委、省政府授予“全省社会治安综合治理先进县”荣誉称号，在全市社会治安群众满意度调查中，位居全市第一，县委政法委被市委、市政府授予“全市十九大安保维稳先进集体”荣誉称号。

【打击防范】 持续加大社会治安严打整治力度，瞄准盗抢骗、黑毒枪以及电信网络诈骗等突出违法犯罪，超前研判，精确打防。注重小案侦防，坚持群众痛恨什么就打击什么，什么问题突出就集中整治什么，全力抓好涉及群众切身利益“小案件”的侦防，汇聚社会“大平安”。2017年，公安机关抓获各类违法犯罪嫌疑人2849名，全年刑事发案数同比下降0.36%。加强社会面巡逻防控，重点抓好以县治安防控中心、镇村专职巡防队伍为主体的专兼职巡防队伍建设，延伸治安防范触角到村居社区、楼群，实现无缝覆盖。召开全县“迎接十九大·忠诚保平安”誓师动员大会，开展合成化社会面巡逻防控，加大巡防密度及频率，24小时全天候大巡防，实现110报警服务台89天无刑事警情。加强治安要素管控，强化寄递渠道安全管理，对全县寄递企业开展拉网式检查，严格落实实名收寄、开箱验视、过机安检“三个100%”。加大对汽车站、宾馆、加油站、网吧以及特种行业、涉枪涉爆等重点单位部位、场所行业的检查力度，全面堵塞漏洞、消除隐患。

【综治“雪亮工程”建设】 深入推进“雪亮工程”实体化实战化，进一步规范完善县、镇、村三级综治中心建设，18个乡镇（街道）平台、407个村级平台全部联入县综治信息平台，积极推进各类公共安全视频监控建设联网应用，实现与35个重点行业系统单位平台互联互通、联网共享，视频查岗、视频巡查、视频会议和智能运维四项基本功能有效发挥。至2017年年底，县平台累计接入各类监控资源约1.1万路。加强对县、镇、村三级综治信息平台系统设备的日常管理维护，确保全县视频监控图像在线率达到90%以上。强化平台值班值守工作，切实解决村级值守人员待遇问题，建立起“日巡查、周通报、周汇总”制度，值班值守平均合格率达到99%以上，真正把值班值守工作落到实处。在全市“雪亮工程”建设重点工作前三季度考核中均取得第一名的好成绩。

【综治基层基础】 推进网格化服务管理，坚持以自然村为基础网格，将全县1041个村居社区划分为1358个网格，每个网格各配备

1名网格长和专职网格员，依托综治信息平台，创新推行8+N工作模式，细化职责任务，发挥其在矛盾纠纷排查化解、基础信息采集等方面的作用。开展“两机一喇叭”推广应用。充分发挥18个乡镇街道平安大喇叭终端作用，定期向群众播放警情通报、治安防范知识、法律法规解读等信息，提高群众防范意识和基层应急、防控能力。创新推进群防群治工作，积极发挥1.9万户有线电视机顶盒居家视频巡查作用，加快村居社区村委大院或文化广场周围“免费Wi-Fi”建设，形成5.3万人手机APP终端用户助力平安建设的“规模效应”，有效构建起基层稳定的平安链条，筑牢了群众身边的安全。

【综合整治】 围绕中共十九大安保维稳，持续推进排查安全隐患防范四类风险专项行动，及时发现掌握各种矛盾纠纷和苗头隐患，对不安定因素和重点人员，全面建立稳控台帐，严格落实“五包”责任。有效压实专项行动督导组职责任务，坚持每月明确一次督导内容，每月分片进行一次督导，督促工作落实，指导整改问题。强化突出问题综合整治。深入推进“双无”综治主题创建活动，最大限度减少可能导致命案发生的各种发酵环境和诱发因素，加强社会治安重点区域、行业集中整治。狠抓道路交通安全规范提升，加大对工程车（商砼车）的规范管理，健全车辆目录库，严格通行证制度，分片分区域集中执法，工程车运营秩序明显好转。至2017年，6家专业性工程车公司，8家商砼车公司实现有序运营。深入推进平安小区创建。坚持把综治主题创建与雪亮工程融合并进，重点推进城区居民小区视频资源联网整合，积极做好全县综治委成员单位帮扶治安基础薄弱小区工作，通过实地察看、入户调查等方式，彻底摸清所联系帮扶的居民小区治安状况，强力推进居民小区视频监控系统联网、完善安全技术防范体系、提升物业服务管理水平等，城市小区治安防范水平显著提升。2017年底，共82个小区、4778个监控探头联入县综治信息平台。

全县政法综治信访暨平安沂水建设总结表彰大会

【涉法涉诉信访案件化解】 强化涉法涉诉信访案件攻坚化解，督促政法各部门深入开展摸排梳理，全面掌握本系统各类涉法涉诉信访案件，重点做好18起纳入全市攻坚化解范围案件的稳控。建立政法部门与信访人所在辖区党委政府常态化沟通机制，综合运用调解、听证、亲情感化等多种行之有效的方法，实施攻坚化解。对借上访之名无理取闹、寻衅滋事，严重扰乱正常社会秩序的，注重涉嫌违法犯罪证据的固定和完善，按照有关规定依法妥善处置。

【严重精神障碍患者救治救助】 严格执行《沂水县严重精神障碍患者监护及救助工作实施办法》等文件，加大信息排查登记、有奖监护、医疗救治康复、救助帮扶、应急管理，严格落实有奖监护政策，将1784名3级以上严重精神障碍患者纳入有奖监护对象，落实有奖监护资金142.72万元。

【国家司法救助】 进一步推动国家司法救助工作的制度化、法治化、规范化，加大国家司法救助工作力度。2017年，县财政预算金额为60万元，争取市级以上救助资金39.07万元，对政法部门提请国家司法救助的99起案件，由县国家司法救助领导小组办公室严格按照程序审核，累计发放救助资金98.7226万元，在解决案件当事人的实际生活困难，妥善化解涉法涉诉信访案件，促进社会和谐稳定方面发挥了积极作用。

【见义勇为】 继续加大全县18个乡镇街道见义勇为工作站工作力度，配备专兼职人员，形成县、乡、片、村四级网格。县综治办深入推进“四德工程”建设，牵头对各地发生的见义勇为行为及时进行复核评审、整理上报，加大对见义勇为先进分子的宣传报道力度，宣传推介典型，培树良好风尚。2017年，对9名见义勇为先进分子和6个见义勇为先进工作站、4个见义勇为工作先进单位进行表彰，同时表彰了一批先进个人和先进信息员。

【政法综治调研信息宣传】 强化政法综治宣传队伍建设，充分挖掘各地好的经验和做法，加强信息交流报送工作，先后编发《沂水政法综治简报》（含综合专辑）14期，《沂水县五项措施推进新形势下社区矫正工作》《沂水县打造律师行业党建工作新高地》等多篇经验简报在《山东政法》等省级刊物上刊发。扎实做好《沂水长安网》运行和维护，加大信息采编传报力度，坚持政法信息季度通报制度，全年共发稿385篇。重点做好《临沂长安网》《平安临沂》周刊和电视栏目的信息上报工作，全县投稿、用稿数稳步提升，有效宣传了全县政法综治暨平安建设工作，全面展示了工作成果和政法队伍风貌。

【政法队伍建设】 强化理想信念教育。推进“两学一做”学习教育常态化制度化，加大中共十九大精神学习教育，加强作风建设和廉洁从政制度建设，深入推进干部联系群众工作，密切警群感情，保持生机活力，严肃查处不作为、乱作为、与民争利等行为，规范便民服务窗口建设，打通服务群众“最后一公里”难题。规范执法司法行为。坚持狠抓政法干警队伍建设和执法司法规范化建设，深化“四无三零”创建，提升便民接待大厅、诉讼服务中心、检察服务大厅、民生警务平台、法律服务热线等平台建设水平，积极提升新形势下政法综治队伍运用法治思维和法治方式推动社会治理现代化的能力和水平。建树政法队伍形象。以群众安全感满意度为目标，全面落实《关于加强全市政法队伍纪律作风建设的意见》，整顿政法队伍纪律作风，瞄准政法部门和政法干警在工作作风、服务质量、警容警纪等方面的问题，持之以恒抓整改抓落实，把“送上门”的满意度留住。

【责任落实】 认真落实社会治安综合治理奖惩，对上年度给予工作警告、黄牌警告和一票否决的部门、村居，由县、乡两级综治部门牵头，进行重点帮扶整治，狠抓措施落实，总体上实现了良性转变。2017年，共有126个乡镇、单位、村居，106名个人先后受到中央、省、市、县表彰奖励，有1个乡镇、2个单位被工作警告，有19个村居被一票否决。

（张孝龙）

法治政府建设

【扎实推进依法行政】 深入学习领会中共中央国务院《法治政府建设实施纲要（2015—2020）》精神，对照法治政府建设的衡量标准和任务要求，以《沂水县法治政府建设实施纲要》为基础，结合工作实际印发《2017年沂水县依法行政工作要点》，明确年度依法行政工作的主攻方向和着力点，努力以规划指导法制工作规范开展。

开展行政执法规范化示范单位创建活动，坚持高标准、严要求，制定《关于创建行政执法规范化师范单位活动的通知》，使创建活动制度化、规范化、常态化，引导各行政执法部门理顺执法流程，完善工作制度，规范执法行为。年底确定示范单位5个，对其先进经验进行了推广介绍，通过交流会、简报、汇编等方式推广创建经验，起到了较好的引领带动效应。

【提高行政决策水平】 *严格执行重大行政决策程序*。按照《沂水县重大行政决策程序规定》要求，对政府重大决策、重点项目、重要民生事项等，全部提前制定项目录向社会公布，并通过举行座谈会、论证会等形式广泛听取社会意见。决策草案出台后，组织专家和相关部门认真进行社会风险性评估和合法性审查，确保每一项重大行政决策的合法性和科学性。

合法性审查实现全覆盖。制定合法性审查工作流程，合法性审查工作效果逐步显现，县政府

法制办今年审查各类涉法事务100余件。修改完善《沂水县规范性文件制定程序规定》，扩大规范性文件制定的透明度，增强规范性文件征求意见针对性。共审核以县政府和县政府办名义印发的规范性文件6件，已按规定向市政府和县人大报送备案，无一件被撤销或责令修改，审查乡镇政府和县直部门报送备案规范性文件3件，均进行了“三统一”编号，明示了有效期限。按照要求开展规范性文件清理，确定继续有效的70件、废止的26件、拟修改的17件，及时向社会进行了公布，较好地维护了法制的权威和统一，保持了政策的合法与适当。

智囊参谋力量得到加强。建立了党政一体法律顾问制度，聘请县委、县政府法律顾问7人，54个乡镇政府和县政府工作部门聘请法律顾问。目前，全县行政机关法律顾问聘用率已超过90%，乡镇政府和重点执法部门实现全覆盖，构建了“事前防范、事中控制为主，事后补救为辅”的法律事务风险防范、化解机制。大力推行法制员制度，乡镇政府和重点执法单位普遍配备了一至两名专兼职法制员，并为法制员建章立制、明确职责、加强培训、提升能力，一定程度上解决了基层法制工作力量不足的问题，保证法制工作有人干、重大事项有人审、涉法事务有人办。

【强化行政执法监督】 **全面推动综合执法体制改革**。扎实开展综合执法改革前期调研，建立健全综合执法协作配合、信息交流、公开办事、执法责任、考核评议等各项工作制度，稳妥推进改革。及时协调制定配套文件，对综合执法与各有关部门职能进行了界定与明确，确保综合执法机构和业务指导机构之间信息对称、无缝对接、权责明晰、协作高效。

全面落实行政执法三项制度。制定《全面推行行政执法公示制度、执法全过程记录制度、重大执法决定法制审核制度实施方案》，在县政府门户网站设立“三项制度”专栏，各执法单位集中梳理行政执法各项清单、窗口服务指南、行政执法流程图等，完善《行政执法工作手册》，并按照统一格式全部在网上公开。建立长效机制，坚持不懈地做好“三项制度”推行工作。

加强行政执法监督。进一步规范行政裁量权。督促相关单位在公布自由裁量权基准的基础上，根据法律法规的修改情况，及时调整公布。同时，将裁量权列为案卷评查重点，确保裁量科学、适当。扎实开展重大处罚备案审查。对重大处罚审查流程进行了完善，予以严格备案审查，及时发现和纠正不当的处罚决定，今年以来，共备案56件。强化行政执法队伍管理。严把进口关，坚决杜绝无执法主体资格、无正式编制人员上岗执法，共组织600余名执法人员参加专题培训和在线考试，162名合格人员申领执法证；对不适合在执法岗位的，坚决监督调整；对不参加证件年审培训和培训考试不及格的，及时彻底清理，共清理不合格证件421个。

全面开展行政执法案卷评查活动。认真落实《山东省行政执法案卷评查办法》规定，明确开展案卷评查工作的责任主体、次数、程序和方式，建立健全结果通报和纠错机制。县法制办牵头，抽调业务骨干20名，对27个行政执法部门的56本行政处罚案卷、50本行政许可案卷进行了集中评查并对检查情况进行实名通报，督促相关单位整改到位。

【化解社会矛盾纠纷】 **加强行政复议标准化和规范化建设**。一是积极开展复议工作，健全完善行政复议办案程序规定。今年以来，共收到行政复议案件72件，受理68件。已审结案件中，维持39件，双方当事人和解、申请人撤回15件，责令履行3件，撤销7件，确认违法3件，中止1件。在案件审理过程中，始终秉持公心，情法并重，尽力化解矛盾，维护群众合法权益，实现案结事了，提高了行政复议的公信力。二是及时启用省法制办行政复议应诉管理平台，全部在平台办理、推送案件，文本格式完全采用平台统一模板。三是规范行政复议流程。健全完善立案、审查、中止、决定等工作流程，完善调查取证、档案管理等工作制度7项，切实增强了行政复议的专业性、透明度和公信力。

积极办理行政应诉案件，建立完善矛盾纠纷协调解决机制。积极加强与法院的沟通交流，针对行政机关执法活动中的普遍性法律适用和实践操作问题交流研讨，为规范行政执法行为、化解矛盾纠纷提供了思路和方法。积极办理行政应诉案件，制定《沂水县行政机关负责人出庭应诉规定》，推进负责人出庭应诉制度有效落实，完善考核指标体系，确保了行政应诉工作有序开展。

【加强法治教育】 **提升法治教育针对性**。政府常务会议学法制度化，通过会议集中学习和领导自学相结合的方式共安排学习6部法律法规，切实提高了县政府领导对法治工作的重视程度，增强了法治思维和法治能力。结合工作需要，举办复议应诉、政务公开、行政执法等专题培训班，丰富学习培训形式，组织有关单位开展行政案件庭审观摩活动。

系统培训定期化，提升普法有效性。积极组织参加上级业务培训，精心组织县内集中培训。各级各单位参加上级法治培训30余次，参与人员200人次。积极推动法律法规进机关、进学校、进乡村、进社区、进企业、进村居“六进”活动，加强法治宣传长廊、法治公园、法治广场等阵地建设，并运用新媒体加强普法宣传，通过门户网站和微博微信公众号开展公共法律服务，推送法律知识。全面营造了良好的法治环境。

（刘志芳）

公　安

【概况】 2017年，县公安局被省委、省政府授予“全省十九大安保先进集体”，被市公安局授予“全市公安机关‘迎接十九大忠诚保平安’主题活动突出贡献奖”，5个集体和22名民警分别被省、市记功表彰。

【服务发展】 围绕全县“125”工程，依法、及时打击各类干扰重点工程建设的违法犯罪活动，坚决维护企业正常生产经营秩序。共破获各类经济犯罪案件66起，抓获犯罪嫌疑人120人，挽回经济损失2000余万元，全力做好“善心汇”等传销犯罪涉案群体稳控工作，有力维护了全县金融、市场经济秩序稳定。不断加大执法力度，深入开展以交通、消防、涉危涉爆为重点的安全隐患集中排查整治行动，将日常严格规范、及时高效监管作为重心，建立健全常态化、精细化的公共安全监管机制，有效预防和减少公共安全事故，确保了全县公共安全监管形势稳定。扎实推动户籍制度改革，认真落实户籍制度改革意见和相关配套办法，全面推行在实际居住地登记户口的新型户籍管理和网上迁移、异地办证等制度，认真落实省内居民出入境办证便民措施，促进城乡协调发展，更好地服务群众工作生活。深化行政审批制度改革，精简审批事项、优化服务流程，积极跟进行政许可后置审批改革。同时，主动适应高端制造业、电子商务、互联网金融等新产业、新业态的发展需求，结合其行业特点和治安管控实际，努力提供优质的管理服务和强劲的支持保障。

【基础建设】 以基层基础建设三年攻坚战为契机，坚持夯实基层基础，着力补齐工作短板，为全县公安工作的可持续发展筑牢坚实根基。争取县委、县政府支持，两办出台《关于加强和改进新形势下公安基层基础工作的意见》，将加强公安基层基础工作上升为党政工程，全力支持公安基层基础建设。根据市局部署，结合沂水县实际，全面完成“1+2+N”城区社区警务和“一村一警务助理”农村社区警务模式改革，打造实战型指挥中心，启动推进公安检查站、警犬训练基地和执法办案场所建设。以“全警信息化、信息基础化”为基本要求，加大社会信息数据采集力度，做到应采尽采、规范录入。深入推进基层所队实时研判、专业部门深度研判、情报中心综合研判三级研判机制建设，不断推进“DQB”“警务千度”、警务云及各类信息系统平台的普及应用，为实战提供强有力的信息支撑。

【队伍建设】 县公安局将关心关爱民警、营造良好的警队环境作为首要任务，全面落实从优待警各项举措，不断丰富警营文化生活，让民警以主人翁的态度、愉悦的心情快乐工作、幸福生活。同时，以全市公安机关“正风肃纪”纪律作风整顿专项行动为载体，全面加强党风廉政教育，树牢纪律和规矩意识，深入整治纪律作风方面突出问题。强化日常监督管理，严格警规警纪，严肃查究问责，以铁的纪律打造铁的队伍。

【严打整治】 将严打整治贯穿于公安工作始终，扎实开展了打击“黑毒枪、盗抢骗”春季攻势、三年禁毒人民战争、“天目”铲毒战役以及全警“大化解、大稳控、大会战、大巡防、大整治、大提升”六大活动、打击侵财犯罪冬季百日会战、集中打击整治伤害类违法犯罪、打黑除恶打霸治痞等系列专项行动。2017年，共破获各类刑事案件3308起，抓获各类违法犯罪嫌疑人3166人。成功侦破了沙沟镇“5·27”拦路强奸案、高桥镇“6·29”故意杀人案、“11·19”许家湖镇拦路抢劫案以及公安部督办邹志平为首非法制造、销售非法制造的注册商标标识犯罪团伙案等一批大要案件，特别是成功侦破了公安部毒品目标案件——“8·30”重大毒品案，有力地震慑了犯罪，打出了公安机关的声势，提升了群众的安全感。以中共十九大安保维稳为主线，坚持一切围绕十九大、一切服从十九大、一切捍卫十九大，始终把维护政治稳定置于各项工作的首位，严格落实各项安全保卫措施，圆满完成了中共十九大安保维稳以及各级“两会”、天主教“圣母月”朝圣活动、“一带一路”峰会等重大节日、重要活动期间的安全保卫工作。

（宋淑娟　郝建明）

【交通管理】 沂水交警大队担负着全县约2500公里道路的交通安全管理工作，近20万余辆机动车落户上牌和年度检测，以及20多万名驾驶员的资格考试和审验等业务。2017年，大队设综合科、财务科、宣传科、交通秩序科、交通事故处理中队、车辆管理所、城区一中队、城区二中队、西城新区中队、开发区中队、特勤中队、马站中队、夏蔚中队、诸葛中队、许家湖中队、交通指挥室，有工作人员106人。2017年，大队获得省级文明单位、全县政协提案承办先进单位、环境保护工作先进单位、安全生产工作先进单位、信访工作先进单位、全县党的十九大安保维稳先进集体等荣誉称号；事故处理中队被山东省公安厅授予“一等事故处理岗位”、夏蔚中队被山东省公安厅授予“一等公路巡逻民警中队”。

队伍建设。大队始终把队伍建设当作一项重要的政治任务来抓，切实抓好全面从严治党主体责任，以强化思想政治工作为重点，以提高队伍整体素质和战斗力为目标，积极查摆队伍中存在的突出问题，不断探索队伍建设管理长效机制。扎实开展“正风肃纪”纪律作风整顿专项行动。2017年，市公安局部署开展“正风肃纪”纪律作风整顿专项行动以来，大队按照市公安局、交警支队党委的统一部署，组织全体民警及警辅人员广泛开展整治行动，以宗旨信念、执勤执法、纪律作风、工作作风等各方面出现的问题为整治重点开展集中学习和查摆整改，队伍精神面貌和工作状态得到显著改善。强力推进执法规范化建设。大队结合工作实际，强化执法保障，细化基层规范执法流程，完善执法办案监督，强化法制员队伍建设，不断推进规范化执法建设。大队调整充实了规范执法工作领导小组，成立了“三支队伍”建设工作线，积极开展法制员业务素质比武活动。事故处理中队利用每周一晚上时间，组织业务骨干自带案例轮流讲课，相互交流学习。交通秩序管理中队牵头撰写了《执法规范100问》小册子，对执法语言、动作、程序及如何规避各类突发事件，统一了规范执法模式。大队积极鼓励民警参与业务资格考试、国家司法资格考试，先后有5名民警取得国家司法资格，4名民警在职研究生毕业，执法主体的规范建设为规范执法提供了坚实的人才支持和素质保障。大队还紧紧围绕创建“四无警队”目标，落实从严治警、廉洁勤政有关规定，狠抓队伍建设，切实打造了队伍良好形象，确保队伍健康发展。

业务建设。强化电子信息化应用。大队始终高度重视公安信息化建设，集合了非现场执法系统、缉查布控系统、GPS定位系统、PGIS警用地理系统、3G图像无线传输系统、城乡客运远程监管系统、工程车安全管控系统、绩效考核系统等平台，实现了交通监控、信息采集、辅助决策、信息发布、指挥调度、勤务督导等主要功能。

2017年，大队有城区高清电视监控25组，电子警察141套，在6条省道安装74套高清监控和电子卡口，在长深高速安装1个高空瞭望、29套高清监控、12套电子警察。2017年，投资206.63万元建设县乡道智能交通安全系统，19个点位31套设备，已施工完毕。利用智能交通管理平台、天网平台，协助大队内部办案单位、各级公安机关分析、调取监控数据328次，发送套牌车协查信息57台（次）。依托图像管控平台和6处执法站，破获各类肇事逃逸、刑事案件69起，远程指令查处假套牌41起、其他重点交通违法1002起。

细致规范做好全县交通事故处理工作。在日常的案件办理过程中，事故处理中队全体民警紧紧围绕“公正、文明、公开、高效”的办案原则，严格按照道路交通事故处理程序规定、事故处理工作规范等相关要求，坚持以事实为依据，以法律为准绳，落实事故责任公开认定、公开调解制度和重大交通事故汇报制度，保护了当事人的合法权益，维护了公平与正义。2017年，共接警8778起，受理7762起。

积极探索事故快速处理工作。2017年7月5日，根据前期事故快速处理工作探索，大队正式成立事故快速处理中心，针对适用简易程序处理的事故统一到快速处理中心处理。抽调2名长期从事事故处理的骨干民警到快处中心工作，并对办公场所进行了提升改造、配备了相关设备，组织全大队参与事故处理的民警及辅警人员就如何使用APP进行事故快速处理进行了专题培训。实际工作中，各个中队将受理的适用简单程序处理的事故移送或者网上提前录入六合一平台后由快速中心处理民警进行集中处理，有效地缩短了事故处理的时间，将处理一起事故时间由原来的3天左右缩短到一天之内，提高了工作效率，进一步减轻了事故处理人员的工作压力。至2017年，快速处理中心受理符合简单程序的事故412起、占全部受理事故的70%，已处理完毕403起、结案率达97%。

不断完善车辆及驾驶人管理工作。车驾管业务方面，以提高各级主管部门和群众对车管工作的满意度为根本目标，在严格队伍管理的同时，进一步规范业务办理流程，扎实干好本职工作，完成了县委、县政府和大队部署的相关任务，赢得了上级主管部门的认可。

在规范车管所院内业务流程设置的同时，在县政务大厅、机动车销售网点增设业务网点，与车辆销售企业、保险公司等单位落实信息共享，充分利用车辆销售人员、保险代办员等社会力量，宣传机动车和驾驶证业务的政务公开内容，将业务办理的触角延伸到政务中心、机动车销售点、驾驶人培训学校，取得了良好的社会效果。

车管所全体工作人员认真执行车辆管理工作有关规章制度，认真开展机动车注册登记、年度检验，受理驾驶证申领考试和核发等相关业务。2017年，共受理驾驶证报名22100人，补证换证20500余本，新车注册13500辆，辖区内过户9500余辆，外地转入车辆2150辆，年审46900余辆。在做好日常业务的同时，抓实源头管理工作，与交通运输部门、社会检测线、保险公司等单位建立数据共享机制，进一步强化对营运驾驶人和营运车辆的业务提醒和源头监管。

服务经济发展。扎实做好各项交通安全管理工作。大队紧紧围绕十九大道路交通安保工作，以加强道路交通安全管理百日攻坚行动为抓手，全警动员、全力以赴，不断强化路面管控，依法从严查处各类路面交通违法行为特别是涉牌涉证、酒后驾驶等交通违法行为，为十九大胜利召开创造安全、畅通的道路交通环境。

一是路面交通违法行为整治方面。交警大队以高速公路、国省道、城郊结合部、乡村道路为重点，全面加强人、车、路交通安全管控，特别是道路交通安全百日攻坚行动开展以来，先后组织13次集中整治行动和4次夜查统一行动，共办理涉嫌危险驾驶案件37起，全部为醉酒危险驾驶案件，其中立案37起，刑事拘留15人，取保候审9人，吊销驾驶证16起；行政拘留97人，其中涉酒（二次饮酒、饮酒驾驶营运机动车）76起，假牌假证11起，无证10起。

二是夯实基础工作，深化辖区疏堵保畅攻坚。大队以开展基层基础建设三年攻坚战为载体，持续加大交通安全设施建设力度，县财政投入366万元，由交警大队建设完成120公里县乡道路智能交通安全系统，在县乡道新增

迎接胜利归来的追逃民警

24套高清监控、电子警察，在城区新增3套货车闯禁区电子警察抓拍设备，在省道335线三十里至后坡路段安装区间测速设备，目前已全部安装完成，进入项目验收阶段。升级改造沂博路与北一环路口、小沂河北路口2处数字信号机，实现长安路、滨河大道绿波带控制，在城区道路63处灯控路口加装214套交通信号倒计时器，已完成招投标程序进入安装阶段。

三是加强高速公路交通管控。一是改进巡逻模式，加强路面管控。2017年，高速大队继续探索落实路面巡逻+视频巡查的勤务模式，进一步加大警车巡逻密度，提高路面见警率。通过视频巡逻监测、收集、分析路面流量及通行信息，尤其是发挥其在恶劣天气条件下的路面管控中的重要作用。对重点路段、重点车辆进行重点管控，对辖区内高速公路的收费站、服务区、匝道、桥梁、隧道及事故多发路段进行重点巡逻，对危化品运输车、客车、大型货车进行重点查缉，确保路面管控强度。

（于松果　庞　涛）

检　察

【概况】 2017年，沂水县检察院下设办公室、政治处、侦查监督科、公诉科、反贪污贿赂局、反渎职侵权局、控告申诉检察科、检察技术科、案管中心等18个科室和沂城检察室、许家湖检察室、诸葛检察室等8个派驻检察室。有工作人员107人。

2017年，县检察院被授予"全国检察宣传先进单位""全省优秀基层检察院""全省检察机关'六型'建设示范院""全市人民满意政法单位""全市法治宣传教育示范基地""服务经济社会发展先进单位""脱贫攻坚工作先进单位""信访工作先进单位""安全生产工作先进单位""履行人口和计划生育职责先进单位"等荣誉称号。

县检察院举行首批入额检察官宣誓仪式

【刑事检察】 侦监、公诉部门充分发挥刑事检察职能，坚决打击各种严重刑事犯罪活动，维护社会稳定。2017年，侦查监督科共受理审查逮捕案件362件490人，其中依法批准逮捕259件367人，不批准逮捕103件123人，不捕率为25.1%，其中大部分案件做了刑事和解工作，均取得了良好的社会效果和法律效果。办理立案监督案件18件24人，其中监督公安机关立案14件19人，监督公安机关撤案4件5人。向公安机关发出书面纠正违法通知书6份。追捕漏犯7人。

2017年，公诉科共受理移送审查起诉案件826件1277人，经审查提起公诉671件991人，上呈市院5件6人，公安机关撤回15件26人。另外，对侦查活动、审判活动中的违法问题提出口头纠正意见34次，追诉漏犯39件，追诉漏罪18件，提请抗诉10件16人。

2017年，未检科共受理未成年人审查逮捕案件19件22人，经审查后批准逮捕10人，不批准逮捕2人；受理未成年人移送审查起诉案件31件41人，经审查已提起公诉22件24人，不起诉5件5人。

【反贪污贿赂】 反贪污贿赂工作，主要是查办刑法第八章规定的所有职务犯罪案件。2017 年，反贪局共立查各类职务犯罪案件 16 件 18 人，立查案件全部侦查终结并移送审查起诉。

【反渎职侵权】 反渎职侵权，其职责是对国家机关工作人员在职务活动中的渎职犯罪行为，以及利用职权实施的侵犯公民人身权利、民主权利的犯罪行为，直接受理、侦查。2017 年反渎局共立查各类渎职侵权案件 2 件 6 人（1 件为特大案），其中立查科级干部 2 人，立查案件全部侦查终结并移送审查起诉。

【职务犯罪预防】 2017 年预防科开展行贿犯罪档案查询 1200 余次，开展预防警示教育和法治讲座 20 余场（次），预防宣传 20 次，受教育人数达 5000 余人，发放宣传资料 1000 余份；开展预防调查 3 次，案例分析 3 次，发出检察建议 3 份。扎实开展“检察官联系扶贫项目预防活动”，对 10 个项目开展同步预防，诸葛镇大崮后村扶贫搬迁项目运行规范严谨，得到上级肯定。

【刑事执行检察局】 刑事执行检察局主要对执行刑事案件判决、裁定的监狱、看守所、劳动改造机关的活动依法实行监督。2017 年，执检局共受理审查逮捕案件 5 件 6 人，其中依法批准逮捕 3 件 4 人。受理审查起诉 11 件，经审查已提起公诉 8 件 16 人，不起诉 2 件 2 人。办理刑法执行监督案件 12 件。进行监外执行考察 2 次，依法监督纠正监外执行违法案件 12 件，开展羁押必要性审查案件 20 件。组织重大活动、节假日安全检察 10 余次；联合各派驻检察

县检察院开展“法制进校园”活动

室深入全县 18 个街镇司法所开设检察官巡回讲堂，组织开展法制讲座 6 次，受教育社区矫正人员达 600 余人。

【控告申诉检察】 控告申诉检察主要受理公民的控告、举报和属检察机关管辖的刑事申诉、刑事赔偿案件。2017 年，控申科共受理各类来信来访 150 件，其中，来信 30 件；接待来访 120 件 240 人，初访 89 件 178 人，重复访 31 件 62 人，其中集体访 5 件 30 人。受理刑事申诉案件 4 件，民行监督案件 17 件。办理举报初核案件 2 件，办理刑事被害人救助案件 16 件，为刑事被害人（或其亲属）申请救助金 10.5 万余元。派驻律师值班 32 人（次），参与接访案件 24 起，化解矛盾 12 起。

【民事行政检察】 民事行政检察，主要负责对法院民事、经济审判活动及行政案件诉讼活动实行监督，受理查处不服法院判决、裁定的民事、经济、行政申诉案件。2017 年，民行科共受理案件 62 件，立案审查 62 件，其中办理再审检察建议案件 16 件，法院已再审改判 6 件；执行监督案件 1 件；审判违法行为监督案件 22 件；行政执法监督案件 22 件；行政公益诉讼案件 1 件。

【技术检察】 技术检察工作，主要负责开展文件检验、痕迹检验，法医、司法会计，照相、录像现场勘查等技术门类的工作。2017 年，技术科为县民政局评定带病还乡等各类伤残鉴定 82 起。强化信息技术实战应用，办理电子数据恢复、硬盘克隆分析 11 件；完善侦查情报信息查询系统，引入 39 家 52 类信息源，提供信息查询 20 人（次），增强了依靠信息技术发现线索、固定证据、突破案件能力。

【警务工作】 法警队主要负责检察机关直接受理案件侦查、预审活动的安全保障，提解、押送、看管犯罪嫌疑人、执行拘传、协助搜查等工作。2017 年，共受理各类警务任务 1184 余次，其中提押、看管犯罪嫌疑人 286 人（次），参与处置紧急事件 52 人

(次),协助维护群众来访场所的秩序和安全562人(次)。

【案件管理中心】 2017年,案管中心共受理案件1227件,其中批捕案件364件,公诉案件819件,民行案件44件。分别建立统计工作、涉案财物管理、信息公开等不同种类的案件流程监控台账,已发现并纠正不规范问题81个。组织了3次案件质量集中抽查、评查,评查案件53件,发现问题100余个。共制作电子卷宗832件,2501册,有172名律师申请阅卷,已全部通过刻录电子卷宗的方式提供阅卷。全面落实案件信息公开工作,公布科级以上干部涉嫌职务犯罪案件2件,法律文书513份,案件程序性信息1264条。

【派驻检察室】 2017年,县检察院共有8处派驻乡镇检察室。检察室共计接待群众来访及咨询80人(次),开展职务犯罪预防活动22次,下访巡访263次,开展社区矫正监督共计491人;移交案件线索5件5人,协助办理案件10件。结合省检察院部署的"五进两服务"大走访活动和县委"联系群众、转变作风"工作,检察室干警共走访联系群众260户。发放宣传手册5000余册,开展警示教育29次,受教育人数达4700人。

【队伍建设】 落实全面从严治党、全面从严治检新要求,推行"检察党建+"工作模式。坚持把党的领导贯穿和体现于工作全过程,用党章党规规范思想和言行,严格落实"三会一课"、支部主题党日等制度,切实保障组织生活质量,做到会议有文、学习有声、活动有效;压实全面从严治党主体责任,以"纪律规范、安全质量"为主要内容,开展常态化执法执纪检查,令行禁止、违令必究。围绕打造"五无四有"检察院的目标,坚持一揽子统筹,一竿子到底,杜绝"慵懒散",破除"中梗阻";研发党员奉献积分智慧管理平台,全程管控、动态考评,工作结果一律与政治荣誉、晋职晋级、提拔重用挂钩;推行"忠诚执着、蓬勃向上"的青葵理念和"雷厉风行、日新月异"的青葵速度,通过承诺践诺、佩戴党徽、设立党员先锋岗和个人工作室等方式,守初心、当先锋。党组成员与干警定期谈心交心,传经验教训,帮释疑解困;全面落实从优待警各项规定,有效地凝聚了检心检力。深化"1441"培训计划,向实训实战要战斗力。一年来,先后有12个集体、22名个人受到上级表彰。

(徐　婷)

法　院

【概况】 沂水县法院的主要职责是依法打击惩罚犯罪、调节民商事关系、监督和支持行政机关依法行政,维护安定团结的政治局面,构建社会主义和谐社会。2017年,县法院设办公室、政治处(内设组织人事科、教育培训科)、立案庭(信访办)、刑事审判一庭、民事审判一庭、民事审判二庭、民事审判三庭、行政审判庭(赔偿办)、审判监督庭、执行局(内设执行一庭、执行二庭、执行三庭)、政策研究室(审委会办公室)、法警大队(内设一中队、二中队、三中队)、监察室、行政装备科、财务稽查科、司法物证鉴定中心、刑事审判二庭、工会、计算机信息网络管理中心和马站人民法庭、杨庄人民法庭、沙沟人民法庭、诸葛人民法庭、黄山铺人民法庭、崔家峪人民法庭、高庄人民法庭、沂城人民法庭、许家湖人民法庭。共有干警188人。

2017年,县法院紧紧围绕县委、县政府工作中心,充分发挥审判职能作用,全年受理各类案件13196件,审、执结13148件,结案标的额12多亿元,结案比为99.6%,结案率为88.3%,为全县经济社会跨越发展提供了有力的司法保障和服务。县法院被市委、市政府授予"市级文明单位",被县委、县政府分别授予"2017年度服务经济社会发展先进单位""全县信访工作先进单位""安全生产工作先进单位""履行人口和计划生育职责先进单位";执行局被市中院授予"集体三等功";解晓田荣获"沂蒙十佳法官",被最高院授予"个人一等功";焦利荣获"沂蒙优秀法官";杜正波、高沙、王静、孙灵生、刘海凤等5人被市中院授予"个人三等功",靳圆婷、刘京军、潘纪明、贾立平等4人分别被县委、县政府等单位表彰。

【刑事审判】 2017年，新收案件709件，审结719件。一是严厉打击严重刑事犯罪。与公安机关、检察机关密切配合，依法从重从快严惩严重影响人民群众安全感的杀人、强奸、绑架、故意伤害等严重暴力犯罪和“两抢一盗”、涉黑涉恶、寻衅滋事等犯罪，有效地维护了社会和谐稳定。二是认真落实宽严相济刑事政策。认真落实宽严相济刑事政策，不断加大轻微刑事案件和解、刑事附带民事诉讼调解力度，最大程度地减少了社会对抗。三是积极开展“量刑规范化”工作。细化量刑标准，规范情节适用，统一量刑尺度，进一步规范法官自由裁量权，实现了量刑的公正与平衡。

【民商事审判】 2017年，新收案件5411件，审结6086件。民、商事法官人均办案289件，一审民商事案件调撤率为59.8%，一审裁判正确率98.9%，一审服判息诉率99.1%，执法办案水平较同期有了新的提升。总体上，民商事案件的审判质效显著提升，上诉率、调解率、服判息诉率、收结案比等各项审判质效指标趋于向好，民商事审判工作步入良性循环轨道。

【行政审判】 2017年，新收案件1044件，结案1028件，其中行政诉讼案件48件，审结63件；立案审查非诉行政执行案件587件，结案580件；立执行案件409件，结案385件；为行政机关执行罚没款、征收款共计300多万元，有力地支持了行政机关依法行政。

2017年6月7日，县法院首批员额法官进行宪法宣誓

从全年收结案情况看，随着行政机关依法行政能力不断提高，依法行政意识不断增强，违法行政行为和行政争议纠纷不断减少，行政诉讼案件数量呈下降趋势，申请非诉执行案件成倍增长。

【审判监督】 2017年，新收案件96件，结案96件。所结案件无矛盾激化，无上访缠诉，较好地完成了审判任务。对拟上网的每一件裁判文书都认真进行审查，及时上网，每月对上网情况进行通报，2017年已审查上网裁判文书1625件。对长期未结诉讼案件，按照院党组要求，坚持每周通报长期未结诉讼案件清理进度。

【立案和信访】 立案工作：共审查审批民事案件4974件，执行案件6439件，行政635件，刑事案件709件，诉讼保全案件414件，呈转、登记各类上诉案件569件，办理上级法院调卷64件。实现立案登记准确快速、服务热情周到、工作文明高效。信访工作：共接待各类来访214人（次），办理各类信访案件50件，参与执法机关联合接访12次，息访率96.8%。未发生涉诉进京访案件和负面舆情事件，信访率保持了全市法院最低。

【执行工作】 全年共受理执行案件6439件，申请执行标的总金额11.84亿元，执结案件5698件，结案率88.36%，结收比88.49%，结案标的金额8.99亿元。一是突出执行工作重点。以全市法院“百日执行”专项活动为契机，开展了以清理涉党政机关案件、清理旧存案件、涉金融债权案件、涉民生案件、款物过付专项清理为内容的各类专项执行活动5次，均取得圆满效果。二是加大执行工作力度。严厉制裁拒不履行、妨害执行、擅自转移处分法院查封扣押的财产等行为，司法拘留115人（次），移送公安机关12件，其中拒执入刑立案5件，刑拘4件4人，有2名被执行人履行判决义务后被取保候审。发布悬赏公告1件，8件执行案件（涉及同一被执行企业）纳入执转破程序。三是推进执行联动机制建设。与公安、车管、税务、不动产管理、工商等20多个单位联动，查询了23000多人（次）的被执行人财产信息，发布失信被执行人468件468人。与县电视台合作录制播出了《沂水法院百日执行活动纪实》专题片，开辟“执行现场”专栏，发布《敦促被执行人主动履行生效法律文书的通告》，设立“失信被执行人曝光台”，公开曝光被执行人38名，强化社会舆论对失信行为的道德谴责，督促其自觉履行法律义务，社会各界给予很高评价。四是积极发挥执行和解、司法救助作用。通过和解手段，圆满执结复杂案件135件，社会效果非常突出。发挥司法救助机制作用，争取县里支持，落实资金73万余元，对77件77名特别困难的当事人给予必要的救助。建立重大复杂案件执行预案机制，对60件有上访苗头的案件提前做出稳控、化解预案，减少了不安定因素发生。对来院信访的56件涉执信访案件逐一核实、办理，对各级批转的9件重点涉执信访案件高度重视，加强督办、协调力度，信访矛盾有效化解。

【基础建设】 一是实施了法院机关门禁系统的提升改造及机关和沂城法庭亮化工程，美化了办公环境，提升了安检安全。二是实施了机关审判庭东沿街停车场建设工程，争取资金9万余元，建成了54个车位的停车场，缓解了干警和群众停车难的问题。三是实施了法庭空调配套建设，投入资金6万余元，安装空调24台（套），法庭办公室及审判庭全部安装了空调，改善了干警办公条件。四是完善信息化建设，实现库存档案数字化、桌面虚拟化，杀毒软件增加到300个节点，桌面管理软件更换为金盾系统，对原有安全设备进行了查漏补缺，增加采购了部分安全设备，顺利完成2017年网络安全等级保护评测工作，全院车辆GPS设备全部更换为北斗导航设备。

【管理和改革】 一是组建新型审判团队。按照上级法院的统一部署，顺利完成了52个审判团队的组建工作。按照法官、法官助理、书记员组成的“1+1+N”模式，在县交警大队成立了一个法官工作室，专门处理交通事故人身损害赔偿案件；针对金融案件专业特点和数量较多的实际，设立了2个涉金融案件专业团队；在执行局组建了5个执行团队和1个审查执行异议团队；依托行政审判庭，设立了4个行政审判团队；整合了刑一庭和刑二庭审判力量，设立了5个刑事审判团队；在民商事审判领域连同各人民法庭，共设立了34个审判团队，最大限度地实现了审判力量向一线倾斜，办案潜力正在逐步释放。二是落实司法责任制。出台了《关于贯彻落实司法责任制的若干意见》，明确了审判组织权限和法官职责，按照“让审理者裁判，由裁判者负责”的要求，完善办案质量终身负责制和错案责任倒查问责制，明确法官对其履行审判职责的行为承担责任，在职责范围内对办案质量终身负责。建立内外部人员过问案件信息专库、直报系统、通报和追责制度，有效防止了领导干部和他人干预过问案件。三是构建新型审判权运行机制。一方面取消行政化的案件审批制，确立了合议庭、法官办案主体地位，规定独任审理案件的裁判文书由独任法官签署。全院独任法官、合议庭直接签发裁判文书的案件数量占到案件总数98%以上。另一方面完善入额院领导带头办案机制，推动领导干部办案制度化、常态化。2017年，院、庭长办案数为3941件，占全院总结案数的30.2%，其中，入额院领导办案1250件，占全院院庭长办案数的31.7%，起到了较好的表率作用。

2017年10月11日，沂水县法院创建“解决执行难”联动机制

【队伍建设】 一是严格落实管党治党责任。结合“两学一做”教

育活动，牢固树立四个意识，正确把握政治方向，打牢高举旗帜、听党指挥、忠诚使命的思想基础。二是强化廉政风险防控工作。出台了关于进一步改进司法作风的“十条措施”，深入开展审务督察工作，组织法官、司法辅助人员、人民陪审员、律师开展了“廉洁司法大家谈”等活动，形成了严守纪律规矩的新常态。三是不断改进审判纪律作风。深入践行“四心工作法”，树立“工匠”精神，用真心来赢取人民群众对法院工作的理解、信任和支持。2017 年县法院一审裁判正确率为 98.9%，名列全市前茅，全省前十名。

【服务经济发展】 一是妥善审理了一批企业破产、职工群体性劳动争议案件，积极协助县委、县政府妥善安置破产企业职工，理顺劳资关系，化解劳动争议，推动了一系列社会深层次矛盾的化解。二是依法受理了山东连杆总厂有限公司破产重组案，历时 4 个多月，使企业重整成功，盘活了国有资产，保障了职工利益和债权人权益。三是成立了全省首个服务精准扶贫巡回法庭，依法服务和保障精准扶贫工作；设立了全市首个旅游巡回法庭，专门受理涉旅游纠纷案件，依法保障了全县旅游产业健康发展。

（武传玲）

司法行政

【概况】 沂水县司法局是县级司法行政机关，负责全县司法行政工作。2017 年，在原有办公室、政工科、基层工作科、法制宣传科、法律服务管理科、社区矫正工作办公室 6 个科室的基础上，新增政策法规科、装备财务科 2 个科室，辖 18 个基层司法所，监督指导全县 8 个律师事务所和 22 个法律服务所，共有执业律师 85 人，局机关工作人员 29 人；直属副科级事业单位公证处 1 处，工作人员 17 人，其中执业公证员 9 名；法律援助中心为股级事业单位，工作人员 5 人，沂水县全民普法依法治理工作领导小组办公室与司法局合署办公。荣获省级文明单位、山东省公共法律服务示范中心、全市十佳政法单位、全市两新组织“党旗飘扬”工程示范点等称号。

【依法治县与普法工作】 配齐配强“七五”普法队伍，从交警大队、环保局、安监局、食药局等执法单位选调业务骨干及资深律师组成“七五”普法讲师团，编录讲师团成员通讯录，为全县各企事业单位、学校讲法治课。落实“谁执法谁普法”责任制，执法单位成立宣讲团，深入执法一线开展普法宣讲。结合“三下乡”、国家安全日、移风易俗殡葬改革、安全生产月等活动节点，开展了形式多样的送法下乡、进社区活动，向群众普及法律知识。深化法治文化建设，各乡镇在提升原有的法治文化广场（法治宣传一条街、公园、长廊）基础上，沙沟镇驻地公园、四十里堡镇站前社区等一批新的宣传阵地正在建设中。县委、县政府两办印发了《关于建立沂水县法治宣传教育责任清单制度的意见》，对全县 59 家重点单位的法治宣传教育任务和责任进行进一步细化。组织开展“12·4”国家宪法日系列集中宣传活动及 2017 年度全县公务

国家宪法日宣传活动现场

人员法律知识考试，法治宣传教育责任得到有效落实。推荐四十里堡镇临站社区申报沂水县首个“全国民主法治示范村”。2017 年新添省级民主法治示范村 1 个，市级民主法治示范村 11 个，全县市级以上民主法治示范村达到 115 个。

【人民调解工作】 建设县、乡、村三级联动网格调处平台，优化资源配置，重点向基层下沉。2017 年共排查调处一般性矛盾纠纷 1374 件，调处成功 1374 件，调处成功率 100%。在卫计局、交警大队、劳动局、妇联、食品药品监督管理局、工商局、住建局、房管办、教体局、物价局、环保局以及部分企业单位成立调委会，选配专兼职调解员 46 名，实现调有所专，2017 年共调处各类纠纷 76 起，调处成功 76 起，调处成功率 100%。健全矛盾纠纷排查、调处、考核机制，每周对各乡镇（街道）专职人民调解员进行考勤考核，县局纪检组不定期实地抽查各乡镇专职人民调解员到岗情况，并及时通报。落实人民调解队伍经费保障，将人民调解委员会工作补助经费和人民调解员补贴经费列入同级财政预算，由县、乡镇（街道、开发区）财政分别给予保障，2017 年共落实调委会工作补助经费及调解员补贴经费 306.56 万元。

【社区矫正工作】 按照“1+N”模式建设社区矫正中心，设综合管理中心、信息中心和 1 个监管执法大队，配备 7 名专职工作人员，监管大队下设 3 个执法中队，由 5~7 个司法所人员组成，同时，依托企业建设综合性教育培训基地 3 处，3 辆警车在各中队轮流值班，更好的推进社区服刑人员集中教育、技能培训、公益劳动等工作职责落实。健全完善与法院、监狱等部门的交付衔接机制，做到社区服刑人员、法律文书移交“双到位”，至 2017 年，共接收社区服刑人员 686 名，并组织 2017 年新入矫的社区服刑人员在崔家峪阳光驿站社区矫正基地开展了集中宣告和集体训诫活动。进一步完善风险评估工作机制，2017 年完成判前社会调查和假释风险评估 658 例。严格落实监管惩戒，对 16 人依流程办理了外出请假审批手续，对 13 人办理了居住地变更手续，对不服从管理的 3 人给予警告，对违反治安管理的 2 人给予撤销缓刑收监管理。组织开展了社区矫正、安置帮教安全隐患专项整治活动，与社区矫正、安置帮教人员逐一见面、逐一谈话，对重点人员逐人落实整改措施。配合村（社区）“两委”换届选举工作，严格排查了“刑释解教系统”中正在监狱的服刑人员、在矫的社区服刑人员，确保两委候选人中无正在服刑人员。

服务村两委换届选举工作，执业公证员对投票、监票、记票等环节进行现场公证监督

【安置帮教工作】 始终围绕县委、县政府“构建和谐社会，促进经济发展”的工作思路，把做好刑释人员安置帮教，预防和减少重新违法犯罪作为维护社会稳定、抓好社会治安综合治理的一项重要工作来抓。按照“帮教社会化、就业市场化、管理信息化、职责法制化”的要求，重点抓好衔接登记、工作例会、档案管理、信息反馈制度的落实，采取分工协作、齐抓共管等措施，以管控有违法犯罪倾向人员为重点，不断创新帮教机制，进一步加强衔接、帮教、安置工作，有力推动了安置帮教工作的深入开展，为维护社会稳定做出了积极的贡献。截至 2017 年底，全县共接收刑满释放安置帮教对象 2094 人，工作档案健全，工作措施完善，对重点人员全部建立台账，落实监管措施，刑释人员衔接率、帮教率、安置率分别达到或超过上级要求。

【法律援助工作】 不断扩大法律

援助事项范围，建立和完善刑事法律援助工作机制，继续将困难群众所有民事法律维权事项纳入法律援助事项范围，切实做到应援尽援。大力开展法律援助惠民活动，针对农民工、下岗失业人员、残疾人、老年人、妇女儿童等弱势群体推出专项服务措施，并引导律所合伙人和执业十年以上律师每年至少不领补贴亲自办理1件法援案件，切实发挥资深律师的示范作用。加强法律援助制度建设，县委、县政府出台了《关于完善法律援助制度的实施办法》，全面推动法律援助政府责任落实。进一步完善法律援助考核办法，实行办案数量、质量与办案补贴相挂钩的制度，落实奖惩机制。2017年，共办理法律援助案件686件。

【律师公证工作】 进一步对县公共法律服务中心实体平台进行改造提升，突出公证服务大厅、法律服务大厅结构布局和功能设置的规范化、现代化，乡镇依托司法所阵地或乡镇政务大厅建设公共法律服务工作站18处，村级建立司法行政工作室359处，切实为群众提供综合性、专业化、便民化的公共法律服务。出台《关于在全县司法行政系统开展“两围绕、六服务”活动的实施意见》，开展由副科级以上干部牵头，律师、公证员、法律服务工作者、人民调解员参与的“两围绕六服务”活动，服务于全县“125”工程中涉及城建招商引资等34项重点项目、村“两委”换届选举、农村集体产权制度改革、殡葬改革、精准扶贫和矛盾纠纷大排查大调处等六项重点工作。加强律师管理工作，组织律师参与涉法涉诉信访案件化解和代理申诉工作，强化对律师办理重大敏感法律事务的监督指导。开展“一村（社区）一法律顾问”工作，77名律师分别挂点到359个村（社区）担任法律顾问，实现村（社区）法律顾问工作全覆盖。2017年，全县8家律师事务所85名执业律师担任常年法律顾问216家，共办理各类法律事务679件，解答各类法律咨询36273人次。优化升级公证办证系统，积极推出绿色继承、房屋买卖代办、遗嘱保管等公证服务项目，规范二手房买卖公证业务流程，不断提升公证服务质量，2017年共办理各类公证事项7660件。

（安　娜）

人民武装

【概况】 2017年，沂水县人民武装部被山东省军区表彰为“先进团级单位”。

【政治工作】 坚持以贯彻学习中共十九大精神为龙头，不断铸牢思想认识根基。规范落实党日、党课等制度，丰富学习教育形式，提高了思想政治站位和履职尽责的积极性。依据分区下发的《民兵“四课”教育材料》抓好民兵政治教育落实，打牢了民兵预备役人员政治坚定、道德纯洁、忠诚使命、作风过硬的思想基础。认真落实《全民国防教育大纲》，大力宣传国防和军队现代化建设成就，广泛开展爱国主义、革命传统、国防形势和国防法规教育，增强了人民群众的国防观念。组织开展沂水县“党管武装好书记”“关心国防建设十佳人物”“关心国防建设十佳单位”评选活动，举办了庆祝中国人民解放军成立90周年系列活动。注重发挥桥梁纽带作用，积极开展支援老区建设活动。从部党委经费中拿出5万元为帮扶村安装太阳能路灯，改善了村民夜间出行条件。结合纪念建军90周年活动，走访慰问了淮海战役老功臣、对越自卫反击战老党员、带病回乡老战士和“巢湖舰”现役军人家属等4位典型代表，让他们切身感受到党和政府的温暖。落实优抚政策，发放优抚金及时到位，全县各级党委、政府采取有力措施安置转业干部和退役士兵，军政军民关系融洽顺畅。认真贯彻军队信访工作条例，依法维护军人军属合法权益，妥善处置了10余项军人诉求，为建设平安沂水、构建和谐社会做出了突出贡献。2017年，顺利通过省考核组对沂水县双拥工作的考核验收。

【军事训练】 坚持以军事训练为中心，不断提高民兵预备役建设质量。针对新任职专武干部任职能力需求，把专武干部应具备的身体素质、组织指挥能力、武装工作业务等作为培训内容，先后组织了武装工作业务培训、民兵整组培训、征兵工作业务培训、实弹射击训练考核等四次集训，有效提高了新任职专武干部务军兴武能力。在军分区组织的年度军事训练考核中，现役干部达标率100%。结合季节特点，联合县林业局、消防大队等单位到沙沟镇开展了防火宣传，发放各类宣传材料6000多份，有效提高了群众的森林防火意识。按照应急分队所担负的抢险救灾、森林防火、维稳处突等职能任务组织开展了训练，受到军分区首长的好评。

【基层建设】 认真贯彻国务院、中央军委《国防动员建设“十三五”规划》和军委国防动员部《“十三五”民兵规模结构调整改革任务》要求，扎实组织民兵整组，促进了基层武装工作质量的提升。深入学习领会民兵规模结构编组力量的变化情况，将应急队伍、支援队伍、储备队伍调整为应急队伍、专业队伍、特殊队伍，并针对任务分工，结合具体情况，配好人员建好队伍，健全组织机构，完善制度要求，补充装备器材，修订预案方案，完善“三室一库”，搞好民兵连“部、室、家”建设，提升了基层武装阵地建设水平。2017年，沂城街道武装部被表彰为全市民兵工作先进单位，富官庄镇武装部部长陈安斌被表彰为全市民兵工作先进个人。

【兵役工作】 征兵工作。紧紧盯住国防动员部“五率”考核要求，在国动委各成员单位积极配合下，利用各种媒体，开展了形式多样的宣传活动，有效激发了适龄青年参军热情。围绕兵员质量和廉洁征兵建设，狠抓了兵役登记、征兵体检、政治考核、廉洁征兵、役前教育训练及新兵回访等工作。2017年，沂水县人武部被临沂军分区表彰为征兵工作先进单位。

预备役登记。县直、各街道、乡镇人武部均建立了预备役士兵登记制度，每年都对当年退役的官兵进行预备役登记，建卡立档，完善预备役登记库。预备役军官登记实现信息处理自动化。

动员资料建设。对接实战标准，大力推进国防动员准备工作落细落实。组织开展国防动员点验评估检查准备工作，着眼提高应急作战动员准备质量，研究制定应急作战人民武装动员计划和保障方案，对接国防动员潜力调查。坚持日常战备工作制度，修订战备计划和处置突发事件预案，充实完善“三室一库”要素，始终保持良好的战备状态。

【武器装备】 加强武器装备管理力度，坚持以防事故、防案件为重点，加强“两个经常”工作，严格安全管理制度，规范武器装备动用审批手续，确保武器装备完好无损。分区对县武装部进行了多次安全检查，均取得了优异成绩。

（刘红兵）

武装警察

【概况】 2017年，武警沂水中队严格落实上级的指示要求，认真学习《看守条例》和《执勤规定》，做到了文明执勤、正规执勤、依法执勤，圆满完成了中心工作和临时勤务。在处置突发性事件中，武警中队充分发挥拳头作用，牢固树立上一线、打头阵的思想，在武警山东总队组织正规化执勤等级评定中，取得了“正规化执勤标兵中队”的荣誉，在武警临沂支队组织的执勤业务比武中取得了“第一名”的好成绩。

【军事训练】 中队在保中心、保安全的情况下，紧贴看守任务实际，始终把军事训练作为经常性的中心工作和提高战斗力的根本途径。严格按照《新大纲》的新要求，根据支队年度军事训练计划，结合中队自身担负看守任务的特点，制定了科学合理的中队训练计划，坚持按纲施训，因人施训，内容上以反恐、抢险救援训练、执勤业务训练、擒敌术和体能训练等为重点，狠抓官兵的军事技能和心理攻防训练，不断打牢个人素质基础，坚持以“四贴近”为指导，干部跟班作业，示范作业，班长骨干有效组织，开展军事民主、训练竞赛活动，不断激发官兵的训练热情，确保了训练效果、时间、人员的落实。狠抓中队10人应急班的强化快速机动训练，进一步增强了10人应急班在执行各项任务上的时效性、灵活性。

【后勤保障】 2017年，武警中队始终注重抓好后勤保障工作，在中队营房搬迁的基础上，完善了营房的合理使用，完成了执勤监管改革。狠抓基础设施管理，提高使用效益，进一步提高后勤管理水平，立足中队实际，重点抓好现有设施使用效能。在硬件设施的基础上加大了软件设施的提升、营产营具的管理力度。确实做到了定人、定位、定责、定任务。

【军民共建】 中队始终把“军爱民，民拥军”作为武警官兵的一项重要传统工作。在抓好部队传统教育的同时，每逢节假日，官兵都要走上街头开展文化便民服务，并与县人民法院、县人民检察院、县妇联等单位结成军民共建对子，定期开展丰富多彩的互动活动，共创精神文明单位。重大节假日、敏感时期进行城市武装巡逻，为维护驻地安全和社会稳定，促进驻地人民群众美好生活，提供了强有力的保障。

【组织纪律作风建设】 中队官兵牢记全军新世纪新阶段职责使命，团结一致，开拓进取，严格按照中央军委和习主席关于国防军队建设的一系列重要指示，建设现代化过硬的中队，创一流成绩，部队各项建设一直走在全市乃至全省武警部队的前列。

（柏明超）

消　防

【概况】 2017年，沂水县消防大队围绕创建“平安沂水”总基调，团结带领全体官兵、政府专职消防队员、消防文员，深入践行习近平总书记“四句话、十六字”总要求，主动融入服务地方建设的战略定位，坚持“外树实力消防、内建温暖警营，保驾护航十九大”的主线，保持了全县消防工作和部队建设形势持续向好。

2017年1月，被省消防总队表彰为2016年全省安全工作先进大队，冯家庄中队被表彰为2016年全省安全工作先进中队；3月，被省公安厅表彰为全省公安现役部队警营文化建设先进单位；12月，被省消防总队表彰为全省公安消防部队党的十九大消防安保先进大队，冯家庄中队被表彰为全省公安消防部队党的十九大消防安保先进中队，12名队员荣获省、市消防部队嘉奖、先进个人；4月，《消防大队“家园式”警营文化建设》案例被山东社会科学院、大众报业集团（大众日报社）评为山东乡村治理优秀案例；沂水县公安消防大队团总支被表彰为“全市公安消防部队五四红旗团总支”。

【工作创新】 改进政府专职消防员招收渠道。2017年7月，大队联合临沂市机电工程学校开设消防专业班，为首期15名学生（队员）举行赠书仪式，并正式开班教学。完成庐山中队事业单位法人登记工作。6月5日，庐山中队成功取得“事业单位法人证书”，成为全市首个完成事业单位法人登记的政府专职消防队，为下一步加快实现政府专职消防队伍向职业化道路迈进步伐，推动落实政府专职消防员事业编制，提供了更加明确、长效的制度保障，将沂水县庐山政府专职消防队改名为沂水县庐山政府专职特勤消防队，并积极推进营房、装备升级。创新实施应急救援大队值班长制度。县政府研究决定，建立应急救援大队值班机构，县领导任值班长，32个部门、18个乡镇（街道）分管安全生产负责人为值班员，担负协调、调集突发事件现场救援所需的装备、人员、物资等。突破实现乡镇“消火栓”供水。经县政府批准，在7个乡镇（道托镇、高桥镇、圈里乡、四十里镇、夏蔚镇、许家湖镇、院东头镇）选取、确定数十处给水栓，用于消防用水，打破了乡镇无“栓”现状，实现消防供水与农田灌溉“双赢”。

【社会消防监督】 政府主导，强化责任，持续深化组织领导。2017年，沂水县政府召开了全县消防工作会议，分析了消防安全形势，研究部署2017年消防工作任务，与各级、各部门签订了《2017年消防工作目标责任书》，县政府常务会议多次听取全县消防工作情况汇报，研究消防宣传、隐患排查治理、公寓房建设、消防站建设、消防基础设施和经费保障事宜。6月7日，县政府正式发布《沂水县“十三五”消防事业发展规划》，全面明确了沂水县“十三五”时期消防事业发展目标和主要任务。

严防死守，强化整治，全力消除火灾隐患。2017年，全县以

“大、快、严”行动为统领，相继组织开展了冬春火灾防控、夏季消防检查，部署人员密集场所、易燃易爆单位、批发市场、板材加工企业、高层建筑、消防安全社区创建、电气火灾防范等7个消防专项检查治理活动以及燃气、油气回收、在建工地等10个县级联合检查专项行动和中共十九大消防安全保卫工作及“两会”、春节、元宵节、清明节、端午节、国庆节等重大会议节点安保工作，确保社会面火灾形势持续稳定。全年，各级各部门共检查单位1.5万家（次），其中联合检查455家（次），重点单位和一般单位2905家（次），九小场所1万余家（次），发现、消除火灾隐患1.3万处，行政处罚单位64家，临时查封单位39家，责令“三停”单位28家，处以经济罚款110.45万元，行政拘留9人，有效地清除了一大批火灾隐患。

丰富形式，强化宣教，提高群防群治能力。以消防宣传“七进”为主线，以全民参与为牵引，利用楼宇电视、大型LED显示屏等播放公益广告1000余条，在元旦、春节、元宵节等重大节日发送消防公益短信，开放消防站、消防科普教育基地20余次。累计培训各级部门13个，社会单位52家，物业部门13个，设置广告牌、宣传栏33处，悬挂各类宣传条幅100条，组织员工消防安全知识讲座和疏散演练29次。以“消防知识进军训”为抓手，共深入4所大、中学开展宣传培训，向社会单位、社区印制、张贴、发放“三提示”“一懂三会”“电动车安全管理通告”及宣传册等2万余份。选取全县行业精英、单位代表、消防骨干20人开展“消防安全我代言”活动，并在119消防宣传月期间“亮相”全城。

【灭火抢险救援】 2017年，全县共接警出动350起，其中火灾245起，抢险救援和社会救助105起，调派官兵4500人（次），车辆750辆（次），营救113人，抢救和保护财产3500余万元。

不断提升实战打赢能力。强化实战化练兵，大队党委将议训议管议教纳入每月党委议事重要内容，深化落实实战化练兵机制，大力开展了训练成绩不达标官兵“清零行动”，开展了冬季、夏季练兵活动。选取骨干成员参加省、市消防攻坚组培训，成立了高层、地下、化工、抢险救援四个专班。全面深化专职队伍建设，组织3个企业专职队（永丰轮胎、昆达生物、清沂山石化）队员进行了集中轮训。严格落实“每周熟悉、每月演练”，共开展“六熟悉”210次，重点单位实战演练157次，修订预案201份。

不断提升指挥调度能力。投入约50万，按照消防总队《大队级作战指挥中心建设规范》和消防支队要求，5月10日，大队级指挥中心完成改造升级并投入使用；投入约6万元分别为冯家庄中队和庐山中队配备4G单兵图传设备及无人机各1台。深化社会联动，完善全天候应急救援响应机制，将全县百余家社会单位微型消防站纳入统一调度体系，开展作战编成训练10余次。建立沂水县微型消防站点名交流群，每日对值班员进行点名调度，掌握当日情况。

消防救火

【后勤建设】 经费保障实现新高。2017年，大队地方经费预算合计1660万元，其中经常性经费796.42万元，专项经费862.2万元。政府专职消防员实现全市统筹的6.18万元/人·年。2017年，按标准为48名3年以上政府专职消防队员、文员缴纳住房公积金，所有人员缴纳“五险”。

高效推进公寓房建设。投入480万元拟建设的16套公寓房，共5层，占地343平方米，地下车库面积640平方米，地上建筑面积1715平方米，完成全部手续办理，并于12月16日正式动工建设，工期4个月。

消防装备、设施不断健全。投入282.2万元，购置18吨泡沫消防车及器材装备一宗，投入50万元，在河西项目区新建70具市政消火栓；投入40万元，完成沂水县2017—2030年城市消防规划专篇；为进一步提高庐山化工园区消防供水能力，保障灭火救援需求，2017年投入100万元在春水社区北侧橡胶坝完成取水码头选址1处。

（付洪森）

人民防空

【概况】 沂水县人民防空办公室是全县人民防空工作的主管部门，2017年，内设综合科、工程管理科和指挥与应急科3个科室，有工作人员11人。

【人防易地建设费征缴】 县人防办在县政务大厅设立人防窗口，提供咨询、办理人防审批等业务，所有的人防行政许可，实行行政审批集体研究决策制度，按照“总台统一登记、窗口受理审核、网上流转签批、窗口办结打证”的程序，放在网上办理，纳入本级政府审批流程，建设项目登记工作规范，定期同发改、住建、房管等单位核对数据，及时通知建设单位前来办理手续，2017年报审率达100%。易地建设费征收实行征管分离，执行“收支两条线”，所有收费由审批对象交银行后统一归县财政人防专户。除按照国家、省、市有关规定减免防空地下室易地建设费以外，严格按照省、市有关收费政策和标准收取易地建设费。

【人防信息保障体系建设】 一是加强人防疏散体系建设。建立健全疏散机构组织，按照防空袭预案，完善疏散和接收预案，在崔家峪镇疏散基地和东皋公园疏散点定期组织疏散队伍开展疏散演练。二是依托供电、消防、医院等单位成立防空袭专业队，年初制定专业队训练计划，制定训练演练计划方案并落实。三是搞好重要经济目标防护。在重要经济目标，按照预案要求落实组织指挥、人员编制、器材设备，组织防空应急演练，检验防护效果。四是加强人防信息化建设。落实市、县人防办和警报器所在单位三级维护体系，落实防空警报社会化管理，县人防办每年至少检查2次，警报器所在单位每季度自查1次，对发现的问题，做到及时解决。设备完好率100%。实现防空警报系统平战结合，利用防空警报用于平时应急。建立了战备值班制度与电台定期通信制度。无线短波电台二级网连通率95%。配有战备值班室，实行领导带班制、战备值班制，随时接收传送防空警报信号。2017年，沂水县人防办完成了北斗导航定位系统的安装，进一步提高了人防应急救灾能力。

【人防宣传教育】 一是深入开展人防宣传教育“六进”，分类制定宣传计划，以学校作为宣传重点，继续在全县32所初级中学二年级学生中开展人防教育，免费发放人防教材1万余本。12月组织全县开课年级考试检验学习效果。二是在沂水县中学生人防教育基地继续开展人防教育，投入2万余元加挂宣传展板、增添人体模型、防化服装、应急救援等实验实习教学设备。三是在企事业单位、社区等场所通过设立宣传栏、宣传站等方式开展人防知识和技能的宣传。

【参与“125”工程建设】 县人防办承担了“125”工程20件民生实事中的正阳路沂河大桥及正阳路西延工程、50个重点产业项目中西城路网工程、月澜湾广场地下人防工程。

【“准军事化”建设】 以“准军事化”建设标准，加强人民防空机关和队伍建设。一是落实党风廉政建设主要负责人负责制。始终坚持把落实党风廉政建设责任制作为“一把手”工程，班子成员认真履行“一岗双责”职责。将落实党风廉政建设责任制工作目标一并纳入单位主要负责人的岗位责任制，落实“一岗双责”，同业务工作一起安排一并考核。二是层层签订并落实党风廉政建设责任制。结合部门实际，制定《2017年党风廉政建设和反腐败工作组织领导与责任分工》，并召开专题会议研究部署党风廉政建设，明确领导班子及领导班子在党风廉政建设中的职责和任务分工，并严格按计划推动落实。三是完善人财物管理制度。制定并落实《沂水县人防办固定资产管理制度》《公务用车管理制度》《公务接待管理制度》等规范制度，实现以制度管人、管物、管钱。

（毕京萌）

经济管理

发展与改革

【概况】 沂水县发展和改革局是综合研究拟定并组织实施全县国民经济和社会发展战略、规划和政策，进行总量平衡、结构调整，负责全县重点项目建设管理和全县服务业监督考核，指导全县经济体制改革的县政府工作部门。2017 年，设有办公室、国民经济综合与发展规划科、体制改革与财金流通科、固定资产投资科、农村经济科、能源交通和资源环境科、工业与高新技术产业科、社会发展科 8 个职能科室和服务业办公室、重点项目办公室 2 个正科级事业单位，有工作人员 35 人。

2017 年，县发改局先后获得“服务经济社会发展先进单位”“脱贫攻坚工作先进单位”“服务‘两城同建’工作先进单位”“发展全域旅游工作先进单位”“服务物流业发展先进单位”“信访工作先进单位”“环境保护工作先进单位”“人口和计划生育工作先进单位”8 项表彰。

【国民经济综合及发展规划】 编制完成了《关于 2016 年国民经济和社会发展计划执行情况与 2017 年国民经济和社会发展计划的报告》，通过县人代会审议；加强经济运行分析按季度节点及时向县委、县政府提出有针对性的对策建议，为各级各部门采取措施稳增长提供了重要参考；围绕县委、县政府中心工作，着力加强调查研究，在谋划全县发展定位、新常态下经济转型升级、战略性新兴产业培植等方面提出了一系列意见建议和对策措施，形成了《当前经济运行情况调研报告》《小城镇建设情况调研报告》《飞地经济发展调研情况报告》等 4 篇有质量的调研报告；编辑刊发《发展和改革》22 期，在服务决策、推动工作、交流经验等方面发挥了积极作用。

【固定资产投资】 2017 年，共实施中央及省、市投资项目 21 个，总投资 4.27 亿元，争取各类上级无偿资金及国家重点生态功能区转移支付资金 1.63 亿元。建立了中央预算内投资项目监管责任体系，对项目实施全面自查。委托中介机构对省区域战略推进专项资金项目进行评估验收。对 2013 年以来使用上级资金 200 万元以下的项目进行督导检查，并委托第三方机构进行评估验收。做好政府投资项目三年滚动计划的编报，按期调度近两年中央预算内投资项目进度，更新重大建设项目库。牵头对 2016 年以来 281 个民间投资项目进行梳理、核查，形成了沂水县民间投资项目报建审批核查报告。配合综合执法改革试点工作，行政处罚事项移交综合执法局。

【财政金融贸易与对外合作】 2017 年，完成了大地玉米、胜旺手套、恒泰纺织等企业 2018 年的粮食棉花配额申请工作；下发了由临沂喜木商业管理运营有限公司承建的沂水农产品智慧物流平台项目的投资计划；配合县财政局做好了债券发行的相关工作；配合县粮食局完成了轮库工作；根据市发改委要求对涉金融领域失信问题企业进行了情况核查并逐月上报。

【农业与农村经济】 配合县水利局、林业局、水保中心、农业局等部门，完成了中央、省预算内资金项目的上报、迎查以及问题整改工作；对水利局库区移民基础设施建设项目、农村饮水安全巩固提升项目、大宗油料生产基地建设项目等进行验收检查。积极争取上报农业新项目，全年新汇总上报项目 4 个，总投资 7240 万元，可争取到中央预算内资金 3200 万元。加快推进现代农业发展，成功争取马莲河农村产业融合发展示范园列入国家级创建名单。

【工业与基础产业（含高新技术）】 2017 年，组织申报市级创新平台 3 个、省级创新平台 1 个，其中山东机床厂有限公司临沂市管螺纹车床关键技术工程研究中心成功获批。组织山东省鲁洲食品集团有限公司、山东隆科特酶制剂有限公司等企业完成了企业技术中心运行年度评价工作。为玻纤公司引进B类创新人才1个，为山东清沂山石化科技有限公司成功申请到300万吨/年原油进口使用配额。定期调度重点工业企业和高技术产业企业的生产经营情况。

【社会事业发展】 2017年，争取到沂新中学教学楼建设项目、道托镇中学学生宿舍建设项目、天谷·地下画廊旅游景区基础设施配套建设项目，申请上级投资2260万元。加强在建中央投资项目跟踪调度并及时更新国家重点建设项目数据库。配合完成了2013年后，部分中央投资项目的第三方验收工作。及时上报新项目规划，申报了2018年中央投资项目计划，重点包括县人民医院西院区门诊综合楼建设项目、妇计中心业务用房建设项目、沂水二中南校区教学楼和泉庄镇教师周转房建设项目。配合卫计局做好全县医改工作。

【行政审批】 “放管服”改革持续推进，严格执行《企业投资项目核准和备案管理条例》及《企业投资项目核准和备案管理条例》，切实落实企业投资自主权。企业投资项目纳入山东省投资项目在线审批监管平台，及时更新审批事项办理情况，实现信息共享和协同监管。做好项目审批、核准、备案工作，2017年，共批复项目307个，其中审批类66个，核准类21个，登记备案类220个，总投资205亿元。

【服务业发展工作】 2017年，全县实现服务业增加值192亿元，增长7.5%，占GDP比重48%，同比提高0.3个百分点。资金争取方面，为中小食品企业创新营销公共服务平台项目申请到市级服务业引导资金100万元。项目申报方面，传宝物流园区项目、颐高电子商务产业园项目入选为山东省重点服务业载体项目。沂水县成功入选为山东省重点服务业城区，大沂蒙风情旅游谷、沂水视康医院分别入选为重点服务业园区、企业。根据年初制定的服务业发展工作措施和任务目标，每季度按时通报服务业发展情况，督促指导各乡镇的服务业发展工作。

2017年3月3日，国家重点生态功能区产业准入负面清单编制工作会议召开

【重点项目建设】 2017年，全县共有31个项目被市政府公布为市级重点建设项目，计划总投资192.35亿元。2017年度计划投资121.28亿元，累计完成投资130.98亿元，投资完成率99.84%，其中15个重点建设项目已投产或部分投产。做好2018年重点项目申报工作，经过调查摸底和论证筛选，组织申报2018年省级重点项目1个，计划总投资3.1亿元，2018年计划总投资2.18亿元；申报2018年市级重点项目14个，计划总投资58.51亿元，2018年计划投资30.88亿元。

【精准扶贫】 全力推进易地扶贫搬迁工作。全县共完成易地扶贫搬迁入住人口1477户、3633人，其中建档立卡贫困人口288户、458人，按照动态调整后的搬迁任务计算，分别占总任务的85.6%和100%。光伏扶贫工作稳步推进。光伏扶贫项目总规模75.967兆瓦，其中户用电站22.318兆瓦，村级电站53.649兆瓦，涉及12个乡镇，覆盖24837户贫困户，截至6月30日，项目全部通过供电部门并网验收实现并网发电，2017累计发电4091万千瓦时。

【国家重点生态功能区建设】 按照国家编制产业准入负面清单要求，组织召开了国家重点生态产业准入负面清单编制工作会议，从全县工商登记企业库8437家、587个行业及统计企业名录库2423家、312个行业中，筛选出了1000多家重点企业、200个重点行业进行了实地调查摸底，编制完成《国家重点生态功能区产业准入负面清单》，与县直有关部门对清单内容进行了逐条分析论证，在此基础上完成县级产业准入负面清单编制工作，已通过国家环保部环境评估中心两轮技术审查。

【新旧动能转换】 按照省、市部署要求，2017年启动新旧动能转换工作，从有关部门、乡镇抽调人员12名，设立了沂水县新旧动能转换重大工作推进办公室，制订出台《沂水县新旧动能转换重大工程工作方案》《沂水县新旧动能转换重大工程调研方案》，提出了推动新旧动能转换重大工程的“双10”战略，建立了沂水县新旧动能转换“四新”“四化”项目库，共纳入恒泰纺织公司生产线整体改造升级工程、龙冈旅游公司智慧旅游综合体项目、隆大生物公司3万吨新型酶制剂产业化项目等“四新”“四化”项目46个。

（史晓露）

国土资源管理

【概况】 沂水县国土资源局是沂水县国产和测绘行业的县政府工作部门，主要负责土地、矿产、测绘行业发展规划的制定，土地资源的保护和合理利用，矿产资源的勘查、开发和管理，地质环境保护、地质灾害预防和治理，测绘市场、测量标志的管理以及国家相关管理政策的贯彻落实、行政管理、社会服务等工作。2017年，设办公室（挂人事科、政策法规科牌子）、财务科、规划科、耕地保护科、地籍与不动产管理科、矿产开发管理科（挂安全科牌子）、土地利用管理科7个职能科室。下设沂水县土地储备中心、沂水县土地综合整治中心2个正科级事业单位，沂水县不动产登记中心1个副科级事业单位，地质勘查办公室、地质环境保护站、地租征收管理所、信息中心4个股级事业单位，19个基层国土资源管理所（城区国土资源所、马站国土资源所、诸葛国土资源所、黄山铺国土资源所、高桥国土资源所、许家湖国土资源所、四十里堡国土资源所、杨庄国土资源所、高庄国土资源所、夏蔚国土资源所、沙沟国土资源所、龙家圈国土资源所、道托国土资源所、崔家峪国土资源所、泉庄国土资源所、院东头国土资源所、富官庄国土资源所、圈里国土资源所、经济开发区国土资源所）。有工作人员303人。2017年11月16日，根据《临沂市人民政府关于推进综合行政执法体制改革的实施意见》《中共沂水县委、沂水县人民政府〈关于沂水县综合行政执法体制改革试点工作的实施意见〉》等有关规定，县国土资源局执法大队机构及人员划转至沂水县综合行政执法局，划转人员42人。国土资源领域的行政处罚权及有关的行政强制措施划给县综合行政执法局。

2017年，沂水县成功创建为全国首批13家国土资源节约集约“四个创新”示范点之一，被省国土资源厅确定为依法行政工作联系点（2016—2018年度），县局被评为山东省国土资源系统新闻宣传工作先进集体，持续保持省级文明单位称号，获得17项集体荣誉，5人（次）受到县级以上表彰。

【土地资源】 至2017年底，沂水县土地总面积2413.96平方公里，其中：耕地111061.71公顷，园地9444.64公顷，林地37107.50公顷，草地9181.90公顷，城镇村及工矿用地24591.64公顷，交通运输用地6930.30公顷，水域及水利设施用地10510.44公顷，其他土地32568.04公顷。人均耕地0.1公顷。

【土地规划】 2017年，沂水县调整完善土地利用总体规划，并经省政府批复。调整完善后，沂水县耕地保有量为109656.73公顷，永久基本农田保护面积97158.14公顷，建设用地总规模29745.62公顷。

【建设用地管理】 2017年，上报批次用地9个，上报面积144.65公顷，使用农用地指标100.77公顷，其中增减挂钩指标12.38公顷，计划指标88.39公顷；上报单独选址项目1个，征收土地1.89公顷。以出让方式供应国有建设用地61宗，面积95.87公顷，成交价款74321.63万元。划拨国有建设用地14宗，面积26.39公顷，农村集体建设用地批准使用9宗15.42公顷。完成土地市场诚信体系建设试点工作任务。城镇建设用地集约利用，完成中心城区建设用地节约集约利用潜力评价，通过专家组的验收。

【耕地保护】 2016年10月，沂水县城市周边永久基本农田方案通过省级批复，2017年7月全域永久基本农田划定方案通过省级批复，全县共划定全域永久基本农田划定任务9.72万公顷。年内，完成上级下达的耕地保有量任务和基本农田保护指标，全县耕地面积111108.16公顷，基本农田实有面积97159公顷。12月，县政府与各乡镇政府及经济开发区、街道办事处签订耕地保护目标责任书，全面落实市政府下达的耕地保护责任目标任务。

【土地综合整治】 2017年，全县共实施高标准基本农田建设及土地整治项目37个，竣工项目20个。年内市局批准实施2017、2018年度年均百万亩土地整治项目、沂蒙风情景区姜家坪村等八村土地整治项目、沂水县诸葛镇新庄下华庄土地整治项目，总规模2464.69公顷，可新增耕地32.73公顷，预算总投资5010万元。立项批复沂水县富官庄镇小黄山村等三村和夏蔚镇透明崮村县级土地整治项目，项目总规模16.2公顷，可新增耕地10.05公顷。全县实施的9个县级土地整治项目和2012、2013、2014、2015年度高标准基本农田建设项目通过市国土资源局验收。项目验收总规模33076.52公顷，新增耕地面积88.1公顷。

召开全县城乡建设用地增减挂钩及工矿废弃地复垦工作会议，确定2017年新立项实施800亩、完成建新指标1000亩、工矿废弃地复垦完成400亩的任务目标。易地扶贫搬迁工作中，将诸葛镇常庄村、上胡同峪村、会仙院村、大崮后村、河西村，夏蔚镇连崮峪村、云头峪村、水源坪村等8个村庄纳入增减挂钩，是年完成7个项目的安置、拆旧复垦工作，拆旧面积49.57公顷。

11月30日，省政府批复立项杨庄镇等七乡镇工矿废弃地复垦利用试点项目区实施方案，将45.63公顷农用地转为建设用地。

【国土资源节约集约利用】 3月30日，国土资源部下发了《关于建立首批国土资源节约集约四个创新示范点的通知》，确定了首批13个示范点，其中沂水县申报的“飞地经济”节地模式入选模式创新示范点。

【不动产登记管理】 2017年，沂水县不动产登记存量数据整合工作，在全省不动产统一登记业务培训班上作典型经验介绍并按时完成不动产存量数据整合（县城区部分）省级汇交工作。2017年，不动产登记中心受理各类登记24738件，发放证书6568本，证明17618本，开具不动产查询证明7216份，收取政府土地纯收益、不动产登记费等共计261.81万元，解答群众咨询12000余次，办件抽查群众满意率达100%。

【矿产资源】 至2017年底，境内已发现矿产资源45种，其中能源矿产2种，金属矿产8种，非金属矿产33种，水气矿产2种。优势矿产资源主要有铁、钛矿、白云岩、石英砂岩、石灰岩、瓷石、绢英片岩、玄武岩、饮用矿泉水、钠长石等。

【矿产资源开发利用管理】 2017年，全县矿山企业共29家，规模以上矿产加工企业实现产值134.5亿元。县政府制定《沂水县非煤矿山整治规范工作方案》，实施矿山、企业主体双整合，推进矿山转型升

2017年7月23日，国家土地督察济南局局长张璞（前右一）来沂水调研国土资源节约集约利用工作

级，全面建设绿色矿山。年内，对非煤矿山矿产资源开发利用情况进行考核评级，建立信息全面、数据准确的“评级”档案，7家矿山企业考核评级为“优”。

【地质勘查与储量管理】 2017年，全县探矿权由年初32个压减至28个，勘查总面积107.76平方公里。年内新增建筑石料用灰岩资源储量2796.3万吨。8家生产矿山储量报告通过审查，为4家矿山出具保有储量确认证明。

【地质灾害防治】 沙沟镇麻峪子村安全隐患区治理项目动工，6月竣工，118户村民生命财产安全得到保障。年内编制完成2017年度地质灾害防治方案和突发性地质灾害应急预案，将排查出的16处重要地灾隐患点作为重点防范区域，并层层压实防治责任。由县政府出资105万元通过招标确定资质单位对全县已知的79处地质灾害隐患开展详细调查，全面查清各地质灾害隐患点的现状、影响范围、危害，根据详查编制应急预案。杨庄镇金华峪滑坡、高庄镇石井滑坡、沙沟镇野坊滑坡、院东头镇西墙峪崩塌4处重点治理项目完成并通过验收。夏蔚镇连崮峪搬迁项目顺利完成，搬迁222户。组建50人应急反应队伍，实现地质灾害网格化防治管理。汛期发送地质灾害气象预警预报23次2600条。

【地下采空区防治】 2017年，县委将“废弃矿井地下采空区和安全隐患区治理”项目列入2017年度20项重点民生工程之一，利用国债资金开展治理。县国土资源局组织实施沂水县乐盛矿业北躲庄铁矿等5处废弃矿井地下采空区治理项目；许家湖镇政府、崔家峪镇政府、院东头镇政府分别组织实施山东省沂水金矿南小尧矿区、西虎崖铁矿、许家峪铁矿3处地下采空区治理项目。12月，专家组出具通过验收意见。境内废弃矿井地下采空区提前一年全面完成市政府下达的治理任务，完成采空区治理面积0.321平方千米、采空区体积689.928平方米，搬迁村民53户。

【矿山地质环境保护】 2017年，重点持证矿山沂水山水水泥有限公司后沟水泥用灰岩矿启动边开采、边治理。采矿许可证过期的山东蒙山物资进出口有限公司沂水李家峪铁矿、沂水信达矿业有限公司杏山官庄铁矿等7家矿山编制完成治理设计。及时组织专家对中央环保督查案件富官庄镇垛庄村采石场和崔家峪镇李家峪铁矿等2处矿山地质环境恢复治理设计进行审查。

【测绘管理】 2017年，组织编制完成《沂水县“十三五”基础测绘规划》，通过专家论证，并经县政府批准发布实施。组织开展2017年地图市场专项检查工作及全覆盖排查整治“问题地图”专项行动。全县各类完好测量标志点240个，其中CORS基准站点1个，B级GPS点2个，C级GPS点32个，D级GPS点58个，E级GPS点63个；一、二、三、四等水准点74个；二、三等三角点10个。全县范围内有测绘资质单位3家，其中乙级、丙级、丁级资质各1家。

【派驻第一书记工作】 派驻土洼村“第一书记”，针对“严重缺水、群众吃水难”的突出问题，千方百计，多方争取和协调，帮助该村成功打出一眼深井并配套引水入户，井深193米，稳定出水量每小时15方以上。

【执法监察】 4月19日，印发《沂水县人民政府办公室关于印发沂水县2016年度土地卫片执法整改工作的通知》；5月15日，印发《中共沂水县委、沂水县人民政府关于严格落实共同责任机制切实加强国土资源执法监管的实施意见》。

是年，立案查处国土资源违法案件123宗，收缴罚没款60.59万元，其中土地违法案件96宗，矿产违法案件37宗，申请法院强制执行29宗。全县整改工作连续三年为土地卫片执法检查免检县。

【法制建设与依法行政】 全国土地日期间，沂水县在县府广场举行第27个全国“土地日”宣传活动，县四大班子主要领导和法检两长参加。活动以“土地与生态文明建设”为主题，设立法治国土建设、土地节约集约、不动产登记以及土地综合整治等咨询点9处，向现场群众宣传国土资源管理工作的新政策、新业务，解答群众普遍关心的热点、焦点问题。组织130名执法证到期人员执法证年审。规范行政权力运行，制定公共服务事项目录9项，编制公共服务事项服务指南2项；合并行政审批事项2项；转为内部审批其他权利1项，取消1项；编制14项行政许可、行政确认事项服务指南。全年受理人大代表建议1件，政协委员提案2件，并全部答复办理完毕，获全县政协提案承办先进单位称号。组织增减挂钩项目听证会30次。参加电视台“行风热线”栏目7期。

【队伍建设】召开党风廉政建设专题会议，会上局党组与18个国土所、34个科室分别签订了《2017年度廉政建设承诺书》。出台《沂水县国土资源局党组关于深入开展“廉政自省日”活动加强警示教育的通知》。局党组同局机关各科室、各国土所工作人员签订“违规在企业兼职取酬、违规经商办企业的行为”承诺书。编制《沂水县国土资源局规章制度汇编》，进一步健全公务接待、公车使用以及公务用房管理制度，明确工作责任并健全督查考核机制。编印了三期《党风廉政建设学习材料》，邀请县检察院宣讲团进行党风廉政建设及预防职务犯罪专题教育，邀请县纪委领导作预防职务犯罪和党风廉政建设报告，组织中层干部到县廉政教育基地接受廉政教育，组织党员干部认真观看学习了《榜样》等专题教育片。

2017年国有建设用地出让情况一览表

表7

序号	合同编号	受让人	宗地位置	出让/划拨面积	出让/划拨价款	主要用途	出让年限
1	沂水-01-2017-1	沂水县交通运输局	沂水县县城区东一环路以东	0.3021	64.3473	其他普通商品住房用地	70
2	沂水-01-2017-3	山东上选食品有限公司	规划瑞安路以东	3.5607	801.2	工业用地	40
3	沂水-01-2017-2	临沂绿洁环保机械科技有限公司	腾飞路以北、丰泰路以东	3.0124	714	工业用地	40
4	沂水-01-2017-4	黄东雷	许家湖镇斜午村、东虹路以西	0.1927	119.1	批发零售用地	40
5	沂水-01-2017-5	沂水桂柳牧业有限公司	沂水县马站镇杨家城子村	0.7809	155.8	工业用地	40
6	沂水-01-2017-7	王西兰	沂水县马站镇富岭官庄村、东红公路以西	0.0964	87.8	公共设施用地	40
7	沂水-01-2017-6	山东全顺置业有限公司	沂水县城区裕丰路以南	0.2958	465.9	中低价位、中小套型普通商品住房用地	中低价位、中小套型普通商品住房用地70年；批发零售用地40年；
8	沂水-01-2017-11	临沂华彩房地产开发有限公司	县城区龙湾大道以东、恒源胶业以北	0.2478	303	中低价位、中小套型普通商品住房用地	70
9	沂水-01-2017-10	临沂华隆置业有限公司	县城区长虹南路以东、南一环路以北	0.0451	51.3	其他商服用地	40

续表 7

序号	合同编号	受让人	宗地位置	出让 / 划拨面积	出让 / 划拨价款	主要用途	出让年限
10	沂水 -01-2017-9	临沂华隆置业有限公司	县城区长虹南路以东、南一环路以北	0.0477	54.3	其他商服用地	40
11	沂水 -01-2017-8	沂水合盛置业有限公司	县城区北一环路以南、华信国际大厦以西	3.2907	6451.5	中低价位、中小套型普通商品住房用地	70
12	沂水 -01-2017-14	山东隆大生物工程有限公司	北城二路以南、锣鼓山中路以东	1.4882	392.9	工业用地	40
13	沂水 -01-2017-13	山东隆大生物工程有限公司	北城一路以北、锣鼓山中路以东	3.5631	924.7	工业用地	40
14	沂水 -01-2017-12	山东隆大生物工程有限公司	县城区文诚路以西、北城一路以北	1.4288	377.3	工业用地	40
15	CB（存）-2016-19	刘勇	县城区新华路以北、东一环路以东	1.205	359.2	工业用地	40
16	沂水 -01-2017-17	沂水新中轻置业有限公司	裕丰东路以南、丰泰路以西	4.5207	1071.5	工业用地	40
17	沂水 -01-2017-19	沂水月亮小镇旅游开发有限公司	院东头镇月亮小镇风景旅游区内	0.3116	119.7	风景名胜设施用地	40
18	沂水 -01-2017-18	赵同柱、杨文婷	沂水县沂城街道北关街（花园小区 8 号楼）	0.001875	1.18	其他普通商品住房用地	34
19	沂水 -01-2017-20	沂水县城镇发展有限公司	滨河东路以东、许家湖镇快堡村以西	0.3131	80	公共设施用地	40
20	沂水 -01-2017-21	临沂万鹏农副产品有限公司	道托镇驻地东红公路以东	0.3333	150	商务金融用地	40
21	沂水 -01-2017-22	山东方宇石化科技有限公司	庐山中路以东、山水路以南	2.5227	567.7	工业用地	40
22	沂水 -01-2017-26	临沂佰安置业有限公司	裕丰东路以南、丰国路以东	0.514	675.4	其他普通商品住房用地	70
23	沂水 -01-2017-23	临沂金航房地产开发有限公司	小仓路北、莲汪街东	0.8613	1421.2	其他普通商品住房用地	批发零售用地 40 年；其他普通商品住房用地 70

续表 7

序号	合同编号	受让人	宗地位置	出让/划拨面积	出让/划拨价款	主要用途	出让年限
24	沂水-01-2017-24	临沂金航房地产开发有限公司	小仓路南、莲汪街东	0.4486	706.6	其他普通商品住房用地	其他普通商品住房用地70年；批发零售用地40
25	沂水-01-2017-15	山东方宇石化科技有限公司	庐山中路以东、南二环路以南	0.458	103.1	工业用地	40
26	沂水-01-2017-25	山东盛迈置业有限公司沂水分公司	新华路以南、文苑宾馆西邻	2.7132	4070	其他普通商品住房用地	70
27	沂水-01-2017-27	张杰	沂水县沂城街道北关街小区6号楼	0.001546	1.04	其他普通商品住房用地	34
28	沂水-01-2017-29	临沂市广达房地产开发有限公司	县城区长虹南路以西、向阳街以北	1.3769	2065.4	其他普通商品住房用地	70
29	沂水-01-2017-30	沂水聚兴液压机械有限公司	沂水县道托镇花沟村	0.5286	99.2	工业用地	40
30	沂水-01-2017-39	山东亲情沂蒙旅游有限公司	院东头镇留虎峪村	0.1322	50.8	风景名胜设施用地	40
31	沂水-01-2017-42	山东亲情沂蒙旅游有限公司	沂城街道东院村	3.7257	1430.7	风景名胜设施用地	40
32	沂水-01-2017-35	山东亲情沂蒙旅游有限公司	夏蔚镇王庄村	0.0079	3.1	风景名胜设施用地	40
33	沂水-01-2017-31	山东亲情沂蒙旅游有限公司	夏蔚镇王庄村	0.0682	26.2	风景名胜设施用地	40
34	沂水-01-2017-33	山东亲情沂蒙旅游有限公司	夏蔚镇王庄村	0.2724	104.7	风景名胜设施用地	40
35	沂水-01-2017-34	山东亲情沂蒙旅游有限公司	夏蔚镇王庄村	0.0194	7.5	风景名胜设施用地	40
36	沂水-01-2017-32	山东亲情沂蒙旅游有限公司	夏蔚镇王庄村	0.0055	2.2	风景名胜设施用地	40
37	沂水-01-2017-36	山东亲情沂蒙旅游有限公司	夏蔚镇王庄村	0.0387	14.9	风景名胜设施用地	40
38	沂水-01-2017-38	山东亲情沂蒙旅游有限公司	院东头镇留虎峪村	0.0161	6.2	风景名胜设施用地	40
39	沂水-01-2017-40	山东亲情沂蒙旅游有限公司	院东头留虎峪村	1.8515	711	风景名胜设施用地	40

续表 7

序号	合同编号	受让人	宗地位置	出让 / 划拨面积	出让 / 划拨价款	主要用途	出让年限
40	沂水 -01-2017-37	山东亲情沂蒙旅游有限公司	夏蔚镇王庄村	0.0536	20.6	风景名胜设施用地	40
41	沂水 -01-2017-41	山东亲情沂蒙旅游有限公司	沂城街道东院村	0.3381	130	风景名胜设施用地	40
42	沂水 -01-2017-43	李瑞云	县城区新华路以南，沂蒙山东路以西	0.0248	6.6	工业用地	40
43	沂水 -01-2017-44	沂水利丰液压机械有限责任公司	长安路以西、北二环路以北	1.5643	352	工业用地	40
44	沂水 -01-2017-45	临沂嘉亮商贸有限公司	沂水县南一环路以北、东一环路以东	1.8639	2460.4	商务金融用地	40
45	沂水 -01-2017-46	临沂慧谷置业有限公司	北一环路以南、大沂河东岸	6.0182	9081.5	其他普通商品住房用地	70
46	沂水 -01-2017-47	山东兴鲁置业有限公司	南二环路以南、许家湖路以西	1.3333	1000	其他普通商品住房用地	70
47	沂水 -01-2017-48	山东勤正置业有限公司	沂博路以东、北一环路以南	3.4576	5706.1	其他普通商品住房用地	其他普通商品住房用地 70 年；批发零售用地 40 年；
48	沂水 -01-2017-49	临沂旺达房地产开发有限公司	马站镇驻地新兴路以东、文化路以北	2.1007	1136.4	其他普通商品住房用地	70
49	沂水 -01-2017-50	兰陵县宝信置业有限公司	县城区莲汪街以西、红城路以南	3.6606	10826.5	其他普通商品住房用地	其他普通商品住房用地 70 年；批发零售用地 40 年；
50	沂水 -01-2017-16	沂水新中轻置业有限公司	裕丰东路以南、丰泰路以西	4.5971	1089.6	工业用地	40
51	沂水 -01-2017-28	临沂蓬建元丰杭萧钢构有限公司	腾飞路以南、东二环路以西	3.3333	795	工业用地	40
52	沂水 -01-2017-52	山东永丰轮胎有限公司	丰国路以东、城阳一路以南	2.2755	600.74	工业用地	40
53	沂水 -01-2017-51	沂水北斗星无害化处理有限公司	诸葛镇南门楼村	0.5752	120.8	公共设施用地	40

续表 7

序号	合同编号	受让人	宗地位置	出让 / 划拨面积	出让 / 划拨价款	主要用途	出让年限
54	沂水 -01-2017-54	山东奥德燃气有限公司沂水分公司	东二环路以东	0.6713	503.8	批发零售用地	40
55	沂水 -01-2017-53	山东创业环保科技发展有限公司	南三环路以南、同创精细化工西邻	8.7018	1958	公共设施用地	40
56	沂水 -01-2017-55	山东京普太阳能科技股份有限公司	东一环路以西、城阳一路以北	0.3474	91.72	工业用地	40
57	沂水 -01-2017-56	熊钦安、张洪彩	县城区北城一路以北、长安北路以东	0.0993	28	工业用地	40
58	沂水 -01-2017-58	山东东泰房地产开发有限公司	小沂河路以北、沂博路以西	3.5978	5275	其他普通商品住房用地	70
59	沂水 -01-2017-57	临沂颐高电子商务产业园有限公司	沂水县腾飞路以南、东一环路以东	4.9181	6816.5	其他普通商品住房用地	其他普通商品住房用地 70 年；批发零售用地 40 年；
60	沂水 -01-2017-59	山东昆达生物科技有限公司	荆山东路以东、腾飞路以南	0.4251	100.2	工业用地	40
61	沂水 -01-2017-60	临沂京援鞋业有限公司	长虹南路以西、城阳一路以北	5.3087	1401.5	工业用地	40

（夏君栋）

物价管理

【概况】 沂水县物价局负责全县物价管理工作，担负着清费治乱减负，整顿规范市场价格秩序，稳妥推进价格改革，维护价格总水平基本稳定的任务。2017 年，设办公室、财务科、价格管理科、收费管理科、物业管理科 5 个科室，直属物价检查所（副科级）、成本调查监审室 2 个行政机构，下设价格举报中心、价格认定中心 2 个事业单位，全局有工作人员 55 人。

2017 年被县委、县政府授予减轻农民负担工作先进单位、统计工作先进单位。多人次在单项工作中受到省、市、县表彰。

【价费管理】 规范调整价费标准，化解社会矛盾。及时落实了上级取消、降低、免征的行政事业性收费和价格政策。编制并及时更新了《沂水县 2017 年行政事业性收费和涉企行政事业性收费项目标准目录》。将涉及全县机动车抵押登记费、房屋转让手续费、卫生检测费、预防性体检费、婚姻登记费、收养登记费等 11 项收费严格按照政策规定取消或停征。降低了水保保持费标准，降低了工商业用电价格。将普通包裹服务资费由政府定价改为政府指导价。取消了城市供水公用附加。根据国家、省、市关于水价改革的统一部署，出台了沂水县供水价格改革方案，调整了污水处理费、城区供水水资源费和综合水价，并对居民生活用水实施了阶梯水价。公布了全县热计量价格、小型水利工程农业供水价格、居民生活用天然气阶梯价格。调整了巡游出租汽车运价。对小沂河停车场收费标准实行备案管理。批复了东皋公园文峰塔、动物园，地下大峡谷，地下萤光湖，长安路停车场收费标准。为收费项目、收费标准变更单位及时办理了服务价格登记证变更手续。

落实了收费制度和价格改革工作。对县医院收支情况、医用耗材加成收入、医疗服务项目收入等相关数据进行了全面测算，制定了相应医疗服务价格调整方案，为推进全县医疗服务价格改革工作打好基础。完成了对结防所药品零差率的测算，并于10月1日起正式执行，全县公立医院全部实现药品零差率。及时开展民办学校收费、公办学校收费、殡葬服务收费、涉企收费情况调研，加强了事中事后监管；严格落实了收费单位情况和收支状况报告制度、收费目录清单和收费公示制度。

积极助推企业发展。继续执行企业交费登记卡制度。对全县骨干企业、重点建设项目、“10+6”产业项目及有关企业继续免费发放企业交费登记卡，严格落实企业交费登记卡检查制度，及时查处乱收费行为，保障企业发展。

【物价监督检查】 开展了专项检查。一是会同县旅发委组成联合检查组开展景区门票价格专项检查。对县内6处重点旅游景区门票价格进行了专项检查，对景区价格公示等行为进行了指导、规范。二是联合房管办召开全县整顿规范房地产市场秩序工作会，并分5个组对县内36家开发企业开发的楼盘、30家房产中介服务机构的价格情况进行了全面检查，切实维护消费者合法权益。三是根据省物价局的统一部署开展涉企收费检查、电力价格检查、医用耗材价格专项检查。

加强了市场监管。一是加强了春运客运票价监管。县物价局及时参与春运工作，加强监测、监管，切实保障全县春运市场客运票价的基本稳定。二是加强了节日市场价格监管。积极参与3.15国际消费者权益日纪念活动，加强了价格政策法规宣传，发放宣传材料1000余份，现场受理解答价格咨询3件；加强了元旦、春节、清明、五一、端午等节假日市场价格巡查和监管，认真制定了价格应急预案，对与百姓密切相关的商品进行每日巡查、分析变化，发现问题及时上报和处置，并向各大超市、旅游景点、饭店、长途汽车站、出租车公司等发放“价格提醒告诫函”，进一步规范了节假日期间市场价格行为和秩序，确保了节假日市场价格总体稳定；向中小学校发放“教育收费提醒告诫函”。

推进了价格诚信建设。全面推行了物业服务诚信收费小区创建工作，备案前期物业收费小区5个，价格诚信建设工作有效推进；健全完善了经营者价格诚信登记制度，建立了办理医保刷卡手续报备登记制度，对报备的52家药店进行了全面检查；备案商品房明码标价销售小区16个；监制特色标价签4种。

【价格举报】 注重发挥价格举报电话“12358”和“12345”便民服务热线、“行风热线”作用，切实维护群众的合法权益。全年共受理价格举报、咨询案件1145件。其中，“12358”举报平台61件，“12345”政府热线535件，网上问政27件，行风热线5件，信访1件，其他516件。主要涉及物业服务费、事故车辆停车费、垃圾处理费、供暖收费等方面。

【价格鉴证】 发挥价格认定工作“公共服务”的职能，2017年，价格认定中心接受司法、行政机关委托，共办理各类价格认定业务381件，认定总价值1381.88万元。其中刑事案件100起，认定总价值535.8万元；行政委托案件253起，认定总价值771.79万元；价格管理事务性工作23起，认定总价值72.19万元，其他认定业务5起，认定总价值2.1万元。工作投诉率为零，复核裁定案件0件。

【成本监审、成本调查和价格监测】 以居民生活必需品和重要生产资料为重点加强价格实时监测分析，积极做好市场价格异常波动快速预警与跟踪调查分析报告，增强政府价格调控决策的时效性和科学性。对与居民生活密切相关的粮、油、肉、菜等商品价格信息每月5日、12日、19日、25日进行采集、分析、上报，共编发《价格信息》12期。上报粮油肉等主要副食品价格、生产资料、禽畜及饲料价格监测信息96期。对农户种植意向、存售粮情况、农资购买情况、冬小麦成本情况，小麦、烤烟、花生的成本收益情况进行了专项调查，形成专项调查报告上报。为县委、县政府，上级业务部门加强价格监测预警和价格形势分析，提供了依据。

落实和完善成本工作制度，严格执行成本监审目录，认真开展定价成本监审工作。全面开展客运出租车、管道燃气、供暖热计量、农业水价定调价成本监审工作。

继续完善执行价格管理台账制度。对供电公司、燃气有限公司、水务公司、热电有限公司等2017年的企业基本情况、生产经营情况、价格执行情况等进行调查，形成价格管理台帐，搞好价格调研和价格测算，为促进经济又好又快发展做好服务。

2017年沂水县部分集贸市场产品零售价格统计表

表8　　计量单位：元/500克

品种＼月份	1	2	3	4	5	6	7	8	9	10	11	12
小麦	1.25	1.24	1.23	1.25	1.26	1.17	1.18	1.17	1.17	1.17	1.17	1.24
玉米	0.84	0.83	0.82	0.85	0.83	0.85	0.88	0.87	0.84	0.83	0.83	0.83
大豆	2.90	2.90	2.83	2.80	2.80	2.80	2.80	2.80	2.80	2.80	2.80	2.90
大米	2.58	2.58	2.58	2.58	2.58	2.58	2.58	2.58	2.58	2.58	2.58	2.58
普通面粉	1.45	1.45	1.57	1.60	1.60	1.60	1.60	1.60	1.60	1.60	1.60	1.45
特一粉	1.61	1.61	1.87	2.00	2.00	2.00	2.00	2.00	2.00	2.00	2.00	1.61
花生仁	3.83	3.83	3.63	3.50	3.73	3.73	3.73	3.73	3.70	3.77	3.77	3.83
花生油	11.00	11.00	11.00	11.00	11.00	11.00	11.00	11.00	11.00	11.00	11.00	11.00
豆油	5.67	5.67	5.50	5.50	5.50	5.50	5.50	5.50	5.50	5.50	5.50	5.67
馒头	1.80	1.80	1.80	1.80	1.80	1.80	1.80	1.80	1.80	1.80	1.80	1.80
猪肉	14.50	13.50	12.33	12.33	11.67	11.00	11.33	11.67	11.67	11.17	11.17	13.50
牛肉	32.00	32.00	32.00	32.00	32.00	32.00	32.00	32.00	32.00	32.00	32.00	32.00
羊肉	30.00	30.00	30.67	31.00	31.00	31.00	31.00	31.00	31.00	31.00	31.00	30.00
草公鸡	16.67	16.67	16.00	16.00	16.00	16.00	16.00	16.00	17.00	17.00	17.00	16.67
鸡蛋	3.27	2.77	2.53	2.50	2.43	2.65	3.07	4.30	4.67	3.90	3.90	2.77
中刀鱼	10.00	10.00	10.00	10.00	10.00	10.00	10.00	10.00	10.00	10.00	10.00	10.00
鲤鱼	6.67	6.67	6.50	6.50	7.00	7.00	7.00	7.00	6.00	6.00	6.00	6.67
花鲢鱼	8.00	8.00	8.00	8.00	8.00	8.00	8.00	8.00	8.00	8.00	8.00	8.00
牛奶	2.80	2.80	2.80	2.80	2.80	2.80	2.80	2.80	2.80	2.80	2.80	2.80
绵白糖	5.00	5.00	5.00	5.00	5.00	5.00	5.00	5.00	5.00	5.00	5.00	5.00
白砂糖	5.00	5.00	5.00	5.00	5.00	5.00	5.00	5.00	5.00	5.00	5.00	5.00
生猪	8.67	7.87	7.47	7.17	6.40	6.03	6.50	6.50	6.70	6.53	6.53	7.87
仔猪	15.33	14.67	14.33	14.00	11.00	9.17	9.33	10.00	9.00	7.83	7.83	14.67
西瓜	4.00	4.00	2.83	2.50	2.27	1.47	0.80	0.77	1.00	1.20	1.20	4.00

续表 8

品种 \ 月份	1	2	3	4	5	6	7	8	9	10	11	12
一级富士苹果	2.50	2.50	2.67	2.50	2.83	2.60	2.77	2.50	2.17	2.50	2.50	2.50
桔子	3.50	4.50	3.67	5.67	0.00					2.67	2.67	4.50
大白菜	0.97	0.77	0.63	0.57	0.73	0.70	1.13	1.33	0.93	0.57	0.57	0.77
青萝卜	1.27	1.17	1.37	1.37	2.17	1.00	1.50	1.47	1.17	0.83	0.83	1.17
菠菜	1.73	1.30	1.20	1.23	1.47	2.13	4.07	5.00	4.17	2.17	2.17	1.30
芹菜	1.90	1.43	1.40	1.57	1.57	1.87	3.27	3.50	1.93	2.43	2.43	1.43
韭菜	4.60	4.17	3.00	1.87	1.13	1.20	1.40	1.53	1.70	2.57	2.57	4.17
黄瓜	3.20	2.30	1.77	1.60	1.53	1.27	1.50	1.83	1.67	2.40	2.40	2.30
西红柿	3.43	3.10	3.20	2.27	2.17	1.73	1.33	1.93	2.57	1.93	1.93	3.10
茄子	3.43	2.23	2.67	1.73	1.37	1.07	1.03	1.90	1.23	1.73	1.73	2.23
青椒	3.17	3.23	3.17	1.87	1.53	1.07	1.73	2.17	2.17	1.50	1.50	3.23
生姜	2.60	2.67	2.83	2.83	2.67	3.17	3.50	3.67	4.83	4.83	4.83	2.67
大葱	2.13	1.90	1.63	1.37	1.07	1.43	1.43	1.83	2.17	2.00	2.00	1.90
豆角	4.83	4.50	4.67	4.10	3.60	2.57	1.77	2.77	2.83	3.30	3.30	4.50
土豆	2.50	2.63	2.50	2.00	1.63	0.67	0.83	0.93	1.00	1.33	1.33	2.63
大蒜头	8.00	8.00	7.33	9.17	9.33	7.00	4.33	4.50	4.17	3.77	3.77	8.00
蒜薹	5.93	6.17	6.17	4.17	2.83	3.50	3.50	3.63	4.00	3.93	3.93	6.17
莲藕	2.23	2.00	1.50	1.33	1.37	2.33	2.37	1.93	1.87	1.87	1.87	2.00
豆腐	2.30	2.30	14.33	2.30	2.30	2.30	2.30	2.30	2.30	2.30	2.30	2.30
碘精盐	3.00	3.00	2.83	3.00	3.00	3.00	3.00	3.00	3.00	3.00	3.00	3.00

（王倩倩）

市场监督管理

概况】 沂水县市场监督管理局2016年9月30日正式组建，有工作人员379人。负责全县市场主体登记注册和监督管理、质量管理、工业产品质量监督和抽检、标准化、计量、特种设备安全监管、各类市场经营秩序监管、消费维权、反不正当竞争、打传规直、合同行政监督管理、商标监督管理、指导广告业发展等工作。下设办公室、人事科、财务装备科、政策法规科、质量管理科、标准化管理科、计量科、产品质量监督科、特种设备安全监察科、市场合同管理科、商标管理科、广告管理科、消费者权益保护科、网络交易监管科、经济监察科、直销监管科共16个职能科室；企业注册局1个直属机构；专业市场监督管理所、城区市场监督管理所、沂城市场监督管理所、马站市场监督管理所、诸葛市场监督管理所、高桥市场监督管理所、许家湖市场监督管理所、黄山铺

县政府副县长于珊珊（右二）、县市场监管局局长孙作军（左二）为企业颁发第一张电子营业执照

市场监督管理所、四十里堡市场监督管理所、杨庄市场监督管理所、夏蔚市场监督管理所、沙沟市场监督管理所、高庄市场监督管理所、龙家圈市场监督管理所、富官庄市场监督管理所、泉庄市场监督管理所、圈里市场监督管理所、院东头市场监督管理所、崔家峪市场监督管理所、道托市场监督管理所、经济开发区市场监管所等 21 个基层市场监管所；计量所、执法大队、消费者投诉中心、个体私营经济服务中心 4 个下属事业单位。2017 年，沂水县市场监管局先后获“全国个私协会系统先进单位”“省级文明单位”“省级卫生县城复审迎评工作先进单位”“全市质监系统工作先进单位”“全县基层党建工作‘红旗党组织’”“全县政务服务工作先进单位”“12345 便民热线办理工作先进单位”“宣传思想文化工作先进单位”“全县安全生产工作先进单位和食品药品安全工作先进单位”等荣誉称号。

【注册登记工作】 深化推进商事制度改革工作，全面落实“先照后证”“五证合一、一照一码”改革措施，促进市场主体加快发展。2017 年全县新登记各类市场主体 8118 户，同期增长 10%。换发“多证合一、一照一码”营业执照 783 户，换发加载统一社会信用代码的营业执照 848 份。至 2017 年，全县市场主体总量达 38065 户，其中企业 10075 家、个体工商户 26000 户、农民专业合作社 1990 户。

【市场主体信用监管工作】 强化信息公示年报，不断激发市场活力，2017 年企业年报公示率为 90.56%，居全市第一。按照“双随机、一公开”监管和“双告知”要求，联合县人社局、县统计局开展企业年报信息和经营行为跨部门联合抽查，共抽查各类市场主体 889 户；组织开展工业产品生产企业“双随机”监督检查，检查有关企业 222 家。强化经营异常名录管理工作，并通过企业信用信息公示系统向社会公示，2017 年依法列入经营异常名录市场主体 123 户，办理移出 56 户。依法清理长期停业未经营企业，有效解决“僵尸企业”挤占社会资源的问题，已吊销长期停业未经营企业 114 户，立案 17 户。稳步推进企业简易注销登记改革，为企业提供便捷高效的市场退出服务，全年共办理企业简易注销登记 183 户。在加强日常巡查的基础上，持续抓好“查无照促办照”工作，对全县无照经营业户进行拉网式排查，全年共查处无照经营案件 63 起。

【品牌建设工作】 加强质量管理，积极履行质量强县领导小组办公室的职责，牵头组织开展了对乡镇（街道）政府的质量考核和“质量月”活动；结合县域经济发展实际，大力实施化工产业和食品用塑料包装行业质量提升行动；鼓励指导企业申报省、市质量奖和山东名牌，2017 年青援、鲁洲、大地、机床厂、京普太阳能、蒙山龙雾等 6 家企业产品新获山东名牌。注重“守信用、重合同”企业的推荐申报工作，2017 年成功申报市级“守合同，重信用”企业 26 家。至 2017 年，全县已建成省、市级优质淀粉糖生产基地各 1 个，荣获市长质量奖 1 个，市长质量奖提名奖 3 个，共有山东省名牌产品 8 个，驰名商标 3 个，著名商标 26 个，地理标志商标 1 个，国家级守重企业 1 家，省级守重企业 12 家，市级守重企业 26 家。

【股权出质和动产抵押工作】 切实开展股权出质和动产抵押工作，积极帮扶企业融资解困，2017 年共办理股权出质、动产抵押登记 105 件，助企融资 21 亿元。

【计量工作】 取消强制计量检定收费，全年共检定计量器具10483台（次），电子天平540台（次），玻璃仪器2350台（次），机械天平38台（次），检定压力表4776台（次），衡器1956台（次），检定加油机786台（次），血压计76台（次），校准温度类计量器具745台（次），抽查定量包装商品净含量37批次，合格35批次，合格率达94.5%。继续强化民生计量和能源计量工作，开展了乡村医疗、超市联合大排查和物流快递联合检查。重点开展安全防护类计量器具排查整治，共检定计量器具1600余台（次）。继续探索开展民用“四表”首次强检和“公平秤”设置工作。

【标准化工作】 实施标准化战略，推动引领产业结构调整和转型升级，鼓励和引导企业积极参与行业标准、国家标准和国际标准的制订修订工作。2017年，继续推进泓达生物和天元物流国家级循环经济标准化试点园区和省级物流服务标准化试点建设工作；推荐2家企业通过3A级标准化良好行为创建；指导帮助企业开展标准自我公开声明，2017年共有84家企业对246项标准进行了自我公开声明；参与市美丽乡村标准化评价考核工作。至2017年底，全县企业共参与制定国家标准18项、行业标准9项；7家企业和组织获得市标准创新贡献奖；2家企业通过“3A级标准化良好行为”验收，4家企业通过“2A级标准化良好行为”验收。

【消费维权工作】 适应经济新常态和维权新特点，强化宣传教育和消费引导，深入开展“3·15”集中宣传、销毁假冒伪劣商品等一系列宣传活动。指导经营者开辟消费纠纷“绿色通道”，通过协商方式，就地解决消费纠纷。强化消费教育引导，对调解投诉情况进行梳理总结，对消费者投诉热点行业和商品进行分类，加强与经营者沟通与行政指导，引导合法诚信经营，提高服务水平，有效降低了投诉率。积极探索创新调解方式方法，实现了调解技能与效能的双提升。提升维权执法效能，以关注和保障民生为重点，通过消费纠纷举报挖掘案源，进一步完善12315“诉转案”工作机制，2017年共受理12315、12345申诉举报案件1840件，办结率100%，为消费者挽回经济损失100多万元。

【产（商）品质量监督工作】 积极开展利剑专项整治行动，先后对食品相关产品、日用消费品、机动车等产品进行专项监督检查，共检查各类生产企业152（家）次，立案7起；组织对辖区内的14家检验检测机构开展专家检查和整改验收工作。加强对食品用塑料包装产品、洗涤用品等重点工业产品的抽检力度，共抽检各类产品170个批次，合格率89.4%。强化对流通领域服饰、电线和电器、消防器材等重点消费品的抽检力度，共抽检各类商品63个批次，合格率82.5%。开展了成品油抽检及加油站标识专项整治行动，共抽检加油站155家，抽取样品311个，合格率达到98.1%。扎实开展红盾护农行动，开展了春、秋两季肥料抽检工作，抽检化肥、地膜等农资样品345个批次，合格率96.2%，查处农资类案件8起。

【网络商品交易监管工作】 积极开展网络市场主体建档、网店核查工作，搜索研判建档681户，建档率100%。积极探索网上监测与实地检查相结合的监管模式，为开展网上巡查和实地监管提供了基础保障，举办2期网络商品交易监管培训班，提高了网络市场监管能力和水平。加大网络违法案件查处力度，共查处网络虚假宣传案件11起，受理网络交易申诉举报案件85起，办结率100%。培育推荐2个乡镇、2个园区、2家企业争创网络市场监管与服务示范企业（园区）、示范乡镇（街道、村）。

【商标广告监管工作】 以培育驰著名商标为重点，积极引导企业和经营户注册商标，加快培育自主品牌、区域品牌、特色品牌和国际化品牌，2017年新注册商标630件，注册商标总量达5041件。加大对伪劣商品、商标侵权、仿冒知名商品特有的包装装潢、虚假宣传等重点消费侵权行为的专项整治力度，查处商标侵权案件46起。以贯彻新《中华人民共和国广告法》为契机，继续推动广告战略深入实施，把与人民群众健康安全关系密切和违法问题易发多发的医疗、药品、保健食品、美容服务、化妆品、房地产、金融广告作为监管整治重点，采取违法广告提示、约谈、培训、责令公开更正、消除影响等措施，加大广告市场监管力度，促进广告市场持续好转。进一步加大虚假违法广告整治力度，全年共处理有关投诉15起，查处广告案件5起。

【打传规直工作】 充分发挥全县

打击传销工作领导小组办公室的职能，继续巩固创建“无传销县区”工作成果。抓好重点区域、重点场所、重点人群、重要时间节点的打击传销宣传工作，累计悬挂横幅400余条，张贴公告8000余张，发放各类打传资料20多万份。重点开展打击以“招聘、介绍工作”为名从事传销活动和网络传销的专项整治，全年共侦结传销案件3起，协助破案10起。规范直销活动和各类会议讲座，加强对会议销售的监管，对通过会议销售保健品、医疗器械、电子产品等活动进行重点监督检查。

【特种设备安全监察工作】 至2017年，全县共有特种设备生产单位11家，充装单位27家，注册登记各类特种设备7232台（在用5919台），登记车用气瓶11759只，压力管道1685条。2017年，深入开展了大快严专项行动、化工企业集中排查整治活动、安全生产专项检查行动；对重点区域和设备进行了专项检查，主要开展了气瓶充装单位及LNG使用单位、电梯使用及维保单位、客运索道和大型游乐设施等专项检查。为进一步提高特种设备管理和作业人员持证上岗率，先后举办8期特种设备作业人员培训班，累计培训600余人。继续做好特种设备使用登记和定期检验工作，2017年共办理各类特种设备使用登记1227台（套），督促定期检验企业233家、特种设备1323台（套）。

【执法监督工作】 坚持实行案审委制度、案卷评查、案件回访和移送制度，积极开展听证、复议、应诉工作。2017年，共办理各类案件306起，向公安机关移送涉嫌犯罪案件3起，向其他行政机关移送案件2起，申请法院强制执行13起；举行听证会6场，应对行政处罚行政复议案件3起，行政诉讼案件4起，均取得较好效果，维护了法律权威。

【普法宣传工作】 全面清理行政执法人员，至2017年，全局共有执法人员281人。加强法律知识培训，提升执法人员水平，先后举办有关培训6期，累计培训700余人（次）。根据七五普法规划要求，结合年度工作实际，明确普法依法治理工作重点，深入开展了“深化法律六进　服务科学发展”主题活动，积极参与组织了3·15消费者权益保护日、食品安全宣传月、安全生产月宣传活动，重点向群众宣传了打击传销、特种设备、合同、商标等有关知识，收到了良好的社会效果。

【党风廉政建设工作】 强化作风建设，促进队伍廉洁自律，围绕《党章》《准则》《条例》等党纪条规，突出“六大纪律”“四大考验”等内容开展集中学习和讨论，增强党员干部廉政意识和纪律观念。落实党风廉政建设责任制，开展述职述廉、谈心谈话、民主评议活动，层层签订《党风廉政建设责任书》。围绕工作作风、廉洁自律、注册登记、执法办案等方面，开展廉政风险点排查，并逐项深入剖析原因、对照制定措施、落实整改到位。强化廉政教育，举办廉政警示教育等培训班3次、观看警示教育片8部，组织参观廉政教育基地和看守所，增强党员干部廉政意识和纪律观念。

【党建工作】 打造“强基固本勇担当，务实奉献党旗红”的机关党建品牌，被列为全县党建工作示范点和机关党建现场推进会观摩点。注重加强党建阵地建设，修建完善党建展厅，集党员教育、成果展示、文化渲染等多功能为一体，进一步提升了党建工作水平。以楼梯走廊为载体，通过设置宣传板等方式让党建知识随处可见，营造浓厚的党建工作氛围。研发市场监督管理综合信息平台

县委组织部部长徐爱铎（前左一）带队到县市场监管局观摩机关党建工作

并配备有关设备，提升党建、廉政、业务等工作的信息化水平。将每名党员的格言录制为视频进行集中展示，引导党员进一步自觉提升党性修养和表率意识。专设党建办公室，配备专兼职党务工作者，加强对党建工作的组织领导。

【非公党建工作】 以市场监管所网格为单位，组织网格内“小个专”中的党员联合建立党支部，至2017年，全县个私企业单独建立党支部274个，联合建立党支部237个，党员2910人。深入组织中共十九大精神和习近平新时代中国特色社会主义思想等理论知识学习，组织开展党员“三亮”活动、争创文明诚信企业商户活动、送温暖献爱心活动，引导市场党员商户主动公示党员身份，带头亮牌经营，接受群众监督。

【精神文明和基础设施建设工作】 结合“四型机关”和文明单位创建活动，紧扣“爱、诚、孝、仁”主题，持之以恒地开展“四德”教育，打造“善思敏行、务实创新、和合奋进、勇争一流”的单位精神。设置“善行义举四德榜”，组织举办“道德讲堂”，鼓励党员创先争优、树立标杆。顺利通过省级文明单位评审，并积极开展国家级文明单位申报工作。基础设施建设方面，按照花园式单位建设标准，对机关办公区进行了路面硬化、环境绿化和美化；继续改善基层办公条件，对市场监管所办公场所进行修缮；采购电脑、打印机等办公设施，进一步提升办公自动化水平。

2017年沂水县新增（复评）山东名牌产品一览表

表9

序号	企业名称	项目	品牌	备注
1	山东沂水机床厂有限公司	金属切削机床	沂机	新增
2	山东京普太阳能科技有限公司	家用太阳能热水系统	京普	新增
3	鲁洲生物科技（山东）有限公司	麦芽糖、葡萄糖浆、食用葡萄糖、果葡糖浆	鲁洲	新增
4	青援食品有限公司	食用葡萄糖、麦芽糖	青援	新增
5	沂水大地玉米开发有限公司	麦芽糖	兴贸	新增
6	山东蒙山龙雾茶叶有限公司	绿茶	蒙山龙雾	新增

（王青云）

食品药品监督管理

【概况】 沂水县食品药品监督管理局作为县政府工作部门之一，负责对生产、流通、消费3个环节的食品、药品、保健食品、化妆品和医疗器械实施监督管理，同时承担县食品安全委员会日常工作。2017年，局机关设办公室、政策法规科（加挂宣传与应急管理科）、食品安全协调督查科、食品生产监管科、食品流通监管科、餐饮服务食品监管科、保健食品化妆品监管科、药品监督管理科、医疗器械监管科、规划财务科10个职能科室；下设食品药品稽查大队、药品不良反应监测中心2个事业单位，其中食品药品稽查大队为副科级事业单位，内设8个稽查中队。有工作人员186人。

2017年，县食品药品监督管理局围绕先进县创建工作目标，站在食药监管服务经济，保障群众饮食安全的高度，坚持用系统的创建思路，创新的工作方法，有效的工作措施，全面提升食药安全水平，各项工作取得了显著成绩，顺利通过省级食品安全先进县验收。全年共办结各类食品药品违法案件1000余起，受理各类投诉举报832起，全县食品安全形势稳定向好。

【食品安全工作】 实现了食安办与食药所合署办公。2017年，根据先进县创建标准要求，在全县18个乡镇街打造了19个标准化监管所，全部与市场监管所分离，建设了独立的办公场所，监管所全部实现了“四统一”(统一“六室一厅”建设、规章制度、宣传标识、执法装备)，每个监管所配备了5名以上监管人员，配齐“十个一”执法装备，并配备了一套快检装备，专门用于食用农产品快检工作，有效地提升了基层执法监管能力。为进一步加强基层监管队伍建设，创新性地实行基层办所合署办公工作模式，在每个乡镇办公场所设立了独立的食安办办公室，配备2~3名工作人员，进一步整合了基层监管力量，有效地解决了监管人员不足的问题。同时，在全县359个农村社区建立了协管员队伍，融入基层网格化管理，形成了高效联动的监管网络，确保了基层监管队伍有岗、有责，基层监管工作有人、有手段。

抓企业转调提升，推动食品产业结构优化升级。一是抓硬件改造。沂水县食药监局制定《食品生产企业车间改造的基本要求与标准》，对全县320余家食品生产企业实行净化车间改造提升。至2017年，300余家企业投资2.6亿余元对车间硬件设施进行了改造提升。2017年，食品企业县级监督抽检合格率99.60%，比2016年提高接近2个百分点，未发现微生物不合格产品。其中，山东鼎邦健康食品有限公司引进了自动化数控生产设备，配备全自动负压供配料系统，率先打造10万级GMP净化标准，在国内乃至国际名列前茅。二是抓品牌建设。成功申报“省级食品生产加工示范基地”建设，加大沂水食品品牌创建和培育管理力度。打造沂水食品品牌，培育一部分焙烤类优势企业，围绕品牌建设着力提高企业发展的质量和效益，提高产品档次，提升品牌的含金量，提高市场竞争力。三是抓智慧监管。为提高监管效率，督促企业落实主体责任，大力推进“智慧监管”工程建设，以乡镇监管所为单位，全面绘制“智慧监管”地图，将食品生产企业、大中型超市快检室、学校食堂等全部纳入“智慧监管”范围，实施远程监控，并实时传输到乡镇监管所终端平台，使可追溯管理走上了电子化的监管道路。

沂水县文诚市场快检室

实现了城乡同步开展食用农产品快检，同等享有食品安全保障。不断创新工作方法，在全县城乡同步统筹开展食用农产品快检。在城区三大批发市场设立了高标准、高规格的快检室，并引入第三方检测机构，开展“全覆盖、批批检、百分百”快检工作；在各乡镇120余个集贸市场设立了快检室，由食安办统一组织农业、畜牧、食药监等部门，建立快检队伍19支，统一开展“全覆盖、集集检、百分百”快检。至2017年底，共检测食用农产品16万余批次，占全市总量的82%，快检数量在全省各县区中位列第一，筛选出不合格产品420余批次、6800余公斤，依法及时进行了销毁处理。2017年，中央四套《中国新闻》栏目对沂水县食用农产品快检进行了报道，《临沂政务信息》第31期以专刊专报的形式进行了刊载，《山东食品药品监管简报》第8期对这一典型做法进行了详细介绍。

食品安全零容忍，顶格处罚严打击。2017年，食药监局提出“百人千案，万次巡查”工作目标，按照“食品安全零容忍，顶格处罚严打击”的原则，不断强化食安、农安、公安“三安”联动，建立跨部门、跨区域的案件协查、产销监管衔接等协调联动机制，全年抽检各类食品4600余批（次），合格率97.6%。查办案件1000余起，占全市总数的27.8%，罚没款490余万元，有力地震慑了食品安全违法行为。

2017年食品安全宣传周暨食品安全百日行动启动仪式

【药品医疗器械安全工作】以药械监管为重点，确保了药品、医疗器械市场秩序稳定向好。2017年，县食药局以打假治劣、规范经营、优质服务、创新模式为重点，惩防并举，严抓各项工作落实，药械市场秩序得到进一步规范。积极开展了医疗器械专项整治2017行动，并制订印发专项整治方案，检查定制式义齿单位4次，避孕套类器械37次，透明质酸钠类单位13次。检查各类医疗机构116家（次），下达责令整改19家，对全县零售药店开展了飞行检查，发现5家问题较为严重的给予撤销GSP认证证书处理，有效打击了经营企业违法违规行为。至2017年底，药品不良反应网络直报数已达551例，严重报告比例25.95%，对全县25个监测站点进行了药械化妆品不良反应督导培训。积极完成了319批药物的抽检工作，超额完成全年任务。

【食品医药安全宣传】一是在城区主干道及每个乡镇主要街道打造了多条食品安全宣传示范街，将城区东皋公园打造成食品安全主题公园，充分利用“饿了么”“美团”等网络订餐流动车宣传食品安全知识，营造了良好的社会氛围。同时，在县电视台设立《食安蓝盾》专栏，每月定期播出。二是在县食药监局及18个乡镇街建立20个食安微信交流群，及时发布食药安全动态，积极引导各环节食品从业者、学校老师、学生代表、各级食药监管人员以及人大、政协、新闻媒体参与食安交流，进一步提高了监管效率。三是定期召开新闻发布会、媒体通气会，支持新闻媒体开展舆论监督。健全完善了食品安全有奖投诉举报机制。充分利用“12345”市民热线、“12331”食品药品投诉举报热线，畅通投诉举报渠道，依法维护消费者合法权益。2017年，共受理各类食品投诉举报1400余起，均及时进行处理、答复。四是不断创新工作模式，在全县120余个中小学成立了由家长、学生、老师、人大代表组成的“学生生活委员会”，充分发挥自我监督作用，切实做到让最关心这件事的人管理这件事，实现了校园食品常态化管理，形成了齐抓共管的良好态势。

（牟瑞海　刘中华）

统计管理

【概况】沂水县统计局是负责全县统计和国民经济核算工作的政府职能部门，主要职责是统计和分析全县经济社会发展情况，为政府、单位和公众提供统计信息和统计咨询意见，对乡镇（街道）、部门和统计对象进行统计指导和监督，为全县经济和社会发展提供统计服务。2017年，设有办公室、综合科、工业科、法规科、贸易科、能源统计科、固定资产投资科、计算站、沂水县统计调查队（副科级事业单位）和沂水县社情民意调查中心，有工作人员40人。2017年，获“全县政协反映社情民意信息工作先进单位”“服务业发展先进单位”等荣誉称号。

【统计改革】 县统计局始终把统计基层规范化建设摆在突出的位置来抓。一是健全统计网络。全县设有18处乡镇（街道）统计站，配备办公场所、设备，配强工作队伍；二是完善制度改革。县统计局实施GDP上交一级核算，"企业一套表"制度，"三上"企业全部实行"网上直报"等一系列的改革；三是提升人员素质。县统计局始终将人员业务放在首位，通过"内外兼修"，提升人员素质；四是不断完善沂水县统计综合服务平台，力求平台使用实用、简洁、高效。沂水县的基层基础建设工作，已走在全市统计行业前列。

【统计调查】 全县第三次农业普查历经普查准备、普查两员选聘和培训、普查区划分、普查摸底、PDA入户登记、数据审核处理等阶段，圆满完成了各项工作任务。至2017年3月20日，全县农业普查现场登记工作圆满结束。现场登记普通农户普查285172户、规模农业经营户1991户，农业生产经营单位2476个。

县统计局积极发挥专业优势，打造"12340"社情民意调查服务品牌。自调查中心成立后，开展了多种舆情调查工作，群众知晓率逐年提高，树立了良好的民意调查形象，为各级各部门决策起到了很好的参考作用。2017年，共开展9次调查，内容涉及全县便民服务中心工作满意度调查、农村党员集中教育冬训情况调查、城乡环卫一体化电话调查、移风易俗工作群众满意度调查等，成功样本量近万余个。

【统计法宣传】 2017年12月4日，县统计局组织干部职工走上街头宣传《统计法》《中华人民共和国宪法》《山东省法治宣传教育条例》等法律法规知识，开启"统计法制宣传周"活动。制作宣传牌，印发了1万份统计法宣传提纲、500本《统计法宣传读本》及1000份宪法有关条文摘要。向过往群众认真宣讲统计法律法规和宪法有关知识。这次宣传活动将极大地提高统计法律地位，提高统计法律法规的知晓度，推动统计事业健康发展。

【统计创新】 县统计局紧紧围绕全县"翻两番，创强县"总体目标，将争创百强县工作纳入2017年重点工作来抓。一是完善全县争创百强县考核评价体系。不断完善数据质量，积极与评价体系进行比对；二是通过经济社会发展专题片《魅力沂水》向考核专家组全面系统展示沂水县经济社会发展成果，提升知名度；三是积极对接中小城市发展研究院。县统计局多次与中小城市发展研究院专家组对接，邀请专家深入沂水县考察研究县域经济情况。全局上下通力协作，提高数据质量，并取得了初步成效。2017年10月9日《人民日报》刊登了中小城市经济发展委员会、中小城市发展战略研究院、中国社会科学院城市发展与环境研究所等单位联合发布的"2017年中国中小城市科学发展指数研究成果"，沂水县一举夺得两项殊荣：全国最具投资潜力百强县68位和新型城镇化质量百强县第86位。据悉沂水县已连续3年获得这两项殊荣，也是全市唯一一个获此殊荣的县，为下一步创建综合实力百强县奠定了基础。

（赵 鹏）

审 计

【概况】 沂水县审计局负责全县审计工作。2017年，全局设办公室、人事科、法规科、经济贸易审计科、财政金融审计科、行政事业审计科、固定资产投资审计科、社会保障科、审计执行科等9个职能科室，下设正科级事业单位沂水县经济责任审计办公室。有工作人员33人，其中中级以上职称的18人，占54.4%；大学以上学历的28人，占82.8%。共完成90个项目的审计任务，查出违规资金12070万元，管理不规范资金24076万元，提出审计建议258条，较好地发挥了审计为领导宏观管理决策服务的作用。局机关先后被省文明委授予"省级文明单位"，被市审计局授予"全市审计工作先进集体"，被县委、县政府授予"履行人口和计划生育职责先进单位""信访工作先进单位"等荣誉称号。

【政策落实跟踪审计】 2017年，根据上级审计机关的统一安排，先后组织开展了财政存量资金、行政审批制度改革、公立医院综合改革等 3 类重大决策部署措施落实情况跟踪审计，严肃查处弄虚作假、隐瞒实情、上有政策、下有对策、有令不行、有禁不止，以及重大履职不到位等问题，促进政令畅通，维护中央和省市权威，推动政策有效实施和发挥作用。

【本级预算执行情况审计】 2017 年，采取省、市、县三级联动数字化审计的方式，重点审计了预算管理、国库管理制度改革、非税收入征管等，并对 8 个部门单位的预算执行情况进行了审计。通过审计，共查处财政收入未及时缴入国库等 12 个方面的问题，涉及金额 12737 万元。对 2016 年度地方税收征管情况进行了专项审计，以政策落实、执法权限、征收质效等为重点，延伸审计了部分企业，查出违规资金 890.84 万元，向税务机关移送案件 3 起。审计结束后，向县政府写出了审计结果报告，并受县政府的委托，向县人大常委会作了审计工作报告。审计结果为县政府加强预算管理和县人大常委会加强预算执行情况的监督提供了依据。

【领导干部经济责任审计】 2017 年，通过推行“三联合”“1+N”模式，离任审计与离任交接、经济责任审计与预算执行审计相结合等措施，实现经济责任审计工作全方位、立体化发展。一年来，共完成对 47 个部门单位（含乡镇）54 名领导干部进行经济责任审计和离任交接。另外，经市审计局授权，对县委党校、县委办公室 2 个副县级领导干部进行了离任审计。通过审计，共查出违规违纪资金 8074 万元，管理不规范资金 16318 万元，移送财政局、地税局等案件线索 16 条，促进领导干部遵规守纪，尽职尽责，推动依法行政和党风廉政建设。县财政局对审计部门移送的 6 个乡镇社区经费管理不规范问题进行依法处理、处罚，并出台了制度办法进行规范。县地税局对审计机关依法查出的税收违法行为，依法予以追缴、补征入库，责令相关企业补缴税款 716 万元。

【村居审计】 根据全市村级督查试点要求，扎实开展了第二轮村居干部经济责任审计。工作中，县里成立村级督查中心，设置了村居审计办公室、党务巡查办公室，村居审计办公室抽调 45 名村居审计业务骨干组成 5 个村居审计大组，采取集中办公、异地交叉审计的方式，大大增强了审计的成效，为村两委换届创造了一个“风清气正”的环境。2017 年，共完成村居审计项目 1196 个，查出违规违纪问题 4735 个，涉及资金 129668.19 万元，发现案件线索 24 条，处理村居干部 20 人。

【政府投资审计】 2017 年，先后完成东红公路沂水段路基改造工程、小店子大桥工程等 48 个项目的审计，审计项目金额 23472 万元，项目审定价 20407 万元，审减 3065 万元。对审计中发现的建设工程项目程序不合规、工程造价不实等问题，在向相关建设单位提出审计建议的同时，形成专题报告上报县政府。县政府主要领导作了批示，督促问题整改，在为财政节约大量资金的同时，有效预防了工程建设领域违规违纪问题的发生。

【服务经济发展】 2017 年，县审计局主动跟进县委、县政府的各项决策部署，自觉将审计工作融入经济社会发展大局，积极参与全县“125”工程、三引一促、民生保障、殡葬改革等重点工作。抽调审计业务骨干参与县委从严治党主体责任落实情况专项检查，参与省委巡视组、市委巡查组和县委巡察组工作，参与县扶贫办组织的扶贫资金、扶贫项目专项检查，参与县信访局重点信访案

2017 年 5 月 22 日，市委组织部部长姜仕礼（右一）到沂水县视察村级督查工作

组织审计人员参加马拉松健康跑比赛

件的查处等，充分发挥审计的监督、服务和评价功能，多途径参与国家治理，推动县域经济科学发展。

【审计管理体制改革】 根据《中共中央关于全面推进依法治国若干重大问题的决定》要求，江苏、浙江、山东、广东、重庆、贵州、云南等7省市开展省以下地方审计机关人财物管理改革试点。山东省出台了《山东省审计机关人财物管理改革试点实施方案》，对改革试点工作的指导思想、目标原则、主要内容、组织领导等作出全面部署。

【内部审计】 2017年，全县专兼职内审机构发展到133家，配备专兼职内审人员210人，内审协会会员单位103个。内部审计管理制度不断完善，内部审计行为不断规范，内部审计工作水平得到了显著提高。2017年12月，县内审协会被省内审协会评为全省优秀内审协会。

（张廷伟）

安全生产监督管理

【概况】 沂水县安全生产监督管理局为县政府组成部门，县安委会办公室设在安监局，是县安全生产委员会的常设办事机构，主要职责是：综合管理全县安全生产工作；依法行使安全生产综合监督管理职权；负责监督管理工矿商贸企业、危险化学品和烟花爆竹安全生产工作；依法监督检查重大危险源监控、重大事故隐患的整改工作，依法查处不具备安全生产条件的生产经营单位；承担县安全生产委员会的日常工作等。2017年，局下设办公室、政策法规科、协调调研科、行政许可服务办公室、工贸（烟花爆竹）科、职业安全健康科、矿山安全监督管理科、危险化学品安全监督管理科8个科室和沂水县安全生产监察大队（正科级事业单位）、沂水县安全生产应急救援指挥中心（副科级事业单位），有工作人员64人。2017年，全县共发生各类生产安全事故13起，死亡9人，同比分别下降40.9%、35.7%。2017年县安监局被县委、县政府授予政法综治暨平安沂水建设工作先进单位、信访工作先进单位、环境保护工作先进单位、食品药品安全工作先进单位、人口和计划生育工作先进单位等荣誉称号。

【安全生产责任制】 “党政同责”制度 县委常委会4次、县政府常务会4次听取安全生产工作专题汇报，通报分析沂水县当前安全生产形势，研究解决安全生产工作中的难点和问题。

“一岗双责”制度 调整充实了由县委副书记、县长任主任的安全生产委员会，并根据政府领导分工和行业特点，成立了16个专业委员会，牵头负责相关行业领域安全生产工作。县委办公室、县政府办公室印发《县级领导包乡镇督导安全生产工作方案》，县委、县政府设立19个督导组，县级领导带队，每2个月对所包乡镇督导1次。

安全生产责任制 县政府与各乡镇（街道、经济开发区、沂蒙风情旅游景区）、各专业委员会办公室以及各管理部门、其他部门、企事业单位签订了安全生产目标责任书。各级也层层签订了安全生产目标责任书，形成了

"横到乡镇、部门，纵到企业、员工"的安全生产责任体系。

定期会议制度 县政府每季度召开1次安全生产会议，通报全县安全生产形势，安排部署下步重点工作。各专委会定期召开专题会议，安排部署本行业领域重点工作。

考核奖惩制度 考核内容上分为基本考核、动议考核和反向考核，结合年度考核得分和生产安全事故情况，对全年考核成绩前9名的乡镇和前30名的部门、企事业单位由县委、县政府进行表彰奖励，对为全县安全生产工作做出突出贡献的40名个人予以表彰。对发生生产安全事故负有责任的1个单位实行了安全生产工作警告。

【安全生产整治】 **扎实开展化工产业安全生产转型升级** 成立了由县委书记和县长任组长的化工产业安全生产转型升级工作领导小组，召开专题会议进行动员和安排部署，制订了《沂水县化工产业安全生产转型升级专项行动实施方案》。全县共有85家化工企业参加化工产业安全生产转型升级工作，已停产整顿企业9家，关停不符合安全、环保专业要求企业的7家及1条生产线，查出安全隐患问题616项，已完成整改340项。

持续开展"打非治违"活动 以高压态势开展"打非治违"，查扣危险化学品非法运输车辆2辆，查扣醇基燃料44桶，3300公斤，查处非法建设存储柴油存储点3处，并依法拆除其相关设备。

重点行业领域整治 非煤矿山领域。2017年，全县有8家企业达到安全生产条件，恢复生产；完成46家非煤矿山企业"四评级"初评，注销企业107家，推进采空区治理135.5万立方米。危险化学品领域。开展危化品安全综合治理工作，排查危化品安全风险681处、重大危险源24处，并录入危化品安全管理信息系统。对重大危险源和非药品易制毒经营企业进行备案，对33家加油站进行换证或变更现场审查。聘请中海油对庐山化工园区实行安全生产第三方监管，实行特殊作业由第三方监管机构进行现场确认制度。烟花爆竹领域，开展烟花爆竹百日攻坚治理行动，对烟花爆竹零售点逐一现场审核，核发烟花爆竹零售经营许可证378个。道路交通领域，公路部门排查出安全隐患76处，已整改完成74处。封堵东红路中央隔离护栏非法出口145处。交通部门完善GPS动态监控系统，对7家"两客一危"企业在内的77家企业进行日常督导检查，查出安全生产隐患35条。交警部门扎实开展交通安全百日攻坚行动，排查道路交通安全隐患点340处，查处各类交通违法行为20.6万余起。建筑施工领域，开展建筑工地大检查4次、专项检查4次，累计排查安全隐患900余条。出台《沂水县乡村建设工程质量安全管理暂行办法》，成立村镇建设工程公司36家。燃气领域，对全县22家燃气经营企业进行了8次安全生产大检查，共查出问题380余条。查处非法倒罐点10处，依法扣押、没收液化气钢瓶76个。消防领域，共检查单位场所3061家（次），督促整改火灾隐患6537处，责令"三停"36家，临时查封49家，行政拘留12人，告知罚款218.95万元。国土资源领域，共排查矿山企业、地质灾害点、无证采坑、中基性岩分布区土地整理项目等150余处，发现持证矿山隐患7处；地质灾害隐患点61处。特种设备领域，对全县重点特种设备生产和使用单位进行全面摸排检查，共排查特种设备使用单位512家（次），发现安全隐患492条，责令限期整改企业283家，查封5

2017年4月21日，省安监局局长付伟（右二）带队到沂水县调研安全生产工作

家，责令停止使用 10 家，立案查处 12 家。

全力保障中共十九大期间安全稳定 县政府与 18 个乡镇（街道）、开发区及 78 个县直部门签订了《党的十九大期间安全生产工作目标责任书》，并且各乡镇与村居、辖区企业，部门与监管企业全部层层签订了责任书，确保十九大期间安全无事故。县级党政领导全部到所联系乡镇进行现场督导。县委办公室、县政府办公室联合下发了《关于落实党的十九大期间向重点企业派驻安全督查员的通知》，全县确定了 341 家重点企业，每个企业派驻至少 1 名安全督查员，共涉及 18 个乡镇（街道）、88 个县直部门，其中，县安监局由 9 名分管领导带队，23 同志分别派驻 20 家重点监管企业，24 小时吃住在企业，通过查隐患、促整改、强监控、严执法，督促企业落实主体责任，发现情况及时报告。

【安全生产执法监察】 **执法检查** 2017 年，共检查单位 1636 家（次），查出隐患 5009 条。受理群众举报和有关单位转交的安全生产违法非法行为 86 件，对举报属实的 37 件安全生产违法非法行为依法进行了处理。

行政处罚 进一步加大了对安全生产违法行为的行政处罚力度，2017 年共对 33 起违法行为进行立案处罚，罚款 169.86 万元。

行政许可 依法强化行政许可工作，2017 年，共发放危险化学品经营许可证 6 个，烟花爆竹经营（零售）许可证 378 个。

【安全生产基层基础建设】 **安全生产标准化** 2017 年，全县有 3 家危化品企业、2 家露天矿山、1 家地下矿山、1 家尾矿库达到二级标准化水平；16 家危险化学品企业、30 家建筑施工企业、3 家危化品运输企业、255 家工贸企业达到三级标准化水平。

委托中介机构查隐患 投入资金 157 万元，通过公开招标确定 7 家中介机构，为全县 18 个乡镇提供隐患排查服务，共有 634 家企业列入专家查隐患范围。至 2017 年，查出隐患 22371 条，已整改 18082 条。

2017 年 6 月 24 日，全县化工产业安全生产转型升级专项行动动员部署会议召开

安全生产第三方专业服务 投入 340 万元聘请中海油安全技术服务公司对庐山化工园区实行安全生产第三方监管，检查生产经营单位 99 家（次），查出隐患 1064 条，下达责令限期整改指令书 69 份，实行特殊作业现场确认制度，特殊作业前，由第三方监管机构进行现场确认，经确认符合条件后方可作业。开展危化品安全综合治理工作，已排查危化品安全风险 681 处、重大危险源 24 处，并录入危化品安全管理信息系统。召开了全县化工行业安全生产工作会议、危化品企业安全生产紧急会议，印发了《关于切实做好当前危险化学品领域安全生产工作的通知》，就危化品企业“两个体系”建设、特殊作业等七项重点工作进行安排部署。

应急管理 对全县 111 家企业的生产安全事故应急预案进行备案，开展了 1 次旅游景区特种设备应急救援演练，316 家企业进行了厂级综合应急演练工作。

【安全生产宣传教育培训】 **全媒体、分众化宣教** 2017 年，各级媒体采用安全生产稿件 669 篇，在“沂水安监”微信公众号及时登载了法律法规、安全常识、安全知识讲座和生产安全事故案例等信息 534 条。印发《山东省安全生产条例》《改革发展的意见》《山东省较大及以上生产安全事故典型案例汇编》近 1100 余份。加强教育培训，依法组织培训各类企业负责人、安全管理人员、特种作业人员、重点行业从业人员等 3300 余人。认真开展“安全生产月”活动。开展了“安全生产宣传咨询日”活动主现场的集中宣传咨询活动，开展了安全文化“七进”马站、道托两场现场观摩会。开展了全县中小学生《交通安全文明出行》征文投稿活动、“安全进校园”活动、“安全在我心中”全县职工安全生产知识答卷活动、安全生产网络知识大赛活动。沂水县荣获全市安全生产法律法规知识竞赛二等奖，在全市安全文化书画摄影作品竞赛中，有3部作品荣获二等奖，其中，有7家单位分别荣获全省、全市“安全生产月”活动优秀组织单位。

（孙　才）

盐务管理

【概况】 沂水县盐务局是县人民政府的盐业行政主管机构和盐业行政执法主体，负责县内盐业行业管理、盐政执法和食盐专营的行政管理工作。沂水盐业公司是山东省盐业集团有限公司的下属公司，是沂水县辖区内唯一合法的盐业批发经营机构，负责全县食用盐及其他用盐的批发经营业务。2017年，县盐务局设有盐政稽查大队、办公室、业务科、财务科、商贸科和9个客户服务部，有工作人员65人。

2017年是山东省盐业改革具体实施的一年。按照国务院《盐业体制改革方案》《山东省盐业体制改革实施方案》总体要求，全面深化实施盐业改革，确保食盐质量安全和供应安全为核心，在坚持食盐专营制度基础上推进供给侧结构性改革，坚持依法治盐，创新管理方式，健全食盐储备，严格市场监管，建立公平竞争、监管到位的市场环境，培育一批具有核心竞争力的企业，逐步形成符合国情的盐业管理体制。

【盐政执法】 随着国家盐业体制改革步伐进一步深入，县盐业局多方联动，开展维护全县盐业市场秩序的专项整治行动，对涉盐违法行为保持了高压态势，宣传教育用盐企业和个体业户提高合法用盐的意识。同时变执法检查为市场服务，通过主动向当地乡镇政府及公安、食药、工商等部门汇报和协调地方媒体大力正面宣传，消除对食盐专营改革的误解，争取政府的支持、部门的配合和社会大众的理解，保障了盐政执法工作的有力开展。全年共查处盐业违法案件351起，罚款25.57万元，查获各类违法盐产品25.5吨，移送司法机关涉嫌犯罪案件6起，判刑11人，刑事拘留8人，取保候审9人。

根据国家发展改革委办公厅工业和信息化部办公厅发布《关于进一步落实盐业体制改革有关工作的通知》、市盐务局《关于临沂市落实盐改跨区经营政策专项行动方案》等文件精神，县盐务局加强同县市场监管局、食药监局、公安局等执法部门的联合，共同执法，专项检查，形成盐业管理的高压态势。加大对涉盐违法行为的打击力度，为盐业市场管理工作的开展提供强有力的组织保证。对重点乡镇、重点行业、重大节日、重大活动进行监督检查，提高执法效果，净化盐业市场，形成震慑。加强行业协作，与上级盐业主管部门和相邻盐业部门互相协作，对大案要案和比邻地区的食盐案件进行案情公开，区域协作，对跨区案件进行案件移交办理，弥补了盐业市场监管空白。

在抓好盐业市场管理的同时，加强盐业执法人员综合素质建设，做到精确执法、文明执法、廉洁执法，提升执法效果。

【食盐专营】 按照“合理布局，益于辐射，利于带动，方便购买”的原则，在辖区乡镇、村庄设立食盐中心店和食盐零售店，签订食盐购销、盐政协查、信息反馈协议，县盐务局负责把合格碘盐安全配送到位，构建了一张覆盖城乡、安全有序便捷的食盐流通、市场管理、信息共享网络。和各食盐零售网点签订食盐销售、市场管理协议，聘请食盐安全协管员，提高合格碘盐的市场占有率，挤压私盐的生存空间，配备了9个片区食盐营销人员，掌握销售情况，按照每月两次到网点签到配送的办法，将食盐安全运输到位。加强与客户的沟通合作，经常与食盐零售网点开展经营沟通协作，让他们认识到食盐在经营中的重要位置，诚信经营好合格碘盐才能有长久的消费者，才能在经营中立于不败之地，以此提升食盐网络的信誉度，使之长久不衰。

2017年，共购进各类盐产品9176吨，其中购进食盐4205吨，工业盐1166吨，饲料用盐3805吨。销售各类盐产品9075吨，非盐商品销售461.5万元。

【盐业法规和碘盐知识宣传】 2017年，县盐务局加大宣传面的宽度、宣传的方式及宣传的力度，让“科学用盐、促进健康”理念真正入眼、入脑、入心，从而转化为群众自觉食用安全合格碘盐的实际行动，保护了食盐市场。一是利用关键时间节点的宣传月、“3·15”消费者权益保护日、“食品安全宣传月”“5·15”防治碘缺乏病宣传日、春节、中秋节等时间，安排人员，携带盐样、展板、音响，在辖区内搞好宣传工作，增强群众安全用盐意识，帮助群众树立“少吃盐、吃好盐、巧用盐”的健康用盐新理念。二是利用现代传媒手段及时发送盐业管理信息，利用微信、短信、网络、电视、电子屏幕等媒体，经常发送科学用盐、盐业动态、市场管理等信息，让广大群众了解盐行业工作和动向，消除部分群众对盐业行业的误解和抵触情绪，从而自觉配合盐业部门的工作。三是多方位搞好宣传，以企业品牌建设促进企业发展。在大中型商超和部分重要零售网点，设立“盐业公司放心食盐”专柜，宣传食盐品种及安全质量，丰富高中低各档次食盐品种供群众选购，不断强化盐业公司的“放心盐”品牌优势，保证市场合格碘盐的销售。

（鞠召军）

农业和农村工作

种植业

【概况】 沂水县农业局担负着执行有关农业和农村经济发展的方针政策、法律法规；拟订全县农业和农村经济中长期发展规划、政策并组织实施；承担完善农村经营管理体制的责任等职责。2017年，农业局下设农业技术推广中心、农村经营管理服务中心、农业质量监督检验测试中心、农业综合执法大队4个副科级事业单位，及办公室、财务科、人事科、法规科、市场与经济信息科、科技教育科、农产品质量安全监督管理办公室、种植业管理科、农村经济经营管理科、农业技术推广站、植物保护工作站、土壤肥料工作站、环境保护工作站、蔬菜技术推广站、山东省农业广播电视学校沂水县分校、企业管理办公室、农村财务管理站、农村土地管理站、农民负担管理站、农民专业合作经济组织管理站、农村土地承包仲裁委员会办公室、农业综合执法大队下属6个中队和综合科、案件审理科、农药使用事故受理科30个科室，有工作人员184人。

2017年，沂水县被列为全国农村集体产权制度改革试点县，农业局被省农业厅表彰为"全省农业宣传暨科学技术普及工作先进集体""全省韭菜质量安全专项整治行动先进集体""全省种业质量管理工作先进集体"。

【农村政策落实】 2017年，核定小麦直补面积1.43万公顷，发放小麦补贴和农资综合补贴资金2676.7万元；小麦统一供种面积0.47万公顷，推广小麦良种68.2万公斤。

【农业政策性保险】 2017年，全县小麦投保面积1.40万公顷，承保率达98.1%；玉米投保面积1.32万公顷；花生投保面积0.55万公顷。

【农业产业化经营】 2017年，全县有国家级龙头企业1家，省级龙头企业8家，市级龙头企业52家。新增诸葛镇（沂水苹果）为全国一村一品示范村镇，新增院东头镇（生姜）、夏蔚镇（大樱桃）为省级一村一品示范村镇。

【农民合作组织建设】 2017年，新工商登记农民专业合作社141个，全县工商登记达到2017个；培育省级示范社5个、市级示范社18个、县级示范社20个；新工商登记家庭农场142个，全县工商登记达到487个；培育省级示范农场2个，市级示范农场11个。

【优质农产品基地品牌建设】 2017年，全县新建现代农业产业园区10个、3031.1公顷，其中，优质蔬菜园区2个、48.6公顷，优质果品园区3个、1866.6公顷，渔业养殖园区2个、836.3公顷，休闲观光园区3个、279.6公顷。

2017年，全县共有绿色食品获证企业19家、40个产品，申报面积9454.9公顷，产量12.09万吨；无公害农产品获证企业13家、26个产品，申报面积1449.7公顷，产量6.96万吨；地理标志农产品获证企业5家，申报面积19633.3公顷，产量76.04万吨。

【土壤肥料与技术推广】 **水肥一体化** 2017年全县推广水肥一体化技术应用面积1240公顷，建立了10个高标准水肥一体化核心示范区，分别是沙沟镇九岭坡村大棚蔬菜示范园区、诸葛镇上古村黄桃示范园区、诸葛镇南门楼果品示范园区、高桥镇徐家荣仁黄桃示范园区、夏蔚镇东村大棚樱桃示范园区、高庄镇大棚蔬菜示范园区、富官庄镇刘家后沟大棚种植园区、道托镇道托村苹果种植园区、四十里堡镇国威大棚蔬菜园区、黄山铺镇汇博农业园区。

耕地质量提升 采集耕地质量变更调查样点土样180个，建立了30个长期定位监测点，测定了有效磷、速效钾、pH、有机质、碱解氮、有效硫、有效铜、有效锌、有效铁、有效锰、有效钼、有效硼、有效硅、铅、镉、铬、汞、砷、铜、锌、镍等，共化验2000余项（次）。建立高标准耕地质量提升和化肥减量增效示范样板（作物：苹果）示范区一处。

墒情监测 建立省级农田墒情监测点10处，定点定期开展土壤墒情监测工作，并及时发布信息。

宣传培训 举办县级培训班2次，培训县乡技术骨干260余人。举办乡村级现场培训班30余次，累计培训农民2000余人（次），发放技术资料5000余份、宣传条幅300余幅、电视专题宣传5次，印制发放《水肥一体化技术知识手册》1000本，《哥俩种菜》300本，发表市级以上信息4篇，其中省级网站3篇，市级网站1篇。

推广应用有机肥、有机无机复混肥，缓控释肥、水溶性肥料等新型肥料，推广应用水肥一体化与测土配方施肥等化肥减量增效技术，推广应用地膜覆盖、微喷灌、秸秆还田等高效节水农业技术。

【粮食生产】 2017年，粮食播种面积59634.27公顷，占当年作物播种总面积的55.6%，总产39.72万吨。

小麦种植 播种夏粮面积23383.9公顷，单产5649公斤/公顷，总产13.21万吨。重点推广临麦4号、烟农24等包衣良种和深耕深松、宽幅播种、测土配方施肥、化学除草、氮肥后移、中后期“一喷三防”和秸秆还田技术。

玉米种植 种植面积28787.6公顷，单产6961.5公斤/公顷，总产20.04万吨。重点推广登海605、隆平206、先玉335等良种和夏玉米“一增四改”高产栽培技术即合理增加种植密度、改种耐密型品种、改套种为夏直播、改粗放用肥为配方施肥、改人工种植为机械化作业。

地瓜种植 地瓜面积5877.9公顷，单产10020公斤/公顷，总产5.89万吨。主要推广种植的品种为徐薯18、济薯7号、济薯5号以及淀粉专用品种商薯19、济薯15。

【经济作物生产】 2017年，主要种植的经济作物为花生、中药材、瓜菜和食用菌。

花生生产 花生种植面积26520.8公顷，单产3793.5公斤/公顷，总产10.06万吨。重点推广丰花1号、花育25、花育22、山花9号等良种和增产增效“四大关键八项改进”技术（深耕翻、广覆膜、增密度、防早衰，改长期自留种为定期更新品种、改速效化肥一次施用为控释肥精准施用、改早播早收为适当晚播晚收、改人工播种收获为机械化作业、改双粒播种为单粒精播、改花生套种为夏直播、改普通病虫防治为绿色防控、改一次集中化控为多次灵活化控）。

中药材生产 种植面积1299.5公顷。

瓜菜种植面积14586公顷，总产89.83万吨。其中，冬暖式大棚2046.6公顷，拱棚1580公顷；生姜3666.6公顷、西瓜和甜瓜691.3公顷、韭菜380.2公顷、秋大白菜2123公顷、萝卜1090公顷、黄瓜322公顷、番茄484公顷、辣椒710.1公顷。推广的主要品种：秋大白菜以义和秋和德高系列为主栽品种；萝卜以沂蒙青为主栽品种；黄瓜以博新系列和津杂系列为主栽品种；番茄以西粉3号、毛粉802为主栽品种；辣椒以三鹰椒、线椒和冈田为主栽品种；韭菜以汉中冬韭为主栽品种；生姜以沂水小姜和缅姜为主栽品种。

食用菌生产食用菌投料2469吨，总产1564.2吨。主要种植种类有平菇、香菇、黑木耳、银耳、双孢菇和秀珍菇等。平菇321吨，主要分布在沂城街道和马站镇；黑木耳70吨，主要分布在沙沟镇；双孢菇12吨，主要分布在高庄镇；香菇865.2吨，主要分布在沂城街道和许家湖镇；银耳40吨，主要分布在沂城街道。

【植物保护】 **病虫害综合防治工作** 全县主要农作物病虫草害发生面积102.1万公顷（次），防治面积100万公顷（次）。其中，小麦病虫害发生面积9.5万公顷（次），防治面积8.7万公顷（次），挽回损失1.60万吨，病虫草害综合发生程度为中等偏轻发生，病害重于虫害；玉米病虫害发生面积16.8万公顷（次），防治面积14.2万公顷（次），病虫草害综合发生程度为中等偏轻发生年份，虫害重于病害，挽回损失1.523万吨；花生病虫害发生面积16.9万公顷（次），防治面积15.3万公顷（次），挽回损失1.17万吨，病虫害综合发生程度为中等偏轻发生。

预测预报工作 设立专职测报员3人，按照作物布局重点设立基层测报点10处，基层测报人员10名。同时，及时完成病虫发生动态与趋势分析20期，发布重大病虫害发生情况及时植物保护情报信息15期，其中长期预报3期、中长期预报3期、短期预报9期，发布小麦、玉米、花生病虫害等综合防治技术意见3期。按时完成向省、市站发送模式电报8期（次），预报准确率达100%，完成山东省农作物有害生物监控系统的模式电报、旬报、月报、季报等数据的录入。

植物检疫工作 一是积极开展植物检疫宣传活动，通过发放宣传画、宣传手册、举办培训班等多种形式，广泛宣传植物检疫的重要性，增强公众检疫法制意识。二是对种苗、花卉的生产、经营、加工单位特别是供种企业进行宣传督导。对种苗、花卉的生产、经营、加工单位进一步宣传检疫法规，强化企业法制观念，提高自觉遵守检疫法规的自觉性。同时充分听取各单位的意见和建议，探讨更好地服务单位工作新措施，通过明察暗访等形式对违法、违章行为进行督导检查。三是积极维护检疫平台有关数据的填报工作。

突发性重大病虫害防控工作 高度重视条锈病、灰飞虱、玉米粘虫、苹果蠹蛾等重大病虫防治工作，在院东头镇、高庄镇、沂城街道、四十里堡镇、诸葛镇设置了5处监测点，及时开展预警监测。对检疫性病害如瓜类果斑病、黄瓜绿斑驳花叶病毒病、甘薯腐烂茎线虫病、马铃薯块茎蛾等疫情进行普查，通过下发传真电报、宣传画、技术明白纸等，指导各乡镇集中普查，并按时进行调度、上报。

（王泓霖）

林　业

【概况】 沂水县林业局担负着全县造林绿化、森林资源保护、陆生野生动植物资源保护、森林防火等职责。2017年，设办公室、人事科、财务科、政策法规科（林政科）、造林绿化科5个行政科室，林业技术推广站、项目办、场圃管理站、经济林技术推广站、林木种苗站、森林保护站、木材检查站7各股级事业单位，森林消防大队1个正科级事业单位，森林公安局1个副科级事业单位，共有工作人员121人。

2017年，林业局先后获“全省林业科技工作先进集体”“全省第九次森林资源清查工作先进单位”“市级文明单位”“服务‘两城同建’工作先进单位”“食品药品安全工作先进单位”“人口和计划生育工作先进单位”等荣誉称号。

【造林绿化】 积极推进荒山绿化工程、水系绿化工程、村庄绿化工程、绿色通道工程和森林抚育工程，全年完成新造林3000公顷。一是项目造林。采取“农民自建、先建后补”的形式，实施长江防护林工程，完成造林600公顷，栽植核桃、榛子、桃等各类苗木44万余株。采取工程造林的形式，实施市重点生态造林项目，完成造林314.67公顷，栽植黄栌、樱花、鸡爪槭等彩化树种30余个、13万余株。二是村庄绿化。积极开展“森林乡镇、森林村庄”创建活动，采取农村环境综合整治、县直部门包村庄绿化等办法，大力推进村庄绿化，全面提升农村绿化水平。崔家峪镇南垛庄铺村、高庄镇上峪村、院东头镇桃棵子村4个村庄获“山东省森林村居”荣誉称号。三是森林抚育。围绕实现森林资源提质增效，实施中央财政森林抚育项目，完成森林抚育2000公顷，进一步改进了林分质量，提高了林地生产力。

【资源管理和保护】 森林防火工作。强化森林防火基础设施建设，组织实施蒙山森林重点火险区综合治理三期工程，新建林火远程高清视频监控系统6处、森林防火智能语音提示系统30套，新购置灭火机、油锯、高压细水雾等物资装备723台（套），新购置运兵车1辆、无人机1架，县森林消防大队装备运兵车达到6辆；加大森林防火宣传教育力度，发送森林防火提示短信5万余条，增设防火警示标牌，悬挂防火横幅1600条，张贴防火标语、《禁火令》1.2万份，发放“明白纸”6万份；强化森林消防专业队伍建设，举办森林消防队伍技能大比武，提升队伍实战能力。县森林消防大队被市政府森林防火指挥部授予“全市优秀森林消防专业队”荣誉称号。

林业有害生物防控工作。强化美国白蛾、杨扇舟蛾等重大林业食叶害虫监测预报，在各乡镇设立监测点66处，完成飞防美国白蛾等食叶害虫9000公顷，确保了沭河流域林木资源安全；开展日本松干蚧集中防治，共打孔注药防治833.33公顷，日本松干蚧蔓延态势得到全面控制；开展了松材线虫病春、秋季普查，人工普查松林1.41万公顷，全县未发生松材线虫病疫情；完成苗木产地检疫、调运检疫127万株。

林业执法和审批。开展“打击野外违规用火”“打击破坏森林资源”“利剑行动”等执法专项行动，依法查处各类涉林行政案件39起、刑事案件8起；依法加强林木采伐审批和林地征占用林地审核，共办理建设项目征占用林地审核9宗地（面积59.0841公顷）、林木采伐许可证3009份（立木蓄积13.55万立方米）。

森林资源调查。开展第九次森林资源连续清查，完成146个固定样地调查，及时准确掌握全县森林资源现状和动态变化状况，对于划定生态保护红线，把握全县生态环境承载能力、林产品供应能力和生态县建设具有重要意义。

【林业产业】 加快发展苗木花卉、林下经济、特色经济林等绿色富民产业，新增苗木花卉453.33公顷，新增林下经济546.67公顷。苗木花卉产业方面，组织实施现代农业发展资金花卉产业项目，改建特色生产基地135.33公顷，培育高杆丝棉木、流苏花球、星花木兰、中华石楠等良种苗木20余万株，引进观赏牡丹、乔木型连翘、文冠果、珍珠油杏等树种11个。特色经济林基地建设方面，结合长江防护林工程实施，积极扶持合作社、专业大户、家庭农场等新型林业经营主体建设核桃、榛子等特色经济林基地，新发展经济林种植面积866.67公顷。沂水县民富榛果专业合作社榛子标准化示范园被省林业厅命名为“省级经济林标准化示范园”。

【集体林权制度改革】 推进林权抵押贷款政策落实，2017年，全县新增林权抵押贷款业务1笔，抵押面积10.67公顷，抵押贷款金额20万元；开展政策性森林保险工作，完成公益林险种保险面积2.81万公顷，缴纳保费168.8万元，保险金额3.376亿元；积极培育家庭林场、专业合作组织等新型经营主体，全县家庭林场和农民林业专业合作社分别达到216家、799家。

（扈明新）

【国有林场管理】 沂水县国有林场总场主要职责是贯彻执行各级关于国有林场生态建设、森林资源保护和造林绿化的方针政策、法律法规，研究制定国有林场发展规划并组织实施；统一协调全县国有林场在林木抚育、森林保护、重大危险病虫害和森林旅游等方面的工作；协助和带动国有林场周边林业发展及森林资源的培育和保护工作等。2017年，设办公室、规划发展科和生产科3个职能科室，下辖沂山、辛子山、沂河和汞丹山4个副科级林场，有工作人员123人。总面积1320公顷，其中林场1260公顷，苗圃31.93公顷。活立木总蓄积103124立方米。

生态林场建设。沂山林场。在林场场部建设防火物资储备库及防火指挥中心一处，面积1378平方米，投资139万元，是集防火物资储备、林火监控、火灾指挥等于一体的综合中心；对危桥、道路进行重建、整修。因雨量较大，林区内桥梁、涵洞和防火道路被冲毁，林场争取县财政资金10万元，重建桥梁1座、涵洞1处，并自筹资金5万元整修防火通道20余公里；对西坡、上沟、石槽峪林区的护林房进行修缮，共维修护林房9间、铺设饮水管道200余米、在西坡林区打水井1眼，改善了各林区护林人员的生活条件。

沂河林场。完成省级林场改革资金建设项目，总投资20万元，打井3眼、巡护路建设950米、硬化地面860平方米；自筹资金15万元，完成了上岩寺林区护林房、职工宿舍改造项目，大大改善了林区的生产生活条件。

辛子山林场。对场部内原有空地进行升级改造，将之建设成健身娱乐小广场330平方米，同时对消防队营房进行了修缮，共投资4.84万元。

汞丹山林场。利用2016年省级国有林场改革补助资金在场部办公区门前回填建造广场900余平方米；在场部打吃水井1眼，深80余米，投资近万元；林场利用单位自筹资金6.7余万元，修建改造办公室2间、职工宿舍14间；投资14余万元新建森林防火监控设施1套；为了绿化美化环境，投资5万余元购置绿化苗木，绿化办公区及周边1800余平方米。

森林防火。国有林场突出“生态公益”定位，始终抓好林场的生存根本，切实搞好以防火为主的生态安全工作。本着“预防为主，积极消灭”的方针，大力宣传防火、灭火知识，同时加大防火基础设施投入，张贴安全标语，发放防火宣传材料，设置护林防火牌，对风力灭火机等器械及时进行维修保养，确保关键时候拉得出用得上。切实加强专职防火队员的培训管理力度，充分发挥其生力军作用，确保防火队员“冲得上，灭的下”。

森林病虫害监测、防治工作。一是积极做好松材线虫病和日本松干蚧的监测、普查工作。二是针对日本松干蚧的发生积极做好防治工作，对林区实施药物防治，效果显著。三是做好其他病虫害防治工作。8月至9月，针对杜仲夜蛾、榆凤蛾、黄栌缀叶蛾等森林害虫的发生，实施药物防治，控制了虫情蔓延，保护了森林资源。

（张其财）

水 利

【概况】 沂水县水利局是负责管理全县水资源，拟定全县水资源保护规划，组织指导水政监察和水行政执法工作；编制、审查县内中小型水利基建项目建议书和可行性报告，组织指导水库的安全监管和除险加固工作；组织协调农田水利基本建设、人畜饮水、饮水安全、节水灌溉等工作；负责县防汛抗旱指挥部日常工作，组织、协调、指导全县全面实行河长制和防汛抗旱工作的水行政主管部门。2017年，全局设县外援项目管理办公室、县防汛抗旱指挥部办公室2个正科级事业单位，寨子山水库管理所、水政监察大队2个副科级事业单位，办公室、人事科、财务科、发展规划科、水政法规科、建设科、农村水利科7个行政科室，库区开发办公室、工程管理站、物资库、水资源办公室、河道工程维护管理费征收办公室、河道采砂管理办公室、打井队、水利修造厂8个股级事业单位，水利服务中心18个，全局共有工作人员342人。

2017年，沂水县获“全省小型水库标准化创建先进县”称号，水利局先后荣获“全市水库规范化管理工作先进单位”“全市水利风景区创建工作先进单位”“全市山洪灾害防治工作先进单位”“全市十大高效节水示范区”“全市美丽移民村”等荣誉称号。

【水利建设与管理】 2017年，县水利局以“125”工程为总抓手，先后实施了沂河国家水利风景区创建、小型水库管理标准化县创建、全面实行河长制、农业水价综合改革、农村饮水安全巩固提升、水库塘坝除险加固、农田水利项目县、沭河徐家荣仁橡胶坝、移民后期扶持、水利行业扶贫等工作，年内完成投资1.94亿元，改善灌溉面积0.18万公顷。

投资1849万元，在沂城、道托、高桥、马站等16个乡镇（街道）实施饮水安全巩固提升工程，铺设各类管网36万米，并投资80万元，实施农村供水消毒设施配套工程，让16个乡镇、51个村庄、5579户、28857人吃上了安全水放心水，打通了项目村饮水安全最后一公里问题。

以防洪工程建设为重点，连通河系、优化调度，打造智慧水利云平台，实现科学治水、科技兴水，实现行洪安全与洪水资源化有机结合的防洪减灾格局。抓好防汛抗旱工作。健全完善防汛抗旱行政首长负责制，坚持高位推动、顶格配置，调整充实了防汛抗旱指挥部和大中型水库河道及城区防汛等6个防汛指挥部，由政府一把手担任指挥部总指挥，

2017年8月8日，省水利厅厅长刘中会（前排左二）到沂水县调研水利工作

各成员单位主要负责人担任指挥部成员，及时召开防汛工作会议，进一步压实了工作责任，加强了乡镇防汛抗旱指挥体系建设。2017年县政府追加防汛资金30万元，落实防汛物料，严格责任落实，确保安全度汛。

利用“3·22世界水日”“中国水周”“12·4国家宪法日”等重大活动，广泛开展水法宣传活动。沂水县被省水利厅评为全省水利法治建设示范县。水资源费和污水处理费“两费”征收达到1550万元，是全省水资源管理和水政执法工作“双示范县”。

【水利行业脱贫攻坚工程】 一是移民扶贫工程。投资410万元，在沂城街道、经济开发区、马站等11个乡镇实施水利移民扶贫工程，主要通过建设蔬菜大棚和入股旅游合作社、养殖场、建设集贸市场、小型冷库等方式，帮助617口移民贫困人口脱贫致富。二是农村饮水扶贫工程。投资379万元，主要解决3个乡镇、12个村庄、25224口人的饮水安全问题，其中解决贫困户883户，贫困人口1501人的饮水安全问题。三是实施沂水县2017年贫困村（新增）通水工程。投资371.33万元，工程涉及4个乡镇，11个第一书记包扶村，12716人的饮水安全问题，惠及831户贫困户，贫困人口1435人。县水利局全面发挥水利行业优势，将水利工程项目向贫困村倾斜，全年共倾斜资金近1.26亿元，实施了饮水安全、饮水扶贫、农田水利、库塘加固、移民扶持五大工程，解决了71个贫困村，7500人的饮水安全、农田灌溉、文化生活、生态建设等水利问题。

【大中型水库移民后期扶持】 2017年，全县水利移民资金发放有序推进，累计发放移民直补资金2445.79万元。同时，累计完成投资2024万元，完成各项移民扶持工程。一是实施2017年大中型水库移民后期扶持结余资金项目。投资714万元，在3个镇实施大中型水库移民后期扶持工程。二是美丽乡村建设项目。投资800万元，通过成片整村推进的方式，对龙家圈街道南黄家庄村、柴山村、东李家庄村、西中峪村等4个村庄实施“美丽移民村”工程建设，打造了饮水安全、道路平坦、环境整洁、乡村文明、管理民主的“美丽移民村”。三是2017年沂水县大中型水库移民人口自然变化项目。投资320万元，涉及4个乡镇7个移民村，工程内容涉及文化大院、饮水安全、道路硬化、交通桥、藕池、便民服务中心建设等项目。四是实施2017年小型水库移民扶助基金项目。投资190万元，涉及9个乡镇9个小型水库移民村9处工程。工程的实施旨在改善库区农村基础设施条件和移民群众的生产生活环境，以达到移民“搬得出、稳得住、能致富”的总体目标。

【农田水利工程建设】 一是农田水利项目县工程。投资2450万元，在4个乡镇实施农田水利项目县工程，规划建设高效节水灌溉工程0.15公顷，有利于全县发展水肥一体化。二是农村重点汪塘整治项目工程。投资近750万元，在全县18个乡镇18处农村汪塘实施农村示范汪塘工程，对18座农村汪塘进行绿化美化。三是高效节水灌溉工程。以引入第三方社会资本和省扶持资金参与农田水利建设试点为契机，投入资金1000余万元，实施7处引入社会资本建设和管理农田高效节水灌溉试点项目，发展339.67公顷高效节水灌溉，其中泉庄金龙山项目以高效节水灌溉工程为基础，科学流转土地，发展高效节水农业，成为全省发展田园综合体的沂水样本。

【防汛减灾工程建设】 投资2316万元实施水库塘坝除险加固工程，对18个乡镇的17座水库及30座塘坝进行除险加固。在实施小型水库管理体制改革基础上，进一步理顺小型水库管护机制，创新管护模式，成功创建了小型水库管理标准化县。投资1850万元，在高桥镇沭河上修建沭河徐家荣仁橡胶坝工程，为周边0.1万公顷农田灌溉提供水源保障，年灌溉效益近300万元。

【水域环境综合整治工作】 一是创建了沂河国家水利风景区。围绕国家全域旅游示范县和省水生态文明城市创建工作，以大小沂河水利枢纽、沂河堤防工程以及沂河景观为主体，打造山水灵秀城市的水线、生态宜居城市的绿线、文化旅游城市的休闲线。二是投资近750万元，在全县18个乡镇18处农村汪塘实施农村示范汪塘工程。三是全面实行河长制。围绕河长制工作六大任务，节约水资源，修复水生态，保护水环境，成立工作领导小组，构建覆盖全县303条河道的河长组织体系，“高标准”制订实施方案，“多层次”落实工作责任，“全域化”编制整治方案，开展“清河行动”，制定“一河一策”。

（李振海）

【跋山水库管理】 沂水县跋山水库管理处主要负责管理、维护好跋山水库、灌区和沂河枢纽工程，保障各项水利工程安全运行，为全县城区及下游地区工农业生产、居民生活、生态提供用水和安全保障。2017年，设办公室、工程管理科、渔业管理科、水资源和水行政管理科、水电站、灌区管理科等12个科室和沂河枢纽工程管理处1个副科级事业单位，有工作人员206人。2017年被县委、县政府评为环境保护工作先进单位。

跋山水库位于淮河流域沂河干流中上游，距沂水县城15千米，总库容5.29亿立方米，兴利库容2.67亿立方米，控制流域面积1782平方千米，是集防洪灌溉、水力发电、农业和生态供水、淡水养殖、旅游开发等综合利用的大（Ⅱ）型水利工程，位居全省第三，是山东省水功能保护一级区和省级水利风景区。跋山水库灌区工程1958年开发兴建，设计灌溉面积1.96万公顷。其中，总干渠全长1.142千米；东干渠全长33千米，西干渠全长22千米；北社干渠全长7.8千米。

沂河枢纽工程包括湖埠西橡胶坝工程和岜山橡胶坝工程。湖埠西橡胶坝工程2000年1月动工建设，2000年12月建成，工程总长515.2米，控制流域面积251.60平方千米，一次蓄水515万立方米，水面面积2.47平方千米，灌溉面积0.15万公顷；2006年10月完成2611.11米截渗工程。岜山橡胶坝工程2008年3月动工，2008年11月建成，工程总长314.8米，一次蓄水235万立方米，水面面积0.95平方千米。沂河枢纽工程在涵养城区水源、美化城区环境等方面发挥着重要作用。

2017年，跋山水库控制流域降水785毫米，水库来水约5亿立方米。累计经管道为城区生产生活供水570万立方米，经东干渠为城区生态供水192万立方米，经沂河河道供水和生态补水3.9亿立方米。

工程管理。水库工程规范化管理。结合水库除险加固，加强水库闸坝工程巡查监测以及工程与机电设备的检查维修养护、安全和保洁工作。编写水库工程安全度汛措施，制定水库防洪调度方案，强化防汛责任落实和汛前安全检查，解决整改影响汛期安全问题6处。落实防汛“三线”队伍8270人，在工程现场落实编织袋2.55万条、铁丝6.83吨、土工膜6300平方米、块石3000立方米、砂石料500立方米、木桩10立方米、电缆800米、救生衣200件、救生舟1只。严格落实防汛值班、巡查检查、预测预报等工作制度，确保工程安全度汛。

水源管理。加强与水利局、公安派出所协调沟通，开展联合巡查10余次，及时查处河道内非法建桥1起、非法采砂2起。结合河长制河道调查、县人大水源地调研、水源地环保突出问题治理攻坚行动和沂河自然保护区问题攻坚整治工作，配合环保、水利等有关部门对水库周边污染源进行了全面调查、排查。会同县交通运输局、渔业局封闭了渡运码头，停运渡口船只6艘，渔业生产船只禁止在保护区核心区作业，关停饭店4家。关停搬迁跋山化工厂。

灌区工程管理。加大灌区工程维修养护力度，维修坍塌渠道115米，勾缝300米，渠堤培土500立方米，维修斗门5个，及时维护保养发电机、启闭机，及时清理东干渠垃圾，清理渠道2000米，清理淤泥3000立方米，保障东干渠正常通水。

沂河橡胶坝工程管理。根据管护范围和设备配置定岗定责，做好工程日常维修管护工作。2017年，完成湖埠西橡胶坝坝袋更换工程，总投资464万元，完成440米坝袋、34米拦污栅、充排水闸阀的拆除和安装，以及西岸540米防汛电缆铺设、东岸导流墙126米高喷灌浆，解决坝袋超设计年限使用问题，消除工程安全隐患，保障工程安全运行。

水库除险加固。跋山水库除险加固工程（二期）于2016年8月20日开工，总投资5627.64万元，主要建设内容包括大坝砼防渗板墙工程、跨溢洪道交通桥及两侧引路工程、溢洪道及东西浆砌石坝工程等。截至2017年12月31日，大坝砼防渗板墙工程完成1612米，完成总工程量（1652米）的98%；跨溢洪道交通桥及两侧引路工程完成溢洪道交通桥工程，完成工程量钢筋102T，砼浇筑340立方米，钢筋砼预制628立方米；溢洪道及东西浆砌石坝工程完成溢洪道出水渠开挖土石方14000立方米、西浆砌石坝帷幕灌浆1900延米、完成挡土墙石方开挖1200立方米、挡土墙钢筋砼及浆砌石145立方米；完成总投资4300万元。

水电站改造。2017年按照跋山水库电站改造及运营项目协议和施工节点计划，加快推进发电机组和高低压盘柜的安装、调试，及时解决3#、4#发电机推力瓦温度升高过快问题，7月31日4台发电机组安装工作全面完成。2月17日开始，始终保持1台机组试运行发电，7月31日开始，开启全部4台机组试运行发电。截至12月10日安全试运行发电1000万千瓦时。跋山水库水电站改造工程主要建设项目有机电设备改造和土建工程。机电设备改造：水轮机4台、发电机4台、行车1台，改造蝶阀电动装置，增加无刷励磁和自动化系统，更新动力电缆和控制电缆，更换高压开关柜、低压开关柜、变压器、直流系统、照明系统、视频系统、消防工程等。土建工程：厂房及厂区生态绿化配套设施。水电站改造工程于2016年3月20日开工建设，2017年7月底全部完成。单机容量由原1250千瓦提高到1600千瓦，总装机容量达6400千瓦，发电效率增加20%。

水利风景区建设。根据龙泉湖生态环境建设总体规划，发动干部职工参与，加强景区管理工作，补植各类绿化美化树木苗木2.3万余株。提升大坝东首上广场，建设水力发电科普广场，安设原水电站发电设备18台，安装景区广播系统1套。新建龙池浸月流水瀑布1处，长32米，高4.9米，20级台阶。结合跋山水库省级生态功能保护区管护能力建设项目建设，提升放水洞广场，安设32平方米可升降电子屏幕1块，制作座位662个，建成融观光、宣传于一体的科普广场，丰富了景区功能，龙泉湖休闲旅游景区建设管理水平进一步提升。

（张华政　赵　山）

【沙沟水库管理】 沂水县沙沟水库管理处主要负责沙沟水库工程管理运行、日常安全监测、维修维护、更新改造、水毁工程应急处理等工作；负责防汛抗旱、洪水调度控制运行，落实工程安全度汛措施，做好雨、水、工情信息呈报和推动管理现代化工作；负责水资源管理、保护和综合利用及水库灌区管理养护工作，合理配置工程资源，发挥工程效益；统计水量，保护水质，做好灌溉供水管理和水源费计收工作；负责国有资产、设施设备及物料管理；负责水库的机电设备运行管理工作；负责工程安全管理和安全保卫工作及管理范围的水域、生态环境及工程设施的保护工作，维护正常的管理秩序等。2017年，下设办公室、工程管理科、水资源和水行政管理科、渔业管理科4个职能科室和灌区管理所，有工作人员42人。

沙沟水库位于淮河流域沂沭河水系沭河干流上游，县城北35千米。水库控制流域面积163平方千米，总库容1.04亿立方米，兴利库容0.46亿立方米。水库枢纽工程于1958年10月动工兴建，1959年11月建成蓄水，2002年开始除险加固，2010年12月通过竣工验收。枢纽工程由大坝、溢洪道、放水洞、水电站组成。是一座以防洪、灌溉为主，兼顾发电、养殖、供水、生态等综合利用的大（Ⅱ）型水库。

沙沟水库灌区是国有重点中型灌区，设计灌溉面积0.84万公顷，有效灌溉面积0.34万公顷，涉及沙沟、高桥、马站、道托4个镇的141个村。灌区于1966年冬开发，1968年春开灌，分南、北2条干渠。南干渠50千米，北起沙沟水库，南至道托镇；北干渠20千米，西起灌区渠首，东至马站镇杨家城子村。共配套支渠5条长21.5千米，各类建筑物538座。

工程管理。加强规范化管理，持续提升工程管理水平。沙沟水库管理处立足省一级水利工程管理单位建设，对标国家级水利工程管理标准，以争创国家级水利工程管理单位为目标，持续提升工程管理规范化、制度化、信息化水平。受邀参加2017年山东省首届“水库管理论坛”，交流学习了如何更好促进水库管理健康发展和山东省水库管理发展新方向。进一步修订完善规章制度，明确目标责任，分解任务，量化指标，责任到人，执行情况跟踪考核，落实责任追究。以工程安全运行为本，配套基础设施工程建设，高标准、高质量，在严、精、细、常上下功夫，对工程设施设备进行维修养护，加强水库枢纽建筑物观测监测工作，实现工程管理规范化。完善工程管理细则，精细化管理运行。扎实开展职工教育培训，着力提升职工队伍业务素质和工作能力。

落实度汛措施方案，确保工程运行安全。结合安全生产隐患“大排查、快整治、严执法”集中行动，组织工程管理人员对工程运行状况和防汛设施进行全面隐患排查，发现问题及时处理。修订完善年度防汛抢险应急预案、汛期调度运用计划、水库大坝安全管理应急预案，编制《沙沟水库调度规程》，均经上级主管部门批复后运用。召开沙沟水库暨沭河防汛工作会议，落实防汛责任制。储备编织袋、砂石料、木桩、土工织物等防汛物料，落实防汛“三线”队伍3050人，开展防汛技术培训，组织防洪抢险应急演练，提高防汛队伍实战能力。严格落实防汛值班、雨水情预报预测等规章制度，合理调度运行，工程平稳度汛，为辖区提供安全保障。

积极应对灾害天气。加强汛期值班值守，值班人员24小时不间断到岗到位。强化纪律监督，严禁值班期间饮酒，严格执行交接班制度，严查空岗漏岗。积极应对暴雨等灾害天气，及时上传下达，严格按照县防办调度指令调度运用。2017年，水库流域降雨量797.6毫米（比多年平均降雨偏多10%），其中汛期（6—9月）降雨量656毫米，来水2600万立方米。通过溢洪闸及放水洞汛期调洪1次，累计调洪168小时，调洪水量939万立方米，8月2日至3日降雨过程，流域平均降雨量121毫米，入库洪峰140立方米/秒，溢洪闸、放水洞调洪泄量33.6立方米/秒。削峰作用最显著的洪水是，7月6日至7月7日降雨过程，流域平均降雨154.5毫米，入库洪峰390立方米/秒，放水洞发电流量2立方米/秒，削减洪峰99.7%。水库充分发挥了削峰、拦洪的作用。

编制规划，精心维修养护。高起点编制《沂水县沙沟水库2017年维修养护实施方案》，重点对水库主体工程、闸门、启闭机、机电设备、附属设施等进行维修养护，完成巡查便道花砖铺设426平方米，大坝养护土方300立方米，排水沟加高92.6立方米，路缘石购安400米，草皮护坡种植及养护42800平方米，PE管道700米，坝坡排水沟清淤、观测设施、灌溉管网安装、启闭机及机电设备维修、护栏维护等工日602个，低压线缆1000米，闸门防腐处理602平方米，溢洪闸启闭机房屋顶整修180平方米，围栏更换180米，坝区绿化栽植苗木4350株等，完成投资61.85万元。

水源地保护。《沂水县沙沟水库饮用水水源地保护区划分报告》由县环保局委托临沂君和环保科技有限公司编制，县政府于2017年4月7日以《沂水县人民政府对沂水县“千吨万人”农村饮用水水源地保护区划分技术报告的批复》（沂政字〔2017〕36号）予以批复。

依托沭河源头省级生态功能保护区，投资111.28万元实施管护能力提升项目。增设界标识、安全标志，做到界限明确。新建监控中心，加强对水源地保护区监测监控。补植草皮护坡、栽植绿化苗木、新建灌溉系统，绿化美化周边环境。加强水政执法联动工作机制，持续推进水政执法网路体系建设。加强库区水政执法巡视检查，及时发现制止水事违法行为，保证水库管理范围内水事秩序良好，全力治理水环境突出问题，整治排污口，水质持续保持饮用水水源标准。

杜绝投饵施肥养殖，合理配置密度。水库放养滤食性鱼类，大力推行生态化养殖，普及水生野生动植物保护相关法律法规，提高“放鱼养水”成效，保护渔业资源，净化水体。提高水域生物多样性水平。

综合开发。沙沟水库控制流域是沭河源头省级生态功能保护区，承担着饮用水源保护、发电供能和洪水调蓄、水源涵养等多种生态功能。为进一步加强沭河源头省级生态功能保护区的保护和恢复，促进区域、流域社会经济持续稳定发展，实施了沭河源头省级生态功能保护区管护能力提升项目，稳步提升管护能力。完成投资111.28万元，设置限制性标牌160平方米，界碑60个，安全标志牌230个，宣传标语264平方米，新建监控中心1处，购置数码相机、望远镜、执法记录仪等执法装备，恢复植被28500平方米，铺设巡查便道450米。

在确保防洪安全、用水安全和生态安全的前提下，多措并举，加强经济管理。转变渔业养殖模

沙沟水库全景

式，大力推行生态养殖方式，严禁向库内投放饵料。开展增殖放流，以适宜的密度，投放鲢、鳙等滤食性鱼种利于净化水质。实施渔业品牌建设，2017年鲢、鳙、鲤、鲫通过有机农产品认证，开展3次渔业捕捞，捕捞鲜活鱼40万公斤。落实水土资源开发利用规划，合理有序开发水土资源。2017年，电站发电29万千瓦时。

（赵世虎　张　健）

农机管理

【概况】 沂水县农业机械管理局（以下简称农机局）是全县农业机械化行政管理部门，负责全县农机牌照核发，农机科技创新推广，农机维修行业管理，农机投诉，组织农机跨区作业，落实国家农机购置补贴政策，农机从业人员教育培训，农机社会化服务等工作。2017年，设办公室、人事科、规划财务科、牌证管理科、监督管理科、科技教育科6个行政科室，下设农业机械技术推广站、农业机械修配管理站2个事业站所，有工作人员90人。

2012年，沂水县被评为全国平安农机示范县。2017年，获“全县政法综治暨平安沂水建设工作先进单位”“全县安全生产工作先进单位”“全县人口和计划生育工作先进单位”等荣誉称号。

【农机科技推广】 2017年，县农机局严格按照小麦（玉米）保护性耕作补助项目实施方案要求，通过广播、电视、网络、宣传页等广泛宣传保护性耕作技术知识，积极开展小麦（玉米）机收和秸秆切碎还田现场会，直观展示新机具、新技术，加强节本增效农机的推广应用，扎实开展小麦机收和秸秆还田工作，切实提高保护性耕作技术的综合效益。全县小麦秸秆切碎还田实际作业面积3077.9公顷，验收合格面积2573.3公顷，合格率达到83.6%；玉米秸秆切碎还田面积355.8公顷，验收合格面积277.7公顷，合格率达到78%。依托项目建设，县农机局加快推动全程机械化技术推广，严格落实2017年山东省现代农机化转型升级推进工程项目，积极推广全程机械化技术，分别在高桥镇、马站镇建设了主要粮食作物和经济作物生产全程机械化创新示范基地，先后在马站镇、四十里堡镇召开了省级和国家级两次花生全程机械化现场演示会，邀请十余位高校专家教授对广大农民、农机合作社进行了现场技术指导，提升了全县花生机械化新技术与装备水平，对花生全程机械化生产起到积极的推进作用。在做好保护性耕作的基础上，县农机局成立领导机构，制定相关政策，严格落实秸秆切碎还田实施意见、奖惩办法，在乡镇的积极配合下，通过高频率的日常巡查和调度，确保了督查范围内没有出现秸秆焚烧现象。

山东省现代农业技术体系暨花生全程机械化播种现场会

【农机牌证核发】 县农机局严格落实农机牌证管理各项政策，切实做好牌证管理工作。严把上户关，凡不属于管辖范围、未上目录和检验不合格的车辆一律不予办理上户手续。严把驾驶员考试考核关。对驾驶员的考试，实行“谁主管，谁负责”“谁签字、谁负责”的管理办法，凡考试不合格者，不得签字，从整体上保证驾驶员的技术水平，为安全生产打下良好的基础。2017年，驾驶证累计换证347个，新办驾驶证48个，大中型拖拉机新挂牌14副，联合收割机2副。县农机局积极开展“送检下乡”服务活动，安排专人到乡镇现场办理检审业务，严格按照农业部《拖拉机登记规定》《拖拉机和联合收割机安全监理检验技术规范》的要求，做到人、车、证“三见面”，严把安全技术检验关。2017年，全县共审验各类农业机械689台。

【农机社会化服务】根据省、市关于开展农机深松整地工作的文件精神和要求，结合全县实际，县农机局严格按照《沂水县2017年农机深松整地作业补助试点工作实施方案》，第一时间公开发布招标内容、招标条件、招标程序，并组织召开了农机深松项目实施主体专家评审会，本着“公平、公正、公开”的原则对合作社进行了综合评审，最终择优评定出了15家建设规模大、作业能力强、社会信誉高的农机合作社承担沂水县2017年农机深松整地项目。2017年，全县共承担深松作业任务0.87万公顷，其中试点补助项目任务面积为0.47万公顷，深松任务全部完成，全年累计投入深松机具84台（套），安装深松测试仪47台，完成比例达100%。2017年，县农机局成功举办了“源泉杯”沂水县第二届农机手技能大赛，决出一等奖一名、二等奖二名、三等奖三名等奖项。根据市农机局、财政局《2017年市级农机合作社示范社以奖代补项目的申报指南》文件精神，县农机局结合全县实际，经严格的检查验收，确定了沂水县宏福农机专业合作社和沂水县军海农机专业合作社实施2017年市级农机示范合作社以奖代补项目，充分发挥了市级农机专业合作社示范社引领带动作用。提升打造了2个市级农机专业合作社和3个县级农机示范合作社。2017年，全县在工商注册登记的农机专业合作社37家，经营规模达到省市标准要求的有17家，其中运昌农机合作社被评为国家级、省级示范社；政军、益民等八家农机专业合作社评为市级示范社。

【农机培训】一是因材施教，细化培训，将现有的农机化教育培训进行细化分解，针对不同农机从业人员设立不同的培训班，分别进行农机驾驶、安全操作、维护保养、中介服务、作业服务等专业技能培训，针对性培训得到了农民群众的满意反馈。二是利用多媒体视频等现代化的教学模式，注重理论培训与实践培训相适应、中长期培训与短期培训相搭配，注重与技术推广、农业生产、示范基地建设、安全生产的有效结合，科学开展培训工作。全年共培训农机技术人员8763人，其中举办拖拉机驾驶员培训班7期，共新训拖拉机驾驶员106人（已考试合格领取驾驶证72人），培训农机管理人员467人，培训农机专业技术人员1780人，农机操作人员6410人。

【农机修配管理】2017年，县农机局切实加强对农机修配市场的规范管理，与工商、质监等部门密切配合，开展好农机市场打假维权活动，进一步规范农机市场秩序，维护农民合法权益。严格从业人员准入制度，认真做好农机质量投诉和农机打假治理工作。2017年，按照有关标准要求，全县共考核发放农机职业资格证书53人，更换新办《农机维修技术合格证》32个，农机维修从业人员的持证率达到90%以上。县农机局抽调精干人员在全县范围内开展了农机维修安全生产隐患排查工作，共排查维修网点200余家，并与维修网点签订责任书，对存在问题的维修网点，农机维修管理部门依法下达了整改意见并提出了整改措施，详细提出整改要求。

【农机购置补贴】2017年，县农机局对深松整地、粮食烘干、免耕播种、花生联合收获、棉花采摘、秸秆粉碎还田等机械设备实行敞开补贴、应补尽补。结合县情县况及群众实际需求，对适宜山区丘陵作业的小型农机具进行敞开补贴，并按照“量大”更要“质优”的原则，严格按照补贴操作流程，组织购机者申请报名、确定补贴对象、购机者自主购机、机具核实、申请补贴资金结算、资金兑付，切实搞好档案管理，确保补贴信息档案完整。2017年，全县共分配到农机购置补贴资金1500万元，共提交资金申请表8772份，补贴各类农机具9216台（套），补贴总额达1146.34万元，受益农户8583户。

（徐厚玮）

畜牧业

【概况】 沂水县畜牧局主管全县畜牧兽医工作。2017年，设办公室、人事科、财务科、业务科、畜产品质量安全监管科、畜禽屠宰管理科；下设动物卫生监督所、动物疫病预防控制中心2个副科级事业单位，畜牧技术推广站、19处基层畜牧兽医工作站，有工作人员230人。

2017年，县畜牧局先后被授予“全国畜牧业绿色发展示范县”“全国畜牧技术推广示范站”“全市重大动物疫病防控工作先进单位”“全市畜牧兽医工作先进集体”“全市畜牧信息宣传工作先进单位”“全市畜产品质量监管工作先进单位”“县服务经济社会先进单位”“县服务‘两城同建’工作先进单位”“县信访工作先进单位”等荣誉称号。

【畜牧业生产】 2017年，全县生猪存栏44.44万头，出栏92.58万头；牛存栏3.95万头，出栏4.62万头；羊存栏26.67万只，出栏57.5万只；家禽存栏623.87万只，出栏3512.7万只；畜产品肉、蛋、奶总产量分别为14.7万吨、2.24万吨、1.46万吨。

2017年，沂水县继续实施生态环保养殖和“三退一进”工程，重点加快了以生猪、肉禽、奶牛、蛋鸡为主的规模化标准化养殖场（区）建设，并积极组织开展县、市、省及国家级标准化示范场的创建申报工作，新创建省级标准化示范场1处、市级标准化示范场3处、家庭生态牧场2处、高效生态示范园区1处。

以畜禽粪便综合利用和病死畜禽无害化处理为抓手，认真组织实施了畜牧业绿色发展示范县创建工程，并顺利通过了省级验收，成功被评为国家级第一批畜牧业绿色发展示范县。

积极构建种养结合，粮草兼顾的新型农牧业结构，加快畜牧产业转型升级，推动粮改饲工作。2017年，争取粮改饲示范县项目241万元，带动青贮玉米种植0.08万公顷，完成全株玉米收贮3.62万吨；争取青贮池建设项目47万元，新增永久青贮池14处，发展青贮池1.76万立方米。

县畜牧局按照县委、县政府工作部署和市、县畜禽养殖污染专项整治方案，积极进行周密安排、深入开展宣传发动、全面组织摸底调查，扎实开展畜禽养殖污染整治。2017年，完成禁养区内2061家养殖场户、非禁养区内2541家养殖场户的整治任务；承接中央环保督察交办畜禽养殖污染案件32个。

【重大动物疫病防控】 2017年，各级各部门积极采取有力措施，按照“政府部门保密度、业务部门保质量”的要求，达到了免疫工作“村不漏户、户不漏畜、畜不漏针”的成效，实现了农业部提出的无重大动物疫病发生，更无区域性流行的目标要求和“有病不成灾、有疫不流行”的防控目标。春秋两季，全县集中免疫生猪109.6万头、牛15.2万头、羊67万只、鸡1111万只、鸭34万只，做到了应免尽免。

按照《2017年沂水县动物疫病监测与流行病学调查计划》，开展口蹄疫、高致病性禽流感血清免疫抗体及病原学检测5997份；抽查养殖场（户）171个，集中开展猪瘟、布病、结核病、狂犬病等重点动物疫病的抽样调查，为及时掌握全县动物疫病流行规律，发现疫情隐患提供了可靠数据支持。

着力实施畜牧兽医行政管理、运行保障、监督监管、技术支撑等能力建设，不断建立健全动物防疫体系，强化兽医机构效能建设。2017年，沂水县作为全国5个兽医机构效能评估指标体系建设试点之一，接受了农业部县级兽医机构效能评估指标体系验证评估。

【畜产品质量安全监管】 开展畜牧信息化平台建设。在严格实施现场到岗、到位监管的基础上，积极运用“互联网+”等现代技术手段，实施畜产品质量安全监管。2017年，县畜牧局建成了涵盖县级、乡镇级、村级、生产（经营）单位在内的四级畜产品网络监控平台建设（投资100余万元），对规模场（户）、生鲜乳奶站、屠宰企业、动物卫生监督检查站等进行网络实时监控。基层监管设备已安装到位，县局监管大厅开始正常运行。

全面推行病死畜禽无害化处理体系。投资5000万元建成县级病死畜禽无害化处理中心1处、集中收集点18个。2017年，中心已正常运营，实现病死畜禽无害化处理及集中处理体系的县域全覆盖。抓好动物卫生监督监管。2017年，进一步健全完善了动物防疫、检疫、病死畜禽无害化处理监督巡查制度，严格执行产地检疫和屠宰检疫。全年共完成产地检疫家畜79.17万头、家禽5383.38万羽；完成屠宰检疫生猪0.63万吨、家禽7.69万吨。强化专项整治。在日常监管的基础上，采取集中检查、密布检测、严厉打击、清理整改等措施，切实加强对兽药饲料、“瘦肉精”检测、动物诊疗机构等方面的专项整治，不断提升畜产品质量安全监管水平。全年共出动执法监管人员1000余人（次），查饲料生产企业27家（次）、兽药生产企业4家（次）、兽药经营企业21家（次），查处兽药饲料投入品案件30余起，开展“瘦肉精”尿样抽检21437个，配合各级完成畜产品抽样632个。

【畜禽养殖技术推广】 开展畜牧技术推广与培训。2017年，引进了微生物制剂技术，应用于夏季奶牛生产。并先后组织养殖场户、畜牧技术人员参加生猪、水禽、家畜饲养、蛋鸡、蜜蜂、奶牛生产性能测定等各类培训会14次，参训人员1800余人（次）；组织60余人（次）外出参观学习“蛋白桑”种植推广、紫花苜蓿种植技术；开展畜牧科技下乡4次，发放畜牧养殖技术手册1000余份，现场解答养殖技术咨询40余人（次）。投资3万余元，建成县级养殖书屋1个，配备专业书籍1000册，打造养殖技术资料库。争取畜牧项目实施。2017年，实施了全国生猪调出大县、肉牛基础母牛扩群、秸秆青贮池建设、粮改饲示范县、现代畜牧业示范县、高效特色畜牧业扶贫贷款贴息等8个畜牧惠农项目，增强了畜牧业发展后劲。规范畜牧合作组织建设。通过充分发挥业务组织、引导和服务等职能作用，继续开展示范合作社创建工作。2017年，成功申报市级合作社示范社3个；监测国家级合作社示范社1个、省级合作社示范社1个，并填报国家及省级合作社示范社管理系统。

（魏善玲　邱新娜）

农村经济与农业综合开发

【概况】 农业综合开发办公室主要负责贯彻执行上级有关农业综合开发工作的方针、政策，指导农业区划、能源工作。2017年，设4个职能科室，下设农业资源区划管理办公室和农村能源办公室，有工作人员33人。

2017年，争取上级财政资金2000万元，实施土地治理项目3个、治理面积893.33公顷，实施产业化经营项目4个，被市委市政府评为市级文明单位，被县委县政府表彰为“全县服务经济发展先进单位”。

【土地治理项目】 黄山铺镇高标准农田建设项目。该项目位于黄山铺镇圣水坊、小松林、北小河、西上坪、北上坪、东上坪6个行政村。项目区东至黄山铺镇东上坪村，西至圣水坊村，北至黄山铺镇与龙家圈街道交界，南至兖石路北清源河。项目区土地总面积700公顷，除去村庄、道路、河流、山林等，尚有耕地面积333.3公顷，拟建设高标准农田面积333.3公顷。项目区涉及村庄全部为贫困村，共计0.17万户、0.51万人，劳动力人口0.31万人。该项目总投资553万元，其中申请中央财政资金394万元、省级财政资金143万元、市级财政资金16万元。该项目主要新建拦水坝1座，建设电力提灌站4座、配套机电泵设备5台（套），新建大口井1座、钢筋混凝土花管井1处、蓄水池15座，埋设输配水灌溉管道21.51千米，建渠系建筑物11座（穿路涵管桥），配套架设输变电线路工程5处，架设高压线0.7千米、低压线1.21千米，购置安装100KVA箱式变压器1台（套）。硬化田间机耕路5.9千米。项目区建设后，通过结构调整发展优质林果、蔬菜等333.3公顷。田间灌溉管网配套齐全，灌排有序，灌溉水有效利用系数提高到0.9，并且确保工程布局合理，质量优良，管理运用方便，成为全县优质果品生产示范区亮点工程。项目区通过工程实施治理后，作物结构进行了调整，种植优质林果、蔬菜333.3公顷。

560公顷小流域治理项目。

项目包括诸葛镇、富官庄镇、夏蔚镇3个片区，属于低山丘陵区，地处沂蒙山区腹地，沂河、浯河和东汶河穿过项目区有关乡镇。项目区土地总面积1293.33公顷，规划治理面积560公顷，涉及诸葛镇片区张耿、连旺、上梭峪、下梭峪、大峪村等库区移民村，富官庄镇片区孟家沟、上旺、旺峪、桃洼、苗家河、下谭家沟等贫困村，夏蔚镇片区云头峪、水源坪贫困村，共计13个村庄，涉及村庄全部为贫困村或库区移民村，共计0.40万户、1.12万人，劳动力人口0.68万个。该项目总投资1086万元，其中中央财政资金776万元、省级配套财政资金279万元、市级配套财政资金31万元。主要建设塘坝清淤1座，建设电灌站11座、配套机电设备14台（套），新建大口井2座、蓄水池25座，埋设输配水灌溉管道37.01千米，建渠系建筑物20座（穿路涵管桥20座），配套架设输变电线路工程12处，架设高低压线路5.79千米。整修硬化砼路面宽3~4米田间机耕路11.80千米。砼路面采用C25砼，厚18厘米。通过该项目的实施，项目区内人均灌溉面积增加0.5亩以上，人均增收500元以上沂水县金润生态果蔬种植专业合作社0.12万亩特色产业园区试点项目。项目总投资200万元，其中，申请财政资金100万元。

【产业化经营项目】 1230吨蔬菜基地配套扩建项目。该项目由沂水县沂州果蔬研究专业合作社承建，计划投资230万元，新建温室蔬菜大棚3个，新建周转库400平方米，输水管道计2500米，硬化道路9500平方米，运输车2辆，监控设备1台（套），低压电缆3400米，旋耕机1台。项目建成后亩产值收入超过16000元。可直接带动蔬菜种植基地150亩、50个农户从事蔬菜种植销售；可新增就业60人，直接带动农民增收达300万元。合作社帮扶沙沟镇449名贫困人口实现脱贫。

30吨蔬菜基地种植新建项目。该项目由沂水县现苓蔬菜专业合作社承建，项目计划投资150万元，计划新建大棚13个，占地20亩，预算投资130万元，修建水泥硬化道路4000平方米，预算投资20万元。

10万吨脆皮饼干加工收购生产原料流动资金贷款贴息项目。该项目由青援食品有限公司承建，项目投资5800万元，其中流动资金贷款2300万元，企业自筹3500万元，主要用于收购玉米、小麦等原材料进行脆皮饼干的生产，年加工能力10万吨。2017年5月实施贷款贴息70万元。

年产5吨高山绿茶加工收购生产原料流动资金贷款贴息项目。该项目由山东蒙山龙雾茶业有限公司承建，项目投资1600万元；其中企业自筹1000万元，申请项目贷款600万元。2017年5月实施贷款贴息28万元。主要购进先进加工及检测设备36台（套），支付茶叶鲜叶收购款、贫困茶农享受的鲜叶加价补贴、有机肥料购置款。

【创新农村新能源建设机制】 立足生态循环农业发展，加强综合利用，延长产业链条，突出秸秆气化、大中型沼气工程项目建设，建立完善县级能源服务中心和区域化服务站，开展沼气服务，以效益、服务示范带动整个农村新能源产业和全县生态循环农业发展。2017年发展生态循环农业基地3处。

（孙军伟　马志锋）

渔　业

【概况】 沂水县渔业局负责管理全县渔业工作。2017年，设办公室、财务科、生产业务科、渔业技术推广站、水产良种场、综合服务站等6个科室（站、场），有工作人员44人。

2017年，全县拥有渔业专业合作社7家，认证有机农产品产地1处，优质水产品生产基地4处，省部级健康养殖示范场3处，渔业标准化示范基地、国家级出口备案养殖场1处，无公害农产品产地认定4处，省级现代渔业园区1处，市级现代渔业园区3处，县级现代渔业园区13处，观赏鱼示范基地10处，园区总面积达到2000公顷。2017年，实现渔业产量17600吨，总产值可达39102万元，产值增长8.5%。

【精准扶贫】 申请沂水县渔业行业精准扶贫项目资金92.34万元，对沂水县四十里堡镇渔丰苑休闲渔业园区进行改造提升，新建大棚育苗池、垂钓池、鱼文化长廊，绿化美化环境，扩建标准化养殖池塘，推广标准化健康养殖技术。通过与项目承担单位签订协议的方式，利用该园区项目收益资金惠及4个乡镇的7个村，其中4个贫困村，即沂城街道的大伴城、小伴城、荷叶官庄和诸葛镇的坡庄三村（含坡庄二村），以及杨庄镇郭家峪村、水牛村和四十里堡镇下店村的3户渔业养殖贫困户，共计171户，直接惠及库区贫困村群众。项目资金已到位，正在进行规划设计和协议签署。

【现代渔业园建设】 富众渔业生态园扩建提升项目、沂河休闲渔业公园项目及全县渔业养殖面积扩容被列入全县“125工程”。一是提升富众渔业生态园区建设，打造省级现代渔业示范园。富众渔业生态园按AAAA级景区标准建设，占地500亩，由山东富众渔业有限公司投资1.6亿元，分两期建设。园区为集优质鱼生态养殖区、渔耕文化体验区、科技研发区、综合服务区和水产品加工区于一体的现代化综合渔业生态园区，是山东省优质鱼产业基地。一期已建成工厂化养殖车间9792平方米、工厂化育苗车间5256平方米、工厂化养殖池40000平方米、仓储中心1344平方米、化验中心500平方米，园区垂钓池、观赏鱼长廊、观赏平台及配套建设也已完成，并投放了水晶鲈鱼、苏丹2万尾和“优鲈1号”50万尾进行养殖。二期项目已投资2200余万元，建成3万平方米工厂化循环水养殖车间，投放南美白对虾苗种350万尾。该园区已圆满完成全市农业基地品牌观摩会点评活动。二是大力发展现代渔业，实现渔业养殖科学生态扩容。根据年初承诺，积极发展多渠道拓展现代渔业养殖，全年新增养殖面积240.87公顷，实现了渔业养殖的科学、合理、和谐发展。

【观赏渔业发展】 一是注重观赏鱼新品种引进和繁育，发挥特色品牌效应积极争取上级资金。2017年，新注册成立苗氏金鱼养殖专业合作社，专业从事观赏鱼养殖销售。该合作社投资200万元，新建池塘206个，铺设管道5000米，硬化道路4000平方米，拥有蝶尾、珍珠、兰寿、泰师等多种观赏鱼，已繁育各品种鱼苗共计100万尾。二是拓展延伸观赏鱼产业链条，推进观赏鱼业全面发展。中和花都花鸟鱼虫市场已经从最初只有几家观赏鱼销售摊位发展到拥有30余家观赏鱼销售摊位初具规模的观赏鱼销售中心。三是组织实施金沂蒙观赏鱼养殖场生态高效标准化池塘改造项目。项目位于沂水县四十里堡镇大孙家马庄村北，由沂水县御锦园观赏鱼养殖专业合作社实施，规划建设钢结构标准化观赏鱼养殖池67000平方米、砖混观赏鱼养殖池26000平方米，选择优质品种金鱼、锦鲤等进行观赏鱼精养，推进全县观赏鱼养殖向集约化、规模化、标准化和产业化的现代渔业方向发展。观赏鱼养殖场中60亩的南区养殖池已建设完成并开始养殖金鱼约40万尾，同时，还建成了项目指挥部1处，并完善了电力、管理房等配套设施。

【渔业资源修复】 争取上级资金40万元，再次对跋山水库进行渔业资源增殖放流，放流鲢、鳙鱼苗种近300万尾。这也是连续第10年在跋山水库实施渔业资源修复行动，累计投放鱼苗8500万尾，极大地保护了跋山水库渔业生态平衡发展。

【水产品质量安全管理】 一是按照“五项制度、两项登记”要求，建立和完善了生产日志、科学用药、养殖投入品使用管理、水环境监测和产品标签等各项制度。二是高度重视养殖场周边环境治理和养殖水体水质安全，联合环保局定期检测水质，认真落实《自检自控计划》，定期执行疫病监测和药残检测化验。三是严把鱼种、饲料、用药等投入品和运输安全关，严格入场前的检测和评估，实现“源头可追溯，流程可跟踪，信息可查询，信誉可保障”的质量控制追溯体系。四是建立健全规范化质量管理档案，使水产品质量各项工作重点和工作计划执行情况一目了然。五是根据全县水产野生动物保护工作开展情况，加强了湿地保护与管理，并定期联合工商、卫生等部门对全县饭店、超市、批发市场突击检查，检查中没有发现违禁行为。六是根据省、市相关要求将苗种纳入水产品抽检范围，不定期进行苗种抽检。2017年，圆满完成了省、市、县对7类水产苗种和成鱼抽检和送检工作，进行了6个批次，共计39个样品。从抽检结果来看，没有发现问题。

【科技入户服务工程】 根据省政府《关于推进基层农业技术推广体系改革与建设的指导性意见》，连续第6年实施渔业技术推广体系改革与建设项目，有效提升了渔业发展水平。成功争取省级补助资金 15 万元，培育 100 户科技示范户，发布 3 项渔业新技术和主推 3 个渔业优良品种，示范带动 1000 户渔业养殖户，带动养殖面积 1333.33 公顷。为方便指导员指导服务，实行了网格化管理服务方式，每名技术指导员全年不少于入户 100 天进行科技入户指导服务。

【安全生产及渔船管理】 一是在跋山、沙沟、寨子山三座大中型水库周边村庄、集市等重点部位，共出动渔业安全宣传车 30 车（次），发放张贴明白纸、标语、通告 2000 多张，宣传渔业法律法规、安全生产和食品安全等法规，加强渔业法律法规的宣传，普及渔业法律和渔业安全生产知识。在禁渔季节分发宣传材料、张贴通告等方式严格落实禁渔期制度，不定期深入库区村庄，加大对禁渔期的管理力度，杜绝了违法捕鱼行为的发生。同时，根据平安渔业示范县建设要求，不断加强自身建设，在省级“平安渔业示范县”的基础上，成功争创全国“平安渔业示范县”。二是依托省第三大水库——跋山水库，建设内陆渔港码头，争取上级资金 800 万元，在跋山水库老船沟建设集多功能为一体的综合性、永久性内陆渔港码头，主要包括渔业生产码头和渔政趸船码头，以满足渔业生产、渔业增殖放流和水产资源保护管理需要。

【养殖水域滩涂规划编制】 根据市渔业局要求，为推进水产养殖健康持续发展，进一步完善养殖水域滩涂规划制度，成立了分管县长为组长，发改、住建、财政、规划农业等相关单位主要负责人为成员的沂水县养殖水域滩涂规划编制工作领导小组，以及养殖水域滩涂规划编制技术指导小组和编制组，确保编制工作顺利开展。

【首届水库鱼美食节】 2017 年首届中国·临沂（沂水龙泉湖）沂蒙水库鱼“彩虹谷杯”美食节开幕式在龙泉湖，即跋山水库开幕。此次美食节邀请了省市县各界领导以及各界渔业从业人员，垂钓爱好者，各有关企业家，社会各界关心关注渔业发展的人士等共 5000 余人参加。美食节活动内容丰富，前期围绕“鱼跃龙门，品进万家”这一主题，组织开展了品鱼、赏鱼、写鱼、雕鱼、画鱼、摄鱼、咏鱼七大主题渔比赛。首届水库鱼美食节美食大赛评出了十大库鱼烹饪名厨，同时观赏鱼大赛、鱼雕大赛、写鱼大赛、画鱼大赛、摄鱼大赛、咏鱼大赛等比赛也分别评选出了优秀作品。当天的开幕式通过启动仪式、捕鱼、头鱼拍卖、现场观摩体验放鱼和捕鱼以及品鱼等活动，成功打造了内陆渔业资源修复与水域生态养护独具特色的公益性渔业文化活动品牌，提高了渔业工作及渔业资源修复的知名度，拓展了休闲渔业发展的渠道，推动了全县渔业资源涵养、城市水系净化、生态文明建设和沂蒙渔业文化弘扬发展。

（姜子鹏）

果茶业

【概况】 县果茶服务中心负责编制全县中长期果品茶叶规模化发展规划和年度实施计划；全县果品、茶叶育苗、建园、生产管理、技术推广及培训工作，并开展技术咨询服务；全县果品、茶叶方面科研项目的选题、立项、攻关和验收工作；引进、推广果品、茶叶新品种，开展信息咨询服务；制定全县果品、茶叶病虫害防治方案，开展病虫害预测；贯彻执行国家、省、市有关果品、茶叶生产的政策法规，拟订支持和促进全县果品、茶叶发展的有关政策规定，并督促检查政策规定的落实情况；组织协调全县果品、茶叶科研、生产销售和出口，沟通信息，交流技术；优质果品生产基地的规划、发展、建设，品牌的认证；全县果茶合作组织建设、管理与提升，果品加工企业的协调与建设，企业果茶基地的规划。2017 年，设人秘科、财务科、果树站、果保站、茶叶站、种苗站 6 个科室，共有工作人员 24 人。

2017 年，全县新发展连片 100 亩以上果园 139 处、0.24 万公顷，超额完成了年度发展任务。

【精品园建设】 一是提升改造老果园。抓住冬、春季节果树修剪的有利时机，组织专业技术人员深入有关园片举办密闭园改造技术培训班，亲身示范改造技术，采用隔行去行、隔株去株等方式完成老果园改造提升333.33公顷，郁闭问题、通风透光条件得到改善。二是提升重点园区。通过健全完善包扶机制，落实技术责任人，加大技术指导力度，继续抓好沂城街道红旗山、诸葛镇古村、沂蒙风情旅游景区单家庄、龙家圈街道盆山、泉庄镇天地合、杨庄镇高家楼子、四十里堡镇恒和农场、长虹果业园区、道托镇黄旺园区、泉庄镇金龙山等10大园区的果园管理工作，继续打造示范引领周边果园管理提升的样板示范园。泉庄镇金龙山注册的“百桃”牌蜜桃成为全国首个获得中国、欧盟和美国三大有机认证的蜜桃品牌。成功注册了山东出境水果果园和山东出境水果包装厂，用2年多的时间占领了全国蜜桃领域的制高点。杨庄镇高家楼子园区的“金秋岭”苹果直供华西村，成为华西村的特供苹果。

【技术推广】 一是提升自身服务水平。2017年，先后组织县乡专业技术人员赴泰安、威海、日照、烟台、临沂参加国家、省、市举办的果茶技术培训50余人（次），为专业技术人员搭建了与其他地区技术人员交流学习的平台，推动了果茶技术人员技术服务水平的提升。申报的科技项目《沂水县桃提质增效关键技术集成示范与推广》被评为临沂市科技进步二等奖。二是“三位一体”抓实技术培训。先后承办了全省水果现代栽培模式关键技术培训班、省果品产业创新团队科技指导沂蒙行、省茶叶创新团队科技扶贫等系列活动，邀请10名专家教授来授课，培训果农300余人（次）。先后邀请国家现代苹果产业体系和省现代农业技术体系茶叶岗位专家到沂水开展技术培训，培训果茶农500余人（次），推动了果茶农思维的转变和观念的更新。同时，县乡果茶技术人员以果品发展动员、果树栽植、栽后管理、花期管理、疏花疏果、疏枝拉枝、病虫害防控、果树采后管理、秋施基肥、冬季修剪等为重点，深入果园和果农群众中间采取集中培训、现场指导、发放明白纸等形式积极开展送科技下乡活动，全年培训果茶农1万余人（次）。2017年，先后组织果农群众700余人（次）到沂源、临港、蒙阴、荣成等先进县区参观大樱桃、桃、苹果生产，解放思想、寻找差距、增强信心。三是加大新技术、新品种推广力度。结合现代矮砧苹果园区建设，果园生草、壁蜂授粉、水肥一体化、病虫害统防统治技术等先进技术得到了较好的推广，达到1333.33公顷。在全县推广了秋彤、金秋红蜜等桃新优品种6个，美早、布鲁克斯、黑珍珠等大樱桃新品种5个。

【项目实施】 重点抓好了2016年省高效特色农业发展项目实施工作。该项目总投资1656.2万元，其中省财政资金600万元，分4个项目园区实施。其中四十里堡镇浮来桃海园区栽植桃面积73.33公顷并配套了管道、泵站、出水口等水利灌溉设施；道托镇道托园区发展苹果矮砧示范园33.33公顷，并配套了节水灌溉、立架设施、管理房、塘坝加固、道路硬化、担架式喷雾器等基础设施；道托镇黄旺园区新发展苹果13.33公顷，并配套了节水灌溉和立架设施；诸葛镇武家河北桃园区配套建设道路硬化2340米，管道5170米，打井4眼、泵房1处、给水栓42个、电泵4套，修复蓄水池1个。2017年，该项目已通过省农业厅验收。

【基地品牌建设】 一是培育现代农业产业园区。泉庄镇金龙山蜜桃园区、许家湖镇长虹岭现代农业园区、崔家峪镇金润农业生态园、高桥镇山水生态农业观光园区等4个果品园区被县政府授予“现代农业产业园”称号。二是加大品牌培育力度。做好果旅结合文章，诸葛镇举办了杏花节，泉庄镇举办了第六届桃花艺术节，夏蔚镇举办了第三届大樱桃采摘旅游节，宣传了沂水果品品牌。组织大樱桃种植户参加全市“我最喜欢的沂蒙大樱桃品种”评选推介活动，选送的大樱桃样品获得4个金奖产品。在2017年第三届中国果业品牌大会上，沂水大樱桃以3.36亿元排名中国果品区域公用品牌价值榜第118位。组织召开了沂水苹果品种、品质、品牌“三品”提升座谈会，组织人员赴浙江湖州、蒙阴考察学习现代农业产学研联盟组建和品牌提升方面的经验做法，扎实做好沂水苹果品牌提升的基础工作。在2017年第三届中国果业品牌大会上，沂水苹果以9.26亿元排名中国果品区域公用品牌价值榜第78位。

【产业化发展】 一是积极开展销售服务。中心积极联系有关客商，拓宽销售渠道，全县加工黄桃顺利完成销售。同时，中心联系临沂云商之家电子商务有限公司、宗源食品（临沂）有限公司等收购商到部分苹果、桃园区现场考察，达成初步购销合作意向。从调研情况看，晚熟桃继续保持高价畅销态势，苹果价格与去年基本持平，没有出现滞销现象。二是加快果品冷藏库建设。在杨庄镇高家楼子、沂蒙风情旅游景区田家峪、道托镇道托村、泉庄镇尹家峪、夏蔚镇连崮峪等大型果品园区配套建设了大型果品贮藏库9座，全县果品冷藏库达到20余座，冷藏能力达到4万吨，果品贮藏保鲜能力进一步提升。

（王　鸿）

烟草生产

【概况】 沂水县烟草生产服务中心担负着全县现代烟草农业发展、烤烟生产技术培训、技术服务和各个生产环节的管理、检查及考核的职责。2017年，烟草生产服务中心设人秘科、生产科、信息科、综合科，共有工作人员16人。

【生产与收购】 全县现代烟草农业紧紧围绕“控制规模、优化布局、提高质量、突出特色”的总体要求，继续在转方式、调结构、提质量、促升级上下功夫，推进全县现代烟草农业健康可持续发展。2017年，全县共种植烤烟1826.67公顷，收购烟叶7.81万担，实现烟农收入9130.49万元，地方税收2008.71万元。

对烤烟生产进行扶持。县财政按当年烟叶税收县级分成部分的22%安排资金，专门用于发展烤烟生产。其中，5%用于风险与发展专项资金，重点扶持规模化发展；2%用于宣传培训、考察学习和科技示范；10.5%用于生产扶持；4.5%专项用于乡镇烟叶基础设施建设项目维修（该项资金在县财政设专户管理，对需要维修的项目，由所在乡镇提出申请，经县烟草中心、县烟草公司审核同意后，按照乡镇不超过实际税收比例部分进行拨款，由乡镇政府具体组织实施。项目完成后，由上述有关部门进行审核验收，对不合格的项目，责令项目所在乡镇按要求进行整改）。

【规模化种植】 针对当前全国烟叶生产市场依然严峻的形势，继续把稳控烟叶种植规模作为全县现代烟草农业工作的重点，大力推行轮作、间作种植模式，把有限的种植计划向优势烟区（大乡镇）、生态村（植烟大村）和职业烟农集中，提高规模化种植水平和综合管理的水平。做好生产和服务两个主体的培育工作，立足全县区域特点，把生产计划向基础条件好、设施配套完善、水源条件好的区域倾斜，抓好土地区域集中流转，推进适度规模种植。全县发展6.67公顷以上规模化片区70个、1494.73公顷，20公顷以上品牌园区16个、548.87公顷，66.67公顷以上片区1个、105.4公顷；发展1.33~3.33公顷烟农466户、面积916.67公顷，3.33~6.67公顷烟农150户、面积646.13公顷，6.67公顷以上烟农8户、面积80.67公顷，0.667公顷以上的种植专业户共占总面积的99.9%，稳控了生产规模，优化了生产布局。

【产业化经营】 加强专业化合作组织建设。全县依托金旭、福星2个合作社发展入社社员808户，烟农入社率达100%；全县1826.7公顷（27400亩）植烟面积全部采用专业化育苗；专业化起垄面积1325.1公顷、专业化植保面积600公顷，专业化烘烤面积680公顷，分别占总面积的100%、72.5%、32.8%、37.2%。各环节专业化服务覆盖率明显提升，工作效率和服务质量进一步提高。

【优化烟叶结构】 淘汰自然条件差、群众基础薄弱的植烟区，将重心向种植条件好、群众主动性强、领导重视程度高的地区转移，用好田种好烟，提高烟叶单产；根据烟叶市场形势和工业厂家需要，以NC系列为主，中烟为辅，将全县种植品种进行了合理调整，促使全县种植结构科学合理。全县共种植NC102面积1020公顷，占总面积的55.8%；NC55面积300公顷，占总面积的16.4%；NC89面积53.33公顷，占总面积的2.9%；中烟100面积453.33公顷，占总面积的24.8%；加大对失杂品种整治清理力度，全县优良品种使用率达100%。

【科技兴烟】 把科技兴烟措施贯穿于生产中的各个环节，加强对烟田冬耕、土壤改良、良种选育、烟田起垄、烟苗移栽、田间管理、采收烘烤等各环节的管理工作；全县普推盘型窝、槽型垄和烟沟打截抗旱保墒等新技术，落实膜下烟等措施，在墒情较差的情况下确保烟苗移栽后能尽快还苗；加强烟田肥水管理，集成落实抗旱保墒和中部烟叶资源保护等关键技术措施，提高烟叶产质，增加烟农效益；实行均衡生产，加强烤烟生产点线面的组织掌控能力，对节点时段、栽培方式、施肥水平等核心技术实行同步推进，整体落实，全面提高整体生产水平；减氮增密落实到位，通过统一“一个思想”、做细“两个方案”、摸清“三个底子”、抓好“四个精准”，全县施肥量更加合理，控氮增密措施落实到位；实行绿色防控技术，加强农药购进和使用的规范管理，全面推广烟蚜茧蜂防治蚜虫技术和杀虫灯、性诱捕器、黄板等物理防控措施，提高了烟叶工业的可用性；加大技术培训力度，通过举办培训班、现场会、研讨会等形式，全面提高技术员、合作社专业服务队、烟农三支队伍素质。同时采用“走出去、请进来”等方式，加大交流力度，学习先进经验技术，开阔视野，提升水平。

【基础设施建设】 积极争取上级烟草部门的支持，推进基础设施建设，年内全县共规划建设基础设施项目12个，涉及2个乡镇2个村，累计投资124.17万元。其中，烟水项目6个（水池4个、管网1条0.45千米，提灌站1座），硬化道路1条1.49公里，农机存放设施1处1188平方米，烟用育苗机械4台（套），改善了植烟村的生产生活条件。

【防雹减灾】 继续发挥好防雹体系的作用，进一步加大人工影响天气工作力度，加强防雹体系建设的组织领导，积极协调气象部门搞好预测预报，在冰雹高发期，加强预警预报，严密监视天气，落实安全责任，保证信息畅通。全年共协调人工降雨作业6次，发射炮弹71发、火箭弹6枚。按照40元/亩（其中，烟草行业承担24元/亩，烟农个人承担16元/亩）的标准缴纳植烟保险，降低烟农的植烟风险。

【抗旱救灾】 建立健全管护体制，严格落实烟用基础设施管护责任，成立由项目所在地村干部和受益业主为主要成员的管护小组，确保责任具体落实到人；加大管护力度，专门出台了相应的政策将烟田水利设施的建设与管护工作纳入年终考核范围，积极协调有关部门、受益业主，提前对全县的烟水设施进行了全面的摸底排查、督导考核，确保项目能够正常使用并发挥功效；加大抗旱投入，全年累计投入抗旱资金148.077万元，打深水井28眼，组织烟农采取滴灌、喷灌、穴灌、沟灌等灵活多样的浇水方式广泛开展烟田抗旱自救，累计浇灌烟田1021.13公顷，减轻了旱情烟叶生产的影响。

（马　源）

扶贫开发

【概况】 沂水县扶贫开发领导小组办公室是沂水县扶贫开发领导小组的办事机构，负责全县贫困村的扶贫开发工作。2017年设综合组、人事组、宣传组、信息统计组、易地搬迁组、项目资金组、小额信贷组、督查考核组，有工作人员30人。

全年实现2.8万名贫困人口脱贫，巩固提升已脱贫3.9万人口，52个重点贫困村“摘帽”，年度减贫任务超额完成。全市对各县区历次考核，沂水县均获得第一。

【扶贫对象动态调整和建档立卡】 先后开展“四看四查”大回访、国家系统数据核查清洗、数据分析比对、扶贫对象识别退出和动态调整等工作，确保了贫困对象应纳尽纳、应返尽返、应退尽退。2017年，在全市扶贫对象动态调整核查“回头看”工作会议上作了典型发言。

【财政专项扶贫项目】 2017年，共投入财政专项扶贫资金8799万元，实施89个产业扶贫项目。其中，投入中央财政专项扶贫资金1199万元，省级财政专项扶贫资金3288万元，市级财政专项扶贫资金2489万元，县级财政专项扶贫资金1133万元。8109万元实施第一批产业扶贫项目83个，覆盖建档立卡贫困户12304户、13876人；投入中央财政专项扶贫资金690万元，实施第二批产业扶贫项目6个，覆盖建档立卡贫困户1496户、2284人。严格项目评审，落实监理制、终身负责制，组织相关部门和中介机构联合验收。对2016年、2017年扶贫资金、项目进行了全覆盖审计督查。先后接受了财政部为期1个月的扶贫资金专项检查，省扶贫办先后2次为期半个月的专项督查和入户暗访，省委巡视组为期2个月的巡视，国家、省、市审计部门分别为期2个月的3轮审计，以及市纪委、市扶贫办多轮次明察暗访，均得到了各级的充分肯定。

【扶贫政策落实】 扶贫产业项目实现收益893.72万元；光伏扶贫装机容量75.967兆瓦，全市第一，实现收入793万元，覆盖56%贫困户；扶贫小额信贷累计发放6.68亿元，全市第一，覆盖30.6%贫困户。“殡葬全免费”政策有1783名贫困人口受益；全省先行一步，为7.1万贫困人口购买扶贫特惠保险，率先实现“一站式”服务，已赔付10035人（次）、566.12万元，贫困户个人支出占总支出的6.3%；广大企业和社会各界积极投身脱贫攻坚，慷慨解囊，累计投入资金、物资折款5000多万元；对627名“三无”失能特困人口，按每人每月300元标准发放护理补贴；对356户重困D级危房户在全市率先完成改造并入住；提高低保标准到3700元，实现了低保与贫困“两线”合一，对达不到脱贫标准的进行兜底补差共625万元。易地扶贫搬迁完成贫困户288户、458人；92个重点贫困村“五通十有”、41个重点村“四联八建”提升工程全部达标；16个行业扶贫部门也围绕各自职责分工，扎实有效开展了工作；与济南市历下区开展扶贫协作，济南市及历下区援赠沂水县协作资金1200万元，签约项目4个，总投资7.45亿元，在全省率先开展了历下区7个街道与全县7个乡镇结对帮扶。

【脱贫攻坚工作首创经验】 一是坚持“三原则”整合涉农资金，做到应整尽整、能整尽整。坚持能整尽整，2017年完成统筹整合涉农资金3.59亿元，涉及25类资金、299个项目。坚持统筹兼顾，在全省率先实现了扶贫资金所有乡镇全覆盖。坚持长远长效，在全省率先实行专项资金全部用于产业项目建设，并以乡镇为主体，集中建设扶贫项目产业基地，既实现了规模效益，又实现了项目集中统管、收益统分。9月，国务院扶贫办来沂水县调研，充分肯定了这一做法。二是建立扶贫资金资产长效机制，确保资金资产安全，收益长效稳定。探索建立“一载体两分离”精准扶贫机制，实行所有权、经营权、受益权、监管权“四权”分置，即所有权归村集体，经营权归公司、合作社、经营大户，受益权归贫困户，监管权归农业局，确保了扶贫资产安全保值增值，集体资产不断壮大，贫困户有长期稳定收入，乡村能人也有了更广阔的发展空间。扶贫资产管理、收益分配的做法副总理汪洋批示要求国扶办、财政部形成全国的指导意见，特别是“扶贫资产归村集体所有”的做法国家、省都已制定文件予以明确，全国各地执行。三是深化殡葬改革，助力脱贫攻坚。沂水县实行的殡葬改革，直接减轻了占去世总人口40%的贫困人口户均2万多元的家庭负担。深化殡葬改革、助推脱贫攻坚的做法在省扶贫攻坚简报刊发。四是积极挖掘资源，激发贫困户内生动力。对于面上没有专项资金支持的非重点村，引导乡镇整合、盘活村集体闲置场所、空闲地、荒山、荒滩等资源要素，形成稳定长效收益机制。全县盘活农村资源年收益4680万元，出租集体场所年实现租赁收入406.4万

2017年9月3日，国务院扶贫开发指导司副司长杨刚（前中）带队到沂水县开展资产收益扶贫调研

元。这一做法得到了省、市充分肯定，并对这一做法进行总结推广。引导和教育贫困户扶贫不是等钱要物，扶贫不是养懒汉，扶贫不是“干部干、群众看”，破除“等靠要”思想，实现从“不愿脱贫”“要我脱贫”到“我要脱贫”的转变；搞好对贫困群众的职业培训，掌握一技之长；引导各村、各扶贫产业项目、各帮扶企业，通过设置公益性岗位、扶贫车间等方式，让贫困群众依靠自己的双手脱贫致富。五是精准识别，精准施策，追求全面的满意度。脱贫攻坚的满意不仅贫困户满意，非贫困户也要满意。通过精准识别，让已脱贫的及时销号、新产生的和返贫的及时纳入、识别不精准的及时清除，确保扶贫对象精准。通过精准施策，让贫困户不仅有真金白银的收入，也有实实在在的保障，从而非贫困户不因为识别不准去攀比，贫困户因为有实实在在的措施和收入都满意，实现真正意义的整体满意。

2017年2月，国扶办新时代脱贫攻坚理论与实践创新研究课题组选定沂水县围绕5个专题进行了调研，用以指导全国脱贫攻坚工作。

（吴　博）

水土保持

【概况】 沂水县水保中心担负着指导全县水土保持工作，制定水土保持规划、监测和防治水土流失的任务；审批县级生产建设项目水土保持方案，督查“三同时”制度落实情况；全县范围内水土保持补偿费的征收工作。2017年，县水保中心设综合科、人事科、财务科、监督管理站、工程科5个科室，有工作人员31人（后有4名工作人员及编制划转到沂水县综合行政执法局）。

【水土流失治理】 一是完成了2015年国家水土保持重点建设工程沂水县沂山前项目区石旺、黑墩小流域工程的施工管理及验收工作。该项目于2016年完成全部施工，并组织专家组对项目进行了自验。2017年，省水利厅、市水利局和县财政局组成的专家组对项目进行了竣工验收。石旺小流域完成综合治理水土流失面积7.5平方公里，完成工程投资258.23万元，其中中央投资180万元；黑墩小流域按照批复完成了综合治理水土流失面积15.30平方公里，完成投资685.73万元，其中中央投资480万元。

二是完成了2016年国家坡耕地水土流失综合治理工程松峰岭、塔坡（二期）、圣水坊（二期）项目区施工管理及验收工作。该项目投资3974.3万元，其中中央投资2300万元，地方配套及投劳折资1674.3万元，治理水土流失面积10.15平方公里。2017年，通过市水利局、市发改局和县财政局专家组竣工验收。

三是完成2016年国家水土保持重点建设工程沂水县沂山前项目区坪下河、瓮山西部片区小流域综合治理工程的施工管理及验收工作。2017年，顺利通过由省水利厅、市水利局专家组对坪下河、瓮山小流域综合治理工程的竣工验收。坪下河小流域综合治理项目共治理水土流失面积治理水土流失面积9.72平方公里，总投资404.72万元，中央资金280万元，省、市配套及投劳124.72万元。瓮山小流域治理水土流失面积7.39平方公里，总投资453.78万元，其中中央资金320万元，省、市及投劳133.78万元。

四是完成了2016年国家水土保持重点建设工程沂水县沂山前项目区雪山、柳子沟小流域综合治理工程的施工管理及验收工作。项目于2016年9月5日正式开工，2017年3月5日完成全部施工，同年组织专家组对项目进行了自验；7月，省水利厅、市水利局专家组验收了这两条小流域综合治理工程。雪山小流域综合治理项目共治理水土流失面积6.03平方公里，总投资396.47万元，其中中央资金275万元，省、市配套及投劳121.47万元。柳子沟小流域治理水土流失面积7.57平方公里，总投资288万元，其中中央资金200万元，省、市及投劳88万元。

五是认真开展2017年国家水土保持重点建设工程沂水县沂山前项目区驻龙河、龙旺小流域综合治理工程施工管理。2017年，驻龙河、龙旺小流域的初步设计评审由山东省水利厅通过，该项目于5月2日开工。驻龙河小流域治理水土流失面积7.37平方公里，总投资400.17万元；龙旺小流域治理水土流失面积治理水土流失面积3.63平方公里，总投资150.31万元。

六是完成2017—2020年国家水土保持重点建设工程规划编制中沂水县小流域治理的编制工作。

【水保监督执法】 一是强化服务意识，在“中国沂水”网站公开了有关水土保持执法的行政权力清单、办事流程及监督电话等信息，方便生产建设单位落实水土保持“三同时”制度。

二是指导和督促生产建设单位逐步完善水土保持手续。主动与生产建设单位进行对接，发放手续办理明白纸，明确手续办理事宜，督促未编报水保方案的生产建设单位编报水土保持方案。对已编报水保方案的生产建设单位，督促其严格落实“三同时”制度。2017年，共审批、备案水土保持方案21份（报告表5份，县级报告书14份、市级报告书1份、省级报告书1份）。

三是开展水土保持补偿费的收缴工作。严格按照《山东省水土保持补偿费征收使用管理办法》《省物价局、省财政厅、省水利厅〈关于降低水土保持补偿费收费标准〉的通知》和《临沂市水土保持补偿费征收使用管理办法》的要求，积极开展水土保持补偿费的收缴工作。任何人不得擅自减免水土保持补偿费，不得改变水土保持补偿费征收对象、范围和标准，做到应收尽收。2017年，共收缴水土保持补偿费61.4万元。

四是配合省、市等上级部门做好省批、市批项目的检查工作，加强生产建设项目的事中事后监管。2017年，共组织开展监督检查123次，监督检查生产建设项目71个（省批项目11个、市批项目8个、县批项目52个），累计催缴水土保持补偿费15万元。检查过程中，对3家未编报水土保持方案的生产建设项目，督促其依法限期编报水土保持方案，按程序办理审批手续。

【水保宣传】 积极进行《中华人民共和国水土保持法》《山东省水土保持条例》等法律法规宣传。充分利用进企业发放宣传材料、到施工场地进行现场指导、对前来咨询服务对象进行耐心讲解政策等方式进行宣传。在临沂日报·沂水版整版宣传《中华人民共和国水土保持法》。利用12月4日宪法宣传日，在县府广场设置宣传站点等形式进行集中宣传，共发放《中华人民共和国水土保持法》单行本及宣传材料800余份。

（赵　坤

工　业

经济贸易

【概况】 沂水县经济贸易和信息化局是全县工业经济管理部门。2017年，设办公室、人事科、综合法规科、企业科、经济运行办公室、电力科、规划与技术改造科、科技与装备产业科、原材料产业科、产业政策科、信息产业科、消费品产业科、安全生产科，下设2个事业单位（沂水县人民政府节约能源工作办公室和沂水县行业管理办公室），有工作人员71人。

2017年，全县工业经济稳步发展，373户规模以上工业企业完成工业总产值1111.9亿元，同比增长13.4%，实现销售收入1078.3亿元，实现利税81.6亿元。

【产业提升】 深入开展化工产业安全生产转型升级活动。在前期打非治违和评级评价工作基础上，对全县85家化工企业手续办理情况进行排查，对立项、规划、安全、环保、节能等手续不全且无法整改的化工企业，一律纳入关闭淘汰企业范围，最终确定了全县转型升级化工企业名单。根据评级评价结果和手续核查情况，按照市“四个一批”分类标准，确定拟“升级壮大”26户、“重组整合”7户、“搬迁转移”1户、“关闭淘汰”8户、在建项目16个、“四无管理”5户、停产8户、转产3户。按照“标准更高、要求更严、检查更实、执法更硬”的要求，持续开展安全隐患大排查快整治严执法紧急行动，严管重罚、顶格处理，重拳出击、铁腕整治各类安全隐患。积极做好化工园区（专业园区）申报各项基础工作。围绕加快机械电子、高端食品等主导产业转型升级，突出重点，狠抓关键，提高产业发展水平。4月17日，组织在全县召开了2017年山东省食协焙烤食品年会，提高了全县食品产业的区域品牌知名度和影响力。组织机械企业参加了济南装备制造业博览会等活动，扩大了全县机械企业品牌影响力，增强了企业市场开拓能力。根据国家、省、市安排部署，深入开展了清理取缔“地条钢”等钢铁违法违规项目工作，全县累计共排查用电大户及企业1449家、闲置院落1183处、钢材销售业户155家、在建工地89处，未发现制售“地条钢”的违法违规行为。

【技术改造】 2017年，全县共实施工业技改项目130个，总投资规模157.9亿元，实际完成投资122.2亿元。其中，投资过亿元项目41个，过5000万元项目21个，过3000万元项目12个，过1000万元项目21个。恒泰纺织公司染整生产线搬迁升级改造项目等6个项目列入2017年山东省企业技术改造导向目录；隆大生物工程公司年产10000吨饲料酶及500吨功能性食品项目等8个项目列入2017年全市重点工业技术改造项目。实施了永丰轮胎公司投资9亿元的200万套全钢载重子午胎项目、恒泰纺织公司投资8.5亿元的整体搬迁升级改造项目、鲁南矿业公司投资4.5亿元的尾矿综合利用项目等一批大项目、好项目。为保障项目的顺利实施，实行现场办公制度，及时解决项目建设过程中遇到的困难和问题，推进建设进度。对未开工项目，加大协调力度，从要素配置、政策调控、组织协调等方面重点支持、全力帮扶，解决制约项目建设的因素，推动项目尽早开工；同时，加大对技术改造工作的考核力度，对乡镇重点技改项目实行每月一调度、一考核，专门设立了先锋榜，对技术改造工作突出的乡镇颁发流动红旗，并采取多种形式进行公开表扬，激发了乡镇的积极性。

【技术创新与名牌争创】 2017年，技术创新工作以企业技术中心建设、新产品开发、产学研联合、品牌争创四大方面为着力点，加快建设国家、省市级企业创新平台，大力开展新产品研发，积极参与制订各级标准。加强企业技术中心建设。清沂山石化科技公司、源泉机械公司、威普斯橡胶公司、鼎欣生物科技公司技术中心被省经信委认定为省级企业技术中心；蒙山龙雾茶业公司、利丰液压机械公司、康爱特化工科技公司、福阳液压科技公司技术中心被市经信委认定为市级企业技术中心。加快新产品开发和应用。鲁洲食品集团、隆科特酶制剂公司、青援食品公司、恒泰纺园公司、玻纤集团股份公司、沂水机床厂公司等11家企业的37个新产品、新技术项目列入山东省创新项目计划。强化产学研合作。青援食品有限公司与山东大学签订了“小麦专用粉加工工艺技术”产学研合作协议；山东恒泰纺织有限公司同浙江理工大学签订了“混色纺纱计算机测配色技术及产品开发”技术开发合同书；山东永丰轮胎有限公司同中国石油大学（华东）就“环氧化天然橡胶在全钢载重子午线轮胎胎面胶中的应用”开展产学研合作；精工密封件厂引进青岛科技大学的国际领先技术“汽车制动ABS用磁性密封材料开发与应用”。积极争创品牌。沂水机床厂公司的金属切削机床，京普太阳能科技公司家用太阳能热水系统，青援食品有限公司的食用葡萄糖、麦芽糖，鲁洲生物科技（山东）的公司的麦芽糖、葡萄糖浆、食用葡萄糖、果葡糖浆，大地玉米开发公司的麦芽糖，蒙山龙雾茶业公司的绿茶被认定为山东名牌产品。

【节能降耗】 2017年，全县364户规模以上企业综合能源消费量为95.41万吨标准煤，同比上升3.04%；全县GDP能耗同比下降2.5%，规模以上工业企业万元增加值综合能耗同比下降11.87%。山东铭浩化工股份有限公司、山东新大陆橡胶科技股份有限公司2家企业自愿清洁生产审核通过了专家验收；临沂胜旺手套制作有限公司等8家单位被县政府确定为沂水县“十三五”循环经济示范单位（第二批）。青援食品有限公司沂水县城北片区工业余热暖民工程，利用低品位余热资源实施煤炭消费减量替代，总投资7685万元。项目建成后，年可减少标煤31131.73吨标准煤，获中央预算内投资资金支持569万元。依法加强和规范重点用能单位能源利用状况报告报送工作，组织青援食品有限公司等11家重点用能企业在线填报2016年度能源利用状况报告，顺利通过市级审核。积极开展节能监督检查，对沂水第二水泥厂、沂水山水水泥、创新山水水泥等3家企业实施水泥行业阶梯电价政策执行情况进行了专项监察；对沂水第二水泥厂、沂水山水水泥等2家重点用能单位能源利用状况报告制度执行情况进行了专项监察。对新、改、扩建固定资产投资项目，严格节能评估和审查，落实能耗减量置换制度，控制“两高”项目的引进和实施，实现了源头节能减排。2017年，累计节能评估和审查固定资产投资项目116个，涉及食品加工产业、机械电子产业等行业，其中，市级节能评估和审查2个项目，县级备案114个项目。

【二次创业】 根据市委、市政府安排部署，继续深入开展了实施企业“二次创业”加快工业转型升级活动。加快完善现代企业制度。2017年，全部规模以上企业完成了规范化公司制改制，其中，世纪春食品公司、京普太阳能公司、德润化工公司完成股份制改造；福德化工公司、祥腾化工公司在齐鲁股权交易市场挂牌，京普太阳能公司完成新三板挂牌上市。规范化公司制改制企业数、股份制改造企业数、挂牌上市企业数均名列全市前茅。加大企业家培养力度，组织企业家参加了上海交通大学举办的骨干企业总裁班、山东省中青年企业家培训班、临沂市传统企业新旧动能转换与商业模式创新专题培训班、临沂市企业改革改制专题培训等培训班，组织泓达生物公司、恒泰纺织公司、机床厂公司等企业二代接班人到世界500强总部进行了实践锻炼，与组织部共同组织了沂水县县域经济发展（北京大学）专题研修班，共培训企业家500人（次）。继续帮助企业完善房产手续，截至2017年底，179户企业纳入房产手续办理程序，全部办理完毕后，可为企业办理房产面积350万平方米以上，提供融资额度25亿元以上。新申报9家电力直接交易企业，全县电力直接交易企业达到16家，总数居全市第一位。继续推进干部联系企业工作，出台了《进一步提高行政效能优化发展环境的规定》等文件，推行“宁静工作日”，共搜集企业诉求527条，办理461条。

（马纪伟

电力工业

【概况】 国网沂水县供电公司系国有大型县供电企业，国网山东省电力公司分公司。2017年，下设8个职能部室（办公室、发展建设部、人力资源部、财务资产部、党群工作部、安全监察质量部、乡镇供电所管理部、电力调度控制分中心）、2个业务支撑和实施机构（运维检修部、营销部）、20个供电所，服务于全县50.3万客户，有工作人员573人，农电用工648名。

县域内有220千伏变电站3座930兆伏安，110千伏变电站14座1072兆伏安，35千伏变电站14座319.9兆伏安；110千伏公用线路16条235.72千米，35千伏公用线路40条362.133千米，用户线路11条40.94千米；10千伏配电线路3435千米；全年完成售电量22.63亿千瓦时，总量居全市九县第二，同比增长10.76%。

公司年度业绩考核A级，荣获“省公司2017年度先进单位”等称号。

【电网建设】 完成2017年电网规划滚动修编并通过省公司审查。配合完成110千伏雪山站扩建等项目可研编制及初设审查。下发《关于加强中低压配网基建项目可研编制管理的意见》，完成2.05亿元中低压配网项目可研储备。重点项目有序实施。高效完成特高压工程结算及接地极工程竣工。220千伏裕丰输变电工程及2条110千伏配出工程竣工投产；110千伏丰雪北线改造工程提前竣工；35千伏青援并网线路改造工程全面完成；35千伏水龙线验收送电；因民事协调停滞三年之久的常庄变电站10千伏配出工程全面竣工。配电网建管并举。完成63个机井通电工程、158个“中心村”、65个常规贫困村、3个异地搬迁扶贫工程建设，其中2个工程成功被评为省“百佳工程”。新增配变206台，户均容量提升至1.93千伏安。消除低电压用户6.68万户，低电压现象有了根本好转。借力中心街改造提升项目，改造线路3.2千米，新建电力电缆排管通道5千米。

【科技创新成果】 企业创新创效成绩显著，组织上报10项管理创新成果，1项获省管理创新成果一等奖，2项获三等奖；1项QC成果获省公司二等奖；完成国家发明专利授权36项。

【农电管理】 班组建设持续深化。建立领导班子包点制度，班子成员带队“每周一督”，每周到包扶供电所对“三降两去一补”等基础管理工作进行督导，共计开展包点督导127人（次），解决问题困难16项。修订《班组建设管理考核办法》。开展四个层级“班组大讲堂”48期，班组内部讲堂170余期。2017年班组对标居全市第二名，同业对标综合评价考核A类。基础管理不断规范。扎实开展供电所优化设置工作，顺利通过省公司评审。建立供电所每周两会制度，供电所每周二、周五组织全体农电员工对事故通报、投诉案例等进行学习宣贯。细化提质增效30项措施，压紧压实非生产支出。狠抓财务账款清理，回收小区配套费3178.5万元。依法治企规范从严。扎实推进问题清单梳理全覆盖，抓好重点问题整改，高效完成“四上”工作。深化内外部审计问题“回头看”，56项省公司审计发现问题全面整改到位。加强内部审计集约管理，完成项目审计79项，审减工程支出328.56万元，2012年以来内部审计发现问题全部完成整改。队伍建设再上台阶。1个班组被授予国家电网公司先进班组，2个班组被评为工人先锋号；团委被授予省公司“五四红旗团委”和临沂市“五四红旗团委”称号；2名员工参加省公司竞赛调考分获团体一、二等奖，3名员工参加市公司竞赛调考获团体第一名；2名员工获“振兴沂蒙劳动奖章”，3名员工获“振兴沂水劳动奖章”。

【营销管理】 精准营销抢占先机。建立星级客户服务档案库，对18个星级客户实行“一户一案”管理。开展企业“义诊”活动，针对35千伏专线客户用电隐患排查整改问题7项。累计新装、增容187台/12.14万千伏安。完成替代电量7113万千瓦时。内挖潜力降本增效。加强同期线损管理，实行日监控、周分析机制，合格率完成97.81%。开展计量装置隐患和对应关系排查，累计排查整改8.5万条。加快“全能型”供电所建设，累计建成三星级及以上供电所16个。品牌营销有力推进。推广使用平板式移动作业终端113台，实现计量、业扩等业务现场办理。电子化服务方式覆盖30余万户，通过电e宝等线上缴费率达35%。低压费控比率97%，累计完成费控协议梳理、上传47万份，上传率100%。高压客户预收比例66.32%，“一户一策”管控进一步加强。主动服务光伏扶贫项目，容量占全省批复项目四分之一的392个光伏电站圆满通过验收，实现并网发电。

【优质服务】 聚焦“事前防范”，严抓严管遏止投诉。投诉量多、报修量大，根源是反映了部分员工服务意识不强、服务水平不高。为扭转被动局面，2017年，从主观原因入手，以“壮士断腕”的勇气遏止投诉。抓服务意识提升，建立投诉“说清楚”、即时督办制度，修订《投诉处理补充规定》，逐级签订《投诉管控承诺书》；组织投诉预控知识普调考600余人（次），各层级投诉预控“大讲堂”50余次，下发投诉通报57期；强化投诉预控70条普抽考，“飞检”“飞问”110次。抓服务质量提升，实施客户经理“入户行动”，逐户登门张贴“服务贴”49万户；严格营销服务投诉、抢修工单现场核实，开展服务质量“落地巡检”432次，实地走访客户6230余户；不定期开展明察暗访，狠抓营业服务12项不规范行为治理，常态化实施服务督查、即时约谈。2017年抢修工单数量同比下降51%。

2017年全县各行业用电分类统计表

表10

指标名称	用电量（万千瓦时）	
	2017年	2016年
全社会用电总计	296636	267656
A、全行业用电合计	250507	225562
第一产业	6626	5580
第二产业	223283	200624
第三产业	20598	19358
B、城乡居民生活用电合计	46129	42094
城镇居民	19151	14450
乡村居民	26978	27644
全行业用电分类	250507	225562
一、农、林、牧、渔业	6626	5580
二、工业	220610	198376
（一）采矿业	5746	4088
（二）制造业	152248	140923
（三）电力、燃气及水的生产和供应业	62616	53365
三、建筑业	2673	2248
四、交通运输、仓储、邮政业	1730	1468
五、信息传输、计算机服务和软件业	2242	1961
六、商业、住宿和餐饮业	6498	5941

续表 10

指标名称	用电量（万千瓦时）	
	2017 年	2016 年
七、金融、房地产、商务及居民服务业	2484	4025
八、公共事业及管理组织	7644	5963

（肖学亮）

民营经济

【概况】 沂水县中小企业局主要职责为指导、监督全县中小企业、民营经济；研究拟定中小企业、民营经济的发展战略、规划和规定；负责企业公共服务体系和公共服务平台的顶层设计、建设开发、功能规划和组织管理；整合社会各类资源，为企业提供质量检测、融资担保等全方位服务。2017 年，全局设办公室、企业管理科、科技管理科、规划发展科、信息服务科、创新服务科、宣传教育科、财务审计科 8 个科室，有工作人员 43 人。

2017 年，被县委、县政府授予“县直部门服务经济发展先进单位”“服务‘两城同建’工作先进单位”“全县老干部工作先进单位”；被县委授予“全县统战工作先进单位”“全县基层党建工作红旗党组织”称号；被市妇联授予“三八红旗单位”称号。

2017 年，新发展个体工商户 5409 户，累计达到 26123 户；新发展私营企业 2515 户，累计达到 9489 户。

【产业集群和特色产业镇发展】 立足资源优势和特色产业，做好中小企业产业集群和特色产业镇建设的规划、管理和申报，积极构建现代产业体系。截至 2017 年年底，共培育省级产业集群 1 个，市级产业集群 3 个；省级特色产业镇 3 个，市级特色产业镇 8 个。一是做好机械电子产业和木业产业发展提升。2017 年，全县 58 家规模以上机械电子企业完成产值 150 亿元，完成利税 14.8 亿元；全县 21 家规模以上木业企业完成产值 68 亿元，完成利税 4.8 亿元。二是积极推进特色产业镇建设。2017 年，泉庄镇被认定为省级旅游特色产业镇。三是充分发挥金龙食品技术服务中心、惠普机械研究所等产业集群公共服务平台作用，为全县企业提供产品研发、信息服务、人员培训等服务。

【技术创新和管理创新】 积极实施中小企业技术创新和管理创新，提升企业整体素质，推进企业转型升级。一是大力深化产学研合作。推动县内企业与山东大学、济南大学、中国机械科学研究总院青岛分院等高校、科研院所深化产学研合作，创新产学研合作模式，构建协同创新体系。二是对接中科院老专家技术中心、智华财税等合作机构，研究制定技术创新服务平台、技术交易中心建设方案，积极实施企业技术创新能力建设提升工程，并通过技术引进、对接及项目推介等方式，实现科技成果落地，提升县内企业的自主创新能力、核心研发能力、技术成果转化能力。三是加强企业技术创新平台建设，组织实施“一企一技术”，积极引导中小企业自主创新，鼓励中小企业走“专、精、特、新”的发展道路。2017 年，1 家企业被认定为省级“一企一技术”研发中心；5 家企业被认定为市级“一企一技术”研发中心；3 家企业被认定为省级“专精特新”中小企业；8 家企业被认定为市级“专精特新”中小企业；2 家企业被认定为省级创新转型优胜企业；1 家企业被认定为省级中小企业“隐形冠军”企业。五是推进管理创新。开展管理提升咨询诊断服务，实现企业管理能力和管理效能的“双提升”。引进优质管理咨询公司，对全县中小企业开展“一企一策”专家会诊，帮助企业解决管理难题，提升管理能力和管理效能。

【服务体系建设】 以平台建设为载体，提升服务双创主体能力。

一是不断完善生产力发展服务中心建设，协同入驻中心的57家优质服务机构，通过开展公益培训、提质增效、普惠金融、检验检测以及个性化服务等系列活动，实现超市式综合服务、普惠性政策服务、规范化精准服务三大服务功能。截至2017年底，累计为1000余家企业提供了资金、技术、人才等方面的服务。二是围绕“大众创业、万众创新”和企业二次创业需求，生产力发展服务中心搭建众创空间，为全县初创企业和个人提供项目路演、创业沙龙、技能培训、创业辅导、前景分析、企业孵化等公益活动及相关培训120余场，服务创业人员1600余人（次），已累计孵化企业50余家。三是加强对中小企业创业孵化中心、昌辰创业园、七彩云众创空间等创业创新平台的指导扶持，不断加快中小企业创业辅导基地建设步伐。2017年，培育省级小型微型企业创新示范基地2处。

把企业需求作为工作的出发点和着力点，集中力量有效破解企业的资金、技术、人才等发展瓶颈。一是开展创新金融服务。2017年，联合安信证券、天风证券、佰易理财、智华财税等生产力发展服务中心入驻合作机构组织开展上市辅导、资本市场精准对接以及“互联网＋县域”普惠金融座谈会等金融服务活动7期，联合青岛蓝海股权交易中心举办挂牌交流会，为县内企业融资、融智发展和股权改革导入理念，提供具体实施方案，推进企业挂牌上市。二是组织学习交流活动。组织县内企业参加首期“沂水企业家走进青岛学智能制造”考察培训班、“品牌营销发展战略”培训班、2017海峡两岸（山东）创业创富项目博览会暨中小企业展洽会、第十二届济南国际装备制造业博览会、第十四届中国国际中小企业博览会、第四届中国（山东）网络商品博览会暨山东中小企业名优产品展洽会等活动。三是开展公益培训服务。根据年初制定的培训工作计划，按照“多点开花、多种形式、多个层面”的要求，依托生产力发展服务中心培训教育资源，实时更新培训方式和培训内容，创造性地开展公益服务培训。2017年，组织各类培训班31期，培训企业990家，培训人员1700余人（次）。四是开展人才对接活动。生产力发展服务中心联合人社局开展“互联网＋就业”大型人才招聘会以及各类专项招聘活动，吸引近100家县内外企业和大学生、退伍军人、下岗职工、富余劳动力等各类求职人员1700余人（次）。五是组织特色服务活动。采取补助企业服务费等形式，让利于企业，统一协调生产力发展服务中心入驻机构为县内企业提供会计财税、信息化建设、法律、高新技术认定等方面优质高效的定制化服务。六是提升企业信息化建设水平。以中小企业产业互联网云平台为重要支撑，联合沂水联通公司建立长效服务机制，定期举办信息化服务推介、信息化巡展活动，介绍中小企业专属信息化服务产品，提升中小企业信息化建设水平。通过阿里、用友、金蝶、浪潮等软件公司产品，加强企业管理、财务、销售、供应链、智能生产制造等模块使用，云端产品软件，为鼎邦食品、万德大地、太阳鞋业、机床厂、威普斯橡胶等40多家企业提供服务。

（曹丽丽

经济开发区

【概况】 沂水经济开发区主要负责经济开发区的招商引资和对外投资的各项服务工作；配合有关部门搞好经济开发区长期规划和年度计划的编制和实施方案；配合有关部门搞好经济开发区总体规划和建设规划的编制和实施。2017年，设财政局、社会事务局、庐山服务局3个正科级机构，办公室、发展服务局、安监局、招商一局、招商二局、招商三局、招商四局、招商五局8个副科级机构。辖开发区核心区、庐山化工园区、青岛保税港区沂水经济合作区、高端食品产业园、城北工业园5个项目区，规划控制面积108.7平方公里，规模以上企业309家，以机械电子、高端食品、能源与高分子、现代物流等主导产业。通过了ISO 9001质量管理标准和ISO 14001环境管理标准体系认证，先后荣获“山东省生态工业和循环经济示范园区”“山东省循环化改造示范园区”“山东省开发区创新创业公共服务示范平台”“山东省体制机制创新试点开发区”等称号。2017年，实现规模以上工业总产值1100亿元，实现税收26亿元，完成进出口额10亿美元。综合评价首次进入全省134家省级经济开发区第一方阵、前30强，列第29位；开发区“中小企业公共服务中心”成功争创为全省首批开发区创新创业公共服务示范平台，开发区被列为全省开发区体制机制创新试点开发区。

【三引一促】 以招大引强选优作为“一号工程”，坚持领导带头、全员招商、专业招商和以商招商相结合，招引签约落户开发区项目44个，协议利用县外资金110亿元，其中杭萧钢构项目、中轻跨境产业园项目、万多福新材料项目等投资过5亿元项目9个；开发区世界500强、上市公司投资的企业达到了26家。按照具体化、数量化、项目化，排定以产业项目为主的各类重点项目40个，全部列入县“125”工程，强化包扶服务，项目推进实行“倒逼警示机制”，提前谋划、及时解决项目推进中的困难和问题，在中央环保督察进驻山东之前全部完成了环保等各项手续、并顺利推进，为项目早日投产达效奠定了坚实的基础。园区企业引进各类人才242名，其中A类人才14名、B类人才215名、C类人才13名，引进先进技术158项，新增产学研合作企业136家，玻纤集团、沂水机床厂等企业的19个项目列入山东省技术创新项目计划，新创国家级企业技术中心1家、省博士后创新实践基地1家，累计建成院士工作站2处、博士后科研工作站4处、国家级企业技术中心2处、高新技术企业17家。

【产业特色】 突出发展高端食品、机械电子、新能源新材料、现代物流等主导产业，集中规划建设了总投资50亿元、占地2000亩的高端食品产业园，采用国际先进的生产工艺和设备，实行全自动流水线工作模式，技术工艺达到国际同行业领先水平，推进食品产业由初级加工向深加工、由传统加工向高新技术加工、由资源消耗型向高效利用型的“三大转变”，提升了沂水食品产业档次和水平。机械电子产业以青岛保税港区沂水功能区为主平台，杭萧钢构项目由上市公司杭萧钢构集团、山东蓬建集团、临沂元丰置业有限公司共同投资建设，引进国内首家钢结构上市企业杭萧钢构集团最新技术工艺，生产“钢管束组合剪力墙”等装配式钢结构住宅体系构件，总投资20亿元，投产后年加工钢结构构件16万吨，年施工钢结构装配式建筑200万平方米，年产值可达40亿元，实现税收2亿元，推动了机械电子产业转型升级。新能源与高分子产业，以山东玻纤集团、天炬节能材料、长青生物质发电、瑞丰高分子公司等重点企业为主体，由世界500强山东能源集团投资的玻纤集团占地80万平方米，引进了美国同行业最尖端技术，产业规模同行业世界排名第七位、国内四强，年产玻璃纤维25万吨、织物2.3亿平方米，广泛用于汽车、飞机、航天市场。现代物流业围绕沂水汽车站的商贸流通功能，易通电商大厦、鲁南商贸物流城二期等商贸物流项目落地建设、快速推进，完善了园区商贸物流产业圈，创建了颐高电商“A创空间”、中小企业公共服务中心众创空间等一批孵化器，成功孵化企业近30家，有力提升了园区的商贸配套功能。

【园区建设】 完善基础配套。完成了园区规划调整、区域环评批复、水资源论证批复、安全风险评估；结合新落地项目需要，集中实施克黄线绕城段、裕丰路中段、振兴路改建热电联产改扩建等12项重点基础配套工程，全面满足了项目建设和企业发展需要。完善生态配套。牢固树立“绿水青山就是金山银山”的理念，以中央环保督察为契机，借势借力集中整治环保突出问题，扎实开展化工产业转型升级活动，成功争取省区域战略推进专项资金，高标准实施了庐山化工园区生态防护林工程，开发区被评为全市清洁生产示范试点园区，绿色发展理念得到全面贯彻落实。完善服务配套。高标准打造的开发区党群服务中心、“两新”组织工场同中小企业公共服务中心一体，成为服务企业、服务群众、服务发展的平台，省、市领导多次视察并给予高度评价；集中为山东玻纤、永丰轮胎等重点骨干企业配套建设了居住区，打消了外来投资者、务工人员的后顾之忧。

【园区管理】 2017年，沂水经济开发区被列为全省开发区体制机制创新试点开发区，承担创新项目审批机制和市场化开发区运营机制两项试点。建立了入园项目联合审查和产业准入负面清单制度，在青岛保税港区沂水经济合作区成功打造“投资无费区”；在营商环境建设上，相继制定了关于提高行政效能、优化发展环境、推行服务承诺制、首问责任制、限时办结制、打通“放管服”改革最后一公里、保障新旧动能转换的系列意见、措施，为企业发展、项目建设提供了良好的发展环境。推进招商主体市场化，根据沂水县重点发展产业，成立了5个专业招商局，充实了涉外招商人员，集中攻坚日韩、港台等地区的外资项目；首批与25家外地商会、重点企业等招商中介机构建立了合作关系，实现了招商引资向企业化管理、市场化运作、专业化服务模式的转变，在开发区自主引进的14个重点招商引资项目中，其中有6个是依靠市场化招商机制引进来的；推进园区服务外包，积极开展社会化服务，引入天津创业环保集团、中海油等专业监管机构进行环保治理和安全监管，聘请高端咨询机构为重点骨干企业服务，将第三方服务、社会化监管引入了企业管理、安全生产、环境保护等领域，全面提高了园区管理服务水平。

【社会事业】 加强基层服务型党组织建设，昌辰社区党群服务中心、开发区党群服务中心相继成为全市基层党建现场会观摩点。立足“精”“准”，配套实施产业项目带动扶贫、创业就业长效扶贫、金融扶贫等专项扶贫措施，在发展种植、林果受限、畜禽养殖禁养的有限条件下，富民农户贷、生产贷超额完成任务，成功推荐安排61名贫困群众到企业、公益岗位工作，建立了长效收入机制。规划建设的3处公益性公墓在全县最早全部建成、最早全部投入使用，东安公墓成为全市殡葬改革现场会观摩点；建立了公墓使用利益引导机制、公墓管理长效机制、殡葬改革责任追究机制，自6月8日公墓启用以来，实现了公墓安葬率、群众满意率两个100%，形成了移风易俗、生态文明的新风尚。深入实施社会治安防控体系建设，全面推进“雪亮工程”应用并向基层群众延伸，无缝隙排查矛盾纠纷，受理群众信访事项25起、结服24起，圆满完成了中共十九大、“一带一路”峰会等重要时间节点的维稳工作，年内未发生去省进京上访事件。不断丰富群众文化生活，组织文化演出队到村公益演出77场（次）；全面落实低保、五保、优抚等各项保障政策；完成危房改造44户、“户户通”硬化路面4.39万平方米，进一步改善了居民的生产生活条件。

（张明东）

青岛保税港区临沂（沂水）经济合作区

【概况】 青岛保税港区临沂（沂水）经济合作区于2014年7月设立，总规划面积4.4平方公里，由机械电子产业园、汽车贸易城和生活配套服务区三个部分组成，重点发展高端装备制造、精密机械及电子零部件研发加工等产业，配套发展仓储物流、展示交易、研发设计、产品检测、设计师及技术工人培训等业务。2017年，合作区管委会有工作人员18人，下设综合服务部、财务部、投资促进部、规划建设部等四个职能部门，负责园区的招商引资、企业服务、规划建设等工作。

孵化中心

【招商引资】 2017年，全年新落地项目14个，总投资16.7亿元。

其中，租赁孵化中心项目6个，总投资7亿元，分别是山东溶盛电子科技有限公司电子油墨项目、临沂大京汽车零件有限公司汽车线束生产项目、临沂长弓光电科技有限公司光电产品生产项目、山东普艾迪新能源有限公司变频控制系统部品及商用空调生产项目、临沂双飞汽车线束系统有限公司汽车线束生产项目和临沂长弓电子有限公司电子触摸屏项目；购地项目8个，总投资9.7亿元，分别是山东井田电子有限公司鼠标、键盘生产项目，山东智班自动化设备有限公司年产300台数控机床项目，山东耐特龙环境科技有限公司链条生产项目，沂水宏福机械制造有限公司自动化物流输送设备生产项目，临沂恩泰数码科技有限公司年产600台UV平板打印机项目，山东弘千风机有限公司风机生产项目，青岛斑科变频技术有限公司空气能热泵空调生产项目和天津德赛威尔科技有限公司全自动泡沫成型机、预发机项目。

截至2017年年底，机械电子产业园共落地项目20个，总投资29.7亿元，开发利用土地534.3亩。其中租赁孵化中心项目8个，租用孵化中心建筑面积70507平方米，总投资8.2亿元；征地项目12个，土地出让400.3亩，总投资21.5亿元。其中9个项目（正固钢结构项目、创升电子项目、长弓光电项目、大京项目、双飞项目、普艾迪项目、正浩项目、格润项目和绿洁项目）已投产，一个孵化中心项目（溶盛科技项目）正在调试设备，两个孵化中心项目（普艾迪1#厂房和长弓电子项目）正在进行装修，4个购地项目（中轻项目、耐特龙项目、宏福机械项目和井田电子项目）正在建设中。

【服务企业】积极帮助企业争取纳入全县“125”工程。“125”工程是沂水县委、县政府在2017年初确定的重点项目工程，纳入“125”工程意味着该项目得到了县委、县政府的充分肯定，在之后的手续办理、项目建设等环节将得到全县各部门的大力支持。为此，合作区管委会会同项目引进单位和县招商局积极帮助落户机械电子产业园的项目申请纳入“125”工程，共有临沂长弓光电科技有限公司光电产品生产项目、临沂大京汽车零件有限公司汽车线束生产项目、山东普艾迪新能源有限公司变频控制系统部品及商用空调生产项目、山东井田电子有限公司鼠标、键盘生产项目和山东智班自动化设备有限公司年产300台数控机床项目等五个项目先后纳入全县“125”工程。

积极帮助落户机械电子产业园的项目办理各项手续。在项目落地、开工、建设等各个环节，合作区管委会积极帮助各个项目开具相关证明，推进手续办理进程。当项目在手续办理和开工建设方面遇到困难无法推进时，合作区管委会积极通过招商局向县领导反映情况，先后向县领导递交6份《工作联系函》，帮助企业及时解决了面临的实际困难。

【宣传推介】沂水县人民政府共同举办山东沂水（青岛）新旧动能转换项目洽谈会。9月12日，山东沂水（青岛）新旧动能转换项目洽谈会暨青岛保税港区沂水经济合作区投资推介会在黄岛区温德姆至尊酒店举行。合作区管委会通过发布《邀请函》及实地拜访相关企业等方式，邀请了20余家企业参会，提升了沂水经济合作区的知名度，扩大了机械电子产业园的影响力。2017年，合作区管委会共接待各级领导和客商考察20余次。

（徐依东）

企业选介

【山东省鲁洲食品集团】鲁洲集团是中国生物工程及发酵工业的龙头企业，是集科、工、贸于一体的综合性农产品深加工企业，公司规模和市场份额居国内淀粉糖行业前列。集团所属企业有新加坡鲁洲生物科技有限公司、鲁洲生物科技（山东）有限公司、鲁洲生物科技（辽宁）有限公司、鲁洲生物科技（陕西）有限公司、鲁洲生物科技（河南）有限公司、鲁洲生物科技（四川）有限公司、鲁洲生物科技（山东）有限公司沂水分公司、山东鲁洲集团化工有限公司、山东泓洲化工机械有限公司、山东鲁洲氨基酸有限责任公司、鲁洲生物科技（山东）有限公司饲料分公司、油脂公司等十几个分公司。集团各公司已分别通过ISO 9000、ISO 14000、OHSAS 18001、IP和HACCP认证、“犹太人洁食证书”“清真证书等资质认证”，部分产品荣获“国家重点新产品”“绿色食品A级产品”等证书。集团下设“国家认定企业技术中心”“博士后科研工作站”，鲁洲商标被认定为“中国驰名商标”，先后被评为中国食品工业“百强企业”、国家级高新技术企业、全国淀粉糖行业二十强企业、中国农业产业化经营20大龙头企业、全国发酵行业循环经济示范企业、中国食品工业协会副会长单位。集团年加工玉米150余万吨，年产淀粉糖系列产品120余万吨。主要产品有麦芽糖浆、葡萄糖浆、果葡糖浆、麦芽糊精、食用葡糖糖、山梨醇、麦芽糖醇、啤酒专用糖浆、氨基酸、玉米油、低聚异麦芽糖浆（粉）、麦芽糖浆干粉、玉米浆干粉、低聚异麦芽糖醇、植脂末、膳食纤维、酵母饲料、尿素等。部分产品出口60多个国家和地区。2017年，公司纳税4130.7万元。

（刘长胜）

【青援集团】 青援集团是中国食品工业百强企业和农业产业化国家重点龙头企业。公司拥有青援食品有限公司、青援生物科技有限公司、青援热电有限公司、山东优佳置业有限公司，占地面积60万平方米，总资产14亿元，职工2000余人，其中工程技术人员300余人。主要产品有方便食品、休闲食品、调味食品、淀粉糖产品、小麦粉产品、包装印刷六大系列近300个品种，年产食品能力60多万吨。产品销往全国20多个省、市、自治区，并远销俄罗斯、哈萨克斯坦、尼泊尔、以色列、韩国、德国、越南、朝鲜、香港等国家和地区。2017年，公司食用葡萄糖、麦芽糖产品被评为山东名牌产品；公司“青援牌婴幼儿饼干”“青援牌饺子用小麦粉”“青援牌香辣脆、香菇酱、牛肉末辣酱”荣获“山东省食品行业产品感官质量金奖”称号。2017年，集团共完成销售收入16.2亿元，上交税金3662.7万元。

“青援”商标荣获“中国驰名商标”称号；方便面、饼干、辣酱、小麦粉等系列产品被评为山东名牌产品；方便面系列荣获“第二届全国农业产品博览会银奖”称号；企业现已通过ISO9001质量管理体系认证、ISO14001环境管理体系认证、ISO22000食品安全管理体系认证、ISO18001职业健康安全管理体系认证、HACCP危害分析与关键控制点体系认证。先后被授予“农业产业化国家重点龙头企业”“农业部全面质量管理达标单位”“全国乡镇企业管理先进单位”“中国食品工业百强企业”“全国食品工业优秀食品龙头企业”“全国诚信守法乡镇企业”“山东国际知名品牌”“山东省百强民营企业”“山东省优质产品生产基地龙头骨干企业”“山东省环境友好企业”“山东省农业产业化经营先进龙头企业”“省级文明单位”“山东省旅游商品研发基地”“山东省重合同、守信用企业”等称号。

（段现师）

【山东恒泰纺织有限公司】 山东恒泰纺织有限公司是一家集纺纱、染整、织造于一体的纺织企业，老厂区位于沂水县中心南街37号，新厂区位于沂水腾飞路西首，公司创建于1988年，占地面积30万平方米，固定资产3.28亿元，注册资本950万元。公司有职工2600余人。主要经营各类原白纱线、染色纱线及产业用纺织品、家用纺织品。年产各类染色纱线27000吨，原白纱线10000吨，天然纤维混纺纱线3000吨，花式纱1000吨，绒布600万米。公司拥有纱锭60000枚，进口喷式染色机、立式染色机和散毛染色机及高温高压筒纱染色机、冷轧堆染色机200余台（套），并拥有整套化验打样仪器，Data color开料滴料系统，远红外线打样机，成品质量检测仪器等先进仪器。拥有德国和比利时生产的先进双面绒剑杆织机102台（套）、提花机16台、整经机9台，M-tec公司生产的梳剪联合设备一套、圆型针织机18台，另有若干国产配套设备，纺纱主要工艺装备水平国内先进，织造主要工艺设备到达国际先进水平。公司技术中心为省级技术中心，下设沂水恒泰纺园有限公司技术中心为市级研发中心。2017年，公司投入5亿元，实施整体搬迁升级改造项目，先期征地282亩，实施北厂区整体搬迁与南厂区纺纱、产业用布搬迁改造，对恒泰纺园公司厂区的染整生产线进行改造提升。全年公司实现销售收入8.37亿元，上交税金6231.2万元。

（徐立成）

【山东泓达生物科技有限公司】 山东泓达生物科技有限公司始建于2004年，是以薯干为原料生产乙醇及下游产品的国家级高新技术企业。公司位于沂水经济开发区，占地面积 60 万平方米。公司注册资金 2.6 亿元，拥有总资产 26 亿元，员工 2000 余人。企业拥有各类专业技术人才 719 名，其中硕士研究生 24 名，本科 171 名，大专 359 名。公司主导产品为乙醇、无水乙醇、乙醛、食品级冰乙酸、食品级二氧化碳、蛋白颗粒饲料、胺类产品、吡啶、维生素 B3 及下游产品等，年综合生产能力达 100 万吨，其中乙醛单产亚洲第一，吡啶产能占国际市场份额 60% 以上，山梨酸（钾）80% 出口欧美市场。经过十几年的发展，已建成山东和广西两大产业基地，上海昆泓国际贸易公司和泰新（新加坡）国际商贸有限公司两大国际贸易平台。企业先后被授予“国家级循环经济标准化试点企业”“中国酒精制造业百强企业”“山东省循环经济示范企业”“山东省清洁生产先进单位”“山东省农业产业化重点龙头企业”“山东省节水型企业”“山东省诚信企业”和“国家级博士后工作站”等荣誉称号。公司产品先后通过 ISO14001 环境管理体系、ISO9001 质量管理体系、OHSAS18000 安全管理体系和 BRC 全球食品标准认证。2017 年，公司实现税收 12984.2 万元，同比增长 23.5%。

（李　梓）

【山东玻纤集团股份有限公司】 山东玻纤集团股份有限公司（前身为山东玻纤复合材料有限公司，成立于 2008 年 2 月），于 2013 年 12 月改制成立为国有控股的股份制公司，总注册资本 40000 万元，是山东能源集团“十三五”新材料产业重要板块，公司在册职员工 2900 人，总占地面积 80 万平方米，总资产 29.6 亿元，下设玻纤复合材料公司、临沂天炬节能材料科技有限公司、沂水热电有限公司、淄博卓意玻纤材料有限公司，已形成玻璃纤维及制品、贵金属加工、发电供热的产业链经营模式，拥有中碱纤维、ECR 高性能纤维、ECER 改性纤维、玻璃纤维装饰壁布、单丝涂塑平织窗纱、PCB 湿法薄毡、网格布七大类近 300 多个品种的产品体系，玻璃纤维设计总产能 25 万吨，织物总产能 2.3 亿平方米；电力产品主要是火力发电和给沂水城区供暖，总装机容量 6MW，城区供暖面积 280 万平方米。2017 年，产业规模同行业世界排名第七位，位居全国第四位。产品通过了 ISO9001/ISO14001 体系认证，销售市场遍布全国 31 个省、市、自治区，远销欧、美、亚、非、大洋洲的 20 多个国家，在世界范围内已形成品牌效应。公司先后荣获“省级重合同守信用企业”“省管企业文明单位”“省高新技术企业”“省级技术中心”等多项荣誉称号。2017 年，集团实税销售收入 11.8 亿元，纳税 8978.7 万元。

（尹占山）

【山东隆科特酶制剂有限公司】 山东隆科特酶制剂有限公司成立于 2007 年，位于山东省沂水县城北工业园，有员工 680 人，是山东隆大生物工程有限公司投资设立的子公司，年产酶制剂系列产品 5 万吨，主要产品有普鲁兰酶、真菌 α－淀粉酶、酸性蛋白酶、中性蛋白酶、乳糖酶、高产 β－葡聚糖酶、果胶酶、高活性纤维素酶、木聚糖酶、甘露聚糖酶二十多个品种。产品广泛应用到食品、饲料、纺织、能源等行业。公司始终坚持以人为本的经营理念，逐步建立了健全的现代企业管理制度，先后被评为中国轻工业发酵行业十强企业、中国发酵工业协会副理事长单位、中国酶制剂协会副理事长单位、中国酶制剂行业重点生产企业、山东省高新技术企业等荣誉称号。公司先后建有博士后工作站、院士工作站、国家级企业技术中心、山东省企业技术中心、山东省酶制剂工程技术研究中心、山东省重点实验室、山东省酶制剂工程中心、国家地方联合工程研究中心等研发机构；公司先后通过了 ISO9001 国际质量体系认证、HACCP 认证、美国 Kosher 认证、伊斯兰 HALAL 认证，并获得国家质检总局的食品添加剂生产许可认证、国家农业部的饲料添加剂生产许可认证。公司研发中心现有专职研发人员 63 人，全部具有大专以上学历，其中国务院特贴专家 1 人、博士生 3 人、硕士生 19 人，公司先后承担国家 863 计划四项、火炬计划一项、高技术产业化项目两项、省级以上科研课题十余项，获得国家发明二等奖一项，并参与制定七项酶制剂国家标准、四项行业标准的修订工作。已拥有 16 项国家发明专利、5 项实用新型专利。2017 年，公司实现产值 5.6 亿元，税收 6149.7 万元。

2017 年 4 月，公司同天津科技大学共建“酶制剂研发中心”正式挂牌。公司与天津科技大学、齐鲁工业大学联合承担的“新型半纤维素酶创制关键技术的开发和应用”项目，被中国轻工业联合委员会认定为年度中国轻工业联合会科学技术进步奖二等奖。12 月，公司成功入选山东省首批制造业单项冠军。山东隆科特酶制剂有限公司与山东省科学院生物研究所共同组建联合实验室(暨山东省隆科特酶制剂有限公司济南研发中心),研发中心位于山东省科学院生物研究所东区新生物大楼7层,主要开展酶制剂生产技术、应用技术的研究工作。

(张 辉)

【山东清沂山石化科技有限公司】 山东清沂山石化科技有限公司成立于2010年6月,注册资金10亿元,占地面积1300余亩,有员工700余人,是庐山化工园区唯一一家以原油炼化为主的民营炼化企业。公司总投资78.57亿元,主要以国Ⅵ汽、柴油、航空煤油以及Ⅱ类、Ⅲ类高端润滑油基础油,食品级、化妆品级白油等高品质清洁能源生产为主导,逐步成为临沂市民营化工发展的龙头企业。公司自投产以来,各套装置平稳运行,经济效益节节升高。300万吨/年进口原油配额已获批成功。2017年,公司实现产值50亿元,上交税收1.7亿元,在中国石油和化工联合会评比的“2017年中国石油和化工民营企业百强”中名列第51位。

(焦现广)

【山东京普太阳能科技有限公司】 山东京普太阳能科技有限公司创建于1996年,位于山东省沂水县经济开发区,占地120亩,总资产5.6亿元。公司是中国太阳能热利用产业协会常务理事单位,山东省太阳能协会副会长单位,是太阳能光热、光电等新能源产品研发生产和销售的骨干企业,主营业务包括太阳能热水器、太阳能取暖与制冷系统、太阳能电池组件、太阳能路灯及净水器产品生产销售与服务。公司年产太阳能热水器、太阳能取暖与中央热水系统等各类产品达到180万台套,太阳能电池组件年生产能力200兆瓦,太阳能光伏电站年装机能力100兆瓦,产品畅销全国各地。公司着力推进管理体系建设,全面通过ISO 9001、ISO 14001、OHSMS 18001和知识产权管理体系认证以及3C、金太阳、节能、环保、康居、十环、光伏领跑者等产品认证;“京普”品牌被认定为“中国驰名商标”“山东省著名商标”“第四届世界太阳城大会推荐品牌”“山东省太阳能能效十佳品牌”;公司获得了“山东省高新技术企业”“低碳山东标杆单位”“低碳山东行业领军单位”“山东省守合同重信用企业”“山东省文明诚信民营企业”“中国专利山东明星企业”“山东省优秀节能成果奖”“临沂市科技进步奖”“十佳科技创新企业”“中国直饮水100强企业”等荣誉称号。公司始终坚持以科技为先导,走技术创新之路。2016年公司投资建设的太阳能光伏组件生产线,引进了意大利、瑞士、德国等国内外一批先进的生产和检测设备,并与山东大学和齐鲁工业大学签订长期战略合作协议,公司装备水平、研发能力与生产能力得到大幅提高。公司利用“省级企业技术中心”“省级一企一技术研发中心”和“市级工程研究中心”平台,不断推出新产品、新技术,获得了国家专利技术40余项,新产品、新技术、新工艺30余项,荣获“山东省优秀节能成果奖”“山东省优秀新产品奖”“山东省企业技术创新奖”“临沂市节能奖”“临沂市科学技术奖”等50多个奖项。2017年,公司缴纳税收4290.1万元。

2017年12月,山东京普太阳能科技股份有限公司在全国中小企业股份转让中心正式挂牌“新三板”,成为企业发展史上又一重要里程碑,标志着京普太阳能向资本市场迈出坚实一步。

(刘贵生)

商贸流通·招商引资

外贸流通

【概况】沂水县商务局承担全县内外贸管理职责。2017年，设办公室、人事科、财务科、企业管理科、市场秩序整顿办公室、商贸服务科、对外贸易科、外国投资管理科、对外经济合作科、电子商务发展中心10个职能科室，有工作人员30人。

2017年，沂水县获"山东省电子商务示范县""全市外经贸工作先进县区""全市商贸流通工作先进县区""全市利用外资工作先进县区"荣誉称号，县商务局获"全市商务信息工作先进单位""服务业发展先进单位""安全生产工作先进单位""信访工作先进单位"等荣誉称号。

【外贸进出口】2017年，全县完成进出口总额81.2亿元，同比增长9.4%，其中出口65.6亿元，进口15.6亿元。工作中，落实重点外贸企业联系制度，全力支持永丰轮胎等骨干企业做大做强。2017年，永丰轮胎实现出口30.2亿元，出口总量稳居全市第一位。抓好外贸主体培育，壮大进出口队伍。2017年，新增外贸企业33家，其中有16家实现出口实绩。鼓励企业参加境内外重要展会，积极拓展国际市场。2017年共组织近50家企业参加广交会、日本大阪展等境内外展会，帮助企业拓展海外市场。抓好政策兑现，调动企业积极性。为山东永丰轮胎有限公司等50多家企业兑付上级各项专项资金共计343.26万元，为36家企业兑付县财政扶持资金194.5万元。做好协调服务，保证项目顺利推进。多次到企业了解项目的进程和准备落实情况，认真协调和解决企业在项目报批过程中的各种问题，做好项目的跟踪和服务。积极帮助山东清沂山石化科技有限公司争取国家原油进口配额300万吨，实现临沂市原油进口配额零的突破。

【外资外经】加强摸排，深入挖潜，引导企业实现增资扩股。山东兴盛矿业有限责任公司和马奇食品（山东）有限公司实现增资，分别实现到账外资10350万元、4515万元。定期调研，靠前服务，鼓励企业"走出去"。定期到企业走访调研，切实加强对有"走出去"意向的企业调查摸底，及时掌握外经动态，做好外经运行分析，积极应对外经工作中的新情况、新问题，提出具体工作建议。加强部门合作，妥善处置劳务纠纷。强化与工商、公安和人社等有关部门的合作，促进外派劳务规范发展。2017年，共协调处理劳务纠纷21起。2017年，全县实际到账外资14865万元。

【电子商务】2017年，泉庄镇、四十里堡镇被评为市级电子商务示范镇，杨家城子村、吴家楼子村、谷家官庄村、尹家裕村被评为市级电子商务示范村，牛牛电子商务有限公司、犇牛食品有限公司被评为市级电子商务示范企业，临沂颐高电子商务产业园被评为市级电子商务示范基地。全县电子商务交易额达到160亿元，同比增长33%。工作中，积极对接阿里巴巴、京东、苏宁等国内外知名电商品牌，实现电商品牌本土化发展。已有227家本土O2O商家入驻农村淘宝，入驻数量排名全国前20。实施电子商务+传统企业、电子商务+外贸企业以及电子商务+现代农业三项工程，全面提升电商应用水平。县内65%以上的外贸企业借助阿里巴巴、中国制造、亚马逊等平台开展跨境电商业务，特别是明银日化公司90%以上的业务量通过互联网实现。完善组织保障体系、物流配送体系以及电商人才培养体系，健全三级电商服务体系。全县已建成县级电商服务中心1个，乡镇服务站15个，村淘、京东、邮政、供销等各类村级服务点156个，县乡村三级服务体系初具规模。围绕"一帮一带一服务"的工作思路，深入实施电商精准扶贫工程。创建扶贫项目分红模式、扶贫车间佣工模式、网商指导创业模式、产业转型链条模式、扶贫网店带动模式、服务体系就业模式等6种电商扶贫模式，组织发动临沂博远电子商务有限公司、临沂申和益电子商务有限公司、金龙山农业旅游合作社等53家电商企业、网商、合作社开展电商扶贫工作，帮助1000余名贫困人口依托电商产业链实现增收；利用县、镇、村三级电商服务网络体系，服务覆盖约1万余户贫困户；利用省级特色产业扶贫基金200万建设电商培训基地，利用县级扶贫专项资金53万余元建设了泉庄镇电商服务站、胡家旺村电商服务点、吴家楼子村电商服务点三个电商扶贫项目，利用电商服务站点运营收益直接带动贫困户增收。

【市场流通】 一是健全市场应急保供及运行监测体系。2017年，新增9家监测样本企业，发布各类信息140篇，完成东方超市信息泵采集系统安装工作，切实保障市场供应，维护市场平稳运行。二是鼓励发展先进业态，拓展民生服务领域。东方超市网上商城莱宝优选APP注册用户近2万人，月销售额10万元以上；四季鲜果蔬便利店在全县已布局22处，通过微信端口开发线上果蔬商城正在测试中。三是推进物流标准化项目，支持发展智慧物流。以推进传宝物流标准化项目为契机，引导支持物流企业使用信息网络技术及标准化托盘，提升物流信息化及标准化水平。山东传宝物流园被评为4A电商物流园。四是加强市场监管，规范市场秩序。为远通汽贸、大华汽贸、联谊汽贸、希望玖玖等4家汽车销售企业办理了备案登记，为华强、平安顺、永发等6家二手车交易市场办理了备案登记。同时积极做好拍卖、典当、单用途商业预付卡的行业管理，确保市场规范有序。五是积极组织企业参与老字号申报。2017年沂水食品总厂的“沂兴”牌丰糕被评为山东省老字号，沂蒙山酒业有限公司的“沂水牌”白酒被评为临沂市老字号。2017年，完成社会消费品零售总额209亿元，同比增长10%。

（杜洪美）

粮食购销

【概况】 沂水县粮食局主要负责提出全县粮食宏观调控、总量平衡以及粮食流通发展中长期规划；承担粮食监测预警和应急责任，负责全县粮食流通宏观调控的具体工作；指导全县粮食购销有关工作，保障军队和城乡居民、灾区及缺粮地区的粮食供应；对全县粮食收购、储存环节及政策性用粮购销活动中的粮食质量安全和原粮卫生进行监督管理；承担县级储备粮油行政管理责任；全县粮食收购资格的审查认证；依照《粮食流通管理条例》对粮食经营者从事粮食收购、储存、运输活动和政策性用粮的购销活动，以及执行国家粮食流通统计制度情况进行监督检查；负责社会粮食统计、流通信息工作。2017年，设办公室、人事科、财务科、监督检查科、调控储备科5个职能科室，下设社会粮食统计中心1个副科级事业单位，共有工作人员20人。

【粮食宏观调控】 增强地方粮食储备能力，夯实宏观调控物质基础。2017年，县政府出台了《沂水县地方储备粮管理办法》，标志着全县地方储备粮管理工作步入了法制化轨道，为规范全县地方储备粮管理，确保储备粮数量充足、结构合理、质量良好，有效发挥县级储备粮在政府宏观调控中的作用。积极联合县发改、财政、物价、农发行等部门组成储备粮轮换工作组，严格程序，规范操作，在前期发布公告、底价核定、竞买人资格审查的基础上，精心组织了4000吨县级储备小麦竞价交易会，于3月底顺利出库。与县农发行进行沟通对接，提前办理信贷审批手续，落实信贷资金3556万元，做到了“钱等粮”，并按照“钱随粮走、库贷挂钩”的管理要求，加强资金管理，确保收购资金专款专用。同时，县粮食储备库积极备足输送机、清理筛、补仓机等收购器械10余台（套），做好维护调试工作，并做好空仓清洁消毒、校验粮食检测仪器和地磅等准备工作。县粮食局成立了储备粮收购工作指挥部，从全局抽调十余名业务骨干到收购一线，严格执行粮食收购政策，严把入库粮食质量关，圆满完成了1.4万吨小麦收储任务，实现了地方储备粮集中储存、集中管理。落实部门监管责任，以安全储粮为重点，严格执行储备粮管理各项制度，推行科学保粮技术，定期开展安全生产和储粮安全督查，确保地方储备粮储得进、管得好、调得动、用得上。

【粮食流通管理】注重舆论宣传。利用《粮食流通管理条例》颁布实施十三周年、食品安全宣传周、世界粮食日等时机，分别在单位门前、县府广场设立宣传站，充分发挥宣传资料、图片展板、横幅标语的作用，着重宣传粮食行政管理部门在粮食收购市场准入、粮油储备、应急管理、监督检查、流通统计等职能及有关政策，并向广大市民讲解粮油质量安全、识别技巧和家庭储粮等知识。活动期间，累计发放宣传材料600余份，解答市民咨询150余人次）。提升粮食收购许可服务水平。规范完善粮食收购许可审批服务流程，制作了办事服务指南，公开审批依据、公开告知需提供的审批材料、公开承诺办结时间，努力提高服务效能。2017年，为1家企业新办理了收购许可，为6家企业延续了收购许可。完善粮食市场监管协调机制。全年重点开展了粮食收购资格核查、储粮安全和安全生产及统计制度执行等专项检查活动，督促企业加强行业自律和承担社会责任，切实维护正常粮食流通秩序。根据市粮食局统一部署要求，与莒南县粮食局成立联合检查组，对辖区内涉粮企业粮食收购资格、执行统计制度和国家粮油质量标准等情况开展监督检查。建立完善粮食经营企业信用体系。依据《粮食企业经营活动守法诚信评价办法》，结合日常执法检查情况，对全县涉粮企业经营活动进行客观评价，实行动态监管，并将评价结果向社会公示，规范引导企业守法诚信经营，提高行业诚信水平。加强粮食质量安全监管。成立了粮食质量安全监管工作领导小组，统一组织、协调全县粮食质量监管及质量安全突发事件应对工作，确保工作有人抓、有人管、有人负责。落实企业主体责任，指导督促粮食经营企业强化质量安全管理，明确负责人和岗位职责，强化企业内部质量管理，严格执行国家粮食质量与卫生标准和粮油出入库检验制度、索证索票制度，从源头上控制不合格粮食流入口粮市场，确保粮食质量安全。开展年度新收获粮质量调查和品质测报，深入田间地头调查采集样品，并按时报送市粮食局质检中心进行检测。

【粮食流通统计】加强对涉粮统计人员的管理。对企业统计人员实行建档和人员调整备案管理，确保社会粮食统计队伍的稳定。注重学习培训，定期组织开展业务培训、观摩交流等活动，并进行全年量化考核。2017年，共组织开展培训2次，涉粮企业及乡镇统计员共60人（次）参加。

加大粮食监测预警力度。建立粮食市场价格信息监测点6个，及时向县粮食局报告粮食价监测信息，并积极与统计、物价等部门沟通粮油价格动态情况。定期对监测点的原始台帐进行上门检查和指导，对当期上报数据进行现场核实，确保监测点上报价格与执行价格一致，保证了上报数据的真实性和准确性。充分利用国家局粮油统计直报系统和山东省粮食流通管理云平台，督促全县涉粮企业按时、准确完成全县粮食企业网上直报的基础数据的维护和更新，严格审核、整理、汇总上报夏、秋粮收购进度5日报、价格周报、粮食流通、产品统计月报及年报等企业报表，及时准确地掌握县域内粮食市场动态信息。

充分发挥统计信息服务作用。认真关注国际和国内粮食形势，加强购销政策的调查研究，做好粮食市场趋势分析和综合研判，认真撰写统计调研报告4篇，发

盐城市粮食局局长崔成富带领各县区粮食局局长到沂水县考察学习粮食产业发展工作

布粮油价格信息50期，提报两办粮食信息稿件6篇，努力为政府决策和企业发展搞好服务。

【粮食产业发展】 加大对放心粮油店监管力度。在对全县2家放心粮油配送中心、42家放心粮油店（柜）组织开展季度检查的基础上，积极会同县食药监局定期对放心粮油店面卫生、证照办理、经营台账、粮油质量、进货单据和配套设施等进行检查，使其保持创建标准并不断提升，确保居民粮油消费安全。顺利推进主食产业化项目建设。在帮助临沂福惠早餐工程有限公司争取省支持资金100万元的基础上，根据《山东省主食产业化建设项目考核验收办法》要求，督促企业认真收集整理项目验收资料，于7月底顺利通过了上级正式验收。积极发挥部门职能作用。根据《山东省粮食局、山东省财政厅关于在粮食流通领域实施“优质粮食工程”的通知》(鲁粮字〔2017〕100号）和《山东省粮食产后服务体系建设实施方案》精神，认真制定了《沂水县粮食产后服务体系建设实施方案》，并积极联合县财政局对全县提出粮食产后服务体系建设项目的企业进行了考察论证，推荐沂水县金谷储备粮有限公司、青援食品有限公司、沂水豪胜面粉厂申报了粮食产后服务体系建设项目，顺利通过上级审批，获得财政补助资金300万元，促进了全县粮食产业健康发展。

（杨洪富

供销合作

【概况】 沂水县供销社负责研究制定行业管理办法，加强对全系统资产的监督与管理，搞好对各企业工作的指导、协调与服务；指导所属企业深化改革，建设现代企业制度，抓好业态调整，促进经营工作的开展；制定下达全系统的主要经济指标，负责会计、统计等经营数据的汇总上报；发挥流通网络覆盖城乡的优势，加快推进农村现代流通服务网络建设，改善农村消费环境，开拓农村市场，促进城乡经济统筹发展；负责对全县再生资源回收网络和市场建设，对全县再生资源回收站点和市场加强管理。2017年，设办公室、人事科、财务科、业务科、安全统筹科、信访监察科、再生资源回收与利用办公室、社有资产运营监督管理办公室等8个科室，有工作人员30人。

2017年，全系统共实现商品销售总额36.5亿元（统计口径），利税3473万元；获得“市供销工作先进县区一等奖”“精准扶贫工作先进单”“食品药品安全工作先进单位”等荣誉称号。

【改革改制】 贯彻落实上级有关精神，加快推进全县供销社综合改革。从2016年起，县财政每年设立200万元的供销合作社改革发展基金，列入年初预算，用于供销合作社为农服务中心建设、村社共建、社区综合服务中心建设等综合改革发展。县财政每年给予30万元的改革稳定维护资金，用于解决拖欠的退职及遗属补助等历史遗留问题。财政、土地、住建、规划等有关部门按照职能分工，从政策上支持供销合作社改革发展，落实相关配套措施，形成推进供销合作社综合改革合力。供销社按照“改造自我、服务农民”的总要求，积极争取各级扶持资金，盘活存量资产，开展农服务中心建设，打造为农服务综合平台，积极为农民开展规模化服务。通过一系列项目建设，供销社有效资产大幅增加，服务能力不断提升。

【服务平台建设】 一是搭建综合为农服务平台。根据省委、省政府提出的“2020年涉农乡镇为农服务中心全覆盖”的工作目标，充分利用各级对为农服务中心建设的有利政策，积极争取省、市扶持资金，以盘活存量资产、提升企业发展实力为重点，全力开展为农服务中心建设。2017年，分别在泉庄、黄山铺、富官庄等乡镇，建设为农服务中心4处，企业有效资产大幅增加。二是抓好村社共建服务平台。借助村集体的政治、组织优势，发挥供销社的网络、经营优势，党旗引领、组织推动，大力开展“党建带社建、社村共建”工作，搭建农村新型服务平台，助农增收，精准脱贫。2017年，共在12个村（社区）组织实施“村社共建”项目42个，每个村集体年增加收入[illegible]万元，农民户均增收500元以上。通过项目共建，供销社新增营业面积 6000 余平方米。三是搭建新型电子商务平台。整合系统内现代流通资源，依托全国总社“供销 e 家”电商平台，建设县级电商服务站，借助供销社实体服务网络，设立乡村电商店，将日用品、农资、农产品等基层经营网点，逐步改造为线上线下融合发展的农村电商体验店，形成了电商与实体紧密结合的新型农村经营服务网络。四是搭建企业统筹统保服务平台。认真贯彻落实各级党委、政府要求，全力做好系统内安全生产工作、风险防范体系建设，确保系统平稳安全运营。2017 年，共计完成统筹统保费总额 262.18 万元，有 634 人参加了团体人身保险，收缴保费 11.5 万元；28 个单位、573.7 万元的资产加入了财产保险，收缴保费 14.2 万元；车辆保险收缴保费 236.48 万元，超额完成全年的任务目标。

供销社许家湖镇为农服务中心

【现代农业规模化服务】 以打造“三公里为农服务圈”为目标建设为农服务中心，以此为依托，重点开展六大服务：一是测土配方和智能配肥。购置土壤检测仪器和智能配肥设备，根据土壤化验结果和农作物实际需要，实施精准施肥，降低污染和生产成本。二是机械化作业。配备大型耕种、收割等机械设备，可各类农作物提供耕、种、收一体化服务。三是统防统治。整合多方资源，购置无人作业机 10 架，组建成立了飞防服务大队，并主动承接政府购买服务，在全县的小麦条锈病防治过程中，通过公开竞标，承接了全县 666.67 公顷小麦的条锈病防治任务。同时，沂水供销社还秉承“走出去”的发展理念，以省供销社服务公司为依托，主动到吉林、滨州等地进行业务对接，对玉米、林果等农作物进行飞防服务，总服务面积达 2000 公顷。四是烘干贮藏。通过粮食烘干设备，对农民生产的粮食进行统一烘干、储藏，保证了广大农民粮食生产安全。五是庄稼医院。聘请专家，对农作物施肥、管理、病虫害防治等进行技术指导。六是农民培训。设立农民培训室，定期聘请专家开展技术培训。同时，整合农业、林业、果茶、气象等涉农部门，设立服务窗口，开通省供销社服务热线“96621”，为广大农民开展“一站式”公益服务。2017 年，全县农业规模化服务总面积达 2 万公顷以上。

【“四个网络”建设】 在农资服务方面，通过成立的农资配送中心，依托各乡镇为农服务中心，在积极开展传统化肥经营配送的基础上，大力开展智能配肥业务，由过去单纯“卖产品”向现在的“卖服务”转变，较好的实现了农资经营服务的转型升级。2017 年共计销售各类化肥 49.2 万吨。在日用品方面，以构建新型经营流通服务体系为重点，组建县级日用品配送“龙头”企业，在乡镇驻地建设及改造提升 1000 平方米以上的日用品超市 2 处，结合新型农村社区建设，设立村（社区）级经营服务网点及加盟店 30 处，形成县乡村三级一体的流通服务网络。在农产品方面，结合当地产业优势，组建成立专业合作组织，开展标准化农产品基地建设，2017 年，新成立合作社 5 处，建设农产品基地 2 处，面积 200 公顷。加快农产品经营龙头企业建设，利用县级电商服务站和乡村电商店，扩大农产品的销售经营渠道，使全县的名优特农产品，通过供销社的经营服务网络，真正走向全国、走向世界。在电商物流方面，借助全县实体网络资源，积极拓展新型流通模式，加快电子商务工作推进步伐，开通了“供销 e 家”沂水县域网站，组建沂水供销宜家电子商务有限公司，搭建县级服务龙头，在泉庄、崔家峪、许家湖等乡镇设立镇级电商旗舰店，在中心村（社区）设立村级电商服务点，积极开展网上业务经营，做到农产品上行，农资、日用品下行。加快电商物流结合步伐，与沂水县大型企业传宝物流合作，以构建“县级运营中心＋村级电商服务站＋物流服务”的形式，开通乡村物流专线7条，配备物流运送车30辆，设立乡村物流站点100余处，逐步实现电商和物流整体同步发展，建立“全县供销物流一张网”，真正打通“为农服务最后一公里”。

【精准扶贫】 积极争取扶持资金，结合贫困村资源优势，积极建设各类特色产业项目，助力贫困户脱贫。在沂水县黄山铺镇站前社区，利用村委办公室屋顶，投资10万元建设光伏发电项目，7月并网发电。在姚店子坡子社区，同村两委合作，建设综合服务中心，新上韩国电子线束加工项目，可吸收一些符合条件的贫困户就业，实现脱贫增收。同时，依托建设的为农综合服务中心，通过以优惠价格供应农资、提供农机服务和节日走访等方式，助力贫困户增收脱贫。另外，探索了产业扶贫的方式，在诸葛卞山成立了小米合作社，吸收贫困户入社，依托合作社提高种植收入。

（赵英辰）

烟草专卖

【概况】 沂水县烟草专卖局（分公司）主要负责县域内的烟叶生产、收购管理、卷烟销售和专卖管理工作。2017年，设办公室、政工科、离退休人员管理科、财务科、安全保卫科、专卖监督管理科、法制科、卷烟营销科、烟叶试验站、生产技术科、烟叶基础设施建设办公室、综合管理科12个部门和1个内管派驻组、1个专卖稽查大队、2个专卖稽查中队、13处烟叶工作站、7个专销服务站，有工作人员296人。

2017年，实现税收7479.29万元，位居全县纳税第五位，县烟草专卖局被县委、县政府授予“贡献沂水功勋企业”“红旗党组织”等称号，QC小组活动获“全国优秀质量管理小组”荣誉称号。顺利承办山东烟草绿色防控暨烤烟移栽工作现场会以及国家局烟叶收购等级检查和工商交接检查、国家局烟蚜茧蜂防治蚜虫技术和绿色防控技术集成推广工作检查。

2017年，开展的QC活动和精益课题获省局（公司）一等奖1项、二等奖1项，获国家局二等奖1项。在年度市局（公司）创新项目评选中，共获得论文14篇、专利（著作）权9项以及“金点子”6项，获奖数量居第1位。

【烟叶生产】 全县种植专业户和家庭农场两种生产组织形式种植面积占全部面积的95.5%，百亩以上示范点片面积占总面积的81.8%，建设烟叶品牌园区16个、547公顷。全县共注册2个烟农专业合作社，其中行业示范社1个，共组建各类专业化服务队45个，烟农入社率达到100%，实现专业化种植。累计投入124.17万元，建设12项烟叶基础设施建设项目。按照国家新的“稳控”形势，2017年，全县有808户烟农，种植烟叶1826.7公顷，收购烟叶3905吨（7.81万担），比去年减少17.5%，户均收入12.33万元，比去年提升2.75%。

【卷烟营销】 以遵循市场规律为前提，开展“视觉营销、口碑营销、服务营销、数字营销”四类营销活动，提升全国重点名优品牌比重，一、二类烟同比减少7.04%，重点骨干品牌占销售比重73.82%，低焦卷烟占销售比重7.19%，细支卷烟占销售比重5.07%，鲁产卷烟占销售比重63.83%。深化营销市场化取向改革，加强零售终端基础条件改善，年度累计培训零售客户2600人（次），电子结算率与电子结算成功率均为100%。2017年，共销售卷烟138755万支（27751箱），比上年减少25万支（5箱）；实现销售收入61618万元；卷烟人均销量6.95条，同比与上年持平。

【专卖管理】 争取党委、政府领导和有关部门支持配合，加强与公安、工商等部门的执法合作，发挥联席会议、案件通报、信息共享、工作会商、联合办案等工作机制作用，增强打击涉烟违法犯罪行为的工作合力。扎实开展法治烟草建设，加强行政许可管理，年度累计发放宣传材料7700份，县内码卷烟守法经营率为98.81%，县外码守法经营率为99.72%。深入开展四个环节的“齐鲁之盾（2017）”专项整治行动，全年共查处涉烟案件313起，查获涉案卷烟185万支以及烟叶烟丝2.88吨，涉案案值72.22万元，并成功破获符合公安部、国家局标准的网络案件1个。

（刘仁高）

招商引资

【概况】 沂水县招商局是全县招商引资工作的综合协调、专业招商部门和服务部门，具体职责是贯彻执行国家、省、市有关招商引资的方针政策、法律法规，研究拟订全县招商引资的规范性文件并组织实施；负责全县招商引资工作的综合、协调和服务，做好招商引资考核，组织协调项目实施涉及的有关部门，及时解决招商引资工作中出现的实际问题，提高工作效率；研究制定全县招商引资工作的规划、年度计划和发展战略；负责编制全县产业招商、“招大引强”发展方向、工作规划和年度计划；组织参与筹办全县产业政策分析报告会；负责各乡镇、县直单位招商引资工作开展情况的调度通报。2017年，设办公室、财务科、大项目办公室、发展服务科、考核奖惩科、贸促科、外贸资本运作科、信息科、招商科9个职能科室，有工作人员32名。

县招商局先后获“市级文明单位”“县服务经济发展先进单位”“服务业发展先进单位”“服务物流业发展先进单位”等荣誉称号。

【招商引资】 2017年，全县引进县外项目53个，实际利用外资182亿元，完成任务目标的101.1%。

招商措施。完善了“一片一册三平台”招商宣传体系，“一片一册”即新制作了《齐鲁明珠·沂水》招商引资宣传片和《中国沂水》招商宣传画册，主要为各级各部门外出招商提供基础性资料，让客商更加全面地了解沂水、更富信心地投资沂水；“三平台”即中国沂水网站投资频道、招商局政务信息公开和沂水招商微信公众平台三个网络服务平台，对沂水县的投资环境、招商引资政策、对外招商项目及最新的招商动态等及时更新，以全方位、多角度、广视野地宣传推介沂水，广泛搜集招商信息。

各乡镇（街道）、县直有关单位分别成立由单位主要负责人挂帅、分管负责人主抓、专业招商人员落实的专业招商队伍。组织有招商引资工作任务的县直单位分管负责人及专业招商人员开展了2次招商引资培训班，组织乡镇（街道）分管负责人、招商办主任开展了3次专题培训会，邀请有关职能部门和行业专家详细讲解了经济形势、招商政策、招商方式、谈判技巧、手续办理等业务知识。

招商推介。以市政府和县委、县政府举办的招商引资洽谈会为契机，在全县范围内开展了3次招商引资突击月活动，引导各级各部门深入京津冀、长三角、珠三角、大西南等重点区域，积极开展组团招商、小分队招商、登门招商、协会招商等，搜集信息、拜访客商、对接项目。2017年，全县各级共外出招商7200余人（次），搜集招商信息138条。参加了市政府组织的山东临沂（深圳）招商引资洽谈会、山东临沂（成都）招商旅游推介会、山东临沂（北京）招商推介会、山东临沂（上海）新旧动能转换项目

2017年9月12日，山东沂水（青岛）新旧动能转换项目洽谈会在青岛西海岸新区举办

洽谈会和第八届中国（临沂）国际商贸物流博览会新旧动能转换项目洽谈会，成功签约过亿元项目10个，总投资94.5亿元。在青岛西海岸新区自主举办了山东沂水（青岛）新旧动能转换项目洽谈会，签约新旧动能转换项目24个，合同利用外资150.6亿元，其中，过30亿元1个，过20亿元1个，过10亿元4个，过5亿元4个，涉及高端食品、机械电子、新能源新材料类、生物医药、旅游康养、电子商务等产业。

【项目服务】 全力做好高端食品产业园、青岛保税港区沂水经济合作区等重点园区和永丰轮胎、歌尔电子、鲁南现代商贸物流城等招商局自主招商项目的协调服务工作，确保各项目顺利投产运营、不断做大做强。专门设立发展服务科协助投资方办理手续、协调进度。抽调4名班子成员、9名工作人员分别服务高端食品产业园、青岛保税港区沂水经济合作区、永丰轮胎项目、鲁南商贸物流城项目和歌尔电子项目，主动协调解决项目建设及生产经营过程中遇到的困难和问题，保障了服务项目的顺利建设和正常运营。

2017年，山东永丰轮胎和沂水歌尔电子有限公司分别实现税收6418.3万元和2834.1万元，位列全县纳税50强榜第7位和第21位，被县委、县政府分别授予“贡献沂水功勋企业”和“贡献沂水明星企业”荣誉称号；高端食品产业园各项目主体建设全部完成、设备安装到位，部分项目已试生产；青岛保税港区沂水经济合作区已承接落地项目18个，总投资25.2亿元；招商局新对接的投资8亿元的鲁华物流项目、投资2.1亿元的申通快递产业园项目和投资2亿元的商贸物流大厦项目按节点正常推进。

【招商考核】 信息调度。把招商项目的审核关口前移，从信息对接洽谈时就开始全方位审核考察。建立了重点招商引资项目信息库平台，把各级对接的招商信息在实地考察、综合分析、精心筛选的基础上，对有意向、投资方实力强、符合产业政策的项目信息择优纳入信息库，建立洽谈对接台帐，实行定期调度、动态管理、全程跟踪。对投资方无实力、不符合产业政策和环保、安监、节能要求的项目信息，及时放弃洽谈对接；对投资规模大、科技含量高、经济效益好、带动作用强的高端高质项目，集中各方力量全力破解信息推进过程中遇到的难题，加快项目洽谈推进。

项目评审。把各级制定出台的环保、安监、节能等政策作为项目对接、洽谈、引建的红线，把环境保护、安全生产、节能降耗作为项目签约的底线，坚决避免环境风险高、安全不合规、节能不达标、经济效益差、客商无实力的项目落地。2017年，召开项目评审会议8次，通过评审项目101个，其中，过10亿元8个，过5亿元13个，过亿元55个，合同利用县外资金327.36亿元。

项目推进。把实施“125”工程作为加快重点招商项目建设的主抓手，根据《关于健全“125”工程评审体系的实施意见》，对符合条件的招商项目及时纳入“125”工程，成立由县级班子成员为指挥、相关乡镇（街道）和职能部门为成员的重点项目建设指挥部，按照“一个任务书、一个时间表、一个路线图、一个节点计划、一个项目指挥部”的“五个一”要求，明确责任部门和责任人，严格落实绩效全程跟踪考核机制和节点推进机制，实行“周调度、月通报、季度排名、半年总结、年终考核”，强力推进，确保每一个纳入“125”工程的重点产业招商项目顺利落地建设。2017年，纳入“125”工程重点产业项目68个。

考核奖惩。坚持正面推动与反面曝光相结合，对各单位“一把手”外出招商情况、纳入“125”工程的重点产业项目推进情况、历次市县组织的洽谈会签约项目推进情况，全部建立台帐，实行“周调度、月通报”制度。通过县委、县政府两个公示栏，对完成任务好、成效明显的单位全县范围内予以通报，对工作推进不利、落后节点、成效不明显的单位，通过电视、报纸等新闻媒体予以曝光，责令向县委、县政府写出情况说明，做出公开承诺。充分发挥考核“指挥棒”作用，坚持对招商引资高标准、严考核不动摇，结合新形势和新问题，制定并完善了《2017年度全县招商引资工作管理与考核细则》《全县“125”工程工作考核办法》和《2017年度县直部门服务经济社会发展综合考核办法》，确保项目管理出成效、工作考核出导向。在2017年度全县重点工作考核中，马站镇获“三引一促”工作先进乡镇一等奖，四十里堡镇、沂城街道、龙家圈街道获二等奖，富官庄镇、沙沟镇、崔家峪镇、诸葛镇、许家湖镇获三等奖，组织部、住建局、县府办等32个县直单位被评为服务经济发展先进单位。

（刘世农　王学刚）

交通·邮电

交通运输

【概况】 沂水县交通运输局主要负责全县农村公路规划、建设、养护、管理和指导工作；承担道路、水路、城市客运市场监管责任；负责沂水县铁路建设的协调服务工作；负责全县交通战备工作，承办县国防动员委员会的有关工作。2017 年，局设办公室、政策法规科、规划基建科、运输管理科、财务科、人事科、宣传教育科、安全监督科、县交通战备办公室 9 个职能科室，设沂水县农村公路管理处、沂水县铁路建设办公室、沂水县交通运输综合执法大队 3 个正科级事业单位，沂水县道路运输管理处 1 个副科级事业单位，出租车管理办公室、公共交通管理办公室、地方海事处 3 个直属事业单位、18 个乡镇（街道）交通运输管理所，共有工作人员 308 人。沂水县交通运输局先后获得“省级文明单位”“全省农村交通建设先进单位”“山东交通与邮政合作先进单位”等荣誉称号。

【路桥建设】 2017 年，完成批复的车购税农村公路投资 408 万元共 13 条 13.6 公里。全县精准扶贫道路建设项目完成投资 2071 万元，新建道路 64.2 公里，累计完成交通扶贫道路 166.9 公里，交通扶贫道路计划任务全部完成。

【公路养护】 2017 年，全县大修县乡路 5 条：一是县道上辛路，从沙沟镇上流庄村至诸葛镇辛庄村，长 14.8 公里，路面宽 7 米，投资 3206.7 万元；二是乡道沙泮路，东西连接上辛路和东徐路，长 4.7 公里，路面宽 7 米，投资 1129.12 万元；三是县道果四路，从莒县果庄至四十里堡镇兖石路，长 5.1 公里，路面宽 9 米，投资 1118.96 万元；四是县道曹高路，从杨庄镇大街北段至杨庄镇南桥，长 2.3 公里，路面宽 15 至 21.5 米，投资 1285.99 万元；五是县道何官路，从富官庄镇驻地至何家庄子村，长 9.5 公里，路面宽 7 米，投资 2027.34 万元。

投资 2823.14 万元相继对县道武跋路、曹姚路至地下画廊道路和萤火虫水洞景区道路进行了沥青路面摊铺，总长 9.85 公里。投入资金 400 万元，对 26 条 342 公里县道进行了小修保养。2017 年，对 12 条 159.671 公里县道实行公司化养护试点，通过公开招投标确定社会化保洁公司，养护效果明显提升。

【路政管理】 2017 年，投资 21 万元修复护栏 350 米、标志牌 20 处，完成县乡道 150 处黄闪灯设置；投资 285.58 万元对 15.24 公里沂河路安防设施进行完善，安装和设置旋转筒护栏 524 米、波

图为沂河路旋转筒护栏。2017 年，为争创全省乡道安防示范工程，对该路上的安防设施进行了完善，增设了旋转筒护栏、波形护栏、桥梁混凝土护栏以及各类标志、标线和标柱

形护栏 65 米、桥梁混凝土护栏 34 米、各类标志牌 59 处，道口标柱及示警桩 298 根。综合执法改革后，路政执法合并到交通运输综合执法大队。

【道路运输】 2017 年，新增货运企业 24 家，新增货运车辆 886 台、吨位 14660.9 吨；新增三类维修企业 8 家，注销三类维修企业 22 家；共举办驾驶员从业资格培训班 10 期，培训从业人员 779 人；共举办驾驶员从业资格继续教育培训班 16 期，继续教育 2269 人；对驾驶员从业资格诚信考核 6727 人（次）；共审核结业驾驶证学员 9085 人。

截至 2017 年年底，全县共有一级客运站场 1 个，客运企业 7 家（含出租企业 3 家）；货运站场 1 家，货运企业 87 家（含危化品运输企业 3 家）；机动车综合性能检测企业 2 家，各类维修企业 108 家（其中，一类维修企业 2 家、二类维修企业 21 家、三类维修企业 85 家）；驾驶员培训学校 5 家，从业资格培训机构 1 家。全县登记营运性机动车 6048 台，其中客车（含出租、公交车）804 台，载货汽车 5244 台、吨位 6.6 万吨。

【物流管理】 2017 年，全县继续大力实施“枢纽沂水、物流八方”发展战略，在培育现代物流骨干企业、发展农村物流、优化现代物流业发展和投资环境等方面开展了扎实有效的工作，现代物流业得到持续快速健康发展。截至 2017 年年底，全县共实现物流业税收 2.44 亿元，有国家 4A 级综合型物流企业 5 家、国家 3A 级仓储型物流企业 1 家、物流专线经营企业 2 家、公铁联运企业 2 家。县、乡、村三级农村物流网络体系建设顺利推进，全年共建设县级农村物流分拨中心 1 处，乡镇农村物流服务站 17 处，村级农村物流服务点 33 处，初步实现了农村生产生活物资“门到门”“点对点”的直供式服务。

【水上交通管理】 截至 2017 年年底，全县共建成渡口、码头 3 处（已停用），有水运企业 2 家（其中，沂水顺航水上运输公司 6 艘渡船已停航，企业正在办理注销手续；沂水天翔水上娱乐有限公司 2 艘游艇已停航），船舶操作资质人员 40 余人。

【交通运输监察】 2017 年，县交通局深入推进综合执法改革，整合道路运输管理、公路管理、超限治理和海事管理等方面的执法力量，组建交通运输综合执法大队，解决了执法力量分散、多头执法的问题，执法行为更加规范，执法效能明显提升。经批准设立的沂水县交通运输综合执法大队，为交通运输局所属的正科级公益一类事业单位，内设办公室、法制科、督查科、案件处理科和科技信息科 5 个科室，以及 18 个执法中队。

2017 年，县交通运输综合执法大队科学部署、突出重点，依法严格履行职能，不断强化与交警、安监和城市执法等部门的协作，多次开展“打非治违”、危化品运输和联合治超等专项整治行动，有效地维护了交通运输市场安全稳定。全年累计出动执法车辆 1492 台（次），执法人员 5986 人（次），检查各类运输车辆 11620 台，其中重点检查危化品车辆 695 台，共查处各类违法运输车辆 532 台；接受交警大队移交的超限超载运输车辆 63 台，卸载各类货物共计 5128 吨。

【出租车与公交车管理】 截至 2017 年底，全县共有巡游出租汽车公司 3 家，巡游出租汽车 378 辆，获得巡游出租车驾驶员专用从业资格证人员 540 人，全部办理新式服务监督卡。2017 年，县交通局严格按照有关法律法规要求和审批程序，经巡游出租汽车公司申请，报请县政府研究同意，对巡游出租车经营权延期，期限为两年。

2017 年，全县共有城市公交公司 1 家、公交车 66 辆，共开通城市公交线路 5 条，总长度 83 公里，设置站点 110 对。

【铁路建设与运输】 **瓦日铁路** 沂水段长 53.2 公里，途经泉庄镇、诸葛镇、黄山铺镇、崔家峪镇、龙家圈街道、经济开发区、许家湖镇和四十里堡镇，并在黄山铺镇设客运站 1 处。为进一步提高瓦日铁路运输能力，根据中国铁路总公司安排，济南铁路局于 2017 年 11 月 24 日至 12 月 1 日在该线上进行了单元万吨重载货物列车试验。

胶新铁路 沂水段长 9.26 公里，在四十里堡镇设沂水站，站房共 5800 平方米，候车室 3115 平方米，可容纳 800 人。2017 年，全年发送旅客 9 万余人，日均接发列车 49 列。

（管　冰）

公　路

【概况】 沂水县公路管理局负责全县境内东红路、石兖路、薛馆路、博沂路、沂邳路、韩莱路等6条国省道的建设、养护和路政管理任务。全县干线公路管养里程共计240公里，桥梁98座，涵洞400道。其中，省道S227东红线、S335石兖线、S329薛馆线等3条省道，根据十三五规划将全面升级为国道，分别重命名为G233克黄线、G342日凤线、G341胶海线。2017年，局设办公室、机关服务中心、政工科、财务科、安全科、工程科、养护科、路政科、养护急处置中心、纪检督查办公室等10个科室和崔家峪、高桥、下古村、郭家湖4个公路站，有工作人员93人。

2017年，县公路局"聚力"QC小组荣获"山东省优秀质量管理小组"和"全国优秀质量管理小组"称号；该局继续保持山东省档案工作科学化管理示范单位和市级文明单位，先后被沂水县委、县政府授予"发展全域旅游先进单位"和"城乡环卫一体化暨美丽乡村建设先进单位"，被县直机关党工委授予"红旗党组织"荣誉称号。

【公路建设】 县公路局始终把加快公路建设服务全县经济发展作为首要任务来抓。克黄线（G233）沂水绕城段改建工程，既是全省生命安全防护工程，也是全县125重点民生工程。工程前期工作于2017年9月已全部完成，招投标已经结束，进入施工阶段。

该项目前期工作历时两年，在2017年，顺利完成并取得了省发改委、省交通厅对该项目工程可行性研究报告、初步设计、施工图设计及预算的批复及2017年投资计划。为解决该工程"上跨瓦日铁路跨线桥设计指标不能满足一级公路设计标准的要求"这一最大难点，该局与县交通运输局铁路办多次到济南铁路局、济南铁路设计院、省交通规划设计院，找桥梁专家进行反复的研究和论证，最终确定了"优化原桥加固利用方案"。该方案预算总额为320万，比粘贴碳纤维和钢板加固桥梁方案要降低成本，缩短工期，且基本无需要点施工。在推进工作中，该局积极发挥了牵头和督导作用，工作措施得力，在全县125工程督导检查考核中，被县委、县政府授予5月"流动红旗单位"。

县直机关党建示范点

【公路养护】 日常养护工作中重质量、重效率、重创新，强化公路精细化管养水平，全县干线公路路况良好率达95%以上，一类二类桥梁达到100%，保障了道路安全畅通。

一是日常保养规范有序。进一步规范保洁公司管理制度，加大了奖罚力度，完善了考核制度。通过保洁劳务招标进一步完善保洁合同，明确了保洁公司责任。全年共机械清扫路面208.7万余平方米，修剪沿线树木9134棵，修剪绿篱9500平方米。对沿线6.7万棵绿化乔木及2万平方米绿篱实施病虫害防治1次，浇水1次，粉刷树木7400平方米，路肩割草380公里。

二是各项小修工程顺利实施。全年累计完成沥青路面冷灌缝21708米、热灌缝19470米、铺贴沥青路面贴缝带2410米；改造危桥3座、维修桥梁伸缩缝150

延米；桥面混凝土灌缝782米；处理路面零星网裂8209平方米；挖补沥青路面坑槽5200余平方米；更换波形梁护栏1080米、增设护栏端头260个、张贴护栏端头反光膜240余平方米；警示桩1350根、防撞桶85个、线形诱导标65块、示警灯10盏，公路交通安全通行能力得到有效提升。

三是生命安全防护工程顺利推进。全年共投资870余万元对沂邳线、石兖线、博沂线、薛馆线隐患路段进行整治。依据《国务院办公厅关于实施公路生命防护工程的意见》、交通部《公路安全生命防护工程实施技术指南》等相关技术规范和标准，对隐患路段的标志、标线进行完善和重新施划，对平面交叉处进行渠划，增设交叉路口警告标志、停车让行、人行横道标志等。累计安装波形梁护栏20488延米、警告标志18座、黄闪灯70座、施划震荡标线8254平方米；完善平交道口标志、标线211处、针对视距不良的弯道路段增设诱导标423座、重新施划路面标线36000余平方米，确保了公路安全设施的完好、齐全、有效。

四是养护作业新技术创新推广。为提高沥青路面坑槽的修补质量，该局养护科QC小组利用鱼骨图分析法针对影响沥青路面坑槽修补质量的因素进行了逐一分析验证，确定了影响坑槽修补质量的关键因素、制定了解决对策，成功解决了沥青路面坑槽修补返修率高的问题。同时实现了废旧沥青材料的回收与再利用，老路材料回收利用率达到80%，降低沥青路面的坑槽修补成本，减少了环境污染。

【路政管理】 以开展"美丽乡村建设""干线公路路域环境综合整治巩固提升""道路安全百日攻坚"等活动契机，以加强管理服务、优化路域环境、保障安全畅通为着力点，进一步提升了依法治路水平。

一是深入开展干线公路路域环境综合整治工作。按照《临沂市干线公路路域环境综合整治巩固提升实施方案》和《关于加快推进美丽乡村标准化建设的工作方案（2016—2020年）》等文件要求，积极配合县委农工办对全县6条干线公路的穿村镇路段、沿线经营店铺密集路段、通往旅游景区路段、城市出入口路段、城乡结合部路段、高速连接线路段等6个路段，进行路域环境提升整治工作，着力打造省道石兖线和博沂线为精品线路，重点提升东红线的路域环境。在全市干线公路路域环境综合整治第二季度督导工作中，取得了全市第二名的成绩。

二是加强中央隔离开口的治理工作。为提升公路安全通行水平，根据《关于集中排查整治道路交通和占道集贸市场安全隐患的通知》要求，积极配合公安、交警和属地乡镇对东红公路不符合规定的中央隔离开口进行了集中封堵。共封堵开口145处，累计长度2696米，道路交通安全状况得到了明显提升。

三是严格路政管理，全力提高服务水平。全年共完成路政巡查12.67万公里，清理占道经营、非标2000余处，清理乱堆乱放、遮挡树木3000余处，报批涉路许可5起，查处路政事案54起。为提高办事效率，践行为民务实宗旨，在县政务大厅路政窗口集中办理许可业务，拓宽了便民服务通道。

【服务经济发展】 全力完成6条干线公路的建设、养护及管理任务目标，为全县经济持续快速健康发展创造"畅、安、舒、美、优"的通行环境。深入推行以"工作重点、突破点、创新点、闪光点"为内容的绩效考核办法，通过效能督查进一步优化工作作风，提高工作效能。扎实开展"干部联系群众""第一书记驻村帮扶""三引一促"等工作，有力促进了全县经济健康发展。2017年，由县公路局牵头协调的G233克黄线沂水绕城段改建项目，工程总累计投资43328万元，引进C类人才5人，超额完成了县委、县政府分配的任务。

（张立才）

邮 政

【概况】 沂水邮政公司是具有公益性质的服务性企业，承担着为国家、社会普遍服务的义务，主要业务有函件、包裹、邮政储蓄、报刊发行、集邮、汇兑、物流、保险理财、电子商务、报刊零售等。2017年，设综合办公室、市场营销部2个管理部门，设金融业务部、集邮与文化传媒部、渠道平台部、包裹快递部4个专业部门，支局26处，其中城市支局4处、农村支局22处。有工作人员315人。

2017年，邮政业务总量完成12776.67万元，增幅106.24%。邮政公司从二类县公司跨入一类县公司，顺利通过“省级文明单位”和“市级青年文明号”复查验收，被评为全省三十佳县公司、全县邮政通信质量服务单位、工会工作先进单位。

【邮政储蓄】 坚持抓好邮政金融服务。2017年，储蓄余额突破38.7亿元，年净增6.98亿元。邮政储蓄全国联网，通存通兑，快捷方便；邮政银联绿卡可办理跨行查询、支取、刷卡消费等业务。各类依托储蓄业务的增值业务发展迅速，异地交易、POS交易、账号划拨款、手机银行、微信当面付等为客户提供了方便。中间业务服务有了突破。相继开发了代扣国税、代收话费、代发工资等业务。全县储蓄营业网点24处，其中县城网点3处。

【物流与电子商务】 物流业务快速发展。物流产品包括酒水、农药、化肥、快销品等农资农用产品，主要面对广大农村客户。全年销售化肥4110吨，建设三农服务站315个，为服务“三农”工作提供支撑。积极发展电子商务业务，开展了买卖惠业务，买卖惠仓储2100平方米，带车加盟车辆26辆；截至12月31日，买卖惠交易额2709.57万，注册零售户727户。

【代办业务】 代办业务主要办理代收话费、代收电费业务，同时代收联通、移动和固定电话费，办理邮政短信、航空机票、便民服务站、代收电费、代开国税发票等业务，抓好便民服务站点工作，累计建设便民服务站点1454处，代开国税发票网点达到26处，真正做到了便民、利民。积极代办各家保险公司寿险、财险产品，主要险种有人保寿险、华夏、生命、国华、中邮等保险公司的产品等，2017年实现保险额2.48亿元。积极为社会提供多种邮政商函广告业务。服务项目包括中邮专送广告、商业信函、普通邮资信封、普通邮资明信片、企业拜年卡、毕业生纪念册、战友纪念册、同学聚会纪念册、邮政编码牌、普法宣传栏等业务，并承接各类信息咨询、产品策划和市场调查等。组织开发了桃花节、杏花节会展项目，制作“3·15”大型本册式中邮广告。加大“一县一品”项目开发力度，依托集邮展销，传播集邮文化知识，彰显集邮品文化特色，针对集邮爱好者，开展集邮品鉴会、集邮微沙、生肖、拜年邮品活动，扩大集邮的影响力和宣传面。举办了桃花节、杏花节集邮展览、集邮知识进校园等活动。报刊发行服务水平不断提高，报刊的收订、投递、零售、分发工作实行一条龙服务。

【服务经济发展】 履行邮政职能，主动融入地方经济发展。2017年，全县有邮政网点26个，设置信筒、信箱26个，投递站点1015个，投递段道85条，投递总里程5250公里。沂水邮政充分发挥自身的网络优势、资源优势、品牌优势，主动贴近市场，融入地方经济发展。在为用户提供储蓄、函件、包裹、快递等普遍服务业务和义务兵信件、盲人读物免费寄递、机要通信、党报党刊发行等特殊业务的基础上进一步丰富产品种类，拓宽服务领域，增加服务功能。相继开通了电话、网络等服务，用户可以自主选择用邮方式，工作人员会及时上门提供邮政报刊订阅、航空客票、火车票订购、物流配送等服务。全县电子化支局全部实现代理销售航空机票、火车票业务，为全县百姓的出行提供了便利、快捷的服务。

依托邮政优势，打造综合便民服务平台。沂水邮政凭借自身的网络优势、资源优势、品牌优势，本着“扎根农村、贴近农民、服务农业”的原则，以实际行动服务“三农”。县乡联动，深入农村提供化肥、农药、日用品等适销对路的农资产品配送服务，在送产品下乡的同时，也为农民送去了农业科技，由邮政邀请农业专家亲自为农民进行指导，受到广大农民的热烈欢迎。

主动贴近市场，服务地方中小企业。围绕合作共赢的发展思路，沂水邮政整合资源，为地方中小企业提供最合适的邮政业务。通过邮政数据库商函业务，为中小企业打开市场空间。沂水邮政成立了集产品展示、名址查询、数据分析、方案策划、图稿设计、市场推广等服务为一体的大客户营销中心。利用邮政“项目＋产品＋数据”的经营模式，为中小企业和民营企业提供有针对性的营销服务，提高中小企业的知名度和影响力，从而带动中小企业发展。

（郝　霞）

通　信

【中国移动通信集团山东有限公司沂水分公司】 中国移动通信集团山东有限公司沂水分公司全面负责沂水境内建设和运营134、135、136、137、138、139、147、150、151、152、157、158、159、178、182、183、187、188数字移动电话业务。2017年，公司设综合部、建设维护部、业务运营部、集团客户服务中心4个部室，3处城区营业厅及18处乡镇（街道）营业厅，有工作人员134人。

沂水移动公司以市场经营为中心，深化存量经营，促进增量经营，强化渠道建设，推进渠道转型，积极承担起全县信息化建设的重任。2017年，沂水移动公司客户总量达到58万户，全市居第2位；移动有线宽带增幅全市排名第4位；年净增4G客户69414户，位居全市第二。

网络建设　2017年，沂水移动公司按照上级部门的网络建设统一规划和客户发展的需求，以传输建设为抓手，以宽带建设和4G建设为突破口，加快网络建设步伐。截至2017年年底，公司完成1792公里的光缆布放，扩容BRAS 2台，完成了县乡汇聚环东南环与西北环波分设备的安装，新入网OTN设备9台，提升了业务承载能力，保障网络总体运行稳定；结合LTE五期工程，开通宏站42处，室分50处，微站开通29处。针对性地解决了335省道连续覆盖的问题，提升客户感知，将重点投资向重要部位倾斜，中心医院单一规划项目投入超过500万元；新增宽带端口6万个，完成了行政村宽带全覆盖。

文化建设　为提升城市管理水平，提高人民生活品质，宣布加速推进4G向5G演进，做出移动光宽带“1+6”服务承诺。以窗口服务为抓手，全面营造优美整洁规范的服务环境。作为重点窗口服务单位，结合企业实际，在提供设施清洁、整齐、舒适的服务环境以及热情、周到的便民服务基础上，继续推行和完善社会服务承诺制度，让客户满意是公司不懈的追求。

重视员工队伍建设，完善考核机制，奖勤罚懒和末位淘汰，实现了考核的公正化和精细化，稳定和优化员工队伍。统一组织进行了岗位认证考试，合理地进行岗位分配，将每一个人分配到最适合自己的工作岗位上，将每一个员工的优势最大化。对自有渠道建设突出知识化、专业化、能打硬仗的特点。对社会营销渠道建设加强城区及乡镇代理，积极扶持其代理商开设移动卖场，在公平一致和风险可控的前提下，通过优惠政策和人情投入调动其销售的积极性。在乡镇代理建设的基础上积极建设并优化村级信息服务站，利用配备信息机强化销售和服务职能。公司的整体队伍建设得到了进一步的延伸。

基层党建　全面推进各项党建工作，强化理论学习，认真落实基层组织建设及“两个坚定不移”的重要批示精神，进一步增强了“党建第一责任人”的使命感，确立了以从严治党要求推动基层组织建设，树立狠抓基层的鲜明导向，以加强基层党组织建设和作风建设、党员队伍建设为重点，支撑增强基层党组织向心力的工作思路，使基层党建工作稳步推进。每月定期召开全体党员会议，面对业务转型需求，班子成员率先在基础管理、4G 客户发展、新渠道运营、流量经营、宽带网建设维修及服务管理等方面主动承担业务发展第一责任人，挑大梁、办实事。把党风廉政建设和反腐败工作纳入日常工作考核的基本要求，步步分解、层层落实；坚决实行“一把手”负责制，领导班子成员各司其职，以身作则，务必厉行节约、反对奢侈浪费、筑牢拒腐防变思想防线，将党风廉政建设责任落实到人；坚决把党风廉政建设与各项工作相结合，做到了经常提醒、不断要求，发现问题及时组织调查核实和整改。

（王明耀）

【中国联合网络通信有限公司沂水县分公司】 中国联合网络通信有限公司沂水县分公司发挥“互联网 +”的优势，以提升各行各业的信息化水平为己任，全面推进互联网化运营，积极承担着党政军机要通信、战备通信、抢险救灾、普遍服务等任务。2017 年，公司下设综合部、市场营销中心、建设维护中心、客户服务中心等 9 个部室中心及 18 个乡镇（街道）营业部，有工作人员 275 人。

信息化建设 认真贯彻落实“宽带中国”战略和“互联网 +”行动计划，深入实施聚焦、创新、合作战略，以“联通世界 创享美好智慧生活”为企业使命，打造出网速更快、感知更好的匠心网络。

助力网络升级。为响应国家推进“互联网 + 政务服务”及政务信息化工程建设规划工作总体部署，加快推进政务信息系统整合，大力提升政务服务上网供给能力，为沂水县委、县政府机房实现了升级改造，确保了沂水县政务专网的安全运行。党的十九大期间对网络进行了全面提速，确保了会议期间网络的使用。

助力“平安沂水”建设。按照县政法委、综治办统一安排，以县、乡、村三级综治中心为指挥平台、以综治信息化为支撑、以网格化管理为基础、以公共安全视频监控联网应用为重点，建设了雪亮工程延伸项目——“两机一喇叭”，为沂水县 18 个乡镇（街道）实现“群众性治安防控工程”，实现了视频监控增点扩面，这既是对天网工程、视频监控全覆盖工程的巩固和延伸，也是“互联网 +”环境下网络信号的整合，有效实现了群防群治。

助力信息安全保障工作。利用移动互联网、物联网和大数据、云计算等信息技术，以“大整合、高共享、深应用”为目标，先后为政法部门实现了警务通、检务通、法务通信息化项目，人民法院进行了等保测评，司法局部署司法矫正平台，检察院实施了分级保护系统项目，促进了沂水县司法机关的信息保护、监督监管水平。

助力食品安全监管工作。配合食药监局做好食品在线监督的同时，实现了区域内食品安全工作的协同，让政府、企业和公众三者之间进行了良性互动。对全县食品经营户主安装了远程电子监控专线，不仅可以将现场加工、经营情况等视频图像实时传送到食药监局信息监控中心，还能在餐馆大厅内的电视上显示图像，用于顾客实时监督，实现了对食品交易信息的实时监督、智能监管。

助力智慧校园建设。依托互联网搭建的智慧化校园工作、学习和生活的一体化环境，致力于推进智慧校园建设，全面提升教育教学质量。投资近 800 万元，在全县 16 所中小学全面铺开互动学习卡的试点工作，全县 2146 个班级开通了班班通业务，6480 个教师开通了个人空间，近 3 万名学生开通优教信使平台，智慧教育不断推进。

助力便民服务工作。按照“政府搭台、社会参与、市场运

华信国际——沂水联通首个千兆示范小区

作、服务外包、惠及百姓”的工作思路和县民政局的要求，开通了便民语音服务热线12349，推进社区服务信息化，提高政府服务效能，为广大群众提供各类便民服务、解决生活难题的公共服务信息平台。12349热线已实现了联通、移动、电信三大通信运营商拨打互通互联。

助力智慧医疗建设工作。智慧医疗是互联网在医疗行业的新应用，协助医疗部门打造智慧医疗建设，建设了门户网站、移动办公、信息等级保护、云存储等，实现了以面向患者为中心的服务系统，供群众就医网上预约挂号、报告查询、出诊查询查找病例等功能。

网络建设 一是投入资金2000万元加快光纤网络建设，1064个行政村全部实现联通光宽带接入，并全部实现村居监控联网。二是投资4000余万元建设4G基站达到1328处，对全县进行4G覆盖。三是按照百兆起步、千兆引领的工作思路，建设了以华信国际为代表的一批千兆小区，全县联通宽带用户全部实现了提速。光纤改造后，宽带用户的网速可达到千兆，上网更加稳定流畅，家庭上网独享1000M、4G高清电影30秒下完、播放8K超高清视频，VR虚拟现实及智能家居，满足用户对更高宽带的需求。借助提速降费活动，通过大数据分析用户消费情况，打造了腾讯大王卡、不限量等产品，践行了“提网速、惠民生”。四是投资500余万元对偏远自然村、棚户区、养殖区等进行宽带投资建设，保证哪里有需求，哪里就有联通网络。五是完成了县政府确定20项重要民生工程之一的中心街道路改造工程的网络升级。配合长途传输局、施工队伍，做好光缆管道的看护和割接工作，确保了党政军线路的畅通，保障了中心街道路改造工程的顺利实施。

服务工作 强化全员服务意识，努力营造人人重视服务，全员抓服务的氛围，采取培训班、观摩会等多种形式不断提高一线人员的服务水平和服务技能，并在全公司范围内积极开展创优质服务活动，提高了员工服务意识和服务水平。实施了宽带到家延伸服务，基于公司智慧家庭工程师的专家服务团队的强大支撑，提供基于家庭的一揽子智能家居解决方案，严格落实宽带无条件受理和城区宽带4小时修障，农村宽带8小时修障，8小时装移机的“480”服务承诺；积极参加行风热线和12345服务热线，对客户所反映的问题及时给予解决。

文明建设 在致力发展通信事业的同时，以开展精神文明建设为载体促进员工思想道德建设，积极回馈社会，扎实开展精准扶贫、企业帮扶等工作。公司一直把奉献爱心、促和谐社会作为公司精神文明建设的重要内容，积极参与慈心一日捐等社会公益事业，为构建和谐沂水做出了积极的贡献。

（傅雪雪）

全国农民手机应用技能培训周中国联通沂水专场

【中国电信股份有限公司沂水分公司】 中国电信股份有限公司沂水分公司负责沂水县城内及乡镇移动、宽带、天翼高清业务的发展、维护。主营2G/3G/4G移动通信、宽带网络、数字电路专线及固定电话业务，移动网络运营133、153、173、177、180、181、189开头的数字移动电话，2017年年底新增移动号段199号。作为国家一级宽带运营商，沂水电信提供至少50M、普及200M到桌面的光纤宽带。数字电路、专线根据用户需求可提供10~1000M带宽，固定电话以712开头。2017年，公司设综合部、政企支局、网络支局、营业支局、客户维系支局、城区支局、农村支局等，有工作人员75人。

业务发展 2017年，公司积极推进多种不限量套餐的上市和发展。39元超牛卡套餐一经推出，用户月入网达到400%。199元国内与省内不限量、99元不限量、49元不限量套餐也相继上市。新推出的新型智能组网业务，是家庭智能组网套餐的智慧化业务，poe交换机+面板AP的组网模式日益成为家庭无线覆盖的主流模式。随着新型业务的不断扩大，公司得以快速发展，2017年公司收入达到2920万元，移动用户180万，宽带用户2.6万，天翼高清用户7000户。

网络建设 继续加快加大4G网络建设，全县无线信号网络覆盖，较2016年部分超市、工业园信号稳定性都极大提升。截至2017年底，沂水电信共建设4G基站240个，较2016年新增40个，电信4G网络已覆盖全部城区、乡镇驻地及部分农村。小区宽带光改力度加大，按月进度表进行。至年底，沂水电信FTTH接入方式占比达95%以上，FTTB接入方式仅存5%，光改用户持续进行中。新装入网单宽带全部50M，融合天翼高清100M，原20M老用户提速工作完成。

文明服务 强化全员服务意识，采取现场培训、实战指导等形式不断提高装维人员为客户的服务意识和服务水平。坚决贯彻落实首问负责制、责任追究等制度。宽带实行8小时装机，50M以上高带宽用户实行4小时装机，7×24小时为用户提供业务咨询、障碍报修等服务。障碍修复城区实行4小时，农村实行8小时等制度。装维队伍人员大幅增加，2017年起大力发展乡镇营业厅建设，公司新招聘乡镇经理17名，营维经理17名，每个乡镇经理配一名营维经理，为公司的移动、宽带维护发展做好铺垫。

沂水电信秉承“用户至上、用心服务”的服务理念。加大“三网融合”推广力度，根据客户消费特点进行市场细分，区分不同年龄、不同人群、不同地域、不同时域，为客户打造“易通卡”“超牛卡”“乐享家”“不限量”“天翼高清”等产品，“翼支付”产品的推广率100%，使用率达到了35%，有东方超市、九州超市、加油站等合作伙伴。翼支付的使用丰富了用户的精神文化生活。话费、水煤电费的折扣及购物随机立减，给用户带来顺畅的体验和实实在在的优惠。

文明建设 坚持以人为本，将提高一线员工的业务能力和工作积极性作为公司的基础性工作，不断加强企业精神文明建设，增强公司领导班子、党员领导干部廉洁自律、廉洁从业的自觉性，形成用制度管权、按制度办事、用制度规范行为的机制。

严格执行中央八项规定、全员进行“小金库”的培训学习，加强内部管理、提高员工素质，不断提升综合管理水平，促进企业精神文明建设，加强企务公开、党务公开，企务公开、党务公开工作的开展在市公司季度检查中均被评为优秀，公司认真学习中共十九大报告，深入学习贯彻习近平新时代中国特色社会主义思想，持续将党建工作纳入日常公司考核激励项。

（孟祥静）

城建·环保

城乡建设

【概况】 沂水县住房和城乡建设局负责制订全县建设事业发展战略、中长期规划并组织实施，履行全县城乡规划编制、建设审批、建筑业及村镇建设管理等职能。2017年11月28日，在沂水县深化城市管理执法体制改革中，原属沂水县住房和城乡建设局的园林管理处（整建制）、东皋公园管理处（整建制）、公用事业与市政管理处（城市市政公用事业行业管理职能）划转至沂水县综合行政执法局（沂水县城市管理局），原公用事业与市政管理处更名为市政工程处。至2017年底，全局辖水务公司、规划局、房屋征收与补偿办公室3个正科级事业单位，市政工程处、村镇建设管理处、建筑安装工程管理处、建筑设计院、城市建设综合开发公司、市政工程公司等6个副科级单位，质监站、检测中心、测绘公司、检测公司等4个股级单位，办公室、人事科、财务科、督查考核科、宣传科、建设综合科、政策法规科、信访科、联席办、城镇化办、党建办、综治安监办等12个科室。有工作人员603人。

2017年12月，沂水县住房和城乡建设局作为全市唯一县区单位被山东省住房和城乡建设厅表彰。

【城建重点工程】 2017年，全县共组织实施规划设计、路桥建设、园林绿化、公共设施配套、棚户区改造和片区开发、村镇建设等6大类、78项城建重点工程，全年完成投资46.6亿元。共新建、改造提升道路14条（含打通断头路5条），完成土路基21公里、硬化路面16公里，安装隔离护栏6200米，其中群众期盼已久的正阳路沂河大桥建成通车、中心街完成道路改造。新划停车位7000个，新建、改造提升公园广场3处。实施片区改造项目18个，改造老旧小区6个。

东皋公园

【城乡规划管理】 **城市规划** 全年共编制各类规划方案、设计方案57项。其中：《沂水县县城总体规划（2016—2035年）》通过省规委会审议；编制完成《沂水县农业转移人口市民化发展规划（2017—2020）》《沂水县中心城区绿地系统专项规划》《沂水县县域乡村建设规划（2017—2035）》《危化品储运、油气管线（2017—2035）》，并通过省专家组评审；海绵城市建设、城市防洪排涝等6项专项规划正在编制中。

乡村规划 顺利迎接住建部对全县乡村规划核查；委托省城乡规划设计研究院对65个村庄规划进行编制，并完成方案初稿。

市政工程规划 重点对2017年实施的道路、燃气管线、弱电管网、污水管网、工业用水管线、热力管网、电力线路、排水工程进行了规划设计，全年完成道路规划设计32.67公里、排水工程规划设计8.34公里。

规划管理 继续实行重大建设项目规划委员会审议制度，全年召开规划方案审查会8次，讨论项目、规划条件等150个；召开规划委员会5次，审议通过项目118个。加强城市规划批后监管力度，对全县5处卫星遥感督察疑似图斑进行核实。参与评估用地78起，放验线项目33起，验线项目23起，完成批前公示、批后公布共251项。利用政务大厅对外窗口，一次性告知服务对象2100余人（次），受理并按时办结行政审批及服务事项1128项。

【城市园林绿化】 2017年，坚持“提质增量、栽管并重”，通过新栽、补植、修剪、优化组合，加快园林绿化工程建设，实现城区裸露土地全覆盖，助力城市扬尘治理。组织实施裸露土地绿化、北一环西延绿化、东一环北延绿化、长安路绿化提升、沂博路绿化提升等绿化工程14项，新增绿化面积16万平方米。同时，创新苗木修剪理念，在大、小沂河公园等处运用艺术手法对连翘、蔷薇等苗木进行塑型造景，修编花篮、花架等艺术造型270个；安装绿化带栅栏1.8万米、河道护链1500米；为大小沂河沿岸400余株树木佩戴二维码“身份证”，普及苗木知识；治理城市园林绿化“露头丑”200余处，补齐绿化短板。

【城市公用事业】 2017年，城市公用事业稳步发展，城市综合服务功能不断增强。

城市排水 积极推进雨污分流，年内铺设污水管道27公里、雨水管道28公里。以迎接国家环保督查为契机，集中整治莲旺沟南段、东干渠城区段等黑臭水体，督促污水处理厂进行提标改造，指导各乡镇抓好集中污水处理设施运行工作。

供热供气 完成供热投资3.4亿元，铺设供热管网11.4公里，新增供热面积50万平方米，改善供热面积400万平方米。铺设燃气中压管道25公里，庭园管道15公里，投资950万元，燃气用户开发5600户，工业用户完成12户，公服用户完成13户。

城市亮化 围绕大小沂河沿岸、城市出入口、公园广场、城市主干道等重要部位，组织吸引社会投资2000余万元，新增亮化点72处、改造提升亮化点73处，新增亮化面积22万平方米，“光影沂水”城市特色进一步彰显。安装路灯536盏、改造路灯368盏，方便群众夜间出行。

公共服务设施 新建5处城市公共卫生间；新确定25个公共自行车站点，投放自行车450辆；新建公共电动汽车站点32个、充电桩142个，配套建设车棚23个，新投放电动车541辆。

市政设施管护 日常管护做到“随时发现、随时处理”。年内共修补路面7500平方米，沥青路面灌缝3.6万米，整理铺装人行道4700平方米，更换各类盖板、雨水篦子700余套，整理路沿石2500米，更换节能灯、景观灯4700盏，维修路灯6000盏（次），调运维修公共自行车7996辆。

【建筑业管理】 2017年，全县完成建筑业总产值12.66亿元，增长17.9%，实现建筑业增加值5.58亿元，增长16%。房屋建筑施工面积188.48万平方米，建筑业总体形势良好。

工作创新 运用“互联网+”思维，构筑“智慧建设”信息平台，对在建工地、塔机、扬尘和噪音、见证取样、监理人员、安全管理人员等施工现场和混凝土搅拌站、液化气灌装和CNG加气站点现场情况，进行24小时实时监控，提高了建设领域安全生产监管信息化、智能化、规范化。已将17处城区在建工地、55台塔机、13处搅拌站、16个乡镇液化气站和4个CNG加气站纳入统一管理。

基本建设程序 年内共办理报建审批61项、公开招标78项、邀请招标3项，办理施工许可手续67份、建设工程竣工验收备案手续30份、监理合同备案45份、勘察设计合同备案188份。新纳入质量监管工程280个、建筑面积268万平方米，全县在监工程达到760个、480万平方米。

安全检查 联合综合执法、市场监管、消防等相关部门，采取常规检查、突击排查、明察暗访、聘请中介机构、邀请专家等相结合的方式，共开展各类安全检查活动20余次，整改各类安全隐患近2000处。

扬尘治理 围绕“6规范、1监控”整治目标，加强对城区在建工地和混凝土搅拌站的监督管理，全力做好扬尘治理工作。全年共组织扬尘治理专项检查6次，下达隐患整改和停工整改通知书25份，整改问题74个。

农民工工资 妥善处理农民工投诉93起，涉资金额3000余万元。严把建筑企业养老保障金的征收、拨付、使用关，全年完成养老保障金收入1293万元，支出653.02万元。

建筑节能 完成节能建筑认定项目9个，面积77万平方米。完成太阳能建筑一体化面积50万平方米。

工程创优 年内共申报市优质工程17个、“沂蒙杯”工程5个、“泰山杯”工程1个。

钢结构装配式建筑 成功引进蓬建元丰杭萧钢构项目，项目计划总投资12亿元、占地500亩，全部投产后年可加工钢结构构件32万吨，年施工钢结构装配式建筑400万平方米，该项目对于促进全县建筑产业转型升级具有重要意义。2017年，项目先期实施部分仅用5个月就形成投产条件，并作为全市新旧动能转换现场交流会观摩点之一。9月，全市装配式建筑技术交流现场会在沂水县召开。

【村镇建设管理】 深入开展城镇改造管理大提升活动，加快建设美丽宜居村镇。2017年，成功创建国家级改善农村人居环境示范村1个（院东头镇四门洞村），省级传统村落1个（夏蔚镇水源坪村），省级历史文化名镇1个（院东头镇）、名村3个（夏蔚镇王庄村、院东头镇四门洞村、桃棵子村），美丽宜居小镇1个（马站镇），绿色生态示范镇1个（许家湖镇），省级重点示范镇（许家湖镇）。

小城镇改造提升 各乡镇共完成建筑改造提升10.3万平方米，投资1亿元以上；完成绿化、亮化等市政基础设施建设投资3952万元；完成公共服务设施建设投资9350万元、7.5万平方米。

农村新型社区建设 新启动农村社区建设项目5个（道托镇下村社区、高桥镇荣仁社区、夏蔚镇上位社区、诸葛镇会仙院、新民社区），累计完成建筑面积9.8万平方米，投资1.3亿元。

农村危房改造 完成农村建档立卡贫困户危房改造2829户，占全市总任务量的1/3，争取上级补助资金4000多万元，有力助推了全县精准扶贫工作。12月，沂水县第三次代表山东省迎接国家住建部农村危房改造绩效考核。

农村“改厕＋硬化”工作 按照“农村改厕三年任务两年完成，道路硬化五年实现户户通全覆盖”的要求，各乡镇共完成农村改厕76195户，超出年初计划20.1%，沂水县成为全市2017年首个通过省级全覆盖认定验收的县，在9月全省美丽乡村建设现场会上受到表彰。制定出台《沂水县农村改厕后续管护工作实施意见》，加强粪液收集清运、设备维护等后期管护工作，统一采购并发放吸粪车40辆。在村内道路硬化“户户通”方面，共计完成218个村庄道路硬化1100公里、342万平方米，超出年初计划8.7%，奖补水泥17万吨。

村镇建筑工匠管理 学习借鉴兰陵县实行“公司制”的做法，加上县内“建筑工匠协会”的成功经验，形成沂水独有的村镇建筑工匠“公司＋协会”管理模式，被市住建局作为典型在全市推广，4月全市村镇建筑工匠工作现场交流会在沂水县召开。年内完成420余名工匠队长培训及换发新证；累计培训建筑工匠4200余人（次），发放继续教育证书3223份。

【水务工作】 2017年，完成供水量3124万吨，县城出厂水质合格率达到100%。“智慧水务平台”建设初步完成。

管网配套 2017年，投资近1500万元，完成高端食品城、腾飞路、中心街、正阳路西延等供水管网新建和月澜湾、大沂河供水管网迁移、改造，累计铺设供水主管道10.1千米。

水表改造 完成“一户一表”改造890余户，铺设入户水管13千米，解决北坛社区、阳西社区（部分）等小区供水管网跑漏问题。

用水管理 做好水厂生产、管网巡查、水量统计、安全生产、

滨河白帆

供水服务等工作；搞好溪源水厂后续建设及日常维护维修；全年共接受“12345”热线920件，办结率达到100%。

【新型城镇化】 1月6日，省政府印发《关于公布新的中小城市试点名单和特色小镇创建名单的通知》，正式批复沂水县为省级中等城市试点。年内参加了省政府对临沂市新型城镇化考核会议，沂水县作专题汇报，并作为试点县代表接受了现场考核；参加了全省推进农业转移人口市民化德州现场交流会，并作典型发言；在济南参加第五届中德城镇化研讨会和省住建厅新型城镇化培训班；年内共成功迎接省、市各类调研、考核、评估5次，沂水县做法被写入全省新型城镇化经验汇编。10月，沂水县第三次成功入选2017年度全国新型城镇化质量百强县市名单。

（张金龙）

房地产管理

【概况】 沂水县房管办为县政府直属的正科级事业单位，主要承担贯彻执行国家、省、市有关房地产业的方针、政策和法律、法规；保障城镇低收入家庭住房；推进住房制度改革；规范房地产市场秩序、监督管理房地产市场的责任；贯彻落实房屋交易政策，制定房屋交易规章制度并监督执行，负责房屋产权管理工作；负责全县房地产中介行业管理和房地产中介企业的资质申报、审查工作；负责全县房地产综合开发建设的指导、实施和监督工作；负责全县房屋交易与产权档案管理工作；负责建设和完善个人住房信息系统；负责全县物业管理和城市规划区内房屋安全管理工作等职能。2017年，县房管办设办公室、财务科、人事科等11个职能科室，下设房产交易中心1个非独立预算二级单位。有工作人员60名。

【住房保障工作】 2017年，全县保障性住房建设任务为：实施棚户区改造925户。沂水县分两批上报立项了10个片区1957户，完成了市政府下达任务的212%。共争取上级无偿资金5427万元，保障各项目顺利建设。住房租赁补贴计划实施方面，2017年，全县住房租赁补贴计划实施60户，实际发放178户，共计17.38万元。

【房地产开发市场监管】 2017年，全县共有房地产开发企业44家，其中一级资质企业1家、二级资质企业6家、三级资质企业10家、四级资质企业13家、暂定资质企业14家。全县商品房在建施工面积191万平方米，同比减少16.2%；竣工面积179万平方米，同比增长113%；累计投资15.8亿元，同比增长0.4%；发放商品房预售许可证35本，审批预售面积86.18万平方米、4931套，同比分别增加12%、−14%；完成合同登记备案（销售）136.11万平方米、9262套、销售额50.65亿元，同比分别增长31%、31%、41%。全县商品房销售均价3721元/平方米，同比增长8%；其中，住宅销售（包括储藏室、车库）均价3664元/平方米，同比增长6%，商业用房销售均价4991元/平方米，同比增长37%。截至12月底，全县在售项目77个，已预售楼盘库存面积132.04万平方米、7575套（其中，住宅83.91万平

2017年4月28日，市房产局督导老旧小区改造工程

方米、3583 套）。

县房管办多措并举，监管房地产市场平稳发展。一是加强开发项目日常管理。全县严格落实开发项目经营许可、开发项目竣工综合验收备案、预售资金监管制度，强化项目全过程监管，企业开发建设行为进一步规范，项目开发质量得到了提高。2017 年共审批了 23 个开发项目的《房地产开发经营许可证》，开发建筑面积 109.18 万平方米，同比减少 7.47%；新增监管面积 83 万平方米，收存预售资金 33.7 亿元，同比增长 82.2%；累计与 39 家房产企业、63 个开发项目，7 家银行签订了预售资金监管协议，总监管面积 478 万平方米，共收存预售资金 83.7 亿元。办理了华信国际等 4 个项目综合验收备案手续。二是强化房地产市场监管。继续加强商品房预（销）售许可管理。与物价局联合开展了整顿规范全县房地产市场秩序专项行动，持续加强商品房预销售行为监管，维护房地产市场秩序；完成存量房网上签约 421 起，签约面积 5 万平方米，成交价格 1.8 亿元，同比分别增长 910%、860%，970%；完成二手房资金监管 21 起，监管金额 1045 万元。三是加强对全县房地产经纪机构（销售部门）及从业人员的行业管理，下发《关于实行房地产经纪机构 / 商品房销售代理机构和房地产经纪人员 / 商品房销售人员登记备案管理的通知》，印发《关于规范房地产经纪机构经纪行为的告知书》，完成 22 家开发企业销售部门、14 家经纪机构的备案，组织 60 名从业人员参加业务培训。

2017 年 9 月 19 日，刘南宅业主委员会向县房管办赠送锦旗

【物业管理工作】 开展物业文明服务年活动，全面建立“三会”（恳谈会、调解委员会、联席会）和“三公开”（公开服务价格、标准和内容，公开投诉渠道和方式，公开公共部位收益信息）制度，查处物业服务行业存在的不文明、不规范问题，深入挖掘宣传物业服务企业、物业小区（项目）、基层物业人、业主委员会以及业主等在构建文明和谐居住生活环境、创建文明城市等方面做出的突出成绩，树立一批物业服务标杆和服务明星，提升物业服务行业的社会形象；投资 1000 余万元（不含上级奖补资金 650 万元）对东皋小区、裕丰小区、正阳小区、黄泥崖小区、御府苑小区、文山家园小区（康乐家园）6 个小区进行改造，总建筑面积 39.48 万平方米，3891 户，至 2017 年底各小区改造任务已全部完成；归集住宅专项维修资金 4313.32 万元，比 2016 年增加 770.32 万元，同比增长 22%；归集物业质量保修金 820 万元，比 2016 年增加 567.22 万元，同比增长 224%；截至到 2017 年底，共归集物业质量保修金 4709.78 万元，住宅专项维修资金 2.02 亿元；按照县城镇网格化领导小组的要求，督促全县住宅小区提升绿化、亮化水平；督促各物业服务企业加大安全经费投入，积极参与全县“平安小区”创建工作；完成物业管理小区违章建设排查清理工作，配合县违章办对小区内违章建设进行清理；开展城市老旧建筑安全排查整治工作，对县城市规划区范围内的各类房屋及附属设施，重点是批发市场、货运物流市场、商场、商店、“三合一”场所、“九小”场所、室内娱乐场所、宾馆、饭店、医院、学校、已入住保障性安居工程等各类公共场所和人员密集区域的房屋安全进行检查，确保人民群众的生命财产安全。

【房屋交易与产权管理】 加强窗口人员业务培训，推行平行受理，提高服务效率。进一步梳理房屋产权管理业务流程，加强与不动产登记部门的沟通衔接，进一步优化服务，提高为民服务水平。办理各类房产交易管理业务 2.5 万余起；出具各类查询证明 2.7 万余份；完成非网签合同备案、预抵押以及剩余产权档案资料的扫描录库工作，全面完成房产档案数据库建设，并与县不动产登记中心实现共享；移交各类登记档案62278卷，搬至政务大厅抵押档案61333卷，为群众提供便捷。

（吴现龙）

环境保护

【概况】 沂水县环境保护局的主要职责是对全县环境保护工作实施统一监督管理。2017年，下设办公室、财务科、生态科、法制宣传科、污控及总量办公室、监督管理科、大气污染防治科、固废与土壤环境管理科等科室，共有环境监测站、环境监察大队、环境应急与事故调查中心、生态科普教育基地管理办公室、建设项目环境评估办公室等5个二级单位，共有工作人员131人。2017年，县环保局先后被省环保厅授予“全省执法大练兵先进集体”，被县委授予“全县统战工作先进单位”“基层党建工作红旗党组织”，被县政府授予“全县文化工作先进单位”等荣誉称号。

【环境管理】 坚持严格把关，实现建设项目审批流程规范化。重大建设项目审批前，由建设项目评估办公室组织专家对规划及建设项目环境影响评价文件进行技术审核，科学论证建设项目生产工艺、污染治理设施的先进性、科学性。具体项目审批工作中，认真执行《环境影响评价法》和《建设项目环境保护管理条例》等环保法律法规及国家产业政策，严格落实信息公开及公参要求，做到建设项目环保手续从受理、审批到竣工验收全程公开。2017年，共受理各类建设项目环评文件116个，其中审批108个；大厅窗口受理各项业务440件，登记网上备案190件，限期办结率达到100%；组织验收项目113个，验收批复100个。

实现危险废物规范管理。每月对全县44家重点危险废物产生单位进行抽查，重点检查危废库建设情况、台账记录情况、管理计划制定情况等。完成了15家一般工业固体废物利用处置企业基本情况核查，对91家产生一般固体废物的单位进行固体废物申报培训，23家医疗卫生机构申报医疗废物。开展联勤联动执法。开展了打击涉煤焦油、废酸、废塑料、废轮胎、废铅酸蓄电池等集中专项行动，累计共出动执法人员354人（次），检查企业127家（次），对检查企业存在的问题均提出了限期整改要求。全面提升危废处置能力。定期调度列入沂水县“十三五”危险废物处置设施建设规划的建设项目，尤其是县危废中心，积极帮扶办理环评手续，联合属地乡镇督促项目建设单位按节点推进项目建设，确保按期完成建设任务。加快推进土壤污染防治行动，牵头制订并印发《沂水县土壤污染防治工作方案》，明确各部门工作职责，对全县土壤污染防治情况进行了摸底排查，并上报沂水县化工企业搬迁后场地清单、疑似污染地块名单、土壤环境重点监管企业初步名单。

整合检查资源建立联合督查机制，坚持工作日例行执法检查，夜查、早查、突击检查，节假日重点执法检查，实现24小时“无缝隙”执法监管，始终保持环保

沂水生态科普教育基地

高压态势。2017年，累计检查企业1996家（次），立案调查124起，责令停产整治企业18家，查封扣押21起，移送公安机关3起，累计罚款948.8万元，征收排污费778.7万元。

制订《2017年沂水县环保突出问题治理攻坚行动推进方案》，梳理出全县大气、水、固废与土壤、生态环境保护、建设项目治理、企业突出问题和环境信访问题集中整治、“散乱污”企业清理取缔、石子石料石材行业综合整治等8大类494个问题，明确各项工作任务分工，全力以赴整治全县环保突出问题。一是开展企业突出问题集中整治。72家企业完成限期治理，23家企业完成停产治理，关闭企业53家。二是清理取缔“散乱污”企业。下发了《关于加快推进全县小散乱污企业取缔工作的通知》和《沂水县小散乱污企业整治取缔实施方案》。对“散乱污”企业按照“关停取缔一批、限期搬迁一批、停产整治一批”的要求分批分类进行整治。截至年底，全县共排查出“小散乱污”企业127家，其中整治类7家，取缔类120家，已全部完成。

全力配合做好中央环保督察工作。一是牵头成立迎察保障小组。成立了由书记、县长任组长的中央环保督察协调保障工作领导小组，并从县委、县政府两办，环保局，畜牧局等部门抽调60余名业务人员设7个专项工作组，进驻华信大厦集中办公。二是认真办理信访交办件。严格规范办理流程，按照转办、会商、现场调查、追责等“十步走”流程，指挥部24小时值守，随时承办来件，累计接到23个批次92件转办件，其中，标“*”号件共9件。信访件内容涉及畜禽养殖、定点屠宰、采砂采石、液压油缸等多个行业企业，确认属实的80件，不属实12件，全部按时上报调查报告和“1+4”材料，并按时办结。累计整理档案资料480盒、16508件，上报督察组11批次、18个部门、2100余件档案资料。三是坚持边督边改，建立环保长效机制。针对中央环保督察反映的有关问题及边督边改要求，组织召开了中央环保督察交办问题及重点行业整改落实推进会议，对全县畜禽养殖污染防治、定点屠宰行业、液压油缸、加油站等行业产业共11项重点问题专项整治进行了部署安排，明确了牵头部门、配合单位、完成时限及包扶县领导，用环保倒逼行业企业问题整改，建立起生态文明建设和环境保护的长效机制。

【环境监测】 对沂水热电、青援、大地玉米、长青发电、山水水泥等5家国、省控重点企业的废气每月一次监督性监测，对全县其他20多家重点废气排放污染源每季度进行不定期监督监测，配合开展噪声、汽车尾气、在线监控数据超标企业开展应急比对监测等工作。不断加大沂河出境断面及2个污水处理厂出水水质监测频次，配合开展重点涉水企业日常性监督监测。全年，累计出具监测数据1万余个，编制监督性监测报告30份，监测月报12份对全县54个水质重点污染源点位，42个大气重点污染源点位，处空气自动监测站，2家污水处理厂，沂河入出境断面2处水质自动监测站，4家特征污染物，2个噪声自动站，全部实施了自动监控，共有CEMS、COD、氨氮等自动检测设备130余台（套）；对127处重点废气废水、涉危、涉化、涉重金属、涉放射源点位装在线视频监控系统。形成了空气、废气、废水污染源、河流断面、噪声、视频，全方位、立体化自动监控体系。

【生态保护建设】 完成对沂河自然保护区、沂河湿地生物多样性调查，编制自然保护区规划，对全县新增重点扶贫村饮用水源地

沂河湿地

进行调查，确定5个乡镇、24个村的13个水源地需要保护，组织制定保护方案。建设界标13个，交通警示18个，宣传牌8个，防护设施1521米，隔离房8处，全部完成建设并通过验收。

【大气污染防治】 按照“分工负责、属地管理，重点攻坚、全面推进”的原则，制定《沂水县大气污染防治2017年攻坚行动方案》，全面打响了大气污染防治攻坚战。一是深入开展挥发性有机物治理。制定了《沂水县2017年度重点行业挥发性有机物专项治理方案》，对全县石化、有机化工、家具、喷涂、表面涂装、包装印刷等11个行业42家企业进行专项整治，至年底已全部完成。二是深度治理工业企业。3家重点行业污染治理再提高、3家水泥行业深度治理已全部完成；24家工业炉窑氮氧化物治理提升已完成19家、停产整治5家；10家铸造、锻造、锻打行业治理已完成9家、断电停产1家；5台煤气发生炉淘汰已完成4台、停用1台。三是强化机动车监管。坚持每周联合交警上路开展机动车尾气检测，累计抽检车辆330辆，合格率91.2%；加强对机动车环保检测线监管，对全县8家机动车环保检测线进行全覆盖检查，每月对所有柴油检测线进行监督检查，核查柴油车过检合格率，并开展了工业生产、物流运输、建筑施工等领域非道路移动机械尾气排放专项整治。四是严格落实重污染天气应急减排措施。重新修订《沂水县重污染天气应急预案》，逐一调度、审核、填报74家工业企业重污染天气应急减排清单。2017年秋冬季重污染天气发生后，已累计启动重污染天气应急响应4次。预警信息的制定、签批、发布均在1小时内完成，并严格按照预案落实减排措施。五是认真做好加油站油气回收工作。联合经信、安监、市场监管、消防等部门组成联合检查组，对全县92家加油站油气回收设施建设、运行进行全面检查，累计共发现问题12个，已全部整改到位。

全年空气质量持续改善，PM2.5、PM10、二氧化硫3项污染物指标分别改善7.4%、12.5%、7.7%；全县空气优良天数214天，同比增加21天。

【环保宣传】 以“六·五世界环境日”“12·4宪法日”等节日为契机，联合新闻宣传部门采用广播、电视、宣传栏、宣传车等多种手段、大力宣传全县环境保护工作。通过12369热线举报电话、行风热线，利用报刊、电视台等宣传媒体向社会公布环境保护法规政策、环境污染与破坏行为查处情况。通过微博、微信等新媒体定期推送环保工作动态，全年新浪官方微博发稿12266篇，官方微信更新603篇；县电视台发稿120篇，山东环境网站发稿33篇，临沂环境网站发稿333篇，《山东环境杂志》等市级以上报刊杂志发表稿件66篇。扎实做好环保政务信息公开，全年在县政府网站公开环境信息910篇。

【法治建设】 严格环境法制工作，落实查处分离原则，全年召开案件审理委员会会议13次，下达行政处罚决定书195件，下达罚款金额1247.57万元，所有查处案件，均按信息公开要求及时在县政府网站公开，对16件到期未履行案件及时申请法院强制执行。推进公安环保联勤联动执法工作机制。积极推进企业环境信用评价工作，切实促进企业绿色发展，对全年处罚案件全部完成录入，对完成整改的单位及时核销。全力以赴查处信访案件，2017年共接环境信访1272起，其中环保部39起。省级信访91起，市级34起，县级1106起，办结率100%，群众满意率98%，维护了环保法的严肃性。

（马纪鹏）

财政·税务

财　政

【概况】 沂水县财政局是县人民政府主管全县财政、税收政策，负责全县国有资产管理，实施财政监督，参与对国民经济进行宏观调控的职能部门。2017年，设办公室、人事科、预算科等15个职能科室，基层财政管理局、国有资产管理中心、监督检查办公室3个正科级单位，非税收入管理办公室、会计管理中心、投资评审中心、农村综合改革办公室4个副科级单位。有工作人员125人。

【财政收入】 2017年，全年实现境内各级财政收入32.1亿元，同比下降1.7%，其中税收收入27.3亿元，非税收入4.8亿元。一般公共预算收入实现20.1亿元，按可比口径下降4.7%，占调整预算的100.1%，剔除减税降费、清理一次性税收等因素，实际增长24%。其中税收收入15.5亿元，税收占比76.8%。

分部门看，国税部门完成收入总量17.8亿元，体现地方财政收入7.4亿元，占调整预算的100%，按可比口径增长53.8%。地税部门完成收入总量10.4亿元，体现地方财政收入8.9亿元，占调整预算的97.5%，按可比口径增长9.1%。

分乡镇看，2017年，各乡镇、街道充分发挥自身优势，积极拓宽税源渠道，全年完成财政收入16.6亿元，按可比口径增长29.5%。其中过亿元乡镇3个，分别是沂城街道办事处、许家湖镇、龙家圈街道办事处；过5000万元乡镇5个，分别是沂蒙风情管委会、崔家峪镇、圈里乡、富官庄镇、诸葛镇，其中，圈里乡首次超过5000万元。

【财政支出】 2017年，全县一般公共财政支出48.6亿元，比2016年减少0.5亿元，下降1.1%；上解上级支出2.1亿元；债务还本支出2.4亿元，全县一般公共预算支出总规模达到了53.1亿元。其中教育支出16亿元，增长2.7%；社会保障支出6.4亿元，下降9.2%；医疗卫生支出6.6亿元，下降4%；农林水支出7.3亿元，增长6.1%。全县民生支出实现42亿元，占公共财政支出的86.4%。全县公共财政预算支出效能日益凸显，财政资金使用效益得到切实发挥。

【财政改革】 部门预算改革进一步深化。一是逐步建立了全口径预算体系。稳步推进全口径预算改革，将部门所有收入全部纳入预算管理，通过规范收支行为、健全审批流程、明确管理权责，构建完整统一、有机衔接、统筹配置、规范透明的全口径预算体系。二是加大预决算公开力度。建立了涉密信息清单管理制度，实现非涉密全公开。全县共有113个部门单位公开了部门预决算，公开内容全部明细到经济分类款级科目，方便了社会各界监督，保障了群众的知情权。三是积极推进预算绩效管理工作。按照“花钱必问效、无效必问责”的绩效管理理念，2017年，县财政抽取了部分投资100万元以上的项目进行绩效评价，评价过程由社会中介机构独立完成，评价结果作为2018年度预算编制的重要依据，并在一定范围内进行公开，预算绩效评价工作的开展，有效提高了财政资金的使用效益。

财政资金管理日趋规范。一是国库集中支付范围逐步扩大。将财政集中支付范围覆盖到包括社保资金在内的所有财政性资金，保障了国库集中支付的全面、规范、安全和高效。国库集中支付制度覆盖到所有预算单位，完成了乡镇国库集中支付改革。二是公务卡改革稳步推进。建立了预算单位公务卡强制结算目录，加大乡镇公务卡改革力度，基本实现了财政部要求的“横向到边、纵向到底”的改革目标。全县公务卡累计发卡3352张，2017年，通过系统消费还款1001万元。三是积极落实厉行节约制度。严格按照中央八项规定和《党政机关厉行节约反对浪费条例》要求，制定出台了公务接待、因公出国、会议、培训、差旅等管理制度，规范了公务支出标准，严格控制三公、三费支出规模，加大监督检查力度，确保厉行节约各项制度落实到位。四是加强预算执行动态监控管理。督促预算单位合规、规范、有效使用财政性资金，防范财政资金风险，尤其是对预算单位的授权支付额度进行了限制，每日单笔提现额度不能超过3万元。切实履行了预算执行动态监控职责，保障预算执行严格规范、财政资金使用合规透明和财经政策措施落实到位，不断提升财政财务管理水平。

政府债务监管逐步加强。按照“控制规模、优化结构、降低成本、防范风险”的总体要求，县财政认真研究分析上级政策，采取积极措施，切实加强政府债务管理。一是科学防控债务风险。制定出台了《政府债务风险应急预案》，年初编制财政预算时，充分考虑政府债务的“借”“用”“还”，将政府置换债券资金和新增债券资金以及每年需偿还的资金、利息纳入预算管理。全面摸清隐性债务规模，完善政府债务风险预警指标体系，加大政府违规举债担保整改力度，确保财政安全运行。二是积极用好地方政府债券。地方政府债券资金具有利率低、周期长、操作规范的特点，2017年共计争取上级债券资金6.2亿元，其中置换债券4.7亿元，新增债券1.5亿元。地方政府债券资金已成为一般公共预算的有力补充，有效减轻了财政负担，降低了财政运行风险。三是改革投融资机制。随着政府债务管理的逐步规范，原有的融资渠道已经不适应现在的政策要求，县财政局及时转变工作思路，通过PPP等模式，吸引社会资本投入公共基础设施建设领域，减轻财政负担。从存量项目入手，认真甄别确认，做好项目储备和项目入库申报工作。2017年，申报进入省级项目库项目1个。

财政各项改革顺利推进。一是加强了政府投资评审工作。通过综合打分，评选优秀的中介机构参与投资评审工作，明确财政投资评审委托业务付费标准，使评审工作有章可循，有据可依，逐步形成用制度约束评审行为，用制度保障评审质量，按制度办事、靠制度管人的工作机制。2017年，共计评审项目337个，送审资金17.8亿元，审减2.8亿元，审减率15.6%。二是进一步规范政府采购管理。严格实行“管采分离”的政府采购模式，加大对采购信息公开和专家抽取的监督力度，确保政府采购公开、公平、公正。2017年政府采购金额达到11.1亿元，节约资金5965万元，节支率5.1%。三是积极应对税制改革。通过完善收入分享制度、转移支付分配办法、财政激励约束机制，使县乡体制结算更加科学、全面，充分调动各乡镇加快财源建设、保民生促发展的积极性。

【财政监管】 做好会计信息质量检查工作。根据省财政厅部署要求，在全县认真开展了2017年会计信息质量检查工作。检查结果表明，工作中主要有不合格发票列支、支出程序控制不严、大额支现、扩大支出范围列支、往来款项长期挂账、资产管理违规等16项问题，共计涉及违规金额1944.5万元。

做好各级巡察整改，全面落实从严治党主体责任工作。结合省委、市委巡视（察）情况，2017年会同审计局在全县范围开展了两次会计人员业务培训。6月，召开了由各乡镇长、财政所长、财政局、审计局有关人员参加的强化乡镇财务管理会议；10月，举办了全县行政事业单位财经政策及业务知识培训会，对单位财务进行监督检查发现的13项主要问题从表现形式、违反条款、财政处罚、整改建议等四方面进行了梳理，结合案例、实际提出

全县行政事业单位会计工作培训会议

了明确的要求建议。研究制定了《沂水县规范整改财政财务资金管理问题实施方案》，要求全县118个预算单位从财政资金拨付、财政政策执行、会计基础信息等方面对2013年至2017年所有财政资金使用、管理过程中出现的问题进行了全面自查自纠。

2017年12月公共财政预算收入完成情况统计表

表11　　单位：万元

预算科目	调整预算	2017年完成数			备注
		完成数	占年初预算%	比重%	
一、地方收入完成情况	201096	201216	100.1	100.0	
（一）分项目完成情况	201096	201216	100.1	100.0	
工商企业税收	129102	130431	101.0	64.8	
农业税收	27687	24150	87.2	12.0	
其他各项收入	44307	46635	105.3	23.2	
（二）分征收部门完成情况	201096	201216	100.1	100.0	
国税部门征收	73961	73970	100.0	36.8	
地税部门征收	91132	88840	97.5	44.2	
其中：工商企业税收	55141	56461	102.4	28.1	
农业税收	27687	24150	87.2	12.0	
财政部门组织征收	36003	38406	106.7	19.1	
（三）收入构成情况	201096	201216	100.1	100.0	
税收收入	156789	154581	98.6	76.8	
非税收入	44307	46635	105.3	23.2	
二、中央两税收入	60696	70539	116.2	100.0	
其中：增值税	60396	62548	103.6	88.7	
消费税	300	7991	2663.7	11.3	
三、境内实现各级财政收入	295982	321199	108.5	100.0	
国税部门征收	154840	178063	115.0	55.4	
地税部门征收	105139	103666	98.6	32.3	
财政部门组织征收	36003	39470	109.6	12.3	
其中：税收总量	252185	273348	108.4	85.1	

2017 年 12 月公共财政预算支出分析表

表 12

单位：万元

预算科目	调整预算	2017 年完成数	占比 %	备注
一般公共服务	44,450	40,192	90.42	
国防支出	0	1,900	—	
公共安全	14,898	15,007	100.73	
教育	130,399	159,544	122.35	
科学技术	1,484	1,333	89.82	
文化体育与传媒	4,843	6,018	124.26	
社会保障和就业	71,820	64,319	89.56	
医疗卫生	69,858	66,090	94.61	
节能环保	5,083	8,468	166.59	
城乡社区事务	16,698	13,491	80.79	
农林水事务	65,559	72,738	110.95	
交通运输	10,533	10,357	98.33	
资源勘探电力信息等事务	4,871	4,014	82.41	
商业服务业等事务	2,967	3,244	109.34	
金融监管等事务支出	30	132	440.00	
国土资源气象等事务	4,100	6,633	161.78	
住房保障支出	7,722	7,722	100.00	
粮油物资储备管理事务	1,140	934	81.93	
债务付息支出	3,498	3,498	100.00	
其他支出	3,305	305	9.23	
合　计	463,258	485,939	104.90	
其中：乡镇财政支出	53,635	53,635	100.00	
县直财政支出	409,623	432,304	105.54	

（杜宜凯　赵京伟）

国家税务

【概况】 沂水县国家税务局由临沂市国家税务局垂直管理，负责全县增值税、消费税、企业所得税、储蓄利息个人所得税、车辆购置税等税收征管工作。2017年，内设办公室、财务管理科、人事教育科、监察室、政策法规科（税政科）、征收管理科、收入核算科、信息中心、纳税服务科、税源管理二科10个科室，下辖税源管理一科、城区、沙沟、许家湖、姚店子、夏蔚、诸葛、高桥、杨庄、马站、黄山11个税源管理单位，稽查局是直属机构。全系统共有工作人员143人。2017年，县国税局先后荣获“全市税收征管先进单位”“平安临沂建设先进单位”“临沂市三八红旗集体”“全市国税系统先进单位”“全县物流业发展先进单位”等称号。

【组织收入】 通过多角度开展经济税收分析预测，摸清税源底子，提升税源掌控力；通过局领导包片、科室包点，加强收入调度考核，强化收入任务督导，加大税收计划执行力；通过建立重点税源信息比对和“管、评、查”三位一体运行机制强化日常征管，提高重点税源管控力；全面推进税收风险应对、专项核查、所得税汇算清缴、大企业审计、重点行业专项检查和评估稽查，以查促管，以查促收。2017年，全县累计组织税收177743万元，同比增长51.76%，增收60622万元。其中，中央级完成101694万元，同比增长49.05%，增收33465万元；地方级完成73970万元，同比增长53.07%，增收25645万元。

【税收征管】 推进落实征管改革。做好改革准备工作。制定《改革工作方案》，开展工作调研，摸清辖区税源，理清税源管理单位人员、资产等情况，对可能遇到的问题提前研判，为改革推行做好准备。推行个体税收“双随机、一公开”，有效化解一线税收执法风险，个体征管质效明显提升。该做法先后得到省国税局领导和县政府县长的批示肯定。在全省征管改革工作会上，县国税局专门作了经验介绍。加强重点税源管理，制定《重点税源监控实施意见》，对122户重点税源企业做好监控，对12户企业进行评估，入库增值税1236.41万元。科学化解税收执法风险。开展征管质效讲评，全年共开展3次，讲评问题事项304项，解决226项。实施税源风险评估，全年共对205户增值税企业进行了风险评估，发现并纠改发票开具、账务核算、纳税申报等方面的问题32条。用好“管、评、查”三位一体运行机制，全年以《税源管理风险反馈书》的形式下发疑点信息119条，提出征管建议136条。深入开展评估稽查和重点行业专项检查，通过评查入库税款1.67亿元。

2017年7月19日，临沂市个体税收管理“双随机、一公开”推行工作现场会在沂水县召开

【纳税服务】 落实《纳税服务规范》和“四位一体”办税要求，完善厅内自助办税设备，与农商银行合作共建自助办税厅，推行应用“实名办税”“税务一扫通”掌上开票、手机开票等自助办税系统，提高自助办税水平。落实“放管服”改革要求，对20项涉税业务办理时间进行压缩，对92项涉税业务标准办税时长进行规

范学习，提高办税效率。继续落实联系服务纳税人机制，征求意见建议，融洽征纳关系。做好纳税信用等级联合评定，对各类纳税人进行公示，对35户纳税人进行复评。

【队伍建设】 强化教育培训促素质能力提升。实施分级分类培训，共组织各类培训20期。开设“青春励志　岗位成才”培训班，先后就“营改增”、所得税汇算清缴、绩效管理、信息宣传等开展12期培训。开展好“练兵比武”，在全市练兵比武活动中，该局荣获集体二等奖，1人入选省局集训队，6人获得“全市岗位标兵”称号。抓实绩效管理保证工作质效。建章立制抓规范，编制《绩效管理落实指导手册》和《绩效管理工作实施意见》，理清工作重点、难点，压实落实责任。盯紧指标强基础，配齐配强绩效管理专兼职工作人员，盯紧月度、季度、半年度等关键考评节点，分管领导靠上，对口科室落实。问题讲评促提升，按季开展绩效讲评，通过各单位自评、分局与科室互评、局领导点评的形式，把问题找出来、原因分析透、措施制定好，以点上问题的整改推动面上工作质效的提升。加强文化建设营造干事创业氛围。开展“青年文明号助千家”送温暖、帮扶困难儿童、助老敬老、青年干部大讲堂等活动；开展“我们的节日”主题活动，做好“劳模扶贫结对子”、争做“四好”女职工、道德讲堂、趣味运动会等活动规划。强化基层基础保障解除干部后顾之忧。加强后勤保障建设，在车辆、办公用房等方面为一线职工做好保障。做好规范津补贴、职务与职级并行等工作的执行，保证干部职工及时享受政策。做好信访管理和舆情工作，及时排查化解矛盾风险，确保队伍稳定。高度重视车辆安全、值班安全、用电安全管理，严防安全事故发生。

【基层党建】 迅速掀起学习中共十九大精神热潮。通过组织收看中共十九大开幕盛况、开展党组理论中心组（扩大）学习、党组书记讲党课等形式，全面领会把握精神。制定《学习规划》，围绕十九大精神开展研讨，从组织收入、税收征管、纳税服务、队伍建设等方面入手，与十九大精神有关内容做好对接，全力抓好贯彻落实。压实党建工作责任。制定《工作规则》，配备2名专职党务工作者，定期召开专题会研究部署党建工作。制定《加强和改进基层党建工作实施办法》《党建工作要点》《党建联系点制度》《党建责任清单》，层层压实责任。创新党建模式。投资40万元创建3处基层党建示范点。开展“受教育、亮承诺、见行动”主题活动，选拔3名优秀党员担任驻村第一书记，协调资金180万元，帮建项目7个。开展“结亲连心”和精准扶贫走访，联系走访群众2000余户。强化党建专项督导检查。完善党建“10+1”考评项目，制定《政治巡察内容落实方案》，每半年组织一次专项督导检查。推进“两学一做”学习教育常态化制度化。开展手抄党章100天活动，组织党员集中学习讨论15次，开展结构化研讨13次。创建“走红色沂蒙路、铸当代国税魂”党建品牌，组织到沂蒙山革命根据地、红嫂纪念馆接受红色革命教育等活动。

【党风廉政建设】 抓自律重预防，完善“两个责任”清单和落实台账；细化分解2017年反腐倡廉工作任务，明确39项具体内容并做好公开；对廉政展室升级换版，开展廉政警示教育216人（次）、提醒谈话149人（次）。抓他律强监督，制订《巡察工作实施方案》，梳理巡察事项18类109项，制作配套文书模板，明确检查标准和完成时间，全年对3个分局开展了巡察；围绕工作重点、难点、风险点开展预防性督导，提前认知化解廉政风险，共组织督导3次，察访16次，发现并纠改问题12项。抓惩戒筑防线，对省局《党风廉政建设主体责任和监督责任追究办法》进行了细化分解和落实，严防责任履行缺位、错位、不到位。

（冯　杰）

地方税务

【概况】 沂水县地方税务局负责贯彻执行国家和地方税收工作方针、政策，拟订国家和地方统一

风险团队成员辅导企业财务人员进行风险自查

税收法规的具体实施意见，领导全县的地方税收工作，编制和执行年度税收计划，组织地方税收收入，加强税收征管、监督检查地方税收法规贯彻执行情况等。负责企业所得税、个人所得税、印花税、资源税、房产税、土地使用税、土地增值税、车船税、城市维护建设税、烟叶税、耕地占用税、契税等12个税种的征收工作，并根据有关规定，负责教育费附加、地方教育附加、水利建设基金的征收和文化事业建设费、残疾人事业保障金、工会经费的代收工作。2017年，内设办公室、法规税政科、征管和科技发展科、税源管理科、收入核算和财务科、人事科、监察室、党务办公室和纳税服务中心等9个科室，下辖稽查局、直属征收局和沂水中心税务所、许家湖中心税务所、黄山铺中心税务所、夏蔚中心税务所、高桥中心税务所、诸葛中心税务所、马站中心税务所、杨庄中心税务所等8个中心税务所，有工作人员155名。

【组织收入】 2017年，累计组织收入10.41亿元，可比增收1.86亿元，可比增长25.4%；实现县级收入8.91亿元，可比增收1.98亿元，可比增长34.72%。

【税政管理】 制定工作方案，成立领导小组，明确工作分工和职责，画出路线图和时间表，积极做好地方税源数字地图管理系统上线及应用工作。标注纳税人16964户，标注土地1887块，核实应税面积2102.89公顷，标注应税面积2009.6公顷。充分发挥数字地图“精准导航”作用，将数字地图管理系统信息与征管系统内数据进行比对，清理增收各项税款、滞纳金共计1065.46万元；调增计税房产原值12980万元、年增加房产税109万元；核增应税土地面积114.6万平方米，年增加土地使用税860余万元。组织429户企业进行企业所得税年度申报，补缴企业所得税2088.58万元。受理年所得12万元以上个人所得税自行纳税申报1540人，比2016年增长734人，实现税款295万元；加强全员全额明细申报管理，扣缴个人所得税8349.38万元，同比增收2144.11万元，在全市个税全员全额扣缴申报考核中，该局申报率达到100%。制定《残保金、工会经费管理办法》，规范日常申报征收工作。2017年，累计代征残保金536万元、工会经费469万元，分别增收38万元、23万元。牢固树立“不落实税收优惠政策也是收过头税”的理念，全面落实传统产业改造升级、科技型中小企业快速发展、新兴产业创新创业以及保障改善民生等税收优惠政策，联合国税部门开展税收宣传月活动、举办政策讲解培训会，运用微信公众号、政务公开平台等载体扩大政策宣传覆盖面，加大政策落实督导检查力度，确保各项优惠政策落实到位。2017年，累计落实减免税1381.04万元。深入推进“银税互动”，与中国建设银行股份有限公司沂水支行等5家金融机构签订了税银合作协议。联合国税局、银监局共同建立依法诚信纳税的企业“红榜”，向金融机构传递A级诚信纳税企业名单173户、B级以上小微企业名单320户，为金融机构授信提供参考依据。2017年，多家金融机关向50户企业授信2.7亿元，向32户企业发放贷款2.03亿元。

【税收征管与执法】 按照“深剖析、严落实、强措施、防风险”的工作思路，以解决征管基础长期以来存在的普遍性问题为出发点，扎实开展税收征管基础建设年活动，不断强化税收征管基础，提升征管质量。规范开展委托代征、欠税管理等工作，2017年，国税、邮政部门分别代征各类地方税费1569.82万元、193.21万元。电信部门、连锁超市、爆破公司等累计代征地方税费735.15万元；对2户符合强制执行条件的纳税人采取强制执行措施，共清缴欠税64.45万元，清理入库非正常户欠税65户（次），清理入库欠税2.8万余元，非正常户欠税清理率为100%。利用政务网站主动公开地税部门实施的权力清单、行政职权目录、行政职权基本信息表和权力运行流程图，充分保障纳税人的知情权，自觉接受社会监督，避免执法随意性。利用“执法360”系统的标准规范、执法信息、提示预警、运行监控等模块，发挥好执法风险“预警灯”作用，及时发现、应对执法中存在的风险问题，推动执法行为不断规范。2017年累计预警1488户（次），已整改1485户（次），整改率99.8%。健全完善风险应对各环节工作机制，深入推进以“扎口统筹、差别应对、纵合横通、闭环管理”的税收风险管理一体化运作格局，全面提升税收执法风险管理水平。2017年组建团队对19户重点税源企业的中高风险信息开展专项核查，对157户企业开展三方信息风险核查，共核实入库税款、滞纳金2892万元。全面学习落实《全国税务稽查规范1.0版》，深入推动税警协作、查管互动，提升稽查威慑力，规范税收征管秩序。全年查补收入1829万元。

【纳税服务】 通过税企QQ群、微信公众号以及纳税人学堂，组织纳税人培训和辅导47次，提高纳税人网上自主申报率；设立24小时自助办税服务厅，方便纳税人随时、就近办理涉税查询、申报税款等业务；加强对电子税务局移动办公的宣传推广，逐步提高涉税事项网上全流程办理率，方便纳税人“随时随地、网上办税”，不断提高纳税人获得感和满意度。积极探索与房管部门、不动产登记管理部门的合作。前台办税人员通过登录全县房产登记信息电子数据库，快速查询纳税人房产信息，准确确定适用税率及税额，实现了房产交易征税业务地税“同窗办理”，避免了纳税人多头跑、重复等，为跨部门办税合作提供了可借鉴经验。2017年7月25日至12月31日，累计办理房产交易282项，查询住房信息1194次，征收税款229.50万元。

【干部队伍建设】 坚持党建领航，以打造“健康地税”为目标，以深入推进“两学一做”学习教育常态化制度化为契机，创新开展党务巡查、党性体检、党员画像、纪律行动、岗位练兵等活动，保持党员干部队伍健康发展，带动了税收队伍持续健康稳定发展。2017年12月18日，省委常委、组织部部长杨东奇，在市委书记王玉君、副书记张宏伟、县委书记薛峰等领导陪同下到沂水县地税局视察党建工作时指出，沂水县地税局党建工作有特色，很有成效，党建阵地建设扎实，党建工作与税收工作结合紧密、推动有力，避免了“两张皮”；通过打造“健康地税”，连续多年保持了干部队伍健康稳定，值得肯定。山东省地税局党组书记、局长张洪军，党组成员、副局长韩奎祥先后对该局党建工作做出批示肯定。被临沂市地税局表彰为全市地税系统党建工作先进单位，被县委授予“红旗党组织”“县委书记抓党建示范点”称号。承办了山东省直机关党建研究专委会议、全省地税系统党建协作交流片组会议、全省地税系统机关党员沂蒙红色党性教育活动等。选送的《一位共产党员的人生答卷》获得临沂市“寻闪光足迹、讲奉献故事”宣讲比赛二等奖、全市地税系统一等奖。开展了春季整训、山东财经大学——业务骨干能力提升培训和江西财经大学——全员业务培训，累计培训

2017年12月18日，省委常委、组织部部长杨东奇（右三）到沂水县地税局视察党建工作

649人（次）。在临沂市地税局组织的“岗位大练兵、业务大比武”活动，获得团体成绩全市第一名，3项综合成绩第一名、5项个人成绩第一名的优异成绩。开展“好书悦读”活动征文、朗读比赛和羽毛球比赛各一次，积极参加临沂市地税局组织的书法绘画摄影比赛，分别有2件、4件作品获二等奖、三等奖，被表彰为优秀组织单位。扎实推进全面从严治党，层层签订全面从严治党主体责任书和监督责任书，列出主体责任清单、监督责任清单、党组书记“第一责任人”责任清单、班子成员“一岗双责”清单和单位负责人责任清单等“五项清单”，做到党组会议、全局会议、业务会议、重大节日、干部培训“五必讲”，切实把全面从严治党要求内化于心，形成自觉，真正做到税收工作推进到哪里，全面从严治党要求就跟进到哪里。积极践行“四种形态”特别是第一种形态，认真开展“一案双查”，完善内部管理制度，推动监督管理规范化。制定《监督执纪“第一种形态”写实制度》，让“咬耳扯袖”“红脸出汗”成为常态，筑牢党员干部廉政建设的第一道防线，从源头上预防违法违纪案件的发生。共处置问题线索3件，提醒谈话19人，组织开展集体廉政谈话36人（次）。完善《税收违法案件“一案双查”工作管理办法》，成立“一案双查”工作小组，强化部门沟通协作，全力做好税收违法案件“一案双查”工作。对3起税收违法案件开展“一案双查”，未发现税务人员违规违纪行为，对6名相关责任人进行提醒谈话。修订《基层单位经费管理办法》《公务用车管理办法》等制度，加强内部审计，抓好贯彻执行，切实做到用制度管住权、管住人、管好事。

（张秀坤）

金融·保险

金 融

【概况】 沂水县金融工作办公室（加挂地方金融监管局牌子）主要职责：贯彻执行国家金融工作方针政策，依法制定地方金融监管规则和办法；依照权限对新型金融组织的设立、变更等进行初步审核，对公司的日常运营进行监管；协调和推动企业重组上市挂牌工作，发展多层次资本市场；协调有关部门防范化解地方金融风险，维护地方金融环境；指导、协调、推进金融改革创新服务工作，负责联系协调驻沂水金融机构。2017年，金融办下设综合科、银行科、监管科3个科室，有工作人员9人。

2017年，沂水县全力做好新形势下信贷投放、金融创新、企业上市、风险防控等重点工作，不断为深化供给侧改革和新旧动能转换注入动力、增添活力，努力打造全省县域金融创新发展示范区、金融生态安全区和区域金融强县，为全县经济社会发展提供了强有力的金融保障。县金融办被县委、县政府授予“县直部门服务经济社会发展先进单位”“全县服务业发展先进单位”“全县安全生产工作先进单位”“全县十九大安保维稳工作先进集体”“招才引智工作一等奖”等荣誉称号。

【组织体系】 浙商财险、紫金财险、华泰人寿、中意人寿等保险公司在沂水县设立分支机构；同时，各银行业金融机构通过增设营业网点、新设ATM机和发展非现金支付工具等措施，全面提升金融服务水平。至2017年年底，全县共有各类金融机构61家，其中银行13家、保险公司37家、地方金融组织10家、证券营业部1家，形成了以银行业金融机构为主导，小额贷款公司、民间资本管理公司、资金互助社、融资性担保公司、保险公司、证券公司等为补充，适合县域经济社会发展的金融组织体系。

【信贷投放】 按照“盘活存量，优化增量，做大总量”要求，加大对全县“125工程”重点领域和重点产业的信贷支持力度，为全县经济社会发展提供了强有力的金融保障。截至12月末，全县本外币存款余额455.9亿元，较年初增加28.0亿元，增幅6.5%；本外币贷款余额311.3亿元，较年初增加23.6亿元，增幅为8.2%。在年初召开的全县金融工作暨政银企合作推进会议上，县内13家银行与210家企业达成362个贷款意向，累计对接资金116.2亿元，年末到位90.4亿元，资金到位率77.8%。4月27日，在中国·临沂第四届资本交易大会上，农业发展银行临沂分行与沂水县政府签订了15亿元的投资合作协议，重点支持全县农业农村基础设施建设。

【金融创新】 不断深化金融改革创新，围绕金融扶贫、新型农村合作金融试点等重点工作，努力打造全省县域金融创新发展示范区。金融扶贫方面，截至12月末，全县新增富民类扶贫贷款3.7亿元，完成全年目标任务的123%，其中富民农户贷新增376户、1649万元，富民生产贷新增78户、3.5亿元；累计发放光伏扶贫贷款5.9亿元，全面助力脱贫攻坚。金融产品与服务方面，农商银行创新推出的“拥军贷”“园丁贷”“微易贷”，中银富登村镇银行推出的“欣农贷”等金融产品深受客户欢迎；人保财险沂水支公司积极参与森林防火，提供保险服务和风险保障，全面助力森林防护。新型农村合作金融试点方面，有2家专业合作社获批开展信用互助业务。

【保险担保】 全年实现保费收入14.9亿元，较2016年增长27.4%，占全市保费收入的6.2%，保费赔偿及保险金给付2.1亿元，赔付率14.1%。融资性担保公司全年累计实现担保额9.7亿元。同时，针对全县法人性质担保公司少、注册资本小、服务经济发展能力有限的实际，沂水县确定成立1家由政府独资的融资性担保公司，注册资本1亿元。

【资本市场】 积极推进企业上市挂牌工作，在新三板、区域性股权交易市场挂牌及直接融资方面均有新突破。山东玻纤公司上海主板上市为全县资本市场建设工作积累了宝贵经验。新三板及区域性股权交易市场挂牌方面，11月28日，山东京普太阳能科技股份有限公司取得全国中小企业股份转让系统挂牌核准函，实现新三板挂牌；祥腾化工、福德化工、斯科沃肥业等3家公司完成齐鲁股权交易中心挂牌工作。2016年在新三板挂牌的龙冈旅游公司实现定向增发融资，融资规模4亿元，首期融资4750万元已于2017年10月到位。至2017年底，全县共有国内（香港）上市公司1家、境外上市公司2家，新三板挂牌企业3家，区域性股权交易市场挂牌企业12家，资本市场融资额15亿元。

【金融生态环境】 针对当前互联网金融乱象丛生和民间投融资比较活跃的实际，县打非办采取“防打结合，综合施治，以防为主，重点打击”的办法，坚持全方位、立体化进行正面宣传引导，定期不定期组织市场监管、公安、综合执法及金融监管部门开展联合执法活动，做到宣传全覆盖，监管无盲区，发现问题及时处置。2017年，县打非办通过组织集中宣传活动、多渠道风险提示、发放宣传材料、悬挂宣传条幅等形式，建立了全方位立体化的防非打非宣传格局。4月25日，县政府召开了金融系统安全生产暨打击金融领域违法犯罪工作会议，将金融安全和打击金融领域违法犯罪作为金融工作的重点来抓。5月集中宣传月期间，县打非办印制了10余万份宣传小册子及大量明白纸，借助联系群众结亲连心活动，由联户干部负责宣传到每家每户，增强了社会公众的理性投资意识。

2017年全县银行业金融机构信贷情况一览表

表13　　　　单位：万元、%

单位	本外币存款			本外币贷款							表外融资	
	余额	较年初	增幅	年度目标	余额	较年初	增幅	完成比例	存贷比		余额	新增
									余额	新增		
农发行	128302	−10532	−7.59	80000	241931	51841	27.27	64.80	188.56	—	—	—
工商银行	213487	29967	16.33	36000	207942	−1756	−0.84	−4.88	97.40	—	2950	−2396
农业银行	810612	60124	8.01	60000	423849	70499	19.95	117.50	52.29	117.26	72505	20273
中国银行	324296	54667	20.27	38000	188465	−7141	−3.65	−18.79	58.12	—	94580	−7788
建设银行	181373	8524	4.93	36000	184027	32931	21.79	91.48	101.46	386.33	119774	30499
邮储银行	82381	−3828	−4.44	15000	60655	14128	30.37	94.19	73.63	—	—	−1500
农商银行	2013956	133782	7.12	135000	1319399	59009	4.68	43.71	65.51	44.11	3174	−9020
临商银行	216699	−9086	−4.02	35000	199522	−5697	−2.78	−16.28	92.07	—	133037	−93645
浦发银行	98331	−8154	−7.66	30000	128268	2584	2.06	8.61	130.45	—	108935	7585
威海银行	23691	−17822	−42.93	20000	23524	−18324	−43.79	−91.62	99.30	—	13200	−3018
中信银行	21636	−24866	−53.47	30000	25783	5794	28.99	19.31	119.17	—	3900	−2200
民生银行	15321	2079	—	30000	57246	23835	71.34	79.45	373.64	1146.46	6000	3750

续表 13

单位	本外币存款			本外币贷款							表外融资	
	余额	较年初	增幅	年度目标	余额	较年初	增幅	完成比例	存贷比 余额	存贷比 新增	余额	新增
村镇银行	34144	−6275	−15.52	5000	51885	7560	17.06	151.20	151.96	—	—	—
合计	4559389	279874	6.54	550000	3112497	235533	8.19	42.82	68.27	84.16	558055	−70614

说明：1. 本外币贷款包括：人民币贷款、外币贷款、票据贴现。2. 表外融资包括：（1）银行承兑汇票、信用证、委托贷款等融资业务；（2）不在县内银行记账实际投放在沂水县的本外币贷款、贴现、贸易融资、国内保理等信贷业务。3. 本月邮储银行（含邮政代理部分）本外币存款余额 470649 万元

（神祥文）

中国人民银行沂水县支行

概况】 中国人民银行沂水县支行认真履行贯彻总分行货币政策、维护金融稳定、提供金融服务的法定职责，引导金融机构积极助力脱贫攻坚和争创强县，加大信贷支持力度，实现了全县经济金融的协调发展。2017 年，设办公室、货币信贷调统科、金融稳定科、金融服务管理科，有工作人员 25 人。

货币政策】 坚持稳中求进工作总基调，认真贯彻稳健中性的货币政策，引领新常态，助力新旧动能转换，支持沂水经济发展。

保持信贷总量均衡适度增长。综合运用货币政策、外汇政策，引导金融机构积极对接县域经济，保持信贷总量均衡适度增长，有效满足全县经济发展对信贷资金的需求。截至 2017 年年末，人民币各项存款余额 448.93 亿元，较年初增加 26.09 亿元；各项贷款余额 311.18 亿元，较年初增加 23.81 亿元。存、贷款余额居九县第一位。为拓展银企对接的广度和深度，召开了政银企合作推进会，全县各金融机构共与 213 家企业达成 389 个贷款意向，意向金额 116.2 亿元。截至 2017 年 12 月末，已累计到位贷款 96 亿元，资金到位率 82.65%，提高了小微企业和农村经营主体的信贷可获得性。积极推广山东省融资服务网络平台，引导各金融机构发布、对接相关融资信息，2017 年，各金融机构对接 272 次，对接成功 187 次、金额 43 亿元。

优化信贷结构。一是重点项目和工业企业贷款增势强劲。各行积极对接 125 工程项目和重点企业，开展信贷服务。信贷资金进一步流向优势产业、重点项目、骨干企业和现代农业。2017 年末，全县各金融机构工业和项目贷款增加 9.67 亿元，占各项贷款增加额的 40.9%。二是小微企业、“三农”等薄弱环节贷款稳步增长。截至 2017 年年末，全县小微企业贷款余额 123.9 亿元，较年初增加 5.6 亿元；全县涉农企业贷款余额 237.7 亿元，较年初增加 18.5 亿元。

推进金融创新工作。一是贷款保证保险试点工作顺利推进。截至 2017 年末，全县办理保证保险贷款业务 37 笔、2086 万元，贷款余额 1957 万元。二是创业担保贷款业务不断发展。2017 年全县发放创业担保贷款 6021 万元，贷款余额 3899 万元，为数千名下岗失业、城镇待业、大中专毕业生、退伍军人、农民工、残疾人等就业和再就业提供了资金支持。

开展全融精准扶贫工作。2017 年，积极发挥金融扶贫牵头部门的作用，通过分解落实金融精准扶贫指导性计划、完善调度分析制度、开展金融支持产业扶贫进万家活动、深入开展金融精准扶贫“一户一档”等多种措施，推进全县金融精准扶贫工作开展。截至 2017 年 12 月末，累计发放扶贫小额贷款 37029 万元，完成

市里下达指导性计划的160%。发放基础设施贷（光伏扶贫贷款）59000万元，完成市里下达指导性计划的111.3%。全县扶贫贷款余额95609万元，其中扶贫小额贷款余额36609万元（富民农户贷1060、富民生产35549万元），光伏扶贫贷款59000万元。

【金融稳定】 以风险评估和重点领域的风险排查为重点，加强日常金融风险监测，确保了全县金融业的稳健运行。

做好日常监测工作。严格执行金融风险监测定期报告制度，完善对县内法人机构、小贷公司和资金互助社的风险监测体系，按月收集各类业务报表，进行全面汇总和分析，全年上报各类监测报告32篇。

健全金融机构风险先期预警指标体系。联合县金融办、银监办、经信局、中小企业局等部门，建立“三位一体”的企业金融风险预警机制，分别从企业、金融机构、债权人层面搜集信贷信息，发现企业失信行为35起，加强了风险防控和处置。

扎实推进存款保险各项工作。对沂水县内2家法人投保机构开展存款保险风险评级，对其进行现场核查、逐项打分，掌握风险状况。

落实重大事项报告制度。辖内13家银行业金融机构全年累计掌握重大事项51起。

【外汇管理】 积极推进货物贸易外汇管理改革，为进出口企业提供便利化服务，促进涉外经济又好又快发展。截至2017年末，全县货物贸易名录企业210家，比年初增加24家。认真做好货物贸易重点企业监测工作，按月对系统监测出的重点企业开展非现场分析，确认异常的及时转为B、C类企业。加强对辖内外汇指定银行国际收支申报业务的管理和指导，全年国际收支非现场核查零差错，有效提高了国际收支申报质量。积极为进出口企业做好登记备案、业务咨询等服务，认真做好资本项目项下各项业务审批核准，着力改进外汇管理与服务。2017年进口货物25873.35万美元，同比下降7.75%；付汇28988.14万美元，同比下降0.07%；出口货物101180.94万美元，同比增长24.04%；收汇90120.73万美元，同比增长24.88%。

【国库会计】 按照国库会计核算制度要求，规范办理国库资金收缴及拨付工作，2017年共报解各级次税款47.99亿元，财政拨款65.49亿元，退库6.18亿元，堵住各类差错9笔，实现了国库核算安全无差错。积极开展国库直接支付业务，2017年，先后3次成功将82124笔、1231.86万元“水库移民”补贴资金拨付到受益人手中。

【服务经济发展】 2017年，人民银行沂水县支行以服务经济发展为己任，积极发挥职能作用，改进县域金融服务。

提升人民币流通管理水平。在人民银行临沂市中心支行的指导下，全市第一家县域现金中心在沂水正式开业，为辖内10家银行机构提供方便快捷的现金存取款服务。2017年，现金中心累计为县域金融机构办理同业存款业务21.26亿元，同业取款业务14.76亿元；累计向代理发行库缴款26.73亿元，向代理发行库取款18.37亿元，从临沂市中心支库调入发行基金6.63亿元，调出残损券8.45亿元，有效解决了县域现金运行成本、券别结构不合理、小面额票币梗阻等问题。现金中心累计办理特殊残缺、污损人民币鉴定业务121900元，为群众挽回损失108895元。

继续优化农村支付结算环境。积极推进助农取款服务点和转账电话跨行支付功能，合理调配机具布放，辖内1017处银行卡助农取款服务点和3108部转账电话实现跨行支付全覆盖。

2017年2月23日，经人行济南分行批复，沂水现金中心正式开业

继续做好小微经营主体信用数据库建设。及时在省域征信平台完成数据导入工作。累计导入小微企业数据6.64万条、农户数据69.54万条、农民专业合作社数据1.74万条。沂水农商行所有分支机构已接入并运行平台数据，有效实现了对农户信用状况的科学和动态评价。人民银行济南分行征信处在沂水召开了5个地市参加的小微经营主体信用评级（分）工作座谈会，推广了沂水经验。

（李宗峰）

临沂银监分局沂水监管办事处

【概况】 临沂银监分局沂水监管办事处作为临沂银临分局的派出机构，在临沂银监分局统一管理和集中调度下履行有关监管职责。主要职责是负责对农商行、村镇银行等法人机构实施现场和非现场监管；收集所管辖县内有关金融风险的信息并向上级机构报告；完成上级机构交办的其他工作任务。2017年，有工作人员1名，其中主任1名。

【银行业体系建设】 2017年年末，辖内共有银行机构14家（含互助社），分别是农发行，中、农、工、建四大国有银行，浦发银行，中信银行，民生银行，威海银行，临商银行，邮储银行，沂水农商行，中银富登村镇银行、姚店子聚福源农村资金互助社；银行机构共布设营业网点118处，布防ATM自助设备183台、POS机1184台、转账电话1024台、自助服务终端652台、便民服务站1797处，实现了辖内行政村金融服务全覆盖。

【区域风险防控】 债权人委员会是省、市银监部门重点推动的一项工作，是有效防范区域风险的重要手段，主要是解决大户贷款、大额风险聚集的问题。2017年，办事处严格落实《临沂市银行业大额授信联合管理实施意见》以及《债权委员会管理办法》的相关要求，全力配合市局督促辖内金融机构对贷款余额（贸易型企业授信额）5亿元以上且债权银行3家以上的客户全部组建债权人委员会。到年末，辖内已组建10家，分别是工行3家、临商银行2家、农行2家、建行1家、中国银行1家、浦发银行1家。

【小微企业金融扶持】 一是突出监管引领作用。督促银行机构明确小微企业金融服务“三个不低于”的监管目标，即：在有效提高贷款增量的基础上，实现“小微企业贷款增速不低于各项贷款平均增速”“小微企业贷款户数不低于上年同期户数”以及“小微企业申贷获得率不低于上年同期水平”。二是进一步加大小微企业信贷支持。继续督促银行机构坚持以客户为中心的服务理念，突出差异化、特色化竞争策略。以小微和零售客户为重点，不断加大小微企业信贷支持力度。三是降低融资成本。进一步落实银监会《关于进一步落实小微企业金融服务监管政策的通知》，山东银监局《关于进一步做好小微企业续贷工作的通知》，督促银行业金融机构持续改善小微企业金融服务，加强产品创新和制度流程再造建设，持续做好小微企业续贷工作，切实降低企业融资成本。

【“三农”金融服务】 一是不断深化农村金融改革创新，健全金融支农制度，提升金融支农能力，推动金融资源继续向“三农”倾斜，实现农村金融与农业、农村经济的共同发展。在有效提高贷款增量的基础上，努力实现涉农贷款增速高于全部贷款平均水平。二是深入推进银行业金融机构体制机制改革，强化“三农”服务能力建设。三是大力发展农村“普惠”金融，全面提升农村金融服务质效。引领银行业金融机构真正树立普惠金融的价值理念，切实肩负起应尽的社会责任，以最大热情服务“三农”、以最大限度让利农民。四是助力“精准扶贫”。督促辖内银行机构扎实做好“精准扶贫”工作，引导银行机构创新开发“富民农户贷”和“富民生产贷”等信贷产品，帮助贫困户尽快实现脱贫致富。

【规范经营行为】 持续推进“不规范经营”专项整治工作的开展，办事处按照“三项机制”“四个完善”“五个到位”的工作思路，强化督导，督促银行业金融机构严格执行信贷业务“七不准”、收费“四公开”和“四禁止”的监管要求，取消不合理收费项目，调低收费标准，依法合规经营意识不断增强，服务水平不断提高。

【信息调研】 为更好地发挥信息工作在监管工作、服务政策、反映基层等方面的作用，办事处围绕监管工作的重点，认真调研，深入挖掘，及时反映工作中的新情况、新问题和新做法，为领导全面掌握情况、科学决策、指导工作服务。2017 年办事处共上报市局政务信息 12 篇。

（赵　彬）

中国农业发展银行沂水县支行

【概况】 中国农业发展银行沂水县支行为垂直管理单位，其主要职责是按照国家的法律法规和方针政策，依托国家信用支持，在农村金融体系中发挥主体和骨干作用，加大对农业农村重点领域和薄弱环节的支持力度，促进经济社会持续健康发展，业务上接受中国人民银行和银监部门的指导和监督。2017 年，设有办公室、会计结算部和信贷业务部 3 个部室，共有工作人员 16 人。

农业发展银行沂水县支行不断加大信贷投放力度，积极支持县域经济发展。2017 年末，各项贷款余额 24.19 亿元，比年初增加 5.1 亿元，增长 27.27%；各项存款余额 12.83 亿元，比年初减少 1.05 亿元，日均存款余额 14.27 亿元，人日均各项存款 8875 万元，存款余额、日均余额均居全市县支行第一位，实现国际结算业务 1350 万美元，全年累计实现净利润 7464 万元，比 2016 年增加 1806 万元，增长 30.31%；代理拨付财政支农资金 2677 万元。被山东省分行评为金牌银行、十大特色支部，被市行评为先进单位、特色党支部，行长宋新功被推荐参评山东省分行“十佳行长”。

农发行沂水县支行行长宋新功带领夏粮收购服务保障组人员前往夏粮收购一线督查收购工作

【业务经营】 农业发展银行的经营范围是办理粮食、棉花、油料、食糖、猪肉、化肥等重要农产品收购、储备、调控和调销贷款，办理农业农村基础设施和水利建设、流通体系建设贷款，办理农业综合开发、生产资料和农业科技贷款，办理棚户区改造和农民集中住房建设贷款，办理易地扶贫搬迁、贫困地区基础设施、特色产业发展及专项扶贫贷款，办理县域城镇建设、土地收储类贷款，办理农业小企业、产业化龙头企业贷款，组织或参加银团贷款，办理票据承兑和贴现等信贷业务；吸收业务范围内开户企事业单位的存款，吸收居民储蓄存款以外的县域公众存款，吸收财政存款，发行金融债券；办理结算、结售汇和代客外汇买卖业务，按规定设立财政支农资金专户并代理拨付有关财政支农资金，买卖、代理买卖和承销债券，从事同业拆借、存放，代理收付款项及代理保险，资产证券化，企业财务顾问服务，经批准后可与租赁公司、涉农担保公司和涉农股权投资公司合作等方式开展涉农业务；经国务院银行业监督管理机构批准的其他业务。

2017 年，沂水县支行面对政策调整，及时调整思路，积极创新模式，开拓业务发展新增长点，累计发放贷款 57956 万元，其中，政策性贷款 57256 万元，自营性贷款 700 万元；政策性贷款中，整体城镇化建设中长期贷款28000万元，分别用于正阳路沂河大桥和龙湾新区中小学（第四中学、第六小学）建设；地方储备粮贷款3556万元，用于县级储备粮收购；光伏扶贫中长期贷款20000万元，用于沂水县光伏扶贫工程（一期）项目建设；扶贫过桥中长期贷款5700万元，用于“G233克黄线”（起点自内蒙古自治区克什克腾旗，终点在安徽省黄山市的国道）沂水绕城段改造建设。正阳路沂河大桥分为主桥和引桥两部分，全长576米，宽28米，双向四车道，已于2017年10月建成通车，推动了沂水县城镇化建设的步伐。支持杨家庄子村等三片区城中村棚户区改造项目，项目占地面积116.78亩，新建安置楼总建筑面积12.22万平方米，其中住宅面积10.80万平方米（住房724套），管理配套用房等公建7851.96平方米，惠及人口2534人；支持地方政府储备小麦1.4亿公斤，为全县粮食安全奠定了良好基础。“G233克黄线”项目实施后，将进一步完善区域路网布局，提高道路通行能力，有效缓解城区交通压力。自营性贷款中：700万元用于支持龙头企业生产经营的产业化龙头企业油料购销流动资金贷款，支持企业收购花生果378万公斤，较2016年增加67万公斤，增加了社会就业岗位，惠及人口1666人。

【信贷管理】 贯彻执行国家宏观经济、金融政策和粮棉购销政策，全面落实“三去一降一补”和供给侧结构性改革等惠民政策措施。严格执行“封闭运行管理”制度，确保政策性粮油收购贷款“双结零”要求落到实处。深入开展“全面提升后管理年”活动，进一步完善了信贷制度体系和内外部约束机制，严格按批复要求落实贷前条件，规范资金支付，加强监督检查和贷后管理，落实贷款后评价制度，信贷管理基础不断加强，金融服务水平稳步提升，信贷资产质量不断提高。

【风险管理】 严格落实贷款准入管理和推行贷款风险度管理制度。严格按规定要求做好贷款审查工作，确保贷款条件符合政策、证件合法有效、发放合规合法；充分发挥电子信息管理系统的作用，提高了信贷风险管理的科技含量。建立并完善了各类风险管理制度，开展贷款客户风险排查工作，将贷款客户进行分类排队，对限制类客户开展实时跟踪监测，以严控信贷风险为重点，按规定对10家客户进行了信用评级，并为其中9家客户累计授信41.21亿元，为县域经济发展提供了有力的金融信贷资金支持。

【内部管理】 强化管理，把监督管理的触角延伸到制度执行、业务操作领域，坚持依法合规经营，狠抓内部管理，严格落实岗位绩效考核办法，通过落实岗位绩效考核激励机制，达到“管事”与“管人”并重，薪酬与岗位效益挂钩，调动了员工的积极性，员工的工作责任感、服务意识和工作自觉性进一步增强，工作质量、工作效率进一步提高。

【党建工作】 牢固树立“抓好党建就是最大政绩”的理念，坚持“围绕中心工作抓党建、抓好党建促发展”的思路，积极创新党建工作模式，推进党建业务深度融合，“两个责任”有效落实，“四个意识”牢固树立，“两个作用”有效发挥，营造清新正气新生态。深入推进“两学一做”学习教育常态化制度化，扎实开展建党96周年、“喜迎十九大　党旗万里行”“特色支部”创建等活动。先后与沂水县西朱家庄社区党支部、山东泓达生物科技有限公司开展“行村”“银企”党建共建活动，开阔视野、借鉴重塑，加强新形势下党支部组织建设；开办党建夜校，解决工学矛盾，落实“三会一课”制度，结合实际把“学、做、改、促”贯穿起来，打牢党建基础；充分利用影视、微信、媒体平台和红色革命教育基地等载体，树立正面导向，将思想宣传工作渗透到每名党员工作和生活的方方面面，做到党建工作全覆盖；落实“一岗双责”和党风廉政建设责任制制度，加强廉政教育、警示教育，组织签订《县级支行党支部责任书》《廉洁从业合规履职承诺书》《银企廉政共建协议书》等，层层压实责任；严格贯彻落实中央“八项规定”要求，持续抓好“四风”问题整治，划清红线，不留死角，筑牢廉政风险防控堤坝，为稳健高效发展信贷经营业务提供了坚强的组织保证。

【“党员联系群众”和精准扶贫】 县行5名党员干部充分发挥党员干部政治素质高、政策业务通等优势，与龙家圈街道上肖家沟村159户村民“连亲结对”，定期进村入户走访，把党的政策和关怀送到田间地头，为村民当好政策法规宣传员、社情民意信息员、矛盾纠纷调解员、村居发展辅导员，帮扶困难群众，尽义务、献爱心、解民忧。

加大政策性资金投放，助力全县脱贫攻坚。把扶贫工作扛在肩上、落实在行动上。紧密结合县域经济发展实际，积极主动向县政府推介易地扶贫搬迁、农村路网提升改造项目、大班额、光伏项目等利于民生解困脱贫的政策性贷款，并协助企业完善融资方案、推进贷款投放进程，助力脱贫攻坚工作。已建设项目区域内受益贫困人口20124人，其中国定贫困人口13986人、省定贫困人口6138人。“G233克黄线”绕城段的改造，对沿线区域经济社会发展，加快鲁南城市带建设，促进沂蒙革命老区建设具有重要作用，项目建设惠及3万多人，其中建档立卡国定贫困人口3546人，占该项目惠及总人口10.69%。

【文化建设】 加强新时代企业文化建设，丰富企业文化内涵。深入开展具有时代特色的“职业道德教育”活动，以优质文明服务为主线，开展遵纪守法，爱岗敬业、反腐倡廉等职业道德教育，引导干部职工知荣辱、倡廉洁、树新风、促和谐，提高了员工廉洁自律，自觉履行工作职责的积极性。组织员工开展丰富多彩的文娱体育活动，活跃职工的业余文化生活，丰富企业文化建设的内涵，全体职工的凝聚力和向心力不断增强。以争创“全国文明城市”为契机，积极开展以“青年文明号、岗位能手、巾帼建功示范岗、合规模范员工、先进共产党员标兵、文明楼院、文明家庭、优质服务标兵”为主的“为民服务创先争优”活动，推动企业精神文明建设，保持全行“风清、气正、心齐、劲足、绩优”的良好局面。

（孙同军）

中国工商银行股份有限公司沂水支行

【概况】 中国工商银行股份有限公司沂水支行主要办理人民币、外币存款、贷款、结算业务、代理发行政府债券、代理保险及理财服务业务。2017年，支行内设机构有办公室、风险管理部、市场一部、市场二部，营业网点有营业部、滨河支行、第二分理处、第三分理处，有工作人员57人。

2017年，支行按照稳健协调、可持续发展的总体要求，坚持量质并举、稳中求进的工作总基调，以市场为导向，转方式，调结构，夯实发展基础，稳定资产质量，加强内控案防，提高管理水平，不断增强市场竞争能力，实现了稳健经营可持续发展。同年，支行通过了市级文明单位复查，保持了“省行级安全管理星级支行”“省行级先进职工之家”荣誉称号。

“三八”节来临之际，支行领导到一线网点慰问员工，送上节日的祝福

【存款业务】 通过开展旺季业务营销服务竞赛活动，夯实全年业务发展的客户基础、存款基础、营销基础和资产基础。以优质服务拓展客户规模，以客户增长促进业务发展，抢抓源头性存款，保持存款的稳定性，通过理财产品揽住追求高收益的客户，通过发挥网点渠道优势，推动存款业务稳步发展，各项存款保持平稳增长。年末本外币全部存款余额21.3亿元，比年初增加3亿元。其中：储蓄存款增加1.26亿元，对公存款增加1.73亿元。

【贷款业务】 坚持“稳健经营、可持续发展”的方针，积极调整言贷资产结构，合理布局，正确处理发展与风险控制的关系，通过贷款品种的结构调整，提升整体资产的风险控制能力。加大项目贷款投放，成功发放政府类项目1.9亿元；加大个人信贷业务发展，个人贷款增长2.23亿元，增幅38%；加大票据池等低风险业务发展，在确保风险可控的前提下，快速做大贷款规模。年末各项贷款余额20.8亿元，较年初下降0.1亿元。其中：公司类贷款下降2.4亿元（其中核销不良贷款1.53亿元），个人贷款增长2.23亿元。

业务技术练兵

【理财业务】 适应居民财富管理日益增长需求，不断丰富投融资工具，完善相关办法措施，实现资产管理业务升级发展。持续做大理财、保险、基金业务规模，通过股票债券型基金、工银安盛、期交类保险等产品先销快销，实现客户增收创收。集中力量，实现私人银行业务的突破发展。充实支行财顾配备，探讨私人银行营销管理一体化的运作模式，大力开展私人银行非金融活动，全年销售理财产品11.2亿元。

【电子银行业务】 突出“融e购”电商平台和“移动金融”两大主题，积极推广银企互联、现金管理、工银e缴费、融e购等各种电子产品，满足客户需求，改进服务体验，扩大企业网银客户数、个人电子银行客户数。积极推行营业网点智能化服务改造，营业网点全部实现了智能化服务。年末，企业网银客户573户，工银e支付账户新增10616户，融E行客户新增8901户，网上银行交易额达到478亿元。

【企业文化建设】 突出重点，强化载体，建设优秀企业文化。开展了内控合规“基础强化年”活动，内控管理水平不断提升。开办“道德讲堂”，坚持开展“道德模范”“杰出青年”“优秀员工”等评选活动，制作了“善行义举四德榜”，让善行义举上榜，为凡人义举立传，传递正能量，引领全行道德风尚。扎实开展了“两学一做”常态化学习教育，严格落实“三会一课”制度，持续加强基层党组织的思想建设，激励广大党员干部立足本职、积极进取、担当有为。注重凝心聚力，为员工办实事、办好事，牢固树立“以人为本、和谐共进”的理念，以事业平台成就员工，用关心关爱温暖员工，充分激发广大员工的工作热情和积极性。

【服务经济发展】 围绕支持经济发展中心，认真执行国家货币政策，服务经济社会发展，加大贷款投放力度，积极解决企业的贷款需求。一是做好与上级行的沟通，最大限度用好各项政策，确保存量客户融资额度有效满足。提高审批效率，保证存量贷款到期后最短时间内发放到位，保障企业正常经营运转。二是优化产品结构，通过项目贷款、网贷通等产品，拉长企业用款周期，降低企业融资成本。三是对全县年初确定的“125”工程项目清单，逐个排查，结合支行的信贷政策，通过纳税、用电等信息清单筛选经营稳定的中小企业客户，积极寻找客户。四是进一步强化个人经营、商用车、按揭等个人信贷业务拓展。五是通过现金管理类和国际业务类等特色产品，为企业财务管理提供便利，增加资金收益，降低成本支出。

（冯　泽）

中国农业银行股份有限公司沂水县支行

【概况】中国农业银行股份有限公司沂水县支行经营范围涵盖本外币存款、贷款；国内外结算；本外币票据承兑及贴现；代理政府、金融债券；银行卡业务；代理收付款项；电话银行、手机银行、网上银行；企业、个人理财顾问服务；企业年金托管；保险兼业代理；开放式基金；黄金买卖等金融业务。2017年，辖14个营业机构和6处离行式自助银行，下设公司业务部、个人金融部、运营财会部、风险管理部、综合管理部、个人贷款集中作业中心等6个部室，共有工作人员186人。

2017年，该行继续保持全国“文明单位”称号，年度内全县金融机构考核评比第一名，被县委、县政府授予“贡献沂水明星企业”和“脱贫攻坚工作先进单位”荣誉称号。

【业务经营】截至2017年年末，全行各项存款余额81.06亿元，较年初增长6.01亿元，其中个人存款增加5.05亿元，对公存款增加0.96亿元；各项贷款余额42.38亿元，较年初增长7.05亿元，同比多增5.69亿元，其中对公贷款增加4.1亿元，个人贷款增加2.95亿元；实现中间业务收入3026万元、实现拨备后利润14259万元，全行资产除信用卡透支外，信贷业务不良实现“清零”，全行不良贷款率0.03%。

【普惠金融建设】加大地方经济扶持力度，始终把服务经济发展为核心任务，加快了信贷投放。2017年新增的公司类贷款全部投到光伏扶贫、新城区建设、风力发电等地方政府优质产业项目、国有大型企业方面。至年末，各项贷款较年初增加7.05亿元，其中，固定资产贷款增加7.12亿元，占比达到70.15%，比年初提高了28.83个百分点，法人贷款抵（质）率达到57.2%，比年初提高了11.8个百分点；个贷业务等低风险业务得到较快发展，全年个人贷款增加2.95亿元，个人贷款占比达66.16%，其中个人住房贷款占全部个贷的81.68%，比年初提高0.45个百分点。

将提升农村金融结算服务作为践行农行社会责任，促进经济发展的着力点。积极打造以“惠农卡”“社保IC卡”为载体的特色惠农支付体系。惠农卡、社保IC卡是针对县域农户和代收付养老金、医疗保险金推出的一款特色产品。广大农民通过转账电话、POS和“惠农通”服务站点支付结算工具实现收付社保资金、小额现金存取、转账结算、消费、理财等基本金融服务。为做好惠农卡、社保IC卡的应用，大力推进“惠农通工程”，在该行无网点的乡镇、新农村大型社区、经济强村，布放新型施可丰金穗“惠农通”精口服务点。至2017年底，该行“惠农通”服务站1处，“惠农通”精口服务点15处，“惠农通”服务点512处，投放ATM、惠农通、POS、自助服务终端等2333部，行政村覆盖率达到88%，搭建起覆盖城乡、高效快捷的农村支付结算体系，农民足不出村就可办理存取现金、投资理财、话费缴纳、转账结算等金融业务，为加速农村要素资源流动、促进三农经济发展提供了有力的金融支撑。

大力推进文明服务规范，全面完善高低柜联动、快速通道、弹性工时、弹性窗口等服务举措，积极推广预约取号、电子预填单、系统预处理等新型服务模式。按照网点“6S”管理及深化网点经营转型要求，将文明服务纳入综合考评，每季开展服务明星、模范示范岗评选活动，推动全行优质文明服务向深层次、高品位迈进。

【风险管控】不断强化源头管理，做实过程管控，定期召开风险分析和信贷管理工作会议，进一步强化信贷基础管理，严把审核发放关口，杜绝不符合规定的贷款发放。理顺、完善了支行信贷管理体制机制，加强个贷中心建设，将网点的个人信贷业务和信用卡分期业务权限上收集中管理，调整充实个贷中心人员，优化岗位设置和职责划分；将清收中心划归风险管理部，加强了清收人员力量，统一负责全行不良贷款的清收、报案、诉讼等工作；先后制订出台了多个信贷管理办法，为信贷转型提供坚实保障。

加强信用风险管控和规范贷后管理工作，按月对到期贷款客户、信用卡欠期客户和重点领域信用风险进行分析排查。集中开展农户贷款和信用卡不良清收攻坚活动，排出不良贷款每月每周的清收时间进度表，综合运用责任清收、依法清收、核销申报等手段，全力抓好不良资产压降，全年清收处置不良资产3880万元，收回已核销贷款29.7万元。截至2017年年末，信贷业务不良实现“清零”，全行不良资产仅39万元（全部为信用卡透支），不良占比为0.03%，较年初下降0.06个百分点，降本增收成效明显。实现中间业务收入3026万元，增量市场份额居同业第1位；拨备前利润15880万元，完成计划的115%，拨备后利润14259万元，完成计划的118%。

【党建】一是围绕发挥表率引领作用，持续加强党委班子自身建设。严格落实民主集中制、党务公开、三重一大等制度。强化主体责任，持续加强党风廉政责任体系建设，着力在转变作风、龙头带动、提升素质、细化责任等方面下功夫。二是围绕发挥旗帜模范作用，持续加强党员队伍建设。组织广大党员干部开展“两学一做”和中共十九大精神学习教育，聘请党校老师来给全行员工上党课1次，认真组织党员参加“迎七一”党章党规知识竞赛、中共十九大精神知识竞赛和“不忘初心、见微知著”微党课竞赛。在“七一”前后，组织支部书记和部分党员到沂南马牧池红色革命基地进行革命传统教育，各党支部纷纷通过组织开展上党课、重温入党誓词等活动来庆祝建党96周年，增强了员工的党性意识、奉献意识。三是围绕发挥战斗堡垒作用，持续加强基层组织建设。配齐配强了支部班子，将6处部室全部独立成支部，将1处网点负责人和1名运营主管吸收到党员队伍中来。匹配专项经费，重点支持了全行党员学习教育活动的开展和活动阵地的建设，通过与职工之家联建等方式，对支行与高桥的党员活动室进行重新整修，其余网点也全部建立起党员活动室、党员活动角，统一为各支部增添了党员学习图书，订阅了党报党刊，浓厚了党建氛围。

【队伍文化建设】一是员工教育、岗位练兵实现常态化，扎实开展青年员工岗位技能培训，积极开展了“金擂台”学练、到技能培训基地脱产培训等学练活动，队伍素质不断提高，人员结构得到优化。二是顺应员工诉求新变化，及时调整工作思路，全力打造“幸福家园工程升级版”，在抓好基层“五小”基础建设的同时，把工作的重点放在了职工用餐、文体活动、生活体验质量提高上。对全行的小伙房更新增添了炊事、就餐用具和日用品，改善饭菜质量与花样，让全行员工吃到更加可口、多样的饭菜。筹备召开了支行趣味运动会，组织成立了业务技能、通讯报道、太极拳、羽毛球、文艺、微视频等多个兴趣爱好小组，为广大员工搭建起活跃生活、缓解压力、展现风采的平台，员工的归属感、自豪感和幸福感实现提升，全员凝聚力、向心力明显增强。三是始终把思想关爱、工作关爱、成长关爱、健康关爱和家庭关爱落实到细微处，组织员工健康查体和妇女专项查体活动；定期走访内退、离退休人员，及时了解困难、排查调处各种矛盾纠纷，进一步激发了广大员工的工作热情和进取精神。四是精神文明建设工作扎实推进，通过了全国级文明单位复查，以创先争优为契机提升文明服务水平。定期开展先进个人、服务明星、示范岗评选活动，大张旗鼓地表彰先进典型，推动全行优质文明服务向深层次、高品位迈进。积极开展结亲联心和精准扶贫活动，定期到夏蔚镇甄家疃村9户和夏蔚镇双山村64户贫困家庭中，开展爱心助学、结对扶贫和资助慰问等活动。全力支持地方经济发展，积极践行社会责任担当，得到地方党委政府、监管部门和社会各界的充分肯定。

（张　海）

中国银行股份有限公司沂水支行

【概况】中国银行股份有限公司沂水支行主要办理本外币存款、个人资金代管、贷款、国内支付结算、国际结算、跨境人民币结算、结售汇、信用卡业务、代理业务（代理基金、代理保险、代销贵金属、代发工资、代收费等）、外币兑换、外汇实盘买卖、企业网银、个人网银、手机银行、

POS商户、第三方存管、理财等金融业务。2017年，设综合管理部、业务发展部、营业部，下辖健康路支行、沂蒙路支行2个二级支行，县城内设立17台ATM自动存取款机，16台多媒体自助终端，智能柜员机4台，构成县内较为完善的销售服务网络，有工作人员46人。

2017年，支行年度考核列临沂全辖综合性支行第三名，全年先后被评为市行绩效考核“优胜单位”、三季度绩效考核“优胜单位”、一季度“开门红”优胜单位、年度突出贡献奖、公司金融条线工作先进单位、个人金融条线工作先进单位、内控安保条线“先进单位”。

【存款业务】继续坚持“存款立行”的方针，拓展存款增长渠道，以份额提升为导向，以标杆超越为目的，全面提升市场竞争力。积极开展各种存款竞赛活动，实行全员存款营销，确保了存款持续稳定的增长。至2017年末，人民币各项存款余额达324296万元，较年初增加54667万元，增幅20.27%，其中，储蓄存款和企业存款新增列全辖第一位。

【贷款业务】克服经济下行带来的不利影响，继续大力发展各类授信业务，积极抢抓机遇，向总、省行争取规模，协调审批，增加授信业务品种，扩大授信业务。通过公司贷款、贸易融资、汇利达、住房贷款、卡分期、中小企贷款、现金管理、养老金管理、委托贷款等多种授信方式，为永丰轮胎、山东龙冈旅游股份有限公司等重点企业累计发放公司贷款8.79亿元，发放零售贷款1.38亿元，国际结算业务量6.1亿美元。至2017年末，各项贷款余额18.85亿元，列全辖第二位。国际结算业务量列全辖第一，有力地支持了地方经济的发展。

【自助银行和电子银行业务】加大自助银行和电子银行业务投入。3个网点共增加智能柜员机4台，至2017年末，该行共有离行式自助银行3处，依附式自助服务区3个，自动存取款机17台，存折补登机7台，网银体验机3台，自动发卡机3台，自助填单机3台。在加大自助设备投入的同时，根据现代信息科技和网络发展的特点，大力发展企业网银和个人网银、手机银行、中银易商通、中银快付、短信通、网络金融等电子银行业务，方便客户，缓解柜台压力，降低客户风险。至年末，累计开通个人网银29000户，企业网银800户。为推广网银业务使用，在各网点营业厅都配有网银体验机，并有大堂经理和引导员为客户演示网银使用方法，提高了客户使用网银的比例，网银业务使用率的提高不仅方便了客户，同时也提高了工作效率，节约了客户时间。

【国际结算业务】发挥国际结算优势，积极营销全县进出口企业研究上级行政策变化，在出单涉黑问题上积极想办法，寻突破为客户节省时间和财务成本，并结合出口商业发票贴现、协议付款、远期结售汇、税融通宝等产品，进一步扩大了国际结算客户群和业务量。至2017年年末，国际结算累计完成6.1亿美元，列全辖第一名。

【企业文化建设】继续弘扬总行“诚信、绩效、责任、创新、和谐”的企业文化，加强班子建设积极创建“政治素质好，经营业绩好，团结协作好，作风形象好”的四好班子。在此基础上，以文化、创新为行训，坚持“客户最尊贵，员工最宝贵，信誉最珍贵”的价值观念，奉行“沟通协作追求卓越”的企业精神。充分发挥企业文化的导向作用、凝聚作用、推动作用、激励作用，有力地推动了企业各项工作的发展。

（王彦玲）

中国建设银行股份有限公司沂水支行

【概况】中国建设银行股份有限公司沂水支行业务经营范围主要有人民币存款、贷款、结算业务；票据业务；代理发行金融债券；代理发行、兑付、销售政府债券；买卖政府债券；代理收付款项、保险、基金业务及中国银行业监督管理委员会批准授权的其他业务。2017年，支行下设办公室、对公业务部、个人业务部个部室和营业室、沂水明珠支行、沂水莲旺支行3个网点，共有工乍人员 57 人。

【资产负债业务】 坚持以发展为中心，紧紧围绕沂水县经济社会发展重点，大力发展业务，提高市场占比；狠抓基础管理，提高风控能力；持续改进服务，提升服务质量。各项主要工作持续提高。2017 年，本外币存款余额 181373 万元，较年初增长 8524 万元；本外币贷款余额 184027 万元，较年初增长 32931 万元。贷款不良率 0.04%。

【内控管理】 认真学习十九大精神，不断加强党建和党风廉政建设，持续开展“两学一做”教育学习活动，严格落实中央“八项规定”，坚决纠正“四风”，切实压实“两个责任”，始终坚持依法合规经营，全面落实操作风险管理责任制，进一步加强员工警示教育和行为排查。持续开展“平安建行”创建活动，实现了“无重大责任事故、无重大违规行为、无重大案件发生，确保银行安全、员工安全”的“三无两安全”的管理目标。

【企业文化建设】 坚持以人为本。组织开展形式多样的文体活动和业务学习竞赛活动，增强员工身心健康，提高员工职业素质。强化党建工作，领导班子的凝聚力、员工队伍的战斗力不断增强，工作效率、工作质量不断提高。市行基础管理考核系统第二，服务管理考核系统三。被市分行评为先进支行。

【服务设施建设】 不断加强服务管理，提升服务质量，不断改善服务设施，给客户提供更好的服务环境和业务便利。2017 年新发展自助银行 1 处。截至 2017 年底，支行有自助银行 17 处，自助设备 33 台；新安装各类 pos 机 55 台；新开通个人网上银行、企业网上银行、手机银行 62583 多户。服务能力和服务水平持续提高。

（刘明源）

中国邮政储蓄银行股份有限公司沂水县支行

【概况】 中国邮政储蓄银行股份有限公司沂水县支行主要经营本外币存款业务、各类贷款业务、结算业务以及票据贴现、投资理财、代收代付、网上银行、手机银行、信用卡等多种形式的金融业务。2017 年，设有县行营业部、中心街支行和诸葛支行 3 处营业网点，内设综合管理部、综合业务部 2 个部室，有工作人员 72 人。邮政储蓄银行积极践行“普惠金融”理念，立足于服务城乡、服务社区、支持“三农”的零售银行定位，加快实施“特色办行、人才立行、科技强行、依规治行、文化兴行”战略，发挥邮政网络优势，强化内部控制，合规稳健经营，为广大城乡居民及企业提供优质金融服务，支持国民经济发展和社会进步。2017 年，支行被中国邮政储蓄银行股份有限公司临沂市分行授予“先进基层党组织”“模范职工之家”“信息报送先进单位”称号；被沂水县金融消费权益保护协会授予“银行网点服务标准化示范单位”称号。

2017 年 8 月 1 日，中国邮政储蓄银行三农金融事业部沂水县营业部成立

【个人金融业务】 一是做好客户维护和提升。充分利用个人客户营销系统，做好客户维护和提升。对系统内结存的 5 万元、10 万元以上客户做好精准营销，结合推

出的白金卡、钻石卡尊享权益，引导客户进行资产提升，提高综合贡献度。二是提高服务质量，提升客户满意度，维护邮储银行良好的社会形象。优化服务质量考核办法，加大服务质量的考核力度，增加服务礼仪培训课程，在上级行组织的各项服务类检查中名列前茅，被沂水县金融消费权益保护协会授予“银行网点服务标准化示范单位”称号。三是创新宣传方式，提升宣传效果。为加强宣传效果，在传统的宣传方式的基础上，加大微信公众号、微博等网络工具的宣传力度，取得了良好的效果。

截至2017年年底，邮储银行沂水县支行全辖个人存款余额达到45.6亿元，其中银行自营个人存款余额达到6.9亿元，年考核净增0.12亿元，邮政代理个人存款余额达到38.7亿元，年考核净增6.9亿元。

【信贷业务】 充分依托覆盖城乡的网络优势，始终坚持服务“三农”、服务中小企业、服务社区的定位，积极响应政府要求，自觉承担起“普之城乡，惠之于民”的社会责任，走出了一条独具特色的普惠金融发展道路。一是发挥好产品优势，通过特色支行建设中利率和贷款额度的优势，提升小额贷款业务在当地的影响力；积极响应国家扶贫政策，大力发展再就业贷款及扶贫贷款。二是积极进行产品创新，加快网贷产品的推广。不断加快产品的更新换代进程，重点推动发展邮薪贷、邮享贷等新型网贷款产品，扩大市场份额。三是继续抓好以家庭农场（专业大户）、农民专业合作社为主的新型农业经营主体贷款，助力农村新型经济发展。四是加大消费类贷款发放力度。不断加强从业人员素质，进一步规范业务操作和流程，严格控制风险，确保各项业务又好又快发展。五是以上级行继续开展的小额特色二级支行建设为契机，做好优势行业、特色行业的市场调研，围绕客户资金需求，实现小额客户的批量开发。

截至2017年年底，邮储银行沂水县支行贷款结余6.1亿元，比年初净增1.4亿元，增幅30.37%。

营业部内景

【公司业务】 优化公司业务内部结构，创新业务发展方式，实现公司业务稳步、健康发展。加强客户经理团队建设。加强培训力度，在保持公司队伍稳定性的基础上，增加团队骨干力量，加大维护客户的力度。做好综合营销工作。进一步做好各个业务条线的信息互通和协调联系，加强综合营销能力。继续严格实行一把手负责制、客户经理责任制，确保营销到位、服务到位、支撑到位，提升客户满意度。截至2017年年底，对公存款结余1.3亿元，票据贴现累计550万元。

【内控管理】 开展内控管理活动。为加强员工合规意识，开展了形式多样的内控教育活动，加强员工业务制度培训。通过开展“学合规、强内控”活动学习监管法规，对标监管要求来提高员工风险防范意识。各网点充分利用晨夕会，认真组织柜员学习业务制度，定期进行考试，巩固学习成果，提高柜员风险防范意识。

不断提高岗位轮换、亲属回避和强制休假工作的执行力度。为规避操作风险及道德风险，县支行切实贯彻执行监管部门对银行业的岗位轮换要求，有效防范了员工的操作风险和道德风险。

加强安全保卫、后勤管理。通过进一步完善各项安保规章制度、健全各类应急处置预案、更新安全防范设施、组织防抢防火预案演练、加强全行员工的安全教育培训等措施，有效地提高了安全防范能力。积极开展“安全稳定隐患排查治理专项活动”，有效地保障了安全稳定发展。

认真开展员工行为排查工作。成立排查工作组，按季度深入网点，与网点人员进行交流座谈，对日常各项业务环节的风险进行重点排查，同时高度重视员工思想动态，做好与员工的谈心谈话工作，有效预防了各项风险。

【社会服务】 一是加快硬件设施的更新换代速度。为提高客户服务满意度，对辖内营业网点增配了智能柜员机、自助填单机等设备，为广大客户提供了更为快捷方便的服务，同时不断提升前台人员的操作和服务水平，提升客户满意度。二是积极开展金融知识万里行活动。组织志愿者服务队，深入社区、农村、学校，对预防电信诈骗、反洗钱、反假币等金融知识进行宣传，全年累计宣传金融知识70余次，有效提升了群众金融知识水平。三是开展精准扶贫工作。2017年，累计发放扶贫贷款2000万元，受益贫困户达到400多户。

（于艳强）

山东沂水农村商业银行股份有限公司

【概况】 山东沂水农村商业银行股份有限公司主要经营存款、贷款、人民币结算、代理国库、代收代付、金融理财等中国银监会批准的各项金融业务。2017年，辖1个营业部、27家支行、22家分理处，共有工作人员613人。

【存款业务】 至2017年年末，各项存款余额201.4亿元，较年初增加13.38亿元，存款余额市场占有率44.2%。一是发挥考核指挥棒作用，加大门市存款考核力度，引导提升网点柜面服务质量、营销存款大户，努力提高门市存款占比。二是采取“分层次营销、网格化管理”的方式，即总部班子成员重点走访财政社保、学校医院、龙头企业等对公存款客户；网点负责人走访本辖区内的中小企业、种养殖大户等；客户经理负责本服务区内的个体工商户和存款大户；农金员重点营销本村外出务工人员和存量农户，并将每个网点的服务辖区划分为网格，明确每个网格负责人，建立走访台账，逐村逐户对接走访。三是重点加大对公存款营销力度。协调县政府取得全县企业名录，通过品茶会、银企座谈会等形式加强与企业的沟通交流，建立长效合作关系。

【贷款业务】 至2017年年末，各项贷款余额131.94亿元，较年初增加5.9亿元，贷款市场占有率达42.4%。一是在绩效考核中加大零售贷款考核占比，按月下达营销户数和金额任务，严格兑现奖惩，不断引导增强信贷人员的零售业务营销意识。二是持续加大“拥军贷”“园丁贷”等信贷产品营销力度，积极与县武装部、民政局、教体局等部门开展合作，不断加强产品宣传和贷款投放。至2017年年末，累计发放“拥军贷”185户1799万元，“园丁贷”713户6124万元。三是持续加大公职人员消费贷款营销。建立党政部委办局、企事业单位、国有企业等营销责任清单，由网点主动认领走访，做好关系维护台账，实行营销“销号”制度，确保全覆盖。到2017年末，发放公职人员消费贷款368户31268万元。四是继续做好金融扶贫工作。至2017年年末，累计发放扶贫贷款402户、金额20829万。

【信贷管理】 一是2017年，沂水县委、县政府全面实施“125”工程，明确了全县改革发展的重点任务。沂水农商银行紧跟县委、县政府发展步伐，认真梳理“125”工程规划，及时将重点工作、重点产业项目进行分解，明确具体对接服务的支行、分理处，由支行、分理处主动对接，详细了解掌握项目建设周期、融资需求等信息，及时跟进信贷服务。二是坚持“分层次营销、网格化管理”的模式，与存款营销模式相辅相成、同步推进。三是落实“分类分策”差别化营销服务。该行将现有公司类客户划分为优先类、鼓励类、支持类、维持类、限制类、制裁类等6大类。对优先类、鼓励类、支持类客户主动对接服务，立足融资需求提供“专属、定制”信贷服务，持续加大贷款投放力度；对维持类客户通过追加担保、优化担保结构等方式，针对性采取收回再贷、续贷展期等手段，帮助企业解决流动资金困难；对限制类、制裁类客户加快实施信贷退出，化解贷款风险。四是该行严格落实精准扶贫工作要求，积极对接特色产业扶贫、旅游扶贫、电商扶贫等扶贫工作条线，持续加大扶贫贷款投放力度，有效满足了精准扶贫信贷需求。五是持续加大涉农贷款投放力度。在稳步投放种养户、农产品加工、食品等传统农业贷款基础上，重点加大林下经济、环保养殖、苗木花卉等高质高效农业和地方特色产业贷款投放，牢牢抓住专业大户、家庭农场、农民专业合作社、农业产业化龙头企业等新型生产经营主体客户。

【金融产品】 在信贷产品和服务上积极探索创新，主动帮助客户降低融资成本，解决“续贷难、担保难”问题。针对企业之间不愿相互担保的问题，该行主动与亿盛、临沂中小企业、沂和等担保公司达成合作协议，由担保公司为企业提供贷款担保，并对担保公司担保贷款实行利率优惠，切实帮助企业解决了“担保难”“融资贵”问题。以“智 e 购”金融服务平台为依托，充分发挥农商行自身服务三农的特色优势，以商促融，协助拓展了鼎福、青援、蒙山龙雾、沂蒙沂立等知名品牌，着重打造优质农副产品互联网商户，全力为其提供存款、贷款、支付结算、商品销售等一揽子综合服务，并由点到链，深挖上下游客户群。同时，该行立足对商城“农副产品进城”和“农用物资下乡”的市场定位，组建了专门的运营团队，具体负责商城的营销推广、美工设计、平台运营等工作的贯彻落实。针对辖内符合条件的商户上门进行辅导走访，智 e 购团队人员、网点人员共同指导商户进行入驻、店铺装修、商品上架、创建活动等，确保了商户的成功入驻。

【内部管理】 一是认真开展了“安全稳定隐患排查治理专项活动”，将活动中排查的问题建立台账，逐一落实整改，并依据排查问题做好“回头看”自查自纠工作。二是按条线制定了 28 项突发事件应急预案，编制了 19 万字的《沂水农商银行突发事件应急预案汇编》，定期组织预案演练，切实提高了全员应急防范意识和处置能力。三是高度重视安全保卫工作。实行网点负责人早晚解款签到制度，真正起到监督带头作用。加大对网点带班、值班实地检查和监控巡查力度。组织开展了重点关注人员风险排查、押运人员拓展训练、消防隐患专项治理等活动，增强了全员安全防范意识。四是认真做好信访稳定工作，加大对违规违纪责任人的纪律处分力度，维护和谐稳定发展局面。五是强化审计监督职能。开展了经营真实性、信贷资产、客户经理接岗审计等各类审计项目 34 个（次），检查发现问题整改率达 98%。

【企业文化建设】 一是通过笔试、答辩、民主评议、领导评议、公示等环节，高标准、严要求的对人才库进行了调整，新选拔充实了“骨干人才”28 名，“新锐人才”46 名，优化了后备人才年龄、学历结构。二是组织开展了征集员工意见建议、青年员工座谈会、客户经理座谈会、趣味棋牌赛、党的十九大精神报告会、“廉洁花开　丁香书韵”清廉朗读比赛等活动，丰富了员工业余文化生活，打造了员工展示自我的平台，让更多的员工能够真正关心融入全行经营管理工作。三是制定印发了《员工工作纪律规定》《工作计划管理制度》《督办落实销号工作制度》等文件制度，进一步从工作流程上、制度上进行了规范提升。

（曹　蒙

临商银行股份有限公司沂水支行

【概况】 临商银行股份有限公司沂水支行经营范围主要有人民币存款、贷款、结算业务；票据业务；代理业务（代理基金、代理保险、代发工资、代收费）；企业网银、个人网银、手机银行、微信银行、POS 商户、商付通、理财等中国银行业监督委员会批准的业务。2017 年，支行下设公司业务部、个人业务部、营业部、综合管理部、6 个二级支行和 12 处自助银行。临商银行沂水支行先后被省银行业服务协会评为文明规范服务千佳示范单位；被临沂市公安局记“内部治安保卫工作集体三等功”；被市文明办授予“市级文明单位”、被总行授予“四好班子”“经营综合考评先进单位”、被沂水县人民政府授予“脱贫攻坚工作先进单位”“模范企业”等荣誉称号。支行行长张文坤被授予“优秀市人大代表、市振兴沂蒙劳动奖章、市劳动模范、市银行业优秀支行行长、市金融工作先进个人”等荣誉称号，并3次荣立个人三等功。

【存款业务】 一季度开展“赢在春天”营销竞赛活动，通过重新定位负债结构和营销机制，将增加个人储蓄存款作为重点，提高存款结构的稳定性和持续性等方法，深化零售业务转型。配套绩效考核、重点产品计价等激励政策，实行末端考核，拉动各项存款稳步增长，至2017年年末，各项存款余额21.67亿元。

【贷款业务】 一是创新服务理念。提出“以市场为导向、以客户为中心、以服务为宗旨”“不把贷款当权利，只把贷款当商品”等一系列先进的服务理念，进行了转方式、调结构，力求金融服务精准、合理、及时、便捷。二是创新经营理念。对传统产业，做到有扶有控；对新兴产业，重在择优扶强，有所为有所不为；对重点企业，重在节约信贷资源，拓宽企业融资渠道，深入落实政银企合作协议内容，加强对大型企业、重点项目的信贷支持。对小微企业，通过信用合作平台，成立了“小微企业促进会”，有力促进了小微企业的发展。三是创新产品理念。发挥地方商业银行的优势和特色，推出“惠农贷”“贷贷通”等专项涉农贷款产品，制定了“涉农中小企业成长计划”“现代农业产业集群计划”等信贷政策，完善了信贷体系，做到有目标、有行动、有办法、有成效。截至2017年年末，支行贷款余额19.95亿元。

【内部管理】 围绕完善内控措施、严格内控制度、提高结算质量、杜绝差错事故，建立健全了各项规章制度，采取了一系列行之有效的措施。加强员工思想教育，教育员工爱岗敬业，努力学习业务知识，不断提高服务技能，加强自我约束，严格按照规章制度办事，进一步提升风险防范意识水平。2017年，支行结算质量在总行前台业务监督考评中名列前茅，各项业务日趋严谨规范。

【企业文化建设】 按照《临商银行形象识别系统规范手册》《营业网点功能分区意见》《营业网点装修改造》标准，美化办公环境，宣传形象、网点形象、员工形象、办公形象、产品形象统一规范。建立员工食堂，员工就餐厅与食堂操作间分开，设施齐全完好；建立健身活动室、乒乓球室、棋牌室、健身房等；建立“兴趣小组”模式，做到活动有计划、有组织、有实效；定期组织开展文化、体育、健身、娱乐活动；节假日组成志愿服务分队，到县养老院和沂城街道养老院看望孤寡老人，送去生活用品，清扫宿舍庭院，树立起员工关心社会、感恩社会、回报社会的爱心情怀；实施“133”工程，即建设“幸福家园”“一个工程”，建立特色鲜明的企业价值理念、行为规范和形象识别“三大系统”，实施权益保障、亲情关爱、素质提升“三项计划”，打造职工成长、企业发展、价值增长的和谐共促的企业文化管理平台，为加快推进临商银行发展进程提供强大正能量。

【服务经济发展】 始终坚持“服务地方经济、服务中小企业、服务城乡居民”的发展定位，坚持走差异化、特色化、品牌化道路。增加对沂水中小企业信贷支持力度，积极向上级行争取政策，完成县委、县府下达的信贷投放目标。同时严肃信贷工作纪律，发挥临商银行灵活的经营机制，不断开拓新的信贷市场。积极参与产业提升、城建项目，包扶企业等重点工作。积极参与县委、县政府确定的突击性、临时性重点工作。

【精准扶贫工作】 加快金融产品创新及应用，丰富金融扶贫渠道。做好扶贫贷款监管检查工作，确保扶贫资金安全有效使用。对每笔扶贫贷款使用情况、贫困户领取扶贫款等情况做好跟进落实，真正使扶贫工作发挥实质作用，帮助贫困户脱贫致富。2017年累计发放精准扶贫贷款24笔、8350万元，累计支持建档立卡贫困户1820户。

（唐佃华）

上海浦东发展银行股份有限公司临沂沂水支行

【概况】 上海浦东发展银行临沂沂水支行主要办理本外币存款、贷款、国内外结算、票据承兑与贴现、代理发行、代理兑付、承销政府债券、银行卡业务、提供信用证服务及担保、代理收付款项以及经国务院银行业监督管理机构批准并经上级机构授权的其他业务。2017年，设业务发展部和营业部，有工作人员13人。

浦发银行沂水支行先后被授予“临沂市劳动关系和谐企业”“临沂市振兴沂蒙劳动奖状”“市级青年文明号”“县级文明单位”“县巾帼建功文明岗”“临沂分行先进集体”“县级现金服务示范网点”等荣誉称号，先后3年被沂水县委、县政府授予“金融支持经济发展先进单位”荣誉称号。

【存贷款业务】 存款业务。至2017年年末，各项存款余额9.88亿元，其中对公存款余额7.43亿元；储蓄存款2.45亿元。金融资产余额61768万元。

贷款业务。至2017年年末，各项贷款余额12.83亿元，其中累计发放流动资金贷款9亿元。

【信贷管理】 紧密贯彻总分行业务战略转型会议精神，坚定不移地加快支行业务转型，做大零售业务，做大零售贷款客户群，分行业进行批量开发、批量营销，通过授信助力小微企业发展壮大。积极审慎发展公司业务，对优质企业进行提升挖潜，对存在风险的企业有步骤予以退出。同时，紧紧围绕地方经济发展规划做文章，对政府重点项目进行重点支持，对符合国家产业政策和总分行信贷政策的项目进行大力支持。

【内部管理】 创造良好的工作氛围，对困难职工多关心，对业绩差的员工多帮扶，让员工感受到组织的温暖，让每一名员工都得到认可，充分调动员工的积极性和主动性。时刻掌握员工思想动态，加强员工八小时以外管理和合规教育、职业道德教育、安全生产教育，确保各项工作不发生问题，教育员工珍惜职业生涯，培养爱岗敬业的良好品质，提高员工的执行力。

【党建工作】 一是深化“两学一做”教育实践活动，深入学习中共十九大会议精神和习近平同志系列讲话精神，提高党员政治理论水平，切实发挥党支部战斗堡垒作用和党员先锋模范带头作用。二是开展主题党日活动，参观红色教育基地，重温入党誓词，接受革命教育，教育员工珍惜当前幸福生活，爱岗敬业，培养员工担当意识和奉献精神。三是认真组织和开展“三会一课”学习活动，做到事前有计划，事中有过程，事后有落实。通过抓党建工作增强全行员工不畏困难、勇往直前的信心和决心，促进支行各项业务的发展。

【服务经济发展】 围绕全县“三引一促、新型城镇化、全域旅游、现代农业、脱贫攻坚”五项重点工作加大信贷投放。一是信贷投放要侧重于稳增长、调结构、促发展的行业，对县里的招商引资重点项目积极跟踪，优先支持，继续加大对金融精准扶贫投放力度，确保完成投放计划；二是积极向上级行要政策、要规模，在全县重点项目贷款调查、审查、审批等环节上充分体现浦发速度和浦发效率；三是进一步强化服务理念，不断提高服务效率和服务质量，打造浦发银行服务品牌，为沂水经济发展做出贡献。

（付祥明）

党员重温入党誓词

中信银行沂水支行

【概况】 中信银行沂水支行主要办理本外币存款、结算业务、代理发行政府债券、代理保险及理财服务业务；银行卡业务；代理收付款项；电话银行、手机银行、网上银行；企业、个人理财顾问服务；开放式基金；黄金买卖等金融业务。2017年，设办公室、营业部和业务部3个部室，有工作人员20人。

该行秉承“承诺于中、致任于信”的理念，始终坚持以支持地方经济建设为己任，充分发挥金融服务功能，以灵活的机制和创新的理念服务于当地实体经济的发展，为沂水经济和社会发展做出积极的贡献。

【业务经营】 截至12月末，存款余额21636万元，其中对公存款余额10640万元，个人存款余额10996万元；零售管理资产时点29452万元，新增12528万元，完成全年计划的110%；全市新增排名第一；管理资产年日均23274万元，新增16694万元，完成全年计划的137%；管理资产年日均超过B类支行门槛值2.25亿；全口径存款时点10996万元，日均9236万元，新增4922万元，全市新增排名第二；一般性存款时点10239万元，日均8731万元，新增4534万元，完成全年计划的101%，全市新增排名第一。实现轻资本收入108.15万元，其中零售92.41万元，完成全年任务的128%；公司16.82万元。国际业务实现零的突破，收付汇量100万美元。

贷款结余25783万元，其中对公贷款10000万元，个人贷款15783万元，较年初新增5793万元，完成全年计划的122%；个人贷款发放量9670万元，完成全年计划的138%；房抵贷结余4626万元，完成全年计划的185%。表外融资结余1800万元，其中，承兑汇票余额1800万元。

出国金融全球通是由中信银行首家推出，为该行特色产品，针对出国人员和来华外籍人士提供的一整套安全、快捷、便利的多样化金融服务，包括开具银行存款证明、代签收、代传递、个人购汇、外币兑换等。中信银行是唯一一家与美国大使馆合作的银行。

【信贷管理】 一是严格按照贷款五级分类标准，真实、全面、动态地反映贷款的质量；二是明确岗位职责、操作规程和处罚方法，建立行之有效的贷款管理激励与约束机制；三是完善贷款考核办法，加强贷款管理，防止不良贷款产生；四是强化对授信客户的信贷检查和贷后管理，每季度对所有授信企业进行一次全面现场检查，了解企业的经营状况，防范信贷风险。

【内部管理】 积极组织开展“信贷的逻辑与常识”主题学习活动，每周不定期的组织支行全体员工集中学习活动，每月向分行风险部门报送1篇学习心得及相关的学习照片。组织全行员工开展“三违反、三套利、四不当、银行业市场乱象”专项治理自查工作。组织反洗钱相关业务的学习与培训。利用晨会时间组织全行员工学习《洗钱风险提示》相关内容，进一步提高了员工对相关业务的理解与把握。组织全行员工开展学习《员工内控合规应知手册》，更好的强化了员工的合规意识和责任感。组织全体员工签订《员工案防承诺书》，每季度开展全行员工消防、安防学习和应急演练。

【企业文化建设】 积极倡导每一位员工都认真履行各自的职责，将合规从文字变成意识，从意识变成行动，从行动变成习惯。从每一个岗位、每一笔业务、每一个环节做起，树立合规理念，树立合规风气，营造合规氛围，从而实现人人合规，事事合规，时时合规，保障该行业务健康持续发展。实行全员营销，不断激发团队斗志，对标先进同业，扎实开展营销工作。

【服务经济发展】 一是紧紧围绕县委、县政府“转方式、调结构”工作方针，优化客户结构和业务结构，大力发展公司信贷业务，为企业客户提供资金支持，在传统业务基础上，加快业务转型升级，向食品、供热、医疗、新能源、基础设施建设等行业转型，对重点客户限时开发。二是加强规范化服务，不断提高金融服务能力和质量，进一步强化服务理念，不断提高服务效率和服务品质，打造中信银行沂水支行的服务品牌。三是发挥总分行特色业务优势，宣传和服务好出国金融和签证业务，沂水作为旅游强县，借助分行落地欧洲联合签证中心和独家代理美国签证代传递业务的优势，对当地的旅游资源做好服务支撑。

（张　聪）

中国民生银行股份有限公司临沂沂水支行

【概况】 中国民生银行股份有限公司临沂沂水支行主要办理存款、贷款、结算业务及票据承兑、保理贴现、投资理财、网上银行、手机银行；代理收付款项、保险、基金业务以及中行银行业监督管理委员会批准授权的其他业务。2017 年，设公司业务部、零售业务部、营业部、办公室 3 部 1 室，有工作人员 22 人。

【存贷款业务】 截至 2017 年 12 月末，各项存款余额 1.5 亿元；各类贷款 5.7 亿元，其中公司贷款 4.9 亿元，个人贷款 0.8 亿元。

【信贷管理】 强化信贷队伍人员管理，做到廉洁从业，严守信管规定。严格落实贷款新规，规范落实信贷流程，提高精细化管理水平。一是贷前调查尽职，认真严格执行双人调查、见客谈话、双人核保规定，把好准入关。二是严格按规定办理抵（质）押登记手续，双人现场核实担保的真实合法有效性，确保评估的市场价值和变现能力，了解掌握互保、联保情况，拒绝高风险担保。三是扎实落实贷后检查管理制度，按规定对贷款进行跟踪检查，监控贷款资金的支付情况和抵（质）押物的变化情况，及时更新客户资料；完善风险防控措施，按规定进行催收，对逾期贷款及时进行资产保全，确保信贷资产的安全。四是加强精细管理，严格遵守廉洁从业规定，严禁贷款资料不全或内容涂改；严禁内外勾结、假名、冒名或虚假按揭贷款；严禁办理无真实贸易背景的票据业务；严禁泄露银行客户信息；严禁接受吃请，严禁利用工作便利索取或收受礼金、礼卡、礼物等，确保依法合规，廉洁从业。

【内部管理】 强化部门负责人管理，切实履行“一岗双责”。不断加强自身政治、业务学习，增强工作责任心，深化精细管理理念，做到真懂、真抓、真管、真干、敢担当，时刻从严要求自己，带头执行规章制度，要敢于管理、善于管理，讲究工作方式、方法，不断提高管理能力水平。对辖属员工做到心中有数，始终保持高度的警惕性，时刻注意隐患、苗头、漏洞、弊端，用如履薄冰的心态对待案防，做到未雨绸缪。同时要注重加强自身修养，提升个人的“情商”和人格魅力，以身作则，以人为本，以清廉、合规树立威信，进一步提升自身素质能力，结合思想政治工作以自己的行动来引领和规范员工的行为，及时分析发现并解决处理新情况、新问题和新线索，确保平安。

强化一般员工培训提升，注重提高其政治业务素质和技能，对上级行新出台的新制度办法及风险点防控措施弄懂弄通，自觉落实执行并指导监督员工规范操作，切实做好实时控制、防范，特别是对重要部位、重要环节、重点岗位人员的监督检查不能放松，真正发挥好现场业务监督作用，全力减少操作差错和风险事件的发生量。

【企业文化建设】 加强对员工的思想教育，对员工套现、大额交易及其他违规行为坚决予以制止，加大对案件易发部位、薄弱环节和重要岗位人员的检查力度，建设“平安支行”。对优质企业加大新产品推介、提高收益水平，对小微零售客户既发展业务、又防控风险。

改善职工生活环境，保障业务健康发展，建设改造职工小食堂；借鉴先进经验，组建职工愿意参加的专题俱乐部，并定期开展活动，活跃员工文化生活，增强凝聚力和向心力。加大前期投入，加强对员工精神层面的鼓励和物质奖励，营造出争先恐后的营销氛围，打造出勤劳吃苦快乐奋斗真正的面向市场的战斗队伍。

【服务经济发展】 以中央经济工作会议精神为指导，紧扣中央五大发展理念，贯彻落实国家宏观政策，把握金融服务实体经济的要求，着力优化金融服务，扎根沂水，服务民生。一是确保城镇公司投行发债项目落地，加大对重点项目和民生工程的关注；二是对重点招商引资企业和全县传统行业加大投放，全力助推全县实体经济的发展；三是加强与物流平台和互联网平台的建设对接，创新金融服务，推动全县产业优化升级；四是发挥该行传统优势，加大对全县两小企业和个体工商户的投放。

（袁俊增）

沂水中银富登村镇银行

【概况】 沂水中银富登村镇银行主要开展了吸收公众存款、发放短、中、长期贷款、办理国内结算等业务；为县域范围内的中小企业、微型企业、个体工商户、农户及城镇居民提供全方位的金融服务，根据不同的客户需求为其量身定做不同的金融产品。2017年，设有公司部、零售部、三农部3个主要业务部门和风险管理部、运营部和财务部等中后台管理部门，辖4家经营性机构，共有工作人员61人。

【存款业务】 大力组织存款，壮大资金实力。与规范化服务相结合，提高服务质量和水平，努力拓展存款市场。拓展筹资渠道，积极稳妥地参与同业拆借市场业务，增强融资实力。优化客户结构，优化业务结构，降低存款成本，提高资金盈利能力。充分利用广播、电视、报纸等媒体加大市场营销力度。积极申请扶贫再贷款。截至2017年12月末，沂水中银富登村镇银行共有各类存款客户28365户，各项存款余额3.41亿元。

【贷款业务】 坚持“扎根社区，支农支小”市场定位，积极拓展资金运用领域。在强化服务“三农”的前提下，全方位、多领域运用资金，大力开拓新的、稳定的客户群体，逐步形成产品服务优势。一是大力参与和支持农业产业化发展，加大对农业产业化龙头企业的扶持力度，加快参与和支持农业产业化、标准化发展的进程，全方位向农村各产业渗透，积极发展和培育优质客户，从更高层次支持农业和农村经济的发展；二是拓宽信贷服务领域，在小城镇建设、区域经济发展和消费信贷等领域广泛寻求有效的信贷项目，在各类经济活跃的个体工商户、民营企业、中小企业及外资企业中发展优质客户；三是在合规合法和风险可控的前提下，提高资产的整体盈利能力，降低经营风险。截至2017年12月末，贷款客户1585户，贷款余额5.19亿元。2017年共实现营业收入2,629.09万元。2017年12月末贷存比为151.96%，资本充足率为15.79%，流动性比例为40.27%。

【信贷管理】 一是完善贷款考核办法，加强贷款管理，最大限度防止不良贷款产生；二是明确岗位职责、操作规程和处罚办法，建立行之有效的贷款管理激励与约束机制；三是严格按照贷款五级分类标准，真实、全面、动态地反映贷款的质量；四是加强对信贷从业人员业务素质和思想道德素质的学习培训，提高业务操作能力，有效防范职业风险和道德风险。

【内部管理】 进一步强化合规，加大督查和风险管理力度，对经营活动的合规性和风险管理的有效性进行自查。一是合规性自查。合规性自查以风险防控为前提，从柜面领域向信贷领域延伸，强化案防协调联动机制。二是建立日常案件防控工作情况汇报机制。各条线按月收集、整理、反馈案件防控工作执行结果，统一到操作风险委员会，动态掌握各条线案件防控工作开展的具体情况。三是加强与外部监管部门的沟通联动机制建设。风险管理部加强与银监局和银监办的汇报和沟通，主动协调司法、公安、宣传等部门共同建立案件查控联席制度，形成内外联动防案的局面。

【企业文化建设】 着力打造以“三条铁律”为核心的特色企业文化。坚持“共同成长、成就梦想”的企业目标。组织进行“迈向成功”拓展训练，磨练员工意志，培养团队协作精神；按月进行员工业绩展示，激发工作活力，促进员工成长进步。坚持用心服务。沂水中银富登村镇银行始终秉承“没有 VIP 客户，只有 VIP 服务”理念，用心服务每一位客户。勇于担当社会责任，塑造良好外部形象。

（刘成涛

中国人民财产保险股份有限公司沂水支公司

【概况】 中国人民财产保险股份有限公司沂水支公司依法开办了企业财产保险、机动车辆保险、家庭财产保险、汽车消费贷款保证保险、货物运输保险、雇主责任保险、人身意外伤害保险、安全生产责任保险、健康保险和各类农业保险等业务。2017 年，公司设有综合部、理赔分部、重要客户部、农村保险事业部、车商部、电商部和 5 个个代部等 11 个职能部门，有工作人员 53 人。

2017 年，公司签单保费 1.59 亿元，其中常规业务保费 1.01 亿元，大病保险 5856.02 万元。处理各类赔案 8111 件（不含大病赔案），支付赔款 3880.59 万元；大病保险处理赔案 27004 人（次），支付赔款 7919.17 万元。上缴地方利税 1313.78 万元，其中代收代缴车船税 875.83 万元。公司被县委、县政府授予“贡献沂水明星企业”等荣誉称号。

【风险保障】 作为国有保险公司，该公司始终坚持“人民保险服务于民”的经营理念，充分发挥保险保障职能，积极参与社会管理，相继开展了与农业生产相关的治安保险、校园方责任险、安全生产责任险、出口信用保险等保障社会安宁、推动经济发展的险种，为全县的社会和谐稳定做出了积极的贡献。一是开办治安保险，为受灾群众得到及时补偿，稳定农村群众正常生产和生活秩序，减少农民因灾致贫、因灾返贫问题。2017 年，公司通过宣传入户，不断增强农户风险防范和参保意识，为全县 29 万户家庭提供 16 亿元的风险保障，保险覆盖面达到 80.9%。共处理治安保险赔案 1825 起，支付赔款 125 万元。二是承办大病医疗保险，有效缓解了人民群众“因病致贫、因病返贫”的问题。经过不断的程序开发、完善、测试，公司与各乡镇医院、县医院、中心院全部实现了系统对接，全面实现了即时结报，百姓在出院结账时，即可实现报销。公司在人社局设立大病保险窗口，安排 2 名工作人员接待报销群众，方便群众及时兑付。大病医疗保险自 2013 年开办以来，平均赔付率达到 124.86%。三是开办公益林保险，为村集体、承包经营户提供风险保障。按照国家农业保险政策，对全县符合承保条件的 2.8 万公顷公益林进行政策性保险，为森林安全提供 3.37 亿元风险保障。四是开办安全生产责任险，为全县安全生产提供强大的保障后盾。2010 年至 2017 年，累计为 620 余家生产、经营企业提供超过 90 亿元的风险保障。承保行业遍布危险化学品、烟花爆竹、民爆等行业和冶金、有色、建材、大型机械制造等行业领域。五是开办校园方责任险和食品安全责任险，化解校园风险。为全县 36 所学校办理校园方责任保险，提供 4.32 亿元的风险保障。为全县 98 所中小学及幼儿园办理食品安全责任险，提供每次 4900 万元、累计 3.92 亿元的风险保障。六是开办精神病人监护人责任险，使受害群众得到及时补偿。在全市率先开展精神病人监护人责任险，为全县1260位精神病人提供20亿元的风险保障，保险覆盖面达到70.62%，为精神病人家庭和受害者家庭撑起了一把“保护伞”，维护了社会稳定。

【文明服务】公司秉承“以人为本，诚信服务，价值至上，永续经营”的经营理念，奉行“求实、诚信、拼搏、创新”的企业精神，向社会公开服务承诺，并聘请社会各界监督员来监督实施。贯彻落实公安部和省公安厅部署，加强与交警部门合作，开展“两站两员”队伍建设。在全县所有乡镇（街道）聘用了249名联络员，为道路交通安全和群众安全生产生活提供更加坚实的保障。通过交通安全知识宣传，协助群众办理年审、挂牌、违章处理、换证、小额交通事故处理等增值项目，把服务送到百姓的家门口，有效突破客户管理和服务“最后一公里”问题。另外，公司不断推出满足社会需求的各类保险产品，不断深化服务内容和项目，提供贴心暖心服务。2017年9月9日，“人保领飞·极速救援”直升机空中救援在临沂成功启动，公司成为唯一一家拥有直升机救援项目保险公司，突破了单纯依靠社会公共医疗机构实施救援的传统模式，对地方经济社会发展的有力推动。十一黄金周期间，公司每天安排两辆车6名工作人员到高速路服务区为车主提供免费救援、保险咨询、加玻璃水和送矿泉水等贴心服务。

【内部管理】一是成立专业农村服务部门，更好服务“三农”。为做好扶贫工作，公司成立农村保险事业部/农村普惠金融事业部，负责研究农村保险市场，搜集农村保险需求，开办涉农保险，搞好普惠金融服务。二是完善农村保险服务网络，强化营销服务部的职能，为农村居民提供面对面的保险咨询、现场出单、协助理赔等全面的保险服务。公司分别在沂城街道、道托、马站、杨庄、四十里堡、黄山铺、夏蔚、高庄、许家湖、沙沟等镇（街道）成立了10家服务部，在泉庄镇设立三农保险服务站，做到人员、设备、网络到位，同时在村庄招聘有能力的协保、协赔人员，为所有的保险车辆免费提供年审、挂牌、违章处理等协助服务，让百姓足不出镇就能享受到全面的保险服务。

【队伍建设】强化教育培训，提升职工素质。继续加强“两学一做”主题教育常态化和制度化学习教育活动。按照要求积极贯彻落实中共十九大精神的学习。公司还积极参与干部联系群众活动，12名党员干部联系406户农村群众，帮助协调关系、解决困难、化解矛盾，密切群众关系，用实际行动践行了党的群众路线。通过抓党建促规范，抓扶持促增收，抓服务促融合，抓乡风促文明，使任职村的党建、基础建设都上了新台阶。投资3万元帮助村打吃水井，解决村吃水难问题；投资8000元对村庄进行造林绿化，美化环境；投资1.2万元为村集体安装直饮水机。同时积极协调帮扶企业三众集团为村庄投入37万元修建机耕路2.2公里。公司积极开展社会公益活动，进一步提升了公司的社会形象。

（陶兴林）

中国人寿保险股份有限公司沂水县支公司

【概况】中国人寿保险股份有限公司沂水县支公司开办了人寿保险、健康保险和意外伤害三大类200余个险种，形成了以“国寿福”重大疾病类保险为主打的普通寿险、以“金如意”“鸿盈”“安心无忧”等为主打的分红型保险、以“福禄满堂”为主打的养老保险、以“银龄安康”“学平险”“残疾人险”为主打的意外险等四大板块业务。2017年，公司设立经理室、办公室、个险销售部、团体业务部、银行保险部、培训部及客户服务部7个职能部室，从业人员2260余人，其中，从事管理服务人员60人，销售人员2200余人，在全县设立了19个服务网点，业务覆盖全县所有乡镇街道。公司先后被授予“市级文明单位”“省级青年文明号”“省级重合同守信用单位”“省级消费者满意单位”及全国级“巾帼文明示范岗”等荣誉称号。

【公司经营】公司立足于销售队伍建设年，持续推进，强化落实，坚持以收入为核心，以基本法为运转轴心，以人力生产线和绩优生产线循环驱动，充分运用国寿科技平台，在合规经营基础上，实现各项考核指标。2017年，公司实现保费总收入3.15亿元，同比增长19.52%。首年保费13121.78万元，同比增长10.87%。长险首年期交保费7345.56万元，同比增长33.29%。短险保费2105.85万元，同比增长19.48%。

【内部管理】 公司坚持开展内部控制风险管理工作，一是加强对财务管理、业务管理、客户服务、销售督察、单证管理、印章管理等关键岗位人员的专业技能培训和依法合规教育，组织开展效能监察、销售督察专项检查、中介业务自查整改，有力提升后勤队伍的业务水平和整体素质。二是公司通过明确各岗位的功能定位，正确履行职能，切实提高整个公司的运行效率和专业化水平；加强执行力建设，保证公司内部令行禁止、运行规范，系统上下同心同德、步调一致；增强风险意识，加大资源的整合与共享力度，使职工各尽其责、各专其长，有效沟通、协调配合，相互支持、共同发展，使资源优势充分转化为现实生产力。三是严格诚信教育，依法合规，规范经营。倡导诚信为本、操守为重的良好行业风范，大力弘扬“一诺千金”的传统美德，搞好法律法规和规章制度的学习，提高全员依法合规经营的自觉性，做重诺守约、诚实守信的行业典范。四是搞好服务平台建设，提高支持运营效能。依托现代化信息技术等先进手段，提高支持服务效率，降低运营成本。研究探索具有差异化、个性化、人性化的服务措施，进一步完善售前、售中、售后服务体系，拉近与客户的距离，提高客户忠诚度和品牌影响力。加大柜员综合技能培训，进一步提高操作能力、办事效率和服务质量。

【文明服务】 公司秉持“专业、真诚、感动、超越”的服务理念，依托覆盖全县的服务网络，致力于为社会最广泛的大众提供优质的保险产品和服务。引导员工立足本职岗位，爱岗敬业，无私奉献，忠诚服务，笃守信誉，把密切与客户的关系作为工作的立足点，牢记公司服务理念。严格执行《服务手册》，推行服务用语，改善服务态度，丰富服务内容，健全服务设施，实行“首问负责制”，不断建立健全服务质量保证体系和服务监督机制，使服务水平有了新的提高。坚持开展“岗位明星”“服务标兵”“岗位能手”争创活动，将服务质量、业务技能、劳动纪律直接衡量至日常工作，设立了客户服务满意度投票箱，有效地提高了柜员的服务质量。公司95519服务专线，实行24小时服务，对客户的疑难问题进行解答、处理，实行文明服务、规范服务。理赔服务方面，实行了“三快”制度和“三公”原则，即“报案快、查勘快、理赔快”和“公平、公正、公开”；理赔过程中遵循“不惜赔、不滥赔”的原则。

【服务经济发展】 公司积极响应地方政府号召，支持社会公益事业，开展各项社会公益活动。公司响应沂水县委组织部选派“第一书记”工作，选派干部挂职沂水县夏蔚镇大战地村第一书记，推动助村脱贫工作，再次捐赠帮扶资金2万元，为全村74名贫困户捐赠“银龄安康”保险，提供保险保障金额200余万元，与沂水县统战部协调企业帮扶资金累计60余万元；公司为缓解社会就业压力，提供就业岗位，积极面向社会招聘毕业大学生和企业下岗职工，2017年，新增就业岗位600多个。公司勇于承担企业的社会责任，较好地发挥了保险的“经济助推器”和“社会稳定器”作用，有力支持和服务了地方建设与发展，为构建和谐社会做出了积极贡献。

（王增涛

办公楼外景

科学·技术

科　技

【概况】 沂水县科学技术局为沂水县人民政府的科技综合管理部门，主要负责全县科技发展计划的实施，科技进步的创新，科技项目、技术、成果的示范、推广、应用、转化等工作。2017年，内设办公室、政策法规科、高新科、农社科、成果科5个科室。下设知识产权局（副科级）、科技馆、生产力促进中心3个事业单位，有工作人员32人。2017年，县科技局荣获全县“服务业发展先进单位”全市“科技创新平台建设创建工作先进集体”荣誉称号。

【科技项目实施情况】 2017年，共申报科技项目59项，其中省级6项，市级24项，县级29项。争取上级科技专项资金802万元，其中包括隆科特申报的“耐酸性高温α-淀粉酶的定向进化及其高效表达工程菌的构建”项目被评为临沂市十大重点科研项目获得100万财政补助；山东鼎欣生物科技有限公司的“高纯六偏磷酸钠节能减排工艺技术研究”与山东大地水务科技有限公司“地下自动伸缩灌溉关键技术与设备研究”的2个项目在市重点研发计划中立项，各获财政资金补助15万元。

【科技成果】 2017年，县科技局先后组织隆科特、泓达生物、源泉机械、鼎欣生物等6家企业共9个项目申报2017年市级科技进步奖。其中，隆科特、鼎欣生物等4家企业获得4项临沂市科学技术奖二等奖。推荐沂水县中小企业服务中心申报2018年山东省省级科技成果转移转化服务机构备案。

【农村与社会发展科技工程】 围绕全县农业结构特点，根据现实农业发展技术需求，在全县组建了100人的科技特派员队伍，并确保52个扶贫工作重点村中都有一名科技特派员，从而实现了扶贫工作重点村全覆盖。其中，确定了2个省级重点扶贫村（上古村和东上位村），并与15户贫困户签订了帮扶协议。在打造科技特派员队伍的同时，县科技局与沂水县网通公司合作，投资5万余元，进一步完善沂水县农村科技信息“双通”工程服务平台。已服务农业合作社41家、社员3379人，先后提供科技服务463人（次）、发送农业科技信息25.2万余条，现场指导176次，举办培训班98次，培训人员10563人（次）。通过科技特派员的信息反馈，平台的工作人员及时将技术发送给需求者，解决了农民迫切的技术需求，打通了科技服务群众的“最后一公里”。

【科技创新平台建设】 申报市级以上科技创新平台15家（国家级平台1家，省级平台3家，市级11家）。其中，山东绿森塑木复合材料有限公司、山东泓达生物科技有限公司、山东源泉机械有限公司等3家企业成功创建市重点实验室；山东玻纤集团股份有限公司、山东黎宁科技新材料有限公司、斯科沃肥业（山东）有限公司、山东明银日化有限公司等4家企业获批创建市工程技术研究中心。另外，隆科特的省重点实验室被评为良好实验室，获得财政资金补助100万元，为企业实现新旧动能转换提供了资金支持。围绕沂水产业特点，加快实施创新驱动发展战略，在总结山东传宝物流成功创建“众创空间”经验的基础上，积极组织沂水县中小企业服务中心、临沂颐高电子商务产业园有限公司、昌辰集团等企业创建企业创新平台。至2017年底，全县省级众创空间企业达3家，省级科技孵化器1家，市级众创空间1家，市级科技孵化器1家。其中，沂水县中小企业服务中心的“云众创客空间”与临沂颐高电子商务产业园有限公司的“A创空间”在省级众创空间中备案；昌辰众创空间备案市级众创空间，沂水县中小企业公共服务中心备案省、市级科技企业孵化器。

【产学研合作】 加大科技领军人才宣传报道力度，协助企业引进急需高学历人才。引导恒泰纺织引进B类创新人才1名；组织隆科特的两名教授申报泰山产业领军人才战略新兴产业创新类项目，并成功入选省科技厅2017年西部人才培养计划，各获得财政补助100万元。构筑产学研协同创新体系。发挥国家可持续发展实验区、国家火炬沂水功能性生物糖特色产业基地等载体作用，加快联盟创建，建立公共技术平台，开展技术转移。鲁洲集团和隆科特2家企业成为山东省糖产业科学技术重点实验室联盟成员单位，该联盟是山东省第一个重点实验室联盟，加入联盟后将有效促进2家企业产学研合作、技术创新，提升产业整体竞争力。深入推动校企合作交流。充分发挥政府职能部门的桥梁纽带作用，搭建高校与企业的交流合作平台，完善校企联系与沟通机制，加大工作信息传输，分析研究企业人才队伍现状、各类技术需求，积极推进全县区域特色产业与科研院所和高校的对接交流。邀请鲁东大学专家团来沂水县开展对接交流活动，进一步推动鲁东大学同沂水县企业开展产学研、科技扶贫、人才交流等方面的合作。同时积极与山东大学、山东科技大学、山东理工大学、齐鲁工业大学等高校保持联系，为企业与高校的有效对接搭建好平台，建立人才引进的长效机制。

【科技宣传与科普活动】 积极筹备、认真组织开展了以“科技强县　创新圆梦”为主题的2017年沂水县第十七届科技活动周。主要开展了科普集中宣传、科技馆科普展览、科技创新成果展示、科技惠民服务、青少年科技教育等多项活动。共悬挂横幅6幅、展示科普宣传图片30多幅，接受科普咨询100余次，发放宣传资料2500多份。在全县营造科学生活的社会氛围，提高公众的科技创新意识；为提高广大青少年学科技、懂科技、爱科技的意识，先后组织沂水县第十届小学生国际数棋竞赛、以“弘扬优秀传统文化、繁荣文艺精品创作”为主题的书画展等活动，为全县青少年提供了施展才华的广阔舞台；为提高本单位服务能力，拓展政务公开范围，将单位最新政务信息及时在县政府网站公开，提高了服务水平及公众对本单位的知晓度；积极与沂水电视台开展合作，制作2个专题经验交流片，普及科学知识，为企业开展产学研合作、创新平台创建、引进转化科技成果、农民专业合作社创建营造了浓厚的舆论氛围；在《临沂日报》、省市科技系统网站、县政府网站等县级以上媒体发表稿件46篇，很好宣传了沂水县的科技工作情况。

【知识产权】 进一步加大知识产权奖励补助力度，以《临沂市专利奖励办法》为政策指引，在县域知识产权工作中，专利奖正式升级为政府奖；扎实做好知识产权优势企业培育，不断强化科技工作中的知识产权导向，增强知识产权创造能力；完成专利申请680件，其中发明专利申请121件，授权发明专利35件，积极到玻纤、京普、源泉、沭拖等10余企业开展知识产权工作服务；推荐玻纤申报国家、山东省2017年度专利奖；推荐京普、源泉参评山东省发明创业奖；协助企业申报授权发明专利省级资助政策资金；山东京普太阳能科技有限公司、山东玻纤集团股份有限公司2家企业通过省知识产权示范企业认定；隆科特、玻纤的2项专利获得临沂市2017年度专利奖三等奖，帮助企业强化专利申请工作，提升企业发展的技术承载力。

2017年沂水县科技成果项目情况统计表

表14

序号	项目名称	完成单位
1	新型糖化酶菌种选育及发酵工艺	山东隆科特酶制剂有限公司
2	高聚合度聚磷酸铵研究与应用	山东鼎欣生物科技有限公司
3	原发性甲状腺功能减退对大脑功能影响的相关性研究	沂水县人民医院
4	桃新品种选育及提质增效关键技术研究	沂水果茶服务中心

（于文栋）

气象测报

【概况】 沂水县气象局负责管理全县气象，县域内天气预报发布，向上级气象主管部门汇交地面观测资料，气象灾害防御与指导，观测环境保护等工作。2017年，内设气象台、办公室、雷电防护技术中心、人工影响天气管理办公室，有工作人员15人。

2017年，全县平均气温14.1℃，较历年平均值偏高1.1℃；年极端最高气温36.7℃，出现在7月24日，较历年极端最高值偏低5.0℃；年极端最低气温-8.8℃，出现在1月23日，较历年极端最低值偏高8.4℃。年总降水量615.7毫米，较历年平均值偏少98.9毫米，降水距平百分率-14%，较历年极端最多降水量偏少505.4毫米，较历年极端最少降水量偏多238毫米，年一日最大降水量62.2毫米，出现在8月3日。年日照总时数2426.3小时，较历年平均值偏多63.7小时，日照距平百分率+0.6%。12月降水量较历年同期极端最多降水量偏多1.3毫米，突破了30年历年同期极端最多降水量。

2016年，全县气温偏高，降水偏少，日照略偏多，其他各主要气象要素正常。

2017年各气象要素值统计表

表15

月份	月平均气温（单位：℃）	月最高气温（单位：℃）	月最低气温（单位：℃）	月总降水量（单位：毫米）	日照时数（单位：小时）	月平均风速（单位：米/秒）
1	0.0	13.2	-8.8	34.2	144.1	2.2
2	2.7	17.2	-6.9	12.7	166.7	2.9
3	7.5	18.0	-3.8	6.0	184.6	2.8
4	16.1	31.8	-3.8	34.0	236.9	2.1
5	21.7	35.9	10.2	28.1	284.2	3.0
6	23.9	35.6	13.9	59.0	228.2	2.5
7	27.5	36.7	21.4	223.7	191.7	2.3
8	25.8	33.9	14.8	126.6	218.8	2.3
9	21.7	32.4	12.1	49.2	216.0	2.0
10	14.2	26.3	1.3	40.9	164.4	2.1
11	7.2	22.2	-5.0	0.0	207.4	2.4
12	1.0	11.8	-8.3	1.3	183.3	2.0
合计或年平均	14.1	19.6	9.6	615.7	2426.3	2.5

【气象业务】 不断完善气象测报、预报及服务设施建设，对灾害性天气的防御和监控能力进一步增强，探测环境得到进一步保护，自动观测能力进一步提高。2017年，共进行人工增雨防雹作业4

次，发射增雨火箭弹8枚，防雹炮弹71发。在省级刊物发表论文1篇；在CMA网站发表气象稿件2篇；在中国气象报发表气象稿件2篇。测报、预报和农气工作质量居全市前位。

（于松波　宋鑫）

地震测报

【概况】 沂水县地震局为县政府直属正科级事业单位，是综合管理全县防震减灾工作的职能部门，为县政府防震减灾工作领导小组的办事机构，主要负责贯彻执行国家、省、市、县制定的防震减灾工作方针、政策及法律、法规，统一管理全县的防震减灾工作，2017年，依照《中华人民共和国防震减灾法》和《山东省防震减灾条例》，大力推进防震减灾“3+1”工作体系，普及防震减灾知识，强化宣传教育和法制建设，增强全民防震减灾意识，提高全社会抵御地震的能力。积极探索防震减灾管理新思路、新途径，着力提高自身和社会防御地震灾害的能力，充分发挥防震减灾职能部门的作用。2017年，局下设办公室、震害防御科和监测预报科3个职能科室，有工作人员9人。

【群测群防】 按照《临沂市人民政府办公室关于印发临沂市加强地震群测群防工作方案的通知》，县政府下发《沂水县人民政府办公室关于印发沂水县加强地震群测群防工作方案的通知》，健全地震群测群防工作体系，规范地震群测群防工作规程，完善地震群测群防管理机制，提高地震群测群防工作效能。12月在盆山观测点、诸葛观测点以及姚店子观测点分别安装了GSM型水位水温高精度监测系统，已与省市台网并网运行。同时每月不定期到各观测点进行检查、标定观测仪，提高观测员的责任心，保证观测数据的连续性、准确性和可靠性。为了加强全县辖区内的地震台站监测设施和观测环境的保护工作，保障地震监测设施正常运转，及时修订下发《沂水县地震监测设施和观测环境保护制度》，为地震监测台网管理与运行提供制度保护。在日常工作中严格落实震情会商制度，确保人民生命财产安全，维护社会稳定。加强群测群防工作，积极推进“三网一员”建设，对地质异常信息进行密切跟踪，及时调查处理了3月沂水县新华书店家属院井水浑浊和11月沂水县杨庄镇四官庄村村民水井抽水温度过高的异常现象，排除了地震宏观异常，稳定了民心。

【震害防御】 认真贯彻执行国务院《地震安全性评价管理条例》《山东省地震安全性评价管理办法》《沂水县地震安全性评价管理实施细则》，加强对建设工程抗震设防的管理，把建设项目抗震设防要求纳入基本建设审批程序，积极推进行政审批事项改革，服务全县经济发展，除重大生命线工程外全部取消了地震安全性评价收费，缩短了办理时限，在政务大厅窗口随到随办，提高了工作效率，减轻了企业负担。同时，为贯彻落实山东省政府《关于进一步加强农村民居防震保安工作的意见》，提高全省农村民居建筑抗震性能，结合沂水县实际，积极推进抗震安全农居的新方法、新途径，改变农村抗震设防现状。2月，会同住建局根据《山东省建筑质量安全管理办法》培训农村工匠3000余人，为全县农村民居抗震设防提供了技术保障。

【地震科普宣传】 根据《山东省地震局、山东省科学技术厅关于进一步加强防震减灾科普工作的意见》精神，强化措施，全面推进防震减灾宣传教育“六进”活动，开展常规宣传、重点时段宣传和特定时期的宣传工作。5月12日，地震局依托龙家圈社区地震科普馆，会同民政局、气象局、人防办等相关单位在社区开展了地震知识宣传活动。9月组织学校对全县高一新生进行地震科普知识讲座和地震应急疏散演练，发放《防震减灾宣传手册》《防震减灾从我做起》等宣传册10000余份，并以内容翔实、通俗易懂、图文并茂的挂图展览形式开展防震减灾知识宣传教育。为切实抓好防震减灾示范工程建设，5月，积极组织沂水县实验小学申报省级地震科普示范学校。沂水县省级地震科普示范学校3所，市级示范学校2所。同时，在乡镇街道社区的大力支持下，该局以社区志愿者队伍建设、地震应急避难场所建设、防震减灾科普宣传、群测群防等内容，顺利完成沂城街道牛岭埠社区国家级、四十里堡镇新城社区省级地震安全示范社区和沂水县龙家圈街道办事处龙家圈社区防震减灾知识展馆省级防震减灾科普宣教基地的创建工作，极大地提高了社区居民的防震减灾意识，增强了应急避险和自救互救能力。

【地震应急】 为有序、高效地开展地震应急工作，最大限度地减轻人员伤亡和经济损失，维护社会稳定，依据山东省地震局、山东省人民政府法制办公室关于学习宣传和贯彻实施《山东省地震应急避难场管理办法》的通知，依法全面推进地震应急避难场所规划编制和建设，建立健全地震应急避难场所日常维护与管理机制。同时各乡镇和县直有关部门也都及时编制、修订应急预案。调整充实地震应急指挥机构，并按预案要求落实了各单位的应急职责，检查有关资金和物资的落实情况。加强地震灾害应急救援志愿者队伍的管理与培训，在全县范围内成立2支地震志愿者队伍400余人，制订地震志愿者工作章程，有针对性地制定培训规划，安排培训内容和时间，使地震志愿者的防震减灾知识和应急救援基本技能得到提高。积极开展地震应急疏散和自救互救地震应急演练活动。4月24日，积极参加在郯城举行的全省应急救援综合演练。县地震局迅速启动应急响应，达到检测应急装备状况、锻炼应急队伍、提高人员应急意识和快速反应的预期目的。同时在全县中小学校中每个学校确定一名老师为防震减灾辅导员，邀请部分专家对辅导员老师进行专题培训，把防震减灾安全教育和应急疏散演练列入日常教学计划。

（张东林）

教育·体育

教　育

【概况】 沂水县教育体育局是主管全县教育工作的县政府职能部门，主要职能为全面贯彻执行党和国家的教育政策方针、法律法规，依法治教、依法行政；统筹管理全县基础教育、职业教育、成人教育；制定全县教育事业发展规划和年度发展计划；指导和管理全县教育综合改革；统筹管理全县教干教师队伍；多渠道筹措和管理教育经费；完成县委、县政府及上级教育行政部门交办的其他工作。2017 年，教育体育局设办公室、人事科、考核办、财务科、核算中心、基教科、学前教育管理中心、机关工会等 25 个科室，有工作人员 101 名。

2017 年，全县有中学教师 1784 名，在校生 28633 名；小学教师 3904 名，在校生 69592 名；幼儿园教师 1035 名，在小幼儿 25304 名；特殊教育学校教师 105 名，在校生 368 名；中等职业学校教师 374 名，在校生 3294 名。

【学校建设】 解决"大班额"问题有力推进。规划投资 2.76 亿元，新、改、扩建学校 7 所，开慧实验小学、县实验小学和第二实验中学小学部教学楼的新建、改扩建任务全部完成并正式投入使用；西城第四实验中学、第六实验小学和东城第三实验中学、第五实验小学在积极建设中。在此基础上，投资 1717 万元的沂新中学教学楼改造项目已开工建设。教育信息化建设和应用水平大力提升。教育信息化的大力建设和应用，使优质教育资源向乡村偏远薄弱学校延伸，有力地促进了义务教育均衡发展。城区学前教育初步形成集团化管理体系。至 2017 年年底，县实验幼儿园已有 6 处分园，极大满足了人民群众特别是城区居民入优质公办、普惠园的需求。

【基础教育】 全县高考再获丰收。2017 年，全县参加高考人数 6219 人，进入自主招生控制线以上（即以往所说的一本进线）人数 1261 人，进线率 20.3%；本科进线人数 3015 人，进线率 48.5%；有 4 名考生被北大清华录取。学前教育和义务教育健康发展。2017 年，学前三年入园率达到 88%，小学入学率、巩固率均达到 100%；初中入学率 100%、在校生巩固率达 98% 以上。特殊教育取得新发展。"全纳教育""送教上门""随班就读"等工作得到常态开展。

【平安校园建设】 校园治安防范体系健全完善。先后投入 260 多万元，建设学校警务室，配备校园保安力量、购置安保器材设施、安装视频监控等，成立了县教体局公共安全信息中心，建立了公共安全信息平台，实现了对县直学校、幼儿园的实时监控。校园周边综合治理不断加强。在全县

2017 年，文、理科状元分别获得山东昆达生物科技有限公司的万元奖励

中小学周边安装警示牌173面，在学生上下学和放假集中离校时段，积极组织开展校园周边环境整治，清理学校门前摊点，疏导学校周边交通秩序，为学生上下学营造安全畅通的环境。校车安全管理规范有序。为解决离校较远学生上下学困难问题，本着“先行试点，逐级推广”的思路，成立了公司运营、学校专用的校车管理机构。至2017年底，全县共配备校车43辆，设计线路107条，覆盖5个乡镇。校车的顺利试点运行，为离校较远的学生上下学提供了极大的方便。

（王炳慧）

【学校简介】 **沂水一中** 学校始建于1952年，学校占地307亩，总建筑面积10万余平方米，有办公楼、教学楼、实验楼、科技楼等9座，教职工宿舍楼10座，学生公寓楼7座，餐厅2座，现代化大型体育馆1座，含400米标准跑道的大型田径场2处，是“全国精细化管理示范学校”“省级电化教育示范学校”“省级依法治校示范校”“省级花园式单位”等荣誉称号。2017年，学校设有校长室、党委、办公室、教导处、政教处、总务处、工会、团委、教科室、女工委及政治、语文、数学等15个学科教研室，在职教职工550人。其中专任教师429人，高级教师122人，一级教师224人；省优秀教师、特级教师共4人；市县级教学能手、新秀、名师等230人；高中教学班124个，在校学生8000多人。学校教学设施先进，建有功能齐备的实验室、语音室、微机室、主控室、多媒体教室、多功能学术报告厅、图书室、阅览室和音乐、美术、舞蹈、书法等专用教室，开通了校园网络和远程教育网，建起了面向全国、面向世界的信息窗口，学生学习步入了信息化、智能化、现代化的轨道。演播室系统摄录编功能齐全，校园网方便快捷。实验室设备先进，均按国家Ⅰ类标准配置。学校图书馆有藏书16万余册，并设有大型教师阅览室和学生阅览室，订阅报刊150余种，为师生提供了丰富的学习资源。

2017年，学校全面贯彻党的教育方针，按照省教育厅的要求，积极推进素质教育，规范办学行为，实施课程方案，努力强化科学化、规范化管理，深化教育教学改革，努力提高教育教学质量，毕业生的合格率、优秀率、高考升学率一直居全市同类学校之首。2017高考再一次取得优异成绩有6人进入北大、清华录取线。该校重点本科进线（自主招生线）总数962人，进线率37%。其中，文科重点本科进线204人，理科重点本科进线758人。该校本科进线总数1567人，进线率60%。教体局下达给该校进线任务是1375人，超出任务数192人，本科完成率108.3%。

（蔡金升）

沂水二中 创建于1958年，2013年7月与原第三中学合并，成立新的沂水县第二中学。分南北两个校区，南校区占地136亩，建筑面积6万余平方米；北校区占地157亩，建筑面积7万余平方米。2017年，学校有在编在岗职工647人，其中专任教师619人，高中教学班80个，初中教学班30个，在校学生6700人。学校曾先后获得国家级绿色学校、国家教育招生考试优秀考点、山东省规范化学校、山东省教师职业道德先进集体、山东省心理健康教育“先进单位”、山东大学优秀人才输送基地、市级教学示范学校、临沂市教育科研示范学校等几十项荣誉。学校拥有一支师德高尚、业务精湛、结构合理、充满活力的专业化优秀教师团队，教育教学成绩在全市一直名列前茅。

学校经过改造和配备，校园布局更趋合理，教育教学设施更加完善，初中、高一、高二、高三各级部及音乐、美术班都形成了相对独立的教学区，办学条件进入全市高中学校先进行列。

重视班主任和学科组长两支队伍的建设。每学期召开班主任经验交流会、备课组长培训会，各级部每周召开班主任备课组长例会。学校每学期设立优秀备课组长、优秀班主任、教学成果奖等不同层面的奖项。

两校区大门口都实行封闭管理，校园内全天候不间断巡逻，班子成员轮流值日，中层干部轮流值班，巡查老师到岗、职员值班、学生自习等情况。政教处坚持每日常规检查，规范学生日常行为；同时保持对严重违纪学生的高压态势，严肃查处男女生非正常交往、校内携带使用手机、打架斗殴等严重违纪现象，保证安宁的校园秩序。

2017年，学校再创优异成绩。应届高三本科进线583人，进线率38.4%，居全县第二。美术生双过线50人，全县第一。复习班本科进线643人，本科进线率67.5%。初三中考升学率78.25%，名列县直学校第二名。学校获得了“全县教育工作先进单位”“全县教学工作先进单位”“全县学校管理工作先进单位”等荣誉称号。

社会各界在二中设立了多项奖（助）学金，政府助学金之外，还有“沂水大仓奖学金”“中美维幼奖学金”“卓越校友奖学金”“北京朗森科技有限公司奖学金”“兰心公益助学金”等，为寒门学子提供求学的动力和保障。

沂水四中 始建于2000年3月，系省级规范化学校、临沂市普通高中教学示范学校。学校占地面积86560平方米，总建筑面积6.4万平方米。2017年，有办公楼1栋、教学楼2栋、实验楼1栋、图书楼1栋、科技楼1栋、多功能报告厅1座、学生公寓楼5栋、学生餐厅1座、标准运动场1处，各教室都配备了多媒体，有齐全的实验设施和艺体训练器材和相应的运动场所。

学校设立了学校办公室，教导处、政教处、总务处、工会、团委等管理机构；教育教学实行级部管理，分高一、高二、高三3个级部；按学科设置了语文、数学、英语、物理、化学、政治、历史、地理、生物、音乐、美术、体育、信息技术等教研室。新建现代化理、化、生实验室，配有相应的库房、准备室，实验仪器、设备、药品能满足新课程标准的全部实验要求。学校建起了校园广播系统，完善了校园网建设，办公室、教研组都配备了微机，校园宽带网覆盖主要教学和管理活动。学校拥有独立的图书馆，馆藏书籍达17万册，学生阅览室达380座以上。

2017年，学校有教职工314人，其中中学高级教师68人，中学一级教师121人，有70多个教学班级，在校生5000余人。

学校以“规范办学，质量立校”为办学宗旨，坚持“五个四”工作思路，即：学校管理“四风气”，纯正教风、严肃考风、端正学风、优化校风；教干担当“四带头”，带头值班、带头上课、带头陪餐、带头住宿；教学工作“四工程”，师德工程、名师工程、青蓝工程、校本工程；学生成长“四学会”，学会求知、学会做事、学会共处、学会做人；学校建设“四校园”，平安校园、文化校园、绿色校园、数字校园。秉承“厚德、博学、明辨、笃行”的校训，坚持“守正、谨严、求是、创新”的优良教风，形成了“善思、笃学、诚信、自强”的优良学风和“文明、友善、尚真、务实”的校风。学校努力把学生的全面发展、特长发展作为育人目标，注重培养学生的实践能力和创新精神，积极实施师生结对帮扶，全方位开展精细化管理。在特色办学方面，认真开展“弘扬沂蒙精神，开展红色文化教育”，形成了你追我赶、争创一流成绩的工作学习氛围，教育教学工作取得了突出的成绩。

（杜雪萍）

沂新中学 创建于1982年，是一所省级规范化学校和省级教学示范学校。占地3.96万平方米，建筑面积2.23万平方米，绿化面积1.07万平方米，2017年，有教学班30个，在校学生2018人。

学校牢固确立和践行“以人为本、科学发展”的办学理念。抓规范创特色，不拼规模求优质。学校坚持“唯德、唯才、唯能、唯绩”的评价标准，努力实现着学生的“三全”发展，为学生的人生奠基；教师不断强师德，提业务，创造幸福人生；学校着力建设规范、特色、和谐、平安、人民满意的学校。

学校坚持实行“以人为本，德法治校，质量立校，规范创新，求实重效”的治校方略，确定了“和谐、规范、扎实、高效”的管理目标，构建了“人本导向、动态归零、多元梯进”考核评价机制。学校坚持立德树人，以“四德教育”为突破口，以形式多样、内容多彩的活动为载体，不断打造“德慧沂新”德育品牌。对学生管理坚持德智体美教育一体化、活动化，传递正能量，全面培养学生的综合素质。学校始终将安全和质量，作为首要任务来抓，落实安全工作一岗双责制。责任到人，抓细节，抓关键，实现了学生安分、秩序安定、校园安全、周边安宁的“四安”指标。

学校重视教师队伍建设，注重教师职业道德和教学业务水平的提高，学校通过采用定期集中培训、业务骨干帮带和课堂教学比赛等活动，建设了一支优良的师资队伍。学校教职工191人，专任教师187人，特级教师2人，省优秀教师3人，市级优秀教师8人，沂蒙名师4人，市级教学名师13人，县级教学名师71人，高级教师48人，一级教师94人，二级教师72人，学历达标率100%。

学校的办学条件不断改善，普通教室单间使用面积67平方米，学科专用教室种类及专用设施齐全，布置合理，配备齐全，有史地教室、科技活动室、技术教室、计算机教室、音乐教室、舞蹈室、器乐排练室、美术教室、书法教室，单间使用面积均满足教学需求。公共教学用房设有图书阅览室、多功能室、科技活动室、体育活动室、心理咨询室以及卫生室等。

学校建有容纳4000余人的体育场，配有5个篮球场、1个排球场、14个乒乓球台，各种体育器械数量及场地材质符合标准要求。学校图书阅览室共藏书8.2万册，全部图书实行微机管理，配有电子阅览室，订阅报刊80多种，30个教学班均配置智能白板，学生用计算机、专任教师计算机、“班班通”、学科专用教室多媒体配备和校园网建设都达到要求。

为了进一步完善义务教育教学资源及配套设施，解决义务教育阶段学生入学难的问题。2017年，县委县府批准确定了沂水县沂新中学教学楼建设项目并将其纳入城市建设总体规划。该项目总投资1700万元，资金来源为中央预算内资金和地方配套资金，建筑总面积为1.1万平方米，教学楼为5层框架隔震结构。项目建成后，设60个教学班，可容纳3000多名学生。2018年9月新学期全面完成并投入使用。

学校教学观念科学化，坚持“从最后一名学生抓起”，面向全体，分类指导，关爱每一个学生；教学方法高效化，以习惯为基础，学法为核心，力求当堂达标，以学定教；教学目标明晰化，讲求目标达成，课堂有效，以培养能力为重点，使学生终生受益。学校实施培养尖子生，发展学优生，扶助边缘生，转化学困生，关注特长生，资助贫困生的“六生”工程，开展小班化、信息化、小组化的“三化”教学，努力培养学生学会学习，学会做人，学会生活，学会创新。

学校坚持走“以教师为主体，以需要为基点，以问题为动力，以课题为载体，以成果为象征，以应用为目的”的教科研之路。学校先后承担国家级研究课题6项，省级研究课题10项，市级研究课题20多项，获市级以上教科研成果30多项，教师发表省级以上论文100多篇。有“诗教”“书法”“安全教育”“环境教育”等20多种校本课程。有50多人（次）执教省市县级公开示范课，15人在省市优质课评选中获奖，26位教师在市级以上教研会上作教学经验介绍。

学校先后被评为国家电化教育“十二五”规划重点课题实验学校、省级规范化学校、省级教学示范学校、省远程研修先进学校、省艺体卫教育先进单位、省级重大课题创新教育实验基地、省级绿色学校、沂蒙先锋基层党组织、市初中教学先进学校、市级教科研先进学校、市初中教育特色项目建设学校、市平安和谐校园、市科普示范学校、市级家庭教育先进单位、县行风民主评议先进单位、县教育工作先进单位等多项荣誉。2017年，中考有496人升入高中，进线率、平均分和优秀率均居全县第一，有28名教师获市县教学质量奖，有3位教师荣获市级以上荣誉称号。9月，第四届临沂市“读者”杯中学生征文大赛中，有11人获奖，4位老师获辅导奖。12月，在全县“暑假第一本好书”活动读后感征文评选中有6名同学获奖，3位老师获辅导奖。在全县第二届中小学合唱比赛评选活动中学校获中学组一等奖，2位教师获优秀指导奖，1个班级获全县一等奖。

（杨成朴）

实验中学 创建于1995年，是一所九年一贯制驻城学校，占地70余亩，建筑面积5万平方米。2017年，有教职工360人，99个教学班（初中52个班，小学47个班），在校学生7303人。

学校始终坚持正确的办学方向，以“发展教师，成就学生，服务社会”为办学宗旨，坚持“有利于全体学生身心健康发展、有利于全体教职工愉快高效工作、有利于全面提高教育教学质量”三个有利于办学指导思想，坚持正确的教育观、教学观，规范办学，科学施教，促成学生、教师和学校的持续健康发展。

学校实施了“教师培养和学科教学体系”“学生管理和育人体系”“财务管理和后勤服务保障

体系”“人事管理和考核评价体系”四大体系建设，实行责任权利相统一的校长负责制、岗位责任制、全员聘任制和绩效工资制，形成了“责权清楚，运行高效，考核严实，奖惩分明”的科学管理机制。

学校重视校园文化的育人功能，加大投入，绿化美化校园，书写在各功能楼的励志标语，内容丰富的电子屏幕滚动播出，悬挂在走廊过道、各功能室的名人名言图板和师生书画作品，处处可见的各类宣传栏、文化墙，成为德育园地，弥漫着智慧与创造、科学与知识、艺术与文化的芳香，处处充满着浓厚的文化氛围，时时熏陶着师生的心灵，激励着师生奋发向上。

学校硬件设施完备，绿化环境优美；全县唯一的初中风雨操场等各类体育活动场所和设施配套齐整，图书室、阅览室、音乐室、美术室、舞蹈室、科技活动室、综合实践活动室、各学科实验室，全部按照国家一类标准建设，内部设施仪器配备规范合理；所有教室和各功能室都配备了交互式电子白板，教师人手一台电脑，学校校园网覆盖整个校园；学校所有教室、办公室都装有地源热泵空调和直饮饮水机，学校食堂整洁、宽敞，学生公寓设施齐全，卫生保健室药品、器材配套，为师生的工作、生活提供了良好的服务。

学校高度重视教师队伍建设。设计了《教师专业成长三年规划》，通过走出去、请进来、自己研等方式，实践教师培养《二四四校本教研》模式。建校22年的丰厚积淀和不断加强的教师队伍建设，使实验中学具有了一支优良的师资队伍。全校360名教职工，有专任教师351名，其中省级优秀教师2人，特级教师2人，沂蒙名师2人，高级教师50人，一级教师196人，市县骨干教师58人，学历达标率100%。2017年，共有61名教师在省市县各级的讲课比赛中获奖，有46篇教育教学论文在省级以上刊物发表或在省地市级论文评选中获奖。

学校坚持立德树人，质量立校，积极实施素质教育。不断探索并采取多种形式拓展德育途径与内容，倡导和组织了各种健康有益的活动，通过班会、团会、出操誓词、路队咏诗等，不断开展爱国主义教育、法制教育、美育教育、礼仪道德教育、劳动教育和科学教育，组建了校艺术团、学生合唱队、舞蹈队、器乐队、小记者团等，歌唱活动、经典诗文诵读活动、蓓蕾读书活动、写字活动、大课间活动天天坚持不断，每年学校都举办体育文化艺术节，艺术节期间活动内容丰富多彩，有歌咏比赛、演讲比赛、书画比赛、拔河、跳绳、文艺汇演等等，以上活动的开展，把德育教育具体化，寓教于乐，极大地丰富了学生的校园生活，发展了学生的个性特长，也提高了德育的实效性。学校坚持从最后一名学生抓起的教学策略，实施“抓尖托底促中间”工程，教师学生帮扶措施，立足中下生，面向全体，因材施教，分类定教，大幅度提高教育教学质量；开展堂堂清当堂达标教研活动，改善教学内容，改革课堂结构，改进教学方法，让每一个学生都愿学、乐学、会学、学会，激发了学生的学习兴趣，提高了教学效果。整个管理过程中，实行家长进课堂、领导包级、教干包扶制度，实施了“教干五个一”工程，家长参与听课、评课、教干带头上课，全程参与管理，加强了对教学的管理。2017年，中考进线880人，并囊括全县前三名，进线率86.44%，蝉联进线总人数、尖子生培养、高分率全县第一。

2017年，学校先后获得“全省教育报刊宣传工作先进单位”“全县第二届中小学合唱比赛评选活动中学组一等奖”“县安全工作先进单位”“县教育工作先进单位”“县中小学后勤管理工作先进单位”“县学校管理工作先进单

位”“县教育信息化工作先进单位”“县教学工作先进单位”“县综合治理先进单位”“县职业教育招生工作先进单位”“县计划生育工作先进单位”“县基层党建工作先进单位”“学生资助工作先进单位”等荣誉称号。

（张　鹏）

沂蒙中学　建于2008年，学校占地318.3亩，总建筑面积4.6万平方米，2013年学校升级为九年一贯制学校，发展为初中、小学、幼儿园为一体的综合性学校。2017年，有初中教学班24个，小学教学班24个，幼儿教学班12个，教职工228人。

2017年，学校全体教师认真落实科学发展观，从沂蒙中学的实际出发，坚持“依法治校、和谐兴校、特色立校、质量强校”的办学思路，围绕县教体局开展的师德师风建设、规范化管理学校创建、义务教育均衡发展等中心工作，以课堂教学改革为重点，努力加强师资队伍建设，大力推进教育改革与创新，全面推进素质教育，各项工作齐头并进，使教育教学质量稳步提升。教学特色。2017年，学校确立了“以信息化教学、小班化教学为载体，进行学案导学、当堂达标，构建高效课堂”为教学特色，全面实施“优生优培、中间生提高、学困生转化、特长生发展”的四生培养工程，充分利用小班化教学优势，稳步提高学生的成绩，做到课堂教学效率高，针对性强，因材施教，优生更优，中等生进步快，学困生得到更多关爱与呵护，实现了学生成才，教师发展，学校提升，社会满意的“四方共赢”目标。设施建设。2017年3月1日，经由上级主管单位批准，投资500余万元的高标准400米塑胶跑道运动场地正式开工建设。沂蒙中学塑胶操场总面积22310平方米，场内设有足球场、篮球场、跑道区、羽毛球区、铅球区、跳远区、多功能锻炼区。11月15日，沂蒙中学塑胶操场竣工并投入使用。科学管理。针对校园面积大，幼儿、小学、初中学段复杂等特点，在封闭式管理的基础上又独创“分时段、按空间、不间断、组合式”的“无缝隙”管理模式，对中小学实行24小时细致高效的无缝隙管理。学校还专门成立“住校生管理领导小组”对住校生进行管理，安排教师进行晚自习辅导和晚作息检查，有针对性地对学生进行培优补差和保证学生的休息和安全。2017年，该校全天候无间断安全巡查，已成为教师正常的工作常态，真正达到了学校安全工作“时时、处处、事事”有人管理的工作局面，实现了安全工作投诉率为零，事故发生率为零。教学管理。教学工作紧紧围绕学校年度工作目标，认真落实教学各环节，教学工作开展得扎实有效。一是实行“三级值勤负责制”，逐级考核，量化管理。在一个工作日，班主任管理考核学生，年级管理考核班主任，学校管理考核年级。二是抓好“四个一”工程，即要求教干“每天与一位一线教师交流”“每天与一位学生交流”“每周一次教研活动”“每周一次听评课”。三是强化考核制度。建立了教学质量提高的奖励制度，把激励竞争、奖优罚劣、督促后进的竞争机制引入学校管理。对教学业绩突出的教师，进行物质奖励和精神表彰，并在外出学习、评先、绩效奖励等方面实行优先，对优秀教师和优秀学生进行校内形象公示，真正做到奖勤罚懒、奖优罚劣。四是丰富校园文化。2017年，对学校的自然环境重新进行了规划调整，使校园布局更完美，功能分区更和谐、建筑物更协调，保持了校园环境宁静优美。学校还完善校刊、校报、广播，充分发挥多媒体、网络在校园文化建设中的作用，努力营造校园环境中健康和谐的文化气息和学术氛围。

（夏宗霞）

县长陈永生（前中）视察学校

第二实验中学 系2011年投资兴建的九年一贯制义务教育学校。2017年，设有幼儿园、小学、初中3个学段，在校生3700人，学校教职工195人，其中高级教师28人，中学一级教师92人，学历达标率100%。至2017年底，学校有市县级教学名师、教学能手、教学新秀58名。

学校占地面积48249平方米，建筑面积24140平方米，绿化面积12760平方米。建有初中、小学、幼儿园教学楼4座、综合办公实验楼1座。2017年，学校多方筹措资金，进一步加强学校基础设施建设，新铺设了人造草皮操场9900平方米、硅PU球场1260平方米，新建小学教学楼1座，面积3951平方米。

教学管理以培养学生核心素养为目标，做到了优化细化。一是坚持抓好了教学常规检查的具体要求，通过定期检查、不定期抽查和随堂听课抽查相结合的方式引导教师做好教学常规工作，切实提高了课堂教学效率；二是坚持抓好备课组活动，推进集体备课与个人备课相互促进的落实与管理，提高了备课的实效性与有效性；三是加强了教研组活动管理，落实台帐制度，规范教研组长考核制度，提高教研组活动实效；四是公开课听课、评课制度得到进一步完善。五是建立学困生档案，落实学困生帮扶制度，分层次设定教学目标，继续探索打造实验二中分层次特色的高效课堂。

学校充分发挥环境育人、文化育人的功能，以“和雅”文化为核心，建设了精美的和雅广场；设计了图文并茂的景观墙；搭建了典雅美观的晨思长廊；绘制了“我的中国梦”系列墙壁文化；构建了以“厚德载物、天道酬勤、学无止境、志存高远、自强不息”为主题的楼层文化，让学生在品味经典中树德立人。积极探索德育教育新途径，将德育教育纳入日常生活中管理，多渠道挖掘教育资源，积极倡导“家庭生活育人，学校生活育人，社会生活育人”理念，构建起以“家庭教育为基础，学校教育为主体，社区教育为依托”的全方位教育模式，进一步拓宽了教育渠道，为学生营造了一种健康、向上的学习、生活氛围。

为立足学生全面发展，学校在绘画、书法、围棋、足球、葫芦丝、舞蹈等传统社团的基础上，以信息技术为突破口，成立了网络教学实验班，建起了录课室、“3D创新设计工作室”。网络教学实验班学生人手一台平板电脑，利用班班通平台观看老师上课的微视频，与老师进行互动交流，实现了真正意义上的个性化、自主性学习，提高了教学效率；高标准的录课室为老师们晒课提供了技术保障；3D创新设计工作室在成立一年多的时间里，注重培养学生创新思维，有9名同学设计的作品在山东省中小学创新设计大赛中分获一二等奖，学校也成为全省百所试点学校之一。2017年，投资180多万元的“创客中心”正在兴建之中，以“微视频教学室、模块程序教学室、创客工具室、创客体验室”五大板块为主体打造集教育性、实践性、综合性、开放性、科研性、创新性于一体的实验平台，营造创新教育实践环境，培养学生科学素养、创新精神和实践能力，促进学生多元发展。

2017年，中考升入高中的有113名，职教招生工作荣获全县第一，六年级全县统考，该校名列县直学校第二名，被评为“全县教学工作先进单位”。学校先后获得“新人杯”第十一届全国中小学校园文学大赛集体一等奖；省青少年教育工作先进单位、省教育信息化应用十佳先进单位、省家庭教育示范学校、省规范化幼儿园、省优秀少年宫；市书香校园先进单位、市规范化学校、市德育工作先进单位、市关心下一代工作先进集体、市平安建设先进单位、市依法治理工作先进单位、市五四红旗团委；县文明单位、县教育工作先进单位、平安沂水先进单位等九十多个国家、省、市、县级荣誉称号。

（陆光峰）

沂水县实验小学 创建于1946年春，初称“沂中县沂城完小”，1983年12月改称“沂水县实验小学”。至2017年年底，学校现有42个班，在校生2600多名，教职工133名，其中有特级教师2名，高级教师7名，一级教师80名，76人获省、市、县优秀教师、教学能手等荣誉称号，有35名教师在省、市级讲课比赛中获一等奖或举行了省、市级公开课。学校先后荣获“全国教育科学十五规划重点课题实验学校”“全国雏鹰大队”“全国作文教育旗舰学校”“全国优秀家长学校”四项国家级荣誉；“省素质教育实验学校”“省教学示范学校”等21项省级荣誉；“市规范化学校”“市文明示范学校”等32项市级荣誉。

学校全面贯彻党的教育方针，认真实施素质教育，依托深厚的

"善""博""恒""雅"的水文化内涵，提出了"润泽生命、涵养心灵"的办学理念，确立了四大教育目标："学习水之品，培养善政的德行；学习水之量，培养渊博的智慧；学习水之势，培养恒毅的品性；学习水之韵，培养美雅的才情。"并逐步形成了"上善若水、水滴石穿"的教风和"海纳百川、积水成渊"的学风。

学校坚持"民主治校、素质立校、文明理校、科研兴校"的办学宗旨，以"抓常规、促质量，抓科研、上水平，抓特色、求发展"为工作思路，积极构建充满活力的生态课堂，逐步形成"情感、主体、创新"的教学特色，以"当一流教师，育合格学生，创名牌学校"为奋斗目标，努力创设质量一流、社会认可、家长满意、学生健康成长的良好育人环境。

学校建校70余年，具有深厚的文化底蕴，该校借助学校已有的发展优势，确立了"一体两翼"养成教育特色。"一体"，就是以学生为主体，培养学生良好的个性，着眼于学生一生的健康发展。"两翼"，就是开展"临字诵典"特色教育活动和"追梦乒乓"特色教育活动。2017年，学校加强阅读教学工作，制订诵典活动方案，开展每周一小时的大阅读活动，进行阅读引领，把阅读延伸到课外和家庭；进行循环日记的尝试工作，提高学生的写作能力；每周聘请校外辅导员老师对全校老师分批进行硬笔培训，开展"养成良好书写习惯，拒绝修正液魔笔"活动，完成了4轮读书手抄报比赛和4轮月月竞临活动。围绕世界读书日，开展"诵读中外经典　奠基七彩人生"学生签字活动；开展"亲子、伙伴、师生共读记录卡"、读书笔记展评、现场读后感大赛等评选活动；组织临字诵典过级考试活动；成立诵典社团，完成了《关于提高小学生写字教育实效性的研究》这一省级课题的审核、结题工作。

"一花独放不是春，百花齐放春满园"，该校的特色教育活动成绩斐然，孩子们身上发生了可喜的变化，《山东教育报》和《山东教育》分别在本刊物的头版头条进行了专题报道。该校的《魅力沂水》在校本课程优质课评选中获省一等奖，学校也荣获"中国作文教学影响力名校""省校本研究先进单位""省规范汉字书写教育特色学校""省级语言文字规范化示范学校""省乒乓球体育传统项目学校""临沂市首批特色项目学校"。

（于立奎）

第二实验小学　始建于1994年，占地48亩，建筑面积10646平方米，是一所全日制规范化小学，育人环境舒适，教学设施齐全，办学质量优异。2017年，学校有42个教学班，在校生2800余人，教职工116人，其中一级教师34人，二级教师77人，高级教师5人，省级特级教师1人，沂蒙名师2人，市教学能手19人，教学新秀5人，县级教学能手24人，县教学新秀7人，沂水名师10人。

学校始终坚持"阅读启慧，以美树人"的办学理念，逐渐形成了以学校校训、校风、教风、学风、学校愿景、培养目标等校园文化体系。在这一理念的指引下，学校努力引导学生阅美文、践美行、润美德、健美体、展美艺，并积极打造尚美德育，开发尚美课程和组织尚美社团，陶冶了学生的情操，增强了学生的体魄，完善了学生的人格。

近年来，学校先后承办了临沂市蓓蕾读书现场会、临沂市素质教育现场会、临沂市学校管理现场会；荣获"全国青少年校园足球特色学校""山东省规范化学校""山东省教学示范学校""山东省素质教育示范学校""山东省少先队工作规范化学校""山东省绿色学校""临沂市特色学校""临沂市优秀学校""临沂市文明示范学校""临沂市教学工作先进单位""临沂市蓓蕾读书先进学校""临沂市未成年人思想道德建设示范学校""临沂市现代教育技术教学先进单位""临沂市花园式单位""沂水县教育工作先进单位""沂水县师德建设十佳学校""沂水县全民阅读构建书香和谐社会活动先进单位"等荣誉称号。《现代教育报》《沂蒙晚报》《沂蒙教育》及市县电视台"县域采风"栏目对学校的素质教育工作相继进行了报道。

（安婷）

第三实验小学　成立于2005年8月，2007年9月建成并投入使用。2017年，有教学班39个，在校学生2527名，教职工116人，其中专任教师105人，其中本科101人，专科4人。专任教师职称结构合理，中级以上职称54人。省级优秀教学教研工作者3人，市、县级优秀教师（工作者）32人，市、县级教学能手（教学新秀）48人，沂水名师11人。学校办学条件先进，基础设施齐全。学校占地30562平方米，建筑面积14132平方米。学

沂水县少先队工作会议召开

科专用教室种类及专用设施齐全，布置合理，整洁完好。

学校紧紧围绕“创造优美环境、创建优良秩序、创办优质教育”的办学目标，努力培养“同心同德、任劳任怨、尽职尽责、至善至美”的团队精神，积极实施“学校管理规范化、规范管理常态化、常态管理精细化、精细管理人本化”的管理方略，“德才兼备、教学相长”的教风和“品学兼优、向善向上”的学风日渐浓厚，“和谐、规范、致远”的校风逐步形成。

学校被评为中华诗教工作先进单位、全国青少年校园足球特色学校，省文明校园、省优秀少先队集体、省规范化学校、省师德建设先进集体、省绿色学校、省交通安全教育示范学校、省地震科普示范学校、省中小学教师远程研修工作先进单位、省齐鲁诗教先进单位，市小学教学示范化学校、市花园式单位、市数字化校园、市平安和谐校园、市健康校园、市科普示范学校、市蓓蕾读书工程先进学校、市依法治校示范学校、市德育工作先进单位、市教育普法先进集体、市教师教育工作先进集体、市心理健康教育先进学校、市优秀家长学校、市学校财务工作先进单位、市少先队工作先进集体、市资源节约型环境友好型示范单位、市优秀少先队集体等。《中国教育报》《小学德育》《山东体卫艺教育》《临沂日报》《沂蒙教育》及省市县电视、网络媒体对学校进行了相关宣传报道。

（高鸿杰）

第四实验小学　成立于2015年7月，位于教授花园和北坛新区之间，东邻小沂河湿地公园，环境优美、景色幽雅。学校占地28.62亩，建筑面积一万多平方米。2017年，有教职工74人，高级教师6人，一级教师19人。有24个教学班，800多名学生。学校布局合理，动静结合，200米标准环形塑胶操场、足球场、2个室外篮球场、2个室外排球场形成了学校的运动区域；拥有700余平方米大型餐厅，可容纳900人同时就餐；图书馆藏书2万余册；多媒体教室、美术教室、音乐教室、舞蹈教室、综合实践活动室、科学探究室、心理咨询室等多功能教室，为师生创造了良好的工作环境和学习条件。

（高鸿杰）

第五实验小学　前身系原临沂大学附属小学，2016年8月整建制划归地方管理更名为现名。学校是一所六年制公办完全小学，隶属沂水县教育体育局管理，学校设施配套全、师资队伍优、教学水平高，在创办人民满意教育等方面发挥了重要作用。至2017年底，学校有教职工52名，18个教学班，在校学生1173名，有齐鲁名校长1人，市级优秀教学教研工作者4人，市、县级优秀教师（工作者、班主任）12人，市、县级教学能手（教学新秀）10人，市县骨干教师3人，市县教学成绩奖20人。

学科专用教室种类及专用设施齐全，布置合理，整洁完好。其中：仪器器材室等辅助用房6口、科学实验室1口、综合实践活动室1口、计算机教室1口、音乐教室1口、舞蹈室1口、美术教室1口。公共教学用房设有图书阅览室2口、多功能室1口、科技实验室1口、体育器材室1口、心理咨询室1口、卫生保健室1口。设有篮球场2个、足球场1个，乒乓球台6个，各种体育器械数量及场地材质符合标准要求。图书阅览室共藏书3万余册，生均30册，全部图书实行计算机管理；近三年订阅报刊80种，工具书160种。

2017年，学校紧紧围绕“传承逸夫精神，艺术润泽人生”的办学理念，努力培植“修德、启智、益美、创新”的团队精神，

第五实验小学

“诚挚、严谨、求索、进取”的教风和“勤奋好学、守纪向上”的学风日渐浓厚，“师正、学优、长智、健体”的校风逐步形成。

2017年，学校获得学校管理工作先进单位、学校安全工作先进单位、学校后勤工作先进单位、少先队工作红旗单位、县级文明校园等荣誉；在全县“小手拉大手，共筑碧水蓝天”环保宣传创意大赛、县“好家风伴我成长”演讲比赛、县第九届“七巧科技”竞赛、县第32届科技创新大赛、县第十届小学生“国际数棋”比赛中均荣获优秀组织奖；在县首届中小学（班级）合唱节评选活动中荣获小学组一等奖并代表县推送市教育局评选。

（解华品）

实验幼儿园 是一所由县政府举办的全日制公办“省十佳幼儿园”。2017年，下辖第一实验幼儿园、第二实验幼儿园、沂河明珠分园、华信国际分园、河东岸分园、北坛分园6处园所，有教职工300人，在园幼儿2500余名。

新设立的北坛新区幼儿园是沂水县实验幼儿园与山东勤正置业有限公司合办的一家高标准、高质量、现代化的幼儿园。全园总投资1000多万元，建筑面积3000平方米，室外活动场地1500平方米，可容纳9个教学班。全园室内外设施完全按省“十佳”幼儿园标准配备，配置科学、安全、高端，富有情趣，是幼儿健康成长的幸福乐园，于2017年8月29日正式开园，有教职工12人，教师学历达标率100%，专业达标率95%。

实验幼儿园具有一流的设施配备，每个班级配有丰富多彩的幼儿活动室、便利适宜的盥洗设施，洁净温馨的幼儿寝室及物品储藏室。每个活动室内，钢琴、空调、饮水机、电脑、希沃白板、华为平板、移动音箱、数码照相机、紫外线消毒灯、衣帽橱、开放式玩具柜等现代化教育教学设备、生活设施一应俱全，图书、玩具品种多，数量足，满足了幼儿活动、游戏的需要。6个园区均设有科学发现室、图书阅览室、手工操作室、生活体验室、沙画间、构建室、蒙台梭利活动室等多所特色功能室。其中第一、二实验幼儿园的阶梯教室二楼均配有多媒体与先进的声光系统，均可容纳600余人参加活动。6个园均达到无线网络全覆盖，大大加快了实验幼儿园教育信息化发展进程。一园安装了30多平方米的电子屏设备、二园安装了20多平方米的电子屏设备，不仅用于家园联欢、教师教研等活动，而且还是沂水县学前教育培训中心，是全县幼儿教师培训学习、交流共进的场所。二园投资6万元购置室外电子屏安装在幼儿园大门口，以此为渠道向家长展示幼儿在园活动情况。

第一、二实验幼儿园分别建立了门户网站，充实了网站资源库，为全体教师搭建了业务提升的平台。第一实验幼儿园使用的智慧树家园互动云平台，加强了幼儿园安全管理的同时，家园互动更加及时有效；微信公众平台的创设扩大了幼儿园的影响力；2017年投资配备的移动录播设备、AR体感教室、3D打印室，使教育更加信息化，现代化，8月被评为山东省教育信息化示范单位。第二实验幼儿园秋季通过招标投资30万元对录播室进行配置，这是沂水县学前教育的首个录播室，为实现学校教育信息化和优质教学资源共享搭建了更高的平台。

为全面贯彻落实“以游戏为幼儿园基本活动”的理念，幼儿园合理规划游戏环境，6个园均铺设了活动软地，加大室内外玩具材料的配备，并投资15多万元配置了多种户外游戏器械，满足了不同阶段，不同能力幼儿自主发展的需求。6个园投资6万多元添置图书绘本供幼儿阅读学习，投资9万多元购置沙画设施，重新布置了沙画间。其中一园投资11.5万元重新创建了生活体验室、手工操作室，整改了国旗台，各项设施的配备更加合理、先进、现代化，更加有效地促进幼儿的全面发展。

幼儿园注重师德师风建设。成立了师德领导小组，围绕师德建设制定了一系列切实可行的规章制度，严格按制度量化考核教师。每年通过组织全体教职工学习《中小学教师职业道德规范》和有关教育的"法律""法规"，组织的青年教师"师德"演讲比赛、评选"师德标兵""优秀教师"等系列活动，不断提高教师的思想政治觉悟和加强师德修养的自觉性，并通过上党课的形式，对全体党员和党外积极分子进行职业道德教育，使全体党员和党外积极分子在师德建设中起到了先锋模范作用。全园职工积极参加妇联、团委组织的募捐活动，向失学儿童和贫困幼儿献爱心；多次无偿献血，积极参加县里组织的文艺汇演，演讲比赛，知识竞赛等活动，并取得了较好的成绩。

为了提高教师的业务素养，幼儿园每学期通过开展有关户外活动、区域活动、集体教学、家园共育等不同内容的教科研活动，不断提高教师的教科研水平。并围绕"请进来，走出去"的形式开展各式各样的园本培训活动。2017年，组织人员到临沂、东营、潍坊、杭州、北京、上海等幼教前沿阵地参观学习，请部分十佳幼儿园的园长来给老师做经验介绍。幼儿园先后开展了全县幼儿园骨干教师培训、新教材教学培训、《3~6岁儿童学习与发展指南》培训等多次培训活动，同时还开展多种形式的岗位练兵活动，通过达标课活动、优质课观摩、教案评比、玩教具制作评比、区域活动评比、户外活动评比、教师技能技巧比赛等活动，为老师们搭建平台，促进教师业务水平不断提高。2017年，全园有全国优秀教师1人、省优秀教师1人、省特级教师3人，省教学能手1人、沂蒙名师2人，沂蒙名校长1名，市、县级教学能手、模范教师、沂水名师计36人。

为了确保安全工作落到实处，幼儿园成立了安全工作领导小组，每月不定时对全园进行拉网式安全隐患排查，发现隐患，及时整改。幼儿园建立健全了各项安全制度及应急预案，将安全区以班为单位进行划分，责任到人，层层签订安全责任书，做到发现安全隐患第一时间上报。幼儿园配备了齐全的安保器械及专门的保安人员，安装监控系统，实行智能刷卡制度或接送卡制度。幼儿园定期组织全园师生开展防震、防火等安全演练活动，定期请消防大队专家来园进行安全知识培训，加强园内大型玩具和班级设施设备的定期检修，发现问题及时整改。将安全月报、周报工作常态化，及时总结和反思，以确保幼儿的安全。

2017年9月28日，实验幼儿园举行红旗党员优质课展示活动

幼儿园建有现代化的幼儿餐厅、厨房。厨房设有和面机、绞肉机、消毒箱、蒸车、烤箱等；餐厅设有配餐间，宽敞明亮、整洁卫生。其中作为"省清洁食堂""沂水县十大明星食堂"的一园和二园餐厅配备了音箱设备，可以听着音乐就餐，就餐环境舒适、温馨、优雅，可容纳600多名幼儿同时就餐。为确保幼儿食品安全，严格按照《中华人民共和国食品安全法》等文件规定，严把食品采购关、加工关，主要食品原料都按规定索证索票，证件齐全，并建立采购台账，坚持饭菜48小时留样。厨房用具生、熟分开，洗刷干净，定期消毒，有效预防了食物中毒及肠道感染疾病的发生和传播。根据季节和幼儿年龄特点制定搭配合理、营养丰富的带量食谱；炊事人员每年健康查体，持证上岗，每学期进行饭菜花样创新活动，以不断督促、提升炊事人员的烹饪技术

水平，提高饭菜质量，以保证幼儿吃出营养、吃出健康。2017年，为从源头上有效杜绝食品安全隐患，实验幼儿园年投资近3万元在第一实验幼儿园伙房旁边筹建了农药残留检测室，10月检测室正式启用，为幼儿园餐饮安全领域再筑一道“防火墙”。

幼儿园建立了园务委员会和教职工代表大会制度，建成了一套具有自身特色的管理模式：竞聘上岗，分层管理。成立了家长学校，并设立了园、班两级家长委员会，定期召开家委会，议题涉及保教热点、班级管理、教学实施和评价，同时家委会还监督幼儿园的卫生保健及伙食的开支。幼儿园定期召开家长会，活动形式有家长座谈会、公开课等，活动形式多样、内容具有指导性，让家长及时了解孩子在园的情况。另外幼儿园结合各种节日活动、主题活动、亲子活动、半日开放活动等，开展丰富多彩的家园互动活动。幼儿园利用幼儿园网站、智慧树家园互动云平台、微信订阅号、《幼儿园报》、家长委员会QQ群、班级QQ群、微信群、问卷调查等有效手段，让家长了解幼儿在园一日生活，与家长交流教育保育过程中成功的经验和方法，探讨教育中存在的问题，达到了相互配合、共同提高、全面促进幼儿身心和谐发展的目的。

为提升全县学前教育内部管理，提升保教质量，2015年1月沂水学前教育管理中心成立鸿雁工作室。经过层层选拔，实验幼儿园的多数老师成为鸿雁工作室成员，对全县幼儿园的行政管理、教育教学、卫生保健、信息宣传起到了示范引领作用，同时实验幼儿园一直是全县学前教育科研实验基地、培训学习中心，担负着全县幼教改革发展的重任。2017年，承担了全县的园长骨干教师培训、舞蹈培训、普通话培训、信息化培训等，多次接待各地前来参观学习的人员，并选派优秀教师送教下乡，进行业务指导。

实验幼儿园教学成绩突出，被评为市学前教育工作先进集体、县安全工作先进单位，先后荣获了“全国巾帼文明岗”“全国优秀网校单位”“省巾帼文明示范岗”“省学前教育工作先进集体”“省教育信息化示范单位”“市三八红旗集体”“市示范家长学校”“市先进教研组”“县十大明星食堂”“县学生资助工作先进单位”等称号；被评为省十佳幼儿园、省清洁厨房、省家庭教育示范基地、临沂市幼儿教师培训实践基地。

（杨洪霞）

特殊教育学校　学校创建于1992年，是一所集学前语训、小学、初中、高中于一体的全日制寄宿学校，招生对象为听障学生。校园占地9950平方米，建筑面积4750平方米。2017年，学校有21个教学班，在校学生186人，教职工62名，其中高级教师9人，中级教师39人。学校先后被评为省规范化学校、省会计基础工作规范化优秀单位、省工会工作先进单位、市师德建设十佳学校、县教育工作先进单位、文明单位。

办学目标明确，教学理念先进。学校遵循“一切为了学生、始终着眼未来”的办学宗旨，在全体教职工中树立起了坚定的聋教育信念，即“聋生生理有缺陷，但心理应该是健康的；身体有残疾，品德应是优良的；残疾人的教育不应是残缺的；应承认差异，缩小差距；为聋生融入社会、平等参与社会生活、共享社会文明进步成果奠定坚实的基础”；着力打造学前康复训练品牌和高中教育，取得了较好的育人效益和社会效益。

加强师资培训，提高教学质量。依据学校《教师外出学习和培训计划》，不断加强教师业务能力的培训，2017年先后安排30余人（次）参加全国、省、市业务学习培训，同时积极参加各类

特殊教育学校

特殊教育的年会、研讨会、培训会、技能比赛大会等。通过学习不断提升教师的专业理论素养和“康教结合”的能力，打造与“康教结合”办学模式相匹配的双师型人才。

注重教学研究，突出口语特色。学前康复机构是经中残联注册的听障儿童康复机构，是对听障儿童进行听力康复、言语矫治、语言康复于一体的聋幼儿康复机构，是山东省教育厅“康教结合”实验校、山东省聋儿电子耳蜗定点康复机构。有学前康复班11个，在校康复孩子90余名。

丰富校园生活，重视德育教育。加强校园文化建设，定期开展黑板报评比、学习园地展评活动。开展了庆五一、庆元旦师生书画摄影展和丰富多彩的阳光体育大课间活动，并举行了阳光体育比赛活动，师生参与度高，效果良好。为强化学生行为习惯的养成教育，开展了“内务比赛”学习“宿舍文化比赛”“文明礼仪教育活动”“重大节日风俗教育”等活动，使学生在礼仪、卫生、课间活动等方面都养成了良好的行为习惯。

（杨富海

临沂大学沂水分校

【概况】系原山东省沂水师范学校，始建于1948年7月。2007年6月，学校整建制并入到临沂师范学院；2010年1月，临沂师范学院职业技术学院在沂水校区挂牌；2010年11月，国家教育部批准临沂师范学院更名为临沂大学，学校随之更名为临沂大学沂水校区。

学校历经两次整体搬迁：1948年始建于新泰敖阳镇，1951年迁址于沂水城阳，2010年再迁于沂水县城南岜山南坡现址。学校现占地829.88亩，建设面积12万平方米，建筑面积7.5万平方米。

学校有图书实验楼1栋、教学楼2栋、学生公寓5栋、艺术实训中心1栋、国际交流中心1栋、专家楼3栋，餐厅及服务区、广场、运动场等设施齐全，校区内建有职工宿舍区复式公寓7栋和小高层4栋。学校图书馆与沂水县图书馆实现了共建共享，馆藏图书25万余册。

2017年，共有教学班124个，在校生5300余人。

【校区理事会成立】10月29日，临沂大学沂水校区理事会成立大会在办公楼五楼礼堂召开。会议审议并表决通过《临沂大学沂水校区理事会章程》和《临沂大学沂水校区理事会组织机构推选办法》，选举产生了临沂大学沂水校区理事会组织机构。北京师范大学中国企业文化研究院院长徐文忠当选为理事长，校区党委书记彭文修当选为常务副理事长，北京大学对外汉语教育学院党委书记汲传波等11人当选为副理事长，校区校长李云成当选为秘书长。徐文忠等3名同志受聘临沂大学沂水校区兼职教授；山东亲情沂蒙旅游集团总经理苗传兴等11名同志受聘临沂大学沂水校区创业导师。

【师资队伍】2017年，有教职工238人，新引进硕士研究生5名。其中副教授及以上职称86人，讲师110人；有博士1人，在读博士3人，硕士和在读硕士94人；有省特级教师1人，省级优秀教师4人，省级教学能手2人，沂蒙名师2人，市级教学能手26人。

【专业与招生】教师教育设小学教育、学前教育2个专业，招收初中起点的“2+3”五年制专科，2017年五年制专科招生60人。高职教育2017年新增旅游管理（互联网旅游方向）、国际经济与贸易（金融服务方向）2个校企合作专业，加上原有会计电算化、国际贸易、旅游管理、工商企业管理、市场营销、会计（互联网金融方向）专业，专业数达到个，招生628人。

【教学与科研】课程建设成果显著，对五年一贯制、七年一贯制学前教育专业和小学教育专业课程方案进行了修订；对高职经管类5个专业的课程方案进行了研讨和调整。平台建设取得进展，与山东海纳教育合作搭建了专升本考试培训平台；与临沂智库教育合作搭建了见习实习与参加教师招考培训平台。教育质量全面提高，2015级会计电算化专业会计从业资格证过关率94%，高职教育得到了社会各界的高度认可。教师教育特色突出，“3+4”七年制本科学生在转段考试中成绩优骨。2017年，获大学运动会团体总分、女子团体、男子团体三个第一，并被授予“体育道德风尚奖”。

教科研水平明显提高，2017年立项山东省社科规划项目1项，获批市厅级课题30项，各类课题到位经费13万元。发表各级各类论文15篇，其中被人大资料全文复印1篇。获国家级发明专利1项。获市级以上科研成果奖7项。出版专著2部。成立钱学森思维科学与学前教育课程开发研究中心等研究机构3个。

【学团工作】 坚持立德树人，学生工作再上新台阶，在临沂大学“大学生朋辈心理辅导技能大赛”中荣获大赛一等奖1项，1人被评为临沂大学“十佳辅导员”，1人“临沂大学第四届辅导员职业技能大赛”中获二等奖；118名同学获得国家励志奖学金、21名同学获得山东省励志奖学金、48名同学获得师范类省级优秀毕业生，20名同学获非师范类省级优秀毕业生；设立并进行了第一届“鸿旭助学金”“海纳·十佳学子”“智库·十佳教师”评选。

【教辅后勤】 2017年，实现收入5712万元。增资产152万元，学校资产达到1.32亿元。省招标工程项目约344万元，设备购置126万元。暑期进行了7项校园提升工程，改善办学条件。加快新校区教师公寓建设后续工程推进工作，完成全面验收和交付工作。付清了许家湖镇政府土地补偿款欠款，完成了校区338.76亩土地的不动产证办理工作。优化和调整土地规划，建议将原规划为小学幼儿园的80亩土地从校区规划占地中调拨出去，建设一处民办高中。加大教学设施投入，新上标准化学实验室1口，书写屏式多媒体教室10口，更换维修了6口老多媒体教室的投影仪，电子阅览室新增计算机60台，艺术中心添置钢琴10台。征订2018年度报刊杂志132种，133册。

【社会服务】 省乡村旅游培训基地、沂水县干部培训基地、自学助考、驾驶技术培训4大平台健康发展。新报自考学员386人，自考学员总数已达到1400余人，被临沂市教育局授予自考助学年检优秀单位，以优秀的成绩通过山东省教育招生考试院自考助学检查评估。举办国尚贝里商学院、韩国新罗大学2场留学说明会，派出留学生5名。

（许宗刚　郝风成）

临沂机电工程学校

【概况】 临沂市机电工程学校是沂水县唯一的国家级重点职业学校，占地214亩。2017年，有教职工370人，全日制在校生3332人。开设机械加工技术、电气技术应用、焊接技术应用、汽车运用与维修、计算机网络技术、学前教育、会计电算化、护理等8个专业。先后被评为“山东省百所骨干示范学校”“山东省中等职业学校示范学校”“山东省中等职业教育创业明星学校”“首批国家职业教育质量管理示范基地”“临沂市职业教育与成人教育先进单位”“市民最满意职业学校”等荣誉称号。

2015年1月，沂水县委、县政府决定将职业学校迁建至沂水龙湾新区，按照省示范性学校建设标准，规划用地154亩，总体设计规模为4050人，建筑面积6.52万平方米，总投资1.28亿元。其中，教学楼4栋；图书综合楼1栋；综合实训楼4栋；学生公寓3栋；学生餐厅1栋；风雨操场及学术报告厅1栋；400米跑道标准塑胶运动场1处。2017年，新校区主体工程已经完成。

【教学科研】 临沂市机电工程学校坚持教育教学改革为中心，突出技能大赛与高职升学两大任务目标，全面推进四大板块教学、专业特色教学等重大改革举措，教育教学质量不断攀升。在2017年全市职业院校技能大赛中，共获得一等奖9个，二等奖14个，三等奖33个，并荣获2017年全市职业院校技能大赛团体一等奖。在全省职业院校技能大赛中，学校6名同学代表临沂市参加大赛，在焊接技术、汽修、动画片制作、电子产品组装、工业产品CAD项目的比赛中，获得了1个二等奖、4个三等奖的好成绩。2017年春季高考中，有246名考生参加高考，专科进线率达100%，并有3名同学被山东女子学院、菏泽学院和枣庄学院的本科专业录取。学校开发校本教材16门，申报市教学成果奖4项，市级教科研课题立项4项、结题3项；省级教学研究课题立项5项、结题3项，省职教学会课题申报2项，推荐省职业教育公共基础课程及教研中心成员10人；申报国家级课题1项。另外。学校建立由专业教师、企业技术人员、职教专家组成的专业指导委员会，成立机械加工技术、电气技术应用等8大专业建设委员会，定期开展专业研讨活动，专业建设水平不断提升。

2017年，专业特色教学硕果累累，汽车工程系研制改装消防绿化洒水车3辆、教学实训车1辆、巡逻督导车1辆、巴哈车1辆、焊接学生双人床200张，同时完成了“临沂市机电工程学校”铁艺校名焊接项目；机械工程系完成四轮电动清洁车12辆、电动老爷车1辆；信息技术系完成计算机组装80台；学前教育系评选出三项全能（弹唱、轻泥制作、国画）优秀作品243件；书画艺术学生报名参训48人，传承了中国传统艺术文化。

【学校管理】 2017年，学校不断强化管理，通过引入科学、合理的工作机制，及时地进行阶段性工作总结，学校管理、基本建设等各项工作齐头并进、人人争先，充分发挥了广大教职教干干事创业的积极性，学校整体工作再上新台阶。

实行教师梯队建设。为进一步强化教师队伍建设，建立健全科学有效的教师培养机制，促进教师的专业化成长，培养一批“师德为先、学生为本、能力为重、终身学习”，具备发挥带动与辐射作用的专业骨干教师，带动该校重点专业和特色专业建设。2017年，通过评审、认定，学校确定职教名师38名，学科带头人31名，骨干教师13名，切实优化充实了教师梯队，明确了梯队教师的职责和权利，按照履职情况，对各梯队教师实行动态管理，充分发挥了名师的引领作用，传、帮、带效果明显。

强化班级平台建设。以“十比十看”为抓手，班级平台建设实现了梯次推进、内涵发展，原有的“明星班级、模范班级、优秀班级”得到了进一步的巩固与提升，2017级新生班在最短的时间内实现了定性、定型与定“精气、神”，班级平台的精细量化全面调动起广大学生规范行为、争当先进的积极性和进取心。同时结合党建品牌创建工作，学校推行实施党员领导干部包扶班级制度，包扶干部协同班主任一道做好班级管理工作，充分发挥党员领导干部的模范带头作用，为班级平台建设注入了新的活力，在全校形成一股争先进位的班级建设新浪潮，良好的学风、班风、校风得到了进一步的延续和传承，已步入了良性循环。

2017年4月19日，县委副书记裴娜（右二）视察职业教育工作

切实加强行政、业务督学工作。为进一步全面推进教育教学，学校根据工作实际，及时调整督学思路，设立行政督学、业务督学两个工作小组，将督导范围扩大为全校全员，实现工作的全覆盖，重点督查各处室、教学系履职尽责情况以及教育教学改革和教育教学管理工作推进落实情况，对督导中发现的问题及时处理，做到敢于揭短亮丑、指名道姓、不留隐患、不留死角、一查到底，绝不姑息。通过督导，敢于担当、善于做事、积极进取的良好风气在全校蔚然成风，有力地保障了教育教学改革和管理质量的不断提升。

严格校园学生管理，创建平安和谐校园。学生工作是学校教育教学工作的基础。2017年，学校全面推进“六个三”工程，紧扣纪律与安全两大主题，先后开展了安全教育主题班会、爱国主义演讲比赛、法制教育专题报告等活动，通过纪律整顿、安全教育等一系列措施，学生的行为习惯得到了有效的转变，安全意识得到了很大提升，规范行为、文明守纪的良好风气成为主流，不良习气与不正之风得到了及时纠正，违规违纪现象受到了应有的惩处，学生管理质量不断提升，得到了广大师生及社会各界的一致认可。同时，加强社会综合治理工作，共同抓好学校的安全工作，定期开展安全隐患排查活动，维护好学校治安秩序，抓好防火、防盗、防食物中毒等，加强对师生的安全教育，提高安全防范意识，确保学校教育教学科学有序。

【党团工作】 2017年，全校193名党员凝聚成一个坚强的战斗堡垒，就“如何做好人民满意的职业教育”深刻思考，勇于探索，甘于奉献，学校连续五年被评为县优秀红旗单位。结合学校“两学一做”学习教育的需要，报上级党委批准，学校调整了支部设置，由原来的3个支部增加为10个支部，新增了以专业系为单位的6个党支部，引领着6个系的团支部，党建带团建，突出人文关怀，赢得了教师员工的归属感。工作中把党建、团建工作与教育教学工作紧密结合起来，统筹考虑，一起谋划、一起督查，推进党建工作与教育教学工作有机融合，相互促进、协同发展。

【招生就业】 2017年，学校进一步优化招生组织工作，完成招生1180人。学校不断优化人才培养模式，通过顶岗实习、订单培养、来料加工等多种途径，与清沂山石化、昊宝服饰、海尔集团、三利集团、江苏恒源精密机械制造有限公司等省内外100多家企业建立了校企合作关系。与青岛丰泰配电工程有限公司签约合作，将零部件加工、配电设备组装项目引入学校，为广大学生提供更大实训平台。校企合作的深入对接，真正实现了工学结合，提高了专业建设的整体水平和人才培养质量，为学生就业奠定坚实基础。学校与山东交通技师学院、齐河职教中心、青海海北职业学校等院校达成合作办学协议，互派教师学习交流。2017年11月，与山东科技职业学院、临沂职业学院、德州职业学院、潍坊护理职业学院等高职院校签订“3+2”立体互通的联合办学协议，为下一步的中高职有机衔接奠定了坚实的基础。

（田相昆）

体　育

【概况】 沂水县体育工作办公室是主管全县体育工作的县政府工作部门。2017年，设人秘科、群众体育科、综合科、体育产业科、财务科、体育彩票管理办公室等6个职能科室和1个下属事业单位——体育运动学校，有工作人员27人。2017年被授予“全国群众体育先进单位”“全省第七届全民健身运动会先进单位”“全市关心下一代工作先进单位”“全县综治暨平安建设工作先进单位”等荣誉称号。

【群众体育】 *群众体育赛事* 2017年，举办县第七届全民健身运动会“美丽乡村”迷你马拉松、象棋、毽球、自行车、篮球等20余项赛事活动；组队参加了市第七届全民健身运动会广场舞、健身气功、龙舟、羽毛球、拔河及“美丽乡村”迷你马拉松和“红色之旅　沂蒙骑行”各县区系列分站赛等15项群体赛事；承办市第七届全民健身运动会太极拳比赛和山东省万人象棋临沂赛区比赛，组队代表临沂参加山东省万人象棋总决赛。

体育总会 实现了乡镇、社区体育总会组织全覆盖；协助民政局完成了对体育社会组织的年检工作，同时组织人员对体育俱乐部（协会）进行了两次安全生产检查。举办了3期三级社会体育指导员培训班，培训三级社会体育指导员400余人，推荐15名同志参加了国家级、一级、二级社会体育指导员培训班。

全民健身设施 2017年，投资240万元完成了120个行政村（社区）健身广场体育器材配套，全县农村社区和行政村实现了体育健身广场全覆盖；县级“一场两馆”工程顺利启动，前期拆迁征地和规划设计已基本完成；投资100万元为每个乡镇建成了镇级健身房和社区健身房各1处；争取上级新型农村社区健身工程3个，笼式足球项目1个。

【竞技体育】 *竞技体育比赛* 2017年，召开了六运会总结表彰会，兑现了六运会教练员和运动员奖励；联合县教体局举办了全县中

全国群众体育先进单位

小学生运动会及中小学生足球、篮球、乒乓球联赛，其中全县中小学生运动会共有55支代表队3236名运动员参赛，参赛规模和参赛人数创历史之最；组队参加了市田径锦标赛，取得了较好成绩，男子甲组跳远、100米项目分获一、二名；举办了全县羽毛球三级裁判员培训班，培训羽毛球三级裁判员50名。

体校建设工作 2017年，县体校在撤并20年后率先在全市挂牌成立，设在沂水二中，配备教练员编制18名，已到位5名，设置田径、篮球、排球、足球等4个项目，2017年面向全县各中小学招收初一、初二、初三各1个班，共100名学生，体校日常训练步入正轨。体校训练馆项目进展顺利，争取省级体校建设专项资金400万元。2017年6月，沂水县在全省县级体校办学改革经验交流会上作了《抢抓机遇 恢复建立县级体校》的典型发言。

【体育产业】 **体育彩票工作** 2017年全县终端机保有量为117台，较去年增长31台，共完成销量9300万元，其中电脑彩票销量5300万元，竞猜型彩票销量3300万元，即开型彩票销量700万元，同比增长10.5%。

其他相关工作 研究出台了《沂水县关于加快发展体育产业促进体育消费的实施意见》；向国家体育总局申报国家级健身步道项目（环雪山彩虹谷，约45公里）和体育休闲小镇项目各1个；向省体育局成功申报雪山彩虹谷景区为省绿色生态休闲体育活动基地。依托旅游景区举办了迷你马拉松、红色骑行、彩虹跑，天上王城全国礼射大会、捷安特全国自行车邀请赛等赛事活动，参赛规模和影响力都进一步扩大。

（王树明

文化·卫生

文化工作

【概况】 沂水县文化广电新闻出版局，为县政府工作部门。主要职能是贯彻执行文化艺术与文物保护、新闻出版、广播电影电视、著作权管理等文化事业、文化产业方面的法律、法规和方针、政策，拟订全县文化艺术与文物保护、新闻出版、广播电影电视、著作权管理等文化事业、文化产业方面的政策措施和发展规划，并组织实施；指导、管理全县文化艺术事业、社会文化事业、基层文化建设、新闻出版事业、广播电影电视事业及产业发展；积极开展文化交流，繁荣社会主义文化艺术。业务管理各个乡镇文化站和县书法家协会、沂水沂蒙文化研究会、沂蒙山文化发展传播研究中心、县沂河博物馆、县沂蒙山孟頫书画院、县收藏协会、县沂蒙书画交流协会、县社会经济文化交流协会、县颐高位（文化馆），2个股级事业单位（博物馆、图书馆），1个小（二）型企业电影发行放映公司。有工作人员107人。2017年，荣获2017年度服务经济发展先进单位、脱贫攻坚工作先进单位、政法综治暨平安沂水建设工作先进单位、信访工作先进单位、安全生产工作先进单位、人口和计划生育工作先进单位、全县老干部工作先进单位、临沂市庆祝第二个“山东省非物质文化遗产月”系列活动非物质文化遗产成果展演优秀组织奖、第十七届民间秧歌会优秀组织工作奖、临沂市“凝因的耕耘”油画写生展优秀组织奖。

【图书管理】 2017年，本着“读者至上、服务第一”的服务原则，深入开展图书馆标准化服务。坚持全年双休日和节假日不闭馆，坚持每周开馆不低于56小时，坚持服务和管理公示公开。全年新发展读者3289人，其中成人读者2450人，少儿读者839人。新编图书11328册。订购2017年度报纸32种、期刊222种，整编2016年度期刊1608册，报纸229册，裱糊破旧图书850册。图书流通25.26万册（次），接待大厅及期刊阅览读者17.35万人（次），电子阅览室接待读者1万余人（次）。文化信息资源共享工程多媒体放映20场（次），电子阅览室培训20期。购买歌德电子读书机1台、少儿多媒体数字体验机1台，重新搭建了图书馆网站，开通了网上手机图书馆，新增添少儿创意书架2组、参考咨询台1组。8月20日，迎接了第六次全国县级以上公共图书馆实地评估。举办了“博赞·忆鸣惊人——增强青少年记忆力公益讲座”“如何了解孩子的心理”座谈会、“圈里与圈外”孩子健康成长座谈会、“弘扬雷锋精神，传承国学经典”阅读活动、“父母孩子共读一本书”“希望美术沂水校区第一届少儿美术视觉艺术展”“快乐成长，拥抱未来”学生团体体验活动“三部曲”等活动20次。3月，举办了农家书屋管理员培训班。在“临沂市第十二届全省读书朗诵大赛临沂赛区选拔赛”中，2人获二等奖；其中1人参加了山东省文化厅举办的“第十二届全省读书朗诵大赛”并获优秀奖。招收了9名志愿者参与了图书馆业务工作。举办了4·23世界读书日千人签名活动。表彰了2016年度优秀读者及少儿读书知识竞赛获奖者。5月18日，开展了以“推进全民阅读、构建书香沂水”为主题的第29届图书馆服务宣传周集中宣传活动。深入实施文化惠民工程，为18个乡镇（街道）66个村贫困村配送更新图书3.5万余（册），对农书屋管理人员进行业务指导与培训30余次。坚持“以创促建、以建强管、以管拓用、以用增效”，深入扎实推进图书馆总分馆制建设。10月31日，承办了全市县级图书馆、文化馆总分馆制现场推进会。

【文艺演出】 成功举办2017年春节文艺晚会。参加沂水县两会文艺演出。2月4—6日分别在马站镇杨城社区、夏蔚镇、沂水人民广场3个分赛场举行沂水县“三众杯”民间秧歌节，共有18个乡镇（街道）的100余支队伍参加比赛。在沂城街道友兰社区举办沂水县“科技文化卫生”三下乡启动仪式。3月2日参加沂水县女企协年会庆“三八”巾帼风采展。承办“沂水好人”颁奖典礼、马站镇穆陵关赛马节、广电网络公司广场舞比赛启动仪式、夏蔚镇樱桃节、“实施全民惠葬，推进移风易俗，倡树文明新风”万人签名等文艺演出。“兴沂地产杯”声乐器乐大赛于8月进行，共16场，历时20余天，参赛演员共有500余名，194人进入决赛，最终评出一、二、三等奖及优秀奖90余名，活动参与观众达1.5万人。9月28日举办第五届老年文体艺术节广场舞大赛专场，在许家湖镇春水社区举办“文化消费季——文化婚礼”专场晚会。参加了老年文体艺术节健身球比赛专场。举办“九九”老年节专场文艺晚会。组织“西城魅力展我风采”广场舞大赛。协办中国——临沂首届沂蒙水库鱼“彩虹谷杯”美食节。参加第三届原创小型戏剧展演，表演了吕剧《春暖花开》。参加全市公安系统、邮政系统、城市执法局系统文艺汇演。参加走进泉庄尹家峪中共十九大精神宣讲汇报演出。举办了鲁南矿业文艺演出。深入开展“千场公益演出送基层”活动，县文化馆全年演出148场，乡镇开展演出2100场，共计2248场，平均每村达到2场。实施广场舞辅导培训“百千万”工程，优选100余名文艺辅导志愿者、在全县1040个行政村、开展1万余场广场舞培训活动。自2017年4月开始，已开展2期县级集中培训，培训人员300余人（次）；各乡镇（街道）共开展广场舞辅导培训活动9583次，覆盖所有行政村。

【文化遗产保护】 2017年，全面落实习近平总书记关于文物工作重要指示批示精神和《国务院办公厅关于进一步加强文物安全工作的实施意见（国办发〔2017〕81号）》。切实加大文物保护力度，让文物活起来落实落地，促进文物保护成果更多惠及人民群众。完善博物馆免费开放工作机制，加强博物馆免费开放绩效考评管理。先后接待烟台市扶贫办、辽宁省政协、垦利县人大、潍坊市佛教协会、中国社科院专家学者、泰安市书法家协会、淮安区人大、青州市政协、莱芜市政协、费县人大、中央电视台等专家领导和菏泽旅游团、福建省旅游团、香港旅游团和日照旅游团等众多外地团体，以及学校、企事业单位和散客共计32万人（次）。加强博物馆公共服务和社会教育机制建设，提升博物馆青少年教育功能，举办临时展览，丰富展览内容，举办了迎新春国土资源保护主题书画展、庆五一“中国梦·劳动美”“农商银行杯”职工书画展、中国佛教全国书画作品邀请展、沂水县第五届老年文体艺术节书画展、庆祝党的十九大“汉风沂韵”雪山艺墅杯隶书联展等展览11次。促进文物保护单位开放利用，指导天上王城、云水禅院、灵泉寺等后续保护利用。实施长城保护工程，构建“政府主导、社会参与、惠及民生”的长城保护体系，完成了穆陵关西段2公里的抢险加固修复工程，穆陵关－黄墩－大旗山段维修方案工作进入编制阶段。实施红色记忆工程，完成了张华德民居（王建安上将居住过）、祖秀莲民居、《大众日报》创刊地、中共中央山东分局旧址、陈毅指挥所旧址等建筑修缮工程的资金申报工作，并获山东省文物行政部门批准。深入推进文物领域“放管服”改革，优化文物行政审批事项，更新文物行政审批事项服务指南，推行文物行政许可标准化和“双随机一公开”监管方式。加强不可移动文物保护管理，采取集中和不定期的方式对全县600余处田野文物进行检查、巡查。公布了87处县级田野文物点。加大文化遗产宣传力度，延伸服务范围，积极开展“5·18”国际博物馆日宣传活动，制作“沂水县第一次全国可移动文物普查成果展”展板和宣传册，组织开展文物宣传展板进校园、进社区、进农村等活动，扩大社会宣传面。强化文物安全监管，联合文化执法、公安等部门深入开展打击防范文物犯罪活动。深入挖掘全县非物质文化遗产项目，公布了107项县级非物质文化遗产项目名录。组织了13名非遗传承人参加全省非物质文化遗产传承人群培训活动，参了临沂市举办的“非遗伴我过大年”、市廉政剪纸作品展、第一个“文化和自然遗产日”暨首届中国（临沂）非物质文化遗产博览会等活动，并荣获优秀组织奖。组织优秀传承人开展非遗扶贫工作，设立高桥手绣、沂蒙小棉袄、龙家圈桑皮纸、沂水丰糕4处市级扶贫基地，共培训贫困户40余户。参与了非遗项目“沂蒙小棉袄”的摄制。

【书画、文学艺术创作】 2017年，组织了庆元旦城乡建设主题书画展、迎新春国土资源保护主题书画展、庆五一“中国梦、劳动美”、农商业银行杯职工书画、“颐高杯”第一届书画展、邹方臣书法展、佛教国书画邀请展、首届颐高杯青少年硬书书法大赛、“贯彻十九大，展望新时代”公路主题书画展、老兵诗词书法专题成果展等书画展览、下乡20余次。田英、王臣松临帖作品参加临沂市第九届临帖与创作展并获优秀奖，袁源书法作品入黄河口碑书法展，时相勤书法作品获山东省教师书法大赛二等奖。袁国华被评选为“第三届临沂市乡土艺术人才”。魏然森编剧导演的四集纪录片《清曜四韵》于七一期间在山东电视台公共频道播出，并由黄海电子出版社出版发行。魏然森编剧导演的10集大型红色题材纪录片《永恒的记忆》荣获沂蒙文艺奖电视类一等奖。由魏然森编剧、导演，反映沂水殡葬改革，倡导移风易俗的微电影《怀恩的后事》8月拍摄制作完成，并荣获临沂市移风易俗微电影大赛二等奖。王晓明续签《读者》杂志签约作家，由她创作的长篇小说《隐居的王国》荣获沂蒙文艺奖文学类三等奖。高仲平在第二届“丹江杯”全国纸媒文学邀请大赛中，诗歌《行游天下愿和你诗情画意》荣获一等奖，诗歌《那条花围巾》荣获二等奖。两首诗收录于诗歌集《木棉花的春天》。第11期《特别文摘》、第21期《喜剧世界》转载薛兆平小说《急招代驾》，作品原载《羊城晚报》；第20期《微型小说选刊》转载薛兆平小小说《廉政鼠标垫》，作品原载《吴江日报》；12月下旬《故事会》转载薛兆平故事《家书》，作品原载《检察日报》。薛兆平小小说集《那样美好》入选全民微阅读系列，由江西高校出版社出版。薛兆平担任编剧导演拍摄了倡导喜事新办的微电影《柳眉的婚事》。许德美编剧导演的微电影《错爱》获临沂市“沂蒙清风·与廉同行”廉政文艺作品征集评选，荣获微电影类二等奖；微电影《翠玲的一天》获第六届“沂蒙文艺奖”二等奖。

【公益电影放映】 县电影公司以“提高群众观影满意度”为中心，认真贯彻落实每村每月放映一场标准化公益电影的任务目标，2017年共放映公益电影21226场，其中故事片7175场、科教片14051场，观影群众600万人（次）。2017年围绕党的中心工作，强化爱国主义教育、弘扬中华民族传统美德优秀影片放映活动，在全县范围内开展了“迎接党的十九大·共圆中国小康梦”主题放映活动，共计放映5000余场，“送电影进福利机构”270余场、“庆祝中国共产党建党96周年”红色电影放映周放映700余场、开展了“倡导移风易俗，婚丧嫁娶树新风”专题放映活动8000余场、“远离邪教侵害”专题放映活动360余场，“暑期暨交通安全”专题放映活动2000余场、“纪念中国人民解放军建军90周年”优秀军旅题材影片展映活动1000余场、“喜迎党的十九大·弘扬沂蒙精神”优秀影片展映活动1000余场。主动开拓农村电影放映市场，推动农村电影产业发展，与党政、机关、企事业单位联合搞“影企联姻”，结合“第一书记”帮扶村、文化扶贫等重点工作，与170余个贫困村对接，在放映时间、影片选择、放映宣传等方面充分征求帮扶村意见，为全县扶贫工作增砖添瓦。与省院线合作拍摄影片《脱贫路上好支书》，2017年4月开始在国家电影数字节目管理中心上线面向全国发行，至年底共订购28610场。

（邱然安）

文化市场管理执法

【概况】 沂水县文化市场管理执法局主要负责配合县综合行政执法局对全县文化市场的监管、综合执法和文化经营单位的审批工作，担负着全县网吧等互联网上网服务场所、娱乐场所、演出市场、音像市场、电子游戏、美术品经营、艺术培训、电影放映和动漫、网络游戏、印刷业、书刊发行业、广播电视地面卫星接收设施、文物等文化市场行业的监督与管理，依法查处文化市场各种违法违规经营行为。2017年，设办公室、政策法规科、市场监管科、县文化市场管理暨“扫黄打非”工作领导小组办公室4个科室，有工作人员8名。

2017年，县文化市场管理执法局受理文化市场举报20件，办复率100%；组织开展各类专项行动13次，全年共出动检查人员

3750人（次），检查文化市场经营单位1870家（次），立案14起，清缴地摊游商32起，责令停业整顿9家，收缴非法卫星设施152套，收缴非法光碟1134张、书刊2300册，有效地规范了文化市场经营秩序。

【校园周边文化市场管理】 坚持把中、小学校周边文化市场作为重点整治区域，把影响青少年健康成长的网吧、游艺娱乐场所、出版物零售等作为重点整治对象，联合综合行政执法局、市场监管局、公安、教体等部门开展清理整顿校园及周边文化环境工作，严厉打击销售盗版书籍和网吧接纳未成年人特别是接纳中小学生的违法行为，开展“扫黄打非”进校园活动和“绿书签”行动，进一步强化“优秀未成年人图书专柜”“优秀未成年人音像制品专柜”的日常监管，让校园周边环境保持“绿化”和“净化”，积极营造有利于青少年健康成长的社会文化环境。先后开展校园周边治理行动6次，取缔学校周边无证经营地摊12个，收缴非法出版物1500余册。

【网络文化市场管理】 主要开展以禁止未成年人进入网吧和超时经营为重点的整治行动。在网吧入口处显著位置统一制作悬挂了“未成年人禁入”和“未成年人年龄标识”警示提醒LED电子显示屏，提高保护未成年人合法权益的力度，实施动态管理，强化守法经营，规范市场秩序；统一制作证照监管公示栏和未成年人年龄标识。加强重点时段检查，坚持开展“零点行动”，巩固“零时断网”成果。针对举报和检查中发现问题较多的网吧，在午休时间、午餐、晚餐时间以及晚上10点以前等重要时间段不定期突击检查。加强双休日和节假日检查，对有违规记录的网吧列入重点监管对象，实行假日每天必查，加大对接纳未成年人违法经营行为查处力度，有效净化网吧经营环境。

【娱乐场所管理】 在全县歌舞游艺娱乐场所建立健全安全生产、经营管理制度，公布举报电话，并在入口处、包间内悬挂张贴“未成年人禁止入内”“禁止黄赌毒”等警示标志，在娱乐场所入口处显著位置统一制作悬挂“未成年人禁入”和“未成年人年龄标识”警示提醒LED电子显示屏，统一制作证照监管公示栏和未成年人年龄标识，做到事前警示；深入抓好营业日志登记等制度的落实，规范日常经营行为，保障未成年人的合法权益。为规范游艺娱乐场所经营秩序，文化市场管理执法局积极协调综合行政执法局、公安、市场监管局等部门，对游艺娱乐场所实施突击检查，加大高压监管态势，取缔无证照游艺娱乐场所，进一步规范娱乐场所经营秩序。

【出版印刷业管理】 坚持市场集中整治行动与“扫黄打非”集中行动有效结合，重点开展印刷复制业清查暨封堵查缴政治性非法出版物专项行动，清查印刷、复印打字、出版物零售市场，特别是对重点区域、重点路段、重点市场、重点企业进行高密度检查，牢牢把好出版物印刷、复制、运输、销售四个关口，坚决防止非法出版物及含有禁止内容的文化产品进入市场流通。2017年，共出动执法人员2200人（次），检查出版物、印刷复制企业802家（次），维护全县新闻出版市场经营秩序，促进新闻出版市场健康发展。

【演出市场管理】 对全县的超市、专卖店、礼仪庆典公司等进行了全面调查摸底，收集各类企业相关信息，制定下发了《关于加强企业庆典、促销演出活动管理的通知》等宣传材料；实行执法责任区管理机制，采取上班时间检查，下班时间巡查，不定时抽查，多形式、多渠道，严密监控各类演出活动。2017年，全程跟踪检查30处商业庆典演出活动，制止9场未经备案促销演出活动，维护演出市场繁荣有序的局面。

【广播电视地面卫星接收设施管理】 加快“无小耳朵”社区创建工作，联合综合行政执法局、市场监管局、公安等部门配合乡镇加大对城区和乡镇卫星电视地面接收设施整治工作力度，重点查处城区内电子市场以及乡镇集贸市场非法销售卫星接收设施摊点，对未经许可擅自安装和使用卫星电视地面接收设施的单位进行检查整改，对4家存在违法违规行为的单位下达了限期整改通知书，全年收缴非法卫星设施152套。

【其他文化市场管理】 县文化市场管理执法局积极协调综合行政执法局、县文广新局、乡镇党委，组成联合检查组对各文物保护单位进行巡查，向附近群众宣传文物法规，起到对文物保护的作用，发现文物违法行为及时查处，对文物违法违规活动形成高压态势。2017年，共查处2起涉嫌破坏齐长城遗址案件，已全部移交公安机关立案。积极协调配合综合行政执法局、市场监管局、公安、经信等部门，对全县“黑网吧”进行了调查摸底，对发现确认的“黑网吧”在第一时间进行查处。至2017年年底，全县网吧40家、娱乐场所28家、文艺表演团体11家、印刷企业105家、电影放映单位3家、出版物经营单位123家。其中新设立网吧1家；娱乐场所3家；文艺表演团体2家；出版物经营单位18家。

【“扫黄打非”工作】 2017年，充实调整以县委常委、宣传部长任组长，各有关单位为成员的县文化市场管理暨“扫黄打非”工作领导小组，下设办公室在县文化市场管理执法局，承担县文化市场管理暨“扫黄打非”工作领导小组的日常工作。县文化市场管理执法局紧紧围绕全县工作大局，以努力营造健康向上文化氛围、构建和谐文化环境为总抓手，把净化文化市场作为工作重中之重，组织开展“文化市场管理暨扫黄打非”集中行动、“扫黄打非·固边2017”“扫黄打非·护苗2017”“扫黄打非·清源2017”“卫星电视广播地面接收设施专项整治集中行动”等一系列专项行动，进一步净化文化市场。

【信息宣传】 进一步修订完善文化市场管理暨“扫黄打非”工作信息报送管理制度，明确各乡镇、各成员单位指定一名信息员，专职负责各类信息撰写提报工作，积极通过中国文化市场网、省市文化市场管理执法网站及电台、电视台、报纸等各类新闻媒体加强宣传报道，营造了良好的文化市场执法环境。2017年，编写宣传信息235余条，其中被省文化市场执法网采用1条，被省文化厅采用1条，被市文化市场管理执法网采用93条，县内新闻网站等采用68条。同时，大力开展文化市场法律法规集中宣传日、保护知识产权宣传周和农村大集等一系列活动，将文化市场管理方面的法律法规制作成群众喜闻乐见的图板、墙报等进行宣传，并结合“乡村文明行动”，多种形式对农村群众进行宣传教育，普及文化市场相关法律法规知识，先后通过制作悬挂图板、墙报，发放宣传明白纸等形式，教育群众引导自觉抵制低俗、封建迷信、凶杀暴力等非法出版物。

【队伍建设】 紧密结合工作实际，通过有计划、分专题、按步骤地加大执法业务培训及知识更新，聘请法律顾问、由专家开展法制讲座，对全体执法人员进行专业培训，解答在实际执法过程中的疑难问题。坚持每周一次理论集中学习和执法工作讨论制度，开展执法办案实务和问卷评案工作，剖析具体案例，探讨和分析热点难点问题。不定期开展知识技能大比武、大练兵活动，提升执法理念，提高执法水平和工作能力。深入进行“两学一做”“支部主题党日”活动、“十九大精神”学习教育，贯彻落实中央八项规定，坚决纠正“四风”，推进机关制度建设和廉政建设，做到“逢会讲廉”的常态化警示教育，改变了行政执法的主观随意性，保证执法人员廉洁执法、奉公守法。加强作风纪律建设，提高职工工作积极性和廉洁自觉性，树立文化市场执法队伍的良好形象。

（姚同亮）

图书发行

【概况】 沂水县新华书店是国有性质的图书发行中型（二）企业，具有宣传文化工作和商业服务工作的双重属性，担负着全县中小学教材、教辅和一般图书的发行任务。2016年，内设经理室、办公室、人秘科、财务科、综合业务科、教材科、图书营销部、仓库、物业管理科、保卫科10个职能科室，有工作人员76人，县城中心门店1处，乡镇门店3处，营业面积共计1.1万平方米。经营图书及电子音像制品等4.9万种，固定资产达到3072万元。2017年是创新提升、转型升级的关键一年。2017年，沂水县新华书店的销售再创历史新高，综合考评全市名列前茅，各项指标均居全省县级店前列。

【图书发行】 2017年，实现销售码洋7123万元，同比增长333万元，增长了4.9%；营业收入完成7062万元，同比增长489万元，增长了7.4%，该年任务指标6919万元，超额143万元，完成任务的102.07%；利润总额完成

1066万元，同比增长311万元，增长了41.2%，本年任务指标813万元，超任务253万元，完成任务的131.1%；实现利税1120万元，同比增长312万元，增长了38.6%。

教材教辅征订发行工作 2017年，教材、教辅实现销售5869万元，同比增长511万元，圆满完成2017年度征订工作，2017年征订大中专教材174.8万元。教材发行过程中，悉心研究集团各项考核指标，做到有的放矢，确保了教材上报时间、报订准确率、人均购书码洋、集团版教辅占有率等考核指标不失分，打好经营主动仗，维护好教材发行市场，搞好服务，确保做到“课前到书，人手一册”。

一般图书发行工作 2017年，一般书实际完成销售码洋1237.61万元（其中POS销售623.88万元，同比增长20.45万元；批发仓图书300.21万元，重点图书18.5万元，电子产品及文化用品实现销售120.2万元。大中专批发仓174.82万元）。2017年，门店（一门市、三门市、四十里）销售实现623.88万元，同比增长20.45万元。其中，中心门店一楼全年实现销售223.97万元，年度任务200万元，完成年度计划的111.99%；二楼文少组全年实现销售308.34万元，年度任务270万元，完成年度计划的114.2%；三门市全年实现销售7.82万元，年度任务3万元，完成年度计划的260.7%，面对新形势，2017年，按照省出版集团“一三五”的发展战略，着力实施转型升级，实现向综合文化服务商转变，立足门店，线上线下融合，努力提升“四个转化”，提高了互联网化、多元化、个性化和体验化水平，为读者提供了更好的全方位的公共文化服务。

教装招投标、馆配图书、重点图书征订发行工作 教育装备招投标工作是股份公司2017年十大多元化重点项目之一，按照集团会议布置的工作任务，立即行动，认真研究文件，并到先进店枣庄考察学习，积极联系教育部门和招标公司。经过努力，2017年实现中标码洋525.3万元，已确认销售100.4万元，公司多元发展迈开良好的一步，取得了实效。馆配图书是一般书的增长点和亮点，2017年征订馆配图书码洋142万元，实现年增长比例127%，重点图书是省店加强一般书发行的重要组成部分，重点图书码洋26.6万元，暑假读一本好书、语文主题学习征订码洋157万元。读书活动尤其在下半年习近平读本和专业技术图书发行中完成销售90万元，保障了省店政治任务读物征订发行任务的完成，为一般图书发行任务的完成奠定了基础。

【服务全县经济发展大局】 2017年底山东出版集团成功上市，按照节点要求，加班加点，如期配合完成各项材料及数据的收集、整理、填写和上报工作；积极稳妥推进企业内控，完善各项流程及编制，圆满完成了半年及年度的内控评测工作。继续推进干部联系群众、精准扶贫、第一书记村南王家庄子包村帮扶工作。持续开展“从严管理干部、提升能力素质”结构化学习研讨工作。开展了党员学习教育、“支部主题党日”“灯塔党建在线”等活动，在党建、党风廉政建设等检查中取得不错的成绩。在省级卫生单位的复审和市级文明单位的检查验收中，都达到了审查要求，获得了好评。

【企业文化建设】 2017年，认真组织学习贯彻落实各级精神，加强理论学习，着力加强党的建设和作风建设，按期召开领导班子专题民主生活会、组织生活会。积极开展健康向上的有益活动，努力营造积极向上、团结和谐的工作氛围。联合教体局举办“第二十四届读书、征文、演讲”征文活动和演讲活动；参与团县委“金辉助老”帮扶贫困户活动。同时积极参与农家书屋发行工作、配合世界读书日宣传、“全民阅读工程”。2017年，该店的党、工、群、团、妇工作健康有序，综治、安全生产、计划生育工作落实到位，为企业经营活动的开展提供有力支持和保障。

（刘克良）

广播电视

【概况】 2017年，沂水广播电视台内设沂水人民广播电台、沂水电视台；下辖办公室、人事科、财务科、总编室、电视新闻部、电台编辑部、经济信息一部、经济信息二部、专题部、民生编辑部、新媒体中心、安全播出部、《临沂广播电视报》沂水版编辑部、事业发展部等14个职能科、部、室，有工作人员136人。开办的主要节目有电视台《沂水新闻》《激情沂水》《聚焦》《经济广角》《社会经纬》等，广播电台《沂水新闻播报》《行风热线》等。

【对内宣传】 **沂水电视台** 2017年，电视新闻宣传始终围绕全县中心工作、重点工作、全局工作，紧扣时代脉搏，与全县经济社会发展和人民福祉同呼吸共命运，为各项工作顺利开展创造了良好的舆论氛围。高举发展争先大旗，走在前列争创强县；全力实施“125”工程，加快争创强县步伐；凝心聚力推进精准扶贫，全力以赴打赢脱贫攻坚；推进移风易俗，倡树文明新风，建设美丽乡村；建设生态沂水，促进色色发展等重点工作扎堆开展。《沂水新闻》先后开设了《全力实施“125”工程　加快争创强县步伐》《来自绩考第一线》《近看新班子》《创新精准扶贫　打赢脱贫攻坚》《共建清洁城市　促进全民健康》《推动绿色发展建设生态沂水》《文明健康绿色发展监督台》《移风易俗　倡导新风》《实行全民惠葬　落实民生实事》《两城同建　幸福同行》等挂牌栏目，全方位、多角度展现了全县经济社会全面发展的最新成果和亮点，力争让每一条新闻都富有看点，让领导满意，群众喜爱。充分发挥了广播电视媒体作为党和政府联系群众的桥梁纽带的作用。至2017年底，共采编播出《沂水新闻》260期以上，播出稿件3700余条。

沂水人民广播电台 2017年，在圆满完成中央及省的新闻节目转播的基础上。自办节目《行风热线》《我来帮你忙》《一路好心情》《时光的声音》《中华诗词之乡·沂水微读时光》等节目得到了听众的高度认可。沂水第一档夜听栏目《夜空不寂寞》于6月12日正式开播。

《行风热线》栏目实现广播、电视同步直播后，影响力进一步扩大。2017年，共播出168期，接听群众热线电话182个。群众反映的问题在县纪委的督办下做到随时跟踪追问落实，每周跟踪报道，将落实情况通过电台公布反馈，问题较好地得到解决和落实。群众满意率达97%以上，真正做到了“替百姓说话，为政府分忧”，被群众誉为干群党群“连心桥”。

2017年，县广播电视台在《行风热线》正常运转基础上，新开播《热线追踪》栏目，重点对教育、卫生、交通等20项重点民生工程进展情况进行跟踪报道。至2017年年底，共播出15期。

专题宣传 2017年，连续制作播出多期关于“125”工程、脱贫攻坚方面的节目，《红色山村“变形记”》《许家湖：农业产业化经营助推农民快速脱贫》等节目紧贴时代脉搏，大力宣传各地脱贫致富的先进经验和做法，受到观众好评。新开设《聚焦12345》，作为县委、县政府关注民生倾听民意的平台，帮助群众解决生产生活中遇到的困难和问题；全新打造访谈类栏目《东皋访谈沂水人》，进一步搞好《创新沂水》在临沂电视台播出工作，同时先后制作了招商引资洽谈会宣传推介专题片《齐鲁明珠·沂水》以及《飞越沂水》《魅力沂水乡村篇》等系列专题片50余部。

直播解说和丰富荧屏 2017年，集合全台力量，圆满完成县委、县政府迎接上级参观考察、考核、检查、验收的现场直播和现场解说任务。共参与《全市脱贫攻坚现场会》《全市人才工作现场观摩会》《国家级沂河水利风景区验收》《全市公墓建设现场会》等各类直播、现场解说40余场（次）（含试播跑线路），其中出车60次，参与人员达到100多人（次）。先后承担《县委工作会议及承诺发言》《2017全县春晚》《2017沂水广播电视台春晚》《农村支部书记培训会》《全县125工程誓师大会》《沂水好人颁奖典礼》《许家湖移风易俗晚会》《陈州报告会》《全县劳模报告会》《全市小麦条锈病防治直播会议》《全市移风易俗报告会》《全县化工企业座谈会》《庆七一党的理论知识电视竞赛》《“健康就是幸福——庆贺医师节‘五美’颁奖典礼”》等30余场会议、活动的直播录制。另外，配合农业局、水利局、招商局等部门单位完成了多部宣传片、汇报片的摄制。

2017年，对2套电视节目进行全新改版，节目播出量大幅度增加。共播出电视剧6100集（首播2600集，重播3500集），播出电影110部，本台新闻节目260期，专题节目200期，专题、纪录片115部（集），综艺晚会类节目18期。

【对外宣传】 2017年，县广播电视台向上供稿、供片质量和水平有了新的提高。围绕中心工作，积极做好对央视和省卫视、省广播，临沂电视台、临沂广播电台的对上发稿工作。积极鼓励记者上联播、上头条、上提要、上重头稿件，播发了一批反映三引一促、精准扶贫、殡葬改革等方面的重点稿件，外宣成绩走向新高度，为进一步宣传沂水、树立沂水良好的外部形象作出了积极贡献。

2017年，对外宣传持续发力，发稿数量和质量均创同期最高水平。在央视《新闻联播》《晚间新闻》等栏目发稿8条，其中重点稿件有：中央电视台《新闻联播》5月22号播出《山东沂水实现公益性公墓全覆盖》；中央电视台《朝闻天下》3月27号播出《山东沂水：弘扬传统　万名市民齐诵经典诗词》；中央电视台《晚间新闻》1月29号播出《山东沂水：穿越唐朝过大年》；中央电视台《地理中国》栏目播出《寻找宝石画》；中央电视台《国宝档案》于5月22号播出《神秘王陵》。在《山东新闻联播》发稿18篇，重点稿件有：《山东：推动加工贸易梯度转移塑造开放型经济新优势》《临沂沂水：引进第三方专业机构提升安全监管专业水平》《新春庙会过大年》《推动全面从严治党提供坚强政治保证》。另外，《邹玉亮：诚信经营共同发展》在山东电视台《齐鲁先锋》播出；《沂水首开先河　丧葬费全免》在山东电视台《民生直通车》播出，时长7分33秒；《临沂沂水：首开先河　殡葬费全免》在山东电视台《早安山东》播出；深度报道《沂水：免费的人生最后一段路》（上下）在山东电视台齐鲁频道《每日新闻》播出，一系列稿件播出后，受到各级领导及社会各界的关注和好评。《临沂新闻》发稿107篇，其中头条27篇；重点稿件有：《沂水：加快企业"二次创业"做优做强实体经济》《临沂沂水：电商扶贫　促进特色产业规模化发展》《新起点新征程撸起袖子加油干》《沂水：推行"净化车间"标准助力食品企业提质增效》《临沂：坚持绿色发展　打造绿水青山生态优美新家园》《沂水：借水行舟　两城同建》《沂水：加大查处拆除力度，对违法建设实行"零容忍"》《临沂：发展电商新业态　激活转型新动力》《临沂：做细做精产品　振兴实体经济》等。

【新媒体全面融合发展】 一是由广播电视台主办的门户网站"沂水网"的功能日趋完善，知名度显著提升。"沂水网"在各大搜索网站排名迅速提高，其中关键词"沂水网""沂水新闻"排名第一，搜狗、百度链接"沂水网"条目达3.8万多条，百度新闻收录保持在1.2万条以上。同时上传《沂水新闻》至新华社新闻端平台600多期，编辑传送微信270期，内容1800多条。二是沂水手机台运行良好。在原有电视节目网上直播的基础上，实现了沂水电视台一套、二套、三套、公共频道、沂水人民广播电台，共四套电视节目一套广播节目的手机直播。从而实现了观众可以通过电视、网络、手机随时观看、了解沂水的时政新闻、百姓风貌、风土人情、历史文化和旅游资讯。

【经营创收和事业建设】 2017年，广播电视经营创收工作面临的形势空前严峻，质量和数量严重下滑。克服各种不利因素影响，继续加大创收力度，确保事业发展。同时对广告结构进行全面调整，致力打造绿色频道，全面清理医疗药品广告，做到了电台、电视台"零医疗药品广告"播出，经营结构向更加多元化转变，彻底转变了过多依赖医疗医药广告实现经营创收的单一局面。在全市县级台中，无论是创收数额，还是增长幅度都位居前列。创收任务的完成不仅保证了职工工资正常发放，而且为事业发展提供了资金支持。

农村广播"村村响"和无线数字电视覆盖工程进展顺利。结合脱贫攻坚工程，大力实施农村广播"村村响"工程建设。先后投入资金100余万元，圆满完成全县1040个行政村的"村村响"农村智能广播。"广电惠民"工程得到全面落实，农村智能广播和无线数字电视覆盖工程建设进展顺利。沂水县被省确定为第二批实施中央广播电视节目无线数字化覆盖工程的县区，设备已经全部安装调试完毕并开通运行。全县群众可免费收看到无线发射的16套数字电视节目，包括12套央视节目，2套省台节目（山东卫视、齐鲁台），1套市台节目和1套本县节目。信号覆盖县城中心辐射50公里范围。

2017年，沂水县广播电视台克服发展资金短缺困难，千方百计筹措资金，购置并更新升级非线性编辑设备，新购置高清摄影机、高清镜头、无人机等专业级拍摄编辑设备，为进一步提高节目质量奠定了坚实基础。

（窦风涛

广电网络

【概况】 山东广电网络有限公司沂水分公司主要职能是从事广播电视节目制作及广播电视节目传送业务，具体负责全县广播电视网络的规划、建设、改造、经营和管理；广播电视多媒体经营服务及综合信息采集；广播电视节目编辑、采集；计算机软件开发、销售；计算机网络工程及综合布线；办公设备、通信设备（不含无线电发射器材）、电子设备、影视器材的销售；国内广告发布、代理、设计、制作；互联网接入及传输工程；广播电视专业人才培训；安防监控工程设计、施工与维护。公司管理体制为县区分公司实行市公司领导下的分公司经理负责制。县区分公司财务管理实行报账制，业务收支实行收支两条线和预算管理。2017年，设综合部、市场部、技术运维部、集客部、东皋站、莲旺街站、武家洼站7个职能科室，有工作人员62人。

【业务发展】 2017年，公司全体员工凝心聚力，攻坚克难，秉承“风清气正、团结务实、业绩一流、共谋福祉”的企业理念，围绕三项制度改革、精细化管理、网格化管理、集客业务等重点工作，积极开展集团用户、“雪亮工程”“临沂党建”“平安小区”等工程，各项工作取得了显著成绩。“雪亮工程”方面：积极协助县政法委开展“两级一喇叭”推广应用，充分发挥1.9万户有线电视机顶盒居家视频巡查作用，建设村居社区村委大院及文化广场周围“免费Wi-Fi”，形成5.3万人手机APP终端用户助力“平安沂水”的“规模效应”，有效推进综治“雪亮工程”应用向基层和群众延伸，全面提升沂水县基层社会治安防止能力和信息化水平，并以优异的成绩迎接了市、县的专项考核。“临沂党建”方面：顺利完成36个县直部门单位、部分“两新”组织、378个社区（村）的全覆盖，党建工作远程管理系统和远程培训系统实现市、县、乡、村4级平台的互联互通，有效便捷了市县村干部坐班值班和基层党组织活动远程监督管理、党员远程教育培训、组织部门视频会议等工作，提高了全县基层党建工作的质量和效率。在全市“临沂党建”可视化信息平台观摩会上，沂水县取得了全市第一。业务发展方面：数字电视用户61913户，宽带户数3238户，双向9435户；实现权责发生制收入2,737.69万元，现金收入2,830.62万元，增值业务收入143.01万元。

【网络建设】 按照市公司《双各网改建设方案》和“户户通”惠民工程有关要求，本着“城镇建设到哪里、光缆就延伸到哪里”的原则，新建地下管道98公里，铺设光缆120公里，改造、新增光节点136个，电缆整修延伸68公里。改造开设49个双向化居民小区，整修更换腐烂钢绞线75公里。依靠“雪亮工程”“临沂党建”工程建设，完成了378个社区中心村的光缆铺设，全县双向网络建设和改造力度有效提高。

【客户服务】 严格遵守“1+4”“5个1”“首问负责制”“限时办结制”等服务制度，严格落实政务服务及12345按时结办制度，积极开展“三催一上门”服务，集团用户每月一走访服务，周六、周日定期地推上门服务，做到第一时间解决用户问题，保质保量服务好用户，定期进行满意度电话抽查回访工作，让社会来监督检验客户经理的服务质量。

【企业管理】 沂水分公司紧紧围绕省、市公司“精细化管理年”总要求，勇于创新，精细管理，在制度管理、体制管理、网格化管理、成本管理等方面作出了一定突破。坚持以党建为引领，抓党建，保用户，促发展。树立“风清气正、团结务实、业绩一流、共谋福祉”的企业理念，培养出一批优秀骨干，全体员工干事创业热情高涨，主业得到快速发展，用户群体稳定，续费率显著提高。积极拓展各项新业务发展，集客业务从无到有，实现零突破。理顺管理体制、机制，实现公司统一管理。根据省、市公司三项制度改革精神要求，顺利完成三项制度改革，完善了用人机制。创新经营模式，探索精细化管理，对乡镇广播电视站采取租赁经营的办法进行管理，实现15个乡镇广播站的回收经营。施行网格化管理，建立完善的考核机制，对各部室和工作站的任务目标进行细化，将目标任务细化到每一个网格、每一个人，确保任务落实有着落。完善成本管理措施，有效控制成本，避免浪费。成立专项工作领导小组，规范物料进购、材料领用、设计预算审核、工程验收等流程，严格管控物料进购、发放，避免物料的浪费。加强成本核算，精细核算成本，将运营成本降到最低，确保利益最大化。组织定期清理仓库，盘点库存，避免浪费，将本增效。

【安全传输】 2017年，先后投资400多万元对网络改造提升，新建小区全部光缆到楼，高档小区光缆入户，不断改造老线路，新铺设光缆300公里，电缆150公里，管道700多公里，新增光节点506个，全面提高了广播电视信号传输质量，满足重大节日安全传输的需求。在中秋、国庆等重大节日期间，建立快速反应机制，成立应急抢险小组，实行24小时值班制度，发现问题及时汇报处理，确保了安全播出和优质传输。积极协助文化行政执法部门，对所在辖区内违规的IPTV用户及地面卫星数字电视进行清查整治，彻底消除辖区信号传输隐患。实现了2017年度安全生产、安全播出零事故。

（徐晓东）

新闻工作

【概况】 沂水县互联网信息办公室是贯彻执行互联网管理法律法规，落实中央、省、市和县委、县政府有关决策部署；负责网络新闻宣传、网上评论引导、网络文化建设、网络舆情监控分析、网络信息应急处置等互联网信息管理工作；会同有关部门处置和封堵网上有害信息，牵头处置互联网信息内容突发事件，查处违规违法网站；指导、督促、协调打击网络违法犯罪主管部门、互联网行业主管部门及其他相关部门加强互联网信息内容管理。同时负责全县的对外对内宣传、《沂水报》的编辑、发行工作。2017年，下设综合科、网络新闻宣传科、网络新闻应急事务科、网络文化建设科、网络信息服务管理科、互联网信息监控科、《沂水报》编辑部等7个科室。拥有《沂水报》、沂水发布微信公众号、新华网沂水频道、中国沂水政府网站、沂水县互联网信息办公室官方微博、“爱沂水”党政手机客户端等多个平台。2017年，有工作人员25人。

【新闻宣传】 **对内宣传** 紧紧围绕殡葬改革、精准扶贫、三引一促等全县“125”重点工程和环保督查等重点工作，先后组织记者参加会议报道、外出采访1310人（次）。一是实行报纸改扩版，更好适应全县快速发展需要。2017年3月3日，《沂水新闻》报更名为《沂水报》，由原来的8开4版套红小报改版为4开4版单彩大报，迈入“大报、彩报时代”，率先在全市实现了县区级报纸的“华丽转身”。2017年，共编辑出版《沂水报》107期，刊登稿件2740篇。二是开设专题专栏，系统展现全县改革发展成就。围绕群众关心关注问题和全县重点工作，先后开设了“不忘初心　牢记使命　深入学习宣传贯彻十九大精神”“打好‘125’工程攻坚战　率先进入全国百强县”“实行全民惠葬　落实民生实事”“创新精准扶贫　打赢脱贫攻坚”“推动绿色发展　建设生态沂水”“引资金引人才引技术促科学发展”“党风廉政看沂水”“讲诚善　做好人”等一系列专题专栏，把全县广大干部群众的思想和行动统一到了全县殡葬改革、精准扶贫、“三引一促”等各项重点工作上来，达到了凝聚人心、鼓舞士气的目的。

对外宣传 加强对全县亮点工作、创新做法的挖掘、提炼和宣传、推介，积极邀请新华社、《人民日报》《农民日报》《大众日报》《农村大众》等中央级、省级主流媒体来沂水县进行集中采访报道。一是“上大报、上头条”实现新突破。2017年，先后在市级以上党报党刊发表重头稿件140余篇，其中新华社山东要情动态刊发《给“改不动”的殡葬改革一条蹄疾步稳新路——临沂市沂水县“全民惠葬”改革调查》稿件，被省委书记刘家义批示；新华社、《人民日报》分别以通稿和整版的形式对沂水县殡葬改革工作进行了全面深入地报道；《沂水殡葬费全免　每年为民省2亿》等6篇稿件先后在《大众日报》

《中国社会报》《农村大众》等省级及以上主流媒体头版头条刊发；新华网、人民网、新浪网、凤凰网等60多家主流网络媒体纷纷进行播发、转载。精准扶贫、“三引一促”宣传均在考核中取得了全市第一的好成绩。二是新媒体宣传正能量充沛、主旋律高昂。充分利用沂水发布微信平台、沂水县互联网信息办公室官方微博、爱沂水党政客户端、中国沂水政府网、今日头条、新华网沂水频道、《山东手机报》沂水专刊、爱沂水自媒体联盟等8大新媒体平台，围绕“125”工程等全县重点工作，精心撰写了12000余条反映全县经济大跨越、民生大改善、社会大发展的重头网络新闻稿件，用正能量占领了网络阵地，在百度搜索沂水呈现的网页中清一色都是关于沂水的正面报道。

【网络监管】坚持“管得住是硬道理，正能量是总要求”，实行“7×24”小时值班，做到了“早发现、早抓取、早研判、早报告、早删除、早封堵、早引导、早主动”。一是网络舆情监控全覆盖、无缝隙。实行7×24小时值班制度，对全国重点网站、论坛、社区、贴吧、微博、微信公众号等进行无缝隙、无漏洞监控，实时监测涉及沂水的负面信息，并对监测到的舆情进行分析、研判、预警、处置，做到了网络不良信息第一时间捕捉、第一时间上报、第一时间处置，最大限度地将舆情化解在萌芽状态，确保了全县网络舆情安全。2017年，共报送《网络舆情信息专报》365期，下发《舆情通知书》94期。二是网络舆情处置层次清、处置快。对监测到的信息分门别类，因类施策，对一般舆情信息，采用“网上引导、网下沟通”的方法，通过网上跟帖、留言、发私信等方式对网络舆情进行线上引导，同时争取确定发帖人，与其进行网下沟通，督促问题尽快解决。对热点敏感舆情，做到“会上分析研判、会下整改落实”，2017年先后召开2次舆情分析会议，对涉军、环保督查、脱贫攻坚等热点敏感舆情进行分析研判，拟定应急预案，避免了问题的进一步发酵、炒作。对突发或重大舆情事件，做到“网上公开信息、网下全程监控”，比如针对发生在沂水的飞机音爆事件，县网信办充分了解事件信息，及时准确、客观全面地发布通稿，遏制了网上爆炸谣言的泛滥。2017年，县网信办共有效应对50余起舆情监督记者，及时处置1000余条网上负面信息，在全市网上负面舆情情况通报中，沂水县舆情稳控指数位居全市第一。三是新媒体监管跟得上、管得住。针对以“三微一端”为代表的自媒体平台的迅速崛起，县网信办紧跟移动互联网发展趋势和前沿动态，重点加强了对微信公众号、头条号、QQ群、微信群等新媒体的监管力度，对违反互联网管理规定的新媒体依法予以劝诫、约谈，对涉及违法犯罪的坚决予以查处。2017年，对恶意夸大沂水县出租车上访事件的“沂水印象”微信公众号进行约谈，教育，责令其反省整改、书面检讨。另外，还请求省网信办对屡次制造虚假信息、蓄意传播谣言的“沂水商讯”公众号进行永久关停。四是网评工作能量正、地气足。组建了由7名核心层人员、24名骨干层人员和156名基础层成员组成的网评员队伍，形成了以网信部门为主导、相关部门为主体、社会各界共同参与的工作格局。各网评员实时在线，针对省、市网评引导任务和全县出现的重大舆情，利用网民听得懂、能接受的网言网语进行有针对性的引导，及时发布权威信息，澄清事实，引导舆论，有力地维护了全县正常的网络秩序。2017年，围绕涉军维稳、精准扶贫、殡葬改革等，全县182名网络评论员上线引导，创作原创、跟帖、转帖、视频60000余条，赋分排名位居全市第一。五是网信网监联动力度大、效果好。县网信办联合县公安局在网信办成立网安警务室，由公安机关派驻网监民警，与网信办工作人员一起开展网络安全和网络突发事件的应对处置，双方互通有无，共享信息资源，网信办通过实时监控，第一时间捕捉涉及沂水的负面信息，网安民警协助落实“落地查人”等安全技术措施和网络违法犯罪活动的查处等工作，共同营造了健康有序、风清气正的网络空间。2017年，县网信办与网安警务室联动，依法行政拘留1人，约谈微信公众号2家，清理整治涉黄、涉暴、低俗类广告、文章40余条（篇）。六是融媒体中心建设思路新、成效佳。2017年7月，县网信办全面整合县内网络资源，免费提供办公场所，成立了由传统网站、微信公众号、手机客户端、直播平台、网红等全县网络媒体集中入驻的融媒体中心。至2017年底，已有12家网络平台入驻，辐射带动全县80余家官方微信公众平台参与，搭建起了新媒体宣传矩阵，实现了新闻资源的共通共享，县内重大新闻的权威统一发布。县网信办发挥龙头带动作用，定期不定期地将县内重大民生、经济发展等情况形成通稿，由各平台进行集中发布，形成了强大的集群宣传效应。同时，通过融媒体中心各公众号手中掌握大量的微信群、QQ 群等能量群，在群内发布、转发正面声音，“以群破群”，较好地扮演了发布事实真相，及时进行辟谣止谣的重要角色。同时，县网信办还以融媒体中心为依托，每周一组织入驻新媒体从业人员开展互联网法律法规知识学习，进一步提升了他们“依法办网”的意识，有效规范了全县新媒体传播秩序。七是日常管理基础牢、措施实。认真做好全县新媒体的备案等基础管理工作，积极动员全县各级各部门搭建全县党政系统头条号宣传矩阵，至 2017 年底，全县已有 50 余家部门单位实现集体入驻，有效提高了各单位政务信息的到达率、阅读率和点赞率。同时，强化网站管理，下发了《关于做好全县党政机关网站和新闻网站安全检查的通知》，对全县党政机关网站和新闻网站进行了全面检查，全面提升了全县网站防入侵、防攻击、防篡改、防瘫痪、防泄密能力。

（李蒙生）

卫生计生

【概况】 沂水县卫生和计划生育局（沂水县中医药管理局）主管全县卫生和计划生育工作（中医药管理工作）。主要职责是贯彻执行国家和省、市关于卫生和计划生育、中医药事业发展的法律、法规、规章、技术规范、标准；拟订全县卫生和计划生育、中医药事业发展的相关规划、政策措施并监督实施；参与医药卫生体制改革；负责协调推进全县医疗保障，统筹规划全县卫生和计划生育服务资源配置，拟订区域卫生和计划生育规划并组织实施；负责全县卫生和计划生育统计与信息工作；推进卫生和计划生育服务体系建设。2017 年，全局共设 8 个职能科室和 7 个事业编制科室，有工作人员 64 人。2017 年，县卫生和计划生育局被授予省级文明单位、全县先进基层党组织、全县服务经济发展先进单位、全县脱贫攻坚工作先进单位、全县发展全域旅游工作先进单位、全县食品药品安全工作先进单位、全县环境保护工作先进单位、全县安全生产工作先进单位、全县平安沂水建设先进单位、全县信访工作先进单位、全县工会工作先进单位等荣誉称号。

全县共有医疗卫生计生机构 31 处，其中，综合医院 4 处、公共医疗卫生计生机构 4 处、乡镇卫生院 20 处、民营医疗机构 3 处，一体化村卫生室 546 处，门诊部、诊所、医务室共 42 处。

2017 年，国家卫计委先后到沂水县调研家庭医生签约服务工作、全国生育状况抽样调查工作、中央转移支付项目资金督导工作，参加了沂水县第一届中医药文化节、“走基层看医改听医声”健康中国乡村行山东沂水站启动仪式，省医改调研组、省卫计委先后来沂水县调研医药卫生体制改革工作和基本公共卫生工作，全市基层卫生现场会、计划生育转型发展及基本公共卫生现场培训会议也先后在沂水县召开，国家、省、

2017 年 11 月 16 日，“走基层 看医改 听医声”健康中国乡村行大型公益活动沂水站启动仪式

市领导对沂水县卫生计生给予了高度肯定。

【医药卫生体制改革】 2017年，基层医疗机构基本药物网上采购发送订单总金额11.8亿元，实际到货总金额10.5亿元，药品总到货率99.8%，三日到货率78%。2017年12月31日起，全县各级公立医疗机构药品采购施行两票制。2017年，组织医用耗材、化学试剂、中药饮片招标会议4次，累计招标采购金额1490万元。共收到医疗机构医疗设备、器械采购申请31份，其中在县公共资源交易中心招标采购6次，采购金额389.9万元；在沂水政府网招标采购25次，采购金额355万元。

2017年，人均基本公共卫生服务经费达到50元，全年为65岁以上老年人查体11.83万人（次），建立居民电子健康档案99.3万份，规范化建档率达82%。对0~6岁儿童进行保健管理9.92万人，管理率达90%；管理孕产妇3.55万人，规范管理率达86%；对高血压、糖尿病等慢性病高危人群进行指导，分别管理9.68万人和3.23万人，两类人群规范化管理率分别达61.67%和61.22%；对重性精神疾病患者进行登记管理、随访和康复指导5512人，规范化管理率达88.37%。

积极创建全国群众满意乡镇卫生院。2017年，新增5家乡镇卫生院成功创建“全国群众满意的乡镇卫生院”、1家社区卫生服务中心争创“全国优质服务示范社区卫生服务中心”。全县乡镇卫生院住院病人占比54.78%，基层医疗机构就诊率76.3%，县域内就诊率97.6%，患者满意度达99.2%。

积极推进县级公立医院综合改革。2017年9月30日，县结防所实施药品零差率销售，全县公立医疗卫生机构全部实施药品零差价改革。在巩固药品零差价、收费价格、财政补偿等改革的基础上，继马站人民医院法人治理结构改革之后，县人民医院也成立理事会、监事会，全面实施法人治理结构改革。

积极推进医联体建设，县人民医院与省中医医院结成医联体，成为省中医医院集团成员，同时与北京积水潭医院结成医联体。县域内，沂水中心医院与四十里堡镇中心卫生院、高桥镇中心卫生院；县人民医院与院东头镇卫生院、龙家圈街道卫生院、夏蔚镇卫生院结成医联体。其中，夏蔚镇卫生院与县人民医院建设紧密型医联体，县医院在夏蔚镇卫生院的基础上建设县医院分院。通过上级医院派专家到基层医疗卫生机构开设工作室坐诊、巡回讲课、查房、指导参与手术等多种形式，基层医疗卫生机构派专业技术人员到对口支援医院进修学习等形式开展技术帮扶协作。并制定出台了《沂水县医疗服务双向转诊工作实施方案》（沂卫字〔2017〕31号）。进一步加快建设城乡医疗资源共享工程，充分发挥好已建立的区域his系统、影像会诊中心、心电会诊中心、区域绩效考核信息系统、预约诊疗双向转诊系统推进医联体建设，在沂水县人民医院、沂水中心医院成立影像会诊中心、心电会诊中心。

积极推行家庭医生签约服务，实现健康管理和分级诊疗。全县以省级分级诊疗试点县为依托，以维护人民群众健康为中心，积极推行家庭医生签约服务。由乡镇卫生院医护人员、乡医、村计生专职主任“三类基层医护人员”和二级医疗机构专业医师参与共同组成“3+X”家庭医生签约服务团队。以基本医疗和基本公共卫生服务为主要服务内容，统一规范了签约服务基础包、初级包和个性化增值服务收费包，为群众提供连续适宜可及的服务。全县共组建家庭医生服务团队476个，重点人群有效签约17.78万人，签约率达到39%。

【医政医管】 2017年，对619处医疗机构进行了校验。出台《沂水县医疗机构设置规划（2016—2020年）》，新设置审批个体诊所5处，其中，中医诊所1处。全面推进医疗机构和医师、护士电子化注册，2017年，共电子化注册医疗机构619家，医师电子化注册831人，护士电子化注册758人。根据《执业医师法》的要求，依法组织全县医疗卫生机构从事医疗、预防、保健的医师进行考试和注册。2017年，全县新注册执业医师111人，执业护士92人。

医患纠纷“三调解一保险”机制全面建立。“三调解一保险”即院内调解、人民调解、司法调解与医疗风险分担机制相结合，建立医疗纠纷第三方处理和赔付机制。2017年，县医疗纠纷第三方调处委员会共调解医患纠纷39起，承报医疗事故鉴定申请7起。

【健康扶贫】 2017年，组织查体并完善健康档案6.2万人（次），家庭医生签约服务6.2万人（次）。实行精准分类救治，将全县贫困患者逐人确定定点医疗机构，分别建立分类救治台账，采取走下去和集中来2种方式，分病种分批次组织会诊和救治工作。全年组织县乡会诊4.4万人，救治4.0万人。7类11种大病343名患者（死亡56人），已组织救治219人，除特殊情况外，全部进行了救治。积极开展分病种救治活动，其中“光明行”活动组织救治白内障患者377人；“童心圆梦”活动手术救治3人；县域内“尿毒症”透析治疗54人；膝关节置换术个人承担费用县医院再减免50%，救治16人。全部乡镇卫生院配备23种国家免费基本药物，对行动困难不便就医的患者，提供委托购药服务，填写慢病诊疗服务双向委托书，建立乡级委托购药明细登记和村级乡医送药服务登记。在设立贫困患者就医便民门诊，开辟“绿色通道”的基础上，继续落实医疗机构“先诊疗后付费”，门诊就医“两免两减半”和住院治疗经基本医保、大病保险报销后，个人自付费用医疗机构减免10%等惠民政策。2017年，县乡医疗机构共减免502.96万元，受益群众3.2万人（次）。

扎实落实医疗商业险政策。县扶贫办牵头，多部门共同协作，在三个乡镇卫生院先行试点的基础上，2017年6月率先建立起贫困人口住院治疗基本医保、大病保险、民政救助、医疗机构减免和医疗商业险“一站式”信息交换和即时结算模式，减轻贫困患者看病就医负担。至2017年底，“一站式”结算医疗商业补充保险1.13亿元。

【基础设施建设】 2017年，沂水县第二人民医院综合门诊楼完成建设面积1.43万平方米，完成总投资2500万元，完成进度50%。2016年，开工建设的沂水县杨庄中心卫生院门诊综合楼于2017年10月通过验收并交付使用。沂水县人民医院西院区门诊楼建设项目和沂水县妇计中心业务综合楼建设项目已通过发改部门进行立项。

【疾病预防控制】 **免疫规划工作。**2017年，共接种卡介苗1.96万剂（次），百白破三联疫苗8.17万剂（次），白破疫苗1.18万剂（次），含麻疹成分疫苗4.30万剂（次），脊灰疫苗7.16万剂（次），乙肝疫苗6.53万剂（次），乙脑3.08万剂（次），流脑疫苗5.87剂（次），甲肝疫苗1.18万剂（次）。全县共报告疫苗针对传染病水痘病例28例，流腮病例7例，均在规定的时间内进行流行病学调查、采血、送样。

疫情管理工作。2017年，报告法定传染病乙类12种927例，丙类5种2052例。各网络直报单位共报告卡3170张，报告及时率为99.91%。

重点传染病防治工作。手足口病：2017年，报告手足口病619例，无死亡病例报告。艾滋病：干预MSM人群1860人（次），发放宣传材料1883份，安全套9415支，检测238人，检出阳性感染者6人。干预性服务场所26处，实施暗娼干预1110人（次），发放艾防宣传材料1191份，安全套6070只，检测179人，未发现阳性感染者。对984名监管场所羁押人员进行了抗体筛查，无阳性病例。共提供免费自愿咨询检测服务389人（次），检出阳性感染者7人。检测外来妇女82人，未检出阳性感染者。随访管理艾滋病感染者和病人73人，开展CD4细胞检测10次，实施检测134人（次），开展病毒载量检测48人（次）。累计治疗感染者和病人81人，在治68人，抗病毒治疗率占随访病人的93.15%。病毒性肝炎：切实加强病毒性肝炎疫情报告、个案调查、标本采集、暴发疫情调查处理和监测资料整理分析工作。2017年，共报告乙肝病例179例，其中慢性乙肝149例，急性和未明确诊断为慢性的乙肝病例30例；报告戊肝病例17例。流行性出血热防治：2017年，对27例病例进行了调查上报和急性期血清标本的采集。

地方病防治工作。克山病：病人治疗项目对40名慢型克山病病人进行了两次免费查体及发放治疗药品。碘缺乏病：2017年，抽取盐样300份进行碘含量监测，合格280份，合格率93.33%。2017年9月在姚店子、富官庄、四十里堡镇3个乡镇开展碘缺乏病重点人群健康教育及效果评价。疟疾：根据《2017年沂水县地方病防治工作意见》，沂水县人民医院、沂水县第二人民医院和四十里中心卫生院开展了发热病人血检工作，共血检发热病人1024人，未发现血检阳性病人。生活饮用水水碘含量调查：根据省卫计委要求在全市范围内开展饮用水源水碘含量检测，全县共采集生活饮用水水样281份，其中集中供水水样61份，分散供水水样220份，全县水碘含量中位数3.72微克/升。

麻风病、性病防治工作。认真落实《临沂市2017年度麻风病性病防治工作要点》，对10名麻木足患者每人发放2双防护鞋；另外挑选了10名生活困难的患者，每人发放了价值180余元的棉上衣一件。2017年，通过网络上报性病疫情共计46例，其中，尖锐湿疣3例；淋病11例，梅毒32例。撰写了《沂水县麻风村志》，将建站起皮防站的历史变迁、卫生技术人员数量、历任站长、住村病人数量、占地面积以及重要事件和重要活动等情况进行编写。

慢性病防治工作。巩固国家慢性病综合防控示范区创建成果，大力开展“一评二控三减四健”专项行动，组织慢性病相关宣传日宣传活动7次，发放宣传折页1.2万张，控盐勺6万个；依托国家重大公共卫生服务项目，开展《中国儿童与乳母营养健康监测》《心血管病高危人群早期筛查与综合干预项目》和《严重精神障碍管理治疗项目》。依托省级慢性病监测网络，开展了脑卒中和冠心病发病报告工作。2017年，参加由中国疾控中心主办的第二届“万步有约”职业人群健走激励大奖赛，获得全国优秀健走示范区，省内优秀健走示范区，示范区优秀组织奖。

结核病防治。加强结核病防治知识宣传，持续推进“百千万志愿者结核病防治知识传播活动”工作。2017年，共接诊可疑肺结核病患者2890人，新登记活动性肺结核病患者473例，其中涂阳肺结核患者100例，涂阴肺结核患者373例。

健康教育与健康促进工作。2017年，共开展宣传活动15次，发放知识宣传折页1万余份，明白纸7000余张，接受资料宣传的群众有5000余人（次）。结合5.31日世界无烟日活动，继续在全县中小学校开展了“拒吸第一支烟，做不吸烟的新一代”签名活动，共有20余所中小学校的1万余名学生参与活动，并开展中小学生健康素养调查。积极开展健康促进示范县创建工作，创建健康社区107处，健康促进医院14家，健康促进学校50家，健康促进机关40家，健康促进企业23家，健康家庭100户。开展健康教育基地建设，诸葛镇健康馆，黄山铺镇心理健康教育基地、龙家圈街道妇幼健康教育基地已经建成。

【卫生计生监督执法】 **加大对非法行医案件的查处力度**。2017年，共检查单位618家，立案51起，结案44起，责令停止诊疗活动23家，收缴到位罚没款12.51万元。共立案查处“两非”案件19起，结案15起，罚款13.29万元。

加大对公共场所单位卫生监督力度。全县共有各类公共场所被监督单位620家，共监督620家，监督覆盖率100%，立案61起，全年共办理357份卫生许可证。同时，进一步加强学校卫生监督工作，共检查学校195家，托幼机构61家。检查内容包括传染病防控、教学环境、生活饮用水等监督检查工作，对存在问题的单位下达了卫生监督及巡查意见书10份，督促其限期整改。

加强生活饮用水卫生监督监测。2017年，共采水86份，合格9份，合格率10.5%，合格率比去年有所降低（去年22.47%）。强化对餐饮具集中消毒单位卫生监督，全年共检查餐饮具集中消毒单位50家（次）、填写餐饮具集中消毒单位现场检查表50份、下达卫生监督意见13份。同时对消毒后的餐饮具进行监督抽检，共抽检53份，合格53份，抽检生产用水3份，合格3份。

加强放射卫生监督工作。对辖区内28家放射诊疗机构新上CT放射诊疗项目进行了专项监督检查，其中15家已做职业病危害效果控制评价并顺利通过市卫生计生监督执法支队专家组验收，其余13家也按时完成整改，由县卫计局现场验收通过。到达校验日期并按时校验的放射诊疗机构5家，放射诊疗许可证变更4家。依据《放射诊疗管理规定》处罚2家。

【社会抚养费征收】 加强与法院密切配合，强化行政执法教育培训，推进社会抚养费依法征收。2017年，县法院裁定准予执行社会抚养费案件111起，已强制执行67起，其他案件正在执行中；未征收部分符合立案条件的全部纳入依法征收程序，实行个案销号；全县共计征收社会抚养费260余万元。

【信息化建设】 2017年，初步建成沂水县健康管理云平台，在沙沟镇卫生院、龙家圈街道卫生院、姚店子中心卫生院和县医院进行试点工作并得到了省、市领导的高度认可。建成电子版母子健康手册和卫计专干手机管理端并在沂城街道、许家湖镇和富官庄镇进行试点。引进奖励扶助发放管理系统，并在全县范围内使用。

【卫生应急】 自实行120二级调度三级联动体系以来，全县所有乡镇卫生院在全部设有医疗急救站点的基础上，规范了急诊流程和抢救室的急诊急救设施，在去年依托临沂市中心医院对乡镇卫生院业务骨干进行急诊急救培训的基础上，各乡镇卫生院不断组织师资力量对全部乡医进行了多轮院前急救培训，提升了乡医在院前急救方面的技能。进一步强化了全县范围内5—10分钟之内有医生参与急救。至2017年底，共接诊6071人（次），死亡60人（次），接诊人次比去年同期增长8.6%，死亡人数比去年同期下降7.6%。

【宣传教育】 2017年6月，举办全县卫计系统“五美”评选和颁奖活动；7月与沂水广播电视台合作开办“健康沂水”专题栏目，9月健康沂水栏目——“健康扶贫惠民生”电视专题节目，荣获“第四届全国卫生计生系统优秀广播影视作品征集活动”二等奖；院东头镇最美乡医张德庆，入选全省卫计系统十大先进典型，参加全省先进典型事迹报告团。成功举办首届中医药文化节，开展评选全县民间名中医活动、中医药文化科普宣传活动、中医药进家庭活动等。积极做好媒体宣传工作，在《中国人口报》等国家级行业媒体宣传25篇（次）。

【流动人口服务】 积极开展流动人口基本公共卫生计生均等化服务。制定下发《关于做好流动人口基本公共卫生计生服务的实施方案》，突出抓好6项重点项目落实。坚持把流动儿童预防接种、流动人口传染病防控、流动孕产妇和儿童保健、流动人口电子健康档案、流动人口计生服务、流动人口健康教育作为重点来抓，并灵活采取坐等服务、集中服务、“上门”服务等多种形式开展服务。村卫计专干及城区网格员积极协助做好宣传、发动和组织工作，参与妇保、儿保等基本公共卫生服务项目，提高了工作落实率。利用节日、纪念日，免费向流动人口发放《中国公民健康素养》、流动人口健康教育核心信息、全面两孩政策等宣传资料3700多份，保证每名流动人口至少有1~2份宣传材料，提高了流动人口健康素养。开展了流动人口健康家庭创建活动，全县共评选出流动人口健康家庭20户。

2017年6月26日，沂水县举办“五美”颁奖典礼活动

【计划生育利益导向工作】 2017年，全县符合农村奖扶条件人员6613人，共发放奖励扶助金579.2万元；城镇其他居民享受奖扶人员63人，发放奖励扶助金5.7万元；符合特扶条件人员198人，发放特别扶助金105万元；以“直通车”形式发放独生子女父母奖励费408.7万元；向239名符合条件人员发放困难（破产）企业退休职工一次性养老补助380万元；向118名困难计生家庭大学新生发放助学金20万元。同时，承担了省级计生特殊家庭帮扶项目，面向全县215户计生特殊家庭，开展了亲情慰问、节日走访、助孕助养等服务，为计生特殊家庭全部成员购买了家庭医生签约服务包及商业医疗保险，累计投入资金12万元。

【计生工作】 2017年是全面两孩政策实施以来的生育峰值年，全县累计出生28964人，其中生育男孩14969人，女孩13995人，人口出生率为24.8‰，自然增长率达到了18.52‰，出生人口性别比保持在正常范围内为107.0；生育一孩4675人，二孩23229人，多孩1060人，其中二孩生育比占到了83.86%；全县孕情上报及时率为97.94%，出生上报及时率为99.62%，出生统计合格率98.76%，出生漏报率为3.05%，计划生育相关各项指标均完成省、市下达给全县的任务，使沂水县计划生育工作在全市继续处于领先地位。

【爱国卫生运动】 2017年，指导乡镇卫生创建工作，共创建国家级卫生乡镇4处，省级卫生乡镇1处，市级卫生乡镇5处；创建省级卫生单位（村庄）41处，市级卫生单位（村庄）44处，同时继续开展健康示范创建工作，创建健康示范单位3处，示范社区（村庄）3处，示范餐厅3处，示范食堂3处，示范超市3处，健康促进学校3处，共计18处。

【红十字会工作】 2017年为贫困家庭、重病患者申请救助32人（次），救助金6万余元，为17名白血病患儿办理了“小天使基金”彩票公益金项目资金拨付手续，累计为37名白血病患儿办理了“小天使基金”彩票公益金项目资金拨付手续；香港松峰基金会与夏蔚镇卫生院、院东头镇卫生院、王庄卫生院、诸葛镇中心卫生院分别签订协议，分别捐款50万元援建卫生院的基础建设；县红十字会分别投资10万元、2万元为市红十字会第一书记村援建了幸福院一处，改善第一书记村委了办公条件。2017年实现捐献造血干细胞1例，累计10名造血干细胞志愿者实施捐献；被中国红十字会总会授予“报刊宣传先进集体三等奖”荣誉称号，被市红十字会评为全市红十字系统先进集体一等奖。

【计生协会工作】 认真贯彻习总书记在中国计生协第八次全国会员代表大会上的指示精神，围绕新时期计生协会宣传教育、生殖健康咨询服务、优生优育指导、计生家庭帮扶、权益维护、流动人口服务等“六项职能”，着力促进工作职能转型，推动计生协会工作持续深入健康发展。一是健全组织网络。按照卫生计生融合需要，对计生协会组织架构重新进行了理顺。在乡镇，由分管负责人担任协会会长，卫计办主任、卫生院院长分别担任常务副会长、副会长，明确了1名专职秘书长。在村级，由支部书记或有威望的“五老”干部任会长，专职主任任副会长兼任秘书长，会计任副会长，有条件的地方增设乡医为副会长。二是整合服务阵地。将村卫计办公室与协会办公室共用，将村会议室、党员活动室、图书室等与协会会员活动室共用，实现资源整合、有效利用；将村健康宣传服务与协会宣传活动结合，增强宣传的丰富性和针对性。三是做实“两个项目”。扎实推进承接的省计生特殊家庭帮扶救助项目。利用省、县配套资金，积极与沂水政协企业家协会——䴉和公益基金会、沂蒙义工协会等社会公益组织联合，对215户计生特殊家庭462人进行了关怀救助，共发放救助物资折合36.2万元；由财政出资为这些家庭成员免费办理了城乡居民医疗保险和“意外和重大疾病安康保险”；优先把计生特殊家庭优先纳入到家庭医生签约范围，为每个家庭成员配备200元的免费健康服务包。扎实推动流动人口计生协会建设项目。继续围绕流动人口服务“1234”模式，加强流动人口协会建设，促进流动人口基本公共卫生计生服务均等化政策的落实。至2017年底，全县共建立驻外流动人口协会30个，覆盖流出人口的75%左右。四是开展“四项活动”。利用20万元计生公益基金对118名计生贫困家庭大学新生进行了救助，每人发放了1000元—2000元的助学金；“六一”期间，联合山东法制报社、济南红会医院开展了“情系沂蒙老区共圆求学之梦——计生关怀·蒲公英关爱计生贫困家庭公益行动暨红会福娃娃助学基金捐赠仪式”，对20名计生贫困家庭儿童每人发放了1000元的助学金，各乡镇也开展了形式多样的贫困儿童救助活动；根据省、市要求，组织专家组建了优生优育志愿者服务团队，积极开展“优生优育知识进社区”活动。全县共举办优生优育知识讲座14场，宣传服务活动38次，服务群众2000余人（次）；积极与卫生医疗机构携手开展“5·29”会员活动日等节日宣传服务活动，营造浓厚宣传氛围。

（赵晓辉）

【医院选介】 **沂水县人民医院** 沂水县人民医院（二级甲等医院）业务用房面积44946平方米。2017年，设置科室68个，编制床位数900张，实际开放床位912张。有工作人员897人，其中卫生技术人员756人。2017年门诊342636人（次），比去年同期增长5.09%；收入院病人33826人（次），比去年同期增长15.08%；出院病人33554人（次），比去年同期增长14.47%；手术7367台，比去年同期增长9.42%；健康查体50591人（次）。

深化公立医院改革　药品、耗材零差价销售工作稳步推进。2017年，医院严格执行医改政策，除中药饮片外，所有药品全部按进价销售，实行零差价，CT、磁共振等大型仪器检查收费价格下调15%，切切实实让利于百姓。

积极探索开展“医联体”工作，实行“对口支援”　2017年，本院与夏蔚镇卫生院组建紧密型医联体，成立沂水县人民医院夏蔚分院，实现两院人、财、物管理的统一，夏蔚镇政府已划拨土地40亩，由该院建设新院区，建设后使夏蔚分院达到二级医院标准。12月，该院与崔家峪镇卫生院、道托镇卫生院等9家卫生院组建了医联体，举行了签约仪式。

着力深化全面质量管理，推行5S管理，打造品牌医院　2017年医院将5S管理作为一种新的管理工具融入到全面质量管理中，用外观的改变规范带动内部管理的提升，为全面质量管理注入新的活力，使管理不断延伸。

着力加强人才培养与引进，完善员工内训体系　一是加强人才培养力度。2017年医院派出16名业务骨干到上级医院进修、培训，派出200余人（次）参加各类短期学习班、研讨会、学术会，并积极组织进修结束和培训归来的人员开展交流活动，尽快将其所学应用到临床实践工作中。二是加强人才引进力度。2017年，共引进硕士研究生5人，本科生25人，专科生32人，进一步壮大了人才队伍。在招聘人才的同时，积极邀请国内外知名专家来院坐诊、手术、教学、指导，帮助提升医院的医疗技术水平。2017年邀请到了德国康复专家Orsula和Luise来院坐诊指导1个月，传授国外先进的康复治疗方法。

着力加强医院协作，联大靠强，提升医院竞争力　一是继续加强与山东省千佛山医院、山大二院的交流协作，并在此基础上与山东省中医院建立了协作关系，与台湾国泰医院达成了合作共识。各大医院定期派驻专家来医院坐诊、教学、手术、指导，同时，医院派各专业人员赴各大医院进修、学习，不断提高自身的医疗技术水平。二是加强与西安交大第二附属医院及临沂市人民医院在心血管疾病介入方面的协作，充分发挥心脏与卒中防治中心的作用。三是与山东省肿瘤防治办协作，承担国家上消化道早癌早诊早治项目，并顺利完成省肿瘤防治办下发的100例免费筛查任务。四是探索与北京积水潭医院合作新模式。已与积水潭医院达成共识，加入北京积水潭医联体，相关材料已经上报北京市卫计局等待审批。

着力提升医院医疗服务水平　注重医疗质量，保证医疗安全。一是根据县级医院服务能力基本及推荐标准，修订完善了相关制度及流程，严格执行《全面质量管理实施方案》和《全面质量管理考核标准》，加强对临床科室的督导和考核，促进各项制度特别是核心制度落实到实处。二是规范病历管理，提高病历书写质量。三是不断规范医疗纠纷预警和不良事件上报流程，及时消除纠纷隐患。

狠抓护理质量，保证护理安全。一是制定新的护理质量标准，并加大考核力度。二是定期召开护士长座谈会、患者家属座谈会，征询意见和建议，构建和谐医患、护患关系。三是加强护理队伍内涵建设，提高护理人员整体素质。四是改善服务流程，提高护理质量。五是加强护理安全管理，完善护理风险防范措施。

强化院感管理，保证患者安全。一是完善医院感染三级管理体系，并将任务细化，落实到人，加强对全院职工感染知识的培训和考核，增强医务人员的感控意识。二是加强对双手卫生规范、消毒隔离制度、无菌操作技术规范以及医疗废物管理规范的落实。三是加强对重点科室、重点环节的感染管理及督导考核。四是开展环境卫生学监测、医院感染发病率监测、手术切口感染的目标性监测、多重耐药菌的医院感染目标性监测等工作，做到安全隐患及早发现。

加大教学投入，活跃学术交流，提升教学水平。2017年，在沂水县医学会的基础上，组织召开内科分会学术交流会2次，并新成立了心电分会、检验分会、影像分会，增加学术交流。11月，中国医师协会乡村医生分会沂水县人民医院培训基地挂牌成立，同时开展了学术研讨会，培训基地的成立将为乡村医生搭建起更好的学习平台。

加快专业细化，推进学科建设　一是加快专业细化步伐，推进重点学科建设。以介入诊疗为契机，不断推进各学科细化、分化，成立血管外科专业、糖尿病足专区等；以健康扶贫为导向，努力促进眼科、肾内科、肛肠科、泌尿外科、骨科、肿瘤科等专业的发展；以“建名科”为发展战略，把内分泌专业、康复专业、精神卫生专业、创伤骨科、眩晕专科、胆石症专科等明确为重点发展学科。同时将康复科细化为康复一科与康复二科，将普外科细化为胃肠肝胆组与两腺血管组，将泌尿胸外科细化为泌尿外科与胸外科，将骨二科进一步细化，为下一步分科打下基础，成立口腔颌面外科，设立心理咨询门诊。二是成立青少年低视力防治中心、儿童康复中心、婴儿洗护中心及产后康复中心。三是成立远程心电中心。2017年，该院在持续完善远程会诊中心、影像中心的基础上，又投资100余万元建立了全县远程心电中心。至2017年年底，医院已与14家乡镇医院（26个网点）成功开展了心电远程会诊业务。四是加强中医药建设。医院历来重视中医药的发展，重点将中医药应用于肿瘤专业、康复专业、妇科专业、产科专业等。

鼓励创新，持续开展新技术、新项目　医院加强对新技术、新项目的过程管理，从实行项目准入制度入手，在项目过程管理中更突出项目的创新性，重视自主创新，体现创新价值。2017年各科室共申报了85项新技术、新项目。

着力做好新院区及夏蔚分院的建设工作　一是加快河西新院区建设。河西新院区建设是以特色文化为背景、以健康养生为中心、中医药产业为发展契机的集医疗、养生、健康、文化为一体的康养示范基地。西院区总体分为医疗区和康养区，总建筑面积152960平方米，其中地上建筑面积121960平方米，地下建筑面积31000米。功能设置包括综合医院、中医院、精神卫生中心、疾病感染科、康养中心等，同时配备相关配套设施。二是加快夏蔚分院建设。由夏蔚镇党委政府和沂水县人民医院共同建设沂水县人民医院夏蔚分院，并于11月10日隆重举行了沂水县人民医院夏蔚分院项目启动签约仪式。

2017年，医院被授予“山东省五四红旗团支部（总支）”“临沂市创新班组”“临沂工人先锋号”“全县统战工作先进单位”“全县老干部工作先进单位”“全县城镇网格化管理工作先进单位”“全县工会工作先进单位”“全县残疾人工作先进单位”“全县医保工作先进单位”“全县基层党建工作红旗党组织”“沂水县五四红旗团委”“巾帼建功先进集体”“职工先锋号”等荣誉称号。

（贺　嘉）

妇幼保健计划生育服务中心　沂水县妇幼保健计划生育服务中心（沂水县妇女儿童医院）担负着全县妇女儿童医疗、保健、科研等任务，是沂水县母婴保健执法、妇幼卫生、人口计生工作的技术指导服务中心，是国家级“爱婴医院”。医院占地31亩，有南北两个院区，开放床位160张，有工作人员260人，设有围产保健部、妇女保健部、儿童保健部、计划生育部等6部为框架的19个业务科室，20个职能科室。配有西门子S1000、S2000四维彩超、日立彩超、500am双床双管遥控遥篮X光机配CR、宫腹腔镜、锐扶刀、无创ATP红外治疗仪、超早期宫颈癌筛查设备等10万元以上医疗设备30台。2017年，医院共分娩4909人，比去年同期增长41.8%，住院9078人（次），比去年同期增长43.6%。

妇幼保健　一是按照三级预防科学模式，扎实做好出生缺陷综合防治。建立了覆盖城乡居民，涵盖孕前、孕期、新生儿各阶段的出生缺陷防治服务制度，逐步降低了出生缺陷发生率，做到了一级预防全覆盖，2017年全县免费婚前医学检查10802人、检查率95.22%；二级预防有突破，产前筛查7810人，其中免费产前筛查738人，产筛率72.23%；三级预防见成效，免费新筛儿疾病筛查10812人，其中串联质谱筛查57人，复采246人（次），转市新生儿筛查中心37人，确诊20人。二是贯彻落实基本公卫和重大公卫服务项目。制定下发了《沂水县妇幼保健计划生育优质服务专项考核方案》，形成了《全县妇幼保健优质服务工作情况调研报告》；2017年1月1日至8月23日农村孕产妇住院分娩补助14885人；为符合条件的17251名农村妇女发放叶酸101567瓶，其中婚前检查处发放叶酸21576瓶；农村适龄妇女“两癌”检查32402人；艾滋病检测16162人，梅毒检测16177人，乙肝检测16112人，并免费为229名乙肝阳性产妇分娩的新生儿出生后24小时内注射了乙肝免疫球蛋白；严格执行高危妊娠分级管理制度和转诊制度，使孕产妇系统管理率和儿童健康管理率达到87%，高危妊娠管理率达到了100%；组织召开了全县孕产妇、新生儿死亡评审会议，对全县的2例孕产妇死亡病例和1例新生儿死亡病例进行了评审；严格执行“出生医学证明”落实管理制度，对签发和管理人员实行终身责任追究制，2017年发放“出生医学证明”11095份，使用率为100%。三是积极开展社会群体保健工作。配合县卫计局与教体局联合出台《沂水县托幼机构卫生保健管理工作实施方案》，组织托幼机构和妇幼服务机构人员500余人进行了培训，12月联合县教体局对全县168民办托幼机构进行了卫生保健管理评估；对县域内81所托幼机构的13291名儿童进行了健康查体，查出疾病10375人（次），发病率78.06%；对全县62个县直机关、企事业单位的2064名妇女进行了以预防“两癌”为主的健康查体，查出乳腺增生、子宫肌瘤等常见疾病1146人，宫颈癌1例，并给予了建档治疗。

临床诊疗　一是拓展学科建设。在妇科，采用腹腔镜、宫腔镜和阴道镜等妇科内镜技术，形成以微创为前提的妇科手术治疗体系，成功实施腹腔镜下卵巢瘤剥除、子宫全切、宫外孕手术、不孕症治疗等手术，同时成功开展了彩超检测下清宫、纱布阴道填塞法治疗疤痕妊娠、慢性宫颈炎的射频消融治疗术等手术；产房开展无菌导尿术等技术，引进导乐分娩镇痛仪和导乐球，开展导乐分娩；儿保科增设身高促进门诊，开展遗传性耳聋基因监测和母乳营养分析；B超室开展了新生儿髋关节、新生儿斜颈等检查项目。二是发展医联体建设。2017年，医院先后与全国妇产远程医疗联盟、齐鲁儿童医院先后建立合作关系，与山东妇幼保健院（集团）签约，成为山东妇幼保健院（集团）医联体一员。借助各项合作关系，发展远程医疗，并邀请北京世纪坛、北京大学人民医院、山东妇幼保健院等名院专家前来坐诊，既节约了医疗资源，提高了医院诊疗能力，又让患者享受到了更加便捷、优质的医疗服务。三是加强医疗质量安全和护理服务水平。将全面质量管理和持续改进工作纳入医院管理的日常工作，根据日常运行情况结合医院实际，进一步完善修订了考核准则，保障了医院医疗安全，提高了医疗质量。成立了全院护理质量与安全管理委员会，全面负责医院护理质控检查工作，新修订了分级护理制度、医嘱执行制度、护理查对制度、消毒隔离制度等14项护理核心制度，进一步加强了护理人员素质能力和业务知识培训，全年共组织护理人员各项培训10余场，并选派护理人员外出进修学习，医院护理人员服务意识显著提高，素质能力明显增强，患者满意度达99%以上。

计划生育技术服务　一是积极开展国家免费孕前优生工作。2017年，为加强孕前优生知识宣传，医院组织相关医护人员外出乡镇、社区宣传义诊10次，免费检查623人（次），接受群众咨询1210人（次），发放各类宣传资料6000余份，全年免费孕前优生健康检查9393对，完成全面目标117.41%，目标人群覆盖率100%。二是继续开展计划生育技术服务工作。2017年，医院共普查181人，放取环442人，三胎查体36人，持证审批查体2374人，不孕症鉴定33人，放环不适应查体231人，孕期免费彩超查体10804人（次），其中孕期异常情况6920例，妇科疾病933例，其他查体945人。

（赵太兰　谢乐洋）

临沂市沂水中心医院

【概况】 临沂市中心医院是集医疗、急救、科研、教学、预防、保健、康复于一体的综合性三级甲等医院，承担着临沂市北部各县及日照、潍坊、淄博等临近市、县的医疗、急救任务，服务人口800万，服务半径80公里，是政府确立的沂蒙山区域医疗中心。是首批全国百姓放心示范医院，国家级爱婴医院，国家医师资格实践技能考试基地，国家级住院医师规范化培训基地，国家级临床药物试验基地，国家慢性疾病宣贯基地，全国百万妇女乳腺普查工程定点医院；也是省级产前诊断中心，山东省青年医师规范化培训基地，滨州医学院临床学院，潍坊医学院研究生培养基地，济宁医学院教学医院，山东医专附属医院。医院占地面积15.33公顷，建筑面积33.8万平方米，其中业务用房面积20.2万平方米。医院设置床位2280张，分设71个护理单元；有临床专业45个，临床科室74个。2018年，医院有工作人员2400人，其中高级职称350人。门诊111.5万人（次），住院手术2.7万台（次），收治病种数2560个，出院病人10.1万人（次）。

【扎实开展“一岗双责”工作】 加强党员思想教育，提高党性修养。深入推进“两学一做”学习教育常态化、制度化，扎实开展“富民兴临”主题实践活动；实行“走出去”教育，组织党员领导干部分别赴延安干部培训学院和费县卫计局进行了培训学习；组织医院所有党员学习十九大精神；认真落实党建制度，提高党建工作科学化水平；落实党员奉献积分管理制度，为党员搭建奉献平台，引导党员发挥作用。

落实全面从严治党的工作要求，推进党风廉政建设及惩防腐败体系建设，临沂市中心医院党建和文明创建工作从组织体系到小组建设、从学习方式到学习内容均基本探索成形。同时根据“四个全覆盖”工作要求，医院开展了廉政责任书签订全覆盖、廉政谈话全覆盖、廉政承诺全覆盖及个人重大事项报告全覆盖工作，党建工作和文明创建工作制度化、体系化初步形成。

【稳步推进文明创建工作】 明确目标，真抓实干。医院党委对精神文明工作高起点谋划、高标准推进、高质量落实，顺利通过市级文明单位复审，为争创省级文明单位打下良好基础。开展便民工作，方便群众就诊。召开医患座谈会，提高群众满意度；开展住院病人床边结算工作、门诊非急诊全预约工作及出院病人全随访和满意度回访工作。几项工作的开展，在提升群众就医就诊体验的同时，也取得了良好的社会效益；开展志愿服务活动，弘扬雷锋精神。为弘扬雷锋精神，宣传卫生知识，先后组织开展了“爱耳日”宣传教育活动、“世界献血日·我们在行动”“无烟·健康·发展”“世界家庭医生日”等宣传教育活动等，积极参加沂水县政协组织的大型义诊活动，送医送药到社区，为老百姓做实事；积极开展、参加各类技能培训及比赛，提高业务水平，临沂市中心医院多名同志代表市卫计委在省级院前急救知识竞赛、结核病防治知识竞赛、药学专业技能大赛中获奖，为临沂市中心医院赢得了荣誉。

【增强区域医疗中心辐射工作】 医院颐康楼于2017年7月正式启用，整体设置以创伤类外科及康复理疗为主；此外围绕标准化急救中心建设，致力于打造沂蒙山区域急救中心。医院通过信息化手段支持，提升患者就医体验。积极推行全预约工作、门诊电子病历及病区结算项目，医院已经开通微信、电话、网络等8种预约方式，门诊非急诊全预约率达到68%，住院病人病区结算已推行到9个病区，门诊电子病历工作也在稳步推行；7月，医院顺利通过国家级临床药物实验基地评审。产前诊断中心通过评审。2017年6月，医院顺利通过产前诊断技术中遗传咨询、医学影像、生化免疫、细胞遗传等4项技术的评审，医院急危重症孕产妇和新生儿救治中心服务能力进一步提升。

【稳步提升高学历人才层次】 人才是医院发展的强劲动力，是学科建设上水平上台阶的有力支撑。2017年，全院硕士以上高学历人才比例较2016年增长1.23%。在加强人才引进的同时，临沂市中心医院以“不为我所有、但为我所用”为指导思想，柔性引进人才，相继与山东省中医药大学3名教授签约，来临沂市中心医院定期坐诊。同时，注重与外国专家局的联系，2017年共有3名外国专家来临沂市中心医院交流指导。

国家级住院医师规培基地获批。2017年3月，医院有11个专业顺利通过国家级住院医师规培基地评审。规培基地创建成功，有力的解决了医院和临沂市北部沂水、蒙阴等县规培难的问题。9月，规培基地正式招生，第一批40余名学员已经入院培训。

2017年2月，临沂市中心医院儿科、妇科、泌尿外科、普外科、心血管内科、眼科等6个学科成为临沂市临床重点专科，中医周围血管病科成为市中医药特色专科，康复科成为省重点专科建设单位。医院积极开展临床科室学科建设自评工作，多次组织召开临沂市中心医院省重点专科建设单位建设情况督导工作会议，通过会议督导，找短板，查不足，定措施，抓落实，以推动学科建设步伐。同时，以学科建设为引领，医院2017年共举办省级以上继续教育项目9项，发表SCI论文24篇，核心期刊及中华级论文33篇，发明专利及实用新型专利5项。

【积极推进对口支援和健康扶贫工作】 2017年5月，根据省卫计委要求，医院选派1名医师参加山东省赴麦加朝觐活动，9月，根据省卫计委2017年卫生援疆工作计划安排，派遣眼科及心内科2名专家赴喀什巡诊活动。11月，根据中央东西部扶贫协作座谈会的总体部署和市委、市卫计委有关工作要求，与城口县人民医院签订合作协议开展帮扶任务。

根据《临沂市农村贫困人口大病专项救治工作实施方案》的要求，成立了医院贫困人口大病救治领导小组，由医务科长担任组长，针对7类11种大病成立下设5个贫困人口大病救治专病专治医疗组。并根据要求，组织相关领域专家奔赴蒙阴、沂南、沂水近30个乡镇自然村，对31名大病贫困人口进行了逐一走访摸底，建立了大病救治台账及患者个人档案。

落实上级健康扶贫实施意

见，积极参与“童心圆梦”健康扶贫公益活动。严格实行贫困患者门诊“两免两减半”及住院减免10%的优惠政策，为精准扶贫困难户减免就医费用。至2017年底，共为贫困患者减免300余万元，惠及4500余名贫困患者；针对沂水县27个省市“第一书记”驻点村开展了21次义诊下乡送医送药送健康活动，投入费用近20万元，惠及百姓逾万人。

【深化落实综合医院改革，推动惠民便民举措】 积极有效推动医联体建设，促进分级诊疗工作。2017年临沂市中心医院与沂水县、蒙阴县积极进行双向对接与交流，推动区域医疗服务一体化建设。已与沂水县9家医疗卫生机构签约组建医联体，与蒙阴县卫计局和4家乡镇医院的协作正在洽谈中。同时，加强基层卫生人才队伍建设，多途径增强基层服务能力，接收全科医师、儿科医师转岗培训和医护人员进修培训500余人；应沂水县卫计局邀请对全县21家乡镇医院进行护理质量管理、医院感染管理检查、质控，对医护人员开展理论和技能考核考试等，有效推动医护人员转变观念，提升水平，为分级诊疗工作奠定了基础。以颐康楼启用为契机，做好急救中心建设、康复中心、病理中心、健康管理中心等几大平台的建设，加强医联体成员单位学术交流，逐步形成以IT为支撑，多级医院协作的医联体体系，有效推动了医联体建设和分级诊疗工作。

努力完成临沂市城市公立医院医疗服务价格结构性调整的同时，医院进一步规范耗材收费管理，为耗材价格改革奠定基础。2017年年初，医院就制定了《辅助用药目录》和《质子泵抑制剂使用管理办法》及相关规定并严格监管。同时，将药品比例作为各临床科室综合目标管理的重点指标进行双重扣罚；在日常管理中，坚持药品用量动态监测和超常预警制度，对异常情况进行点评公示或约谈；召开医药购销廉政座谈会，与药品、耗材供应企业签订廉洁双向承诺书，形成合力严管的氛围。2017年，临沂市中心医院药占比和耗材占比持续下降，药占比31.6%，耗材占比14.64%。

【医疗工作亮点纷呈】 2017年3月在“仁心仁德大爱无疆”临沂市首届“最美医生、最美护士、最美乡医”评选活动中临沂市中心医院刘洪云获评最美医生，郝长虹、张桂菊分别获得“最美医生”“最美护士”提名奖。4月ICU二区王洪蕾被推荐为《全国优秀护理工作者》候选人。5月秦庆美获临沂市优质护理服务先进个人称号；手术部团支部被团省委授予山东省五四红旗团支部；护理部马君秀被国家卫计委办公厅、国家中医药管理局办公室、中央军委后勤保障部卫生局授予优质护理服务先进个；2017年临沂市中心医院在全市首先实现了异地就医全国直报，医院医保工作在2017全省医保工作会议上进行了经验交流，医保工作分管领导刘迎恩副院长获评全国医保工作先进个人；医院病案首页填报工作获得好评，11月，临沂市中心医院病案首页填报及数据分析工作在中国医院协会大会上受到表彰，并就相关工作进行了经验交流。

（武　洁）

社会事业

民政工作

【概况】 沂水县民政局主要负责全县救灾救济、五保供养、城乡低保、福利慈善、社会养老等社会救助工作；双拥优抚、军休安置和涉军人员维稳工作；村委会换届选举、村务公开民主管理和城乡社区建设等基层政权建设工作；婚姻登记、收养登记、殡葬改革、区划地名管理、民间组织管理、民政事业费管理、烈士褒扬和民政信访等民政社会事务工作。2017 年，局机关设办公室（挂信访科牌子）、县民间组织管理办公室（挂县民间组织执法监察队牌子）、优抚科（县双拥工作领导小组办公室与其合署）、县退伍军人和军队离退休干部安置办公室、救灾科、社会救助科、基层政权和社区建设科（挂区划地名科牌子）、社会福利和慈善事业促进科、规划财务科、社会事务科等 10 个行政科室，婚姻登记处、优抚医疗保障办公室、慈善总会办公室 3 个股级事业单位，下设军队离退休干部休养所、殡仪馆、烈士陵园和社会福利中心、公墓管理中心 5 个副科级事业单位。有工作人员 88 人。

【社会保障】 **社会救助工作** 2017 年全县共有农村低保对象 58800 户、64090 人，城市低保对象 1814 户、3247 人，全年发放城乡低保金 8000 余万元；特困供养人员 3480 人，发放供养资金 650 万元。加大了对一般贫困户医疗救助力度，较好解决了群众因病致贫、因病返贫问题。2017 年累计发放医疗救助资金 2800 余万元，救助困难群众 3.1 万余人。同时，积极开展临时救助 589 人（次），发放临时救助资金 196.1 万元；下拨自然灾害生活救助资金 65.1 万元，救助受灾困难群众 8000 余人。在做好社会救助兜底扶贫的基础上，积极开展“孝善养老”活动，着重解决农村 70 周岁以上贫困老人无力脱贫等问题。

社会养老工作 着力构建“以居家为基础、社区为依托、机构为补充、医养相结合”的多层次养老服务体系，全力打造没有门槛的“服务站”和没有围墙的“养老院”。12349 居家养老服务信息平台实现运营。信息平台占地 600 余平方米，配备话务员 10 人，已完成 3 万名城区老年人信息采集和录入，并整合线下服务商 100 余家。首批为 1 万名老人免费配备了智能手环和一键通手机，随时为老年人提供优质服务。加快示范性社区养老服务中心建设。已建成“孝润”和“夕悦”两处示范性养老服务中心，其中孝润养老服务中心占地面积 2000 平方米，设有床位 32 张；夕悦养老服务中心占地面积 2000 平方米，设有床位 45 张，共入住老人 30 余名。新建 2 处规模化医养结合型养老机构，其中金鹏颐年园老年公寓项目占地 34 亩，投入资金 1.6 亿元；颐康园老年公寓项目占地 15.4 亩，投入资金 8000 万元，预计 2018 年可建设完成。新建设城市社区日间照料中心 6 处，农村幸福院 24 处。

社会福利和慈善工作 全面落实孤儿、困境儿童、事实无人抚养儿童和城镇“三无”人员保障政策，加强动态管理，完善孤残儿童信息。2017 年为 459 名孤儿、困境儿童和事实无人抚养儿童发放生活费 224.46 余万元。为 16 名城镇“三无”人员发放生活费 13.197 万元；在积极做好全县“慈心一日捐”活动的基础上，发动社会力量募集款物，累计接收社会捐款 54.5 万元。

【双拥和优抚安置】 **双拥工作** 县委、县政府高度重视双拥工作，把双拥工作与全县重点工作同部署、同考核。一是调整充实了县双拥工作领导小组，定期召开联合议军会、参建会，相互通报交流情况。二是加大了资金投入，为适应消防工作需要，每年预算都达到千万以上，2017 年更是达到了 1659.12 万元，实现历史突破，其中拿出专项资金 480 万元为县消防大队新建宿舍楼一栋用以解决部队官兵家属来沂探望、随军住宿问题，正在规划建设中。加快军地两用人才培养，全县共培养开发退伍军人两用人才2000余名、专业技术人员300多人。全县举办国防教育专题讲座50多场次，听众达2.5万余人（次）；通过爱国主义教育基地等对广大干部、中小学生、人民群众进行国防和双拥教育达20多万人次。10月，沂水县顺利通过了省创建双拥模范县工作验收组的验收，实现省级双拥模范县创建两连冠。

退役士兵安置 接收2016年度退役士兵494人，其中自主就业退役士兵478人，符合政府安置工作条件的14人，退休士官2人，于12月19日全部安置完毕。其中，安置到事业单位6人，国有企业12人，安置工作全过程实行“三公开一监督”，做到了公开、公平、公正。发放自主就业、一次性经济补助和待安置期间退役士兵生活补助1100余万元；为532名六类涉军人员发放困难补助310余万元，培训退役士兵430人。

落实优抚政策 完成330名2017年年满60周岁老年退役士兵和2名老年烈士子女的审核认定工作；审批带病回乡、参展涉核退伍军人18人，新增补办评残、提残14人；发放乡镇各类抚恤定补优抚对象补助款5978万元；对县直414名残疾、参展、涉核退伍军人和“三属”人员进行了审核，发放抚恤金614万元；组织60名优抚对象到省、市荣军医院进行短期疗养，为10名残疾军人申请配备了轮椅；为920户义务兵家庭发放义务兵家庭优待金1155余万元；2017年，为各类抚恤定补优抚对象发放医疗补助268万元，资助276名县直生活困难抚恤定补对象缴纳城镇职工医疗保险金70万元。

【社会行政管理】 **殡葬改革工作** 2017年，出台《关于进一步加快公墓建设推进殡葬改革的实施意见》和《公墓管理办法》，开发了公墓管理系统，并在县民政局设立了副科级公墓管理中心，实现了公墓管理规范化、长效化、信息化。全县共7规划建设镇级公益性公墓109处、县级1处，建设墓穴达10万个，总投近亿元。墓穴全部投入使用后，可比原来节约90%的耕地，节约木材1万立方米。全面实施全民惠葬工程。5月10日，在全县范围实施了全民惠葬政策，由县财政每年拿出2000万元保障殡仪馆和公墓正常运转，群众进公墓安葬和殡仪服务全部免费，每年可减轻群众负担近两亿元。积极探索实行殡葬奖励政策。引导群众逐步接受和认可新的安葬形式，简化丧葬流程，推动全县移风易俗，各乡镇（街道）根据各自实际，制定出台了奖励政策，“厚养简葬”的新观念在全县逐步形成。

婚姻登记 2017年共办理婚姻登记6305对、离婚登记2235对，补发证件1418件，档案查询1500多件，合格率均达到100%。

流浪乞讨人员救助 建立民政、公安、城管、卫生等部门联合参与的救助流浪乞讨人员救助机制，设立了24小时救助电话，累计救助154人次。

区划地名工作 2017年共普查地名信息4489条，地名标志类信息958条。完成实地踏勘和多媒体信息采集，按普查录入的地名信息对1∶5万电子矢量地图和工作图进行了修改、标注；地名普查数据库图库连接率100%。3月23日，省地名普查办通过现场抽查和质量监理，对沂水县地名普查工作给予肯定。4月通过省地名普查验收，已上报国家等待验收。完成《中华人民共和国标准地名词典》的编纂上报。另外，积极做好图录典志的编纂工作，2017年已编辑《沂水县地名志》条目1000余条。完成了龙家圈镇改街道办事处工作，8月龙家圈镇正式更名为龙家圈街道。

社会组织工作 发挥社会组织创新孵化园作用，新孵化社会组织5家，并在5个试点社区建成了社区社会组织服务中心，全县社会组织达到489家。

【基层政权和社区建设】 2017年全县建设社区服务中心38处，总建筑面积4.3万平方米，计划投资4952万元。完成社区服务中心主体建设的11处、正在开工建设的9个，已拨付补助资金120万元。6月9日，沂水县代表临沂市圆满完成省政府督导农村社区服务中心建设的迎查工作。积极推进社区治理，扎实开展社区协商，确定全县社区协商示范点19处，其中市级1处、县级2处、乡镇级16处。8月18日，代表临沂市圆满完成省督查组的专项督查。

【机关作风建设】 积极推进“两学一做”学习教育常态化制度化，落实三会一课、支部主题党日等制度，民政干部队伍作风明显转变。民政依法管理、规范管理等各项规章制度进一步建立健全，检查督办、奖惩激励、推动创新、班子建设的内部运行机制进一步完善。基层民政能力建设扎实推进，定期组织各级民政工作人员开展业务培训，县乡村三级民政网格化工作机制和信息服务网络平台建设进一步完善，工作能力、服务水平、工作效率不断增强。省厅市局领导多次来沂水调研民政工作，对机关作风建设和基层民政能力建设工作给予肯定。

（王　丽）

人力资源和社会保障

【概况】 沂水县人力资源和社会保障局是沂水县人民政府正科级行政管理职能部门，负责全县人力资源开发服务管理、社会保障及构建和谐劳动关系等项工作。2017 年，辖人力资源开发服务管理办公室、劳务协作办公室、社会劳动保险事业处、城乡居民社会养老保险事业处、医疗保险事业处 5 个正科级单位；技术工人考核管理办公室、劳动和社会保障监察大队、机关事业单位社会保险事业处、劳动人事争议仲裁院 4 个副科级单位；办公室、政策法规科、人事科、规划财务科、就业促进科（挂高校毕业生就业办公室、农民工工作科牌子）、县公务员管理办公室、人力资源市场和人员调配科、事业单位人事管理科、县军官转业安置办公室、职业能力建设科、专业技术人员管理科、劳动关系科、工资福利科、退休人员管理科、社会保险科、社会保险基金监督科、调解仲裁管理科（挂劳动监察科牌子）、民生工作办公室、档案管理科等 19 个股级行政科室及失业保险事业处、社会保险基金管理中心、信息中心及职业技能鉴定中心 4 个股级事业科室，设立县外国专家管理办公室。有工作人员 214 人。

【人事管理】 认真做好公务员年度考核工作。根据上级统一安排，结合沂水县实际，会同县委组织部印发了《关于做好 2016 年全县公务员年度考核工作的通知》。工作中认真执行考核规定，严把优秀比例，全县公务员（含参照管理人员）参加考核 2740 人（其中公务员 2304 人，参照管理 436 人），其中优秀等次 489 人，占参加考核人数的 17.9%，称职等次 2157 人，占参加考核人数的 78.7%，未定等次 91 人，基本称职 1 人，不称职 2 人。

圆满完成全县公务员考录工作。坚持国家公务员公开考录制度，2017 年全县共考录公务员（参照公务员管理事业人员）149 名，其中县直行政机关 15 名、政法系统 47 名、参照管理事业单位 15 名、乡镇机关 72 名。

积极开展公务员培训工作。组织 2016 年新录用的 115 名公务员（参照管理人员）参加市里组织的初任培训，其中在职自学 6 天，集中培训 6 天，通过培训，帮助新录用公务员尽快完成角色转变，提高了工作能力。

不断加强公务员管理工作。一是按照相关程序，对全县 2016 年录用的 62 名公务员进行试用期满考察，考察合格后，及时办理了任职定级手续。二是根据上级安排，会同县委组织部汇总全县公务员统计数据后到市里进行集中上报。三是严格按照公务员登记的范围、对象、条件和程序，在规定的行政编制限额内，认真做好 78 名公务员登记备案工作。五是认真做好县以下公务员职务与职级并行审核工作，经审核共有 103 人符合条件，已及时上报市人社局备案。

2016 年全县事业单位工作人员（含机关工勤）参加考核人数为 19332 人，考核结果为优秀等次 3154 人，占 16.31%，合格等次 15726 人，基本合格 3 人，不合格等次 25 人，不定等次 424 人，未参加考核 70 人。

认真做好事业单位招聘工作。根据《山东省事业单位公开招聘人员实施办法》（鲁人发〔2006〕23 号）、《临沂市事业单位公开招聘工作人员实施细则》（办字〔2007〕73 号）的有关规定，坚持公开、平等、竞争、择优的原则，通过公开考试招聘，为部分事业单位聘用工作人员 437 人，其中综合类 57 人，普通教师类 263 人，卫生类 117 人（含编制备案制 60 人）。

大力加强事业单位人员聘用管理工作。进一步完善人员聘用管理制度，严格聘用手续审核备案，加强人员聘用数据库建设，规范了事业单位人员聘用合同管理工作。全县事业单位人员全部签订并及时续签了聘用合同，有 1349 人签订长期合同，有 17862 人签订短期合同，其中管理岗位 3057 人、专业技术岗位 14725 人、工勤岗位 1429 人。

【人才交流和毕业生就业】 大力加强人才交流开发引进工作，积极为高校毕业生及各类人员服务，为个人求职和单位求才搭建市场交流平台，为全县经济社会发展提供人才智力支持。

继续做好各类人才引进工作。根据全县“三引一促”安排部署，继续做好招才引智工作。积极深挖企业岗位，做好高校毕业生与企业的对接工作，事先调研企业对人才的需求信息，利用人力资源市场、沂水人才网、与企业共同赴外地招聘等多种形式，为沂水县企业引进各类紧缺急需人才42人，其中高层次人才15人。有效缓解了企业发展人才缺乏的现状，促进了全县经济社会的发展。

完善人力资源市场运行机制，加强人力资源市场建设。2017年，人力资源市场共有会员单位62家，全年共举办常规交流会、专场招聘会等各类人才交流会47场，进场招聘单位1042家（次），进场求职人员9730多人（次），提供各类就业岗位12708个。在华信大厦办公区的人力资源市场组织开展了春风行动、就业服务月、网络招聘月、春（秋）季大型人才交流会等活动，全新的电子显示屏、信息滚动播放等技术为企业和求职者提供更加周到细致的服务。进一步搞好网络人才服务，增加“沂水人才网”网上招聘和求职服务力度，增加档案网上查询功能，提升信息化水平。人才网的浏览量有了大幅度的提高，2017年沂水人才网累计注册企业501家，求职人员注册简历9219份，累计访问量超过823万（次），市场统一发布各类招聘信息613条。

根据《省委办公厅　省政府办公厅印发〈关于进一步引导和鼓励高校毕业生到基层工作的实施意见〉的通知》(鲁办发〔2017〕37号）的规定，自2017年起，山东省对“三支一扶”人员招募以及服务期满后安置政策进行了调整：乡镇事业单位在编制和岗位空缺数额内招募“三支一扶”人员。“三支一扶”人员服务满2年且考核合格的，采取考核考察的方式公开招聘为乡镇事业单位工作人员，在聘用合同中约定5年的最低服务期限（含“三支一扶”计划服务年限）。至2017年底，全县共有10名在岗“三支一扶”大学生。

进一步做好毕业生就业见习基地建设工作，大力提高见习基地接纳毕业生实习锻炼和就业的能力，2017年全县共有见习基地13家，共招募61名高校毕业生，通过财政渠道共向见习基地下拨省市就业见习补贴22万元。

2017年回沂水县报到的应届非师范类大中专毕业生共计1731人（其中博士4人，硕士135人，本科生666人，专科生908人，中专生18人）。利用毕业生现场报到的时机，积极开展大学生创业相关政策的宣传，向毕业生发放明白纸、《创业培训基础知识》手册，引导毕业生参加创业培训，鼓励毕业生参加创业实践，以创业带动就业。

充分发挥人事公共服务职能，认真做好流动人员档案及人事代理服务工作。人才中心现管理流动人员档案35107份，其中，2017年共接收各类档案3276本，累计转出各类人员档案1461册、出具各类档案证明325次。至2017年底，人才中心共代理各类人员4247人，其中：单位代理1207人、个人代理3040人。

【教育培训】 2017年，全县拟定3个专业技术人员继续教育培训课题，供不同行业的专业技术人员选学。共有2.6万多人（次）报名参加培训。

【专业技术职务评聘及国外智力引进】 根据《山东省岗位设置实施指导意见》的要求和省市关于高中级职称评审制度改革的安排部署，顺利完成2017年度各个系列职称评审材料的审核上报工作。根据省、市级对高、中级专业技术职务职称评审文件的标准条件和要求，对事业单位进行岗位设置的单位（超岗位15%不准参加评审），经过严格审核把关，共推荐评审正高级6人，高级140多人，中级200多人参加省市组织的资格评审。2017年全县共组织召开初级评审委员会2个，评审初级专业技术人员270人。同时严格执行《山东省岗位设置实施指导意见》，规范事业单位岗位设置管理，建立事业单位岗位设置管理制度，是深化事业单位人事制度改革的重要内容，对于事业单位转换用人机制，实现由身份管理向岗位管理转变，根据县委县政府的统一部署，对全县涉及事业单位执行行政工资的单位，例如人大、政协、县府办、发改局等31个事业单位或科室进行事业单位岗位设置，前期相关单位已经把单位的职能职责、岗位编制数等相关资料按要求提交，正在积极和市局有关科室协调进行后续工作。

坚持不懈地做好了引进国外智力工作。通过市外国专家局联系的专家6人（次），帮助解决医疗卫生技术和农业栽培技术等等技术难题20余项。

【工勤人员技术等级考核及工资工作】 至2017年年底，全县共有3815人（次）参加工人技术等级岗位考核，确定为技师的1人，高级工1192人，中级工1135人，初级工872人。

全县义务教育学校、公共卫生与基层医疗卫生事业单位绩效工资已经平稳实施，按照上级精神和文件要求，其他事业单位绩效工资实施工作正在稳步推进中。

严格执行工资政策，按时审批各类人员工资变动，做好日常工资管理工作。2017 年全年共计审批各类工资 33600 余人（次）。依据 2015、2016 年度考核结果，为符合晋升级别、晋升工资档次条件的执行机关工资制度的工作人员办理了工资审批手续。其中晋升级别 531 人，人均增资 47.24 元。晋升工资档次 328 人，人均增资 65.8 元。依据 2016 年度考核结果，为符合晋升薪级条件的事业人员办理晋升薪级 18682 人，人均增资 79.81 元。为全县符合职级晋升条件的人员进行资格初审、报市局备案后，按程序晋升职级并兑现工资待遇。至 2017 年底，全县机关事业单位人均月工资收入（应发）达 5266.89 元。

【退休干部管理】 2017 年，严格按照国家、省、市关于机关事业单位工作人员退休的政策规定，根据管理权限，严格程序，共为全县 507 名工作人员办理了退休手续，同时审批安家费、建房补助费。全年审批一次性抚恤 171 人，同时审批符合条件的遗属补助。

【转业军官安置及企业军转干部解困】 2017 年共接收军转干部 13 人，计划安置 10 人，自主择业 3 人。上级出台的各项解困政策得到了全面落实，面上的解困工作任务已经完成。建立完善了解困工作的长效机制，为纳入解困范围的企业军转干部办理了医疗保险，定期组织免费查体，重大节日走访慰问困难企业军转干部。对特困企业军转干部实行了重点救助。

【劳动就业】 全县公共就业服务队伍不断壮大，依托沂水人力资源市场，2017 年办理求职登记 10400 人，介绍就业 10000 余人。不断完善人力资源社会保障基层公共服务平台建设，按照“七到位”“五统一”的要求，规范建设，实现了全县乡镇（街道）基层服务全覆盖。2017 年，实现城镇新增就业 10125 人，其中城镇失业人员再就业 3158 人，困难群体就业 572 人，登记失业率控制在 2.41%；完成失业职工技能培训 280 人，创业培训 826 人。全年为 266 名成功创业人员发放创业担保贷款 3221 万元，为 406 名创业者发放创业担保贷款贴息 291 万元。为 1607 名符合条件的困难群体人员发放社保补贴 739 万元。为 9 名公益性岗位人员发放社保补贴 7 万元，发放岗位补贴 21.3 万元。为 57 名高校毕业生发放就业见习补贴 22 万元。

【大众创业　万众创新】 积极推进“大众创业，万众创新”。通过建立创业孵化基地（园）吸纳创业、加大创业担保贷款力度扶持创业、开展创业培训工作促进创业、落实创业优惠政策扶持创业等措施，有力地推动“大众创业，万众创新”进展。截至 2017 年年底，全县共建立 7 处创业孵化基地（园），全年新创办个体工商户 5400 户、各类企业 2501 户，共发放创业担保贷款 266 笔 3221 万元，其中劳动密集型小企业贷款 2 笔共 600 万元，全年发放贴息 406 笔 291 万元，完成创业培训 826 人。

【社会保险】 主要包括机关事业单位养老保险、企业职工基本养老保险、城乡居民社会养老保险、工伤保险、生育保险、职工基本医疗保险、城乡居民基本医疗保险、失业保险等。

以落实社会保障政策、确保离退休人员养老金按时足额发放、加强社会保险基金管理和扩面工作为重点，进一步完善社会化管理服务，各项保险平稳运行。至 2017 年底，各项社会保险基金总收入 25 亿元，总支出 26 亿元，结余 26 亿元。其中，企业养老保险总收入 5.9 亿元，支出 7.6 亿元，滚存结余 10 亿元；机关养老保险总收入 4.3 亿元，支出 4.2 亿元，滚存结余 1800 万元；居民养老保险总收入 4.5 亿元，总支出 2.6 亿元，滚存结余 13 亿元；职工医疗保险总收入 3.5 亿元，支出 3.2 亿元，滚存结余 2.4 亿元；居民医疗保险总收入 5.7 亿元，支出 6.9 亿元，滚存结余 4900 万元；其他医疗保险收入 1700 万元，支出 1700 万元，滚存结余 70 万元；失业保险总收入 6200 万元，总支出 6800 万元，滚存结余 1600 万元；工伤保险总收入 2500 万元，支出 1900 万元，滚存结余 1000 万元；生育保险总收入 1300 万元，支出 980 万元，滚存结余 420 万元。

2017 年，全县参保的机关事业单位 186 个，参保职工 22509 人。1996 年 5 月至 12 月，机关事业单位养老保险基金缴纳比例单位缴纳 20%，个人缴纳 2%；1997 年 1 月至 1999 年 6 月，单位缴纳 20%，个人缴纳 2%；1999 年 7 月至 1999 年 12 月，单位缴纳 20%，个人缴纳 3%；2000 年 1 月至 2003 年 12 月，单位缴纳 19%，个人缴纳 4%；2004 年 1 月至 2009 年 12 月，单位缴纳 20%，个人缴纳 4%；2010 年 1 月至 2010 年 5 月，单位缴纳 24%，个人缴纳 4%；2010 年 6 月至 2010 年 12 月，单位缴纳24%，个人缴纳2%；2011年1月至2012年12月，单位缴纳28%，个人缴纳2%；2013年1月至2014年9月，单位缴纳31%，个人缴纳2%。自2014年10月1日起，全国开展机关事业单位养老保险制度改革，改革后机关事业单位养老保险基金缴费比例单位缴费20%，个人缴费8%；职业年金单位缴费8%，个人缴费4%。2017年，共征缴机关事业单位养老保险基金4.08亿元；办理机关事业单位退休待遇603人，共为8412名机关事业单位退休人员发放养老金4.18亿元，发放率100%。2017年，稽核机关事业单位68家，其中书面稽核27家，实地稽核41家，稽核在职职工1.1万人，占参保人数的48.9%。

对30218名企业退休人员的养老金进行了普遍调整，通过这次养老金调整，全县企业退休人员月人均养老金由1476元（随每月退休人员增加动态变化），提高到1607元，人均养老金增长131元；为88名企业死亡离退休人员直系亲属享受资格进行了审查，为69名退休死亡人员直系亲属办理了退休死亡人员帐户剩余部分继承手续；组织开展了全县2017年因病非因工劳动能力鉴定报名工作，共有92人报名参加鉴定，45人被鉴定为完全丧失劳动能力。为31513名离退休人员发放养老金6.55亿元，社会化发放率继续稳定在100%。打印养老保险对帐单并审核养老保险手册1.9万余人次；办理养老保险关系转入885人，转入养老保险基金1790万元；办理养老保险关系转出512人，转出养老保险基金1340万元；接收退役士兵养老保险关系684人，转入基金3129万元；办理在职人员死亡一次性救助及个人帐户养老金退还等手续62人，退还各项基金308万元。

认真抓好社会保险稽核工作。2017年，共稽核企业124家，其中实地稽核124家企业。共稽核参加养老保险28964人，工伤保险38831人，生育保险27127人。3—6月，对全县企业离退休人员进行养老金领取资格认证稽核，其中认证稽核企业离退休人员31297人，认证稽核享受定期遗属待遇1462人。

2017年共受理工伤案件367起，已认定314起；支付各项工伤保险待遇1800万元，组织参加市劳动能力鉴定4次，共149人。为904名参保职工支付生育保险金975.38万元，整理生育档案3364卷。

全县城乡居民养老保险参保人数64.3万人，其中，缴费状态人员44.03万人，待遇领取人员20.27万人。2017年度征缴保险费36.7万人、1.25亿元，县财政配套缴费补贴和为重度残疾人代缴保险费共1552.6万元。按时足额准确发放养老金，2017年基础养老金标准为每人每月100元，全年发放养老金2.47亿元，其中，基础养老金2.37亿元，个人账户养老金0.1亿元。经审核，为13626名新到龄人员办理待遇领取手续，待遇领取人数达到20.27万人，为6640人因死亡、享受城镇职工养老保险待遇和保险关系转出办理退保手续，退还个人账户资金509万元，为6449人发放丧葬补助金386.94万元，办理保险关系转入48人，转入基金8.4万元，保险关系转出141人，转出基金18.5万元。扎实有效开展待遇领取资格认证工作，首次启用手机“APP”认证办法，集中利用1个月时间认证待遇领取人员193600人，认证通过率96.4%。认真做好死亡冒领、重复领取养老金核查工作，坚决追缴冒领、重复领取养老金。积极稳妥推进被征地农民社会养老保险工作。对新征土地严格落实先保后征政策，足额落实被征地农民社会保障资金，2017年新征地1776亩，按1.5万元/亩标准配套政府补贴2664万元，足额存入被征地农民社保专户，到2017年末累计落实被征地农民社会保障政府补贴2.725亿元。妥善解决历史遗留问题，2017年7月报请县政府协调县财政局补缴被征地农民社会保障政府补贴欠缴资金1000万元。加强信息平台建设，整合经办资源。为5702人代发民师教龄补助1186万元，为93人代发乡镇老放映员生活补助23.5万元，为3039人代发乡医补助1707万元。

2017年，全县基本医疗保险参保达到103.78万人，其中职工医保参保8.55万人，居民医保参保95.23万人；职工医保基金收入34919万元，支出30784元；居民医保基金收入56730万元，支出62259万元；离休人员共计28人，基金收入1173.9万元，支出1381.4万元。医疗保险待遇支付工作运行平稳，全年累计办理职工医保住院报销1.74万人次，慢性病门诊报销7.37万人次；居民医保住院报销20.09万人次，慢性病门诊报销1.07万人次，普通门诊报销526.35万人次。积极开展异地就医联网结算工作，全年累计办理职工异地就医联网结算614人次居民异地就医联网结算1396人次完善参保职工健康档案，继续做好社保健康查体工作，全年累计组织2.1万人参加了社保免费健康查体加强慢性病、特殊疾病监管，医学鉴定标准更加精细化、标准化，全年职工医保鉴定慢性病 1107 人；居民医保鉴定慢性病 8985 人，鉴定特殊疾病 1429 人，有效保障了慢性病参保人员的就医购药需求。

2017 年失业保险稽核企事业单位 180 户，稽核职工 19175 人，占参保人数的 33%，全年失业保险共新参职工 1600 人，完成市下达扩面计划的 114%；截至 2017 年 12 月，失业保险参保人数为 57435 人；面对失业保险金降低收缴比例的情况下，收缴失业保险金 2721.32 万元，按时完成市下达收缴计划的 111%；全年共支出失业保险金 2528.45 万元；缴纳职工基本医疗保险金 620.11 万元；报销生育保险费 60.26 万元；支付丧葬费及抚恤金 10.06 万元；支出培训费 50.08 万元；转移失业保险金 29.84 万元；上解调剂金 3153.08 万元；扩大失业保险支出 400 万元；创业带动就业支出 64.18 万元。支出援企稳岗补贴 35.09 万元。共接收失业职工 1183 人，及时为其办理了失业保险相关手续，为保障其基本生活及时为 3757 名失业职工发放了失业保险金，发放率百分之百。失业职工技能培训累计培训失业职工 435 人，共计支出培训补贴 50.08 万元。为 62 名到达退休年龄的失业职工代为呈报办理了退休手续，为 230 名失业职工办理再就业手续。

认真做好了退伍军人军龄视同失业保险缴费年限的登记工作 根据人社部发〔2013〕53 号《关于退伍军人失业保险有关问题的通知》，2017 年为 300 多名退伍军人进行了军龄视同失业保险缴费的登记工作，做到了登记及时、准确。

【劳动力管理和输出转移就业】 认真贯彻劳动者自主择业、市场调节就业和政府促进就业的工作方针，坚持劳务输出与输入并重，国内输出与国外输出并重，努力开拓劳务市场，转变用工方式，拓宽用工渠道，改善服务态度，提高服务质量，使农村劳动力转移就业得到稳步健康发展。2017 年，实现全县新增农村劳动力转移就业 12100 人，占市局年度计划的 116%，超额完成全年工作任务。大力加强对外劳务合作服务平台建设，积极开展国外劳务输出，全年完成储备登记 2250 人，推荐外派劳务 31 人，出国备案 26 人，自主外派劳务 8 人。全年新增代理派遣 2300 人，共补办用工登记手续 4000 多份，新签续签劳动合同 3000 多人。共为劳务工代发工资 3 亿多元，代扣代缴社会保险 5000 多万元，代缴个人所得税 680 万元，住房公积金 970 万元。全年共受理、处理各类伤残病亡事宜 47 起，为劳务工办理各种赔付 320 多万元。

【劳动工资管理与劳动合同管理】 进一步推进工资集体协商制度，促进企业建立健全工资收入分配制度，指导企业在生产发展、经济效益提高的基础上合理安排工资增长。自 2017 年 6 月 1 日起，全县月最低工资标准调整为 1470 元，非全日制用工的小时最低工资标准调整为 14.7 元。

继续贯彻实施《劳动合同法》，通过劳动合同监督检查专项行动，对企业用工情况进行监督检查，督促企业与劳动者依法签订劳动合同，2017 年审查备案劳动合同 8000 份。

认真贯彻落实国家和省市关于企业职工退休的政策规定，严把职工档案审核关，按照要求做好企业职工退休待遇的核算与上报审批工作，2017 年共核准企业职工退休 2311 人。

【劳动人事争议仲裁】 劳动人事争议仲裁委员会由人民政府依法设立，专门处理劳动、人事争议案件。劳动人事争议仲裁院是县机构编制委员会批准设立，依法授权独立处理劳动人事争议案件的专门机构。劳动人事争议仲裁委员会处理劳动人事争议，实行仲裁庭、仲裁员办案制度。县劳动人事争议仲裁委员会遵循“合法、公正、及时、着重调解”的原则，依法维护劳动人事争议当事人的合法权益。2017 年，共受理各类劳动人事争议案件 393 起，法定期限内结案率达 100 %。

【职业技能开发】 包括职业技术培训、职业技术考核与技能鉴定和职业技能竞赛。2017 年，全年共培训各类人员 2846 人，新增高技能人才 410 人。修订《沂水县首席技师选拔管理办法》，新《办法》针对县首席技师选拔工作的选拔原则、选拔人数、选拔范围和条件、选拔方法和程序以及首席技师应承担的责任和义务进行进一步的明确和规范。让高级能人才获得应有的待遇，提高了他们的社会地位，增强他们学技术比贡献的积极性，促进了高技能人才的健康成长，为全县经济发展提供有力地智力支持。开展 2017 年沂水县首席技师选拔评审工作，有 12 人入选县首席技师。推荐 5 人参加临沂市首席技师评选，有 3 人荣获 2017 年“临沂市首席技师”殊荣。2017 年，共组织考核鉴定 10 批（次），鉴定考核 2557 人。参加人员职业技能鉴定合格率为90%以上。

【劳动和社会保障监察】 劳动和社会保障监察是人力资源和社会保障部门对用人单位和劳动者遵守劳动保障法律、法规的情况进行监督检查，发现违法行为，依法采取措施予以制止的具体行政行为。主要方式有日常巡查、举报投诉专查、专项检查、书面材料审查等。通过开展以上执法活动，全年共检查用人单位2010户次，涉及劳动者7.04万人次，下达责令改正指令书130份，下达行政处罚决定书14份。受理群众举报投诉案件30起，调查处理12345、行风热线等案件800余起，责令用人单位补办就业登记手续1200份，补签劳动合同1300份，责令补发工资等费用610余万元。在第四季度开展了劳动保障守法诚信等级评价活动，评选出了61家A级用人单位和51家B级用人单位。通过开展一系列执法活动，有力地推进了人力资源和社会保障工作，维护了劳动者的合法权益和社会的和谐稳定。

【人力资源和社会保障信息化建设】 一是社会保障卡制作发放。至2017年12月，制作发放具有金融应用、社保应用和身份认证等三大功能的社会保障卡共计发放城镇职工社会保障卡14.5万张，城乡居民社会保障卡64.7万张。二是城镇职工即时办卡。通过努力，沂水县在全市第一家实现了城镇职工补换卡业务“即时受理、即时制卡、即时应用”，制作周期从过去的3个月缩短到现在的10分钟，彻底解决了社保卡补卡流程长、时效慢、效率低的问题，截至12月，为7215名参保人员办理了即时社保卡业务。三是网络建设。以人社网络为支撑的业务系统涉及县直三个办公区、18个乡镇街道和开发区人力资源和社会保障所、4个社区、4家合作银行等单位，200多名业务操作人员，近650余家定点卫生室、定点医院和定点药店，780余家规模性参保单位，职工、居民、个体自由职业者、外来人口、农村劳动力等100余万参保和退休人群，人社专网“省、市、县、乡、社区”五级贯通。四是推进社会保障卡“就诊一卡通”建设。在杨庄卫生院、姚店子卫生院开展就医“一卡通”系统建设，通过社保卡，持卡人在医院和卫生室完成就诊挂号、划价、缴费、打印检查清单、查询在院治疗用药情况，还可以使用社保卡银行账户支付自付费用等功能，让社保卡全面代替医院的就诊卡，提高了社保卡的使用率，给参保人员提供了便利。

【民生工作】 2017年，共确定民生实事21项，列入全县“125”工程，截至年底，所有民生实事全部按照计划顺利推进。通过项目实施，全县人居环境持续优化，社会保障体系不断完善，教育文化蓬勃发展，生态环境日益改善，人民群众实实在在地感受到党委、政府对民生工作的重视，感受到自身生活环境与生活水平的逐年改善。

【人力资源和社会保障精准扶贫】 就业与社会保障精准扶贫以“能转尽转、愿培尽培、应扶尽扶、应保尽保”为目标，先后开展了转移就业扶贫行动、助推创业扶贫行动、精准培训扶贫行动、人才支撑扶贫行动和全民参保扶贫行动。打造农村“扶贫车间”就地就近就业模式，累计在全县新建和改建就业扶贫车间134处、创业扶贫工坊49处并编号挂牌，吸纳就业3000余人，其中贫困人口400余人；被省厅评为省级示范就业扶贫车间12处；对符合条件的农村贫困人口，由政府开发农村公益性岗位进行托底安置，在全县41个“四联八建”贫困村开发45个农村公益性岗位。至2017年底，累计在全县开发公益性岗位三批，安置贫困人口254人。全年为254个农村公益性岗位申请并拨付岗位补贴71.76万元。组织开展送岗到村入户、就业精准扶贫招聘会等多形式的结对帮扶活动，帮助有就业愿望的农村贫困人口实现转移就业670人。组织就业精准扶贫招聘会介绍就业。全年累计开展精准扶贫招聘会10场，达成就业意向380人，其中贫困人口40人。12月15日，由济南市就业办和临沂市人力资源办联合举办的以“山泉相依 真情相助”为主题的“济南－临沂就业精准扶贫招聘会”在县人力资源市场举行，两市43家企业共提供岗位3000多个，极大满足了贫困人口就业需求。创新思路开展贫困人口创业培训。以乡镇为单位组织开展农村人口创业培训，将有创业意愿和有创业培训意愿的贫困人口纳入进来。先后到杨庄镇、夏蔚镇、黄山铺镇、龙家圈街道开展创业培训，11月20日，济南历下区创业学院到诸葛镇举办2个班次70人农村人口创业培训班，掀起了历下区——沂水县就业扶贫新高潮。积极落实贫困人口参保政策，实现了贫困人口居民养老和居民医疗全民参保。同时将贫困户大病报销政策纳入到医保结算平台，简化了结算流程，方便贫困人口出院时直接按政策予以报销。积极宣传就业与社会保障扶贫政策，印制了

《县人社局致广大贫困户朋友的一封信》和《沂水县"送岗进村"转移就业扶贫行动——部分企业招聘信息一览表》，在各村公示栏和人群聚集区张贴，累计张贴1.2万张，通过村广播广泛宣传，给广大贫困人口送去了就业与社会保障扶持政策和就业岗位，收到了良好效果。

（张德生）

老龄工作

【概况】 老龄工作委员会办公室是县老龄工作委员会的办事机构。主要职责职能是：广泛深入地宣传老龄问题的重要性、紧迫性及其战略意义，宣传党和国家有关老龄工作的方针、政策、法律法规，提高全社会尊老、爱老、养老意识；贯彻落实《中华人民共和国老年法》及《山东省老年人权益保障条例》，落实老年人的各项优待政策，维护老年人的合法权益；实现"老有所养、老有所医、老有所为、老有所学、老有所教、老有所乐"等方针目标；有计划系统地调研全县人口老龄化发展趋势，指导全县老龄工作及各类老年活动，搞好老年教育，做好老年人的思想政治工作；对全县各类老年协会、老年事业服务组织实行业务指导，促进老年群体组织健康、有序发展；总结推广老龄工作先进经验，表彰老龄工作先进单位、先进集体和个人；负责老龄工作的内外联系和交流，及时向党和政府反映老龄问题的工作情况和工作信息；协同有关部门制定老年事业发展规划；承办县委、县政府及上级老龄组织交办的其他工作。2017年，有工作人员11人。

【老年人口】 至2017年3月底，全县60周岁以上老年人口已达22.5万，占全县总人口的19.3%。按照联合国的有关规定：一个国家或地区60岁以上老年人口占总人口的10%以上即为老龄化国家或地区。很显然沂水县已进入老龄化社会。全县的老年人口中60至69岁以上老人有124749人；70至79岁以上有66795人；80至89岁以上有30109人；90至99岁以上有4100人；100岁以上老人有83人。全县22.5万老年人中居住农村的有19.7万人，居住城镇的有2.8万人。

【百岁老人】 2017年12月全县健在的百岁以上老人有57人。57名百岁老人中男13人，女44人。其中1名退休，分住18个乡镇（街道）53个村居。

【维护老年人合法权益】 2017年，各级老龄组织充分利用全县普法教育和《中华人民共和国老年法》集中宣传月的契机，组织各级基层老年组织开展学习培训，认真组织学习新《中华人民共和国老年法》和《山东省老年人权益保障条例》，结合"结亲连心"活动，深入到群众中广泛开展宣传老年法律法规活动。累计举办县级培训班2次，培训相关人员60人（次），开展县乡集中宣传22次，印制《中华人民共和国老年法》《老年法宣讲提纲》《山东省优待老年人规定》（2012版）、《山东省老年人权益保障条例》《老年人防诈骗手册》等材料5万余册（份），发放宣传明白纸10万余份，通过普法宣传队、培训班、宣传车、黑板报、标语牌、广播电视、报刊、文艺演出、街头咨询等多种形式，全面宣传了老年法律法规的各项内容，让广大老年人及其亲属了解了《中华人民共和国老年法》和《山东省老年人权益保障条例》等老年政策的具体内容，增强了"常回家看看"理念，渲染了全社会孝亲敬老的浓厚氛围。完善健全了老年人法律援助制度和老年法律服务网点，设立了老年法律援助中心和"148"服务热线，359个农村社区和26个城市社区设立了涉老纠纷调解员。2017年山东大昌律师事务所被评为"山东省第三批老年人公益维权服务示范站"，山东沂蒙山律师事务所和山东天达星律师事务所被评为"临沂市第二批老年人公益维权服务示范站"。

【老年人的优待政策】 至2017年底，累计已为全县16万人（次）老年人办理老年人优待证。凭此证进入公园免购门票，进入风景名胜区、旅游景点和文化宫、俱乐部、图书馆、美术馆、博物馆、科技馆、展览馆、纪念馆等公共文化娱乐场所，门票一律实行半价，65岁以上老年人免费。对百岁老人，实行每人每月600元的长寿补贴，并在老人节及春节期间专门看望，免费查体；对全县90岁以上的老人实行每人每年360元的生活补贴。年内为5.205万名农村贫困老人赠送意外伤害保险52.05万元，为贫困老年人签订家庭赡养协议书16万份。医疗卫生保健制度不断完善，老年卫生服务网络逐步健全，各级医疗服务单位为老年人诊治疾病3万余人（次），对65岁以上老年人义务健康查体并建立健康档案，为22万适保老年人提供70亿元的意外伤害保险，2017年理赔案件2400起，赔付金额340万元，并每年多次举行送医、送药下乡下村，为老年人免费进行健康查体，已成为沂水县多年来所坚持的为老年人办好事实事的一项制度。老年人的各项优待政策得到较好贯彻落实。

【养老服务体系建设】 沂水县高度重视养老服务，充分发挥民政职能，积极构建城乡统筹的新型养老服务体系，不断提升保障水平，形成了以居家养老为基础、社区养老为依托、机构养老为支撑的养老服务体系。随着沂水县经济的发展，人民生活水平的提高，老年活动设施建设发展较快，县、乡（镇）两级共投入4亿余元，兴建了一批现代化程度较高、规模较大的老年公寓、日间照料中心、幸福院、老年活动中心、老年服务中心、老年文化广场、等养老服务机构。以县城为中心，老年公寓、日间照料中心、幸福院、老年活动设施（场所），无论规模、档次等方面都比较高，全天对老年人开放。至217年底，全县已建设社会福利中心1处，老年公寓4处，老年医养结合养护中心2处，城市社区日间照料中心23处，农村幸福院96处，还有3处老年公寓在建。县城已有12处活动中心，3处社区服务中心，30多处活动场所供老年人活动、娱乐和锻炼。大多数县直部门还设有老年活动室，供本单位老年人学习娱乐；18个乡镇（街道）都有老年活动室和一至二处门球活动场所。部分乡镇还建有公园、文化广场等；200多个社区建有老年活动室，配有象棋、扑克、乒乓球台等活动器械。部分社区还建有门球场或掷地球场。这些养老服务机构的建成，较好地保证了全县广大老年人的老有所依、老有所乐。

【老年文体活动】 随着经济的发展，城乡面貌的改善，沂水县的老年文体活动丰富多彩、日趋活跃，已从县城幅射到乡村，人员逐年增加。重大节日期间，县、乡（镇）、村（社区）三级老龄组织带领党员和群众到百岁老人、离退休老党员、老模范、老干部、五保老人、孤寡特困老人家中开展走访慰问送温暖活动，并为离退休老干部、敬老院老人义诊免费查体，保健咨询，让他们切身感受到党和政府的关怀和温暖。会同涉老部门组织开展庆祝建党系列老年文化活动。老人节期间，组织开展全县第五届老年文体艺术节。联合县文明办、孝文化协会组织开展沂水县“十大孝星”“沂水好人”评选活动。老人节、春节期间，由各级老龄组织牵头，开展形式多样的老年文体活动、座谈会、茶话会等庆祝活动，组织老年艺术团、老年文化宣传队到老年公寓、敬老院、社区慰问演出100余场（次），使广大老年人充分感受到节日的喜庆气氛。每年还多次举办老年广场舞、太极拳（剑）、秧歌、腰鼓、老年门球、乒乓球、象棋、书画、钓鱼、根雕、花卉、鸟类等比赛，丰富老年人的精神文化生活。同时积极组织参加省市老年活动的推荐工作，并多次获奖。2017年联合涉老部门组织举办中老年广场舞培训班40余期，全县18个乡镇（街道）相继举办2017年秋季中老年广场舞大赛，来自各村（居）的300多支广场舞代表队的6000多名选手为当地群众献上丰富多彩、喜闻乐见的广场文化大餐。至2017年年底，有县老年大学1处，拥有学员1200余人，设有音乐、舞蹈、书法、绘画、卫生保健、摄影等6个专业；18个乡镇（街道）全部设有老年学校，拥有学员8200余人。在宣传贯彻老年法律法规，“送医下乡”“送法下乡”、宣传沂水县“两个文明”建设取得的成就，活跃城乡文体活动。2017年被临沂市老龄工作委员会授予“全市实施银龄安康工程一等奖”“全市老龄宣传报道工作二等奖”荣誉称号。

（艾洪杨）

乡镇街道

沂城街道

【概况】 沂城街道地处县境中南部，为沂水县人民政府驻地街道，总面积153.62平方公里。辖49个社区（村），57291户，176312人，耕地6479公顷。辖区属半丘陵、半平原地区，地势北高南低，东部有部分低山地，北部、西北部系丘陵，中部和沂河东岸为平原。主要山脉有东跋山、西跋山、雪山、马山、锣鼓山等。主要河流有大沂河、小沂河、顺天河、雪山河等。建有小（一）型水库1座，小（二）型水库5座。长（春）深（圳）高速公路与东（营）红（花埠）、石（臼所）兖（州）、博（山）沂（水）3条省道在境内交织成网。街道村村通电、公路、自来水、程控电话和有线电视。矿产资源主要有花岗岩、石灰岩、玄武岩、石英、铁矿石、金矿石等。农作物主要有小麦、玉米、地瓜、花生、黄烟。街道有食品、机械加工、新材料、生物化工、纺织服装、包装印刷、饲料加工等7大支柱产业。

2017年，沂城街道规模以上企业完成产值282亿元，利税38亿元。农民人均可支配收入15343元。是年，沂城街道先后获得临沂市“2017年度经济社会发展综合考核先进乡镇”“最美村镇”，沂水县“2017年度招商引资工作先进乡镇（街道）”“2017年度二次创业工作先进乡镇（街道）”等20多项荣誉称号。

【农业】 2017年，投资140万元新建蔬菜大棚9个，在金牛官庄新建市场1处，在井峪、西跋山新发展精品果园66.67公顷。并以沂水金果果品专业合作社为龙头，整合双龙、东山、武家洼、松峰等村的苹果、桃、大樱桃、黄金梨等20个种植大户，形成了一支标准化果树生产团队，提升园区的管理水平；在红旗山、孔家庄、大伴城、北松峰4个果树园区内选择6个示范片，选择3个家庭农场，实施了高标准管理。发挥电商与微商平台作用，采取网上销售与线下销售相结合，在上海、杭州等地开拓果品市场。全年举办果树技术培训班26期，培训果农2000多人。

2017年，发展杨树丰产林133.33公顷；栽植绿化树6.5万株；绿化总面积33.33公顷；发展以核桃为主的特色经济林40公顷；发展以林菌、林畜、林虫、林禽为主的林下经济33.33公顷，总投资200多万元；发展花卉苗木167公顷；办结林木采伐86件；建立了护林防火组织网络，制定了护林防火应急预案、成立护林防火应急突击队，对护林员统一配备了GPS定位手机。

2017年，对10座塘坝进行了加固除险；对双龙水库放水洞、泥峪子桥梁进行了加固；对7000米河道进行了砌垒治理，新建拦水坝3道，维修河道水毁工程12处。

晟以扶贫大棚

2017年，加强了新农村建设。投资70万元对双龙、友兰社区进行了自来水改造；投资100万元在稳坐官庄、朝阳官庄、柏家坪、东山、红旗山新打井7眼，并进行了配套；投资135万元在河奎、大伴城、小伴城、金牛官庄、徐家洼村硬化地面2.6万平方米；在东山新建汪塘1处；对6座水库、26座塘坝、4条河流进行了汛前隐患排查；配合水库管理体制改革，对6座水库地上附属物进行了清理，对5座水库进行了部分维修；对金牛官庄片67公顷、井峪片27公顷、东山片67公顷、东院片67公顷、孔家庄片334公顷的路、水、田埂进行了综合治理。共新建蓄水池19个，扬水站3座，铺设地下管道2万米，硬化地面4万平方米，深翻土地200公顷，新修田埂3万米。

2017年，完成南场村继鑫蘑菇种植农民专业合作社二期投资300万元的珍玺食用菌基地及新建投资60万元的环保秸秆气化站项目；与县农业局绿色沂品品牌协会新签订2个农产品绿色沂品品牌合同的应用；严格落实惠农补贴政策，核定、公示、上报小麦面积补贴1068.82公顷、棉花价格补贴面积20.99公顷，完成小麦“一喷三防”杀虫剂33130袋、杀菌剂18010袋、叶面肥17272袋的项目补助物资的发放；完成1046.38公顷小麦、889.5公顷玉米、452.08公顷的花生政策性农业保险任务。

2017年，全街道出栏生猪22110头，禽类出栏1607892只，肉类总产量3950吨，禽蛋产量234吨，无公害产品认证企业1个，大型原种猪场1个；筛选了5个养殖户作为生猪定点监测户，对境内畜禽进行防疫，共防疫生猪101982头，牛1.3万头，禽36万只；对全街道80名防疫员进行了业务培训，对养殖户及兽医站干部职工进行2次培训；共出动40人次，检查超市11个，冷库4个，屠宰场1个，兽药厂2个，饲料厂4个，集贸市场1个，兽医门诊12个，养殖场20家，抽检尿样120份，未发现使用违禁药物现象；同时与饲料经营、生产企业、规模养殖场签订责任状及承诺书120余份。

2017年，全街道有植烟村16个，烟农136户，种植黄烟220公顷，收购烟叶99万公斤，均价每公斤22.97元，投放收购金额1032万元，实现税收227万元；搞好品牌园区建设，推进土地流转，加大了品种、地块、种植区域的调整力度，适度规模产区集中，发展长安市级核心园区1个，北张庄县级品牌园区1个，发展33公顷以上植烟村1个、20公顷以上的植烟村2个、6.7公顷以上的植烟村5个，户均植烟面积1.6公顷。

2017年，完成了9个村，3个流转片92.87公顷土地的流转。

2017年，投资1.6亿元在前古城村建成以渔业生产为载体，集休闲、娱乐、观光旅游为一体的富众渔业园。在全市基地品牌观摩会中位列全市第三名；完成了红旗山苹果基地“金沂河”苹果和继鑫食用菌基地“珍玺”牌秀珍菇、银耳的绿色认证申报工作。

2017年，投资861万元建设晟以现代农业水培种植项目园区。在张崮山荒坡建成10公顷5兆瓦级集中式大型地面型光伏发电站，并实现并网发电；在东山、金牛官庄等7个村，建设集体式、分布式光伏发电站2780千瓦；成立了临沂博远电商公司和12家农村电商服务站点，电子商务年交易额6000万元。

【工商业　招商引资】 2017年，街道党工委、办事处以招引大、精、优项目，A类、B类创业、创新人才，国际、国内领先技术为主要目标，全方位开展招商引资工作。街道提报项目评审材料11份，争取落地项目3个。其中新落地过10亿元项目1个，过亿元项目1个，过5000万项目1个。提报小微招商项目48个，招商续建项目1个，完成到位资金9.6亿元。全年，完成产学研合作项目35个，科技成果转化项目19个；引进A类创新人才3名，B类创新人才53名，C类人才1名，市签约A类创新人才1名。4月，“百家院所进临沂”活动在山东源泉机械有限公司举行，6月，在隆科特公司承办了全市人才工作现场观摩会。

2017年，重点发展了玻纤新材料、酶制剂、高端纺织、农产品深加工、智慧农业等优势产业，分别将沂水热电联产，恒泰纺织50万吨高档纱线升级、染整生产线搬迁升级改造，隆大生物1万吨饲料酶，隆科特酶制剂公司2万吨酶制剂扩建等10个项目，列为重点工作，确保重点技改项目快落实、快推进、快见效；全年实施技改项目129个，其中重点技改17个，完成技改投入26.2亿元。沂水热电联产改扩建工程项目、山东玻纤窑炉废气脱硫脱硝及在线短切项目、沂水机床高档精密卧式加工中心生产线项目等13个项目实现投产。隆大生物年产10000吨饲料酶项目、沂水利丰液压40万台套齿轮泵生产项目，恒泰纺织整体搬迁升级改造项目和染整生产线搬迁升级改造项目正常推进；争取省级科技项目8项，县级科技项目4项，建设国家级科技平台1个，建设省级科技平台6个，申请发明专利26项，其中授权发明专利13项，获得国家级科技奖励1项，省级科技奖励1项，市级科技奖励2项，县级科技奖励11项，山东名牌4个，新产品新技术4项。

2017年，新成立了临沂浩磊运输有限公司，沂水老田家物流有限公司，山东龙嘉物流有限公司3家；完成车辆回挂102辆，吨位1297吨，物流税收798万元。全年新增限额以上贸易及重点服务业单位7个，新建成村级淘宝服务站4个。

2017年，组建了6个专业安全生产委员会，对17大行业领域的368家经营单位，先后开展了3次安全生产大检查，共检查企业单位3130家次，查出整改安全隐患6281个；投资30万元，与济南斯泰普咨询有限公司签订专家查隐患协议，委托其对144家企业提供专业化隐患排查服务，查出安全隐患6200多条。对安全隐患整改不到位的3家企业依法进行了处罚。

2017年，城关供销社充分挖掘企业潜力，盘活资金，投资30万元建设148组光伏发电项目，半年实现收益3万元。全年供销系统实现收入102万元。

【财税　金融　工商管理】 2017年，街道实现地方公共财政收入60229万元，全县乡镇财政收入综合考核排名第一。

2017年，中国农业银行沂城支行各项存款余额达44002万元，较年初增加2200万元，其中个人存款43643万元，较年初增加2080万元；各项贷款到期回收率100%；个人优质客户管理系统显示网点贵宾客户4680户。全年实现经营利润750万元。

2017年，沂水农商银行沂城支行各项存款余额3.82亿元，各项贷款余额20.04亿元，较年初增长2.73亿元。全年共开立银行卡2400张，智购商城上线8户，智E购户注册1011户。个人网银1979户，客户端手机银行1445个，WAP手机银行913个，企业网银178户。

2017年，沂水农商银行武家洼支行各项存款余额45698.6万元，较年初增长2993.1万元，各项贷款余额19982.32万元，较年初增长7039.53万元。实现中间业务收入6万元。全年新增电子银行客户506户，存量电子银行动户828户。

【交通　邮电　电力】 2017年，沂城交管所配合路桥公司对6.1千米的武跋路进行整修，并将该路段的保洁任务交由盛阳保洁公司负责。完成了东二环北延574户地上附着物的评估、清理清除工作；完成大伴城村1.3千米、东山村1千米、金牛官庄村3.1千米库区村扶贫路建设。

2017年，沂城邮政支局邮件收发量22万件，报刊征订收入34万元。物流收入12万元。邮政储蓄余额2亿元。武家洼邮政支局邮件收发量30.6万件，征订报刊2600份。物流销售化肥210吨，杀虫剂150箱，酒水500多箱。邮政储蓄余额1.34亿元。

2017年，沂城联通支公司发展宽带用户500户，用户达到了7000户，电视信号入户4300户，移动手机号在网1.3万户，业务收入全县第一；新建基站4处，基站达到28处，各住宅小组信号网络全覆盖；整理线路183千米，新设光缆2.76万米。沂城联通支公司被评为全市“卓越乡镇先进单位”。

2017年，沂城供电所完成供电量2.1142亿千瓦时，受理高低压业务扩展1998户，其中高压业

电商服务中心

扩21户6885千伏安，低压居民生活用户1747户，低压非居民用户230户。对12条10千伏线路进行检修，完成了1641西农线严重过载治理，完成武家洼等8个村低压线路改造和10千伏安长安九线工程。完成了大伴城村样板台区建设工程。

【文化　广电　旅游】2017年，街道图书馆藏书1万册，全天候对外开放；街道文化站成立了10人的广场舞辅导队伍，对95个行政村的广场舞爱好者进行培训。组织人员参加了全县2次广场舞培训；全年送戏下乡120场次。组织人员参加了县体育办公室等举办的"马拉松"比赛。

2017年，全街道农村广播有线电视用户发展到4000户；为400户60周岁以上老年人免初装费安装了有线电视；与全县广播大平台进行顺利连接，实现县乡村一个平台。

2017年，雪山彩虹谷景区的扩建改造提升项目被列入2017年度沂水县"125"工程项目，亲情沂蒙集团投资1.5亿元，实施彩虹谷、情人谷、欢乐谷、彩虹欢乐世界等景点入口及主游路改造提升，房车营地建设，游客服务中心建设，彩虹漂流、孔雀谷、彩虹动物王国的扩建；龙冈大酒店投资3300万元，对三楼的棋牌室、茶室、健身房及四楼的大宴会厅、各类会议室进行装修，创建五星级酒店。2017年，共接待旅客98万人（次）。创建了临沂市乡村旅游目的地示范区，并新发展省级旅游购物街区1家、省级好客人家农家乐3家。2017年度沂水县全域旅游工作考核第四名。

2017年，采取"先试点，后推广，逐步展开"的措施，分三类确定10个村居，进行社会主义新农村建设档案工作示范乡镇试点。

【教育　卫计】2017年，中心校组织各学校每两周进行一次集中教研，举行了教学能手课堂教学展示。在全县教育工作综合考核中，中心校、中心小学均被评为全县教育工作先进单位。

2017年，党工委、办事处投资700万元对东山小学进行整体改扩建，新增面积6667平方米。建成4100平方米的小学综合楼、幼教楼和学生餐厅各1栋，铺设了200米的标准化跑道；选派110名教师参加全县道德与法制、教育信息化业务培训；460名教师参加"互联网+教师专业发展"远程培训。出资20万元，培训教师1100多人次；中考各中学进线248人，37人升入职业学校。街道一中被评为"临沂市平安和谐校园"，学校食堂被评为"全县十佳明星食堂"。

2017年，举办卫生计生专业技术人员和计生管理员培训班20次；全年共检测目标人群985对，目标人群覆盖率达到75%以上；0~3岁婴儿系统建档率90%，已婚育龄妇女孕产妇随访率90%，孕妇产前筛查率80%，孕期跟踪率90.2%；为流入育龄群众开展全员健康体检活动，管理服务率达到80%以上。

2017年，对一孩、二孩服务手册的办理，实行免费登记制度；积极落实一站式一条龙服务制度和首接责任制、及时办结制度。

2017年，共兑现农村独生子女费4212人46万元，城区下岗职工独生子女待遇兑现金额达24.36万元，涉及2453人；为480名60岁以上计划生育家庭兑现每人每月80元的奖励扶助金，发放金额41.6万元，特别扶助42人，发放金额22.2万元；对计划生育病残家庭、父母一方或双方死亡的家庭，发放了1000元至2000元救助金；救助符合计划生育家庭寒门学子2人；救助35户失独家庭、父母伤残等计划生育特殊家庭。

2017年，在牛岭埠社区投资20万元建成了全县第一家高标准的健康教育基地，设立了健康小屋、心灵之约、健康驿站三个版块，配备了血压计、血糖仪、中医体质辨识仪、身高体重仪等设备；在友兰社区建设了优生优育知识进社区宣传教育基地；城区医院组织医疗团队为群众查体服务15场次，500人次；开展孕期教育培训7场次，培训育龄妇女2000人次，在15个社区开展优生优育讲座，参加人员1000人次；建立了群众健康档案。

2017年，城区医院辖区常驻居民171898人，建档率85%，基本公共卫生服务项目各项指标达到95%以上；家庭医生签约48069人，签约率28%；新生儿预防接种建档9629人，门诊接种153145剂次；新生入学入托接种证查验9189人次。社区卫生服务质量通过了2016—2017年度国家级"优质服务示范社区卫生服务中心"评审。城区医院开设了肛肠专科、结石治疗中心和国医堂等特色医疗专科；开展了以妇科微创诊疗为特色，融医疗、保健为一体的专业化妇科微创诊治中心，中心成立了全员服务团队，将所辖社区划分为68个责任区，以家庭为单位，为重点人群签约对象提供适宜、连续、综合的健康管理服务；设置了健康及老年人查体管理、孕产妇保健及计划生育服务、儿童保健及预防接种、妇科疾病微创治疗四个功能区，所有功能区均实行一站式服务。

【法治】 2017年，街道综治中心配备了10平方米高清显示屏。全街道49个社区按照“雪亮工程”建设要求安装了高清晰摄像头和显示屏，建成了综治信息平台，专人值守；完成了居家视频监控5200户，安装APP9000个，群众在家中就能看到全村的视频监控，形成了户、社区街道、综治信息平台的三级联网联动；为46个社区配齐了显示屏、电脑主机、一键报警盒、机顶盒、平安大喇叭、六路以上高清摄像头；将居民小区的大街小巷划分为160个网格，配备160名网格长和网格员。

2017年，成立了街道调解委员会1个，社区调解委员会46个，聘任专职人民调解员48名；新成立了沂城街道矛盾纠纷排查化解网格化管理办公室。建立起街道、社区综治、村居、家庭四级矛盾纠纷排查化解网格，对排查出的矛盾纠纷由各网格调解委员会进行调解。全年共调解经济、土地等纠纷260起；对全街道498名刑释解教人员进行摸底排查、建档。对95名社区矫正人员逐步建立定期报到、公益劳动、集中教育、外出审批等规范化管理制度；建立了街道、管理区（办事处）、社区、责任区的四级普法网络，在政府网站开辟了普法专栏，深入开展“法律六进”活动。全街道专兼职普法宣传员205人，下发普法材料1万份；在中小学校聘请了法律副校长，不定期对学生进行法制安全教育。

【社会保障】 2017年，成立了低保工作领导小组，转发了《沂水县“阳光低保”专项行动实施方案》，对各村（居）城乡低保政策执行情况进行逐户检查，对所有享受低保的人员进行入户复核，至年底，农村低保4746户、5353人，发放低保资金998万元。城市低保1280户、1690人，发放城市低保资金480万元。

2017年，对散养的五保老人进行了走访慰问，签订了《五保户协议》。救助了185名大病、疑难症病人，发放救助金61.7万元。为因自然灾害造成重大损失的528户发放救灾款6.2万元。

2017年，全街道共有老复员军人73人、残疾军人48人、三属32人，带病、参战、涉核127人，烈士子女及60周岁老年退役士兵708人。全年发放抚恤金503万元。代表沂水县通过了省级“双拥”模范县的验收。

2017年，金鹏颐年园养老服务中心、前小河社区老年公寓、后埠东社区养老服务中心、石良社区老年公寓建成投入使用。新建前贺庄日间照料中心1处，作为老年人活动场所。

2017年，规划建成了东跋山、东山社区、张崮山、锣鼓山、荣富山5处公益性公墓和孔家庄和跋山店子2处村级公墓。进入公墓安葬的本地居民，所涉及的遗体运输、火化、骨灰盒、墓地等殡葬费用全部免收。至年底，7处公墓已安葬280位死者，迁葬35位，新逝者入住公墓率达到100%。

2017年，全街道登记符合安置条件的退役士兵1268人，全部进行了复核。按照山东省人民政府“十一条”政策规定，实现了完全“清零”，维护了他们的合法权益。

2017年，城乡居民参保人数31965人，参保率100%。搞好了辖区17307名城乡居民社会养老保险待遇领取人员资格手机APP工作。为475名离退休人员进行了换证，为128名遗属进行了资格认证。搞好了机关职工养老金台账审核工作。

2017年，辖区城镇居民医疗保险参保人员93635人，按时完成了参保人员信息的系统录入，参保人员信息录入质量全县第一。

2017年，街道全年新增城镇就业2350人，新增困难群体就业420人，农村劳动力转移就业1200人。下达劳动保障书面材料审查通知书80份，审查辖区用人单位25家，下达指令书12家。全年办理小额贴息贷款经营业户220户；审核办理困难群体灵活就业人员640人。

2017年，残联发放辅助器具86件次，为肢体残疾人减免辅具费用2.4万元；免费为96名白内障患者实施了复明手术，为患者节约医疗费用9.6万元；为金牛官庄村“残疾人扶贫基地”落实15万元扶持资金，为井峪村争取了1万元农村实用技术培训资金；为42名贫困精神病患者送了价值2.1万元药品；协助民政部门做好4200余人次的残疾人两项补贴发放工作，发放补贴金400万元；为考入大中专院校的残疾学生及贫困残疾人家庭学生发放助学金1.5万元；做好22名0~9岁残疾儿童抢救性康复救助工作，发放补助康复费29万元；完成了

5800名残疾人基本信息与服务状况需求专项调查及录入工作；配合城区医院做好0~6岁儿童筛查、高危孕产妇筛查。全年办理残疾人证354个，为52名残疾人提供残疾人证升级服务；做好217名重度肢体和智力一二三四级残疾人居家托养上门服务工作；落实“五个一文化进家庭”活动，组织30户贫困残疾人参加社区游览活动，并为他们发放书本、收音机、文化衫等文化用品；完成了全国残疾预防试验区调查数据样本110个。

（田宝华）

道托镇

【概况】 道托镇位于沂水县城北，镇政府驻地距城区8公里，总面积89.65平方公里，耕地面积393公顷，辖12个社区，共13944户，41504人。境内地势西高东低，西部、南部为丘陵山区，东部多为平原。境内水资源、矿产资源丰富，基础设施建设配套齐全，全镇经济社会呈现出持续快速健康发展的良好态势，培植了矿产资源深加工、能源化工、机械电子、生物医药、水暖建材、纺织服装、物流保险等为代表的一批支柱产业。

【农业】 按照“农旅结合、连片发展”的思路，重点规划建设“四大中心园区”：石门山万公顷田园综合休闲娱乐中心园区，道托、黄旺200矮砧苹果中心园区，余粮、牛岭133中药材产销中心园区、双河万公顷蜜桃中心园区。胡家旺林果园区与双河蜜桃园区已申报省级标准化现代农业园区。道托生态休闲农业园区已开发67公顷，突出矮砧苹果密植、钢管立架、水肥一体化、节水滴灌等新技术的运用，6月在此召开了全市现代农业水肥一体化现场会。

全镇共新增现代高效农业面积400公顷，完成土地深耕667公顷。新增花卉苗木40公顷，猕猴桃20公顷、中药材100公顷、杨树丰产林333公顷、彩化林10公顷、黄烟100公顷，完成收购黄烟45万斤，培育15个家庭农场，80多个农业合作社。投资160余万元对7座病险塘坝进行除险加固，对6座小型水库完成确权划界，4月成功举办省级小型水库管理体制改革现场会。

道托果业园区

【工商业　招商引资】 全镇1—12月实现工业总产值58.21亿元，同比增长18.6%，实现利税5.12亿元，同比增长25%，规模以上企业达19家，主营业务收入全部过亿元。引导企业完成公司制改制10家，加快推动易联医药与皓威化工企业安全生产转型升级。完成技改投资3.2亿元，扶持利明机械、兴达机械等5家骨干企业加大技改投资，进行新产品、新技术的研发。

围绕京津冀、珠三角、长三角等区域，紧盯重点产业，招商引资、招才引智，落地过亿元招商项目2个，并全部纳入全县“125”重点项目。推进“小微项目进村居”工程，引进村级招商引资小项目26个。全年引进A类创新人才1名、B类创业人才2名、B类创新人才73名，完成国际先进以上“科技成果引进转化”10项、“产学研合作”15项。

【财税　金融】 全镇实现地方财政收入3626万元。全镇拥有金融机构3家，分别为沂水农村商业银行道托支行、沂水县邮政局道托支局、中国农业银行道托服务部。2017年，沂水农村商业银行道托支行各项存款实现5.9亿元，较上年净增0.24亿元，各项贷款1.6亿元，与上年基本持平，其中涉农贷款1575万元，新发展信用户189户；沂水县邮政局道托支局实现存款总余额1.08亿元，较上年净增3100万元；中国农业银行道托服务部共设立存取款机3台。

【交通　邮电】东红公路纵贯南北，道（托）莒（县）公路横穿东西，长（春）深（圳）高速公路出口距镇政府驻地不足4公里，交通便利。筹划建设现代物流综合产业园区，已注册入住5家物流企业。全镇新增车辆180辆，完成吨位数2800吨，实现税收320万元。连续7个月夺得全县物流业发展流动红旗，业务上与沂水县的青援食品等10多家企业建立合作关系。以心静物流等物流企业为龙头，大力发展相关产业，已开展了汽车贸易、车辆维修、货物配送、车辆保险、车辆检测等配套业务。新建省级车辆检测线1条，汽车检测维护实现了大数据运营，业务拓展到全省各市地，为现代物流产业园区的发展打下良好基础。

全镇有邮政所1家，年纯收入206万元。中国联通道托营业部，有固定电话用户1200人，移动电话用户5000人，互联网用户2700人，全年业务收入300万元。中国移动道托营业部，有移动电话用户14565人，互联网宽带用户1800户，全年业务收入91.31万元。

【文化　广电　旅游】镇里选派4名文艺辅导员，逐村开展广场舞培训，进行了430场（次）的培训，培训6000多人（次）。成立了镇文化站，占地500平方米，各类艺术表演团体8个，演职人员136人，文化专业户24户，每村每月一场电影，每年一场文艺演出。成立了镇图书分馆，入馆图书1500余册。每个村都建设了文化广场，安装了娱乐健身器材，重点投资2万元对韩家曲文化大院进行了改造提升。

“村村响”广播、数字电视与网络宽带实现了镇村全覆盖，定期开展镇域内有线电视网络和“村村通”广播电视直播卫星设备的维护工作。

石门山生态旅游项目，共投资2亿元，规划占地667公顷，主要以“两山一湖”为核心，重点打造AAA级田园综合休闲娱乐中心，硬化道路30余公里，栽植绿化苗木4万余株，发展林果400公顷，打造玫瑰广场、景观亭、桂花园等景点40余处。2017年，重点建成7公顷怡情城市私家菜园，并对桂花园进行了改造提升。

【教育　卫计】全镇设义务教育学校8处，其中初级中学1处、完全小学7处，中小学教职工225人，初中在校生821人，小学在校生2030人；设学前教育机构6处，其中，中心幼儿园1处、学区幼儿园5处，均为政府创办的全日制幼儿园，幼儿园教职工67人，在园幼儿921人。2017年，投入90万元，新建上庄幼儿园；投资70万元新建涝坡幼儿园；投资40万元改扩建下村幼儿园。

镇卫生院继续强化提升，增加了针灸按摩、中医门诊等特色窗口。共有职工96人，乡医41人，开设床位100张，其中副主任医师2人，中级职称18人。2017年，居民门诊、住院等报销11.5万人，报销金额880.3万元，全年医院业务总收入1613.9万元，其中医院医疗收入1142.9万元，财政补助收入408.8万，其他收入66.1万元。建立居民家庭健康档案3.4万份，为1942名贫困人口进行健康查体，登记管理65岁及以上老年3925人，提供随访高血压患者管理3649人、糖尿病管理1123人。建立儿童手册936册，规范管理3979人，管理孕产妇1074人，产后访视934人，妇女两癌普查1274人，免费孕前优生查体365对，家庭医生签约服务11284人。

【法治】积极推进信访维稳网格化管理，建立“五级网格”，明确责任分工，确保“网落地、人到岗”。深入开展矛盾纠纷大排查大化解，办理12345热线842件，化解信访案件40余件。同时，加强技防建设，完善天网工程，投资21万元对18个村的视频监控系统进行了改造提升，并推进镇村综治中心平台24小时值班常态化。投资21万元对24个村的视频监控系统进行数字化改造，强化社区综治中心平台建设，治安防控能力和社会治理能力显著提升。

【社会保障】抓好各项救助，新增低保户83户、五保户4户，退出不符合条件低保户24户，为436名优抚对象发放优抚金230余万元，为1986户低保户发放低保金478万元，发放残疾人两项补贴、临时救助等资金116万元；投资100多万元，打造3处社区服务中心和1处农村幸福院。

认真开展扶贫工作“回头看”、数据清洗比对、扶贫档案自查自纠等活动，对2016年扶贫档案进行重新规范，识别1518户，退出945户。重点推进2017年扶贫对象动态管理工作，同时，充分利用上级扶贫专项资金，大力实施投资200万元的道托村冷库项目和投资100万元的冬暖式大棚项目，共惠及贫困户359户，524人。推广富民生产贷，惠及286户，完成富民农户贷23户、104万元。

道托镇驻地街道建设

【镇村建设】 按照“精巧设计、精致建设”的原则，全力打造“沂水后花园”。结合镇域发展的需求，完成《道托镇总体规划》（2011—2030）的进一步修编，继续坚持“以点带面促提升”进行小城镇改造，突出汉唐风韵，重点建设了2000平方米的花沟沿街，投资434万元建设道托镇初级中学男生公寓楼，建筑面积2526平方米。

按照“规范建设、服务优先”的原则，高标准打造新型社区。重点实施好下村社区土地增减挂项目与道托棚户区改造工程。其中，下村社区项目总投资6000万元，拆迁总面积13.56公顷，复垦面积9.7公顷，规划建设建筑总面积5万平方米，安置楼16栋，安置住户450户，已拆迁130户，完成老年房建设115套，入住50户。道托社区棚户区改造项目总投资1861.7万元，拆迁总面积13.2公顷，规划建设面积39200平方米，11栋住宅楼，安置住户294户。同时对镇政府、卫生院的棚户区进行改造提升，投资1600万元，项目已经上会，同时办理相关手续。

按照“批次推进、亮点突出、以点带面、示范带动”的原则，全力推进美丽乡村建设。以环卫一体化为依托，与畜禽养殖污染整治、美丽乡村达标建设、新型社区建设等工作相结合，在巩固好去年14个村美丽乡村建设的同时，投资150余万元重点打造了5个美丽乡村建设样板村，新购置垃圾收集车1辆，新增垃圾桶800个，美化粉刷墙体20万平方米，悬挂宣传画220幅，安装路灯150余盏，路沿石2000余米，栽植绿化苗木20余万株，对37个村3560户进行环保改厕，对19个村硬化户户通道路16万平方米，完成贫困户危房改造104户。同时，按照“市场化运营”的模式，成立道托建筑工程有限公司，强化工程质量监管。

（程　林）

高桥镇

【概况】 高桥镇位于沂水县城北19公里处，东与杨庄为邻，西与诸葛相连，南与道托接壤，北至沭河南岸与马站、沙沟两镇相望。全镇总面积116.3平方公里，耕地5259公顷，林业面积2900公顷。辖60个行政村，23226户，66199人。全镇属半丘陵、半平原地区，西部为低山丘陵区，东部为平原。主要河流是沭河，建小（一）型水库2座，小（二）型水库7座。东（营）红（花埠）公路贯穿南北，高（桥）河（西）与曹（家坡）高（桥）公路东西相汇，在交汇点设车站1处，交通便捷，地理位置优越。全镇村村通公路，通程控电话，通电，通有线电视。境内有陶土、石灰石、石英石、钾长石、铁、铜等矿产资源。农作物以小麦、玉米、花生为主。2017年，全镇完成生产总值32.7亿元，同比增长10%；实现工业总产值48.2亿元，实现财政收入2701万元。被县委、县政府授予“全县环境保护工作先进乡镇一等奖”“全县精神文明建设工作先进乡镇一等奖”“全县脱贫攻坚工作先进乡镇二等奖”“全县信访工作先进乡镇三等奖”“全县安全生产工作先进乡镇三等奖”等荣誉称号。

【农业】 坚持发展农业，聚焦农业结构调整，着力发展现代农业园区。始终以农业结构调整为目标，以农业生产基础设施建设为保障，以土地流转为载体，不断完善农业基础设施建设，以发展大棚蔬菜、林果产业为主，加大产业结构调整力度，突出农旅结合，大力发展优质、高效的休闲观光特色农业，现代农业园区稳步增加，促进了农业增效、农民增收。2017年，全镇共土地流转133公顷，重点发展了徐家荣仁山水生态观光农业园区、徐家牛旺映霜红桃园区以及山宋片黄桃园区，原有的徐李牛旺黄桃园区、木山黄桃园区、碑石岭黄桃园区、赵家长林黄桃园区、梨园沟山水梨园、赵家长林猕猴桃种植园、柳子沟黄桃园区、赵家长林猕猴桃种植园、柳子沟中药园区等特色农业园区进一步发展壮大，全镇果品栽植园区面积达900余公顷，发展各式蔬菜大棚435个。

【工商业　招商引资】 高桥镇依托政策、交通、市场、信息等优势，聚焦优化升级，始终将新旧动能转换作为促进镇域发展的主要抓手，扎实开展“三引一促”工作。招商引资方面，不断优化招商环境，努力推进“链条”招商，全年开展外出招商51次，对接企业65家，新引进投资2.62亿元的临沂依田新材料项目；投资1.2亿元的纳米新材料生产项目；投资1.5亿元的年产20000吨智能自动化共挤塑木生产项目。同时，抓大不放小，新招引箱包、服装等小微项目7个，总投资额8100万元。招才引智方面，不断强化人才工作针对性，以创业创新人才为重点，先后与北京化工大学、河北大学、中国石油大学等10余所高等院校进行了洽谈对接，引进4个A类创新人才，68个B类创新人才、11项技术。其中积极促成了大地玉米开发有限公司与北京工商大学成立“校企联合研究中心”，建立了长期合作关系。二次创业方面，抢抓新旧动能转换机遇，共提报实施技改项目102个，完成投资5.9亿元，其中实施重点技改项目6个，投资1.35亿元。电子商务方面，发展村级电商服务点6家，注册淘宝店铺达到100余家，发展村级农产品交易平台4处。

【财税　金融】 在板材产业持续萎缩低迷，主要税源不断降低的情况下，全镇上下围绕财税任务采取有力措施、细化工作任务，以月保季、以季保年，财税工作扎实推进。积极开源，鼓励引导企业正确面对形势，努力转型升级，督促招商引资项目体现部分税收；严格节流，加大税源监控力度，确保应收尽收；控制财政支出，严格落实勤俭节约的要求，虽受营改增政策影响很大，仍然实现财政收入3824万元。

【交通　邮电】 高桥镇位于交通枢纽位置，来往车辆密集，道路交通安全异常重要，镇党委政府紧紧围绕“降事故、保安全、保畅通”的工作目标，结合全县专项整治行动要求，认真统筹、狠抓落实，促进道路交通有序、安全、畅通。2017年，共查处路政案件10余起，养护省道15.2公里，整治危险路段3处，在重要路段设置减速带4处，安全警示标志牌20块，交警中队勘察交通事故286余起，查处违法行为5500余起。

坚持“人民邮政为人民”的宗旨，本着“迅速，准确，安全，方便”的服务方针，不断提高服务质量，增强服务意识，规范服务内容，邮电工作水平不断优化，经济效益逐步提高，各项工作都取得较好成绩。

【文化　广电　旅游】 投入资金100余万元在高桥集建设乡村大舞台，不断丰富群众文化生活，全镇所有文化广场实现了硬化亮化全覆盖，59个村居配备了体育健身器材，组建文艺演出队22支，组织文体骨干培训班24期，先后组织承办了“农商银行杯”高桥镇卫生计生文艺汇演，“东方超市杯”第二届全民广场舞大赛高桥赛区比赛，沂水县第二届“银铃杯”广场舞大赛高桥赛区比赛，“齐鲁交通”庆八一文艺汇演，千场文艺汇演送基层等一系列大型文艺汇演活动，累计巡演120余场（次），累计播放公益电影391次、1188余场，该镇文艺演出队在“全县沂蒙秧歌节”比赛等一系列文艺演出活动中，均获得了较好成绩；累计开展了广场舞培训班410余场（次），辅导5000人（次），深受广大群众喜爱。非物质文化遗产高桥手绣初步实现产业化。

在大力搞好全镇数字信号维修服务，确保数字电视信号能够正常传输的同时，新发展数字电视用户50余户。

继续做好农业园区与生态旅游结合文章，徐家荣仁山水生态高效观光农业园区项目已建成并试运营。

【教育　卫计】 不断延伸义务教育均衡发展成果，提高教学质量，2017年，中心初中中考进线学生242人，升学率达到64%，较去年提高了9个百分点，进入全市2000名的有10人，进入全县3000名的有129人，第一批有55人过一中录取分数线609分，有51人通过春季职业招生顺利升入职业学校，均再创历史新高，中心小学教学成绩也稳居全县前茅。

强化服务意识，健全完善体制机制，顺利完成了卫计融合工作；大力实施残疾人精准康复工程，为249名建档立卡贫困残疾人签约了家庭服务医生，累计服务1200余次。

【法治】 不断提高社会治安综合治理水平，新建高标准综治服务大厅，大力推进雪亮工程，实现了视频监控全覆盖。十九大召开期间，实行24小时值班制度，没有发生任何人员脱岗、漏岗行为。扎实开展严打整治行动。坚决打击“两抢一盗”等各类违法犯罪行为，严厉查处不法人员，全年共排查出线索2条，治安处罚24人，取保候审6人。不断加大矛盾纠纷排查化解力度，深入开展了矛盾纠纷大排查大调处百日专项行动，共排查各类矛盾纠纷39起，成功调处39起，调处率达100%。坚持维护群众合法权益与解决矛盾并重，实行领导班子轮流接访制和班子成员包案制，全面提升接访息访效率，2017年共化解信访积案3起。严格落实安全生产责任制，聘请专家排查各类安全隐患，全年共检查各类生产经营单位279家（次），发出各类整改文书172份，督促整改隐患2780余项。特别是危险化学品方面，协助公安部门破获了3起违规化学品生产储存案件，查处取缔9家非法售卖成品油窝点，拘留2人，罚款2家3.5万元。道路安全方面，镇政府投入65万余元，妥善处置了9月因交通事故导致的煤焦油泄露事件，及时消除了安全隐患，减少了道路环境污染。2017年没有发生一起重大安全生产事故。

【社会保障】 持续加大扶贫工作力度，充分发挥好各村扶贫理事会的作用，建立稳定脱贫长效机制，增强贫困村自身“造血”功能，对2013年以来实施的52个扶贫项目，制定专项管理办法，对资产运行良好的村给予奖励，运行差的给予处罚，同时，加快光伏扶贫项目建设，安装屋顶分布式光伏3.15兆瓦，在梨园沟村建设集中式光伏电站2.3兆瓦，已

小城镇建设

全面并网发电，可带动1200户贫困户脱贫。继续开展好富民生产贷和富民农户贷，带动更多贫困户脱贫，2017年全镇1367户、1936人全部脱贫。先后6次承接了国务院扶贫办，省、市、县各级扶贫现场会或调研活动，徐家荣仁村扶贫资金资产管理、“四联八建”贫困村提升工程创新做法得到了各级领导的认可和肯定。经过充分摸底论证，全镇建设完成6处公益性公墓，1260套双穴墓，满足三年以上的使用需求，不断规范公墓的日常管理，为公墓管理员统一配备工作服，佩戴袖标，做到殡葬服务车、公墓管理员及村红白理事会信息无缝对接，至2017年底，全镇已有223名逝者按要求在公墓进行了安葬。2017年新农保参保率达到100%，新农合参合率达到98%以上，按程序将符合大病和重度残疾造成家庭困难的161户、162人纳入到低保户中，按时足额发放优抚金、优待金、救济款、农村低保、五保金、老年人长寿补贴等专项资金，共发放临时性救助金89人25.9万元，救灾救济款220人2.78万元，低保金3444户3980人812.5万元，五保金165户168人65.5元；严格按规定按政策对11名符合安置条件的退役士兵落实了待遇，安置10名公益性岗位人员全部上岗。认真落实各项惠农政策，按时发放粮食直补、良种补贴、能繁母猪补贴、家电汽车下乡资金、危房改造补贴等。

【村镇建设】 突出路域环境整治，加强规划，科学布局，严格标准，集中力量对高桥段公路的路域环境进行了集中整治，全年共清理“五堆”1200余处，拆除私搭乱建460余处，拆除广告牌匾190余个，采伐树木1320余棵，清理店外经营业户860余家，整治散煤销售点20个，投入资金170余万元，栽植樱花、蜀桧、木槿等绿化苗木2万余株，取得了很好反响。健全环卫一体化机制，6月开始实行纯市场化运作，将环卫保洁日常事务承包给保洁公司运营，2017年，四个季度的电话抽查均居全县前列，群众满意度显著提高。着力推进美丽乡村创建工程。打造韩家岔河等28个村居美丽乡村示范点，大力实施美化、绿化、亮化、硬化工程，完成厕所无害化改造3600户，完成“户户通”道路硬化3.5公里，安装路灯100余盏。不断改善高桥集市条件，下大力气整治高桥集市道路两侧的占道经营现象，改善了道路交通状况，消除了安全隐患。

（沙　飞）

马站镇

【概况】 马站镇位于沂水县城北35公里处，系临沂市的北大门，地处三市（临沂、潍坊、淄博）五县（沂水、沂源、临朐、诸城、安丘）中心，是全县建制最早的镇之一，也是省政府首批命名的中心镇。全镇辖66个行政村，70593人，总面积134.3平方公里，耕地面积6797公顷。境内低山丘陵占70%，平原占30%，土壤有棕壤土、褐土、潮土三类，其中以棕壤土为主，宜栽植小麦、玉米、林果、花生、地瓜、小杂粮等。主要河流有沭河、马站河、响水河、金沟河等，建有小（一）型水库2座、小（二）型水库10座。青（岛）莱（芜）、长（春）深（圳）2条高速及东（营）红（花埠）、泰（安）薛（家岛）2省道交汇于此。矿产资源主要有钛铁矿石、钾长石、磷石、花岗岩、云母、矿泉水等，钛铁矿总蓄量在2亿吨左右。

2017年，马站镇先后荣获全国重点镇、国家级生态乡镇、山东省“百镇建设示范行动”示范镇、山东省文明镇、山东省卫生乡镇、山东省环境优美乡镇、山东省绿色生态示范城镇、全省农机安全“十县百乡千村万户”示范活动示范乡镇、山东省“美丽宜居小镇”、临沂市首届最美村镇等荣誉称号。

【农业】 大力实施了双龙山、古峰2个现代农业园区建设项目。双龙山现代农业园区，总投资5800万元，规划占地667公顷，2017年发展大樱桃、桃树、板栗等240公顷，硬化道路10公里，栽植各类果树、风景树木10万余株。园区成功创建国家AA级景区，逐步打造成为集循环农业、创意农业、农事体验于一体的田园综合体。古峰现代农业园区，规划占地44.7公顷，其中果园21.3公顷，黄烟15.3公顷，2017年新发展蔬菜大棚8公顷。该园区积极探索集体经营、抱团发展的路子，实行股份制、合作化经营，壮大了村集体经济，实现了村民稳定增收。

镇粮食作物以小麦、玉米为主，2017 年生产粮食 2.02 万吨，人均 292.72 千克，其中小麦 0.9 万吨，玉米 1.1 万吨。经济作物以花生、蔬菜、黄烟、蚕桑为主，2017 年种植花生 1433 公顷，产量 0.49 万吨，种植蔬菜 230.7 公顷，产量 0.96 万吨。

新发展林下经济 48.6 公顷、苗木花卉 40.1 公顷，自行造林 12.1 公顷，发展油料牡丹、核桃 325 公顷；大力推进“河长制”工作，对全镇 18 条河流分别落实河长，明确了河道管理员，并针对“八乱”现象集中开展清河行动，清理规范畜禽养殖 6 处，清理河道树木 4000 余棵，规范河道排污口 4 处；认真搞好春、秋两季重大动物疫病防控工作，确保防疫密度和质量达到 100%。

【工商业　招商引资】 以产业园区为依托，积极招引科技含量高、带动作用强的大项目、好项目，积极走出去对接、请进来洽谈，新签约落地晟锂环保科技、桂柳牧业、帅科新材料、城市热岛等过亿元项目 4 个。

成功引进 A 类人才 2 名，B 类人才 40 名，引进技术 20 项、产学研合作项目 36 个，为下一步科学发展积蓄了力量，提供了有力支撑。同时，积极帮助企业找人才、找技术，寻找合作对象，实施了临沂德润化工、金鹏木业、宋君木业等 8 个重点技改项目，完成技改投资 4.2 亿元。依托优越交通区位优势，大力招引物流企业落户，引导物流公司与企业对接，做大做强永坤、万保等物流企业群体，新发展运输车辆 50 辆，完成全年税收任务 52 万元。

【财税　金融】 2017 年实现企业总产值 39 亿元，地方财政收入 3032 万元，农民可支配收入 15196 元，规模以上固定资产投资 25 亿元。截至 2017 年底，境内共有中国农业银行、沂水农商银行、中国邮政储蓄银行等 3 家银行开设了分行或设立了办事处，居民储蓄存款余额 14.6 亿元。

【交通　邮电】 境内有青兰高速、长深高速、G233、G341 等 4 条公路干线交汇。南距临沂机场 140 千米。马站镇客运站，日发客运汽车 60 班次，日均容量 1400 余人（次）。

邮政局 1 家，业务总量 300 万元，其中计费 20 万元。报纸、杂志累计期发 1.7 万份。

电信企业 3 家，服务网点 32 个，电话交换机总容量 5 万门，固定电话用户 1.8 万户，电话普及率达到 88%；移动电话用户 2.9 万户，互联网用户 1 万户，全年电信业务收入 1800 万元。

【文化　广电　旅游】 至 2017 年底，建成镇综合文化站 1 处，内设图书室、阅览室、文体活动室、排练室、展览室、培训中心等；建设乡村大舞台 7 处、庄户剧团与文艺演出队 20 个、农家书屋 32 家，实现了文化广场和农家书屋全覆盖，其中杨城社区文化广场荣获山东省“十佳农村社区文化广场”称号。有数字电视用户 3300 户。

马站镇历史悠久，有多处古迹、遗址，其中最重要的是全国重点文物保护单位齐长城遗址。齐长城是中国历史上建筑年代最早，迄今保留最完整的宏伟工程，距今已有 2500 多年历史，素有“齐国南大门”“天下第一关”之称。2017 年，重点实施了齐长城保护性修复工程，总投资 292.5 万元，由山东省文物工程公司施工建设，对马站镇境内齐长城抢救性保护 1950 米，其中地表可识墙体总长 1871 米。同时，做好穆陵关关楼修复及下一步旅游综合开发，以齐长城为纽带，西接泰礴顶，东连穆陵关，打造一条融壮美自然风光与古老人文景观为一体的自然、文化旅游线路。

【教育　卫计】 镇内建有幼儿园 10 所，在园幼儿 1782 人，专任教师 40 人；小学 11 所，在校学生 3412 人，专任教师 182 人，小学适龄儿童入学率 100%；初中 1 所，初中在校学生 1452 人，专任教师 112 人，适龄人口入学率 100%，小升初升学率 100%，九年义务教育覆盖率达 100%。

镇内有县级医院 1 家、卫生所 28 个。沂水县第二人民医院为二级甲等医院，是集医疗、急救、预防、保健、康复于一体的医疗卫生机构，建设规模和标准均已达到《乡镇卫生院建设标准》，有床位 360 张，固定资产总值 2789.3 万元。专业卫生人员 278 名，其中：执业医师 102 人，执业助理医师 16 人，注册护士 96 人。2017 年投资 9620 万元，实施了马站医院门诊综合楼建设项目，新建 17 层的门诊综合楼 1 座，建筑面积 2.3 万平方米。截至年底，完成地上六层建设。

实现卫生、计生机构整合，对镇卫计综合服务中心进行了规范化建设，提升卫计人员业务能力；积极参与全县国家计划生育优质服务县创建活动；在青岛建立异地流动人口计生协会，为流动人口提供上门服务；开展计划生育育龄妇女健康服务、计生服务进社区、计划生育特殊家庭帮扶及备孕知识培训等活动，全镇卫计服务水平得到进一步提升。

【政法】 坚持以加强和创新社会管理为主线，以综治信访维稳建设为抓手，加强组织领导，强化基层基础，狠抓社会管理，为全镇社会安定和经济发展提供了有力保障。不断强化“雪亮工程”建设，以镇、社区、村三级监督为抓手，投资10万余元高标准建成镇综治工作中心，全镇26个社区按照“三室一平台”标准全部完成综治中心建设，安装监控探头495个，并将分布于各村居社区重要路段、重点部位的探头联网整合，实现综治信息资源共享，镇、社区平台均安排专人进行24小时值班，全天候有效监控，有力提升了全镇治安防控能力，为群众营造了安全的治安环境。

【社会保障】 农村最低生活保障户数3880户，4001人，支出803万元，月人均160元。国家抚恤、补助各类优抚对象818人，抚恤事业费支出411万元。社会服务设施26个，其中社区服务中心3个，社区服务站23个。2017年参加新型农村社会养老保险22856人，参保率达到95.4%。

在精准扶贫工作上，立足实际，深挖潜能，打造了运营国有资产、社区综合扶贫、项目扶贫开发、金融扶贫、党建扶贫以及社会扶贫等六大脱贫“引擎”，强力推进扶贫攻坚工作。马站镇建档立卡贫困户共2592户、3969人，贫困发生率5.7%。2016年，实现脱贫1381户、2117人；2017年年底，将实现贫困户脱贫1211户、1852人。

刘家城子片区拆迁安置楼房

在公墓建设和殡葬改革上，牢牢把握“群众自愿、群众满意”这一原则，紧紧抓住宣传和服务两大核心，重点抓好村党支部书记、殡葬主事人、党员三个关键人群，一手抓公墓建设，一手促公墓使用，共建成公益性公墓10处，实现了逝者入住率和群众满意度两个百分之百。

【村镇建设】 实施三个片区拆迁改造工程。马站片区涉及拆迁420户，新建多层电梯洋房18栋、高层住宅楼8栋、商住楼80套，安置群众820户，已全部拆迁完成，即将开工建设。刘家城子片区涉及拆迁413户，新建11层住宅楼5栋、5层住宅楼9栋、3层商住楼2栋、老年公寓1栋，安置群众644户。闫家店子片区涉及拆迁34户、房屋135间，按照中式风格新建沿街商住楼2.5万平方米，还建主体工程完成。实施“一河一路”综合提升工程。对马站河进行综合整治，建设湖心岛和滨河路，设置观景亭、文化长廊、浮桥、漫步道等景观点，共安放景观石760吨，栽植苗木8400余株，铺设沿河草坪6000多平方米。投资1800万元，对镇驻地9500米东红公路实施了环境提升改造，新建边界入口处地标性景观节点2处，按照“三季有花、四季常绿、分层打造、一带一景”的理念，并对公路两侧进行高标准硬化、绿化、亮化、美化提升。实施商贸休闲文化中心建设项目。主要建设便民服务中心2600平方米、休闲文化公园2.4万平方米、商贸服务设施3.6万平方米。实施改厕和道路硬化“户户通”工程。共硬化道路3.1万平方米，完成改厕4096户，安装一体化设备154套，三格式设备3035套，极大改善了农村生活居住条件。

（高培龙）

杨庄镇

【概况】 杨庄镇位于沂水县城东北部，辖54个行政村，22个社区，66914人，总面积158.7平方公里。省道泰薛路（泰安—薛家岛）横穿东西，沂潍路（沂水—潍坊）纵贯南北，青莱高速从镇中部穿过，在镇驻地设有出口，长深高速毗邻镇西。地貌多样，山区、丘陵、平原面积相差不多，各占全镇的三分之一。沭河、杨庄河、善疃河、秀珍河等纵横交错，覆盖全境，有小一型水库1座，小二型以上水库16座，密布其间。生态较好，森林覆盖率达到45%。旅游潜力较大，其中齐长城遗址、孟母庙、峨山神娅、汞丹山国营林场、金华山风景区等旅游资源有待开发。矿产资源丰富：主要有铁矿、钛铁矿、白云母、石英、石灰石、页岩等，尤以铁矿储量丰富，易于开采为特色，围绕铁矿资源的开发和利用所形成的产业链条已成为全镇的主要经济支柱，其中龙头企业兴盛矿业获得“国家级绿色矿山”称号。农副产品资源丰富，传统农作物主要有小麦、玉米、花生、黄烟、红薯等，新兴经济作物主要有苹果、生姜、蓝莓、黄桃、中药材等。畜牧业以养殖生猪、奶牛、鸭、蛋鸡、肉食鸡、山羊等为主。2017年，全镇完成规模以上工业企业实现总产值102亿元、利税8.3亿元，地方财政收入2910万元、境内税收4560万元，农民人均可支配收入13218元。

【农业】 农业产业结构不断优化，农业增收取得实效。以提升改造为目标，力促农业园区上档次、上水平。以“集中连片、统一管理、绿色有机”为原则，一手抓新建园区规划，一手抓已建园区升级。现代农业园区建设再上新水平。利用水牛水库的自然优势，引进青岛农业研究所，总投资1700万，占地33.3公顷，建设以优质鲜食葡萄种植为主，结合乡村田园风光打造出独具特色“淘萄乐”生态功能现代农业园区。新建黄泥泉黄桃园区267公顷和长虹岭金秋红蜜80公顷2处现代农业园区。新发展了张崖头、李家坡、南躲庄、龙泉、下牛山、下儒林、水牛等6处黄桃园区，发展了牛山樱桃园区33.3公顷、黄烟260公顷。发展杨树丰产林333公顷、孟母花卉苗木基地13公顷、庄科林下经济47公顷，荒山造林13公顷。老农业园区改造提升再达新高度。优化提升新时代苹果园区、大罗张蓝莓基地、杨林流域果品园区等已建园区建设水平。2017年，结合上级扶贫资金项目，引导大罗张蓝莓基地投资建设冬暖式大棚和冷库，改变蓝莓原有销售时间，增加反季节利润，经济效益非常可观。同时，积极围绕深加工做文章，探索拉长产业链条，与一家蔬菜加工企业进行对接洽谈落户，提高产品附加值。全镇实现优质果品、现代烤烟、苗木花卉及蔬菜种植四类园区齐头并进。

【工商业　招商引资】 工业经济发展迅速，招商引资成果丰硕。“三引一促”引来了新空间、新支撑。坚持以大项目作为主攻方向，着力引进一批产业前景好、经济效益高、财税贡献大的好项目。投资3.2亿元的山东一上新材料有限公司进行试生产，投产达产后可实现年产值4.2亿元，税收

新大陆橡胶科技有限公司

2000万元。投资1.8亿元的金源住工项目落地，正在建设过程中，被列入了全县“125”工程。潍坊七星园林建设有限公司投资30亿元、占地67公顷、年产50万吨柠檬酸食品添加剂项目和投资10亿元的10万吨污水处理项目签约落地，并完成用地规划放线、科研报告编制、工商核名注册等工作，发改立项、建设生产设计、环评、安全生产三同时等手续快速推进中。2017年共引进A类人才1人，B类人才18人，其中创业人才5人、创新人才18人，实施产学研合作项目13项，引进转化科技成果17项。新大陆橡胶科技有限公司申报市级“一企一技术”研发中心，被省科技厅、财政厅认定为高新技术企业，华凯塑胶、同创精细化工2家企业申报市级企业技术中心、市级高新技术企业。第三产业攻坚攻出了新潜力、新效益。新上服装、箱包、工艺品加工等小微项目12个，投入资金6000万元，安置闲置劳动力400余人；新发展了吴楼子、大罗张等4处镇、村级电子商务站点；新发展私营企业17家、个体工商户42户，培育中小企业35家，投资3500万元。

【财税　金融】面对矿业企业多数停产、主要税源消失的不利局面，加大非矿产的企业帮扶力度，鼓励引导企业正确面对形势，努力帮助企业转调提升，在困境中求生存，最大限度保持正常生产。全镇集中精力挖潜增收、扩源增效。继续支持传统钛铁加工企业转型升级、二次创业。兴盛集团新发展了“象力丰”肥料加工产业；天鑫矿业、正威钒钛、鲁兴钛业等矿山企业技术设备改造全部完成。积极围绕非金属矿产资源做文章。2017年，全镇共上报实施技改项目7个，实施技改到位资金2.94亿元，规模以上企业全部完成规范化改制。着力发展物流服务业。规范提升盛泽、东辉等物流企业的管理，扩大业务规模；新发展永庆物流公司1家，实现商贸流通经济销售额24.6亿元，服务业固定资产投资18亿元。严格节流，加大税源监控力度，确保应收尽收；控制财政支出，严格落实勤俭节约的要求，全力完成财政税收任务，实现利税8.3亿元，地方财政收入4708万元、境内税收4560万元。积极做好金融信贷扶贫工作。发放富民农户贷25户、125万元。新大陆橡胶科技股份有限公司等四家企业共发放富民生产贷1250万元，共帮扶贫困户250户，户均增收1500元以上。

【交通　邮电】加强全镇网化公路的维护保养，积极开展农村公路网化工作。镇党委本着受益企业出一点、镇财政补一点、爱心人士捐一点的原则，筹措资金760万元，对杨庄—长虹岭路段进行了加宽重修，修建中桥1座、涵洞4座。筹资100万元对2.4公里的儒林—善疃路段进行了重修，并修建中桥1座。筹资105万元对牛山—孔家崖头3.2公里路段进行了重修。投资950多万元，对曹高路镇驻地长2.27公里的路段进行了大修，极大改善了全镇的路网结构，满足了群众的出行要求。

杨庄邮电支局服务区域为63个自然村，15个学校，22个企事业单位，30多个企业。投递道段4个，投递单程里程180公里，服务功能有函件业务、包裹业务、集邮业务、发行业务、信息类业务、国内国际特快专递航空机票业务、储蓄理财基金国债国内国际汇兑业务、代理保险车险、分销物流类业务，代化工医药指定收寄网点，代理车险、函件包裹业务、物流分销类业务在全县名列前茅。

【文化　广电　旅游】积极开展文化下乡活动42场（次），广场舞比赛12场；新建文化广场8

第二届孟母文化节

处、安装健身器材21套，建设农家书屋3处，公益电影放映100余场，极大丰富了人民群众的精神文化生活。孟母文化节成功举办第二届。市级文化遗产“沂蒙小棉袄”被人民日报头版报道宣传。

继续搞好日常有线信号的维护维修，保证有线电视信号的正常传输，确保了广大群众及时收看到清晰的电视节目。

野外文物、齐长城遗址等保护情况良好。开发生态资源和旅游资源，做好农业园区与生态旅游结合文章，成功申报高楼子国家AA级旅游景区1处。规划开发塔山－兴盛绿色矿山－高楼子农业园区－汞丹山连片整体综合旅游项目，主要包括户外运动宿营区、异域情调光伏农业观光区、绿野花海观光区、乡野墅居休闲区、乡野风情体验区、四大矿洞特色体验区六大板块，着力发展体验式、观光式、生态型旅游。充分发挥全镇的文化资源优势，主动对接推进孟母文化产业园项目，力争打造1处旅游文化圣地。

【教育　卫计】 教育事业稳步发展。教育资源得到有效配置，教学质量和教学成绩得到了大幅度提升。全镇小学适龄儿童入学率、巩固率达到100%，初中入学率、巩固率分别达到100%和98%以上。投资280万元，新建4处幼儿园。投资370万元的善疃幼儿园开工建设。全镇小学适龄儿童入学率、巩固率达到100%，初中入学率、巩固率达分别达到100%和98%以上。

卫生服务逐步提升。投资2200万元新建设的镇中心卫生院于10月投入使用，新上了德国百康生物共振治疗仪和中医国医堂科室，用于皮肤过敏性疾病的检测治疗和中医康复治疗内容，成为全县最早开展该项医疗服务的乡镇。农村卫生人员专业知识和医疗水平大幅提高，基本达到了小病不出村、大病不出镇。全镇35处村级卫生室完成改造，基层医疗卫生机构药品实行零差价销售，新农合参保53767人，参保率达到99%。计划生育走在全县先进行列。全面推行免费孕前优生及“两癌”检查等工作，进一步为广大育龄妇女服务。紧紧围绕综合治理性别比这一核心指标，扎实工作，清除工作隐患，优化基础环境，夯实了计划生育基础，全镇合法生育率达到了98%以上，出生人口性别比为113∶100。加强政策宣传，重点开展打击“两非”和控制政策外多孩生育行动，推动计划生育工作上水平。

【法治】 认真抓好治安防控网络建设，深入开展了“雪亮工程”建设，投入100余万元，重点加强镇综治中心和社区中心平台建设，保障了群众生命财产安全。实行矛盾纠纷排查化解网格化管理，全年共排查矛盾纠纷50余起，接待镇级人民来访18起，接收信件4起，均已处理，化解信访积案2起，案件受理率和按期办结率均达到了100%，群众满意率达到98%以上。认真开展专家查隐患活动，对全镇所有工矿企业及危化品企业、职业危害较重企业进行了全面检查，共查出隐患21余条，下达了整改通知并责令限期整改到位，全镇没有发生一起安全生产事故。投入16万元，对食药所办公设施、检测设备进行了配套；在全县率先使用信息技术，对学校食堂进行24小时监控，做到全覆盖、无缝隙，切实保证了全镇学生饮食安全。在杨庄、善疃、四官庄、北躲庄等四个集贸市场建设了4处食品药品快检室。对东方、东升等超市安装了食品快检设备，依法对蔬菜、肉类等食品进行检验检测，对全镇21处食品流通店、小餐饮进行了整改提升，保障了人民群众舌尖上的安全。

【社会保障】 脱贫攻坚工作扎实推进。全镇贫困户2234户、3277人，建立完善了贫困户档案资料数据平台，明确了责任人和脱贫时限，逐户落实了帮扶措施，2017年除6户、17人未脱贫外，其余全部实现脱贫。积极争取上级财政专项扶贫资金200万，自筹资金40万元，建设大罗张蓝莓基地、孟母花卉基地2个扶贫项目，通过“政府引导＋现代园区运作＋农户参与”的模式增加贫困户收入，年实现收益20万元。通过收益分红的方式，帮助233户、361人脱贫增收，人均增收561元。贯彻落实好各项针对残疾人的专项特惠政策。严格低保核查评选工作，推选出低保4201户、4356人，及时将低保金发到个人手中，农村居民最低生活保障最低提高到1560元以上。全力做好新农保参保工作，新农保参保21769人，为11200名60周岁以上的老人发放新型农村社会养老保险金，农村居民养老保险最低提高到1200元以上。

【村镇建设】 争取“小农水”资金1200多万元，实施（党家山－四官庄－孟母）沭河流域农田水利设施配套建设，新建大口井6

处、机井50眼、水库提水工程2处，管网配套8万米，受益人口1.2万人，受益农田面积1200公顷。对全镇17座小型水库、54处塘坝、3条河流进行了全面排查和除险加固、疏通清淤，排查安全隐患6处，已全部整改到位，除险加固塘坝21座，清淤河道3500米，确保了安全度汛。规划杨庄村棚户区改造二期工程，建设10栋住宅楼，安置拆迁居民274户；杨庄商贸楼已开工建设，建成后将促进杨庄镇商业街繁荣，提升小城镇载体功能，拉动镇驻地经济发展。重点规划立项实施李家坡村、张崖头村、西山根村土地增减挂钩项目14.2公顷，拆迁居民431户，净增耕地9。强力推进"户户通"和"无害化改厕"工作，按照高标准、严要求、全覆盖的原则，投入资金285万元，实施"无害化改厕"4380户；投入资金520万元，"户户通"硬化面积6.3万平方米，超额完成县里分配的工作任务，农村环境面貌焕然一新。继续加大环卫一体化财力人力投入的同时，通过农村垃圾分类减量资源化处理模式，减少垃圾总量，变废为宝。

（徐沂锋）

富官庄镇

【概况】 富官庄镇地处沂水县东北部，三市（临沂、日照、潍坊）四县（沂水、莒县、诸城、安丘）交界处，南距沂水县城55公里，东距诸城城区50公里。总面积133.35平方公里，耕地5267公顷，辖16个社区（村），15766户，45485人。镇境内大部分为丘陵，平均海拔250米，地势西高东低，属暖温带季风气候，雨水充沛，四季分明，气候宜人，无霜期180天。主要河流有浯河、林头河、漫流河等，建小（一）型水库2座，小（二）型水库9座，塘坝65座。矿产资源十分丰富，主要有石灰岩、白云岩、瓷石、沸石等，其中，石灰岩遍布全镇丘陵山区，多数为一级。白云岩分布较广，全镇资源量2.1亿吨以上。农作物以小麦、玉米、花生为主，经济作物主要有中药材、林果、烤烟等。2017年，全镇实现社会生产总值19.4亿元、完成社会固定资产投资5.1亿元、实现地方财政收入2927万元、农民人均可支配收入12922元。被县委、县政府授予"三引一促工作先进乡镇""现代农业发展先进乡镇""落实全面从严治党主体责任先进乡镇""信访工作先进乡镇""环境保护工作先进乡镇"等荣誉称号。

【农业】 以土地流转为抓手，突出烤烟、精品果园等传统优势产业，积极打造现代农业园区。依托现有园区优势，以刘家后沟村、朱双村为重点，发展大棚芹菜、茄子、西红柿等100公顷，着力打造无公害蔬菜园区；以垛庄村、王家箕山村为重点，种植烤烟460公顷，打造现代烤烟种植专业园区，收购烟叶202万斤，实现财政税收550万元，烟农收入4500万元，全镇烤烟栽植面积、烟叶收购总量和烟叶税收连续七年保持全县第一；以干线公路两侧为重点，发展优质蜜桃200公顷，建设优质果品生产园区。其中，由山东宏原集团有限公司为主投资5000万元建设的漫流流域现代农业园区被纳入全县"125"工程。园区总规划面积667公顷，核心面积333公顷。

祥宏现代农业园区

【工商业　招商引资】坚持规模扩张与内涵提升相结合、整合淘汰落后产能与培植先进产能相结合，加快工业结构调整、企业“二次创业”、新旧动能转换，实现从外延式增长向内涵式增长转变，从价值链的低端环节向中高端环节跃升。实施山水水泥厂区整体提升项目、中怡三氯蔗糖整体升级改造项目等重点工业技改项目5个，完成技改投入4.3亿元。围绕优化税收结构、壮大地方财力，大胆探索，促进金融、物流、电商等三产服务业提档升级。新发展服务业项目5个，新增限额以上单位和规模以上服务业4家，完成销售额6.9亿元。全镇应用电子商务运营示范企业4家，有农村电商综合服务站点3处，实现网商销售额710万元。新增挂靠车辆25辆，实现运输业税收64万元。

全镇共引进过5亿元项目1个，过亿元项目2个，实现到位资金2.6亿元由山东宏原集团投资5亿元建设的160万吨纳米级氧化钙回转窑生产线项目被纳入全县“125”工程。引进各类创新创业人才107名，完成产学研和技术成果转化38项，为镇域经济发展注入新活力。

【财税　金融】全镇实现地方财政收入5679万元，共有金融机构2家，分别是沂水农村商业银行富官庄支行与沂水县邮政局富官庄支局。至2017年末，沂水农村商业银行富官庄镇支行各项存款余额6.27亿元，较年初增长5700万元，各项贷款余额2.77亿元，较年初增长7659万元，新增个人网银用户40个、手机银行用户578个、企业网银用户8个。沂水县邮政局富官庄镇支局实现存款1.2亿元，比上年增长2400万元，新增绿卡用户800户。

【交通　邮电】青兰高速、省道薛馆路横穿全境，县道孔徕路、官何路、何孟路同薛馆路纵横交错，构成全镇交通主动脉，农村公路四通八达，实现了村村通硬化路。2017年，投资2030万元对全长9.6公里的官何路实施大修，对10个省定贫困村25.4公里的扶贫道路完成硬化，户户通道路硬化完成6个村共计7.3万平方米。

全镇有1家邮政所，常年经办邮政储蓄、报刊发行、集邮、函件、包裹、代理速递、保险、物流、电子商务等业务，全年完成函件收入7.9万元、包裹3200件、特快1530件、汇兑30万元、代办保险500余万元，实现业务收入230万元。

【文化　广电　旅游】2017年，文化设施配套进一步完善，投资200万元在57个村建设了文化广场，总面积达1.5万平方米，安装了体育健身器材，村级表演队增至9支，组织文艺汇演120余场（次）。有文化站1处，公共图书室52个，藏书2.6万册。

实现数字电视村村通，搞好日常有线信号的维护维修，保证有线电视信号正常传输。2017年，维修有线电视故障1600余处，改造熔接主线路35处，收取收视费16余万元。强化电网建设，提升供电服务水平，完成高家石岭、刘家后沟、吕家坡等19个村的农网升级改造，立杆120棵，架设120导线45200米，新增4200KVA变压器15台；完成小黄山、孟家沟、柳沟等11个村的低电压治理，立杆26棵，架设50导线1.35万米。

旅游资源方面，自然风光与历史遗迹互相呼应，彼此依托，与农业生产一起形成了独具特色的风光。主要有石泉府、石壁崖风光、龙山文化遗址、明墓群、齐长城遗址、姑子顶新石器时期遗址、凤台新石器时期遗址等，其中，齐长城遗址为国家级重点文物保护单位。结合三引一促大力引人才、引资金、引进旅游项目，由潍坊客商与山东宏原集团联合，投资2.03亿元打造“金漫湾”旅游项目，该项目的顺利推进成为全镇旅游业发展的突破口。

【教育　卫计】全镇有中学2处，小学8处，在校学生2600人，在职教师230人。适龄儿童入学率和小学升初中率均达到100%。2017年，投资800余万元对4所学校实施“改薄”项目，投资220万元对全镇所有学校办学条件改善提升，教学质量继续保持全县前列，有174名学生升入高中，有43名学生进入职业学校。

镇中心卫生院建筑面积6450平方米，共有职工59人，开设床位51张，卫生技术人员55人，其中副高职称1人、中级15人。完善村级卫生室配置，深化落实农村合作医疗保险制度，同时优化诊疗环境，强化内部管理，加大设施投入，提高服务实力，同时增加外派进修次数，6人外出培训，参加学术交流会议13人（次），2017年被评为市级规范化接种门诊。

全面加强计划生育工作，严格落实二孩政策，坚持依法行政，热情服务，加强出生人口检测预测，综合治理出生人口性别比等各项工作，计划生育服务水平得到进一步提高。不断提升计生健康服务，联合县卫计局创新开发了母子健康手册APP，并在全市率先推广；持续做好打击“两非”工作，查办案件3起；抓好卫生计生深度融合，继续加强流动人口管理，在流出人口集中地青岛市城阳区建立沂水驻青岛流动人口协会城阳分会，与当地卫生计生部门配合协作，实现服务管理无缝对接；确保性别比平衡，始终保持计划生育工作的常态化、制度化、规范化。

【法治】 坚持抓好治安防控网络建设，强化维稳队伍和技术防控建设，创新推行司法行政协理员工作制度，实行矛盾纠纷排查化解网格化管理，力争将矛盾化解在萌芽之中。2017年，行政拘留11人，破获刑事案件9起，打击处理13人；摸排矛盾纠纷46起，接待群众来信来访28起52人（次）；调处化解各类矛盾196起，调解成功率98%以上。持续开展安全生产专项检查和食品药品安全大检查活动，累计组织执法人员184余人（次），检查生产经营单位62余次，配合县安监局行政处罚立案2起，开展专业培训12次、重点企业谈心谈话56次；聘请了专业机构对全镇14家企业进行重点检查，共发现隐患399条，整改390条，整改完成97.7%。

【社会保障】 严格按程序公开、透明评选低保户2674户，2860人，发放低保金629万元、低保电费补贴27万元、低保五保殡葬救助66.9万元；发放抚恤金256.9万元、义务兵优待金53.6万元、大病救助金18.9万元；全年共发放扶弱助老赡养费337.1万元。抓好新农保、新农合保费征收发放等工作，新农保13419人参保，收取保费441.1万元，到龄615人，死亡注销301人；新农合34942人参保，收取保费499万元；农村劳动力转移信息录入522人；出国劳务平台系统信息录入106人。

始终把脱贫攻坚作为当前的重大政治任务，利用2017年专项扶贫资金520万元，投资建设4个项目，全年共完成3个贫困村、1103户、1905人脱贫。

【村镇建设】 围绕城镇品质提升，按照“两点一线”的总体布局，构建“三横四纵”城镇框架，突出抓好改装换颜、扩路丰网、民生配套三项重点工程。以镇供销合作社为农服务中心和农商银行营业所建设为切入点，着力建设“宜居宜业宜游、功能配套齐全、文化魅力彰显”的特色小城镇，各项工作按照节点有序开展。统筹城乡土地利用，土地复垦稳步推进，实施6个村未利用土地开发项目，新增耕地35公顷；实施6个村工矿废弃地复垦项目，新增耕地11.5公顷；提前项目节点30天完成3个村土地增减挂钩任务，立项面积51公顷，新增耕地3.2公顷。

全力推进“美丽乡村”，立足镇域特色，结合城乡环境综合整治，对2016年已达标的19个村和2017年新提报的6个村重新规划，提升标准，逐步打造特色鲜明的美丽乡村。其中，整合各方资金300万元，重点打造了刘家后沟村、高家石岭村、垛庄村、解家洼村、宋家箕山5个示范村。结合清河行动，投资50万元对宋家箕山村、徕庄村、泉头村进行了美化、绿化。大力实施“改厕+硬化”工程。在全县率先完成改厕任务，共完成改厕50村4729户；户户通道路硬化完成6个村共计7.3万平方米。

（苗　芃）

圈里乡

【概况】 圈里乡位于沂水县东北部，地处沂水、临朐、安丘三县市交界处，辖55个行政村，12770户，35976人。地势西高东低，多属山地丘陵，气候独特，昼夜温差大，光照充足，主要山脉有唐王山、太平山、南龙山、荆山等。全乡水资源丰富，有小（一）型水库2座，小（二）型水库11座，塘坝60余处。道路交通便利，南接泰薛路，西邻东红路，车王路、上郭路在乡驻地交汇，全乡村村通电、硬化路、有线电视。文化底蕴深厚。有春秋古战场遗址，唐王李世民征战遗址，齐长城遗址，罕见的明代双龙碑，著名爱国将领于学忠在此战斗生活了3年。物产资源丰富。初步探明有铁、石英石、方解石、大理石、玄武岩等十余种，玄武岩储量15亿吨，居山东首位，分布全乡35平方公里；大理岩储量100亿吨左右。物产丰饶，空气纯净，特色农副产品主要有晚熟蜜桃、苹果、烤烟、小米等。矿产资源主要有玄武岩、石灰岩、闪长岩、花岗岩、方解石、石英石等十多种，其中玄武岩储量为15亿吨左右，居山东省首位。2017年，全乡规模以上工业企业实现产值43.3亿元，增长8%；实现地方财政收入6159万元；居民人均可支配收入达12857元，增长8.5%。

【农业】 依托于良好的区域优势和土地资源优势，圈里乡努力追求“把圈里的土山、石山变成富裕、美丽的花果山”，坚持发展林果产业不动摇，开展土地规模化流转，努力打造全省乃至全国最大的优质晚熟蜜桃生产基地。2017年，全乡新栽植蜜桃373公顷，新规划建设了张家洼、涝坡2个蜜桃现代园区，农业产业千公顷园区发展到7处，在马家土峪村、张家洼村新建两个果品交易大棚，吉林、七箭、西相家庄等村两委、果品合作社也建设了自己的果品交易场所。2017年全乡78户黄烟种植户共栽植黄烟140公顷，收购烟叶63万斤，实现产值730万元、税收160万元。水利工程建设方面，在瑞龙口、胡家岔河、南代庄、红花峪、牛家沟等村修建完成了小农水工程，在张家洼村、涝坡村规划建设了200公顷的小农水工程。

【工商业　招商引资】 2017年，洽谈引进人才31人，其中创业人才3人，创新人才28人，“百所院校进临沂”项目1个；洽谈完成产学研项目20个，其中211院校产学研12个，普通院校8个；完成上报科技成果转化项目8个，其中国际领先6个，国内先进2个。新落地项目4个：投资5亿元的120万吨/年改性沥青项目、投资5亿元的山东沂联石化科技有限公司20万吨/年石脑油深加工项目、投资5亿元的山东恒久大富聚氨酯新材料有限公司12万吨/年聚氨酯新材料项目和投资1.2亿元的特色农产品电子交易基地项目。建成总投资6000万元的太阳能光伏发电项目。纳入全县“125”工程共有3个，分别是山东清源石化有限公司投资5亿元的120万吨/年改性沥青项目；山东清沂山石化科技有限公司投资10亿元的300万吨/年原料预处理和80万吨/年重蜡油加氢项目；投资5000万元的物料输送系统改造项目。

清沂山石化项目

【财税　金融】 2017年，圈里乡财政运行情况总体良好，主要做好了以下工作：一是以“依法诚信纳税，构建和谐社会”为突破口，大力加强税收宣传，努力营造纳税的良好氛围促使各企业自觉纳税，以纳税为荣。二是加大对青沂山石化、沂联石化、恒久大富聚氨酯新材料、龙山风力发电、唐王山风力发电、福德精细化工等重点企业的帮扶力度，切实帮助解决企业生产经营中遇到的难题，确保企业尽快达产达效，实现税收均衡入库。三是充分发挥乡内劳动力资源优势，发展以藤制品加工为主的手工加工业，积极引进加工企业，挖掘税源，培植新的税收增长点。四是密切关注各企业的纳税情况，及时了解掌握税收动态。多为企业谋划，多为企业着想，尽量优化企业的财税结构，提高企业地方工商税收在税收中的比重，实现政企双盈。

2017，全乡金融机构存款余额6.7亿元。一是继续推动发展普惠金融，加大力度推动金融组织建设，鼓励金融机构深耕基层，计划在全乡10个较为偏远村庄设立金融超市，大大提升本村及周边村庄群众处理金融业务的便捷性。二是用好金融扶贫政策，积极组织开展授信，鼓励符合条件的贫困户积极参与百分之百贴息的“富民农户贷”，鼓励企业参与“富民生产贷”，提高企业发展扶贫产业的积极性，增强自我发展和帮扶脱贫的能力，完成了900万元的生产贷任务。清沂山石化办理生产贷900万元，并提前垫付了27万元的收益，帮助全乡贫困户180户，户均增收1500元，均发放到位。

【交通　邮电】继续完善交通设施建设，共修建交通扶贫道路4.3千米；实施了北代庄到张家洼乡道路肩拓宽工程3.4千米；安装黄闪灯12处，栽植绿化苗木3万余棵，安装警示桩500个，覆盖里程38.7千米。2017年，邮政各项业务快速发展，乡邮政支局服务区域为全乡70个自然村，服务功能有函件业务、包裹业务、集邮业务、信息类业务等。统筹利用“三农”“服务站”、村委会等多方资源，整合原有的便民点、人力、场地、设施，探索村邮站网格化管理模式，计划搭载建设首批村级邮站。在站点除了日常金融服务和邮件寄递外，还可办理代缴水、电费，电话费，农产品销售电商平台。

【文化　广电　旅游】文化设施配套进一步完善，投资30万元在15个村建设了文化广场，总面积达7500平方米，统一安装了体育健身器材。村级表演队增至5支，组织文艺汇演55场（次）。有文化站1处，公共图书室1个，藏书5000册。

建立健全高清数字电视的保障机制，组建5人的运行保障队伍。制定日常工作操作规范和运行管理制度。2017年，对全乡251公里的光缆和278户高清数字电视用户的机顶盒等设施设备进行全面检查维修。

以建设至少1处AAA级景区为目标，加快旅游资源的开发。依托现有的风力发电资源以及充足的土地资源，走农业观光休闲旅游相结合的道路，实现农业产品向旅游商品转变，将农业、加工业、旅游业有机连接，形成即产即销无缝对接市场的新模式，带动现代农业的发展。对唐王山－龙山风电场、唐王山战争遗迹、齐长城遗址、双龙碑、飞来峰、七箭－上考洼万公顷桃园、许家庄千公顷连片苹果示范园、瑞龙口生态林场等旅游资源进行整合规划，形成山水相依、花果飘香、休闲便捷的旅游景区。对景区建设集思广益，进行了初步的规划设计。

【教育　卫计】继续加快推进义务教育均衡发展，完善了全乡所有中小学、幼儿园等教育场所的软硬件义务教育均衡工作配套建设工程。投资340多万元新建教学楼1座，投资192万元新建教职工宿舍楼1座，投资60余万元建设涝坡幼儿园，投资30万元建设标准化操场1处，投资10万元硬化学校主路面120平方米，投资30万元对全乡中小学幼儿园冬季取暖线路进行改造，改善了学生就读环境。同时，着力推进图书角建设，提高藏书质量，积极抓好教学质量提升，全乡中考升学率逐年提高。

不断改善群众就医，2017年，圈里乡卫生院新建吕家沟村卫生室1处，新上DR、热成像仪等大型设备，积极提高诊断设施水平，方便村民看病就医。新建沿街楼1幢，重建职工家属楼1幢，有效缓解业务用房问题，改善职工住宿条件，提高职工生活质量。全院有职工82人，专业技术人员60人，高级职称2人，其中执业医师19人，执业护士16人，检验师1人，药剂士2人。新农合参合率100%以上，参合农民住院继续实行“先诊疗，后付费”，极大地方便了患者就医。在新形势下，坚持常抓不懈，不断强化计划生育宣传与服务力度，人口与计划生育工作平稳推进，持续合法生育率，人口自然增长率控制在千分之三以内。

【法治】实施“依法行政、依法治乡”基本方略，以党员领导干部学法用法为重点，以提高全民法律素质为目的，大力推进了法治建设进程，全乡各项工作逐步纳入法制化轨道。狠抓社会治安综合治理，积极开展平安乡村创建活动，继续推动校车整治、基层矛盾纠纷排查化解、道路交通秩序整治等各项工作的落实。开展全乡百日矛盾集中大排查和防范四类风险专项集中活动。建立健全了综治网格化管理制度，按要求全乡共划分了70个大网格，182个小网格，确定了70名网格管理员。落实了“雪亮工程”延伸工作，大力推进“两机一喇叭”建设，对全乡55个行政村新更换安装了330个高清摄像头，全面完善了村级电子监控平台建设，实现视频监控全覆盖，兑现值班补助10.2万元。始终以政法队伍建设为先导，打造一支执法为民的政法队伍，2017年，全乡未发生一起执法不公正、不规范和不作为、不文明的情况，人民群众对政法队伍及其执法工作满意度达95%，有力地促进社会和谐稳定。深入开展了城乡治安治理专项活动，对入室入宅盗窃、破坏“三电”设施等违法行为进行了专项整治。2017年实现了政治安定、社会稳定，为全乡经济社会发展营造了良好的环境。

【社会保障】 全面加快项目建设、顺利完成大光伏发电项目的建设及并网工作，积极促进农村产业发展、推行孝道扶贫，助力贫困户脱贫增收。2017年，利用上级投资300万元，在中学屋顶、陈官庄办公室、代庄小学、瑞龙口办公楼等4处屋顶建设436千瓦分布式屋顶光伏发电项目，覆盖建档立卡贫困户1520户。顺利完成了大光伏发电项目的建设及并网工作。大光伏项目于6月30日完成并网发电，至12月底实现发电125.7万度，实现收益135万元，可分配收益83万元，已全部发放给全乡贫困户，户均增收420余元。在全乡弘扬“孝老敬老”风气，成立敬老孝老理事会55个，募集孝老基金249.96万元，乡党委政府配套10万余元，惠及贫困户1599户、2083人，人均增收1250元。2017年，全乡共有500余户贫困户发展金秋蜜桃80公顷，参与手工加工贫困户200余人，发展养殖600余户。健全完善社会保障体系，秉承公开、公平、公正的原则，严格低保、危房改造等项目评选程序，各类民生工程统筹推进。完成建档立卡贫困户危房改造96户，无资金危房改造86户。新农保完成投保12654人、379.61万元，新农合完成投保29795人、434.61万元，有效地推进了全乡社会保障工作进程。

【镇村建设】 城镇化建设有效提升。把美丽乡村建设工作作为全乡重点工程来抓，立足“五化”建设，对照生态文明村档案资料85项目录，全力推进以硬化、亮化、净化、美化为重点的硬件基础设施建设，城镇功能设施得到进一步完善。2017年，全乡完成2662户改厕工作任务，对上级配备的吸粪车实行了市场化运作；对8个美丽乡村进行“户户通”改造，上考洼、贾姚庄、许家庄、南代庄、桥北头基本完成任务，北峪、朱家峪子进行施工。将环境综合整治工作常态化，持续加大环境综合整治力度，加大对环卫基础设施的投入，抓好环卫队伍建设和管理，全乡一大三小四辆保洁运输车辆全天候运行，配备155名保洁员，每天按时着装上岗，提高了垃圾清运效率，改善了乡村环境面貌，全面提升了小城镇建设品味，为群众提供宜居环境。

（于海生）

沙沟镇

【概况】 沙沟镇位于沂山南麓，沭河源头，距沂水县城34公里，处在临沂、潍坊、淄博三市交界处。全镇共辖67个行政村，23115户，67302人，总面积210.32平方公里，耕地面积5333公顷。全镇属半丘陵、半平原地区。地形主要由沂山山脉和沭河流域平原构成。镇内主要河流有沭河，是沭河的发源地。生态环境优美，境内有沂山、沙沟水库、沭河源头等众多自然景点。境内矿产资源丰富，种类多，储量大，易开采，主要有铁、石英、玄武岩、钾钠长石、矿泉水等矿产资源。2017年，荣获市级最美村镇、脱贫攻坚工作先进乡镇、三引一促工作先进乡镇、现代农业工作先进乡镇、落实全面从严治党主体责任工作先进乡镇、食品药品安全工作先进乡镇、服务业发展工作先进单位、人口和计划生育工作优秀乡镇等荣誉称号。

【农业】 依托生态环境资源优势，大力争取上级政策支持，加大农业基础设施投入，巩固传统优势农业产业，培育新型农业经营主体，积极推进现代农业园区建设，农业发展提质增效。现代农业园区蓬勃发展，新建九岭坡现代农业园区，流转土地33公顷，总投资3500万元，建设蔬菜大棚120个，被评为市级规范化现代农业园区。沭源清生态农业观光园，流转土地147公顷，建设观光采摘园、农业示范种植园，正在申报省级休闲农业旅游观光示范区。巩固提升卞庄、九岭坡现代农业园区科技水平，投资16万元引进水肥一体化技术，应用设施内面积10公顷，公顷均节水25%~40%，节肥30%~50%，在此召开全市水肥一体化现场会。精品果园不断发展，新增优质果品种植面积170公顷，其中，于家庄优质果品示范园新发展优质桃57公顷，龙河官庄新发展优质桃23公顷。举办果树培训班8期，培训果农800人（次），果品管理技术极大提升。农业产业结构不断优化，新发展蔬菜大棚47公顷，主要种植辣椒、长茄、青梗散花，年产蔬菜1万吨。发展壮大慈心岛、辉泉、沂山3处中草药种植基地，主要种植丹参、黄芩，总面积达533公顷。黄烟种植达67公顷，收获26万斤，实现税收64万元。农田水利设施不断完善，完成涉及14个村的年均百万公顷土地整理项目，整理高标准农田700公顷，硬化田间道路1万米。完成双山、西院、金钟峪等8个村的塘坝加固工程，完成于家庄、沙沟二村、卞庄等4个村的小农水工程，建设沙沟三村提灌站1处。绿化造林稳步开展，完成造林146公顷、花卉苗木39公顷、林下经济61公顷。完成了野坊、于家洞等15个村600公顷的森林抚育任务。加大生态补偿力度，加强防火设施建设，投入43万元，建设蓄水池4座，隔离带760米，购置灭火机42台。

【工商业　招商引资】坚持把招大引强作为镇域经济跨越发展的突破口，坚持专业招商、专门招商、以商招商多管齐下，抽调精干人员，组建专业队伍，严格考核奖惩，全力以赴，举镇而为，取得了丰硕成果。新引进重点招商项目1个，即由莱钢集团投资1.8亿元建设的大鹏矿业有限公司100万吨/年铁矿粗粉、10万吨/年铁精粉项目。续建项目2个，一是由佛山瑞普华机械设备有限公司投资1.6亿元建设的1万吨/年巧克力涂层及巧克力食品项目，二是由山东银兰国际贸易有限公司投资5.5亿元建设的山东泰基石化有限公司40万吨/年芳烃溶剂油项目。以转调提升为主线，以延长产业链、提高附加值为目标，不断加大技术改造力度，企业产能进一步扩大，产品竞争力进一步增强。2017年实施重点工业技改项目4个，实现技改投入3.11亿元。服务业发展异军突起，新增服务业项目7个，实现投资5.3亿元。加大物流公司招引和培育力度，新成立物流公司1家，新增货运车辆25辆，完成吨位375吨，实现物流业税收500万元。

沙沟镇韭菜贴上可追溯二维码，二维码是经过与省级监测平台通过农药残留检测合格后出具的，扫描二维码可获取农事信息，价格较周边县区每斤高一元左右

【财税　金融】实现规模以上企业生产总值69亿元，实现利税6.8亿元，地方财政收入达到2870万元。全镇共有金融机构2家，分别是沂水农村商业银行沙沟支行和中国邮政储蓄银行沂水县沙沟营业所，金融机构新增存款1.3亿元，存款余额11.2亿元，全年累计发放贷款4.3亿元，贷款余额1.6亿元，利息收入1200万元。

【交通　邮电】2017年，投资6000万元修建县乡道路上辛路、沙泮路，全长19.2公里，解决3万群众出行难题。积极推进村级公路网化工程建设，完成11个村的道路进行硬化，硬化面积2.1万平方米。开展“绿化一条街”行动，27个村绿化面积1万平方米。

全镇有1家邮政所，5个快递点，其中邮政所业务涵盖邮政储蓄、报刊发行、集邮、函件、包裹、代理速递、保险、物流、电子商务等方面。联通分公司1家，电话交换机总容量8000端口，固定电话用户2200户，移动电话用户5200户，电话普及率30.8%，互联网用户3100户，宽带普及率12.9%，全年联通业务收入20万元。

【脱贫攻坚】继续加强镇域扶贫开发项目基地建设与管理，综合运用多项扶贫举措，汇聚多方社会力量，巩固先期脱贫成果，取得更大脱贫成效。实施产业扶贫，利用上级扶贫资金510万元，流转土地33公顷，建设高效冬暖式大棚80个、拱棚40个，实现扶贫收益40.8万元，帮扶全镇47个非重点贫困村1231户2033人，人均收入190元；实施卞庄高效蔬菜大棚产业园提升工程，硬化道路2000平方米，建设钢结构长廊400米，排水沟500米，坝体500米，实现扶贫收益63.5万元，15个重点贫困村人均增收700元。实施光伏扶贫，全镇光伏扶贫总装机容量5.768兆瓦已全部达到并网要求，2017年四季度并网发电以来实现收益79万元，人均增收200元。实施金融扶贫，富民生产贷帮扶贫困户100户，户均增收1500元。严格落实上级政策扶贫，排查“三无”失能贫困人口33人，每人每月帮扶300元；开展特惠保险扶贫，给贫困户每人缴纳医疗商业补充险160元，意外伤害险10元，每户缴纳家庭财产损失险10元；利用低保政策扶贫，发放扶贫资金90万元；为每个贫困人口减免新农合150元。

【文化　广电　旅游】 强化群众文化服务，丰富群众文化活动，举办送戏下乡67场，电影放映150场，广场舞比赛6场，成立4个文化志愿服务队，开展广场舞培训600场，培训6000人（次）。广播电视工作稳步开展，认真做好有线电视网络和“村村响”的维护工作，改造数字电视850户。

镇内旅游资源丰富。镇内沂山是山东省森林覆盖率最高的山脉之一，森林覆盖率达到98.4%，有“天然氧吧”之称。沙沟水库是沂水县第二大水库，蓄水3228万立方米，是沂水县的饮用水源保护区。历史遗迹众多，境内有朱雀古汉墓群、齐长城遗址、对崮峪烈士墓等众多遗址遗迹，还有保存完好的小崮头村、寺峪村等传统古村落。

【教育　卫计】 全镇适龄儿童入学率、巩固率达100%，适龄少年的入学率和巩固率达99%以上。大力改善办学条件，投资389万元建设泮池中学1600平方米综合楼和1125平方米餐厅楼，投资457万元建设于沟完全小学3070平方米教学楼，投资460万元建设于沟幼儿园2987平方米教学楼，投资48万元对道德、杨庄、双山、张马等4所幼儿园进行改扩建，投资5万元对川店完全小学进行硬化、绿化等。为新录取本科生、研究生发放助学金11万元，开展上海东鑫企业、昊东集团、新大洲箱包等捐资助学活动，形成尊崇教育的良好风尚。

建成卫计融合综合服务平台，将卫生院妇幼保健、公共卫生、防疫业务与计划生育业务结合，更好地提供卫计服务。投资开发健康管理云软件，线上实现签约服务、政策、医疗知识咨询，建设防疫数字化门诊系统，运用信息化手段提升服务水平。投资260万元对镇卫生院门诊楼进行扩建，用于妇产科门诊及病房，新开设婴儿洗浴、胎心监护和孕妇学校，做好“二胎时代”的妇幼保健服务。在门诊楼安装电梯，增加索引指示牌，方便前来看病的群众。完成洁净手术室、供应室、标准化产房规划和达标改造，做到流程合理、设施先进、运行规范。投资100万元新上全自动光化学分析仪、磁热共振治疗仪、中频电子治疗仪等先进设备，不断拓展诊疗范围。

【法治】 在镇综治平台投资10万元配套司法所9间办公室，加强司法镇阵地建设。在镇驻地21个社区中心村、1个社会治安薄弱村建设高标准信息平台，落实夜间值班制度，做到监控全覆盖。落实班子成员接访制度，全镇共接访82批（次）102人（次），下访8次，受理率、按期处理率达

2017年9月1日，国务院扶贫办到沙沟镇调研精准扶贫工作

100%，治安防控体系覆盖率达100%。配齐配强网格管理员，基层社区治理体系不断完善。

【社会保障】 2017年，共发放各类救助资金1480万元，其中农村最低生活保障3839户，4033人，支出850万元；农村五保供养人员153人，支出70万元；国家优抚、补助各类优抚对象801人，支出410万元；发放残疾人生活补贴、护理补贴1591人，支出150万元。新建社区服务中心2处。城乡居民养老保险参保率99%，新型农村合作医疗保险参保率95%。

【村镇建设】 聚焦群众关心关切，加强基础设施建设，深入推进环境综合整治，人居环境不断优化，镇村面貌获得极大改善。投资120万元建设镇驻地入口三角花园，清理整治上峪庄河，提升镇驻地形象；投资300万元建设2000平方米综治中心，配套硬化路面2000平方米；完成麻峪子村780万元治理工程；实施夹石峪村地质灾害搬迁避险工程，搬迁群众78户，全部安置完成。建立健全环卫一体化工作常态化制度，将管理区书记和村党支部书记纳入保洁网络，管理区书记作为辖区大保洁员，形成镇村共建的良好局面。2017年，全镇有4辆垃圾清运车，1辆垃圾转运车，176名保洁员，2850个垃圾桶，环境卫生综合整治长效机制形成，环境卫生极大改善。积极开展厕所无害化改造，共改厕4623户，超过年初的改厕任务257户。进行危房改造203户，极大地改善了居住条件。开展“小散乱污”企业集中拆除专项行动，共拆除企业21家，断电、停产企业12家。进行养殖污染专项整治，56户禁养区养殖户全部转产，387户适养区、控养区养殖户全部提升，粪便生物学发酵技术得到有效推广。

（于艳丽）

诸葛镇

【概况】 诸葛镇位于沂水县西北部，地处临沂、淄博、潍坊三市交界处，面积212.8平方公里，辖72个行政村，29660户，78627人。有5333公顷国家一级公益林青松翠柏，6667公顷林果，全镇森林覆盖率达到70%以上；境内有山东省第三大水库跋山水库。自主培育的金黄后黄桃誉满全国，葡萄、苹果、甜杏等果品畅销，“暖阳牌”“宿山牌”果品商标驰名中外，红香椿通过国家工商总局地理标志认证。

诸葛镇历史人文底蕴深厚，红色文化源远流长，旅游资源丰富。南洼洞见证了20多万年前的先祖遗迹；千年银杏枝繁叶茂，预示着民丰涓涓长流；送火神的淳朴狂欢、跑马灯的粗犷厚道，见证了诸葛百年沧桑；葛庄战役的丰碑和李清漪、武善桐等革命先辈的光荣事迹，让红色基因在这片土地上代代传承。

诸葛镇是国家级生态文明镇、全国一村一品示范镇、中国优质苹果基地百强乡镇、中国金皇后黄桃之乡、中国甜杏第一镇、省级文明镇、山东省最具成长性乡镇、平安山东建设先进乡镇、山东省人民政府命名的中心镇、省级信息化扶贫示范镇、临沂市休闲农业和乡村旅游示范点。

【农业】 2017年，全镇以黄桃为主的林果面积不断扩大，以土地规模化流转为带动的农业园区稳步增加，以水利、道路等为保障的农业基础设施更加完善，以农业专业合作社为引领的新型农业主体引擎作用发挥明显，以黄烟等经济作物为辅助的产业体系拓宽了农民收入渠道。诸葛镇一直把林果产业作为现代农业发展的“拳头品牌”来抓，按照黄桃为主，多果并举的产业发展方向，重点在规模扩张、品种改良、技术革新、合作组织构建、基础设施提升上做文章。2017年全镇新流转土地733公顷，新栽植黄桃867公顷，连片种植园区面积过67公顷的3个，过33公顷的2个，过6.7公顷的9个。

诸葛镇主要林果品种有“金皇后黄桃”、苹果、葡萄、丰甜臻杏、红香椿、花椒等几十种品类。其中，金皇后黄桃全镇种植面积超过4000公顷，全国推广2万公顷。“金皇后”黄桃是通过对诸葛镇上胡同峪村一株实生桃株嫁接繁育后培育的新品种。同时，金皇后黄桃被果品加工企业评价为国内加工黄桃的顶级品种。

【工商业　招商引资】 2017年，把招商引智作为经济发展的总抓手，把招商引资，大优精项目作为驱动经济发展的主动能，把人才、技术招引作为提升经济发展质量的新引擎，通过引导企业实施二次创业，实现新旧动能持续转换，保持经济有活力持续向好发展。2017年邦能日化、翡翠农庄项目、鲁南矿业尾矿综合利用项目列入县“125工程”重点项目，北斗星无害化处理项目全面建成，贝亿食品项目参加了全县年底点评。

2017年，全镇共引进A类人才5名、B类人才50名；引进产学研项目16个，其中985、211院校7个，引进科技成果转化项目19个。与山东大学、中国石油大学等十几所国内高等院校建立了长期稳定的合作关系。

引导企业实施二次创业，加快新旧动能转换步伐。2017年共实施重点技改项目11个，实现到位4.5亿元，其中鲁南矿业地采优化技改项目列入县“125工程”。新成立物流企业3家，发展物流车辆66辆，吨位789.77吨，完成全年任务的120%，实现税收88.34万元。全镇新增村级电商综合服务站点9处，申报特色产业扶贫点3处，通过省级信息化扶贫示范镇申请，争取电商配套资金70万元。

【财税　金融】 2017年全镇规模以上企业实现工业总产值26.13亿元，实现利税1.14亿元，在钢铁行业持续萎靡，铁矿石价格持续下滑，骨干企业鲁南矿业经营收入严重下滑的情况下，全年共完成地方财政收入3255万元。

【脱贫攻坚】 诸葛镇是沂水县贫困村最多、贫困人口最多、贫困发生率最高的乡镇，全镇共有12个省重点贫困村，26个市定库区贫困村，共有建档立卡贫困户4872户7637人。同时，完成了6个村共计1705户4391人的易地扶贫搬迁任务，搬迁人口接近全省总搬迁人口的10%，占全县总搬迁人口的90%。

2017年，诸葛镇以党建脱贫为引领，构建了产业脱贫、项目脱贫、易地搬迁脱贫、社会力量帮扶脱贫的四维脱贫体系，全年贫困人口减少2079户3352人，38个贫困村全部摘帽。在脱贫攻坚工作中，积极发挥省市县“第一书记”抓党建促脱贫的引领作用和主心骨作用，全年第一书记以及所在单位累计争取项目、投入资金2000多万元。围绕现代农业这一目标，以林果这一主导产业为核心，整合专项扶贫资金960万元，在下古村、新民官庄村、张耿村建设了大棚草莓项目，在前河西村建设了冬暖式大棚樱桃项目，在刘家河北村建设了奶山羊养殖项目，小峪村建设了观赏鱼繁育养殖项目等14个扶贫项目，覆盖建档立卡贫困户3333户5112人，实现项目收益81.9万元，贫困户人均增收160元以上。全县单体规模最大，总投资1亿元，总装机容量11兆瓦的马崮峪地面光伏发电项目全面建成并网发电，全镇3652户贫困户户均年实现收入1500元。2017年全镇发放贷款3700万元，可帮助740户贫困户年增收1500元。把易地扶贫搬迁作为从根本上实现脱贫的重要手段，累计投入资金1.7亿元，上胡同峪村、大崮后村、会仙院村完成整村搬迁复垦，河西庄村小北庄自然村完成搬迁复垦，上古村完成建档立卡贫困户的分散搬迁安置，常庄村建档立卡贫困户全部完成搬迁安置。

【交通　邮电】 诸葛镇地理位置优越，交通便捷，省道沂博路、韩莱路纵穿南北、东西，青莱高速公路横穿全境，出口距镇驻地仅2.5公里，与长（春）深（圳）南北高速公路、青（州）沂（水）铁路融汇贯通，距胶（州）新（沂）铁路沂水火车站30公里，至济南、青岛港车程均在1.5小时以内。2017年，投入资金重点对道路警示标志进行了提升，并配

诸葛镇马崮峪地面光伏发电项目

合做好了上辛路大修工程。

诸葛镇邮电通讯事业一直快速发展，形成了移动、联通、电信相互交织的通讯网络，各种信息及时传送到全镇，为经济发展发挥着重要作用。

【文化 广电 旅游】2017年诸葛镇不断丰富群众文化生活，增强精神文明建设。全年开展文艺培训6次，共计2000人（次），新建文化广场28处、图书室21处，配备音响、锣鼓40余套，组织广场舞1000余场，组织各类文艺演出200余场。

诸葛镇一直注重提升全镇广电网络水平，增强市场拓展能力，积极建设互联互通、管理规范、技术先进、安全高效的广播电视网络平台和公共信息服务平台，全镇有线电视用户超过7000户，在全县乡镇中位列第一。

2017年，诸葛镇充分发挥山青水碧的生态优势和果丰林茂的资源优势，加快推进乡村旅游发展。2017年，第三届山东沂水（诸葛）杏花节在秀峪村成功举办，中央电视台中文国际频道进行了现场报道，旅游品牌得到广泛宣传。杏福小镇秀峪成功申报AA级景区。工商资本纷至沓来，涉足乡村旅游，茂江集团打造的翡翠农庄项目列入县“125工程”重点项目，青林旅游对上胡同峪进行整体开发打造，将该村打造成为集黄桃深加工、乡村旅游及农用无人机推广于一体的综合园区。

【教育 卫计】诸葛镇坚持教育优先发展战略，严格落实义务教育经费保障机制。2017年总投资400万元的教师公寓全面投入使用，投资60多万元的华庄幼儿园建成投入使用，投资160万元对4所幼儿园进行了改扩建提升，中小学内部配套更加完善，校园美化绿化更加全面，全镇中小学校园面貌焕然一新，中考升学率逐年提高。

诸葛镇坚持计划生育基本国策地位不动摇，严格落实全面“二孩”政策，不断强化服务理念和服务方式转变，为群众提供优质服务。投入30万元将镇计生服务中心打造成了高标准的“健康馆”，多次迎接国家、省市县检查视察，打造出了品牌。2017年，全镇合法生育率达到97.20%，出生性别比104∶100，保证了人口出生的稳定。

【法治】2017年诸葛镇进一步推进法治镇建设，将法治工作纳入社会经济发展总体规划同部署、同推进、同保障、同监督、同考核、同奖惩。构建以基层党组织为核心、村委会为主体，社会组织协同、人民群众广泛参与的城乡社会治理格局。突出法治宣传教育，认真贯彻落实“七五”普法工作，加大对法治建设的宣传引导力度，树立人人守法、懂法、用法的观念。积极构建覆盖更广、层次更深的基层综治信访体系。不断健全镇村防控体系，强力推进平安镇村创建。“雪亮工程”监控平台覆盖全镇26个社区，新建高空瞭望平台1处，建立和完善了班子成员夜间带班查岗、村干部带班夜间巡逻制度，“三员一体化”得到巩固发展，治安环境得到明显改善。从农村财务管理监督入手，不断健全农村基层治理体系。扎实开展农村产权制度改革工作，凤落院村完成试点任务，5个村顺利完成产权制度改革。全面推行农村财务管理“四监管”“四统一”制度，每月定期民主理财、就地审计、张榜公布“三位一体”的工作模式，切实提升农村财务管理质量和水平。认真开展农村三资三清工作，严格落实“四议两公开”的民主议事和决策程序，特别是针对扶贫领域开展重点督查审计。

【社会保障】诸葛镇高度重视社会保障工作，全面落实国家各项惠农利民政策，让群众共享发展成果。新农合、新农保覆盖范围进一步扩大，参保率分别达到100%、99%，发放优抚对象抚恤金536万元，新增低保116人，全年累计发放低保金800万元，新建和改造农村社区、建设农村幸福院9个。严格落实安全生产企业主体责任，健全“党政同责、一岗双责、齐抓共管”安全生产责任体系，聘请专家开展安全隐患排查，整改安全隐患1787条，多次开展拉网式安全生产检查，取缔非法经营汽油、液化气窝点1处，实现了全年镇内无重大安全事故发生。以创建省级食品安全示范县为契机，全面守护群众“舌尖上的安全”，设立食品安全快检室12个，建立流动食品安全监测点8个，开展快检活动320余次，抽检8675批次，检测范围及检测内容实现了全覆盖。落实绿色发展理念，扎实全面推行河长制，认真组织开展清河行动，攻坚沂河自然保护区整治，保住了诸葛天蓝水碧山青的最大生态优势。

【村镇建设】诸葛镇以建设美丽乡村为目标，以城乡环境综合整治和城乡环卫一体化工作为抓手，扎实推进村镇建设步伐。以35个美丽乡村示范村为先行引领，重点在基础设施提升上做文章，全面提升美丽乡村建设水平与档次。环卫一体化工作稳步进入常态化运作模式，长效干净的环卫效果得到保持，成绩名列全县前茅。

2017年诸葛镇重点在硬化、绿化、美化的提升上下功夫，完成农村厕所无害化改造5465户，新硬化户户通道路14.8万平方米，新修建扶贫道路16.9公里，完成“四联八建”村扶贫路17公里；完成危房改造197户，翻建房屋110户。投资166万元对重点村进行了绿化、美化提升，栽植绿化苗木15万株，美化墙壁30万平方米，投入120万元架设路灯60[illegible]盏。以美丽乡村建设为驱动，对小城镇进行二次提升，粉刷镇驻地欧式尖顶42个，新建欧式组团建筑3000平方米。镇村基础设施全面提升，美丽乡村、新型城镇化同步发展。

（窦中伟　张锡龙

龙家圈街道

【概况】 龙家圈街道地处沂河西岸，是县城驻地乡镇之一。街道总面积94平方公里，辖54个行政村，22029户66967人，为半丘陵半平原地区。境内有山东省第三大水库——跋山水库，国家级森林公园——灵泉山，山清水秀，环境优美，是国家级环境优美乡镇、山东省文明镇。2017年，龙家圈街道按照县委“高举发展争先大旗，走在前列争创强县”的总体要求，突出“招商引资、工业发展、城乡建设、现代农业、民生工程”五个重点，夯实“基层班子、社会稳定、计划生育”三个基础，着力抓好西城建设、“三引一促”、脱贫攻坚等重点工作，圆满完成了年初制定的各项任务。9月27日，成功举行了撤镇设街道揭牌仪式，正式更名为“龙家圈街道办事处”。

2017年9月27日，龙家圈撤镇设街道揭牌仪式举行

2017年，被县委、县政府授予“乡镇科学发展二等奖”“三引一促工作先进乡镇二等奖”“二次创业工作先进乡镇二等奖”“财税工作先进乡镇三等奖”“殡葬改革工作先进乡镇二等奖”“现代农业工作先进乡镇二等奖”“新型城镇化工作先进乡镇三等奖”“服务两城同建工作先进单位”“城乡建设用地增减挂钩工作先进乡镇二等奖”“全域旅游工作先进乡镇二等奖”“服务业发展工作先进乡镇二等奖”“落实全面从严治党主体责任工作先进乡镇二等奖”“基层党组织建设工作先进乡镇一等奖”“精神文明建设工作先进乡镇三等奖”“政法综治暨平安沂水建设工作先进乡镇二等奖”“信访工作先进乡镇三等奖”“安全生产工作先进乡镇二等奖”“环境保护工

作先进乡镇二等奖”“食品药品安全工作先进乡镇三等奖”。

【农业】 现代农业扎实推进，扩大基地品牌效应。以双崮流域333公顷项目为依托，打造完成甘河－里万现代园区、中官坪现代园区、南套现代园区、中山现代园区、诸坞现代园区、上肖家沟现代园区六大园区，新发展果品面积77公顷。投资1300万元，建设13公顷的锦程有机大樱桃采摘园；投资1.1亿元的鲁洲生物科技（山东）有限公司玉米麦芽糖醇项目，代表沂水县迎接全市优质农产品基地品牌建设现场观摩交流会，获得第四名。深化农村产权制度改革，在泉旺等三个试点村开展产权制度改革，并在街道范围内全部推广。乡土果茶技术人才库职能凸显，选聘31名乡土人才，带动果农致富；建立林果示范区3片和示范户5户。林业园区建设成果丰硕，完成造林总面积4274，其中杨树丰产林面积83.8公顷、彩化造林17公顷、荒山绿化33公顷、林下食药材257公顷、改造提升木本粮油5公顷。抓好秸秆禁烧和综合利用，辖区内“不见火光，不见黑斑”，全年未发生一起秸秆焚烧安全事故。

【工商业 招商引资】 工业经济转型升级，加快新旧动能转换步伐。以质量和效益为导向，加快创新投入和技术改造，促进产业科学发展。2017年，完成规模以上企业总产值100亿元，实现税收6.6亿元；实施重点技改项目10个，完成投入2.7亿元，其中投资2.2亿元的鑫源纸业4450高强瓦楞纸生产项目被列为全县“125”重点工程。完成街道23家规模企业规范化公司改制；完成对街道所有企业及钢材经营户的全方位、无缝隙排查，杜绝“地条钢”；清理取缔15家煤炭经营户，规范煤炭经营户1家。

“三引一促”成效显著，增强经济发展后劲。围绕机械电子、高端食品和现代服务业主导产业培植方向，对准国内外强企，全力招引核心技术项目和新旧动能转换项目。通过春节“百名回乡人员家乡行”活动，掌握龙家圈籍在外创业人员情况和意向信息，并在全国重点城市设立了10个引资引智工作联络站。引资方面，新引进过10亿元的普艾迪空气源热泵空调生产项目1个，过5亿元的罗欣药业中药产业项目1个，过1亿元的法利膜结构装备制造项目1个。2017年，普艾迪空气能热泵空调一期项目建成投产，金萨食品SC认证通过全面投产，花彩小镇花朝节成功举办，沂蒙花彩音乐啤酒节隆重推出，罗欣药业中药产业项目全面启动。引智方面，全年引进千人计划1名，泰山学者1名，A类高层次人才3名、创业人才2名，B类创新人才32名，完成1家百家院所进临沂活动。完成科技成果转化16项（其中国际领先5项、国际先进8项、国内领先3项）。

【财税 金融】 2017年，街道实现生产总值达到50.4亿元，同比增长7.5%；完成社会固定资产投资29.6亿元，同比增长16.5%；实现地方财政收入4152万元，农民人均可支配收入15197元，同比增长19%。

物流业平稳发展。新增挂靠发展车辆7辆，共实现运输业税收210.68万元；电子商务成效显著，全镇应用电子商务运营企业18家，电商户40家，网商实现销售额6080万元。

【交通 邮电】 紧邻青岛、日照两大港口，青兰高速、长深高速穿境而过，与京沪、同三、日东五条高速连接成网，兖石、沂邳两条省道贯穿全境，山东省铁路规划第三纵（烟大胶新线）和第三横（晋煤东运铁路）在境内相交，物流业发达，交通网络便利。2017年，正阳路沂河大桥全线通车，新添了一条连接龙家圈和县城的“大动脉”，极大地方便了居民群众出行。

充分利用邮政网络资源优势，加快推进农村交通物流镇、村网点建设工作，在全镇范围内建设便民服务站点57处，有效站点覆盖率达到85%，极大地方便了当地群众物资流动。

【文化 广电 旅游】 推进“文化新农村”建设，龙家圈社区设立街道综合文化站，54个社区设文化大院。投资300万元新建3处文化大舞台、4个文化广场，并配齐了健身器材、音响、锣鼓、服装等，实现村村全覆盖；组织各类文艺演出300余场，组织参加上级举办的文化活动，并在县举办的秧歌节、篮球比赛中获得优异成绩。

2017年，新发展数字电视130户，街道广播电视覆盖率97%以上。山东广电宽带网络开始运行，新发展宽带用户25户。

旅游工作亮点纷呈，擦亮旅游强镇品牌。围绕“山水灵泉、如意龙湾”这一理念，开辟“环湖、环山”两条绿道，打造“如意龙湾现代农业旅游景区、红鹤谷现代农业旅游景区、灵泉山旅游景区、花彩小镇景区、中和花都景区”五大景区，按照AAAAA级高标准创建休闲娱乐慢旅游景区。编制了《龙家圈街道旅游产业发展总体规划》《龙家圈旅游特色村的旅游规划》和《花彩小镇旅游发展规划》等。着重突出全域旅游品牌化，2017年，创建了省级休闲农业旅游点1处，举办花彩小镇首届沂蒙花朝节、音乐美食啤酒节以及2017年度第八届中国北方（沂水）桂花节。利用全县宣传全域旅游大形势，制作旅游宣传漫画，进一步擦亮了省级旅游强镇品牌。

【教育　卫计】 教育工作成效显著。投资35万元，加强教育系统基础设施建设维护，统一为中小学、幼儿园配备了头盔、防刺背心、防割手套、警用盾牌等防卫器材，补充安装高清探头并与公安联网，构建起立体化技防网络。公办幼儿园入园率达79%，中考进线人数达214人，办学条件和教育教学质量明显提升。

卫计工作围绕“强基础、升质量、抓落实、上台阶”，由管理型向健康服务型转变。做好打击“两非”工作，围绕服务群众、方便群众，打造健康小屋、药具服务管理信息化两个亮点。2017年，上报出生1404人，合法生育率99.15%，出生性别比106%，征收社会抚养费20.1万元，共发放计生奖励扶助费用15万元。

【法治】 深入推进社会治安综合治理，搞好村值班查岗和信息平台值守工作日常化，做好网格化管理及四类风险防范，认真排查化解矛盾纠纷，确保各类信访案件“早排查、早发现、早控制、早解决”，圆满完成十九大期间辖区内的社会维稳工作。加强安全生产监管，杜绝了重特大事故的发生。加强对学校及校园周边安全专项整治，联合各职能部门对各学校、幼儿园的校园稳定、消防安全、食品安全、治安防范、交通安全、出租房屋、暂住人口管理、施工现场安全等各方面进行了“拉网式”安全检查，对各种安全隐患“零容忍”，有力地保障了校园环境的平安和谐。健全了街道、管理区、村三级信访责任网络，加强了基层信访“五个一”规范化建设，严格执行信访案件班子成员包案制度、工作组介入机制、案件倒查制度、责任追究制度，营造了稳定的社会环境。

普法和法治宣传工作，广泛开展社会治安、婚姻家庭、拆迁安置等与群众自身生产、生活密切相关的法律法规教育，发放普法明白纸1.2万份，普法宣传页3000余份。2017年以来接收社区矫正人员85人，全部建立档案，其中49人解除社区矫正，无重新犯罪现象。2017年，共排查出纠纷线索155条，现场化解120起，达成书面协议的35起，矛盾纠纷化解率100%。

【社会保障】 精准扶贫深入推进。实施“产业项目、金融扶贫、社会帮扶、四联八建、孝善扶贫”五大重点工程，整合党建、金融、电商等资源，闯出了一条“插花村”脱贫攻坚的新路子。街道共有贫困户1660户2566人，至2017年底，已脱贫1651户2536人，总脱贫人口率达98.8%。扎实做好民生保障工作。完成2017年度居民养老保险参保续保20636人，收缴保费668.37万元，参保率达到92%；完成居民医疗保险参保55698人，收缴保费654.75万元，参保率达到100%；全年发放优抚款468.7万元，为238户救济困难户发放救济款物4.4万元，累计发放低保款640万元。殡葬改革惠民生。投资246万元，高标准建设了6处公益性公墓，占地100公顷，规划墓穴18000余套，可满足辖区50年的丧葬需求；出台相关政策和考核办法，实施“五提倡两禁止”，倡导厚养简葬，引导群众自觉进驻公墓，形成了丧事简办的良好风气。自6月3日起（至12月13日），所有死亡人员全部入驻公墓，共209人，其中迁葬71人，入驻率100%。

【镇村建设】 西城拆迁稳妥推进。按照县委“以河为轴，两城同建”的战略部署，积极配合9个指挥部，全力推进“一馆两中心”、全民健身中心、政府南片区、四中北片区、正阳路沂河大桥及道路西延、西城中小学、职业学校等重点工程建设，打赢了西城建设攻坚战。坚持依法行政，加大对城区范围内违法建设的巡查和拆除力度，先后组织了21次集中行动，拆违面积8600余平。针对土地征收、地上附着物清理、房屋拆迁、坟墓迁移等难点问题，及时组织街道、村两级干部主动靠上做工作，做到既保证项目快速有序推进，又保持全街道和谐拆迁。社区建设扎实推进。建成鲁洲清华园一期、兴龙博雅苑一期及中和花都二期观景房；投资6[illegible]万元建设诸坞社区服务中心办公楼1栋，并投资70余万元对街道内社区基础设施进行改造提升；争取资金120万元，完善寨里社区基础建设配套建设，提升“五化”水平。美丽乡村建设显成效。累计投入资金1100万元，建设移民博物馆、南黄家庄村移民农家乐项目，全力打造南黄家庄、东李家庄、柴山、西中峪美丽库区移民村落；投资180万元实施信家庄、黄家庵等5个村美丽乡村连片整治及道路硬化工程，实现了美丽乡村建设的整体跨越提升，市级美丽乡村达20个，覆盖率达51.2%。

（魏然杰）

黄山铺镇

【概况】 黄山铺镇地处沂水县城西7公里处，是山东省中心镇。全镇总面积94.45平方公里，耕地面积3267公顷。辖48个行政村，18926户，53629人，其中镇区人口1.2万人。全镇属半丘陵半平原地区，地势西高东低，西南、西北系山区，中部为丘陵，东部属沂河冲积平原，海拔平均高度在200米左右，森林覆盖率39%以上。全镇境内主要山脉有九顶莲花山、养老山、黄石山、黑山、龙山，主要河流有胜利河、清源河、泉庄河，水库塘坝有小（一）型水库1座，小（二）型水库6座，塘坝63处。兖（州）石（臼）公路横穿镇区东西，山西中南部铁路在此设立二级客、货站。矿产资源主要有石灰岩、石英砂岩、页岩、铁矿石等。农作物以小麦、玉米、地瓜、花生为主。2017年，实现地方财政收入3835.1万元，农民可支配收入达到13430元。先后荣获“全国亿万农民健身活动先进乡镇”“山东省中心镇”“山东省文明乡镇”“山东省环境优美乡镇”“山东省村镇建设新型乡镇”“平安山东建设先进基层单位”“平安临沂建设模范乡镇”等荣誉称号。

在2017年县委工作会议上该镇获得了乡镇科学发展三等奖、“二次创业”工作先进乡镇三等奖、现代农业工作先进乡镇二等奖等13项荣誉。同时，获得了临沂首届最美村镇等荣誉。

【农业】 扎实推进林业经济，新造杨树用材林107公顷，核桃、桃、苹果等经济林118公顷，彩化造林10公顷，新发展林下经济36公顷。全年新发展3.3公顷以上优质苗圃5处总面积65.2公顷，苗木主要以黄杨、冬青、玉兰、樱花、百日红等彩化树为主，可向社会提供各类优质苗木3000万株；对公益林进行割草、修剪等森林抚育工作，对林木的健康成长由林业局和镇林业站统一指挥，极大地提高了森林防火预警能力。切实抓好防汛工作，对全镇3条河流、4座小型水库、31座塘坝进行了汛前隐患排查，并限期整改；完成河道清淤7公里，清运土石方40万方，蓄水达到60万立方，两岸267公顷土地成为旱涝保收田，对境内河流树木集中清障5万多棵，清理拆除河道内违章建设35处，硬化沿河道路4000米，整修河堤8000米，建设河道景观拦水坝35处，种植绿化苗木2万株。大力培植现代农业，投资2.1亿元建设汇博农业创意园，发展有机果蔬，该项目占地67公顷。主要以生产有机蔬菜、水培蔬菜和农业观光旅游为主，二期规划13.3公顷为果蔬魔幻园。项目采用了世界领先的以色列自动化水培技术，建设了中央控制系统、环境系统、肥料系统、纯净水循环系统、沼气供热系统等主体工程，是国内五大工程全部具备的少有的园区之一。在全市基地品牌现场观摩现场会上，汇博农业创意园取得全市第二名的好成绩。

【工商业 招商引资】 全年完成重点技改项目6个，总投资1.24亿元；完成7家规模以上企业规范化公司改制任务数；开展了地条钢清理、散煤清洁化治理、清洁型煤及炉具配送等相关工作。

创新方式，聚焦产业链延伸和价值链高端进行招商。2017年以来，拜访客商38次，搜集有投资意向的招商信息7条，在谈项目2个。建立黄山铺籍在外深造、经商创业高学历人才档案数据库，加快建立招商引资、招才引智联动机制，发挥企业在招才引智中的主体作用。班子成员与企业结成对子，建立了“一网多格、一格多员、全员参与、责任捆绑”的全新服务模式，帮助招商项目解决手续办理、技术改进等方面的问题。全年新增招商引资项目2个，分别是投资5亿元的临沂皓泰环保科技有限公司建筑垃圾项目和投资2.1亿元的山东汇博农业发展有限公司水培蔬菜项目。通过评审并签约的项目3个，分别是投资1.2亿元的分光生态膜项目、投资9000万元的高档纸箱及彩印项目和投资2亿元的餐厨处理项目。

【财税　金融】该镇实现地方财政收入3549万元，农民人均纯收入达到13172元。该镇有农业银行、中银富登村镇银行、邮政以及2家农村商业银行等5处银行网点，基本满足全镇现金存储、借贷等金融业务需求。

【交通　邮电】该镇交通以公路运输为主，境内有贯穿镇域东西向的兖石路省道，以省道路为枢纽，若干条硬化水泥路通达各村，全镇48个行政村都实现了村村通，总计97公里，网格化工程57公里。

该镇有1家邮政分局，常年经办邮政储蓄、报刊发行、集邮、函件、包裹、代理速递、保险、物流、电子商务等业务，实现年收入110万元。有联通分公司1家，电话交换机总容量5000线，固定电话用户4000户，移动电话用户1万户，电话普及率84.8%，互联网用户5000户，全年联通业务收入300万元。

【文化　广电　旅游】新建文化广场17处，该镇标准文化广场达到60处，组织6支优秀的文艺宣传队，对所有村庄进行了宣传移风易俗送戏下乡活动，共演出120余场，极大地丰富了群众的精神文化生活。每村成立了广场舞队伍，结合计生文艺宣传队，在大匡庄、东河北、尧崖头等村成立了15人以上的专业文艺演出队伍。在加强文化大院、文化广场硬件设施建设的同时，注重打造文化服务这一软环境，以为群众提供更优质的文化服务为目标，开展了群众文化管理员、各村文艺骨干培训，加强了各村文化服务队伍建设，通过展演比赛，挑选出大匡庄、黄山铺、龙山官庄、尧崖头、西河北等5支庄户剧团，每年2次集中在全镇60个村中巡回演出，深受群众欢迎。

连续4年被县广电网络公司评为综合工作先进单位。完成了15个村老化线路改造，其中6个村完成了双向光缆改造，8个村完成了光接多点分部，共改造旧电缆26400米，光缆32000米，增加光接点36个，投入资金5.6万元，确保了用户都能看上清晰的数字电视。

坚持以创建全域旅游强镇为引领，以生态文明、美丽乡村建设为主线，努力把资源、产业、发展要素向旅游集中，相互借力，互动发展，努力打造全域旅游强镇、乡村旅游重镇。精心打造云水禅苑AAA级景区，建成圣水龙宫、大雄宝殿、玉佛殿等建筑，累计投资1亿多元，成为临沂市佛教培训中心。5月，中国佛教书画研究院山东分院在龙兴寺挂牌成立，成为展示山东佛教界书画创作成果的窗口与平台。投资3000多万元，对云水禅景区进行扩建，着力打造以禅意禅修为特点的圣水坊乡村旅游，并对原有的4处农家乐搬迁提升。完成景区土地流转40公顷，签订了地上附着物赔偿协议，景区的禅修书院、觉群楼、北大门、民宿和农家乐开工建设。山东汇博农业主题公园项目一期建设完成，总投资2.1亿元，景区内所有展区、体验区均种植、配套完成。

【教育　卫计】新安装空调55台，购置学生课桌凳400套，配置桌椅100套、床100套、玩具136件套，安装监控报警系统32套。由发改委立项、镇政府共同投资265万元建设的泉庄小学幼儿园建成并投入使用。投入资金16万余元购置一批绿化苗木及运动场草皮11000平方米。投入资金15万元改造学校食堂，并为所有学校幼儿园安装了纯净水饮水设备。争取国家改薄资金45万元

汇博园全景

为泉庄、埠西、土沟改造院墙，基本完工。

医疗卫生方面，门诊服务62876人（次），住院服务5321人（次），卫生室门诊服务251922人（次），公共卫生查体6338人（次），档案升级复核7780人（次），小学生查体3381人（次），“两癌”筛查1560人（次），预防接种16538人（次），基本医保住院报销693.7万、门诊报销135.7万、卫生室报销158.5万元，共计报销987.9万元。计划生育方面，一是利用春节、5.29协会会员活动日、世界人口日等重大节日进行宣传，年初在黄山广场进行文艺汇演，在主流媒体上发表文章进行宣传，在《中国人口报》发表文章两篇，印制各种宣传资料下发到户进行宣传，在《健康沂水》栏目播出健康节目4期；二是严格落实长效避孕节育措施，最大限度减少违法怀孕；三是严格控制出生人口性别比，严厉查处“两非”案件。

【法治】实行网格化管理，全镇48个行政村，划分了63个网格，设立63名网格长，63名网格员，70名协管员，主要针对矛盾纠纷排查化解开展工作，发现情况及时汇报。确保镇村两级综治信息平台24小时有人值班值守，严格考核。

【社会保障】该镇城乡居民社会养老保险共收缴保费5875300元，涉及60个自然村，惠及18387人；全镇共收缴医疗保险费5733750元，惠及45614人；2017年全镇完成新增就业722人，劳动力转移完成1348人，就业培训任务90人，已完成100人，办理失业登记证100人。

【镇村建设】一是打造品质建设，提升城镇质量。至2017年，投资500余万元新建了欧式风格沿街楼13间，粉刷镇驻地墙体3万平方米，添加欧式构件500件，栽种木槿、紫叶李和金叶榆500株，添加景观花卉1万株，打造沿街景观。二是推行“户飞城镇”，增强承载能力。将城镇化与土地复垦、农村社区建设、园区建设、大龄青年安置协调推进。对石巴崖、黄墩坪2个村进行整体搬迁，立项拆除面积6.08公顷，计划搬迁145户，建造安置楼13座，安置390户。三是加强管网建设，完善配套能力。投资30万元对镇驻地南侧工业园污水管网进行改造，投资750万元新铺供暖管网完成，主管道铺到驻地各小区门口，将利用工业余热将剩余负荷以热水循环方式供暖，实现镇驻地沿街以及黄山铺、中朱冬、南朱冬和尧崖头4个小区全面供暖。

（张鑫磊　刘瑞娟）

崔家峪镇

【概况】崔家峪镇地处县境西部，镇政府驻地崔家峪村距县城20公里，东西南北分别与黄山铺镇、夏蔚镇、院东头镇、泉庄镇相连，总面积94.09平方公里，辖31个行政村，11488户，34132人。全镇属山岭地区，地势西高东低。主要河流有清源河、胜利河两条季节性河流。境内矿产资源丰富，生产水泥用石灰岩储量达11亿吨，石英砂岩储量在1亿吨以上，黄色木鱼石为全国唯一。该镇是沂蒙山区有名的“杂果之乡”，有板栗、李子、苹果、桃等林果，其中，板栗被国家绿色食品发展中心认定为绿色食品A级产品。

2017年，实现地方财政收入7221万元，完成全年任务的128%；农民人均可支配收入增长8.6%，达到12994元；规模以上企业完成产值11.6亿，利税2.1亿。镇域科学发展综合考核取得了全县第十名的成绩。被县委、县政府授予“三引一促”工作先进乡镇三等奖、城乡建设用地土地增减挂工作先进乡镇二等奖、全域旅游工作先进乡镇三等奖、服务业发展工作先进乡镇三等奖、现代物流业发展工作先进乡镇、落实全面从严治党主体责任工作先进乡镇三等奖、城乡环卫一体化暨美丽乡村工作先进乡镇三等奖、财税工作先进乡镇三等奖、人口与计划生育工作优秀乡镇等荣誉称号。

【农业】现代农业工作构建了新模式。一是农业现代园区得到进一步发展。与山东盈千树农业开发有限公司达成凰龙湾千公顷谷子生产基地建设意向。二是不断强化服务意识，及时成立园区办，与各园区紧密对接，搞好服务，促进提升协助金润园区完成滴灌微灌工程施工改造，并完成了1

万平方米的“草莓立体栽植大棚”内部水系建设，同时，为磨峪、下常庄发展新园区做了大量的基础性工作。三是提升了生态农业与旅游的结合文章。新一轮的城镇暨旅游发展规划初步成型，紧紧围绕“花果养生地、七彩崔家峪”这一主题，实现农业与旅游业的深度融合，完成了沂水西山里慢生活田园文创基地总体规划并得到县政府批准。同时，金润生态农业园区投资近3000万元的双层保温草莓采摘大棚、汽车主题宾馆、葡萄采摘大棚等项目全部提前完工，生态农业旅游得到进一步提升打造，并成功举办了金润生态农业园区葡萄采摘节活动。四是农业其他工作齐头并进。完成造林绿化173公顷，发展林果120公顷；铺设地下管道1000米，新建蓄水池10座，加固塘坝3座、拦水坝10道；完成水肥一体化67公顷；完成烤烟生产67公顷。

【工商业　招商引资】“三引一促”工作开创了新局面。“三引一促”工作取得了全县第七名的好成绩。2017年，全镇班子成员带队外出招商69次，对接企业266家，收集招商信息100余条，新引进过亿元项目7个，引进过五亿元项目1个。新落地小微招商项目10个，实现到位资金4.2亿元。完成产学研合作项目16个，科技成果转化项目12个，引进各类创新人才40名。“二次创业”实现了新发展。广聚油缸新上年产1万套液压油缸项目，依托国力化工环保处理设施及厂区配套设施项目等技改项目，全年完成技改投入2亿多元。同时，大力发展现代物流业，以通远物流等物流公司为依托，积极发展车辆挂靠任务及物流业税收，完成车辆挂靠99辆，实现物流税收142万元。

【镇村建设】 城乡建设呈现了新面貌。一是扎实推进环卫一体化工作。先后组织120余人（次）分别到平邑县、蒙阴县、沂南县等地参观学习先进经验做法。同时，采取以奖代补的形式，投入资金86万余元重点对各村的“五堆”进行了集中清理，对所有保洁员的工资在2016年的基础上提高了30%，全部达到500元以上，充分调动了保洁员工作的积极性，也保障了保洁员队伍的稳定性。年终考核成绩全县第一，与2016年相比有了很大提升。二是顺利完成了农村新型社区建设任务。在各项目指挥部的带领下，高标准、严要求，多方协作，全面完成了吕公峪社区搬迁和西虎崖采空区治理项目。

【教育　卫计】 全镇有中心初中1处，中心小学1处，中心幼儿园1处，小学学区4处，中小学和幼儿园在校生共2270余人，教职工178人。2017年，镇党委政府设立专项资金，持续开展金秋助学活动，国力化工捐助4万元，镇出资4万，用于全镇53名新大学生入学资助，帮助贫困大学生实现了大学梦。

镇设中心卫生院1处，有职工68名，其中卫生技术人员65名，村级卫生室17个，乡村医生29名。该院不断加强基础设施建设，积极深化改革，提高医疗水平，增强服务功能，强化新型农村合作医疗工作。

【社会保障】 社会保障事业取得了新进步。一是基层社会保障服务水平不断完善。对1796户2014人农村低保人口共计发放居民低保金461.6万元；对复员老军人、残疾军人、烈士子女、60周岁老年退役士兵等人员，发放抚恤金268万元；对全镇85周岁以上老年人的“长寿补贴”及时发放到位；新建农村社区服务中心1处，改造提升社区服务中心3处。二是扎实抓好了社会稳定工作。深入开展了群防群治，雪亮工程步

崔家峪双崮

入规范化、制度化轨道，完成了居家视频监控和手机APP安装使用，有力地提升了群众的治安满意度。同时，积极做好了接访和案件查办工作。三是安全生产态势保持良好。积极开展了抓好安全生产大检查工作，组织开展20次安全生产大检查，共检查企业135家（次），查出整改安全隐患120个；投入10万元，与临沂济南工程咨询有限公司签订专家查隐患协议，委托其对20家企业提供专业化隐患排查服务，积极组织专家查隐患，对20家企业查出安全隐患590条，全部整改到位；积极开展"地条钢"违规违法钢铁项目整治、危险化学品安全专项整治、人员密集场所专项检查、非煤矿山安全集中整治、粉尘和液氨行业专项整治等多项安全生产活动；对烟花爆竹、成品油和醇基燃料、危险化学品等重点领域进行整治，对各重点领域进行了拉网式排查，确保了安全生产"零事故、零伤亡"。四是食品监管得到不断强化。积极组织快检进集市、进商场、进学校500余次，农产品药检残留快检190次；对9家食品企业进行智慧监管。

【脱贫攻坚工作】2017年，积极发动各村提报扶贫产业项目，向上级争取财政扶贫资金300万元，新建上泉5000平方米钢结构工业车间大棚和金润农业采摘大棚，实现收益24万元，项目覆盖村庄村集体实现增收4.8万元，帮助391户581人增加了收入，上泉钢结构大棚项目覆盖贫困户人均增收309元，农业采摘大棚项目人均增收367元。同时，对15个村建成的16个项目全部对外承包，每年实现收益32万元，村集体实现增收9.6万元，帮助530户731人贫困户人均增收306元。积极引导社会各界参与扶贫。设立孝心养老基金，对全镇70周岁以上贫困老人，采取"孝心养老＋爱心养老"的方式引导子女参与扶贫，全年发放孝心养老基金20万余元。同时，积极引导企业参与扶贫，履行社会责任，收到各爱心企业捐款捐物共计96万元。新环球保险代理有限公司再次捐款20万元。同时，充分运用富民贷优惠政策，积极与企业对接，多方争取，完成企业生产贷800万元，对160户贫困户发放帮扶资金24万元，有力的帮助了贫困户增收致富。扎实开展了劳动力转移培训。对贫困家庭积极开展劳动力转移培训，特别是对贫困家庭妇女进行了免费家政技能等业务培训，增强了就业能力。定期组织免费健康查体。对所有贫困户全部建立健全了健康扶贫档案，定期组织入户进行免费查体，全年免费健康查体920户1276人（次），确保了健康扶贫脱贫工作精准到位。通过以上措施，2017年，实现减贫408户615人。

（王本玉）

夏蔚镇

【概况】夏蔚镇位于沂水县城西30公里处，全镇总面积150.27平方公里，辖51个行政村，18490户，53580人，辖区内有王庄河、夏蔚河、甄家疃河3条河流，小（一）、小（二）型水库6座。

夏蔚镇林果面积达3200公顷，主要有大樱桃、黄桃、板栗、核桃等，其中大樱桃种植面积2333公顷，是长江以北大樱桃主要生产基地。2015—2017年成功举办三届大樱桃旅游文化采摘节，日承接游客突破4万余人（次）。

【农业】特色农业规模不断扩大。立足乡村振兴发展战略，不断优化樱桃产业格局，通过下村发动、树苗补贴、示范引领等方式，新发展大樱桃800公顷，桃200公顷，优质苹果20公顷，猕猴桃10公顷，全镇大樱桃总面积达到2333公顷，林果总面积达到3000公顷；积极发展现代农业园区，整合扶贫资金300万元，建设占地20公顷的大棚樱桃产业园区，通过改善土壤、引进温室大棚技术，可实现大樱桃自春节前至农历二月份持续下果，公顷产收益可达60余万元，真正让樱桃成为群众摇钱树。配套设施不断完善。优化农业格局，完善水利管网设施建设，着力解决制约农业发展的用水难题。2017年，在全镇26个村实施饮水扶贫、自来水巩固提升、塘坝除险加固和深井配套等工程，共打深井11眼，新建蓄水池25座，新建机房37间，解决了周边40个村，3万人的吃水用水难题。土地增减挂工作成绩突出。大力实施土地增加挂钩项目，进一步盘活存量土地资源，解决了项目建设用地瓶颈，走出了一条既最大程度保护耕地，又推进社会经济循环发展的双赢之路。2017年承接实施了连崮峪、牛场子、东上位、长岭、桃峪等14个村5个项目和崮前崖工矿用地项目，共计立项面积41公顷，完成了复垦26.8公顷。2017年度土地增减挂工作排名位列全县第一，获得“土地增加挂工作一等奖”荣誉称号。

【工商业　招商引资】 全年外出招商及接待客商56次206人（次）。通过评审项目2个：一是投资1.2亿元，拟占地2公顷的电动汽车及农用机械项目。二是投资3.6亿元的年产五万吨PET塑料加工项目。在建项目3个：一是总投资50亿元的海利达光谱帆太阳能项目，该项目一期占地10公顷，投资5亿元，第一个车间及办公楼建设完成并试生产，第二个车间主体完成；二是投资5.1亿元的众邦包装60万吨瓦楞纸板包装印刷项目于2月15日签约，1号、6号、动力车间、办公楼和研发楼建设完成，1条生产线开始试生产；三是投资1.08亿元的山东锋芒光能科技有限公司6兆瓦发电机组、10吨太阳能锅炉及生态体验房项目，10吨太阳能锅炉蒸汽和供暖完成，生态体验房建设完成，6兆瓦发电机组正在组装。招才引智方面。加大对高新技术和高科技招引力度，先后与山东农业大学、山东理工大学、山东建筑大学、上海理工大学、烟台大学、山东工商学院等高等院校进行对接。完成国际领先技术引进3项、国内适用技术2项，产学研合作7项，成功引进A类人才5人，B类创新人才47人，牵头成立烟台招才引智工作站，聘请烟台大学、山东工商学院等高校教授担任联络员，人才储备能力显著增强。

【财税　金融】 财税基础稳固提升。认真贯彻落实县委、县政府工作部署，严格征管，开源节流，加大招商引资力度，培育新税源增长点。2017年实现地方财政收入3419万元，同比增长14.6%。

【交通　邮电】 2017年夏蔚镇完成10.9公里扶贫道路6公里四联八建道路建设，修复10处道路水毁工程，安装1处桥梁护栏。

牢牢抓住现代物流业在产业升级中的重要牵引作业，进一步完善兴民物流、昱成物流服务能力和业务范畴。完成车辆挂靠121辆；完成吨位1328吨，实现税收349万元。2017年，夏蔚镇荣获“物流业发展先进单位”荣誉称号。

【文化　广电　旅游】 旅游业多点开花。以打造“全景沂水、全域旅游”为目标，抓住打造县域西部旅游大环线机遇，在绿水青山中做实全域旅游。一方面，立足红色资源优势，积极争取上级资金，对沂蒙山根据地，努力争创“省级党性教育基地”；另一方面，立足樱桃品牌特色，成功举办第三届山东沂水（夏蔚）樱桃文化旅游节，打造樱桃采摘专线3条，规范提升采摘园67家，开展最美笑脸摄影征集、百米画卷大型彩绘、半程马拉松比赛、樱桃王擂台赛、啤酒节和樱桃产业发展论坛等系列主题活动，旅游节当天接待游客5万余人，红色崮乡又添“初夏之吻樱桃小镇”新名片。在此基础上，高起点规划、高标准设计，加快王庄和云头峪村旅游特色村创建工作，形成全域旅游发展大格局。2017年，夏蔚镇荣获“发展全域旅游工作三等奖”荣誉称号。

【教育　卫计】 大力实施农村小学“改薄工程”，计划新建占地1万平方米以上的标准化完小4处，东上位小学完成环评、乡村证、绿化等手续，正在办理土地划拨，回峰涧、上里庄、南王家庄子三所小学，总平面图完成、正在准备鸟瞰图、单体效果图及上会材料。

转变工作思路，整合卫生计生执法资源，成立了全省第一个

樱桃节

乡镇卫生计生综合监督办公室；创新一二三六工作模式，实现基层卫生计生工作融合发展，被省卫计委认定为创新项目。同时，与县人民医院合作，投资7000万元新建县人民医院夏蔚分院，打造西部乡镇医疗中心。使老百姓足不出镇即可享受县级医疗服务。王庄卫生院被评为“全国百姓满意的乡镇医院”，是唯一一所非乡镇中心医院中获此殊荣的乡镇医院。

【法治】社会治安综合治理各项工作扎实推进，全面建成综治信息平台建设。在全镇范围内开展矛盾纠纷排解化解，防止“民转刑”案件发生。进一步健全大调解工作体系，建立完善网格化管理制度，做到小事儿不出村、大事儿不出镇，进一步化解积案、减少初访，确保了全镇社会和谐稳定。2017年，夏蔚共发生初访22起，同比下降39%；共化解上级交办和越级上访案件9起，化解率达到75%。

【社会保障】着力改善民生，切实抓好民政事业。严格低保评选工作，严格落实评选程序，强化过程督导，全镇新评选低保174户，共有低保户3120户，投资70余万元新建2处社区服务中心。加大社会救济力度，发放优抚金280万元，发放医疗救助8万元，救助20余人（次）。

2017年，夏蔚镇把脱贫攻坚工作做为工作的重中之重，牢固树立“真扶贫、扶真贫、真脱贫、脱真贫”的工作理念，建立班子成员分片包村、机关干部包村联户机制，对贫困户的基本情况进行精准排查，建立“一户一册”档案。实施危房改造466户，其中“三无”失能人员危房改造118户，均占全县总量的1/3。争取低保补差115万元，占全县总量的1/4。整合扶贫资金978万建设11个扶贫项目，实现收益74万元，收益率均达到8%。在精准测算收入的基础上，依托低保补差和光伏收益，创新实行差异化补助政策，划分十五个档次，从100元到2900元不等，有针对性地补差脱贫。至2017年底，10个省定重点贫困村全部摘帽，3011户5113口人脱贫，脱贫率达到94.14%。

【镇村建设】环卫一体化体系不断完善。2017年，夏蔚镇实施环卫保洁市场化运作，通过公司化运营，对全镇保洁员进行统一管理，统一调配，更换垃圾桶900个，配备1辆转运车、5辆清运车，实行区域垃圾联运机制，各村明确垃圾清运责任人，初步实现生活垃圾日产日清。特色小镇初具规模。聘请日照碧海建筑规划设计院对王庄沿线街道进行规划设计，突出欧式建筑风格，旨在打造一条集旅游观光、消费娱乐特色风情街，沿街局部建筑已建设完成。对镇驻地沿线进行改貌提升，改造面积1200平方米；投资440万元对摩天岭、景区入口、王庄街道、兖石路、院夏路王庄路段等重点部位进行绿化提升，种植海棠、龙柏等绿化苗木62万余株、安装景观石200余吨。

（谭福来）

高庄镇

【概况】高庄镇位于沂水县最西部，地处临沂、淄博，沂水、沂南、沂源、蒙阴两市四县交界处，镇政府驻地距县城37公里，全镇总面积131.64平方公里，耕地面积3000公顷，森林覆盖率42%以上，辖12个社区，17810户，51042人，素有沂水的“西大门”之称。境内有梓河、朱位河、下里河、中峪河、王家庄子河5条河流，塘坝51座，水资源总容量为297万立方米。矿产资源主要有石灰岩、页岩、瓷石岩、铜铅矿、辉绿岩、钛铁、木鱼石矿、矿泉水等。农作物有小麦、玉米、地瓜、花生、烤烟、棉花等，形成了养殖、林果、蔬菜、烤烟四大支柱产业；经济作物有桃、杏、苹果、大樱桃、核桃、板栗、花椒、香椿等；特色产业是绿色无公害大棚蔬菜。2017年，高庄镇被县委、县政府授予“财税改造先进乡镇”“现代农业工作先进乡镇”“物流业发展工作先进乡镇”“基层党组织建设工作先进乡镇”“政法综合暨平安沂水建设工作先进乡镇”“安全生产工作先进乡镇”“减轻农民负担工作先进乡镇”荣誉称号。

【农业】以农民持续增收为重点，加快土地流转，优化产业结构，坚持走规模化经营、标准化生产的路子，把现代园区农业作为富民强镇的重要途径，引进外资及技术发展大棚绿色有机蔬菜。2017 年全镇共完成土地流转 100 公顷，新发展现代农业产业园区 3 处，园区内建成冬暖式日光温室大棚 120 个；发展烤烟 93 公顷，新栽植核桃、桃、大樱桃等优质林果 207 公顷、杨树丰产林 213 公顷、花卉苗木 93 公顷，荒山绿化 33 公顷。同时，与扶贫相结合，邀请市县农技专家开展了 5 次专业技术培训，在全镇全面推广“农户 + 基地 + 企业 + 市场 + 品牌”的“五位一体”模式，走出了一条特色、绿色精准富民之路。

【工商业　招商引资】全年实现工业产值 48.02 亿元，其中工业产值 45.43 亿元；农民人均纯收入达 16340 元，同比增长 6.8%。“三引一促”方面，以机械电子、高端食品、生物医药、乡村旅游、设施农业等产业作为招商重点，年内，引进过亿元项目 2 个，洽谈 1 个；累计引进各类人才 61 人，其中 A 类创新人才 3 人、A 类创业人才 1 人，B 类创新人才 54 人、B 类创业人才 3 人；签订产学研合作项目协议 29 个，完成科技成果转化 14 项。工业民营经济方面，积极推进新旧动能转换，引导企业进行技术改造，促其提档次、扩规模、上水平、增实力，全年完成企业技改 7 家，培植了双星瀚海、黎宁科技、康爱特化工、慧泽源油脂、祥腾化工等一批带动力强、支撑力大的骨干项目。

【财税　金融】全年实现地方财政收入 7260 万元。辖区内共有 4 家金融机构，其中，沂水县农村商业银行高庄支行各项存款达 4.57 亿元，较上年净增 4400 多万元，各项贷款 1.04 亿元；沂水县农村商业银行王家庄子支行各项存款达 3.02 亿元，较上年净增 1812 万元；沂水县农业银行高庄支行各项存款达 4.2 亿元，较上年净增 6200 多万元，各项贷款 200 万元，人民币理财业务 3000 万元；沂水县邮政局高庄支局实现存款 1.7 亿元，较上年净增 900 万元。

【交通　邮电】东西兖（州）石（臼）路与南北临（沂）淄（博）路在镇驻地交叉相汇，形成宽敞的十字大街，交通十分便利。2017 年，结合上级扶持政策，继续实施村级公路网化工程和村居道路硬化工程，共完成道路网化工程 135 公里，全镇公路通车总里程达到 203 公里，将农村道路由“线型”向“网状”发展，实现了由“村村通”向“村村连、村村进、村村都硬化”的转变。全镇有 1 家邮政所，经办邮政储蓄、报刊发行、函件、包裹、代理速递、保险、物流、电子商务等业务。有联通分公司 1 家，移动通讯 1 家，固定电话用户 1000 户，移动电话用户 33270 户，电话普及率 93.8%，互联网用户 4570 户。

【文化　广电　旅游】2017 年，全镇改扩建文化大院 9 处，规范提升农村农家书屋 21 处，新增电子阅览室 3 个，提升完善农村体育健身广场 28 处，完成相关娱乐健身器材的配套建设；规范建设庄户剧团 2 个、文化广场舞表演队伍 34 个，组织各类公益演出及比赛活动 42 场（次）；成功组织开展杏峪庙会文化节；新建成高庄文化展览馆，总面积 400 余平方米，汇集全县旅游文化资源，展现仁和高庄的文化魅力和优秀传承。广播电视工作有条不紊，认真做好镇区内有线电视网络安装和维护工作，维修维护数字电视用户 1460 户，积极开展“数字电视整转”工作，2017 年上交数字收视费 36.3 万元。2017 年杏峪村被县委、县政府授予“2017 年度发展全域旅游工作先进村”荣誉称号；按国家 AA 级旅游景区标准新打造了沂水西大门——梓河旅游休闲度假项目。

【教育　卫计】全镇共有义务教育学校 9 处，其中初级中学 2 处、完全小学 2 处，5 个教学点，中小学教职工 302 人，初中在校生 1031 人，小学在校生 2102 人；设学前教育机构 6 处，其中中心幼儿园 2 处、小学附设幼儿园 4 处，均为政府设办的全日制幼儿园，幼儿园教职工 48 人，在园幼儿 472 人；民办幼儿园 2 处，在园学生 413 人。2017 年中考中，一中、二中成绩优异，努力办好了群众满意的教育。

高庄镇中心卫生院建筑面积 1.2 万平方米，共有职工 109 人，开设床位 110 张，卫生技术人员 90 人，其中副高职称 4 人、中级 12 人。2017 年，对参加新农合的农民门诊统筹补偿减免 5.5 万人（次），补偿资金 160 万元，住院补偿减免 3839 人（次），补偿资金 700 万元，外地打工住院减免 682 人（次），补偿资金 211 万元。基本公共卫生服务建立居民健康档案 43299 人，为孕产妇免费发放叶酸 627 人，免费开展农村适龄妇女“两癌”筛查1600人。

大力开展计划生育优质服务、计划生育宣传教育、开展典型调查等活动。顺利完成育龄妇女健康查体工作，依法落实“二孩”政策，认真落实计生奖励扶助政策，“阳光计生”“便民计生”走进群众，计划生育服务水平得到进一步提高。

【法治】 深入开展严打专项整治活动及“清源固本解民忧”活动，细致排查群众信访矛盾纠纷，着重抓好领导接访、领导包案处理、信访不安定因素排查等方面的工作。2017年，全镇发生74起各类信访案件，已结服74起，结服率100%；受理“12345”热线电话2350起，回复率100%，办结率99.74%，满意率98.69%；查处刑事案件35起，治安查处55起，调解57起；严抓接送学生车辆专项整治，多部门联动对辖区内所有中小学校和幼儿园开展了30次接送学生车辆大检查活动，共检查550多车次，与家长及校车司机签订了安全责任书，力求从根源上杜绝安全事故的发生。

【社会保障】 高庄镇始终遵循“保稳定、促发展”的工作思路，坚持把保障和改善民生作为一切工作的出发点和落脚点，全面落实各项惠民政策，努力实现好、维护好、发展好群众的根本利益，

小镇街景

让发展成果更多更公平的惠及人民。2017年全镇居民医疗保险和居民养老保险实现了全覆盖，参保缴费率达到100%。认真落实上级的各项惠农政策，落实小麦补贴面积6950公顷，发放小麦补贴86.87万元，对受灾玉米、花生进行保险理赔10余万元，棉花补贴2万余元；发放各类救济金770万元，其中，发放低保金700万元，五保金70万元；为各类优抚人员发放补助金240万元，义务兵优待金60万元，困难残疾人生活补贴和重度残疾人补贴200万元，对全镇3312户低保户、3425人，208户五保户进行重新复核认定，发放低保高龄补贴120万元，确保了公正、公开、阳光、透明。

【村镇建设】 高庄镇始终以“人的城镇化”为发展理念，瞄准“富美靓丽西大门”的定位，实施城镇建设再提升工程，完善城镇建设。2017年，聘请省规划设计院对镇驻地规划进行重新修编，对桥头广场、梓河生态公园、朱位沿街商贸楼及社区服务中心、高庄供销社沿街商贸楼、佛庄棚户区、高庄党委周边棚户区以及高庄文化展览馆等7个城建项目进行建设提升。有6个项目完成规划设计并经县规划委员会批准实施，其中，桥头广场、梓河生态公园基本完成；朱位沿街商贸楼及社区服务中心主体基本建完。该批项目全部完工后，将进一步提升高庄作为沂水西大门的整体形象和气质。

（李　东）

泉庄镇

【概况】 泉庄镇地处沂水县境西北部，镇政府驻地距县城27公里处，东依诸葛镇，西靠夏蔚镇，南连崔家峪镇，北与沂源县交界，总面积97平方公里，耕地面积3533公顷，荒山面积6466.67公顷。辖31个行政村，11174户，33641人。泉庄镇属山区，多山地丘陵，地势西高东低，著名

七十二崮有十多崮在境内，其中纪王崮海拔577.2米，是境内最高点，被誉为“中华第一崮”“沂蒙七十二崮”之首。主要河流有马莲河、温凉河，建小（二）型水库2座。沂崔路、郭王路、张王路、泉西路、旅游路5条主干线纵横交汇，南与省道兖石路相通，北与沂博、泰薛路交汇。矿产资源主要有石英石、石灰岩、钾长石、钠长石、页岩等。农业以林果业为主导产业，盛产苹果、葡萄、桃、柿子、山楂、花椒，享有“林果之乡”的美誉。农作物以种植玉米、花生、小麦、地瓜为主。

【农业】 全年共发放2017年小麦综合补贴444公顷，并把各项惠农资金、物资发放到户的明细清册进行了汇总与上报。结合科技入户工作开展各种技术培训和现场会，全年共举办培训班30余期，受训农户4100余人（次）。到2017年，全镇共发展林果4200公顷，发展采摘园区16个，其中4家采摘园荣获省级精品采摘园。以“争创有机名镇”为引领，以“生产有机产品、培养有机农民、打造有机村庄”为抓手，着力深化农业供给侧改革，连片发展有机农业533公顷，先后有6种果蔬获得有机认证，成功注册“百桃”“纪王红”“万山一品”等商标，“百桃”牌蜜桃全国首获中国有机产品认证、欧盟有机食品认证、美国有机合格证书三大有机认证，尹家峪村成为全国第四个、山东省首个有机发展示范村，10月，马莲河农村产业融合发展示范园以全省前三、全市唯一的成绩入选国家农村产业融合发展示范园。

【工商业　招商引资】 2017年，全镇围绕“招大引强选优”的总要求，围绕“活化内资、汇引外资”的思路，提高“三引”实效。引资方面，共引进过10亿元项目1个，过亿元项目4个，总投资19亿元；引智方面，引进A类创新人才2名，B类创新人才50名；引技方面，签订产学研合作项目协议16个，其中，“985”“211”高校10个，实现科技成果转化15项，国际领先技术9项，国际先进技术4项，国内先进技术2项；累计实施重点技改项目3个，总投资1.05亿元。提报重点服务项目12个，限额以上零售业、服务业零售价达到7.6亿元，优化了全镇的三产布局。

【财税　金融】 2017年完成地方财政收入2871万元，同比增长7.8%，其中本级预算收入完成3395万元，一般公共服务支出526.4万元。同时，坚持走出去找，托关系跑，想办法要，多措并举，全年累计各部门资金项目6592.909万元。此外，新引进物流车辆49辆，总吨位1236.93吨，入库税收242.93万元。

【文化　旅游】 不断加大投入，改善文化娱乐公共设施，广泛开展各种文化娱乐活动，不断健全基层文化阵地建设。先后组建文化团队12个，以镇综合文化站为依托，以组织桃花节、采摘节演出，社区党旗红文艺演出、计生演出、农村电影巡回放映等形式，邀请县文化馆专业老师对文艺骨干进行集中培训，全年开展文艺演出360场（次），放映电影720场（次），观看群众达24万人（次），充实村级图书室4000册，群众精神文化生活得到丰富。深度弘扬“正能量”，广泛开展“沂水好人”“新农村　新生活”“妇女儿童家园”“美在农家”等活动，通过沂蒙大姐培训260余人（次）。

2017年，泉庄镇乡村旅游实现新跨跃。新增天地合生态休闲庄园和泉庄·崮乡传奇小镇旅游区AAA级景区2家，其中，泉庄·崮乡传奇小镇旅游区是全省首个乡镇整建制AAA级景区，泉庄豆腐皮、有机蜜桃、黄金富士等旅游商品、特色名吃深受游客喜爱，随着各地游客的光临而“走遍”大江南北。2017年全镇接待游客110余万人（次），实现旅游总收入1.2亿元，圆满完成市、县重点工作要求。成功举办山东·沂水（泉庄）第六届桃花节、采摘节系列活动，建成全域旅游游客服务中心并投入运营，完成天上王城二期提升工程；栖云崮中医药康养公社开工建设，“天下大集”的4个旅游规划顺利通过市旅游局专家评审；天地合生态休闲庄园，完成林下花墅区18套民宿全部达到入住条件；东汉ZOE公社建成并投入运营，石棚村建成铂思民宿－泉庄人家新建成游客服务中心；完成江北根雕奇石市场建设。同时，9月，市委王玉君书记到泉庄调研时，确定包扶尹家峪村打造国内知名田园综合体，推动三生统筹、三化一体、三产融合发展，探索实践乡村振兴路径。

【教育　卫计】 百年大计，教育为本。投资余万元实施义务教育均衡发展，新建塔井峪幼儿园，对初中院墙等危险场所进行改造，打造放心食堂，全面提高义务教

第六届山东沂水（泉庄）桃花艺术节

育水平。全镇3~5周岁幼儿入园率达98%，初中、小学入学率100%，巩固率小学100%，初中99.8%，小学抽考名列全县前茅，中考进线150人。

全力构建公共卫生和医疗服务体系，重视引进高水平医护人员或专家及配备先进的医疗器械，促进医疗服务水平的提高；借势解放军第八十八医院创建于泉庄镇的有利机遇，与88医院联合诊治群众2000人（次），门诊报销人15.48万人、151.23万元，住院报销5888人（次）、745.16万元。坚决落实“八个一”工程，累计减免医疗费用12.8万元，惠及贫困人口1390人（次）。同时，进一步普及新型农村合作医疗、职工医疗保险和城镇居民医疗保险，全镇新农保、新农合参保人数分别达到11227万户，33701万人，参保率100%。此外，全镇全面贯彻落实二孩政策，实行生育登记服务制度，对生育两个以内（含两个）孩子的，不实行审批，由家庭自主安排生育；改进再婚等情形再生育管理，优化办事流程，简化办理手续，全面推行网上办事，进一步简政便民，免费开展高龄产妇孕前知识咨询，扎实开展国家免费孕前优生健康检查，为生育两孩和符合再生育政策的夫妇免费提供解除节育服务，推进优生优育全程服务，主动适应形势和人民群众的新要求，改革完善计划生育服务管理，提高优生优育。

【政法】 实施平安泉庄建设，狠抓村居社会管理综治工作平台规范化建设、“雪亮”工程建设、社会稳定和信访风险评估、校车整治及全县基层矛盾纠纷排查化解、道路交通秩序整治等各项工作的落实，有力的维护了全镇的社会稳定。投资4万元建设铁路高空瞭望系统，完善提升“雪亮工程”，实施“省、市、县、乡、村”五级视频联网和一健报警。2017年，排查不安定因素16起，化解纠纷11起。“雪亮”工程的大力实施，完善了社会综治管理司法联动机制，极大地促进了农村基层社会秩序的稳定发展。

【社会保障】 落实各项惠民优惠政策，完善社会保障。全力深化殡葬改革，投资360万元，规划建设7处公益性公墓，镇级6处，村级1处，共建设墓穴1666套。优惠政策落实到位。全年发放双拥优抚抚恤金160余万元，社会救助福利金20余万元，救助孤儿、困难儿童10万元；做好五保低保审核申报审批发放档案工作，全镇2023户、2226人享受“阳光低保”；及时做好到龄60周岁烈士子女和60周岁退役士兵调查摸底工作，确保够标准条件的一户不漏，不够条件的一户也不纳人，及时将退役士兵和烈士子女的生活补助通过“一卡通”全部发放到位。

【村镇建设】 2017年，依托省财政厅一事一议连片整治项目和市级美丽乡村示范片区项目，累计投入资金2100万元，全力推进美丽乡村建设。按照“沂蒙特色、崮乡风情”，城镇改貌2万平方米，栽植黄杨、龙柏等绿化苗木22余万株；结合土地增加挂项目，张宅安置区居住环境五化达标成功，成功安置群众165户，老百姓在腊月前全部搬进新房，住进新家；全镇完成户户通271700万平方米，完成改厕8090户；完成贫困户危房改造109户。同时，佃坪、南坡等16个村庄顺利通过省、市验收。

（刘　华）

院东头镇

【概况】 院东头镇位于沂水县西南部，是沂蒙“红嫂”祖秀莲的故乡，总面积106.49平方公里，辖25个社区，72个行政村，24095户68558人。拥有国家AAAA级景区3处，AAA级景区2处，AA级景区2处。2017年，先后荣获全国旅游景观名镇、全省最美旅游风情小镇、山东省农业旅游示范点、山东省文化特色示范镇等省级以上荣誉称号。全年完成地方财政收入14503万元。

【农业】 2017年，重点抓好秸秆禁烧宣传与“四离一集中”工作（离田、离路、离沟、离林并集中存放）加大对村级巡查力度，加大考核处罚，做好护林防火工作。公平搞好小麦良种统供、小麦面积核实、棉花面积核定统计工作，小麦、玉米、花生政策性保险，参保率达到100%，做到应保尽保；完成水肥一体化50公顷。引进优质果园新品种3个，提升建设精品果园10处，其中精品茶园1处，精品桃园4处，精品苹果园5处。2017年全镇同比去年商品果产量增加30%左右，果品质量有了很大的提高，果茶产品质量与价格大幅提高，全镇果品市场初现抢购现象。2017年累计新发展果茶面积213公顷，全镇果园总面积达到2333公顷；新建连片100公顷以上精品果园16处。加强畜禽污染整治，有效美化田园。接待养殖群众咨询350余人（次），拆除39家养殖户，50个养殖棚；搬迁2户，2个养殖棚；停养39家，45个养殖棚，整改提升6家养殖场户。停养、搬迁、拆除后的养殖场所周围环境极大的得到改善。完成了13条河流94公里的违法建设、排污口、阻水障碍物等排查工作，对每处河流责任到每个单位，制定了领导机构、实施方案，集中展现“山水相映、朴实灵秀”的沂蒙风情小镇。

【工商业 招商引资】 昆达生物公司投资5亿元建设4万吨山梨酸（钾）、2万吨双乙烯酮、2万吨双乙甲（乙）酯装置项目建成投产，投资1.03亿元建设的杂醇油综合利用项目，配套罐区及框架楼建成。完成对沂水华银丝业公司收购盘活，投资5100万元新上研发中心项目。

强化招引方式的针对性，注重产业招商、登门招商、以商招商、委托招商；将生态优先理念贯穿于“三引一促”全过程，把环保压力转化为发展动力；搞好跟踪服务，增强项目落地的实效性。截至12月底，共引进人才80名，全部通过审核；共有3项产学研，1项国际领先、10项国内领先；新招引项目5个：山东恒源兵器公司总投资3.2亿元打造桃棵子红色小镇项目，广西客商投资12.3亿元开发山水天健康产业园项目，新加坡泰新国际贸易有限公司建设红薯洗涤浓缩液、玉米浸泡液综合利用项目，泰安海普地产有限公司建设三众桃花源度假项目和山东竣城建筑有限公司建设MTO催化剂项目。

【财税 金融】 加强对财税工作的分析、管理。对重点企业生产、经营、销售、税收情况进行分析，掌握市场动态，把握好市场行情。地方财政收入中，国税完成4849.5万元；地税完成2724.1万元。按照“保工资、保运转”的原则，坚持量入为出，统筹合理地调度财政资金，严格控制各项财政支出。强化“公共财政”理念，认真实施支农惠农政策，2017年共对2122户打卡发放的粮食直补31.8万元。

【交通 邮电】 2017年，完成2个村，户户通硬化路4.5万平方米。全镇累计完成硬化全覆盖行政村26个，硬化全覆盖村庄占比达36.3%，村村通硬化率达到100%。对全镇的道路管理实行统一招聘养路员制，定路段、定里程，严格考核，道路管护率100%，构建起了院东头的交通基本布局。先后投入资金4000余万元，清理沿线养殖棚40余处、河道垃圾560余吨、栽植绿化苗木20余万株、改造农房1.5万平方米、整治街巷15万平方米，提升道路20公里、河道整治10公里，新安装路灯343盏、建设景观园区5处，扎实治理乡村道路，推进美丽乡村建设，建设和谐社会。

【文化 广电 旅游】 成立了全县首家农家乐协会，致力于打造全市“美食小镇”品牌，以此促进农家乐经营户规范经营；组织了农家乐50余名带头户到南京、无锡等地进行学习。与景区干道两侧农家乐签订提升协议，聘请专家进行了改貌提升，投资20万元对农家乐的灯箱广告、外在形象进行了统一规划，设计了10套改貌方案，由农家乐经营户自主选择，自行对经营场所进行改造提升。为了加快工作进度，实行班子成员帮扶责任制，沿线22家农家乐全面启动整改工作，已全部完成，服务环境和质量明显上升，效益增加15%—30%。开展全域旅游环境提升。一是实施美丽乡村建设。突出了户户通硬化路、改厕和沿线土地整理三项重点，完成改厕4600户。二是实施绿化、彩化工程。重点整治景区沿线旅游环境，累计投入资金300万元，栽植绿化苗木2.3万株，竹子1万株，垒砌花池、景观墙5200米，粉刷和彩绘墙体1.2万平方米。三是集中整治沿线丑点。开展沿线广告牌整治行动，拆除不规范的农家乐广告牌430个。重点对天然地下画廊入口、姚店子集贸市场进行提升，投入资金30万元，新建1200平方米红色文化主题广场1处，完成留虎峪村沿街商铺12户1440平方米改造，新建沿街商铺5200平方米，提升姚店子沿街商铺36户；重点整治姚店子桥头交通拥挤，在姚店子河下游新建以坝带路拦河坝2条，通过摊位合理布局和道路改线，彻底解决交通问题；推进景区改造提升。天谷·天然地下画廊景区总投资1000万元，对游客中心、怡然居精品民宿进行了提升。新建2000平方米的生态停车场、旅游厕所各2处，实施了3.5公里的旅游路改造。蒙山龙雾茶博园总投资200万元，开展了1930平方米的电商服务中心建设，规划完善了以茶文化博物馆、茶叶种植、茶文化展示于一体的建设方案。红色小镇开发项目，积极推进崖壁观光火车、环山旅游路、山顶景观亭、藏兵洞建设，完成了120平方米的红色书屋和战时邮局，1200平方米的停车场，“一山九墅”精品民宿内部配套建设、外部环境打造及旅游标识的提升。

开展营销创建活动，举办了“鱼水情乡杯”“醉美乡村”院东头摄影大赛及“中国梦·沂蒙情”“万点萤光·万颗诗心”大型颂诗会等活动。积极参加各级的创建活动，桃棵子村荣获“中国美丽乡村百佳范例”，四门洞村被授予“中国最美村镇”，桃棵子、四门洞、蒙山龙雾茶博园成为“临沂市乡村旅游目的地示范区”。

【教育　卫计】 至2017年，辖区内有中学1处，小学6处，幼儿园4处，中学在校生743名，小学在校生1095名，入园幼儿502名，教职工218人，适龄儿童入学率和小学升学率均达100%。2017年，投资2420多万元新建教学楼4座、综合楼2座、宿舍楼2座、餐厅2座、食堂2个、冲水厕所6个，改建300米标准塑胶跑道田径场1个，150米简易田径场5个，建筑面积达18636平方米。投资4521万元，原址改扩建学校7处，异地重建学校4处，新建塑胶运动场2处，碳渣运动场11条。所有教室配备电子拍板，教师人手一机，各校均配备班班通。全镇教学区布局合理，教学、运动、生活、功能区层次清晰，为中小学提供了舒适的环境。

全镇共建设标准化卫生室17处，覆盖全镇37个行政村，基本满足了村民的就医需求。家庭医生签约0.9万人。卫生院先后引进了彩超、胃镜、CT、CR、麻醉机、脑电图、大生化等先进的医疗设备。2017年10月，医院投入了138万元引进了德国西门子彩超并投入临床使用。2017年院东头镇卫生院和县医院开展了医联体合作模式，县医院派专家定期开展学术讲座、手术指导、会诊查房等业务指导。2017年院东头镇卫生院被临沂市爱国卫生运动委员会评选为市级卫生先进单位。

【法治】 依法落实计划生育政策，实施了专项治理，落实平安创建工作，突出视频网络监控全覆盖，深入开展社会稳定大排查大整治，强化重点案件和12345热线的办理；发挥应急分队和司法调解中心的作用，深入开展严打整治斗争，坚持站岗巡逻，定期排查、及时调处不安定因素，认真落实安全生产一票否决责任制。

【社会保障】 积极响应上级殡葬改革工作，2017年全镇共建4处镇级公墓，10处村级公墓，全部达到县级验收标准。2017年，新增低保194户，五保26户，清理、清退低保户44户；及时办理优抚对象各种优抚政策、待遇，全部及时足额发放优抚款。办理临时性救助65起，发放救助资金20万元，发放低保高龄补贴1236人，115万元。

【村镇建设】 村镇建设提档升级，发展环境日益优化。镇驻地增加休闲元素，实施了沂蒙风情国学苑、峙密河休闲漂流提升，开发了登山栈道和休闲阳光房屋，打

风情小镇

造亲水小镇新名片。6个市级旅游特色村积极打造休闲示范点，新培植了精品民宿7处。抓实农产品质量安全，做好31家农药店的监管执法工作及150次农产品质量抽监，制定了《院东头镇农村三资清理实施意见》，全部完成三清工作。发展2处113公顷的蜜桃园区，完成了8个村的塘坝加固任务。加强畜禽污染整治，拆除养殖棚50个，搬迁2个，停养45个。对新增违法建设零容忍，对15处违法建设进行了彻底清理。

（刘　婷）

许家湖镇

【概况】 许家湖镇位于沂水县城南部，毗邻县城和县经济开发区，是市级优先发展重点镇、省级百强建设示范镇、省级重点示范镇。全镇总面积205.48平方公里，辖121个行政村，97402人，属半丘陵半平原地区，地势东高西低，沂河横贯南北。2017年全镇实现生产总值139.5亿元，同比增长20%；地方财政收入59029万元，同比增长20%；农民人均可支配收入15316元，同比增长20%。新获山东省绿色生态示范城镇、2017年度乡镇（街道）科学发展先进乡镇、新型城镇化工作先进乡镇、脱贫攻坚先进乡镇、三引一促工作先进乡镇、发展全域旅游工作先进乡镇等多项荣誉称号。

【农业】 坚持做好农旅结合文章，为农业发展谋出路，本着"建立农业园区示范点、串起农业观光旅游线路、发展主导产业示范片"的原则，聘请专业部门高起点、高定位设计了长虹韵彩国家农业公园、东升韵彩休闲旅游度假区、小李马庄康养休闲旅游综合体等专业园区，发展锦林采摘园等5个果品采摘园，发展生姜333公顷、芋头133公顷。长虹韵彩田园综合体项目流转土地333公顷，新发展精品桃133公顷，榛子67公顷，修建供水设施12处，敷设电力设施线路8000米，建设修复园区道路28公里，完成绿化12公里，栽植绿化苗木10000余棵，园区建设初具规模。

【工商业　招商引资】 盘活老企业闲置厂房和土地资源，利用闲置厂房成功引进了山东派克宠物食品、泓泰油脂、人一口食品等8个项目。推动自主创新与引进技术相结合，促进企业积极实施技改项目，全镇完成50万元以上工业技改项目227个，完成投入31.4亿元，全年实现规模工业产值110亿元，同比增长4.1%，规模企业实现利税5.5亿元。全镇42家规模以上企业规范化公司改制已全部完成，重点培植规模以上工业企业6家，培植销售收入过5亿元企业6家，过3亿元企业5家。大力发展服务业，全镇新注册电商企业12家，发展村级电商服务点12家、淘宝店铺5家、农村淘宝店4家，圆通、申通等多家快递企业在镇驻地设立了营业网点。全年完成服务业投资8.2亿元，规模以上服务业企业零售额完成销售收入2.65亿元，同比增长16%。坚持把"三引一促"作为经济工作的龙头和中心来抓，通过开展在外老乡座谈会、招商引资突击月等活动，全年累计外出招商31次，搜集各类有价值招商信息72条，落地小微项目14个，累计实现到位资金

13.59亿元，成功引进了投资6亿元的固体危险废弃物处理项目和投资1.1亿元的大陆鞋业项目。以项目为依托，建立“人才+项目”捆绑引进机制，积极筹备“百家名校进临沂”活动，在京普太阳能科技有限公司成功召开了全市人才现场会。全年共引进各类人才38名、发明专利12个、国际领先技术7个、产学研合作项目10个。

【财税　金融】财税工作实现新突破。2017年，全镇实现一般预算财政境内总收入14.59亿元，同比增长49%，其中国税11亿元，地税3.59亿元。实现地方财政收入5.9亿元，同比增长10%，其中国税2.96亿元，地税2.94亿元。金融工作有了新进展。联合银行、工商、派出所打击高利贷等非法融资，张贴宣传“关于严厉打击非法融资、高利贷非法经营等违法活动的通告”500余份，发放宣传资料2000余份。落实金融政策，积极落实小额信贷扶贫政策，共发放“富民农户贷”100户436万元；发展天和木业、雪无尘、润德康、喜来客、京普、好客、治骅链条7家企业“富民生产贷”2430万元，成功帮扶了486名贫困户脱贫。

【交通　邮电】强化道路基础设施建设。按照省道路网格化要求，继续提升中学路、后快路通达能力，完善全镇村级公交线路，进一步构建了畅通、便捷的交通网络。将许家湖镇驻地集贸市场向东搬迁至距离东红路主干道1公里处，投资300余万元，建设占地2公顷的标准化集贸市场，解决了占路集市，保障了群众的交通安全；对东红路中央隔离带进行科学有效疏堵，按照原则上一公里一个出口和方便群众出行的目的，将全镇9.8公里路段由原来的43处开口，调整为18处开口，保障了群众出行安全；在北小尧等5个村开展村村通工程，共修路276条14万平方米。

邮电工作稳步前进。2017年，许家湖邮电支局赞助举办了许家湖镇第二届广场舞大赛，支持文化建设工作。邮政储蓄余额达2.3亿元，报刊流转额18.8万元，保险400万元。

【文化　广电　旅游】全面加强文化建设。2017年，在郑家庄等4个村新建了文化广场，配齐文化活动设施器材，健全文艺队伍，配合县文化馆开展“送戏下乡”3场，组织长征艺术团、恒鑫艺术团、凤凰艺术团自发送戏80场，成功举办移风易俗专题文艺晚会、许家湖镇第二届广场舞大赛、春水文化婚礼等活动，进一步丰富群众文化生活。

广电工作快速发展，完成全镇70个村数字电视、宽带“双向”网络建设工程；新发展数字电视用户231户，广电宽带用户161余户，续费用户3110户，续费率达到73%。

构筑全域旅游发展新格局，高标准规划内涵丰富、体验性好的全域旅游示范区。规划面积1667公顷的长虹韵彩田园综合体、东升韵彩休闲旅游度假区旅游规划通过评审，并陆续开工建设。2017年共接待游客48万余人（次），实现旅游收入1200余万元。

2017年9月2日，国务院扶贫办到快堡榛子种植园调研

【教育　卫计】坚持把教育摆在优先发展地位。2017年，镇教委组织教师500余人（次）到外地学习培训，进一步提高了业务素质，在全镇教育系统开展了“不忘初心，奉献教育”等系列主题活动，提升了教师的职业道德素质和主动参与问题解决的能力。2017年，投资150万元建成潘家沟、东戚、后坡小学幼儿园，投资45万元在初中建设了全县唯一的高标准智慧录播教室。2017年，全镇被高中录取人数达到229人，录取率比2016年提高7个百分

点。深入推进卫计融合工作，将孕前优生、妇幼建档等相关卫生计生服务工作深度综合，增设育龄妇女进站查体窗口和配套查体设备，对责任科室实施工作流程路径化管理。投资近100万元用于基础设施建设和设备更新，为78837名居民建立健康档案，签约服务28645人，其中有偿服务包2826人，转诊36人（次），远程诊疗40人。

【法治】 积极推进基层网格化落地，全镇划分89个网格，配备网格长85名，网格员89名、协管员226名，负责基础信息掌握、矛盾纠纷化解、政策法规宣传、特殊人群管控。聚焦“四类”风险，开展“四类”风险隐患大排查活动，排查重点场所30处、重点人员500人（次），减少了风险隐患；聚焦信访积案，化解信访积案2起，接待处理群众来信来访62起，结服率67%。深入开展法律进单位、进社区、进企业、进学校等普法宣传活动，2017年，在全镇所有中小学校中开展“普法宣传进校园”活动，举办普法讲座12场，发放普法宣传明白纸2万余张，提供法律咨询39人（次），疏导当事人走诉讼程序2人（次），人民调解62起。

【社会保障】 全力做好民政工作。2017年，发放优抚对象抚恤款374.26万元，发放农村低保金805.5万元，五保供养资金69.2万元，发放义务兵家庭优待金66.8万元。2017年，对2158名残疾人的基本服务状况和需求信息数据进行了动态更新，办理残疾证128个，发放残疾证144个，为71名白内障患者进行了免费复明手术；全力做好新农合、新农保工作。2017年，全镇农村合作医疗参合率达98%，全年共报销补偿1769万元；城镇居民养老保险参保率达98%，按期为全镇60周岁以上老人发放新型农村社会养老保险金。

【镇村建设】 深入实施新型城镇化战略，统筹城乡建设。以驻地中心建设为引领，以新型农村社区建设为突破，城镇面貌得到了进一步提升。2017年，启动了长乐二期、镇政府东片区、河东安置小区、沂华景苑小区4个城建重点项目，大大提高小城镇体量；大力开展城镇美化亮化工程，投资300余万元，对沙岭子河湿地广场公园、南王庄和长乐社区沿街亮化进行了提升；按照美丽乡村标准要求，对全镇31个美丽乡村进行了“五化”集中整治，规划打造了农家采摘等乡村旅游特色项目；超额完成今年的户户通硬化和改厕任务，共改厕4728户，完成户户通硬化14万平方米。以创建省级卫生城镇为抓手，大力开展环境整治活动，出动人员200余名，对全镇范围的商城、马路、村庄进行全面清理，通过签订门前五包责任书，清理违法广告牌、野小广告，拆除乱搭乱建的店外店、违章建筑、残垣断壁，全镇整体面貌取得了明显改善。对驻地绿化、栅栏整体提升，更换栅栏1500米，对沿街乱摆摊、乱堆放、乱广告进行集中整治，进一步改善了城镇面貌；对辖区范围内违法建设进行“全覆盖、无缝隙”巡查，违建必拆，全年共拆除违法建设48处；集中开展路域环境综合整治行动，投入机械80余台次，运输垃圾190余台次，清拆公路违章、违建和堆放物，使全镇干线路域环境面貌不断改善。

（李忠强）

四十里堡镇

【概况】 四十里堡镇位于沂水县城东南10公里处，地处“两市三县”交界，总面积120.45平方公里，耕地面积6667公顷，辖26个社区，99个自然村，70538人。交通条件优越，省道兖石路横穿东西，长深高速纵贯南北并设出入口，境内2条铁路交汇，农村公路达200公里。自然资源丰富，主要矿产资源有金、铁、铅等，主要河流有黄花河、菠萝河，有小（二）型水库8座，总蓄水量430万方。机械电子、高端食品等规模以上工业企业达30家，农作物主要有小麦、玉米、地瓜、花生、大豆，农业支柱产业主要有大棚果蔬、林果、黄烟。

全年实现地区生产总值22亿元，增长7%；地方财政收入完成3158万元；规模以上固定资产投资30亿元，增长13%；社会消费品零售总额13亿元，增长10%；农村居民人均可支配收入13048元，增长8.5%。新获得了“省级文明乡镇”“第五届山东省管理创新先进单位”等多项荣誉称号。顺利通过了国家卫生乡镇专家组暗访、验收。在2017年县委工作会议上，由县委、县政府表彰的23个奖项中有19项获得表彰，是成绩取得历史性突破的一年。其中，脱贫攻坚、平安建设获得一等奖，乡镇科学发展考核成绩名列第二名，有4人受县委、县政府记功表彰。

【农业】 农业经管工作。进行了农村三资三清工作，完成了3个村农村产权制度改革试点任务。对369公顷其他形式承包土地进行了确权发证工作。在全县率先成立了农村土地承包纠纷调解委员会。共上报村级重大事项17件，批复落实15件。累计土地流转202公顷。

林果发展。完成苗木花卉、林下经济、特色经济林建设48公顷，亨利家庭农场发展成为山东省规模最大的美国曼地亚红豆杉种植繁育基地。新发展优质蜜桃153公顷，建设了浮来山千公顷桃海。举办果品产业培训班37期，培训果农960余人（次），提高了全镇科技兴果水平。

农机工作。麦收期间完成小麦秸秆切碎还田1000公顷。全年共完成深松土地1500公顷。在吕家官庄村举办了“2017年全国花生机械新技术与装备现场演示会”。开展了“变型拖拉机”整治工作。

烤烟生产。为全省烤烟移栽现场会提供了成功现场。发展黄烟107公顷，收购中上等烟48万斤。

农业园区建设。实施农业招商，建成国威现代农业生态园项目，规划面积133公顷，一期占地40公顷，是一处集工厂化育苗、有机果蔬示范生产、观光采摘、休闲娱乐于一体的田园综合体。带动全镇新发展拱棚辣椒67公顷，可实现农民增收1.4亿元。

渔业工作。开发御锦园观赏鱼专业养殖合作社，建成标准化观赏鱼养殖池塘3万平方米、鱼苗孵化车间1万平方米。发展河蟹、黑鱼养殖场3处，养殖水面4.7公顷，中国海洋大学教授先后数次来镇考察黑鱼新品种繁育。

农产品质量安全监管。举办农产品质量安全培训班5期，查处违规农药经营网点5家。开展了150个批次8个瓜果菜品种检测，产品合格率达98.9%。新认证完成无公害、绿色蔬菜、果品品牌3个。

农技工作。小麦良种推广面积733公顷。落实小麦种植补贴1540公顷。

【工商业 招商引资】 工商业。新增个体工商户190户，企业256户，农民专业合作社13户。新发展规模以上企业5家，完成规模以上工业总产值84.07亿元，实现利税5.51亿元。培育龙头骨干企业销售收入过5亿元的7家，销售收入过3亿元的11家。

工业技改。总投资10.87亿元，资金到位9.6亿元。组织提报重点技改项目12个，投资5000万元以上的技改项目5个，其中，东旭食品引用德国技术资金，新建成生产技术世界领先的生产车间；鼎邦健康食品建设了省级企业技术中心；斯科沃肥业成功申报国家高新技术产业企业，并成功在齐鲁股权交易中心上市。

招商引资。全年通过大项目评审并签约落地建设项目10个，其中，列入市重点项目2个，列入县“125”重点招商项目5个。新落地项目有4家投入生产，可新增就业岗位2000个，其中，临沂大京汽车电子有限公司实现招商项目在韩资企业方面的突破，临沂长弓电子有限公司实现招商项目在台商企业方面的突破，临沂双飞汽车线束系统有限公司实现招商项目在主板上市公司方面的突破。

青岛保税港区沂水经济合作

鼎邦食品鸟瞰图

区进入项目快速落地之年，共落户企业19家。

招贤纳智。共引进A类人才1个、B类人才61个、C类人才1个。引进实施211、985学校产学研项目16个，普通高校产学研项目4个。引进转化国际领先和国际先进技术9项、国内领先和国内先进技术5项。泰山学者常海博士和泰山学者海外特聘专家于广威教授分别在镇内创办汉唐农业和临沂来福农业科技。促成青岛保税港区与山东科技大学机械电子工程学院签订了校企创新就业实践基地协议。为经济提质增效提供了有力的人才技术支撑，促进了创业、创新。

【财税　金融】针对镇内税源分布情况，对重点税源、重点企业进行了追踪管理，完成地方财政收入4476万元。企业所得税58万元。

农商银行在镇内共有2处支行，截至年末，各项存款余额93585万元。各项贷款余额20080万元；收回不良贷款140.87万元。利息收入600万元。

【交通　邮电】完成工业园路桥桥基桥墩施工，完成果四路改造提升，新修道路2.6公里，完成福彩路存在问题整改工作，完成28公里高标农田路的路肩陪护，清理完成苍子坡到约疃道路上积土碎石。

2处邮政局主要抓好了函件、包件、代理金融、保险、报刊、集邮、电子商务、物流等业务工作，累计完成收入580.22万元。

【文化　广播　旅游】新建文化广场5处，开展文化下乡演出32场，丰富了群众精神生活。保障广播电视信号优质播出，积极维护有线电视线路，全年新发展有线用户260户，全镇有线用户达1100户。全域旅游加速迈进。聘请北京佑安旅游规划设计公司专家进行了全域旅游规划，悠然假日农场体验区、御锦园生态园林垂钓休闲区等项目顺利推进，创建AA级旅游景区2个，建成蔬菜生态休闲农业园区1处，对辖区内旅游标志牌、导引牌、宣传图版进行了完善、更新。

【教育　卫计】教育工作。进一步改善办学条件，投资1500万元，新建教学楼、宿舍楼等5座；教学质量显著提升，共有254人升入高中，居县城周边乡镇前列。1名教师获得省级第十九届“语文报杯”写作指导特等奖。6名教师荣获市级“一师一优课”优秀奖，12名教师在学科竞赛中获市、县级优秀指导奖，有22名教师获“沂水县优秀班主任”荣誉称号。组织了四批骨干教师共计86人分别到西安、北京等地参加了骨干教师及班主任德育教育高级培训，促进了教师业务素质提高。为48名幼儿办理了计4.14万元的困难资助，对135名困难家庭学生提供减免保教费、生活费等1.6万元，确保教育精准扶贫落到实处。

卫生工作。投资100余万元建设了三层1000平方米的分院中医康复专科；落实分级诊疗、远程诊疗医联体模式，为群众提供了一流的就医环境。国家卫计委领导先后到镇调研了家庭医生签约服务、基层卫生建设等工作。

计划生育工作。1—12月共计出生1821人，计划内出生1786人，计划外出生35人，合法生育率为98.08%；出生男孩945人，女孩876人，综合出生人口性别比107∶100（其中二孩性别比103∶100）。

【法治】普法工作。组织了一期对在校学生、村两委干部、单位在职人员、企业领导等在内的学法培训。全镇26个社区设立司法行政工作室。后岔河社区被评为全国民主法治示范社区。出动宣传车辆12次，发放法律宣传材料3000余份；粉刷宣传标语150条，张挂宣传条幅60条，营造了浓郁的法制宣传氛围。人民调解工作。成功化解了38起矛盾纠纷。法律援助工作。接受当事人来人来电咨询51次，为困难群体提供法律服务13起，承办法律援助案件12件。刑释解教和社区矫正工作。加大了刑释解教人员的管理力度，组织社区矫正人员集体学行培训1次，个别谈话495人（次），为矫正人员提供就业指导28人（次），无一人重新违法犯罪。

全面深入开展安全隐患排查防范四类风险专项行动，办理群众来信、接待群众来访135起，化解信访积案5件。受理12345便民服务热线交办事项1456件，月均达132件，办结率99.9%，按期回复率100%，满意率98.1%。做好铁路护路联防工作，全年未发生涉路事故、案件。完成了治安保险费用的收取和赔付工作。投资60余万元，完成村级平安大喇叭安装、“雪亮工程”高清视频探头更新。

【社会保障】完成城乡居民养老保险21897人，参保率达97%，上缴个人缴费742.44万元。完成城乡居民医疗保险60412人，参保率达98%，上缴保费747.855万元。城乡居民养老保险APP认证达99%。新增城镇就业255人，转移农村劳动力1300人。完成银龄安康保费收缴19.879万元，对全镇1775名80周岁以上老年人摸底统计并发放慰问品。对17名“两癌”病患贫困妇女进行了建档立卡并救助12人。完成花生保险面积3120公顷，小麦、玉米保险1540公顷。

创新扶贫产业项目管理运营机制，实施“一载体两分离”精准扶贫模式，落实扶贫包户干部终身责任制，完成全年709户1147人实现脱贫的任务目标。国务院扶贫办先后3次到长虹果业园区调研产业项目扶贫工作，对扶贫成效给予充分肯定。项目扶贫获得收益，产生收益37万元。孝善扶贫情暖老人，帮助909名贫困老人实现人均增收1320元。光伏扶贫富有成效，为贫困户分红105.44万元。金融扶贫为企业共计贷款900万元，帮扶贫困户180户，每户增收1500元；为贫困户发放贷款共计19万元，户均帮助增收3000元。“四看四查”彰显真情，核实出“三无”失能人员14名，每人每月发放300元护理费用，查出因病因灾重困危房改造户17户，每户额外补助2万元。

小城镇建设

【村镇建设】 小城镇建设。共建设13栋商住楼、112间沿街楼，建成了3处社区服务中心，3554平方米的镇便民服务中心主体建设基本完成。搞好了绿化、亮化、美化等配套，进一步完善了小城镇的功能，提高了城镇的档次和集聚力。其中，长安花园小区占地面积1.3万平方米，总投资1亿元，规划多层住宅楼及商住楼，建筑面积3万平方米，主体建设完工。

美丽乡村。加大投入，以点带面，示范带动，投资260万元，抓好了省级示范村1个、县级示范村7个，全镇美丽乡村示范村达34个。完成无害化厕所改造3050户，完成户户通硬化6.2万平方米，全镇人居环境进一步舒适洁净。

有效遏制环保突出问题。全面推行河长制，对全镇21条河流扎实开展了清河行动，投资110余万元对5座塘坝进行除险加固，投资20余万元对1处汪塘进行治理，有力地修复了水生态。5月，开展了面源污染集中清理工作，8月，共清理晒粪厂8处、关停畜禽养殖场498处。综合运用巡查监控等多种手段，关停并清除“散乱污”企业7家，取缔非法洗沙、挖土、采矿窝点8处。

（郝风晓）

人　物

中共沂水县委书记、副书记、常委

薛　峰　临沂市郯城县人，1995年7月参加工作，1995年3月加入中国共产党。1991年9月至1995年7月在莱阳农学院园艺系果树专业学习；1995年7月任临沂市兰山区南坊镇人事劳动助理；1997年4月任临沂市兰山区南坊镇党委宣传委员；1998年4月任共青团临沂市兰山区委副书记；1999年1月任临沂市兰山区半程镇党委副书记、镇长、政协主任；2000年7月任平邑县县长助理(先后兼任县外经委主任、县外贸局局长)；2003年1月任苍山县政府副县长；2006年1月任中共苍山县委常委、县委办公室主任；2007年1月任中共苍山县委常委、县委组织部长；2008年12月任中共苍山县委副书记；2011年8月任中共苍山县委副书记、县政府代县长、县长(2014年1月苍山县更名兰陵县)；2016年12月任中共沂水县委书记、县委党校校长。

陈永生　临沂市平邑县人，1992年5月加入中国共产党，1993年8月参加工作。1989年9月至1993年7月在曲阜师范大学历史专业学习。1993年7至1993年8月待分配；1993年8月任临沂地区临沭县临沭镇党委组织干事；1994年1月任临沂市（地区）临沭县临沭镇党委党建干事；1996年5月任临沂市临沭县政府办公室秘书（副科级）；1997年10月在临沂市交通委政策法规科工作；1998年4月任临沂市交通委兰山交通管理处副主任科员；1999年8月任临沂市交通局（委）政策法规科科长；2004年7月任临沂市城市公共客运管理办公室主任；2007年7月任临沂经济开发区纪工委书记、党工委委员；2009年7月任临沂经济开发区管委会副主任、党工委委员；2011年4月任临沂经济技术开发区管委会副主任、党工委副书记（期间，2008年9月至2011年6月在山东省委党校在职研究生班经济管理专业学习）；2012年5月任临沂经济技术开发区管委会副主任、党工委副书记（正县级）；2014年8月任临沂经济技术开发区党工委副书记（正县级）；2016年4月任沂水县委副书记、县政府代县长；2016年6月任中共沂水县委副书记、县政府县长、党组书记。

裴　娜　临沂市平邑县人，1999年7月参加工作，2001年1月加入中国共产党。1995年9月至1999年7月在山东师范大学中文系新闻专业学习；1999年7月任临沂市兰山区大岭镇镇长助理；2001年7月任临沂市兰山区工贸开发区纪检干事、老干主任（其间：2000年7月至2001年10月在兰山区委组织部、临沂市委组织部帮助工作）；2002年12月任共青团临沂市委科员；2003年8月任临沂市关心下一代工作委员会办公室副主任；2005年9月任共青团临沂市委机关党务工作者（副科级）；2007年1月任共青团临沂市委机关党务工作者（正科级）；2008年9月任蒙阴县县长助理（挂职）、政府党组成员、共青团临沂市委机关党务工作者；2009年8月任临沂市政府法制局副局长、党组成员；2010年1月任临沂市政府法制办公室副主任、党组成员；2011年1月任中共郯城县委常委、宣传部部长（其间：2010年9月至2013年6月在山东省委党校在职干部研究生班经济管理专业学习）；2014年1月任共青团临沂市委副书记、党组副书记（主持工作）；2014年4月任共青团临沂市委书记、党组书记；2016年12月任中共沂水县委副书记；2017年12月离任。

陈海龙　济宁市金乡县人，1984年7月参加工作，1987年3月加入中国共产党。1981年7月至1984年7月在山东省水利机电学校学习；1984年7月任山东省水利学校政治处办事员；1984年10月任山东省水利学校政工科办事员；1988年5月任山东省水利学校办公室宣传股副股长；1989年8月任沂水县侨务办公室办事员、科员；1992年12月任中共沂水县委办公室秘书；1996年3月任中共沂水县委办公室副科级秘书（期间：1993年9月至1996年6月在山东省委党校业余本科班涉外经济管理专业学习）；1996年6月任中共沂水县委办公室副科级秘书、科长；1999年1月任中共沂水县委办公室副主任；2000年1月任中共沂水县委办公室副主任兼机要局局长；2002年1月任沂水县沂水镇党委副书记、镇政府镇长（期间：2000年11月至2002年12月在山东大学经济学院政治经济学专业研究生课程进修班学习）；2005年5月任沂水县沂水镇党委副书记、镇政府镇长主持沂水镇工作；2005年9月任沂水县沂水镇党委书记；2008年12月任沂水县政府副县长、沂水县沂水镇党委书记；2009年1月任沂水县政府副县长、党组成员；2012年1月任中共沂水县委常委、县委办公室主任；2012年8月任中共沂水县委常委、县委办公室主任兼县总工会主席；2014年9月任中共沂水县委常委、县委办公室主任；2016年6月任中共沂水县委常委、办公室主任，县政府党组副书记、副县长；2016年12月任中共沂水县委常委，县政府副县长、党组副书记，沂水经济开发区党工委书记；2017年12月任中共沂水县委副书记。

徐在铭　沂水县高桥镇人，1982年7月参加工作，1984年12月加入中国共产党。1982年7月任沂水县高桥中心校教师；1984年7月任沂水县教育局办公室文书；1988年2月任沂水县人事局干部；1994年7月沂水县人事局调配奖惩任免科科长；1999年1月任沂水县沙沟镇党委副书记；2000年1月任沂水县何家庄子乡党委副书记、政府乡长；2001年1月任沂水县富官庄乡党委副书记、政府乡长；2002年1月任沂水县富官庄乡党委书记兼人大主席团主席；2003年4月任沂水县诸葛镇党委书记；2008年1月任沂水县政府副县长；2012年1月任沂水县委常委、副县长；2017年1月离任。

解　飞　济宁市汶上县人，1992年10月参加工作，1998年6月加入中国共产党。1990年9月至1992年10月在临沂电大审计专业学习；1992年10月至1993年3月在临沂地区监察局工作；1993年3月至2002年4月在临沂市（地区）纪委监察局工作；1993年5月录干；1993年9月至1995年7月首都师范大学思政教育专业；1997年9月过渡为机关工作者；1998年7月至1999年2月费县新庄镇南芦山村挂职；2002年4月任临沂市纪委监察局副科级检查员；2004年11月任临沂市纪委纠风室副主任；2007年12月任临沂市纪委执法室副主任；2008年12月任临沂市纪委副县级检查员；2010年1月任临沂市纪委机关党委副书记；2013年8月任临沂市纪委干部室主任；2014年11月任临沂市纪委组织部部长；2017年12月任中共沂水县委常委、县纪委书记。

徐本开　女，沂水县马站镇人，1990年7月参加工作，1994年11月加入中国共产党。1986年9月至1990年7月在山东省林业学校学习；1990年7月任沂水县道托乡林业站技术员；1994年10月任沂水县诸葛镇党委妇联主任；1995年12月任沂水县诸葛镇政府副镇长；1999年1月任沂水县武家洼镇政府副镇长；2001年1月任沂水县许家湖镇政府副镇长；2002年1月任沂水县四十里堡镇党委副书记、纪委书记；2003年4月任沂水县崔家峪镇党委副书记、政府镇长；2008年1月任沂水县泉庄乡党委书记；2010年11月任沂水县泉庄镇党委书记；2011年1月任中共沂水县委常委、沂水县泉庄镇委书记；2011年6月任中共沂水县委常委、宣传部长。

赵炳伟　胶州市人，1989年3月入伍，1993年3月加入中国共产党。1989年3月任步兵第26集团军76师228团战士；1990年9月任信阳陆军学院学员；1992年7月任炮兵第8师48团司令部机要股正排职参谋；1993年9月至1995年7月在西安政治学院学习；1995年7月任炮兵第8师47团政治处正排职干事；1995年12月任炮兵第8师47团政治处宣传股副连职干事；1997年2月任炮兵第8师47团政治处干部股副连职干事；1998年3月任炮兵第8师47团2营6连政治指导员；1998年6月任炮兵第8师47团政治处干部股正连职干事；2000年1月任炮兵第8师47团2营副营长；2000年7月至2002年12月历任炮兵第8师47团政治处干部股副营职干事、股长；2003年1月任山东省莱西市县级人民武装部政工科科长；2004年1月任青岛警备区侦察船运大队二中队政治教导员；2006年1月任青岛警备区侦察船运大队政治处主任；2008年12月任警备区侦察船运大队副政治委员；2011年3月任中共苍山县委常委、人武部政委；2012年10月任中共沂水县委常委、人武部政委；2017年6月离任。

王汝兵 济宁市金乡县人，1995年7月参加工作，2003年8月加入中共共产党。1991年9月至1995年7月在山东经济学院国际贸易专业学习；1995年7月任山东商业综合公司业务经理；2003年2月任山东银座地产有限公司销售部主管；2003年12月任山东省纪委执法监察室干部；2005年1月任山东省纪委执法监察室正科级检查员（2006年9月至2008年6月在山东省委党校党政干部研究生班学习，2008年6月获山东经济学院管理学硕士学位）；2009年11月任山东省纪委行政效能监察室正科级检查员；2011年12月任山东省纪委副处长级检查员；2012年2月任临沂经济开发区纪工委书记、党工委委员；2014年1月任沂水县委常委、县纪委书记；2017年10月离任。

徐爱铎 临沂市罗庄区人，1997年7月参加工作，1996年1月加入中国共产党。1993年9月至1997年7月在曲阜师范大学物理系学习；1997年7月起先后任苍山县磨山镇党委组织干事、团委书记（1999年10月至2000年3月在苍山县委党校中青班学习）；2000年10月挂职任苍山县车辋镇政府副镇长；2002年2月任临沂市人大教科文卫委员会办公室科员；2003年5月任临沂市人大常委会办公室信访科副科长（2003年5月至2004年5月参加市委驻罗庄区罗西街道办事处“千村帮扶”工作组）；2005年12月任临沂市人大常委会机关服务中心主任；2007年11月任临沂市人大常委会机关党务工作者、机关服务中心主任；2011年12月任沂水县人民政府副县长；2013年8月任中共沂水县委常委、组织部长；2015年8月任中共沂水县委常委、组织部长、统战部长；2016年12月任中共沂水县委常委、组织部长。

孙中华 临沂市罗庄区人，1990年7月参加工作，1992年5月加入中国共产党。1988年9月至1990年7月在山东省人民警察学校学习；1990年7月任临沂市（县级市）公安局马厂湖派出所科员；1991年4月任临沂市（县级市）公安局程庄派出所科员；1993年5月任临沂市（县级市）公安局刑警大队三中队科员；1995年6月任临沂市公安局兰山分局刑警大队副中队长；1997年3月任临沂市公安局兰山分局朱堡派出所所长；1999年7月任临沂市公安局兰山分局大岭派出所所长；2002年7月任临沂市公安局兰山分局大岭派出所所长（副科级）；2003年8月任临沂市公安局兰山分局拘留所教导员（副科级）；2005年6月任临沂市公安局兰山分局巡防大队大队长；2007年9月任临沂市公安局督察支队副支队长；2007年11月任临沂市公安局经侦支队副支队长兼一大队大队长（正科级）；2009年11月任莒南县公安局局长；2011年8月任莒南县公安局局长（副处级）；2011年12月任莒南县政府党组成员、莒南县公安局局长；2014年1月任中共沂水县委常委、政法委书记、公安局局长；2017年8月任中共沂水县委常委、政法委书记。

戚树启 沂水县四十里堡镇人，1985年6月加入中国共产党，1985年7月参加工作。1982年9月至1985年7月在沂水师范普师专业学习；1985年7月任沂水县姚店子镇中学教师；1987年6月任沂水县姚店子镇党委办事员秘书；1988年4月任沂水县人民政府办公室秘书；1990年9月任沂水县人民政府办公室副局级秘书；1995年6月任沂水县人民政府办公室副主任；1998年4月任沂水县人民政府办公室副主任兼发展研究室主任；2002年1月任沂水县院东头乡党委书记兼人大主席（2000年11月至2002年12月在山东大学经济学院政治经济学专业研究生课程进修班结业）；2006年11月任沂水县院东头乡党委书记；2008年1月任沂水县财政局局长、党组书记（2005年9月至2008年6月在山东省委党校在职研究生班经济管理专业学习）；2011年12月任沂水县政府党组成员、沂水县财政局局长、党组书记；2012年2月任沂水县政府副县长、党组成员、县财政局局长、党组书记；2012年3月任沂水县政府副县长、党组成员；2016年6月任中共沂水县委常委；2016年12月任中共沂水县委常委、统战部部长；2017年12月任中共沂水县委常委、县政府常务副县长、党组副书记、沂水经济开发区党工委书记。

郭忠友 沂水县四十里堡镇人，1989年9月参加工作，1991年9月加入中国共产党。1985年9月至1989年7月在山东农业大学作物专业学习；1989年7月任沂水县三十里堡乡农技站技术员；1993年7月任沂水县三十里堡乡政府人劳助理；1994年5月任沂水县三十里堡乡党委组织委员；1994年6月任沂水县三十里堡乡党委组织委员兼电教站站长；1995年12月任沂水县三十里堡乡政府副乡长；1997年5月任沂水县三十里堡乡党委副书记；1999年1月任沂水县沙沟镇党委副书记、政府镇长（其间：1999年8月至2001年10月在山东大学研究生班政治经济学专业学习）；2003年4月任崔家峪镇党委书记兼人大主席；2006年11月任崔家峪镇党委书记；2009年1月任沂水县政府办公室主任、县政府党组成员；2013年8月任沂水县政府办公室主任、县政府党组成员、副县长；2013年9月任沂水县政府副县长、党组成员；2016年12月任中共沂水县委常委、县委办公室主任。

何法江　沂水县沂城街道人，1991年7月参加工作，1992年11月加入中国共产党。1987年9月至1991年7月在山东工业大学半导体物理及器件专业学习；1991年7月任平邑县体改委秘书科员；1993年8月任平邑县府办公室秘书；1996年4月任平邑县府办公室副局级秘书；1997年1月任平邑县府办公室机要科科长（副局级）；1997年12月任平邑县府办公室副主任；1998年9月任沂水县沂水镇党委副书记；2003年4月任沂水县龙家圈乡党委副书记、政府乡长；2006年5月任沂水县圈里乡党委书记；2012年9月任沂水经济开发区党工委副书记；2012年11月任沂水县经济开发区管委会主任、党工委副书记；2016年6月任县政府副县长、党组成员；2017年12月任中共沂水县委常委、统战部部长。

沂水县人大常委会主任、副主任

徐养民　临沂市沂南县人，1976年7月参加工作，1978年6月加入中国共产党。1976年7月至1978年12月为沂水县马站公社下乡知青；1978年12月任沂水县工业局办事员；1982年12月任沂水县劳动服务公司办事员；1984年8月任沂水县劳动局办事员；1985年10月任中共沂水县委组织部干事（1986年7月　至1989年6月在临沂师专政治函授专科学习）；1990年6月任沂水县经委党委副书记；1993年4月任沂水县经委党委副书记、副主任；1993年12月任沂水县武家洼乡党委书记（1994年9月至1996年12月在山东省委党校涉外经济管理函授本科学习）；1998年4月任沂水县经委主任、党委书记兼技改投资公司经理；1999年1月任沂水县经委主任；1999年11月任沂水县经委主任、党委书记兼二轻联社理事会主任、党组书记；2000年1月任沂水县人民政府县长助理、党组成员、经委主任兼二轻联社理事会主任；2001年1月任沂水县人民政府县长助理、党组成员、经委主任、党委书记；2002年7月任沂水县人民政府县长助理、经贸局局长、党委副书记；2003年2月任沂水县政协副主席、县政府县长助理、经贸局局长、党委副书记；2003年4月任沂水县政协副主席、县政府县长助理；2006年1月任沂水县政府副县长、党组成员；2007年11月任中共沂水县委常委、宣传部部长；2008年12月任中共沂水县委常委、政法委书记；2012年1月任沂水县人大常委会党组书记；2012年2月任沂水县人大常委会第一副主任（正处级）、党组书记；2016年6月任沂水县人大常委会主任、党组书记；2017年1月离任。

王永浩　沂水县沙沟镇人，1981年7月参加工作，1985年8月加入中国共产党。1979年7月至1981年6月在临沂商校计统专业学习；1981年6月任沂水县统计局统计员；1988年8月任沂水县统计局科员；1993年12月任沂水县统计局副局长；1998年4月任沂水县袁家庄乡党委副书记、乡长兼政协主任；2001年1月任沂水县泉庄乡党委副书记、乡长兼政协主任；2001年3月任沂水县泉庄乡党委书记兼人大主席团主席；2006年1月任中共沂水县委常委、泉庄乡党委书记兼人大主席团主席；2006年5月任中共沂水县委常委、政府副县长、党组副书记、经济开发区党工委书记；2014年1月任中共沂水县委副书记、经济开发区党工委书记；2016年12月任沂水县人大常委会党组书记；2017年1月任沂水县人大常委会党组书记、主任。

罗爱祥　临沂市沂南县人，1978年3月入伍，1980年5月加入中国共产党。1978年3月任内长山要塞区守备三十团高炮五连战士、班长；1980年8月在济南军区炮兵教导大队学院学习；1981年1月军校毕业后在内长山要塞区守备第七师直属队历任排长、副政治指导员、政治指导员、守备一团政治处组织干事、宣传股长、内长山要塞区装备技术部正营职干事、政治协理员、山东省军区装备部副团职政治协理员；2000年1月任中共沂水县委常委、县人民武装部政委；2005年2月任中共沂水县委常委；2005年9月任沂水县人大常委会党组成员；2006年2月任沂水县人大常委会副主任、党组成员；2011年2月任沂水县人大常委会副主任、党组副书记；2017年1月离任。

徐在铭 沂水县人大常委会党组副书记、副主任（见中共沂水县委书记、副书记、常委）。

庞秀英 女，沂水县富官庄镇人，1985年7月参加工作。1982年8月至1985年7月在单县卫校学习助产专业；1985年7月任沂水县黄山铺医院职工；1989年8月任沂水县妇幼保健站职工；1991年6月任沂水县妇幼保健站办公室主任；1992年12月任沂水县妇幼保健站副站长；2002年7月任沂水县妇幼保健院院长；2006年2月任沂水县人大常委会副主任（不驻会）、妇幼保健院院长；2012年8月任沂水县人大常委会副主任。

刘晓辉 日照市人，1978年10月参加工作，1985年3月加入中国共产党。1978年10月任沂水县农业局职工；1980年12月任沂水县城关公社经营管理员（1983年9月在临沂农校干部班学习）；1985年7月任沂水县沂水镇党委秘书；1990年2月任沂水县沂水镇党委宣传委员；1993年4月任沂水县沂水镇党委副书记；1998年4月任沂水县沂水镇党委副书记、镇长；1999年1月任沂水县许家湖镇党委书记；2003年4月任沂水县财政局局长；2007年12月任沂水县人大常委会副主任、党组成员、财政局局长；2008年1月任沂水县人大常委会副主任、党组成员；2017年1月离任。

徐世照 沂水县杨庄镇人，1976年7月参加工作，1986年3月加入中国共产党。1976年7月任沂水县杨庄公社庄科村教师；1978年3月在沂水师范学校学习；1979年12月任沂水县杨庄中学教师；1986年7月任沂水县杨庄镇党委办事员、秘书；1988年11月任沂水县杨庄镇党委统战委员；1990年2月任沂水县杨庄镇党委组织委员；1993年4月任沂水县杨庄镇党委委员、纪委书记；1993年12月任沂水县袁家庄乡政府副乡长；1995年12月任沂水县袁家庄乡政府副书记；1999年1月任沂水县下古村乡党委副书记、政府乡长；2001年1月任沂水县诸葛镇党委副书记、镇政府镇长；2002年1月任沂水县夏蔚镇党委书记兼人大主席团主席；2006年5月任沂水县水利局局长；2007年11月任沂水县经济开发区党工委书记、水利局局长；2008年1月任沂水经济开发区党工委书记；2011年2月任沂水县人大常委会副主任、党组成员；2017年1月离任。

郭春录 沂水县许家湖镇人，1981年7月参加工作，1985年4月加入中国共产党。1978年10月在郯南共产主义劳动大学农学专业学生；1981年7月任沂水县四十里公社农技站技术员；1984年7月任沂水县姚店子区农技站副站长；1985年9月任沂水县袁家庄乡党委秘书；1987年8月任沂水县袁家庄乡党委组织委员、纪检委员；1990年2月任沂水县袁家庄乡政府副乡长；1993年12月沂水县袁家庄乡党委副书记、政府副乡长；1995年12月任沂水县袁家庄乡党委副书记、政府乡长；1998年4月任沂水县袁家庄乡党委书记（其中：1996年7月至1998年9月在山东省委党校经济管理专业学习）；2001年1月任沂水县姚店子镇党委书记；2002年1月任沂水县姚店子镇党委书记兼人大主席团主席；2003年4月任沂水县计划生育局局长；2005年3月任沂水县人口和计划生育局局长、党组书记；2012年8月任沂水县人民政府党组成员；2012年11月任沂水县人民政府党组成员、第一中学党委书记；2013年7月任沂水县人民政府党组成员，沂水县第一中学党委书记，沂水县教育体育局局长；2014年9月任沂水县人民政府党组成员，沂水县第一中学党委书记，沂水县教育体育局局长、党组书记；2016年6月任沂水县人大常委会副主任、党组成员。

杨治堂 沂水县沂城街道人，1987年7月参加工作，1990年9月加入中国共产党。1984年9月至1987年7月在临沂师专政治专业学习；1987年7月任沂水县沂水镇中心校教师；1989年7月任沂水镇党委秘书；1994年5月任中共沂水县委组织部秘书；1996年6月任中共沂水县委组织部信息科副科长；1998年6月任中共沂水县委组织部信息科科长；1999年1月任中共沂水县委组织部组织员办公室副主任；2004年8月任中共沂水县委组织部副部长；2006年7月任中共沂水县委组织部副部长兼组员办主任；2008年12月任中共沂水县委组织部副部长（正科级）；2009年3月任中共沂水县委组织部副部长兼绩考办主任；2011年6月任中共沂水县委组织部常务副部长；2013年4月中共沂水县委组织部常务副部长、中共沂水县委党校党总支书记；2013年5月任中共沂水县委组织部常务副部长、中共沂水县委党校党总支书记、副校长；2014年10月任中共沂水县委党校党总支书记、副校长；2016年12月为沂水县人大常委会副主任提名人选、党组成员；2017年1月任沂水县人大常委会副主任、党组成员。

刘长德　临沂市蒙阴县人，1978年12月参加工作，1986年1月加入中国共产党。1978年12任沂水县第一照相馆职工；1985年4月任沂水县服务公司秘书科长；1992年11月任沂水县纪委办事员；1993年6月任沂水县纪委监察员，1996年3月任沂水县纪委办公室主任；1999年1月任沂水县纪委常委、办公室主任；2002年7月任沂水县纪委常委、监察局副局长；2005年6月任沂水县纪委常委、行政审批服务中心主任；2007年1月任沂水县政府办公室副主任、政务大厅主任；2009年11月任沂水县城管执法局党组书记、局长；2012年3月任沂水县住建局党委书记、局长工作；2016年12月任沂水县人大常委会党组成员；2017年1月任沂水县人大常委会副主任、党组成员。

沂水县人民政府县长、副县长

陈永生　中共沂水县委副书记、县政府县长、党组书记（见中共沂水县委书记、副书记、常委）。

陈海龙　中共沂水县委副书记、曾任县政府副县长（见中共沂水县委书记、副书记、常委）。

徐在铭　中共沂水县委常委、县政府副县长（见中共沂水县委书记、副书记、常委）。

戚树启　中共沂水县委常委，县政府副县长、党组副书记，沂水经济开发区党工委书记（见中共沂水县委书记、副书记、常委）。

郭春玲　女，沂水县许家湖镇人，1996年7月参加工作。1994年9月在西安公路交通大学学习；1996年7月任沂水县交通局办事员（1998年3月至1998年12月在沂水县委大学生工作队挂职锻炼）；1999年1月任沂水县龙家圈乡政府副乡长（1998年8月至2001年12月在山东省委党校经济管理专业业余本科班学习）；2007年12月任沂水县人民政府副县长（2008年9月至2011年6月在省委党校在职干部研究生班经济管理专业学习）；2017年1月任沂水县政协副主席。

何法江　中共沂水县委常委、统战部部长，曾任县政府副县长（见中共沂水县委书记、副书记、常委）。

张　雷　临沂市临沭县人，2004年12月加入中国共产党，2005年7月参加工作。2001年9月至2005年7月在青岛大学法律专业学习；2005年7月任郯城县马头镇镇长助理；2007年4月任郯城县委组织部科员；2008年6月任临沂市劳动和社会保障局科员；2009年6月任临沂市劳动和社会保障局办公室副主任；2009年9月任临沂市人民政府办公室秘书五科副主任科员；2012年12月任临沂市人民政府应急管理办公室值守科科长；2014年12月任临沂市人民政府办公室秘书二科科长；2016年6月任沂水县政府副县长、党组成员。

武开鑫　沂水县沂城街道人，1991年9月加入中国共产党，1985年7月参加工作。1982年9月至1985年7月沂水师范学校普师专业学生；1985年7月任沂水县高桥中学教师；1987年10月任沂水县人大常委会办公室科员；1992年1月任沂水县人大常委会办公室秘书；1995年6月任沂水县人大常委会教科文卫工作委员会副主任；1996年3月任沂水县诸葛镇党委副书记；1996年11月任沂水县诸葛镇党委副书记兼综治办主任；1997年7月任沂水县诸葛镇党委副书记（期间：1996年7月至1999年6月在山东干部函授大学法律专业学习）；2003年4月任沂水县诸葛镇党委副书记、政府镇长；2008年1月任沂水县诸葛镇党委书记；2012年3月任沂水县诸葛镇党委书记、县财政局局长、党组书记；2012 年 8 月任沂水县财政局局长、党组书记；2016 年 12 月任沂水县政府党组成员；2017 年 1 月任沂水县政府副县长、党组成员。

于珊珊 临沂市沂南县人，2004 年 11 月加入中国共产党，2012 年 8 月参加工作。2001 年 9 月至 2005 年 7 月在山东大学商学院管理学专业本科学习；2005 年 9 月至 2007 年 1 月在西安交通大学经济与金融学院应用经济学专业硕士研究生学习；2007 年 3 月至 2012 年 3 月在西安交通大学经济与金融学院产业经济学专业博士研究生学习（期间：2008 年 9 月至 2009 年 9 月在英国诺丁汉大学访问学习）；2012 年 9 月临沂市高层次人才引进到临沂市经信委工作；2013 年 9 月任临沂市食品工业办公室副主任（正科级）(期间：2015 年 8 月至 2016 年 8 月挂职任费县探沂镇党委委员、副镇长）；2016 年 12 月任沂水县政府副县长、党组成员。

孟令君 临沂市兰山区人，1993 年 4 月加入中国共产党，1993 年 7 月参加工作。1990 年 9 月至 1993 年 7 月在山东公安专科学校学习；1993 年 7 月任临沂市（县级市）公安局预审科办事员；1996 年 1 月任临沂市公安局预审科办事员，1998 年 12 月任临沂市公安局调研信息科科员；2004 年 12 月任临沂市公安局指挥中心调研信息科副科长；2010 年 3 月任临沂市公安局开发区分局副局长、党总支成员（挂职）；2011 年 3 月任临沂市公安局指挥中心调研信息科副科长（筹建临港分局）；2012 年 10 月任临沂市公安局队伍建设指导处处长；2017 年 8 月任沂水县政府党组成员、公安局党委书记；2017 年 9 月任沂水县政府党组成员、公安局局长、党委书记；2017 年 12 月任沂水县政府副县长、党组成员、公安局党委书记、局长。

沂水县政协主席、副主席

张道胜 沂水县院东头镇人，1987 年 4 月加入中国共产党。1982 年 7 月参加工作，先后在沂水县姚店子公社兽医站、沂水县畜牧局工作；1985 年 10 月在中共沂水县委农村工作部工作（1985 年 7 月至 1988 年 7 月在山东农业大学畜牧系函授学习）；1993 年 4 月任沂水县崔家峪镇党委副书记；1996 年 1 月任沂水县王庄乡党委副书记、乡长；1998 年 4 月任沂水县王庄乡党委书记、人大主席；1998 年 11 月任沂水县王庄镇党委书记、人大主席；1999 年 1 月任沂水县马站镇党委书记；2001 年 3 月任中共沂水县委办公室主任；2003 年 9 月任中共沂水县委常委、县委办公室主任；2007 年 1 月任中共沂水县委常委、政法委书记；2008 年 12 月任中共沂水县委常委、县政府常务副县长；2009 年 1 月任中共沂水县委常委、县政府常务副县长、县政府党组副书记；2012 年 1 月任沂水县政协党组书记；2012 年 2 月任沂水县政协主席、党组书记。

赵清锋 沂水县沂城街道人，1984 年 7 月参加工作。1981 年 7 月在临沂农校果树专业学习；1984 年 7 月任沂水第二职业高中教师；1989 年 10 月任沂水县院东头乡林业站技术员；1993 年 4 月任沂水县院东头乡政府副乡长；1998 年 2 月任沂水县政协副主席（不驻会）、院东头乡副乡长；2002 年 1 月任沂水县政协副主席、科协副主任；2005 年 6 月任沂水县政协副主席、劳动和社会保障局副局长；2010 年 4 月任沂水县政协副主席（不驻会）、人社局副局长；2013 年 4 月任沂水县政协副主席。

牛嗣红 女，沂水县龙家圈街道人，1981 年 7 月参加工作。1979 年 9 月在沂水师范学校学习；1981 年 7 月任沂水县龙家圈乡马荒联中教师；1984 年 7 月任沂水县沂新中学教师；1988 年 5 月调入沂水县建委，先后任房管所副所长、房产交易监理所所长、房产评估所所长；1999 年 1 月任沂水县房管处副主任；2000 年 1 月任沂水县房管局副局长；2001 年 3 月任沂水县政协副主席（不驻会）、房管局副局长；2010 年 4 月任沂水县政协副主席（不驻会）、房管办副主任；2012 年 8 月任沂水县政协副主席。

杨少涛 沂水县道托镇人，1977 年 7 月参加工作，1979 年 6 月加入中国共产党。1977 年 7 月任沂水县高桥公社高桥二大队知青组长；1979 年 7 月任沂水县姚店子公社党委公务员、干事；1982年2月起历任中共沂水县委组织部办事员、统计干事、干部干事；1993年4月任中共沂水县委组织部副部长；1995年6月任中共沂水县委组织部副部长兼老干部局局长；1999年1月任中共沂水县委组织部常务副部长；2003年2月任沂水县政协副主席、县委统战部部长；2006年5月任沂水县政协副主席、党组副书记、县委统战部部长；2013年4月任沂水县政协副主席、党组副书记；2017年1月离任。

张振田　沂水县道托镇人，1984年7月参加工作。1981年9月在山东林业学校学习；1984年7月任沂水县汞丹山林场技术员；1985年8月任沂水县林业局森保站技术员；1990年12月任沂水县林业局人秘股副股长；1994年1月任沂水县林业局办公室主任；1999年1月任沂水县林业局副局长；2003年2月任沂水县政协副主席（不驻会）、林业局副局长。

郭春玲　沂水县政协副主席（见沂水县人民政府县长、副县长）。

李玉成　沂水县龙家圈街道人，1981年7月参加工作，1983年10月加入中国共产党。1979年8月在沂水师范学校学习；1981年7月任沂水县崔家峪中心校教师；1982年7月任沂水县黄山乡党委办事员；1983年7月任沂水县黄山乡武装部副部长（1985年9月至1987年8月在沂水县委党校电大班学习）；1987年8月任沂水县纪委秘书；1990年9月任沂水县纪委办公室主任；1993年4月任沂水县纪委常委、监察局副局长；1995年12月任沂水县马站镇党委副书记、政府镇长；1999年1月任沂水县善疃乡党委书记；2000年6月任沂水县善疃乡党委书记兼乡人大主席团主席；2001年1月任沂水县杨庄镇党委书记；2002年1月任沂水县杨庄镇党委书记兼人大主席团主席；2006年5月任沂水县建设局局长、党委书记；2010年1月任沂水县政协副主席、县建设局局长、党委书记；2010年4月任沂水县政协副主席、党组成员；2017年7月任沂水县政协副主席、党组副书记。

刘荣祥　沂水县高桥镇人，1982年7月参加工作，1985年4月加入中国共产党。1980年9月在沂水师范学校学习；1982年7月任沂水县高桥中心校教师；1984年9月至1987年8月在山东电大临沂分校学习；1987年8月任沂水县委组织部统计干事；1993年4月任沂水县委组织部副局级组织员、干部干事；1994年2月任沂水县委组织部副科级组织员、下派干部管理科科长（1994年9月至1996年12月山东省委党校函授涉外经济管理）；1995年8月任沂水县委组织部副科级组织员、干部科科长；1999年6月任沂水县委组织部副部长；2003年4月任沂水县委组织部副部长兼组织员办公室主任；2006年5月任沂水县人事局局长、党组书记、县委组织部副部长；2010年4月任沂水县人力资源和社会保障局局长、党组书记；2011年2月任沂水县政协党组成员、县政协副主席、县人社局局长、党组书记；2011年6月任沂水县政协副主席、党组成员。

全国农业先进工作者

马正福　沂水县农业机械管理局局党组书记、局长

第四批齐鲁文化之星

张伟良　沂水县文广新局党组成员、县文化馆馆长

山东省富民兴鲁劳动奖章

师立亮 山东泓达生物科技有限公司董事长

临沂市振兴沂蒙劳动奖章

武玉金 山东三众房地产有限公司施工科长

张明爱（女） 双星集团瀚海鞋业有限公司后勤部长

刘桂华（女） 山东沂水农村商业银行商城分理处主任

刘岩松 沂水县财政局农业科科长

赵新娜（女） 沂水县实验小学教师

杨成朴 沂水县沂新中学教导处副主任

李景华 国网沂水县供电公司总经理

陈国成 沂水博皓房地产开发有限公司董事长

第三届临沂市乡土艺术人才

袁国华 沂水县四十里堡镇下店村村民

市及市以上先进工作者

贾立福 沂水县委政法委主任科员 平安临沂建设先进个人

石 骞 沂水县委政法委执法督查科科长 平安临沂建设先进个人

王昌亭（女） 沂水县委综治办综合科科长 平安临沂建设先进个人

赵明芳（女） 农发行沂水县支行行政副经理 农发行山东省分行先进党员标兵

武玉良 农发行沂水县支行执行客户经理 农发行山东省分行合规模范员工

张建华 农发行沂水县支行执行客户经理 临沂市金融扶贫工作先进个人

2017年度“沂水好人”

助人为乐类

曹淑云（女） 沂水慧阳制衣有限公司总经理

张媛媛（女） 县检察院公诉科副科长

吴照京 沂蒙小棉袄加工厂总经理

徐怀强 山东世强电力有限公司董事长

周 玲（女） 崔家峪镇中心小学教师

丁元成 县供电公司黄山供电所设备技术员

乔永庆 四十里堡镇连家湖村村民

李光兴 沂蒙义工协会会长

见义勇为类

徐以宝、许会峰　沂城街道小滑石沟村党支部书记、村民

臧珍强　沂水盛通公交客运公司驾驶员

张永元　杨庄镇善疃村村民

夏桂亮　经济开发区安子沟村村民

诚实守信类

刘运花（女）　马站镇君明煎饼店店长

张松田　县环卫处环卫工人

敬业奉献类

张华卿　县扶贫办信息统计组工作人员

杨明霞（女）　临沂业隆通用机械有限公司董事长

郭育华　县公安局城区交管队教导员

庄才宝　跋山水库管理处工程管理科科长

张德庆　院东头镇院东头村卫生室室长

张　龙　县公安消防大队政府专职消防员

王会考　县史志办方志馆馆长

曹荣菊（女）　县实验小学教师

刘军江　许家湖镇快堡村党支部书记

解植涛　经济开发区唐家官庄村党支部书记

赵圣君（女）　县市场监管局专业市场管理所副所长

张　晓（女）　县第二人民医院医务科副主任

武传中　县残联组织联络部部长

程凡智　道托镇双河村党支部书记

耿宗梅（女）　龙家圈街道初级中学教师

杨明茜（女）　县第二实验中学教师

魏书迎　泉庄镇卫生院国医堂主任

宋淑秀（女）　高桥镇中心初中教师

孝老爱亲类

鞠炳然　县公路局政工科副科长

魏增玉　诸葛镇东河西村党支部委员

徐连玉（女）　原临沂卫校讲师

王海龙　县社会福利中心护理科科长

闵范芝（女）　沙沟镇崖庄五村村民

郭菊勋（女）　诸葛镇张耿村村民

成希芳（女）　黄山铺镇东河北村村民

黄家荣（女）　崔家峪镇上泉村村民

2017年全县善行义举四德榜“榜上有名”先模人物名单

个人品德（仁德）典型

王继耕　沂城街道牛岭埠社区党支部书记

王京国　沂水盛通公交公司驾驶员

张建欣　县供电公司职工

刘　燕（女）　县民政局社会福利中心主任

职业道德（诚德）典型

邹玉良　沂城街道北张庄综合批发部的经营者

王凤胜　山东大仓食品股份有限公司董事长

郭宝勋　泉庄镇佃坪村党支部书记

刘玉玲　四十里堡镇乡村医生

社会公德（爱德）典型

顾雷雷　县畜牧局富官庄畜牧站职员

李兆德　沂水兴华汽车出租公司驾驶员

蔡　楠　黄山铺镇卫生院职工

魏代香（女）　院东头镇曲家洞子村村民

家庭美德（孝德）典型

鞠　莹（女）　县法院法警大队副中队长

田洪辉（女）　县环境卫生管理处环卫工人

郭春芳（女）　沂水阳光家政服务有限公司总经理

杨利萍（女）　高庄镇第一初级中学教师

附　　录

重要文件辑存

中共沂水县委　沂水县人民政府 2017年度“125”工程实施意见

（2017年2月21日）

为进一步明确沂水发展定位，高举发展争先大旗，加快“走在前列、争创强县”，根据我县十四次党代会、县委工作会议安排部署，围绕落实全县“一二三四五”发展思路，县委、县政府决定在全县实施“125”工程，特制定本实施意见。

一、指导思想

以党的十八大和十八届三中、四中、五中、六中全会精神为指导，认真贯彻市十三次党代会精神，以县十四次党代会确立的“一二三四五”发展思路为引领，坚定“以发展看能力、以成效论英雄、以项目评业绩”的工作理念，以大投入、大产业、大项目，推动我县在更高起点上加快发展、在更高层次上科学发展、在更高水平上和谐发展，切实增强全县综合实力和竞争力，加快争创全国百强县步伐。

二、工作重点

坚持以重点带全局，大力实施“125”工程，即：2017年度，全力推进10项重点工作，落实好20件民生实事，实施50个重点产业项目，将“125”工程作为贯彻落实全县“一二三四五”工作思路的总抓手，作为2017年度各项工作开展的总引领，突出工作重点，落实重点责任，以重点工作、民生实事、重点产业项目的实施为突破口，把全县总体工作部署的落实具体化、项目化、数量化，通过逐项工作推进、逐个难题破解，为全县加速转调发展汇聚更大动力、提供更强支撑。

（一）10项重点工作。坚持抓核心、抓重点、抓关键，对全县各项重点工作进行梳理，确定县委、县政府2017年度全面推进的10项核心引领性工作，分别为深化“三引一促”、加快企业“二次创业”、推进两城同建、继续推进国家级现代农业示范区建设、脱贫攻坚、推进国家重点生态功能区建设、开展基层组织建设提升年、城乡建设用地增减挂钩、加快推进撤县设市、争创国家AAAAA级旅游景区。2017年，我县将以10项重点工作为引领，通过量化分解，明确具体任务目标和时间节点，确定牵头领导和具体责任单位，凝聚各级干部强大合力，推动10项重点工作齐头并进、全面完成任务目标，以重点工作的突破带动面上各项工作再创佳绩。

（二）20件民生实事。把保障和改善民生作为各项工作的出发点和落脚点，从教育、文化、卫生、科技、体育、环保、住房保障、饮水安全、安全生产、城市生活设施配套、城乡环卫一体化、道路和交通建设等方面，梳理确定20件涉及面广、普惠率高、群众关心关注的民生实事，并逐一确定任务目标、工作节点、包扶领导、牵头单位、责任单位和具体责任人，确保各项实事落到实处、取得实效，将发展成果惠及全县人民。

（三）50个重点产业项目。把项目建设作为重点工作推进的主要抓手，从全县招商引资、工业技改、城乡建设、农业农村、旅游文化等工作中，梳理筛选出50个投资规模大、发展前景好、科技含量高、支撑带动能力强的大项目、好项目，集中全县各级各部门工作合力，汇聚全县发展智慧，全力以赴推进，确保按时保质完成目标任务。对重点产业项目实行动态管理，除本次确定的50个项目外，根据工作实际，适时组织开展新纳入重点产业项目提报、筛选工作。对已纳入的重点产业项目，推进乏力、进展缓慢的，采取现场推进、通报批评等措施加快推进；对久推不动、无力实施的，建立科学工作机制予以清理退出。

三、保障措施

（一）加强组织领导。“125”工程是全县2017年度工作的重中之重，县委、县政府将定期组织开展对“125”工程实施情况的观摩评议，通过现场督导、一线办公、会议调度等方式，定期对工程进展进行督促推进，协调解决重大问题，对推进不力、进展缓慢的重点工作、民生实事、重点产业项目，研究推进措施，督促加快进度。各牵头包扶领导要切实发挥作用，强化县内协调，主动向上对接，加大争取力度，抓紧建立工作班子，迅速切入具体工作，立即部署向前推进，并在推进全程中加强督促督导，确保工作任务落实。

（二）强化责任落实。“125”工程任务明确、分工清晰，各级各部门和各级干部要根据任务分工，切实担当起各自职责。各牵头包扶领导，要落实包扶责任，发挥一线抓落实的实干精神，以身作则、率先垂范，既要当好指挥官，又要当好战斗员，带头抓好落实，做好示范表率。承担具体工作、具体实事和项目的县直单位、乡镇街道干部，要根据各自分配的工作任务承担起相应的工作职责，牵头单位负责人要承担第一责任人职责，切实牵好头、抓好总；各责任单位、帮扶单位要各负其责，主动把自身负责的工作做好。要落实“一把手”负责制，单位主要负责人亲自上阵，抽调精兵强将参与到本单位负责的项目实施工作中，确保工作任务圆满完成。县直部门要履行业务职责，项目所在乡镇要落实属地责任，切实提高服务质量和水平。

（三）严格督导奖惩。对“125”工程所列重点工作、民生实事和重点产业项目要逐一登记造册，建立细化工作台帐，从项目实施开始到任务完成，实行全程一线跟踪督查，及时发现问题，督促协调解决。要加强对各项目节点计划完成情况的日常督促，实行周调度、月通报，每月张榜公示进展情况，倒逼各项工作、各个项目加快推进、提高效率。县委、县政府将“125”工程纳入对乡镇科学发展综合考核和对县直部门服务经济发展考核，结合动态调度与年终总评成绩，确定优劣名次，严格落实奖惩措施，表彰先进，惩罚后进，形成鲜明的工作导向。强化考核结果运用，把“督事”和“察人”相结合，在工程实施中培养锻炼、考察使用干部，形成有为才有位的用人导向，把“125工程”打造成全县各级各部门和广大干部干事创业的“主阵地”。

（四）营造浓厚氛围。要强化对“125”工程的宣传，在全县营造齐心协力实施推进的浓厚氛围，县内主要新闻媒体要设立专栏，对在工程实施中涌现出的先进典型、先进经验，加大宣传推介力度，用身边人、身边事带动形成正向激励效应；要加大反面典型曝光力度，对责任没有落实、工作推进不力、项目落后节点的及时予以曝光，通过红脸出汗，调动各级干部参与工程建设的主动性，督促工作推进、责任落实，把“125”工程实施好，把全县各项工作推进好，确保全年任务目标顺利实现。

中共沂水县委　沂水县人民政府
关于进一步加快公墓建设推进殡葬改革的实施意见

（2017年5月9日）

我县认真贯彻落实中央和省市关于深化殡葬改革推进移风易俗工作精神，破除丧葬、祭扫陋俗，建设一批农村公益性公墓，骨灰装棺再葬和乱葬乱埋现象得到初步遏制，节约了土地，保护了生态，倡树了文明新风。为进一步加快公墓建设，实施全民惠葬，推进殡葬改革，惠及广大群众，提出如下意见。

一、指导思想

全面贯彻落实党的十八大和十八届三中、四中、五中、六中全会精神，深入贯彻习近平总书记系列重要讲话和视察山东重要讲话、重要批示精神，以社会主义核心价值体系建设为根本，以推进移风易俗建设为目标，坚持政府主导、科学规划、因地制宜、适度集中、节约土地、厚养简葬、公益惠民的原则，加大农村公益性公墓建设力度和使用率，在全县上下形成崇尚文明、勤俭节约的良好风尚，为“走在前列、争创强县”做出积极贡献。

二、工作目标

把加快农村公益性公墓建设，实施全民惠葬政策作为全县一项重要民生工程，以乡镇（街道）为单位规划建设公益性公墓，满足本乡镇（街道）居民丧葬需求；在城区周边规划建设1~2处满足城区居民丧葬需求的县级公益性公墓；到2017年上半年达到公益性公墓全覆盖。从今年5月10日起，对具有沂水籍户口、在沂水去世的居民，殡葬过程中涉及的遗体运输费、火化费、骨灰盒费和公益性公墓墓穴使用费全部免除，相关费用由县财政承担。

三、工作任务

建设公益性公墓坚持从实际出发，因地制宜，按照城乡总体规划和土地利用规划要求，对行政区域内的公益性公墓建设进行统一规划布局。遵循节约土地资源、扩大绿色空间、保护生态环境、保障基本需求、方便惠及群众的原则，尽量利用荒山、荒坡、沙滩等非耕地规划建设，原则上不得占用耕地。

（一）统筹兼顾，科学规划。按照省市对公益性公墓建设的总体要求，不再审批经营性公墓，本着“集约化、园林化、生态化”原则，避免重复建设和“零、乱、散”现象，借鉴外地先进经验和建设理念，兼顾群众安葬和祭奠便利，原则上按照小乡镇不超过2处，中等乡镇不超过3处，大乡镇不超过4处的数量要求，科学规划选址；对地形狭长或面积较大的乡镇，可增加1－2处。在选址过程中，对符合选址要求的已建公墓，可按照新的规划要求进行改扩建。每处公益性公墓的面积大小要按照辐射区域人口数量多少和满足10年的使用需求确定，原则上不低于5亩。

（二）专业设计，特色鲜明。公墓建设是百年大计，不仅建设质量要过硬，布局和感观也会影响到群众的接受和认可程度，影响到公墓的使用率。为此，要把公墓建设作为亮点工程打造。在外观设计上，要充分与自然地貌相融合，适当加入当地文化元素，在整体布局和绿化美化效果上要各具特色。

（三）加快建设，严格标准。公墓建设要严格按照山东省民政厅等11个部门下发的《关于加强全省公益性公墓建设的意见》规定要求，以乡镇（街道）为主体立即着手规划施工建设。标准为：公墓单穴不得超过0.5平方米，双穴不得超过0.8平方米，每亩地建设双穴不少于200套；地上不留坟头，地下部分可用砖砌或石材，墓碑全部采用卧碑，碑长不超过60厘米，碑宽不超过50厘米，厚度不超过15厘米，倾斜度不得超过15度；墓穴间距不超过0.6米；墓前通道要进行硬化，墓区绿化覆盖率要达到75%以上。每处公墓需配公共祭祀区和防火设施，并安排专人维护，建立管理档案。公墓建成以后，免费为群众使用，严禁出售。

四、保障措施

（一）加强组织领导，健全工作机制。各乡镇（街道）和殡葬改革工作领导小组成员单位要把加快公墓建设、实施全民惠葬、推进殡葬改革工作列入重要议事日程，形成党委领导、政府负责、部门协作、社会参与的工作机制，为推进移风易俗奠定良好基础，提供有效载体。

（二）明确部门职责，密切协作配合。县殡葬改革工作领导小组成员单位要在县委、县政府的领导下，明确工作职责，确定目标任务，规范服务程序，建立行之有效的协调联动机制。

各有关部门要各司其职，密切配合，共同做好殡葬改革工作。组织人事等部门要加强对广大党员干部治丧方面的监督，查处违规违纪人员。宣传部、文明办等部门要充分发挥舆论导向作用，为推进公墓建设、实施全民惠葬、深化殡葬改革工作营造良好社会氛围。发改部门要将殡葬改革纳入国民经济和社会发展规划，按规划进行立项，审批殡葬服务场所和设施。民政部门要健全殡葬行业规范，严格公墓审批程序，完善公墓年检和有关情况在一定范围定期通报等制度，推动引导公墓向绿色生态方向发展；加快殡仪馆转型改革，规范运营服务标准和流程，提升服务质量和水平；推动村居（社区）红白理事会普遍建立，健全基层殡葬服务体系。公安部门要依法惩处丧事活动中扰乱社会秩序、危害公共安全、侵害他人合法权益等行为。财政部门要建立殡葬事业公共财政投入机制和稳定的资金保障制度，落实殡葬基本公共服务经费和惠民殡葬资金，并不断拓宽经费投入渠道。人社部门在办理干部群众去逝减人业务时，各相关单位原则上要提供去逝火化证明（按规定允许实行土葬的少数民族除外）和公墓安葬证明。住建、国土、规划、林业、环保等部门要做好公墓建设规划选址的审核工作。国土部门要加强公墓等殡葬设施建设用地的供给和管理，依法查处非法占用土地建坟和乱埋乱葬等行为。水利部门要依法查处在水源保护区、水库周边、河流两岸建墓行为。城管执法部门要会同有关部门查处在城镇、社区大街小巷违章占道搭设灵棚、摆放花圈及出殡抛撒冥纸、焚烧纸钱等影响市容、环境卫生和市民生活的丧葬行为。市场监管部门要依法做好棺材、纸扎等殡葬用品市场的规范、监管和查处。卫计部门要规范医院太平间管理，配合殡仪馆做好遗体管理和接运。总工会、团县委、妇联等单位要广泛动员群众积极参与殡葬改革。民宗部门要根据有关法律法规和政策，指导少数民族、宗教场所和宗教界人士做好殡葬工作。

（三）实行以奖代补，完善投入机制。公益性公墓建设要纳入县乡两级政府基本建设和基本公共服务保障范畴，所需建设资金以政府财政投入为主，鼓励企业、社会组织和个人捐助、捐建，禁止社会资本合资、合作、合建。县财政采取以奖代补的方式，按照规模大小和投入情况对乡镇（街道）给予每处5万~20万元的一次性建设补助。对规划区范围内需搬迁的坟墓、原有散葬坟墓按所辖区域迁入城乡公益性公墓且恢复耕地的，免费提供安葬墓位。

（四）加大舆论宣传，强化政策引导。各乡镇（街道）、村居（社区）层层召开动员会议，并充分利用电台电视台、广播喇叭村村响、报纸、网站、宣传栏和发布《致全县人民一封信》、《致党员干部和企业家一封信》等，加强政策引导和宣传教育，努力让殡葬改革政策家喻户晓、深入人心，引导群众树立文明节俭、生态环保、集中安葬的新理念、新风尚。党员干部要起到带头示范作用，并注重发挥社会组织、群众自治组织和村居红白理事会的作用，进一步规范殡葬行为，调动广大群众移风易俗的积极性、自觉性和主动性，为提升殡葬管理服务水平、推动城乡公益性公墓建设、深化殡葬改革营造良好舆论氛围。

（五）完善督导机制，加大工作推进力度。加快公益性公墓建设推进殡葬改革，事关民生大计。县委、县政府把公益性公墓建设纳入重点工作绩效考核，并从民政、国土、规划、林业等部门抽调专业人员，成立规划建设工作组。各乡镇（街道）要在工作组的指导督导下，于2017年5月20日前完成公益性公墓的定点选址和设计报批，6月30日前完成建设工作，7月10日前县里对公墓进行全面验收。对达到建设标准的，由县民政、财政部门按照验收情况确定建设补助标准，并予以兑付。对因工作不力造成公墓建设迟缓滞后的，将严肃追究相关单位和相关责任人的责任，并限期完成建设任务。

沂水县人民政府
关于撤销龙家圈镇设立龙家圈街道的通知

各乡镇人民政府，沂城街道办事处，沂水经济开发区，沂蒙风情旅游景区，县政府各部门：

根据《山东省人民政府关于同意调整沂水县部分行政区划的批复》（鲁政函民字〔2017〕8号）和《临沂市人民政府关于调整沂水县部分行政区划的通知》（临政字〔2017〕98号）精神，现对我县部分行政区划作如下调整：

撤销龙家圈镇，以其原行政区域设立龙家圈街道，街道办事处机关驻原龙家圈镇政府驻地。

沂水县人民政府

2017年8月27日

2017 年国内媒体对沂水的重点报道

山东沂水：擂起战鼓好运来，穿越大唐闹新春

（1 月 31 日　中央电视台 1 套《晚间新闻》）

小平台描绘大蓝图　打造大众创业万众创新示范区

——山东省沂水经济开发区创新创业公共服务平台建设综述

（1 月 13 日　大众日报 6 版整版）

【情满中国年】新春逛庙会　欢乐过大年

（1 月 31 日　山东电视台《山东新闻联播》 李守群）

高举发展争先大旗　走在前列争创强县

——访沂水县委书记薛峰

（2 月 17 日　新华社客户端、新华网山东频道、中国网　袁诚茂）

十八般武艺因地制宜　立体式帮扶形成合力

——访沂水县委副书记、县长陈永生

（2 月 17 日　新华社客户端、新华网山东频道　田宝宗　温敏）

“125”工程构筑沂水新格局

（3 月 6 日　经济导报 C3 版头条　田宝宗）

沂水公路“一心为公　一路当先”

（3 月 14 日　大众日报 11 版头条　陈明　吴荣欣）

沂水让“好人”给“好人”颁奖

（3 月 24 日　农村大众 A3 版头条　田宝宗　温敏）

沂水：多措并举　助力加工贸易梯度转移驶入“快车道”

（3 月 16 日　山东电视台《新闻联播》 杨锡富　孔令明）

营造人才洼地　构筑经济高地

——山东沂水县多举措打好招才引智组合拳

（4 月 6 日　中国县域经济报 2 版倒头条　田宝宗　温敏）

“125”工程构筑沂水新格局

（4 月 1 日　农村大众 1 版头条　田宝宗）

山东沂水实现公益性公墓全覆盖

（5 月 22 日　中央电视台《新闻联播》国内联播快讯）

沂水殡葬费全免的“民生行动派”启示

（5 月 23 日　新华每日电讯 6 版　毛建国）

“殡葬费全免”，解决“死不起”应向沂水学习

（5 月 23 日　新京报 3 版头条）

临沂沂水县全国首开先河　率先跨入丧葬费“全免时代”

（5 月 20 日　山东电视台《民生直通车》）

“丧葬费全免”，决心比实力重要

（5 月 24 日　大众日报 4 版头条　毛建国）

沂水新政：居民丧葬费全免

（5 月 24 日　农村大众 1 版头条　戎宁　贾佳）

推行殡葬改革　费用财政兜底

——这件事，在沂水不花钱了

（6 月 14 日　人民日报 11 版头条　潘俊强）

破旧俗　树新风

——沂水：居民丧葬费财政包了

（6 月 19 日《经济日报》5 版报眼　王金虎）

沂水：“全民惠葬”蹚出殡葬改革新路子

（6 月 30 日　农民日报 3 版头条　田宝宗　吕兵兵）

一笔合算的民生账

——山东沂水以财政惠葬推进移风易俗

（6 月 22 日　中国县域经济报 1 版倒头条　田宝宗　陈曦）

“沂水力量”铿锵前行

（6 月 11 日　大众日报 11 版整版　贾佳　徐见明　张欣　桑健）

全域旅游创建的“沂水实践”

（6 月 12 日　大众日报 28 版头条　于鹏　杨润勤　许俊山）

沂水：旅游文化＞文化＋旅游

（6 月 3 日　山东在线　张欣　徐建明　吴世翠）

山东沂水：精准引领，机制保障，脱贫攻坚干在前头，走在前列

（7 月 10 日　网易新闻、搜狐、百度、凤凰资讯、中国网、中国发展门户网、今日头条、法治山东网等网站刊载　田宝宗　赵全鹏）

沂蒙多“红嫂”精神代代传

（8月1日　新华每日电讯6版整版　8月2日　临沂日报1版倒头条　赵新兵　王齐　刘宝森　娄辰　王阳）

山东沂蒙老区：殡葬全免费 减负又惠民

（8月19日 新华社通稿　8月21日　临沂日报1版倒头条　叶婧）

财政承担殡葬费，百姓得了大实惠

（8月23日　新华每日电讯7版倒头条　叶婧）

沂水丧葬费全免　每年为民省2亿

（8月8日　大众日报1版头条　庄琳　贾佳）

沂水殡葬全免费“三问”

（8月8日　大众日报3版倒头条　庄琳　贾佳）

沂水殡葬改革投入2000万减负2个亿

（8月22日　农村大众1版头条　庄琳）

沂水蹚出疏堵结合殡葬改革路

（8月23日　农村大众1版头条　庄琳）

活得很体面，走得有尊严

——沂水县殡葬改革让“厚养简葬”成共识

（8月24日　农村大众1版头条　庄琳）

沂水：免费公墓安葬每年为民节省2亿元

（8月14日　山东电视台《山东新闻联播》 侯天勤）

山东沂水“飞地经济”改变了“乡乡点火”的用地方式

（9月9日　光明日报8版　田宝宗）

山东沂水开启城市发展新篇章

（9月18日　中国县域经济报4版　田宝宗）

“红色记忆”带活乡村农家乐

（10月11日　大众日报11版　田宝宗）

沂水“四化”助力产城融合

（10月12日　大众日报23版　杜文景）

关停采石场，破山体变身生态银耳基地

（10月31日　农村大众1版　田宝宗）

沂水：脱贫攻坚干在前头走在前列

（10月31日　临沂日报1版头条　田宝宗　温敏）

品质城镇　品位生活

——山东沂水打造宜居宜业宜游城市

（11月2日　中国县域经济报7版头条　田宝宗）

山东沂水实现人才企业精准对口

（11月9日　中国县域经济报11版　田宝宗）

沂水县：人才网站建设见成效

（11月10日　农民日报7版　田宝宗　贾佳）

招才引智精准借力

——沂水持续增强企业发展后劲

（11月3日　经济导报2版倒头条　田宝宗　徐见明）

鹿成增：沂蒙老兵反哺家乡奔小康

（11月13日　大众日报A6版头条　刘兵）

偏僻小山村，从此告别泥泞和水窖

（11月24日　农村大众1版倒头条　田宝宗　刘华）

沂水：动能转换开拓发展新境界

（11月24日　临沂日报1版倒头条　田宝宗）

既要面子亮　更要里子好

——山东通过移风易俗建设文明乡村

（12月28日　光明日报4版头条　赵秋丽　李志臣）

山东沂水深入实施“人才强县”

（12月7日　中国县域经济报4版倒头条　田宝宗）

沂水县招才引智助力乡村发展

（12月15日　农民日报7版　田宝宗）

院东头镇：以创5A为引领打造美丽乡村

（12月20日　农村大众1版头条黄家国）

沂水：扶贫资金变资产　长效机制促脱贫

（12月17日　山东电视台《新闻联播》 李守群）

艺　文

沂水县书画艺术家风采录

吴树强　吴淑强又名吴树强。中国美术家协会会员、中央国家机关美术家协会理事、北京吴树强中国画创作研究中心主任、北京三峡画院一级美术师、青岛北海书院副院长。毕业于山东工艺美院。1990 年在《齐鲁晚报》任美编，2011 年在北京荣宝斋画院中国美协主席刘大为人物画高研班学习，曾在清华美院国画创作基地山水人物高研班任指导教师。入选琅琊风云榜人物，被誉为中青年艺术家。

吴树强参加中国美协主办的全国画展获奖及入选作品：

2016 年第十四届中国临沂书圣文化节《水墨风度》中国画名家邀请暨学术提名展。

2015 年荣获临沂市政府颁发的“沂蒙文艺奖”美术类一等奖。

2014 年 3 月作品《临水人家》在中国美协主办的“泰山之尊”全国山水画 (中国画) 水彩画画展，荣获优秀奖。

2012 年荣获山东省政府首届齐鲁文化之星。

吴树强出版画集：

2007 年中国艺术出版社出版《新水墨个案研究——吴树强人物卷》

2010 年青岛出版社出版《吴树强国画作品集》

2012 年香港大道出版公司出版《吴树强画集》

2015 年中国图书文化出版社，北京收藏家协会主办《中国画家报》特刊。

◎ 支柱

◎ 童趣

◎ 光荣岁月

◎ 永恒的记忆

◎ 军营春晓

◎ 静谧

◎ 梦笔山家

◎ 临水人家

◎ 沂蒙娃

◎ 来年又到赏花时

◎ 竹林七贤

沂水籍书画艺术家风采录

中国书法家协会会员
中国书画家协会会员
中国书法艺术研究协会副主席
中国宋庄国际书画院终身院长
中国老年书画研究会创作研究员
山东省枣庄市书法家协会会员
东方艺术研究院终身名誉院长
江苏省范仲淹文化研究会终身名誉主席
南京长江书画家协会终身名誉主席
微山湖书画院副院长兼秘书长
中国国家书法院名誉院长
中国国家书画院副院长

王景兰 字若谷，号沂岭山人，淡名斋主，男，1947 年生，山东沂水人，大学文化，政工师职称。1965 年工作，1968 年参军，1974 年转业到山东枣庄矿务局工作。喜书法，曾临“二王”欧、颜、孙、怀、米等名帖，擅行草。作品多次在矿务系统、山东省及全国参展获奖，曾在欧洲、亚洲等有关国家展出。

作品获奖项目：
中国“医药书画艺术”大赛银奖
首届“中国书画篆刻”大赛银奖
第二、三届“中华名人”全国书法、美术大赛二等奖
“2006”中国老年书画大赛（青岛保税杯）铜奖
中国第二届“泰山杯”书画大赛银奖
2007 年奥运杯全国书画摄影大赛金奖
山东老年书画研究会会员单位领导成员书画赛金奖
纪念范仲淹诞辰 1020 年全国书画大展金奖
2009 年“九阳杯”山东省第三届中老年书画大赛金奖
2015 年“滕王阁杯”全国第一届文学艺术大奖赛书法一等奖
作品入编
《中国中老年诗、书、画名作家品集》
《中国医药书画家作品集》
《中国书画名家名作汉英双语大典》
《当代书画篆刻精品集》
《纪念抗日战争胜利六十周年书画艺术展作品集》
《中国书画艺术传世大辞典》
《中国老年书画名家作品集》
《中国当代艺术家档案》
《中国第二届“泰山杯”书画大赛作品集》
《山东老年书画家风采录》
《纪念范仲淹诞辰 1020 年全国书画大展作品集》
《中国当代书画名家赴韩作品集》
《2011 年和欧阳中石先生合出中国精品艺术全国两会专刊》
《2012 年中华当代艺坛巨臂建党九十周年专刊》
《2013 年王景兰书法作品集》
《2015 年“滕王阁杯”全国第十一届文学艺术大奖赛作品集》

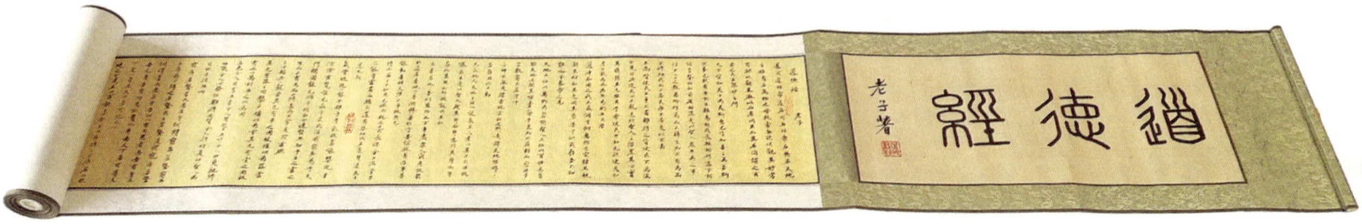

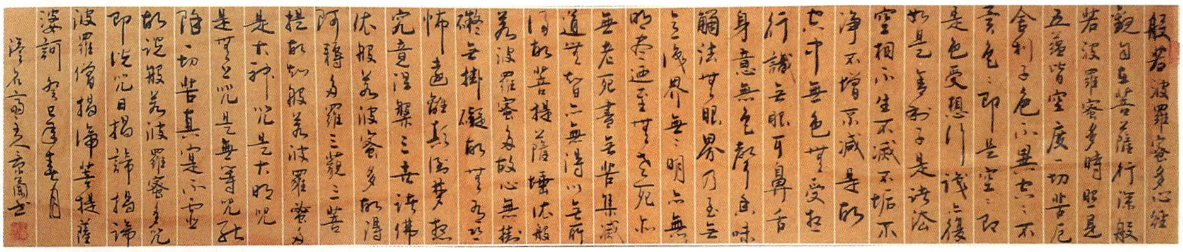

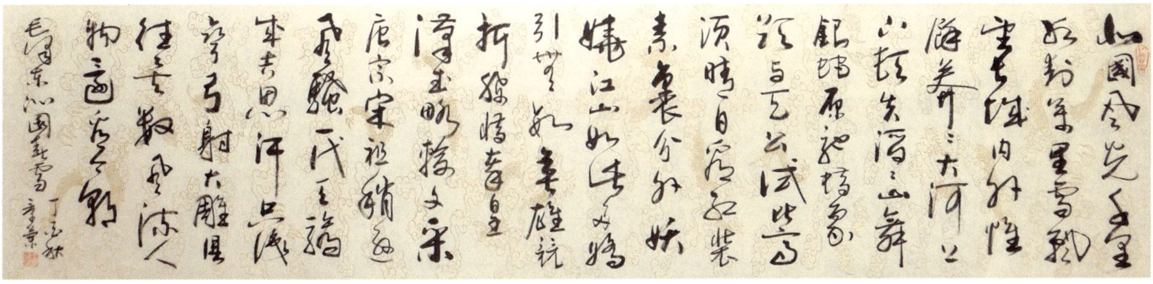

海纳百川

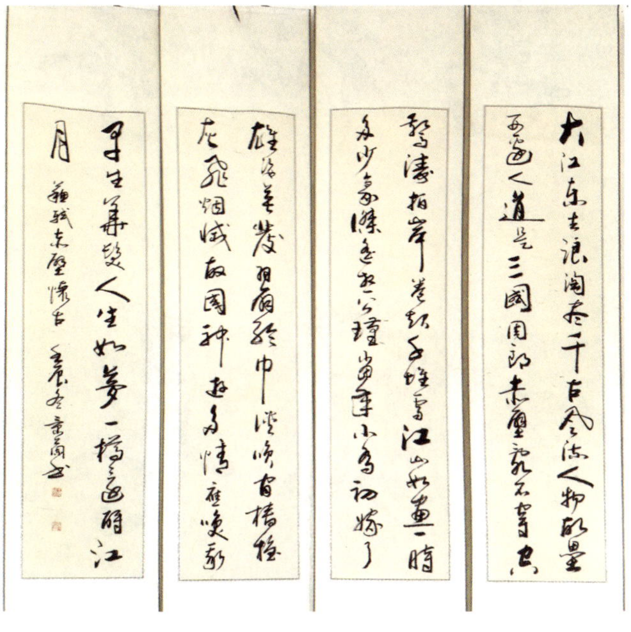

沂水籍书画艺术家风采录

张洪俊　1951 年 11 月生，山东省沂水县人，大学学历。现为中国书法家协会会员，山东省书法家协会会员，中国书法艺术研究院山东分院副院长、中国王羲之书画研究院副院长、临沂市书法家协会理事。

张洪俊从少年时期就酷爱书法，用功临摹唐楷、欧、颜、柳和王羲之名家名帖。两次参加国内书法培训班学习培训，并登门拜师求教，不断提高和完善自己。

书法作品多次参加国内书法展和比赛活动，多次获奖。

1. 由山东省文联、山东省书法家协会主办的首届王羲之书法艺术行草大展入展。

2. 由山东省书协主办的山东省书法国展精英作品展入展。

3. 湖南省书法家协会主办的中国书画首届“才情展示”作品大赛获三等奖。

4. 第十二届书圣节全国王羲之兰亭序临帖大展入展。

5. 第二届全国王铎杯书画大赛获优等奖。

6.2015 年山东省农民书画艺术大赛获一等奖。

7. 全国书画作品精粹奖获金奖。

8. 参加了金色年华全国书法作品北京邀请展和庆祝建国六十周年全国书画作品展。

9. 多次参加了由省市组织的到韩国、日本、中国台湾等有关国家和地区的书画交流活动，以及国内部分省市的书画交流活动。书法作品并被收藏。

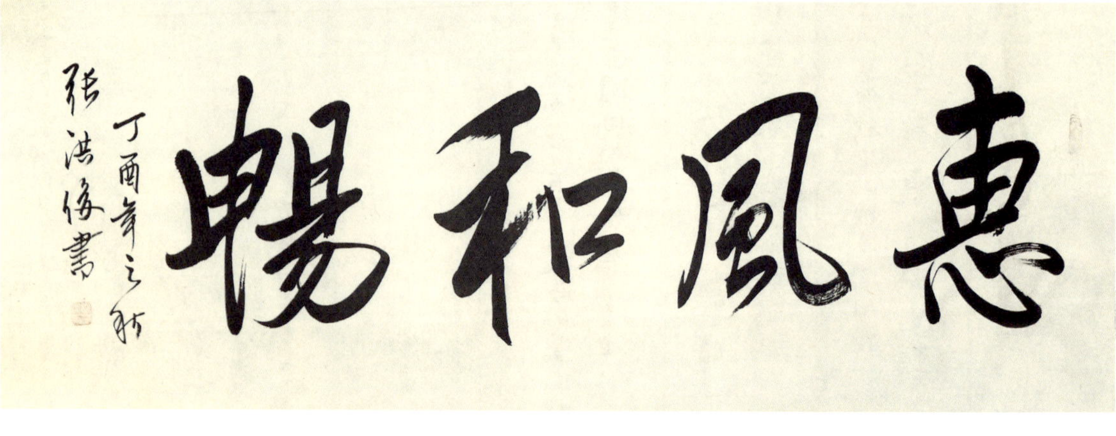

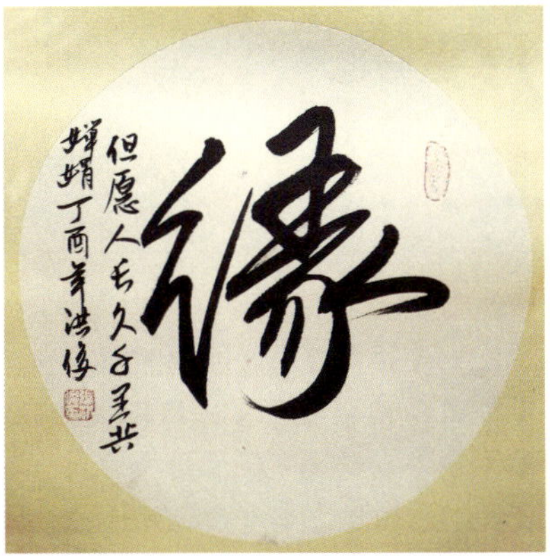

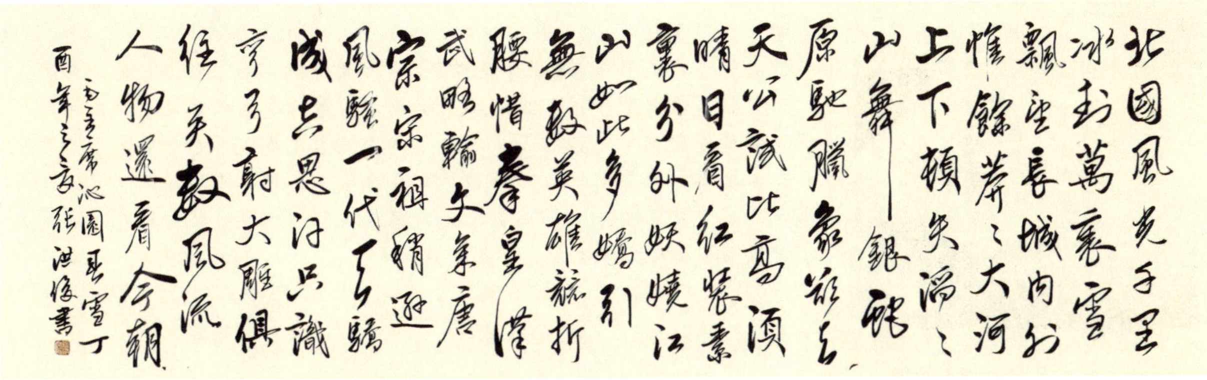

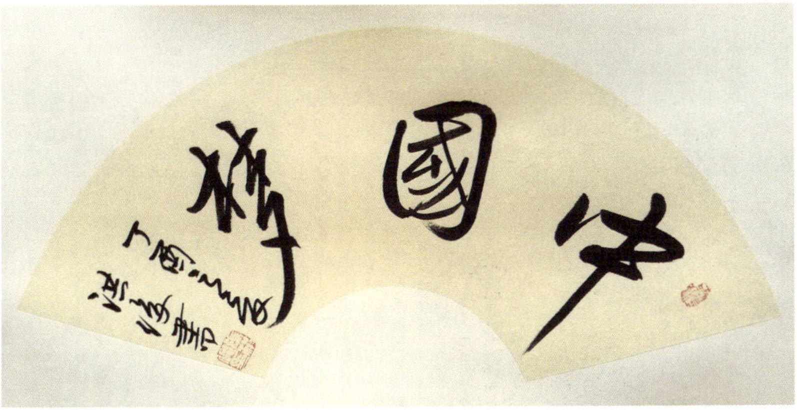

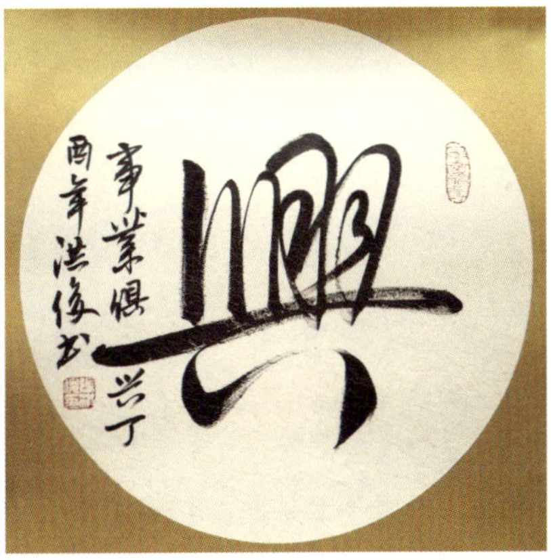

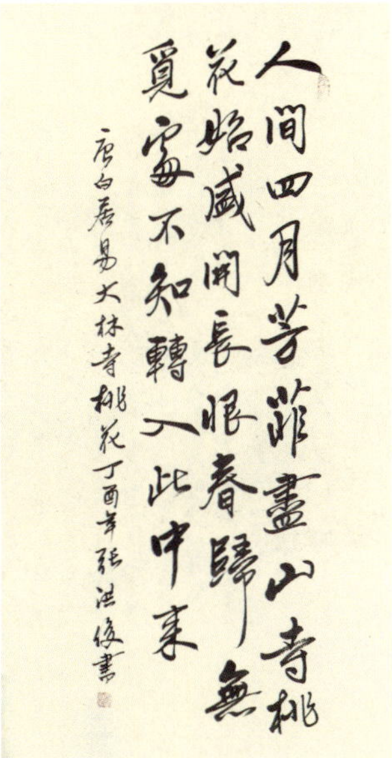

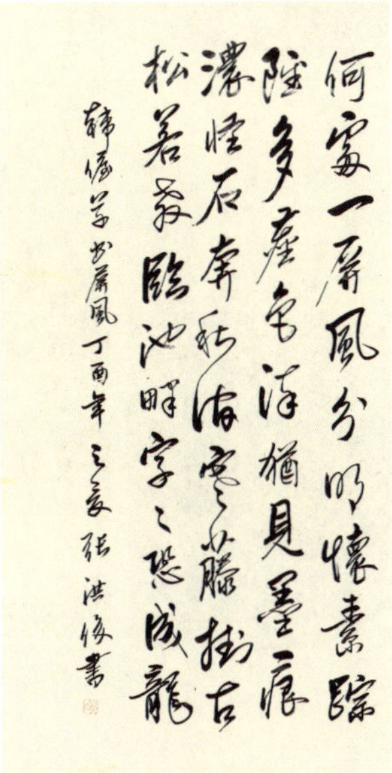

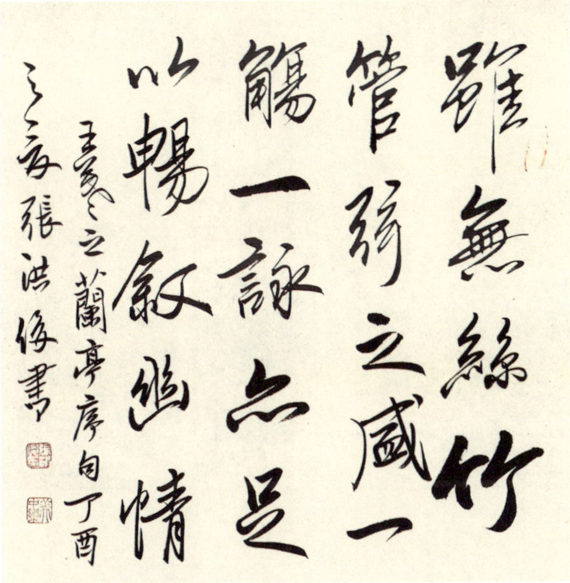

沂水县书画艺术家风采录

张树松　男，1946 年 12 月出生，山东省沂水县人，中共党员，原临沂大学沂水分校党委书记兼校长。现为中国画家协会会员，国家校园环境文化艺术建设研究室研究员，北京华夏翰雅书画院画师，山东省美术家协会会员，山东省老年书画研究会会员，临沂市老年文化研究会理事。

自幼喜爱中国传统文化，学习国画多年，广泛涉猎。扎根沂蒙创作沂蒙，画风深受家乡淳朴风俗文化的影响。多次参加全国及地方各类画展，作品在《人民日报》《齐鲁晚报》《临沂老年报》等报刊上发表。荣获第二届“华夏之星”中国书画山水画类铜奖；第六届当代羲之奖中国书画家作品邀请赛金奖；第三届山东省老年书法美术大赛二等奖；临沂市老年书画大赛金奖；世界地球日《世界华人书画展》银奖；中国画家协会《喝彩百年奥运》优秀奖；中国书圣文化艺术节名家邀请展；纪念山东省抗日民主政权创建七十周年书画大赛优秀作品等。

沂水籍书画艺术家风采录

杨广强 又名三杨，字昊凡，号四知堂主人。
第六届中共山东省委、省政府“泰山文艺奖”获得者；
第四批中共山东省委宣传部“齐鲁文化之星”获得者；
第三届中共临沂市委、市政府“沂蒙文艺奖”获得者；
首届中共罗庄区委、区政府“罗庄文艺奖”获得者；
曾先后获得4次三等功。

山东省美术家协会会员；
山东省漫画家协会副秘书长；
省漫协漫画理论委员会副主任；
临沂市漫画家协会常务副主席、秘书长；
临沂市水墨漫画院院长；
临沂市兰山区第十四届政协委员；
临沂市罗庄区美术家协会副主席。

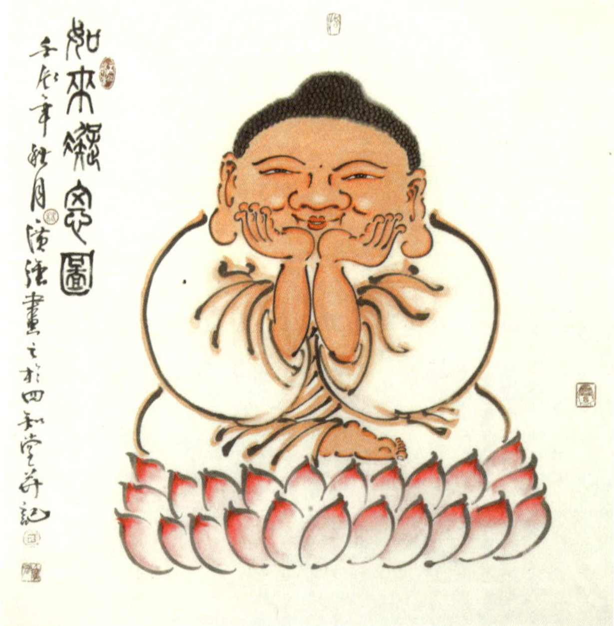

一團和氣萬事順遂

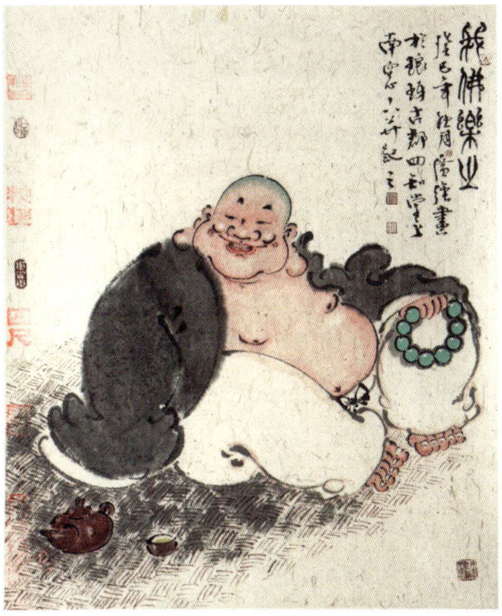

福壽雙全

沂水县书画艺术家风采录

曹书丰 又名曹丰，笔名沂君，沂夫，仰山斋主。1940年生于山东沂水。历任师范学校教师，县委宣传部干事，省委党校教员，县委党校副校长、高级讲师，老年大学教师。自幼爱好文学艺术。从上世纪五十年代后期起，先后在多种报刊发表诗歌、散文，政治论文，思想杂谈、格言、美术和书法作品。书法和诗词作品多次参加全国和国际性展赛并多次获奖，作品选入《中国书法家选集》《中国美术书法界名人名作博览》《中国学者墨迹选集》《世界当代著名书画家真迹博览大典》《中国当代书法名家墨迹》《中国当代著名书画家珍品选》《中国当代楹联墨迹集》《当代书法家楹联墨迹选集》《世界华人艺术家迎奥作品精选》《当代书法家诗词墨迹选》《当代书法家福寿作品大观》《纪念毛泽东诞辰110周年名家书画作品集》《中国当代书画百杰作品集》《新中国书画60周年（1949—2009）》《中国书画作品收藏宝典》《中华传世诗词选集》《世界华文名诗名句精选》《当代百家旅游诗词精选》《中华颂·庆祝建国六十周年全球汉诗大赛金榜集》等典集和多部获奖作品集，出版《盛世大家曹书丰精品集》画册。传略收入《中国书画家大辞典》《中国当代艺术界名人录》《世界当代书画篆刻家大辞典》《世界诗人大辞典》《中国文艺界名人库》《山东社会科学人名辞典》等。其作品被图书馆、艺术馆、博物馆、书画院、机关、部队、学校、寺院、机场、工商企业、旅行社、酒店、宾馆等处及个人收藏。被授予“中国当代艺术界名人”“新中国文艺界突出贡献艺术家”“世界书画艺术名人”“新中国文艺界突出贡献艺术家”“世界书画艺术名人”“国学杰出贡献艺术家”“迎奥运促和谐文明楷模”“共和国六十年建设突出贡献人物”“慈善艺术家”“国家文化名人”“艺坛翘楚”“中国新时代艺术人物”等荣誉称号。现为中国国学研究会研究员，中国书画家联谊会会员，中国老年书画研究会会员，世界华文诗词学会会员。曾任国际ISQ9000A书画艺术家资格认证中心评审委员、副主席，《曹氏族谱》主修，参与编辑《中国艺术精品欣赏》书法卷。

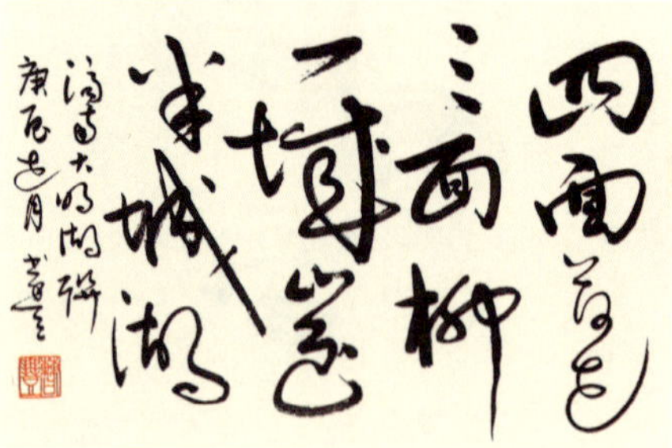

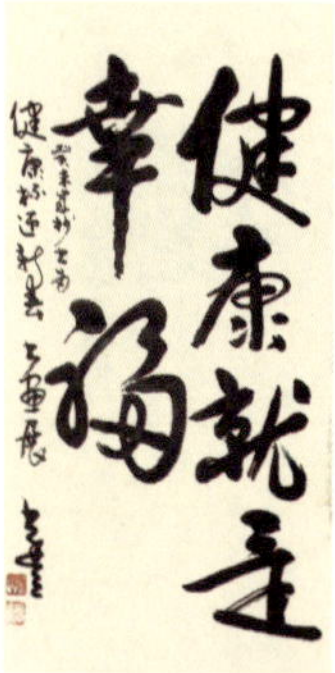

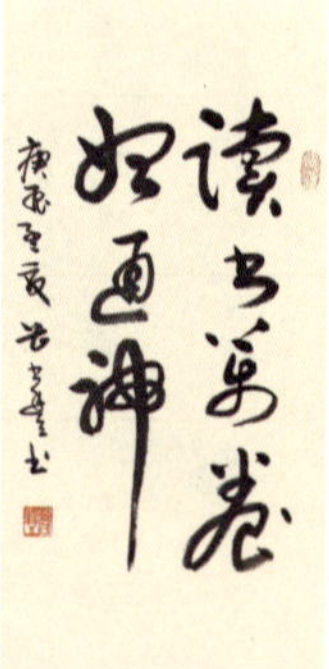

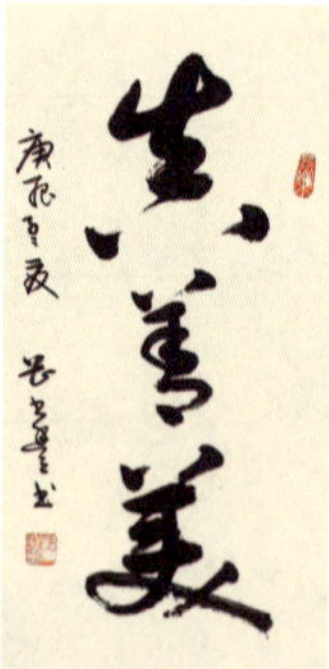

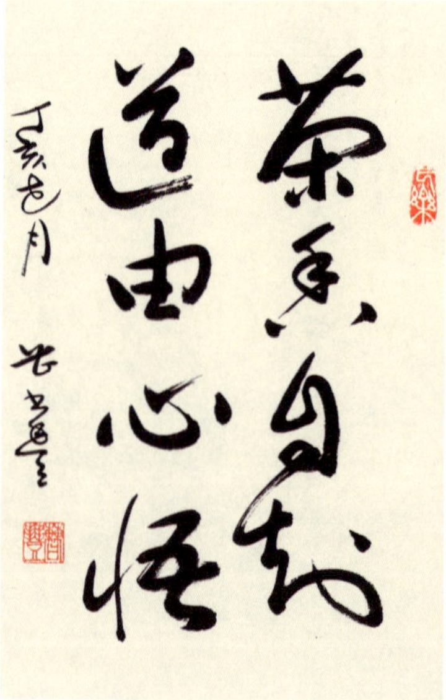

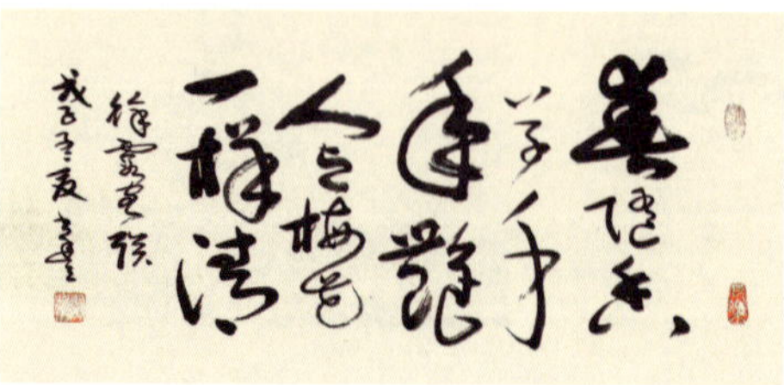

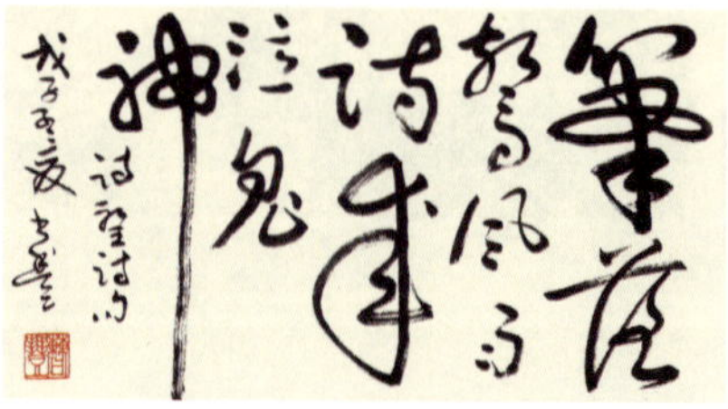

沂水县书画艺术家风采录

庞蕙青　山东省书协会员，沂水书协副主席，沂水女书画家协会主席，毕业于滨州医学院，现任职于临沂市中心医院。

早年师从山东工艺美术学院老师学习西画，后专攻中国画，先后受教于霍春阳、贾广健、吕云所、周红艺、朱零诸先生；书法先后师从李松、崔胜辉、张志鸿、逄春伟先生。

2006 年，书法作品入展全国第四届妇女书法篆刻作品展。

2016 年，画作先后入选中国美协主办的“丝绸之路·翰墨通渭”首届中国画、油画作品展、“逐梦·威海卫”2016 全国中国画作品展、“2016 年荣宝斋中国画双年展”展览并获奖。

《书法报》《沂蒙晚报》《吴楚书画收藏》等报刊发表其作品。

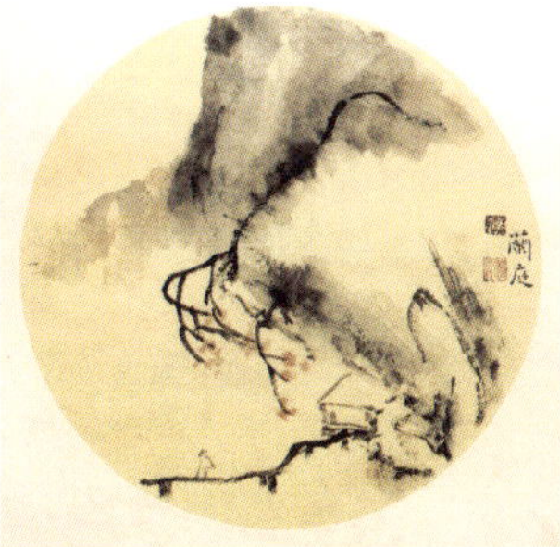

沂水县书画艺术家风采录

黄锦平 字乐之，号逍遥墨客。沂水县马站镇农民，中国硬笔书法协会会员，中国书画名家协会常务理事，上海榜书研究会会员，师从中国知名书法家石立峻先生。

青年时迷上书法，楷书、行书、隶书均有涉猎，楷书习二王、欧阳询、柳公权、褚遂良；行草习二王、张旭、怀素、毛泽东、于右任；隶书习曹全碑，在继承传统基础上，逐渐形成自己的风格。作品多次参加全国性比赛并获奖，深受社会各界人士喜爱并被收藏。

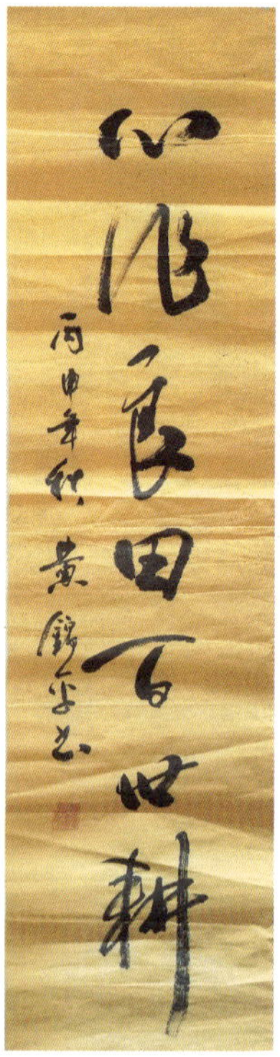

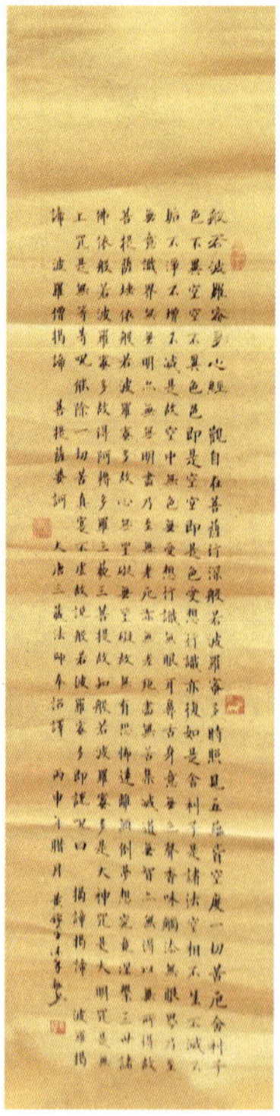

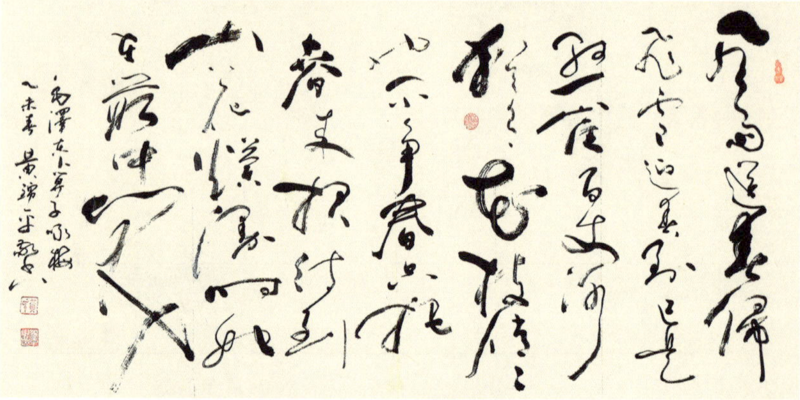

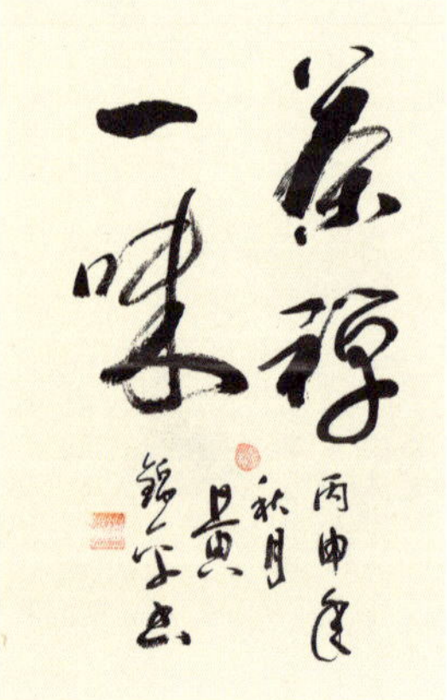

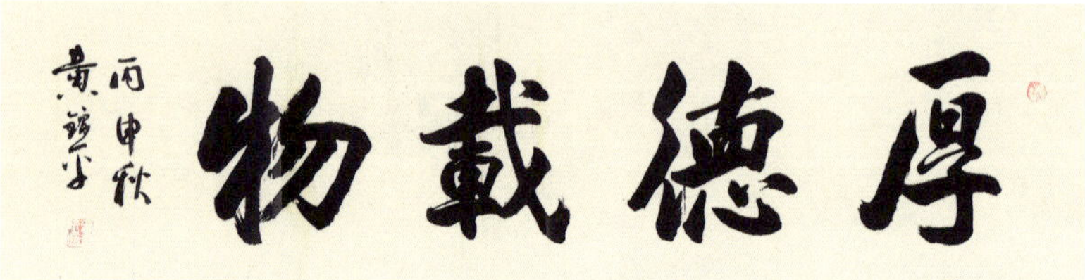

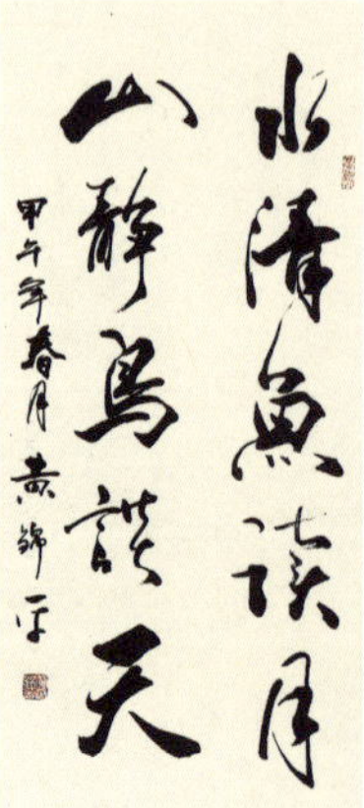

沂水县书画艺术家风采录

刘正春　笔名张晓晴，1965 年 11 月生，山东沂水县人，中共党员，从小酷爱文学绘画。

沂水县雕刻艺术家风采录

刘晓山 字石，号洞天居，石斋。书法篆刻师从张晓、程与天、孙慰祖。其作品上追秦汉古玺金文石鼓，后学明清赵吴邓诸家，力求印风书风标新立异；参加《全国印社篆刻联展》《中国近现代书画展》等多项大型艺术活动展出和获奖；《书法报》《中国书画报》《书法导报》《书法之友》《大众日报》《齐鲁晚报》多家专业及社会媒体发表理论文字和作品；专题片《方存之间写春秋》在部分电视台展播；作品在日本、韩国、台湾等国家和地区交流，地方志书文献刊物收录记载；风景区勒石刻碑，艺术机构、文化团体、企业和藏家收藏。

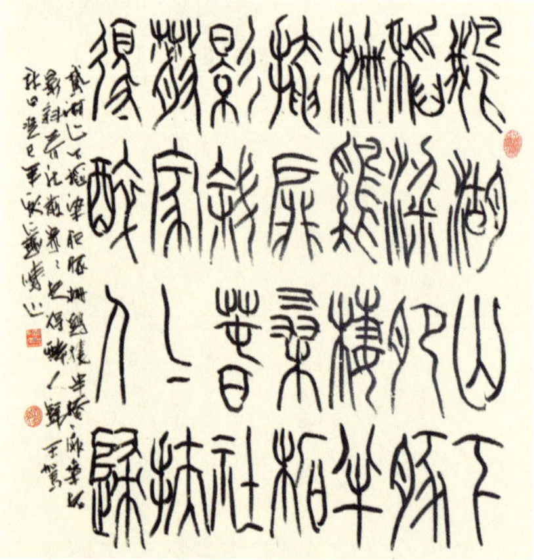

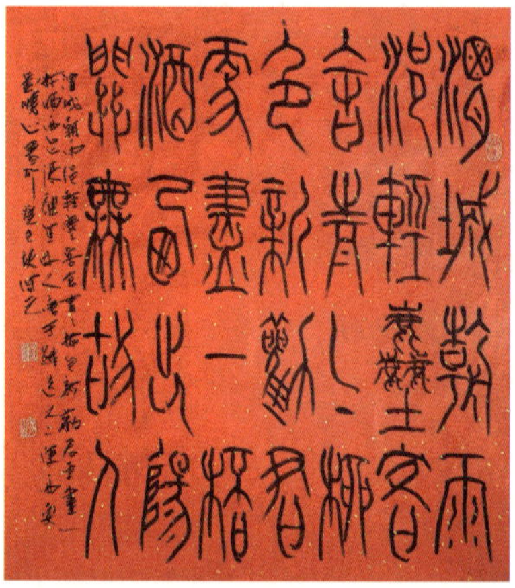

1 | 2

3

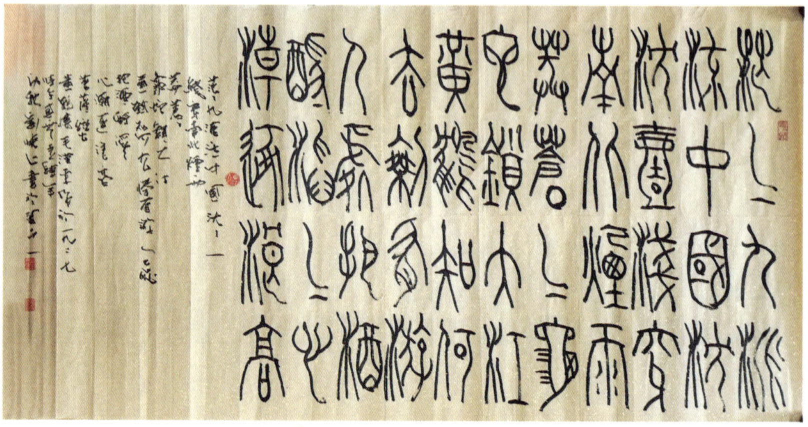

刘晓山篆书作品释文

1. 四尺斗方小篆，仿古宣浅色，王驾《社日》，鹅湖山下稻粱肥，豚栅鸡栖半掩扉。桑柘影斜春社散，家家扶得醉人归。

2. 四尺斗方小篆，红色，王维《送元二使安西》，渭城朝雨浥轻尘，客舍青青柳色新。劝君更尽一杯酒，西出阳关无故人。

3. 四尺横幅小篆《菩萨蛮·黄鹤楼》，茫茫九派流中国，沉沉一线穿南北。烟雨莽苍苍，龟蛇锁大江。黄鹤知何去？剩有游人处。把酒酹滔滔，心潮逐浪高！

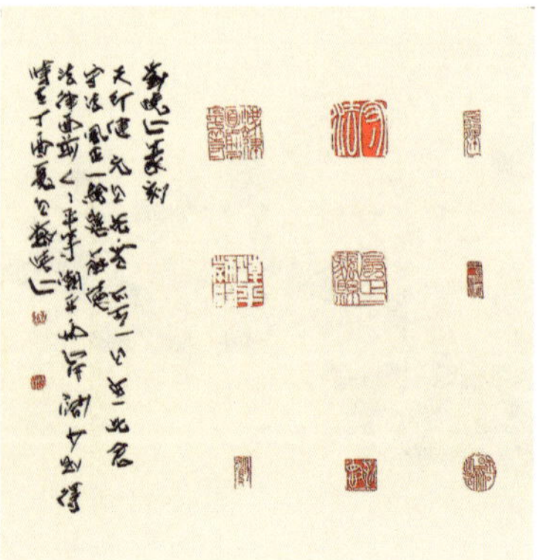

刘晓山篆刻作品释文

右上起

1. 右上——《天行健》，朱文，1.8CMX4.1CM，石质普通寿山石，2014 年创作；
2. 右上次下——《元日花雪》，白文，1.4CMX3.1CM，石质沂蒙燕子石，2013 年创作；
3. 右上再次下——《不可一日无此君》，朱文，3CMX3M3CM，石质昌化，2014 年创作；
4. 上中——《守法》，白文，4.8CMX4.8CM，石质红砖，约 2000 年创作；
5. 上中次下——《风正一帆悬》，朱文，4.6CMX5.1CM，石质红砖，约九十年代创作；
6. 上中再次下——《兰德》，白文，2.7CMX2.6CM，青田石，2013 年创作；
7. 左上——《法律面前人人平等》，朱文，4.5CMX4.7CM，石质红砖，约九十年代创作；
8. 左上次下——《潮平两岸阔》，白文，4.5CMX4.4CM，石质红砖，约九十年代创作；
9. 左下再次下——《少则得》，朱文，1CMX2.7CM，石质青田石，2014 年年创作。

沂水县书画艺术家风采录

傅　琳　男，1978年5月出生，中共党员，中专文化。

籍贯沂水县崔家峪南垛庄铺村，现任沂水县供销社富源楼餐饮管理有限公司董事长。系山东省孟子书画院院士、山东省青年书法家协会会员、临沂市书法家协会会员、沂水县诗词学会常务副秘书长。

艺术上自幼受父辈影响，喜爱并学习书法；近年来主攻隶书，临习曹全碑、礼器碑、张迁碑等经典碑帖，作品洋溢着浓厚的书卷气息。

多次参加省、市、县书协培训中心短训班，并于2016年赴南京参加李世水书法工作室一年制高研班学习；先后师从王立双、殷继先、李世水老师潜心学习隶书；作品多次在省、市、县书协举办的书法展览中入展并获奖。

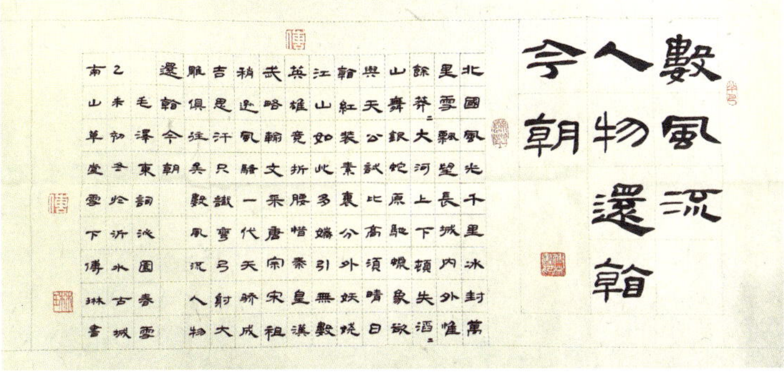

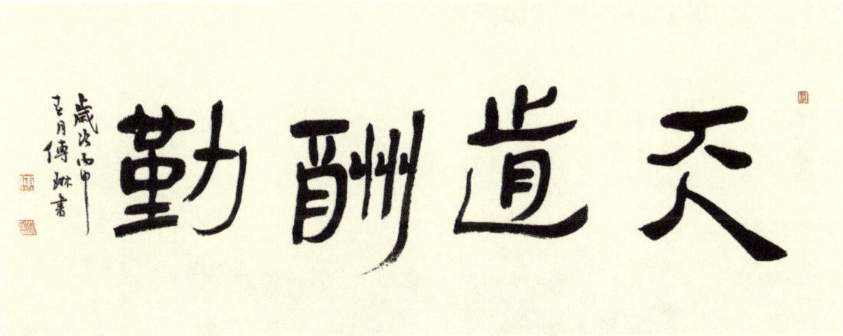

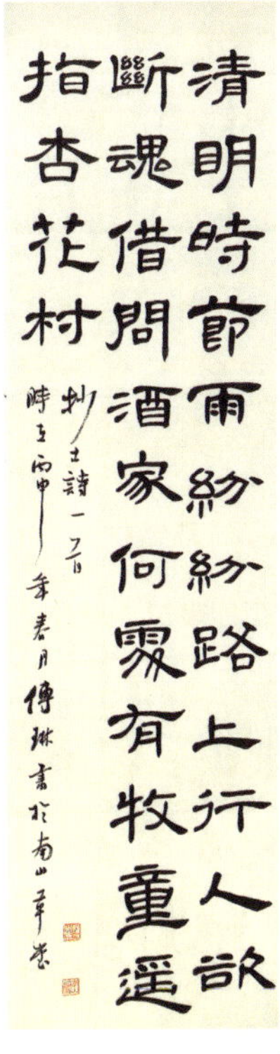

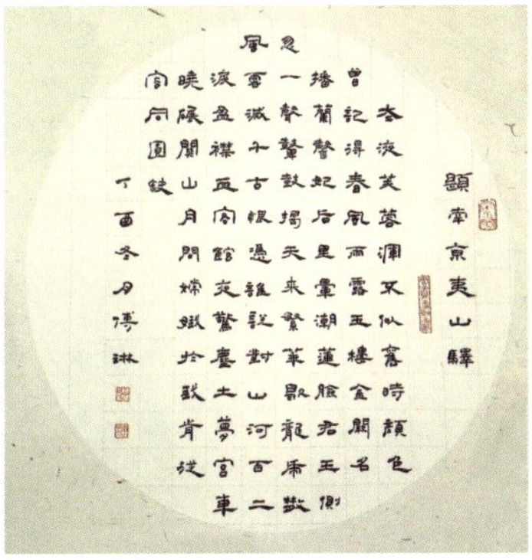

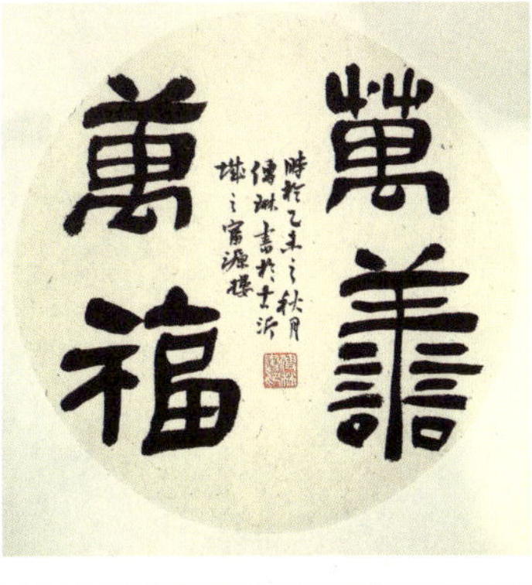

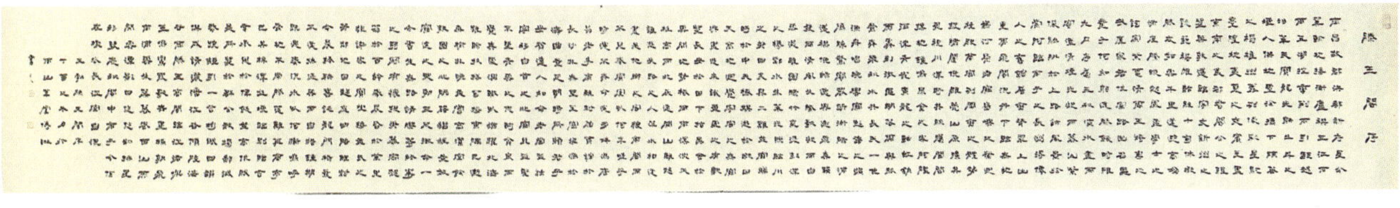

沂水县裘皮画艺术家风采录

沙良贵 70岁，回族，沂水县马站镇人，祖祖辈辈从事裘皮加工，20世纪70年代初，从小喜欢画画的沙良贵在制作裘皮褥子的过程中受启发，独创裘皮画。

裘皮画是用不同颜色的裘皮拼制起来的画，是用裘皮毛的颜色、疏密、长短、粗细来表达画的内容，裘皮画追求的是画的逼真，追求的是画的立体感和传神度。沙良贵创作的裘皮画，有动物、字、山水等，代表作有老虎画、雄鹰画、寿字画等。沙良贵创作的裘皮画曾多次参加省、市非物质文化遗产展和工艺品展并获奖。

裘皮画是市级非物质文化遗产。

大展宏圖

遠眺

鵬程萬里

高山流水

沂水县书画设计艺术家风采录

沙昱辰

女，回族，1983 年出生，

山东省沂水人，自幼酷爱美术

实力派资深品牌设计顾问　　昱晨品牌设计机构创始人

山东省书画学会会员　　山东省女书画家协会会员

临沂市美术家协会会员　　影响力女性营销策划人之一

专业从事食品类快消品策划设计 16 余年，以“有创意才有价值”为宗旨，擅长为客户制定最原创、实效的设计策划方案，屡创销售奇迹，成就了一个又一个经典成功品牌。绘画作品独特风格，多次被国内与海外朋友收藏。

2004 年创办昱晨设计工作室

2011 年成立青岛昱晨品牌策划公司

2013 年山东省第十四届广告节“泰山杯”获优秀奖

2015 年沂水县旅游形象标识形象获优秀奖

2015 年山东省第十五届广告节“泰山杯”获银奖

2015 年山东省美协举办写生创作班获优秀奖

2017 年山东省第十六届广告节“泰山杯”获铜奖

logo设计作品：

品牌策划包装设计作品：

“鼎福”中国驰名商标

沂南客户作品

临沂客户作品

济南客户作品

新疆客户作品 获得第八届农产品北京交易会金奖称号

书画作品

茶文化系列作品

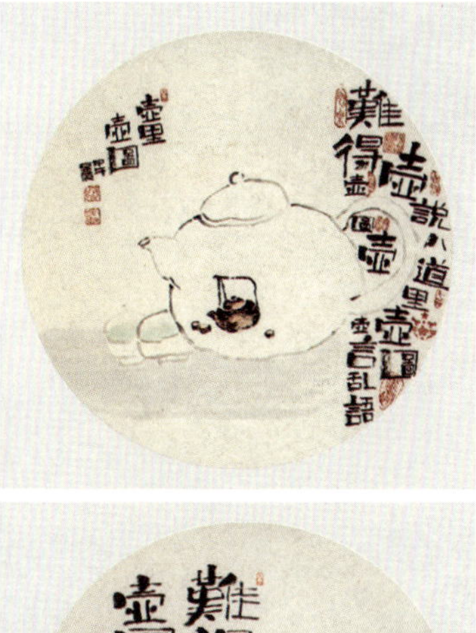

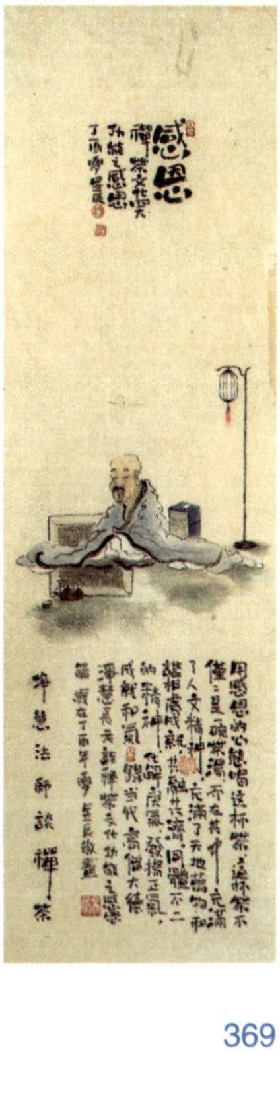

沂水县雕刻艺术家风采录

张仕恩 字成石，1959年2月26日生，山东沂水人，中专学历。1977年就职于沂水人民银行。业余爱好摄影艺术、根雕艺术。收藏研究沂蒙民俗文化和沂蒙崮石文化。现为中国民俗摄影协会永久会员，沂水赏石根雕盆景协会副会长，沂蒙崮石研究会会长，张仕恩艺术馆馆长。

著有：《抱崮集》咏沂蒙崮诗集、《张仕恩摄影艺术作品集》《张仕恩根雕艺术作品集》《沂蒙民俗文化研究》。

根 雕

◎ 护山棘—人参

◎ 鸡

◎ 狮

◎ 树根床

◎ 香柏—猪

崮　石

◎ 纪王崮

◎ 连崮

◎ 石人崮

◎ 巍巍沂蒙群崮生辉

摄　影

1	2	3
4	5	6

鸣	烙煎饼	欢庆
抱孙子	妯娌俩	山村喜事

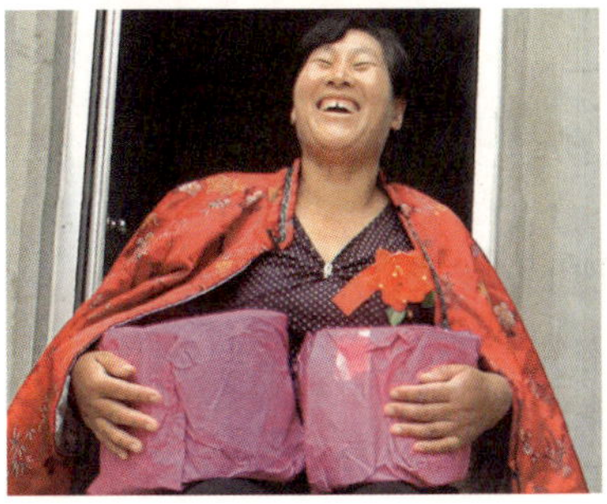

沂水籍烙画艺术家风采录

武玉芹（画名武玉琴），女，1958年生，学历大专，籍贯山东沂水，擅长烙国画人物肖像等，是山东省民间手工艺制作大师，山东省工美协会烙画委员副主任，市级非物质文化遗产优秀传承人。山东省旅游协会会员，中国王羲之书画艺术研究院会员，烙画艺术院院长。山东省沂南县红嫂故里烙画院院长。

烙画作品《清明上河图》《百骏图》《富春山居图》《一百零八将》《二十四孝》《十二生肖形象字》人物肖像等。其中《清明上河图》是武玉琴和曹广斌历时四载，潜心钻研，痴迷于灰色调的烙画艺术中，以烙铁为笔、以火为色，与木板画为舞，以饱满的激情和娴熟的技法，在专用烙画木板上烙制而成，形成了自己细腻、古朴、烙技老辣的风格。全图共九展，高24.8厘米，长528.7厘米，和张择端原作尺寸基本相同。《百骏图》全图共四展，长364厘米，高51厘米。《富春山居图》全图共八展，长675厘米，高50厘米。《一百零八将》全图共分六展，长450厘米，高56厘米。其中《百骏图》参加第九届山东国际大众艺术节首届山东省烙画艺术作品展获一等奖。鸿儒杯临沂市首届文化创意创业大赛中，荣获一等奖。第十一届山东省旅游商品创新设计大赛中荣获银奖。在2017第九届中国（山东）工艺美术博览会上荣获“神龙杯”。山东省工艺美术精品奖中《清明上河图》荣获金奖，同年在2017山东省民间艺术博览会《清明上河图》又被评为金奖，在2013年山东省民间手工艺制作大师评选活动中，被评为山东省民间手工艺制作大师（烙画技艺）。

烙画作品意境深远，忠实于原作，层次丰富，细节饱满，既有浮雕效果，又有古画的基调，线条流畅，准确，形态栩栩如生，给人耳目一新、美不胜收、返璞归真的感觉，而且携带方便，耐损耐磨，永不褪色，具有极高的艺术欣赏和收藏价值。

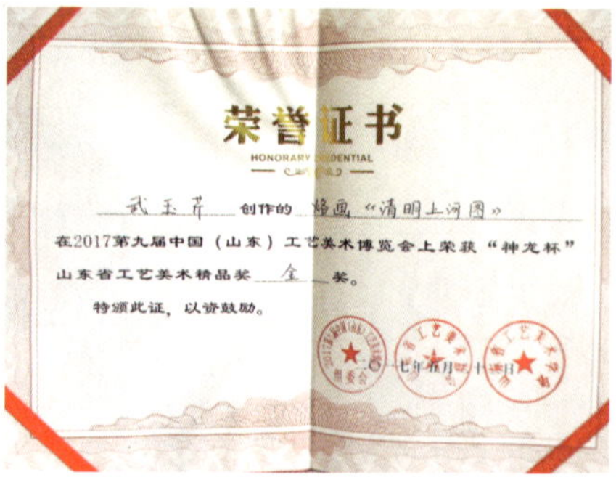

◎ 清明上河图

马克思

恩格斯

毛泽东

习近平

百駿圖

◎ 百骏图

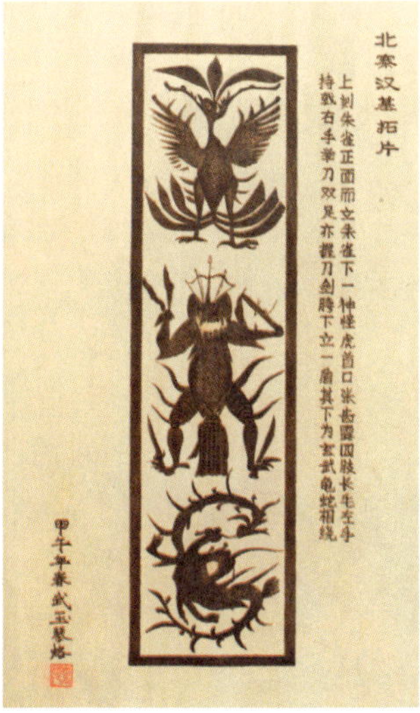
北寨汉墓拓片
上刻朱雀正面而立朱雀下一神怪虎首口张齿露四肢长毛左手
持戟右手举刀双足亦握刀剑胯下立一盾其下为玄武龟蛇相绕
甲午年春武玉琴烙

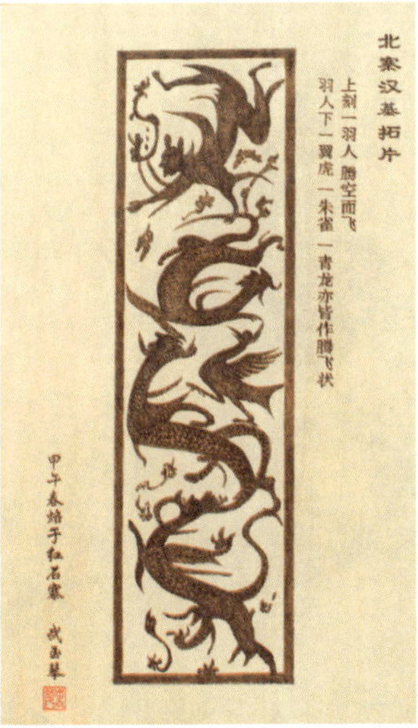
北寨汉墓拓片
上刻一羽人腾空而飞
羽人下一翼虎 一朱雀 一青龙亦皆作腾飞状
甲午春始手红石家
武玉琴

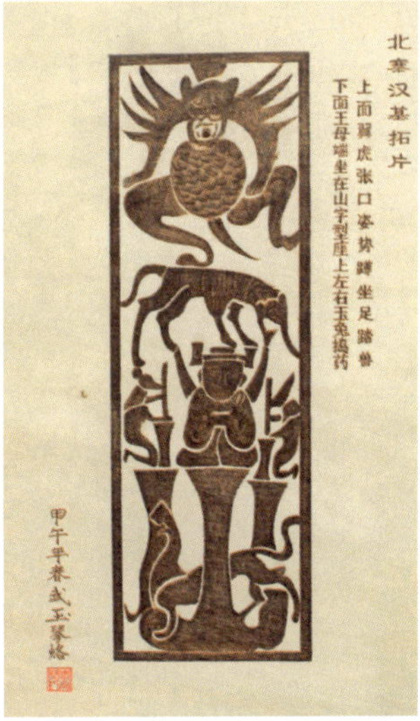
北寨汉墓拓片
上面翼虎张口姿势蹲坐足踏兽
下面王母端坐在山字型座上左右玉兔捣药
甲午年春武玉琴烙

北寨汉墓拓片
上蹶穿着短衣口中横衔一长箭中为一羽人手托一翼虎
下为一正面翼虎 口大张 舌齿俱露 两前肢跨开
甲午年春武玉琴烙

沂水籍紫砂工艺美术家风采录

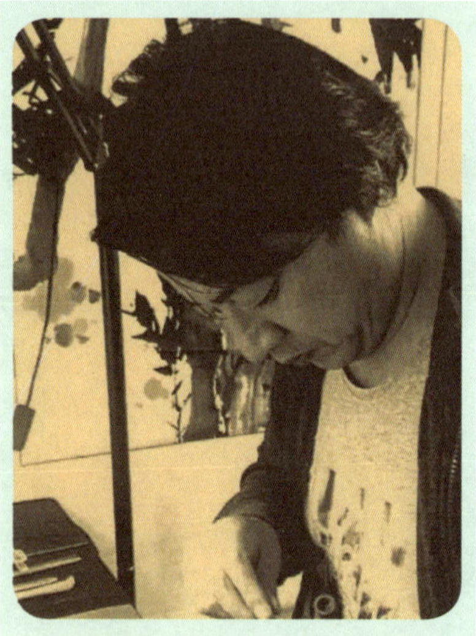

孔凡东 1969年生于山东沂水，1980年专业学习绘画，1986年考入山东省戏曲学校舞台美术专业，宜兴紫砂壶镶玉创始人，高级工艺美术师。1989年毕业后专职从事美术创作工作。1992年开始学习制壶技艺，受多位名师指点，其手工技艺纯熟、精练，赋予了紫砂壶独特的文化内涵，特别是对紫砂镶玉的工艺制作，有一定的设计和创意能力，开拓了一种新的紫砂演绎形式。2002年在陶都宜兴丁蜀创建“唯美雅颂”工作室。2015年5月，作品《紫砂镶玉壶》被无锡博物院永久收藏。2015年创办《柒拾肆壹堂壶》品牌和山东柒拾肆紫砂艺品有限公司。

绘画

	1	2
3	4	5

	了望	初出
道法自然	佛心	喜乐

紫砂作品

◎ 镶玉壶

◎ 俏春

◎ 创意壶

◎ 半月

◎ 供春杯

◎ 问道

◎ 汉方

◎ 汉方

◎ 菱形六方壶

工艺流程

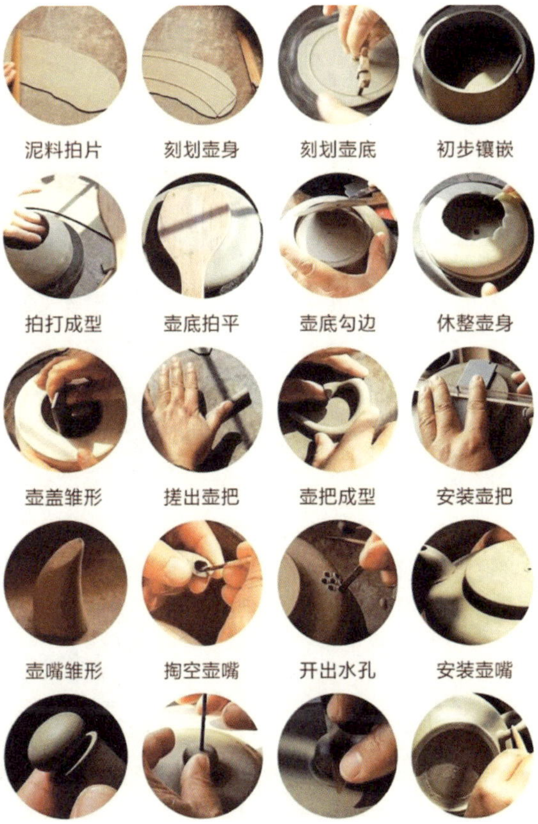

沂水县银塑艺术家风采录

刘成修 字银根，号荆山居士。1948 年 4 月 16 日生于沂水县崔家峪镇西荆山头村一个银匠世家作坊：镕鑫银楼。1971 年在崔家峪镇中心小学任教，2008 年 6 月退休。

刘成修出生在一个四代传承的银匠世家，自父辈开始，在社会上一直受到社会各界人士的高度赞誉。他对金银质量的识别、提纯加工金银材料的工艺流程都有较高的技术和娴熟的经验。在祖辈的教导和熏陶下，他熟练掌握了各类精美的首饰、纯银器皿（餐具、酒具）等制作，特别是在父亲的言传身教下，对掐丝珐琅、景泰蓝的制作技艺，不但传承了父亲的精湛技艺，而且又能推陈出新。

2004 年被批准为县级手工银饰非物质文化遗产。2016 年 12 月被临沂市人民政府，临沂市文化广电新闻出版局批准并颁发了临沂市首家手工制作银饰市级非物质文化遗产。2017 年 6 月，在临沂市中国（临沂）非物质文化遗产博览会上荣获优秀展演奖。

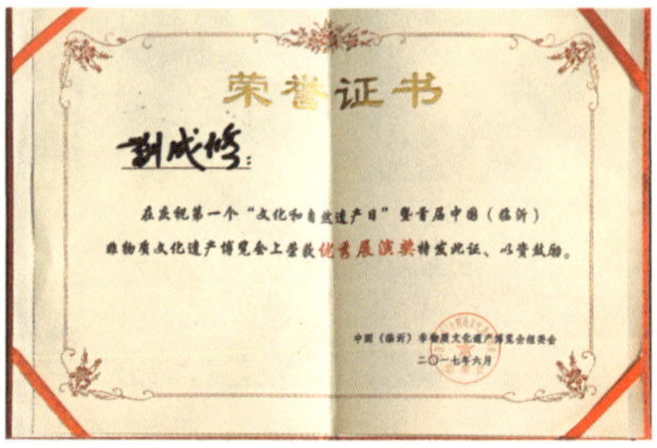

工艺流程

1. 银块

2. 打磨

3. 烧亮

4. 水煮

5. 珠磨

6. 抛光

沂水县泥塑艺术家风采录

刘世玉　男，1977 年 10 月出生，籍贯沂水县崔家峪镇西荆山头村；系临沂市非物质文化遗产传承人，山东艺术学院当代泥塑大师，沂水银匠世家第五代传人。

自幼酷爱泥塑，祖辈五代银匠世家，传承银匠家业的同时酷爱泥塑艺术；从小生长在沂蒙山区这片红色土地上，不忘初心，凭借他良好的悟性和高超的技艺，加上他多方拜师求艺，三十年磨一剑，一个个反映沂蒙红色文化的历史人物和体现沂水风土人情的场景组图，都被他以娴熟高超的手法通过泥塑的形式展现在世人的面前。

2015 年，在沂水成立沂蒙风情泥塑展览馆，专业从事泥塑的创作、展示、交流活动。社会各界知名人士、书画界大师和泥塑爱好者纷纷到展馆参观学习。省市县媒体、报纸和电视台多次采访报道。

2016 年 11 月在县文广新局领导推荐下，作为非文化传承人，被县里推荐到山东艺术学院进修学习一年。

作品获奖情况：

“沂蒙红嫂祖秀莲”被沂水县革命烈士陵园永久收藏；

“老两口”获山艺结业展一等奖，作品被山艺博物馆永久收藏；

六十年代沂蒙石匠人物场景，被沂城街道民俗博物馆永久收藏；

战时邮局战斗场景，被沂蒙风情景区收藏。

◎ 推着爹娘赶山会

◎ 晒日头

◎ 亲家来了

◎ 农耕

◎ 庄头

◎ 五世同堂（过年）

◎ 沂蒙红嫂

◎ 瞎子说书

◎ 烀锅贴

◎ 焗锅、焗盆

◎ 老头和牛

沂水县摄影家风采录

风光摄影

◎ 乡间的小路

◎ 天上王城

徐 军 男，1973 年 1 月 11 日出生，山东沂水人。山东省摄影家协会会员。2008 年开始学习摄影，2011 年，摄影专题《俺的家乡沂蒙山》参加第十一届中国平遥国际摄影大展。摄影作品发表于《人民摄影》《中国摄影报》，多幅作品入选中摄协、《大众摄影》等主办的全国摄影大展。

◎ 暮色苍茫

◎ 雪域圣地

◎ 记得住乡愁

纪实摄影

村口

文 / 徐军

类似于渡口、门口、集市口，老家人习惯把所有出入的必经之地称作“口”，村口也就是一个村子的出入口了。

或许每个地方的村庄都不太一样，而我的老家沂蒙山区，任何一个村庄的村口，无一例外大都会有类似于一株古槐，一盘废弃的老碾，或者一口古老的已经不知道年代的老井。村口的墙上往往还会密密麻麻写满了各式各样的广告和标语口号。

村口也是人员最密集、最热闹的地方。无论你去种地、放羊、走亲戚，还是上学、赶集、做生意，村口都是你的必经之处。农闲的日子里，村口随处可见玩耍的孩童、拉呱的妇女、冬日里晒太阳的老人；闲逛的鸡、求偶的狗和满眼乱飞的麻雀。

村口是一个村庄的嘴巴，也是眼睛。刻有村名的石碑都立在村口处，那上面简单的几个字却告诉了你一个村庄悠久的历史。假若你是个过路人，经过村口时，所有的眼睛都会盯着你，那些眼神里有疑问，有期待。如果你是来这里走亲戚的，热情的沂蒙人马上会告诉你路怎么走，还会打发个小孩领着你去。倘若不巧你的亲戚刚好出门了，那也不必担心，他们会把你当成自己人一样领回家去，给你吃给你喝，直到你的亲戚回来。

村口是个迎来送往的地方。年迈的母亲孤单的身影是盼着外出求学的游子归来，小小的孩童期待的眼神是等候打工的父母回家，年轻的媳妇边纳鞋垫，边瞟一眼路上是否是情郎的身影。许多人从村口走出去又回来，有些人从村口走出去再也没回来。村口是牵挂、惦念和守望，是无尽的乡愁集中滋长的地方。

◎ 2008 年 10 月 10 日，沂水县四角泉村的几个女孩在村口玩耍

◎ 2008 年正月里的小崮头村口

◎ 2012 年 1 月 18 日，沂水县马崮峪村口的老槐树被大风吹倒了

◎ 2015 年正月里，沂水县大峪村几位群众站在村口看演出

◎ 2016 年深秋，沂水县耿家王峪村口的银杏树旁

沂水县摄影家风采录

赵　军　网名宝车。1968年9月2日出生，山东沂水县人，中国摄影家协会会员。80年代开始接触胶片机至今，参加过各类影展，多次在国际及全国摄影比赛中获奖，并在各类报纸、杂志发表过大量摄影作品，积累了大量尤其沂蒙山区风土民情相关的摄影资料。

◎ 天上人间

◎ 翠峰映照

风光摄影

◎ 海云缭绕

◎ 烽火台晨曦

◎ 牧歌

◎ 群山巍峨

◎ 诗情画意

纪实摄影

◎ 丰收季节

◎ 妞妞

◎ 慈母

◎ 文艺下乡

◎ 铁匠

◎ 收麦

沂水县格律诗作品选登

赵德林 男，1947年生，山东省沂水县人，中共党员，高中文化。先后在部队和地方工作。现为中华诗词学会会员，临沂诗词学会常务理事，沂水诗词学会常务副会长，《东皋诗词》主编，2005年出版了个人诗词集《怡然斋诗词》，2007年出版了《怡然斋随录》。

七律·颂中共十九大

赵德林

管领潮头唱大风，传承伟业不朽功。
炎黄几度遭劫难，华夏一朝谋振兴。
执政清廉唯竭力，扶贫精准自鞠躬。
而今迈进新时代，抱定初心再启程。

张克范 男，1942年生，山东沂水高庄镇人。中共党员，从军又从政，中华诗词学会会员，中华国学文学会会员，山东诗词学会会员，沂水诗词学会副会长，文峰诗社社长。著有《仁寿斋诗词》，有关作品在中华诗词杂志发表。

沂水获中华诗词之乡

张克范

八百沂蒙映物华，黄钟大吕育凡家。
彤云装点山山秀，小调纵开朵朵花。
崇壁九叠纹奏韵，长河万里浪淘沙。
初圆古县金冠梦，常向天宫耀彩霞。

刘长周 男，山东省沂水县沂城街道人，1953年生，南京邮电大学毕业。1970年参军，1987年转业到广播电视局工作。现为中华诗词学会会员，山东诗词学会会员，沂水诗词学会副长，《东皋诗词》编辑。有关诗词作品先后在省市及《中华诗词》杂志上发表。

七律·回军营寄怀

刘长周

生涯齐鲁未脱身，梦里归舟每探寻。
三十年来函谷道，二千里外柳营心。
长安一见多春色，大曲重回只翠阴。
秦岭清风还似昨，凝眸华发泪涔涔。

注：长安、大曲皆为曾经的营房驻地。

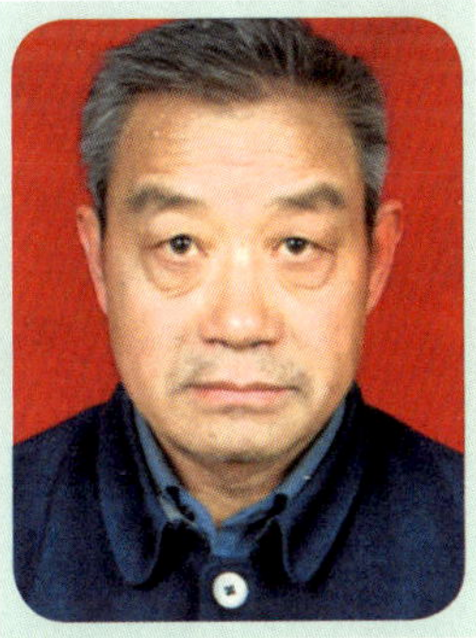

王树修　男，1942 年生，山东沂水人，1963 年考入部队长春兽医大学，1968 年毕业后到西藏部队，1969 年入党，1979 年转业到畜牧局，高级兽医师。1998 年退休。爱好诗词，现为中华诗词学会会员，山东诗词学会会员，沂水诗词学会副秘书长。

庆祝十九大胜利闭幕

王树修

艰难伟业勇承担，除患排忧解倒悬。
奋斗牺牲吾党累，图强致富万家欢。
辉煌成就新时代，远大征程漫宇寰。
自信中国双百岁，加油协力梦得圆。

公维国　男，1961 年 9 月生，大学学历。1980 年 7 月参加工作。沂水、临沂、山东、诗词学会会员，中华诗词学会会员。沂水诗词学会副秘书长。

七律・文峰塔远眺

公维国

身轻白羽入苍穹，纵目悠悠百里晴。
沂水滔滔南泻海，岜山郁郁北倾城。
几行雁灭云间影，一派鸡啼天上声。
莫道东皋春色浅，无边风月赛昆明。

陈　英　女，1961 年生，高中文化，曾在沂水县供销社工作，已退休。热爱传统文化，爱好诗词曲赋，有作品曾在省、市及《中华诗词》杂志、《东皋诗词》发表，沂水、临沂、山东、中华诗词学会会员。沂水诗词学会副秘书长。

踏莎行・立秋

陈　英

孤月一轮，流萤几点。
夜来试听秋声浅。
烟迷老柳掩蝉啼，
草凝新露西君遣。
袅袅清音，悠悠笛管。
谁家长夜华灯满。
娉娉丽影照窗纱，
红颜对酒又一碗。

沂水县现代诗作品选登

王竟成 （曾用名：王京城）1966年生于山东沂水高桥镇沙岭子村。中共党员、中国毛泽东诗词研究会会员、中国现代史学会会员、中国散文诗学会会员。1984年入伍海军，在部队期间先后就读于海军潜艇学院、鲁迅文学院（1993年），1995年4月1日退出现役，转业回到山东沂水。1996年9月始客居北京，先后供职“求是”杂志旗下红旗出版社与“中华锦绣”画报社等多家单位；历任责任编辑、图书编辑中心主任等。中国诗歌史料研究中心主任、《黄河诗报》诗刊社社长、《钓鱼岛》诗刊主编。2001年中国文联出版社出版诗集《掩泪入心》一部、2017年上海文汇出版社出版诗集《一只奔跑的神兽》一部，主编图书多种，发表作品500余篇（首）。

主编有：《“将军杯”纪念抗日战争胜利60周年诗书画大展》（中国国家博物馆展出）总策划、书画集主编（中国文史出版社出版），《中国历代名人家书》主编（八卷，国际文化出版公司出版），《中国当代诗群回顾与年度大展》主编（大公报出版有限公司、中国经济出版社联合出版），《中国当代散文诗回顾与年度大展》主编（银河出版社），《观世音传》主编（大公报出版有限公司）等等。

王竟成诗歌

◇中秋月

泪花湿了家乡盘中的月饼
缺牙的母亲　咬住
远方的儿子
我要回家
赶在中秋月落下之前
车　错过钟点
家乡盘中月饼
失眠
伸去的手
怎么也摸不着
熟悉的门环

◇守望田园的父亲

麦花开了
守望田园的父亲
手心就有一种渴望
想那锋利的镰刀
父亲
执着的田园诗人
以朴素的抒情
构思响亮的诗
收获的日子
就读到精彩的章节

习惯了
在太阳下构思
好雨水
押着诗的韵
好年代
葱茏诗的真
艰难一生出版的诗集
也同季节一样
五彩缤纷

父亲作诗的姿势
我注视了很久
老人对土地的心情
是一笔无价的财富
勤劳的美德
深深感染了他的后代

守望田园的父亲
是一部深沉丰厚的书
虽没有什么深奥的象征
弯下腰耕耘
挺起胸望星
这平凡的语言
足让人品味终生

◇乡村的父亲

苦了一生
挑了一辈子的累
该享享清福了
您却走了
儿女们悔恨的一次次流泪

父亲　乡村的父亲
您一生问心无愧
耕耘乡村　抚养后辈
与邻为善　和为贵

父亲　乡村的父亲
多想再陪您喝点小酒
吃一顿家里柴草烧的风味
聊一聊天旱雨涝的季节
您却再也不开口
静静地躺着
好像还牵挂着田里的春苗
家中杂七杂八的大事小事

父亲
多想扶您起来
到山上走一走
去水边看一看
那洁白的苹果花
那绿油油抽花的小麦

父亲　您是不是太累了
忙里偷闲休息片刻
泡杯茶的时间
都不舍的
渴了就捧几口泉水
热了就让山风吹
饿了呢　冷饭填肚
大葱咸菜也吃的津津有味

父亲啊　乡村的父亲
苦了一生
挑了一辈子的累
推着爬坡的小车
咬着牙　也不吭气

父亲　您就这样走了
如果有来生
让儿女承受您受过的罪
父亲　您就这样去了
如果有来世
您还做我们的长辈

父亲啊　乡村的父亲
儿女的心
在您的碑前
长跪

张世勤　山东沂水人，现为中国作家协会会员，山东省作协山东省文学院副院长。著有《情到深处》《心雨》《落叶飞花》等诗文集和《张世勤文集》三卷。中短篇小说见于《收获》《小说选刊》《小说月报》《青年文学》《北京文学》《山东文学》《湖南文学》《小说界》《创作与评论》等国内知名文学期刊。散文、诗歌、随笔、书评等发表于《当代散文》《散文百家》《作家报》《大众日报》等报刊。

张世勤诗歌

◇看雪

没有别的意思　没有
我只是想约你一起
去看看雪景
从吵吵嚷嚷和忙忙碌碌中
走出来
静静地走一走

这不，今天正好下雪
原野坦荡辽阔而又纯净
弥漫一首无声的音乐
这样的环境和氛围
很适合走一走
即使像雪花一样
絮语点什么
完全可以

当然 我们也可以
什么都不说
只沉静在漫天飞舞的雪花里
一遍一遍让心变得纯洁

其实，说是看雪
不如说是看
我们自己的心情
看自己心灵的
另一种姿势

◇大哥

一张薄薄的录取通知书
像一堵厚重的墙壁
从此，你在乡下
我在城里

乡村教室里
你沾满泥巴的两脚
踏上唯一的一级台阶
一根细细的教杆
使所有的农具失去了分量

生儿育女
与庄稼打不完的交道
收获粮食
同时也收获孩子们的笑声

乡村，因一块黑板
越来越明亮了
你的瘦弱却更加瘦弱
你的单薄更加单薄

大哥，大哥，你好吗
这个城市没有家乡的月亮
只有你瘦弱的影子
陪伴着我

邵光智 山东省沂水县人，山东省作协会员。在《诗刊》《绿风》《星星》《散文诗》《美国侨报》等海内外百余家报刊发表文学作品千余件。出版诗文集五部。现任沂水县文联主席。

邵光智诗歌

◇坐在春天默默无语（组诗）

象　征

人生没有多少象征
或者有一束象征
也像外衣套在身上
肥大或者瘦小
总感觉不合身

头疼了　在额头上
拧一块紫斑
之后用针扎出几滴血
烦恼郁结了
找不到出口
有人踢门　有人摔碗

找一个贴切的
符合自己的象征
就像花朵找到了春风
流水找到了河床

朝前走　走一生
回头一望才醒悟
原来弯弯曲曲的路
就是一个象征

内与外

内是真实
储存着大量
不为人知的信息
像一些事物
躲在一间黑屋子里
寂静沉默　或
蠢蠢欲动

外是虚假
恭维的言辞
卑微的行动
有的放矢是精明
更多的时候
身不由己

追求表里如一
是最真实的谎言
内是黑夜　外是白昼
白昼怎么能够
照到黑夜的心里去

坐在河边

坐在河边看
河里的水　在季节里
由饱满而消瘦

我背后是秋天的树
落叶开始堆积
一只甲虫被一枚
枯黄的叶子
訇然覆盖

它要从里面挣扎出来
从季节的深处挣扎出来

像一尾鱼要从
没有多少水分的水草丛中
挣扎出来

亦如一颗心
从岁月的蒙尘中
挣扎出来

鹰

一只鹰从冬天的高空
跌落下来　奄奄一息

健美的飞翔
无法在大地投影
一只习惯悠闲的鹰
在慌乱中无声哀鸣

犀利的目光
穿不透雾霾的深重
大地的疾病
让一只翱翔的鹰
看不清事物踪影

饥饿像无法躲闪的子弹
将它一枪命中

坐在春天默默无语

坐在春天默默无语
像一簇待耕的土地
内心松软　感情潮湿

杨柳的发丝在风中轻舞
柳笛牵引耕牛的脚步
燕声托举着浅浅细雨
一片桃园伸手握住了花期

坐在春天默默无语
像融雪化冰清澈的溪水里
一枚干净的鹅卵石
表面的光亮抚慰着
内心的苦旅

野鸭用翅膀轻拍着水面
追尾的游鱼穿梭嬉戏
生命的情绪点开
一层层涟漪

我坐在春天默默无语
巉岩上一只停飞的鹰隼
山脚下一头迷茫的驯鹿
暮色里一声孤单的雁鸣
还有老家那寂寞的老屋
在春天默默无语

刘书峰　山东沂水人，18岁开始发表诗歌，先后用雪峰、童稚、鲁风、鲁峰等笔名发表诗歌、散文二百余篇（首），出版诗集《流浪的翅膀》《那个夏季》两部。

刘书峰诗歌

◇九月芦花

九月芦花
望乡的眼中　塞一把雪
落叶的犁上
横箫之人　面向东方

大野空旷　粮食归仓
音乐被陶器收藏
青山隐失　北雁南飞
游子眼泪在井边破碎

回归已错过了秋忙
疲倦的炊烟　却让
所有的奔波失去重量

坐在门槛上
箫声在芦花头顶飞翔
连自己都感到陌生的乳名
在母亲微弱的呼唤里
一下子变的明亮

◇蓝（节选）

蓝　至高和无边
一种伟大的覆盖和包涵
雷击不碎　电劈不毁
夜的背影　昼的面庞
灵魂的翅膀
擦亮空中的故乡

蓝　你凌空而下的注视
令人毕生感激
有马车从空中驰过
留下星的蹄印

从古至今　清晰无比
庄稼和爱情
在蓝的映照中
生息　茂盛

蓝在头顶　蓝在心中
蓝是静　蓝是梦
蓝是永恒的图腾

◇传说

一首关于马的歌谣
穿越肋骨　胸腔
力而刚　韧而长
在广袤的原野上奔放

那个传说
美丽而忧伤
月光下的那匹马

溜达　吃草
偶尔抬头谛听凝望
那个柔情的女子
用眼泪喂养
她手指如水
温柔地滑过马背
梳理一种心情

一首关于马的歌谣
哼的人很多
真正会唱的人却很少很少
就像　音乐飞扬
沉淀下来的是
古老的苦难和希望

马那最后的骨骼
闪烁白玉的光芒

只有能够驾驭那首曲子的人
那个女子才会爱上
祖母的讲述专注而神往
仿佛这一直是一个绝唱

许厚全诗歌

许厚全　男，1965 年出生于山东省沂水县小滑石沟村。山东大学中文系毕业，获文学士、文艺学硕士。读研时开始发表作品。近几年来专心文学写作，已在《天津日报》《今晚报》等有关杂志报刊发表过诗歌、散文、杂文、小小说、文艺评论等百余篇。有多篇文章被《读者》《青年文摘》《微型小说选刊》等报刊杂志及《人民网》《凤凰网》等网媒转载。

寻找一个小城流浪

要有干净的街道
行人和车辆稀少
以便我随时躺倒在大街上
打量屋檐下的衰草
和在屋顶上漫步的老猫

要有干净的空气
太阳要出得尽量早
这样我就可以披一头乱发
却不生贫穷的虮虱
披一身破衣
却不会打寒凉的喷嚏

要有几家咖啡屋和酒馆
里面的少女清纯而俏丽
美丽的眼睛没有半点杂质
有时候喝醉，我想和她们
谈谈青春和爱情往事

还要有一个放荡而狡黠
却心地柔软的老板娘
笑声总是那么豪放爽朗
她那粗壮的腰身和丰硕的乳房
能让我偎在怀里
睡得很甜很香

还要有清澈的溪流
从山涧激流而下
因而总是泛着雪白的波浪
我要在疲惫时
去洗干净鞋子上的泥巴
和脸上的风霜

要有高大挺拔的树木
它们的枝杈直指向上
上面有美丽的星空
引导我在黑暗中
辨别远行的方向

许多诗人从远方赶来
一个个穷途潦倒
却举止安详
这些叫花子们
一致把我推举为王
我和他们约法三章
可以乞讨却不许偷盗
可以打架但不许骂娘
还有一条最为关键
兜里不许有铜钱的叮叮当当

夏至日・怀念

是时候了。此时
太阳的脚步，走近又要走远
在故乡，大朵的白云
掠过正午的田野、沟壑
掠过长满马尾松的山巅
草丛里蘑菇生于清晨的露珠
又在傍晚收起它的阳伞
哦，那些消失多年的橡树
会不会还在过去的山坡上
继续张望我一闪而过的童年

是时候了。山喜鹊和灰野兔
正在检阅空荡荡的麦田
河柳在正午的暑热里摇来荡去
催眠着精力旺盛的鸣蝉
那头名叫花花的小母牛溜出棚圈
正迈着碎步来到涨水的河边
那时的我对世事所知不多
心中却常常涌出莫名的伤感

是时候了。父亲把犁铧插进地里
鲜香的泥土像波浪在脚下翻卷
彼时怎会想到，总有一天
他把自己也栽进土里却不再发芽
让我一想起，心底就泛起一层盐碱
是时候了。那时的夜晚总是繁星满天
二妮正嗤嗤笑着，转过身去
辫梢拂过我发烧的脸
是时候了。野外已响起
虫子们陶醉的呢喃
那是它们在吟诵盛夏的诗篇
而秋天的篇章，即将翻开
当我感受到这样的悲哀时
皱纹和胡须已在我脸上蔓延
像蒿草荒芜了故乡的田园

许多年，好像只隔了一个夏天
美好的事物，终究抵不过时空的转换
此时，万物盛极一时
适合在水畔独坐，看荷花独守着静默
适合想起逝去的岁月，一遍，又一遍

张德国　男，1966年生，山东省沂水县人。自1984年从事业余文学创作以来，坚持用文学关注社会，用爱心演绎人生，已发表诗歌、散文、小说、歌词、报告文学等80余万字。作品多次获奖，并入选多种选集。出版有诗集《家园之恋》、散文诗集《恋歌依旧》。

张德国诗歌

◇丝绸之路

陆上丝路，一条横贯东西连接欧亚的黄金大道。

一条路的来源，是一场战争的需要。

战争与和平，文化与经贸。用含着泪水的笑掺杂着痛苦的欢乐，记下场场激战过后的思考。

出使西域的张骞，书写了“一使胜千军，两出惠千年”的骄傲；投笔从戎的班超，经营西域的意义超出了东汉帝国的意料。

李希霍芬的命名，诠释着“丝绸之路”的内涵；“赛里斯”的称号，证明着中国是丝绸故乡的奥妙。

驼铃、羌声、雁鸣，连同一队队商旅跋涉于戈壁沙漠、阳关古道。

输出丝绸、茶叶、瓷器……输入马匹、香料、玉石，葡萄、石榴、胡椒……来往不断的是商品、文化、宗教。

跨越高原峡谷，穿越盆地沙漠。一路上，数不完的圣迹传说，望不尽的雅丹地貌。一座座城廓、古堡，都是取图于大自然的非凡创造。

且行且吟，一些词汇的蹦跳，比如恢宏、壮美，碰撞、融合……是对人类与自然的反思与素描。

丝路漫漫，泽遗千年。历史的脚步穿越时空岁月，重新丈量着友好。接踵叩关，络绎于道。“亲诚惠容”是丝路的路标。

淳朴而自然流露的微笑，是中国向西方东国释放为邻之道的信号。

打开“长河落日圆”的镜头，在“丝绸之路经济带”上，摄下“互信互鉴互利、共同发展繁荣”的友好合照。

◇茶马古道

“茶马互市”的康藏，日月轮回的沧桑。

马蹄哒哒，铃儿叮当，饱经风雨的石板路，是我灵魂走过的地方……

心揣信仰的力量。岭，绝；壁，峭。中国人用自己坚韧的双脚，踏出了崎岖蜿蜒的“茶马古道”。一条古道哟，来源于对“茶”的恭敬和渴望。

辛勤的马帮，伴着清悠的铃声，一松手，任马儿支配路的方向……

茂密的森林风景，壮丽的峡谷风光，比如林芝、康定……抑不住一种原始的欲望。

灵魂行走在云上，甩着手，唱着歌，风餐露宿，直至地老天荒。

一路暗淡，一路阳光；一路悲怆，一路茶香。

点燃温暖的篝火，在夕阳坠落的地方。怀抱古老的琴，弹奏一曲“茶意飘香马蹄忙”的乐章……

打开心灵的天窗，梦生长得真纯、美丽、芬芳，如婴儿的眼睛拥抱着太阳。

路悠悠，情长长。由茶而生的千年古道，连同沿途的文化、艺术、风俗、宗教，像一条人文精神的长廊，令人心驰神往……

坚信：茶马古道的繁荣，不再只是梦想。

◇浪漫七夕

两颗明亮的星星，一个美丽的传说。

秋夕佳节，南瓜棚下。流水听心，心听禅语；望月乞巧，寄情脉脉……

今晚，我要感谢那支传递喜讯的鹊歌。

流星划过天河，思念化作星座，飞梦七彩鹊桥，守护爱的承诺……

纵然云汉相隔，都有爱的牵挂，梦的寄托。

连理千花，相思一叶；聚少离多，坚定执着；滚滚清波，动人心魄。

七夕文化，文人墨客。杜牧、李商隐、秦观，杜甫、白居易、李贺……所有关于“七夕”的作品，都难写尽鹊桥相会浪漫爱情的凄美婉约、情真意切。

绚丽多彩的都市霓虹，能否扰乱我闲适自在的情怀，安宁明秀的境界？牛郎织女的故事，点亮了我的思想，也点亮了我的生活。

李春升 山东省沂水县人，现任沂水县政协科教文卫体工委主任、沂水诗词学会副会长。自八十年代中期开始发表诗歌，作品散见于《黄河诗报》《临沂日报》《农村大众》等报刊。

李春升诗歌

◇为卑微发声（组诗）

地衣

只需一点点雨露
或者一缕缕潮意
便张开绿色的羽翼
给地，披一件
小小的绿衣
遮盖荒芜
绿染寸土
虽匍匐在地
却并不自卑
自有一番
小家碧玉的样子

读懂你的
佩服你的勇气
读不懂你的
笑你不自量力

不管流言蜚语
一条坚硬信念
在心中矗立
让大地，哪怕泛起
一点点绿意
也不枉来人世间
活过一次

蒺藜

也有花季
模样很是
端庄周正的样子
小小的、黄黄的花朵
长得理直气壮
不自大，也不自卑
一股锐气
深藏在花蕾里
浑身长满武器
并不主动出击
只因祖宗遗传下
浓浓的自卫意识

掉进季节中
和一片绿色里
打捞不起平凡的样子
在沟边路旁
过着低调的日子
眼睛走错路
便扎痛脚的记忆
只交往一次

高仲平　山东沂水人，中国诗歌学会会员，中国散文网会员，中国人像摄影学会会员，山东省青年作家协会常务理事，山东省青年诗人协会常务理事，山东省散文学会会员。出版新闻作品集《永不褪色的记忆》、诗集《遇见幸福》等。另编著出版《筑路歌》《党的群众路线教育实践活动学习读本》等多本书籍。

便让失足的手脚
一辈子无法忘记

不会吹喇叭作揖
所以总不合时宜
不曾收获欢喜
只收获许多憎恨与鄙夷
公理安放在哪里？
不埋怨粗心的眼睛
和慌乱的脚步
却怪罪老实本分的蒺藜？

木耳

支起耳朵
听到了什么
是花开的声音？
是树叶的飞落？
是蓝天上的鸽哨？
还是山雀的民歌？
树林里是否
也同世间那样
有闲言碎语很多？

你说，耳朵里
灌满的闲话太多：
东边的核桃树长得太大
招惹了北风
以致落个枝折果落
西边年轻的枫树十分显摆
红的有点过早过火
南边的梧桐树上
落得不是凤凰
都是麻雀
板材价格下跌
所以北边的钻天杨
招来了杀身之祸
还有林中那棵老榆树
长那么多的耳朵
整天在打听什么
知道的东西实在太多……

真是林子大了
什么树都有啊
老榆树气破了肚子
期盼山农快来揪掉耳朵
再也不想听到
长舌树们的八道胡说

高仲平诗歌

◇窗外

抬头望窗外
那是另一个世界
来来往往的车流 人群
都是流动的风景

没有原因
也没有约定
都是所谓的缘来缘去
上演着人生的悲欢离合

窗外的美丽
恰似一种诱惑
是苦难
是甜蜜
是开始
也是结局

心在窗外
感觉人生就是一扇窗
天真和梦想
失败与荣光
还有那些曾经的纠结和不舍
也许就在这一开窗一闭窗之间

一次呐喊
或许是一种精彩
一次叹息
或许是一种结局
窗外的人生
不必太在意
只要能打开内心的那一扇心窗
窗内外的人生你自己一定会读懂

◇那条花围巾

那条花围巾
是娘跟爹组织的老年团去杭州时带回来的
两头带着渐变的红边

通体印着一瓣又一瓣的梅花
草绿鹅黄亮白三色形成了绝佳相融
披在身上
很飘逸
围在脖上
很温暖
虽然很廉价
但这是我媳妇的最爱

金秋的山上色浓垂涎
媳妇披着她 围着她
和我一起去攀登神圣的泰山
天外村 十八盘 南天门
穿过天街
在碧霞祠里
她虔诚地跪倒
认真地磕了三个头
为娘和家人祈福平安
也许下了自己美好的心愿

下山
有点累了
再也顾不上琢磨雕刻在山石上的墨宝了
十八盘的台阶上小憩
我紧紧地搂着她
像是搂着娘的女儿
小时候的妹妹
她却依偎在我的怀里
紧紧地拉着那条花围巾

◇母贝

生活在水里
我愿像一只河蚌
或者是牡蛎
不，最好是一只母贝
我的眼里
不但能容得下风吹雨打，骇天巨浪
不，还能容得下
被大风或水掌握着命运的沙粒
我用尽全力
不，还有体液和眼泪
包容着沙粒
直至把它化成了
珍珠

若不是地质学家发现了我
也许
我和珍珠的故事
不，就是这段来自水里爱情
谁也将无从谈起

肖列亮 山东省沂水县院东头镇土沟村人，就职于沂水县民族宗教事务局。从青年时开始喜欢读诗写诗，有近百首诗歌散见于《沂水报》《临沂日报》《大众日报》《黄河诗报》等报刊及网络。

肖列亮诗歌

◇起风了

起风了，那些树深深地弯下了腰
这时，我想起了父亲

他的背总是弯着
把我放在胸前，像这些树

◇母亲的花

母亲的时光，只用来浇灌儿女
舍不得一点点，侍花弄草

如今有闲了，她在坟头
养了些开黄花的小草
我才知道，母亲也爱花

◇菊

世上那么多花
我最爱菊

在那些凄凉的深秋里
挺直了单薄的身子

细密的花丝如皱纹
刻满了母亲的脸

徐军诗歌

徐　军　七十年代初期出生于山东沂水，曾用网名涧边顽石在《诗刊》《绿风》《山东文学》、加拿大《北美枫》等文学刊物上发表作品。入选《山东30年诗选》《初中语文漫·阅读》等多种选集。出版诗集《行走的石头》、诗合集《如此》。

◇邮筒

一只绿色的邮筒
在我上班必经的路口静静矗立
那只邮筒每天都煽起我的许多冲动
我一直想踱过去，把自己
装进信封 连同这座小城
一起寄出去

可是，这么多年了
我不知道手上的这个地址
有没有变动
另一座城市的邮筒是否还
默默守候在风雨中，
这么多年了
她是否还有心情来仔细读完
这么长的一封信

◇就这么说定了

就这么说定了
站在秋天里，像一枝菊花
让别人把我们当成风景或者童话

找一处静幽的山谷来住下
你织锦缎，我捕鱼虾
你酿黄藤酒，我唱浪淘沙
照着清水梳妆，就着月色品茶
再去河边的空地开一片菜园
种豆得豆种瓜得瓜

就这么说定了
流过的岁月不去管他
真诚的面对整个秋天
用眼睛和眼睛对话

卸掉那些沉重的盔甲
从秋天的某一个路口出发
一起去走天涯

邹洪复 山东省沂水县人，国际笔会会员、中华美学学会会员。作品见于《山东文学》《时代文学》《诗神》《诗歌月刊》《诗刊》《散文诗》《绿风》《作家报》《中国音乐教育》及美国《侨报》副刊、《星岛日报》副刊等二百余家报刊（其中文艺评论60余篇，诗歌300余首，散文30余篇），作品入选《当代青年诗人十二家诗选》《中国新诗诗艺品鉴》《诗刊》创刊五十周年纪念专号等数十种选本。已出版诗集《初入人世》《蓝天无梦》《音乐之外的守望》（与冯长春合著）、随笔集《思想的羽毛》、文学理论专著《文学的镜像——当代文学发展趋向的镜像研究》等。现为临沂大学艺术学副教授。

邹洪复诗歌

◇饭桌

整日，你看人们
如何狼吞虎咽消灭粮食
你看人们怎样把血淋淋的东西
改装成道貌岸然的美味

整日，你看他们
怎样慢慢屠杀饭菜
和屠杀光阴

桌子，你是旁观者
却让人家当了战场
你，很悲哀
所以才沉默

◇当一切都成了形式

当一切都成了形式
包括穿衣的穿，做爱的做，政策的政
法律的法
生活就懒了，成了活着的活
成了机器的器
一群人就成了一个人

眼前都是形式的形，形式的式
在胡乱塞给你东西
不理它，它也会出现

慢慢地，一个人就成了机械的械
慢慢地，一个社会就成了机械的机
像群栅栏悄悄包抄住了你

◇当我知道人生孤单

一个人羽毛一般
从天空中，一点一点
落到岁月深处
直到掉进大地
那眼看不见的深井里

仿佛一件棘手之事
你不去管，也不用问
慢慢地，它就会流云一般飘远
飘到仿佛从来没有存在过

当我知道有一个地方叫很冷
当我知道人生孤单
我就明白离我心最近的
是一个没有国土的国王
和一个不会求乞的穷人

我就相信流淌的时间里
一直有流畅的爱
它在照耀和呵护每一个人
我就相信冥冥之中有慈悲

沂水人物风采录

张京秀　1963年出生于山东沂水，著名书画艺术收藏家。作为一位杰出的艺术收藏家、艺术新闻工作者，张京秀曾就职于新华社、民族音像出版社。现为今日中国艺术总监、北京湖社新闻发言人、中央电视台艺术栏目部主任、红墙艺术馆馆长、八音河国际教育集团艺术总监。

张京秀老师个人收藏部分作品

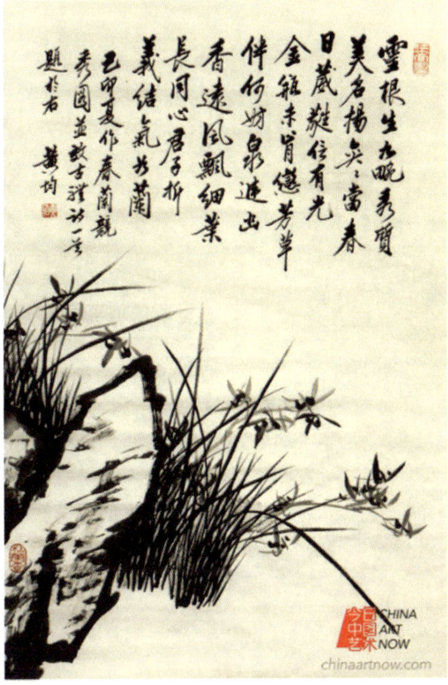

真善厚德　大爱无疆

——记中国著名书画艺术收藏家张京秀

高瑜键

真善厚德，痴心收藏志不移；大爱无疆，甘为他人做嫁衣。1963年出生于沂蒙老区红嫂故里山东沂水的张京秀，就是这样一位中国著名书画艺术收藏家。

张京秀曾就职于新华社、民族音像出版社，现为今日中国艺术总监、北京湖社新闻发言人、湖社画会理事、中央电视台艺术栏目部主任、红墙艺术馆馆长、八音河国际教育集团艺术总监。三十多年来，作为一位杰出的艺术收藏家、推介艺术新闻工作者，她采访收藏的著名艺术家及其评论的艺术作品数不胜数，组织策划有影响力的大型艺术展览活动影响力巨大，倾力真情帮助的艺术家以及艺术人才感人至深。

收藏是为艺术服务的一项艰辛劳动，是一门学问，更是一门艺术。心怀大众，紧跟时代，是收藏家服务艺术的宗旨；宣传艺术、引领艺潮，是收藏家服务艺术的目标。她说："作为一个艺术收藏家、宣传推荐艺术的新闻工作者，只有全身心的投入到为广大艺术家和艺术爱好者的服务中去，才能淘金捡宝，才能和艺术家们共同进步提升。一个真正艺术宣传工作者和艺术收藏家所具有的魅力，不是来自她的才气，也不是笼罩在她身上的种种光环，而是源自内心深处的一种真诚的精神本质。"在这三十年的工作中，她认为好的艺术家和艺术作品是有创造性、独特性的。好的艺术家和艺术精品不仅能对社会有益，对人的思维方式产生影响，还可以提出一种新的思维角度，更能够打开人们更多思维的空间。她认为，一定要把做好艺术的过程更多地看作是一种创造性思维的过程，艺术家在创造作品过程中，灵魂也能够获得一种类似于"修炼"的经历，收藏家亦如斯。

张京秀采访的著名艺术家枚不胜数，黄永玉、启功、韩美林、关山月、范曾、王明明、娄师白、刘春华、刘大为、欧阳中石、沈鹏、官布、胡絜青、廖静文、刘文西、刘炳森、李铎、孙菊生、崔子范、王祖伟……她的深入细致的采访和周到贴心的服务，时时会让大师们感动不已。中国美协会员，国家一级美术师，中国画研究会理事、副会长娄师白先生亲切地对她说："秀，你是我这一生中遇到最真诚善良的人，这些年来你所作所为真正体现了沂蒙红嫂精神！你从小姑娘这样到现在一直不变。三十多年相识，你依然这样，难能可贵呀……"她对娄先生说："我是沂蒙老区出来的孩子，这些年来我也是尽心尽意的以沂蒙红嫂和父亲为榜样，对工作和朋友献以善良与真诚。"

张京秀组织策划有影响力的大型艺术展览活动在艺术界影响力巨大。1998年全国各民族名家书画展、2015年"大爱中国"慈善公益国际书画展、2017年北京湖社画会成立九十周年全国书画展……由她组织的这些全国有影响力的艺术展览，极大地推动了艺术家创作的热情和激情，全力提升了艺术家艺术珍品的知名度和影响力。

1998年全国各民族名家书画展

◎ 张京秀采访北京画院副院长、著名画家吴休先生

◎ 张京秀采访全国人民代表大会常务委员会副委员长布赫（中间）和中国美术家协会书记雷正民（左）

启动仪式在人民大会堂举行，全国人民代表大会常务委员会副委员长布赫出席活动仪式，并亲自为她题字鼓励："宣传民族团结，功德无量！"徐悲鸿的夫人廖静文为她题字"民族团结万岁"以表支持，书法家欧阳中石先生赠送墨宝"万方乐奏"，著名书画家张超先生题字"天行健 君子以自强不息"以示肯定。她回忆道，有一天她去著名艺术家、老舍夫人、满族正红旗人胡絜青老师家取全国各民族名家书画展的展览作品。由于连续多日奔波疲惫，当时眼前一黑，晕倒在电梯处，过了好一会儿，才恢复意识，当慢慢地苏醒过来，她还是坚持拖着虚弱的身体，扶着墙角缓缓站起来，之后慢慢走到胡絜青老师家敲开了门。胡絜青老师打开门问道："怎么这么久才来呢？电话也联系不上，急煞人。""胡老师，我刚才在您电梯处晕倒了。"胡老师看到虚弱却带着微笑的她，感动地说："本来给你这个展览准备的作品其实还没有完成，为了不让你再来麻烦一趟，我就把之前创作的精品给你展览用。"临走时，胡絜青老师还语重心长地对她说："你一定要照顾好自己啊。宣传中华精品艺术固然重要，自己的健康也要保证啊！"2015年她在民族文化宫主持的"大爱中国"——慈善公益国际书画展活动中，书画展的全部收益，通过北京助残爱心公益促进会全部捐赠需要帮助的残疾群体。她也在此活动中将自己精心创作的作品拍卖，资金一并捐给残疾群体。在策划全国各民族名家书画展同时，她又组织宣传了《中华各民族》电视系列片。《中华各民族》电视系列片由中国教育学会民族教育学会与中国民族出版社联合摄制完成，全片共57集，每集介绍一个民族，集长约15分钟，全片总长900分钟。该系列片力求突出各民族最富有特色的风采，内容丰富，视角新颖，不仅是一部知识性，趣味性，观赏性于一身的电视系列片，而且也是一部全面反应各民族概貌的百科全书。此片一经问世获得了各界广泛收藏与高度评价。艺术家、各国朋友、各地领导和学生也纷纷收藏及支持该系列片。采访中，她一直关心着这些孩子，制作完，她心里还是放心不下这些孩子。于是，她自己出钱买下送给贵州偏远山区的学生们，能让他们也有机会看到各民族风采，拓展眼界。2016年在八一建军节来临前夕，企业家、艺术家代表到中国人民武装警察部队特种警察学院参观慰问，她赠送著名书法家作品一幅表达向武警特警学院全体官兵致以最崇高的节日问候。同年，她精心策划的题为"艺术传承——今日中国艺术"的书画展在山东正觉寺书画院隆重举行。这次展览她也捐赠了自己精心创作的艺术作品给正觉寺书画院，受到了正觉寺大法丈师父及各界人士的高度赞扬。正觉寺书画院院长对她说："这么多年您是第一个被请进法丈楼的人，您义务策划的精品艺术展览在当今社会很少见了，您真是一个大爱无疆之人。"2017年，为了让中国传统书画艺术薪火相传、丹青铸梦，更为了进一步担负起中华文化艺术传承和创新的新使命新担当。张京秀贡献出自己的几十幅书画经典藏品展览于北京湖社画会成立九十周年全国书画展。湖社画会会长郝利为她题字："真善厚德"。这些全国性活动的开展，对推动中华书画艺术砥砺前行、提升中华书画艺术魅力都产生了极大地较好影响。

她还经常帮助艺考生和留学回国的学生们。每当全国各地都来北京的美院考试时，她看到家长孩子提着行李没找到地方时，经常在毫不相识的情况下让她们先临时安排住到自己家里，再帮他们找住处，直到他们考上艺术大学，和院校对接。现在的她们当中已经有很多早已学有所成，世界各地都有，孩子们都亲切的称呼她"张妈"。她也帮助搭建年轻艺术家和艺术大师们交流活动，让年轻艺术家们走向艺术成功之路，帮助很多艺术家找到了自我艺术定位，清晰地开拓了艺术思路。张京秀倾力真情、真心实意帮助艺术家和关心艺术人才成长感人至深。

路漫漫其修远兮，吾将上下而求索。为更好宣传推介中国书画艺术，向广大人民群众展示收藏的精品中国书画魅力，这位来自沂蒙山区红嫂故里的艺界新红嫂不用扬鞭自奋蹄，又全力组织策划成立了红墙艺术馆，正在筹划组织沂蒙桑皮纸非物质文化遗产"千年古纸——携手百名艺术大家世界巡回展……"

张京秀，真善厚德；张京秀，大爱无疆。

2018年3月2日

沂水人物风采录

王 刚 旅美华侨，散文作家，书画鉴赏家，收藏家。自2000年起，先后在南美、欧洲和北美从事国际贸易业务，现定居美国洛杉矶。在海外华人报刊发表散文、随笔、时事评近百篇十余万字。2006年，散文《再见母亲》获美国《侨报》和《美洲时报》征文比赛第一名。2009年，散文《俺的家乡沂蒙山》获马里兰大学孔子学院、今日世界电视台、《新世界时报》联合举办的“美丽中国”征文比赛优秀奖。2015年，出版散文集《闯荡地球村》。

◎ 王刚老师作品集

《闯荡地球村》部分文章

母亲

母亲无子，50多岁时熟人把我从南方抱进了家门，从此，我便成了母亲的儿子。

我初来时，不足十天，嗷嗷待哺。母亲已无奶，急得眼角通红，抱了我东家西家地寻乳。

母亲有病，年老体弱。邻居们东家送来鸡蛋西家送来白面，村上门市部定量供应的一点红糖，也总是优先照顾我家。

我童年的记忆是和母亲的病痛连在一起的。我每每放学回家，常看见母亲被疾病折磨得喘不上气，眼睛瞪得大大的长时间说不出话来。老爹跑过来给母亲捶背，我在旁边吓得大气不敢出，直到母亲的表情缓和下来，我才放下悬着的心，小心翼翼地跑到街上去玩。病痛不只折磨着母亲的身体，也吞噬着母亲的心。从旧社会兵荒马乱中战战兢兢走过来的老母亲，在战乱贫困和疾病中接连失去了两个孩子。这是母亲心中永远的痛。记忆中，同样印象深刻的是，母亲经常莫名其妙不知所云地在村外的田野里哭喊着奔跑，那种情景总吓得我哇哇大哭。

母亲非常慈祥。母亲没文化，就教我村上人都熟悉的那些儿歌：“扯大锯，拉大锯，姥姥门前唱大戏。”“小老鼠，上灯台，偷油吃，下不来。”我印象最深刻的还属：“山老鸹，尾巴长，说了媳妇忘了娘。”由于年老多病，母亲自我刚进家门的那一天起就盼着我早日长大，成家立业。

我在应该上学的年龄里和小伙伴们一起进了村西头那所小学。

有一次，小伙伴们取笑我，说我是母亲从南山上捡来的。我哭了，委屈地跑回家问母亲。母亲眼圈红红的，笑着说，全村的小孩都是南山上捡来的。我10岁的时候，亲耳从邻居的交谈中听到了自己身世的秘密。那一次，我没有哭，深思良久后若无其事地回了家。

15岁，我带着对母亲的眷恋和牵挂到30里外的县城去做插班生。母亲送我到村头，嘱咐说：“儿啊，俺和你爷（爹）年纪大了，咱家穷，只要你念得进去，再难俺也把你供到底。”我眼睛湿漉漉地走了。

两年下来，我终于盼来了一个报答母亲的机会。作为特困生，我被学校批准参加了中专入学招生考试。然而，命运对母亲却是着实的不公。由于高度紧张，在首门语文科目考试中我漏做了近三分之一的试题。挣扎着完成了剩余几门科目的考试后，我进入了漫长的等待和自责中。

命运到底还是捉弄了我，我终以一分之差与中专学校无缘。想到历尽艰辛、在疾病和贫困中挣扎着、为我牵肠挂肚的老母亲又要面临巨大的失望，我的心中充满了负罪的感觉。

复读，是没有可能了，因为第二年不允许复习生考中专。我面临着艰难的选择：或回家娶妻生子，安慰母亲那颗疲惫脆弱的心；或读高中以求三年之后开辟一条更加光明的道路。想到年过七旬的母亲，我的心中充满了矛盾。读高中，就意味着我那病中的老母亲再受三年的煎熬。三年，对那些平常人家的父母们或许没有那样沉重。在我眼里，这种不知结果的漫长等待，对母亲却不啻为种精神的折磨。我深深地知道，母亲并无奢望，能在有生之年看到我成家立业，无论打工还是务农，只要我踏实快乐，她就心满意足了。

我最终没能挡住自己对未来美好前途的憧憬，决定向母亲吐露心声。母亲更老了，身体的老迈、病痛的折磨、精神的长期期待，使她像一盏几近干枯的老油灯。当她知道儿子仍然执着于前途未卜的学业时，满怀担忧地问询之后仍然是温暖的支持。

我读高二时，母亲73岁，突然不省人事。我千呼万唤，母亲终于睁开了眼睛。母亲说：阎王爷啊，让俺多活一年吧，让俺看到儿子考上大学。

我已经不敢奢望真的有机会报答母亲的养育之恩，能让母亲在有限的生命里看到我修成正果，放心地离去，成为我最迫切的心愿。高三那一年，我经常半夜从噩梦中惊醒，泪流满面。

第二年秋天，我终于被师范院校录取，这给久病中的母亲带来了极大的安慰。大二时，我和当时的女友、现在的妻子一起回乡下看望了母亲。

1993年春天，在我即将毕业的时候，母亲再次病重。我把母亲接到学校所在的城市看病，和母亲一起住了两个月。这多多少少减轻了一点我外出求学以来从未在母亲身边尽孝的愧疚。

母亲爱我，爱得太深。早期的丧子之痛，折磨了母亲一生，害怕再次失去儿子的情结始终萦绕在她心中。从10岁时听到邻居的那次谈话开始，我再也没有和母亲提过身世的事。这是我们母子彼此藏在心中的秘密。病重的日子里，母亲经常莫名其妙自言自语地说一些激愤的话，指责别人偷走了他的儿子。

1993年冬天的一个早上，母亲走完了她76年的人生历程，永远地离开了我。农村的葬礼是很讲究的，按照当地的风俗，亲戚到灵堂前吊孝时，儿子要陪哭，送葬的路上也要当众号哭才足以表示孝心。众目睽睽之下，我到底没哭出来。当我来到村西的大路上，手持“马鞭”面对熊熊燃烧的纸火和冬日空旷的原野，喊着“娘啊娘上西天”的时候，我孤独地哭了。

2000年春于临沂

修改于2003年8月，加拉加斯

载于《沂蒙文学》《山东法制报》《委华报》《欧华报》

再见母亲

一

三炷香火，一摞纸钱，一杯水酒，数声鞭炮。

荒芜的杂草，孤单的土坟，模糊的泪眼，哽咽的声音。这是今年春节儿回去看您时的情景。母亲，您还记得吗？

二

母亲，您知道吗？在您和父亲面前，儿永远是个长不大的孩子。

每次回来，都是父亲事先准备好了给爷爷奶奶和您的纸钱。爷爷奶奶的坟在您的前面，尽管从来没有见过他们，儿都是看望完他们，再来到您的坟前。

当您荒芜的坟茔进入我的眼帘的时候，我的心中充满了不安。我想，您也许会怨我，可您却一定会理解我，不忍心责怪我。母亲，儿在您面前真自私。

拔掉您坟上的杂草，整整风吹雨打中歪歪斜斜的供石，我坐下来。

插上三炷香火，点燃纷飞的纸钱，我对您说：母亲，儿来了。

三

母子连心。尽管您离开我多年，尽管我已好长时间没来看您，儿一坐到您面前，就感到了您目光里的温暖。您坐在那里，慈祥地看着我。我流泪，我自责，我痛苦，我幸福。您看着我，目光里只有疼爱。

母亲，您一定已经注视我很久了，当我的脚步向您靠近的时候，您就已经知道是儿来了，就像当年我上学归来您在村口等我一样。

知子莫如母啊！母亲。您一下子就触摸到了我的灵魂。我感觉到了您的气息，您注视着我委屈的面孔，心疼地看着我流泪。您说，傻孩子，别哭啊，怎么见面就哭呢？您说，您走了10多年，最放心不下的是父亲。您说，您不十分在意我是否经常来看您，重要的是我要安顿好父亲。我听着，泪水更加滂沱。

四

母亲，您知道，您走后的第三年，我和您的儿媳结了婚。您的儿媳，您是认识的，就是我们大学毕业前后经常去家里看您，给您梳头，给您洗脸的那个女孩。她成了咱家的媳妇。又过了四年，她给您生了一个可爱的孙子。母亲，想必您和父亲一样，对这些是满意的。

在您孙子一岁多的时候，我出了国。第二年，您儿媳也带着孙子出来了。我们放心不下父亲，给父亲找了一个保姆，我习惯叫她“婶子”。父亲身体尚好，却毕竟是80多岁的人了，在我们面前一天天变得沉默寡言。有了婶子给他做饭，陪他说话，父亲好像更年轻了。

我想，我这样做，母亲您肯定是双手赞成的。我们疼父亲，您更疼父亲。

母亲，您是知道的，在农村，这样的事情免不了遇到风言风语。一开始，父亲不愿意让婶子受委屈，生些闲气。我在电话里安慰他，劝他不要在乎闲言碎语。我对他说，如果他们愿意，我给婶子磕个头，叫一声“娘”，给他们办了手续。父亲说，他年纪大了，不想给我增加分外的负担。既然我们和婶子之间是雇佣关系，只要大家相互尊重就可以了。事已如此，我也就无法强求了。母亲，这一切，您能理解吗？

五

春天清明到来，夏季小麦入仓，秋天瓜果飘香，岁冬新春临近。一年四季，别人的坟前熙熙攘攘，唯独您冷冷清清。您怨我吗？母亲。

记得我上中学的时候，您总担心我在学校吃不好，穿得不如人家，怕我受委屈。我哪里有什么委屈呀？母亲。一想到年逾古稀的您撑着病体省吃俭用地供我上学，我的心中就充满了负罪感。您就像一支蜡烛，风烛残年，倾您所有，燃烧尽了自己，照亮了我的人生。当我的人生开始亮丽的时候，您却倒下了。您留给我的是永不枯竭的高尚母爱和终生无以弥补的遗憾。

母亲，经过十几年，大家的日子都比原来好过了，我们家的条件也变好了。我在城里安了家，村里冬天冷，我让父亲搬到城里，享受楼房里的暖气。

母亲，您知道，我没有忘记那些曾经给过咱们帮助的乡亲。每次回村过年，我总是割几斤肉带几包糖，看望左邻右舍的邻居。母亲，他们也都不容易啊！有的老年丧子，有的中年丧偶……他们眼看着我长大了，我也目睹了他们命运的沧桑。触景生情，看到我，这些老邻居们就想起了您。拉着拉着，大家的眼圈都红了。我连忙找个理由，扭头走开，找个无人的地方，纵情地流泪。

母亲，作为一名历尽千辛万苦成才的庄户孩，儿没有忘记那些仍然挣扎在农村和城市边缘的农家子弟。我把近几年的部分积蓄，捐给中学母校，帮助那些困难学生。母亲，您知道，像我当年一样，他们真正需要的，不是物质本身，而是温暖的鼓励，和雪中送炭的一颗心。

坟前的纸火模糊在我的视线中，火熄灭了，我的泪还在潸然而下。我恨自己不能早回来一天，亲自为您多备些纸钱。虽然您不在乎这些，这却可以延长我与您见面的时间。

六

儿行千里母担忧。母亲，儿今天离家万里，您一定很牵挂。那天夜里，您到梦中来看我。看着您的笑容，听着您的声音，我幸福得泪流满面。那是多大幸福啊！母亲。当我的梦越来越浅的时候，我意识到那不是真的。我怎么也舍不得让您走，我躺在床上，我紧闭着双目。可您还是走了，我在自己的哭泣中醒了。不想打断自己的幸福，顺着那种久违的感觉，我继续哭。

记得我上高中的时候，多愁善感，经常因梦见您离我去了而哭醒。您走后这些年，儿经历过很多挫折，坚强了许多，面对世态人情，不再轻弹泪水。唯有对您，我的母亲，儿无法吝啬自己的泪水。您是儿生命的根，您来了，我当然幸福地哭。

母亲，您还记得吗？那是半个月前，在美国的东海岸，在一个月朗星稀的深夜。

七

母亲，此时此刻，在万米高空，在连接南北美大陆的大洋上方，儿又想起了您。儿想，心到神知，您会感知到吧？儿正想着，您就来了。我的心有了触电的感觉，一股巨大的感动冲击着我，我再次感受到了您对我心灵的熨烫。这真是万里神交啊！母亲。我的泪喷涌而出，我的喉咙再次哽咽。

于是，在飞机上，儿写就了上面的文字。

2006 年 4 月 19 日于南美至美国途中

载《委华报》《欧华报》《侨报》《美洲时报》

本文获 2006 年美国中文电视台《侨报》《美洲时报》母亲节联合征文第一名。

沂水人物风采录

张德庆 男，1972年7月出生，中共党员，是沂蒙山区红嫂故里院东头镇卫生院的一名乡村医生。2011—2016年被评选为沂水县优秀乡村医生，2013年评为临沂市优秀乡村医生，2014年评为全县工会积极分子，2016年被全县总工会文明办评为文明和谐家庭，2017年被评为临沂市最美乡村医生。

张德庆：我愿永远做一名百姓信赖的好乡医

高瑜键

建设一座沂蒙乡医文化展览馆，传承沂蒙老区乡医精神，是沂蒙乡医张德庆一直以来的梦想。而今，沂蒙乡医文化展览馆初步筹建成功，自己的一双龙凤胎儿女又双双考入医科类大学，张德庆的梦想看起来是全部实现了。但从医路上，他仍觉得还不够，“我还有很长的路要走，只要干得动，我会秉承沂蒙乡医精神，永远做一名百姓信赖的好乡医。”

张德庆是山东省临沂市沂水县院东头镇卫生院的一名普通乡医。作为一名乡村医生和沂蒙老区偏方验方传承人，他的所学所知有很大一部分都来自于祖父和父亲。张德庆一家五代同堂，四代从医，三代党员，是沂蒙精神、沂蒙红嫂精神、沂蒙乡医精神的传播者和继承者，沂蒙偏方验方的传承者，沂蒙老区爱心使者，见证了党的历史和农村卫生事业的发展历程。

张德庆的祖父张道立今年95岁，是一名战地卫生员、村会计，在那段艰苦的岁月里，他心怀大爱，救死扶伤，在解放后更是无偿为百姓看病送药。干民间郎中70年，从来不收一分钱，是沂蒙大山里最受尊重的人。他的父亲72岁，18岁成为赤脚医生，背着自制药箱走村串户看病50余年，始终坚持“一分钱拿药，五分钱打针”的廉价惠民收费标准。他的父亲是六十年代的卫生员，七十年代的赤脚医生，

◎ 张德庆为幼儿治疗

改革开放后的乡村医生，自己创建了全县第一个制药厂，第一个农村合作医疗室。张德庆成长于这个乡医世家，是跨世纪的乡村医生，也是进入习近平新时代的乡村医生。他在乡村卫生事业的岗位上一干就干了27年。在祖父和父亲的悉心培养下，他不仅传承了治病方法，更传承了乡医精神，那就是尽可能花最少的钱，让老百姓看得起病，看得好病。多年来，在这种精神的感召和指导下，张德庆默默地担负起周边三个村，近1800名村民的健康，还开通微信问诊方便外出打工的村民求医，成为了远近闻名的“张大夫”。

一直以来，张德庆的服务宗旨是：实事求是，真诚服务，做一名有德，有志，有爱心，不坑人，不害人，不忽悠人，不糊弄人的好乡医，扎根沂蒙这块红色热土，精准服务好老区人民，不收挂号费，不收门诊费，只收取最基本的药品费，这是他长久以来坚持的做法。“我看病的原则是，能用偏方就用偏方，能吃药就不打针，能打小针就不打吊针。”一见到记者，张德庆就阐明了自己的观点。2017年冬季流感猖獗，他的诊所里挤满了前来问诊的村民，许多患者都是久病未愈慕名前来，他一边悉心问诊，一边针对不同症状的病人采用不同的治疗方案，最终达到病人全部痊愈而无一人输液的良好成果。谈到最后，他感慨道，“我帮老百姓看好了病，虽然没赚着钱，但我至少能安慰自己说做了个好人了。”

有时也有不少病人会陷入错误的心理，以为多吃药，打点滴，就好得快，因此要求多拿药，张德庆对此也表示很无奈。“有一次一个年轻的妈妈抱着小孩来，说是要多拿几瓶药，小孩好得快。”他跟记者说当时就被他给阻止了，而且还跟那个年轻的妈妈说“不用再拿药了，那药挺贵的，你之前拿的那瓶省着点用完全没问题。”那个年轻的妈妈极不情愿地走了。

◎ 张德庆在颁奖晚会现场

张德庆的诊所很少休息，只要病人来了，就立刻开始问诊，忙的时候他经常顾不上吃饭。仅有的闲暇时光，张德庆还在写自己的问诊记录，一页一位患者，他把这命名为《乡医的那些事儿》，记录自己行医路上遇到的疑难杂症和酸甜苦辣，希望能通过这些记录，为后人留下研究偏方验方的宝贵经验。“经常晚上11点多了，我去叫他睡觉，看见他还在那写那个破本子”张德庆的妻子马传美心疼地对记者说道。

爱心无限，真情永远。业余时间，张德庆经常去沂水县社会福利中心为老人看病，捐赠物品，为此深得福利中心领导和老人们的称赞，福利中心还专门赠送他扁牌：关爱老人与爱同行奖。

2017年，张德庆被评选为临沂市最美乡医，沂水好人和全省卫计系统学习楷模，并成为全省卫计系统先进典型事迹报告团成员，在全省各地市演讲。他的事迹在沂水电视台、临沂市电视台、齐鲁电视台、山东电视台都有专题报道，还进入临沂市卫计委2017年度宣传片。沂水新闻报、鲁南商报、山东商报、齐鲁晚报、中国慈善公益报、中国经济导报、健康报微信版、走向世界杂志和新媒体新华网，凤凰网，澎湃新闻网都有他的事迹的专题刊登。

出了名的张德庆，逢人就说，俺就是一个普普通通的乡医，党和政府给的荣誉太大了，俺要继续好好努力，一定不辜负党和人民的厚爱。据悉，张德庆的乡医文化展览馆将于2018年开馆，全面呈现出从战地卫生员、赤脚医生，到新时代乡村医生的精神面貌。张德庆正在谋划自己的更好的明天，他励志根植乡医这片沃土，努力为实现精准医学健康中国而继续前行。

2018年3月5日

沂水县优秀企业家风采录

沂水三众集团董事长朱凤涛精准扶贫纪实

三众集团是一家集房地产开发、建筑施工、金融投资、旅游开发、酒店管理于一体的多元化、综合性企业集团，始终秉承“建世间精品、筑幸福人生”的企业使命，实施品牌化战略，先后打造了阳光新城、阳光丽景、阳光国际、东方瑞海国际温泉度假村、温泉小镇、阳光100等十余个精品项目以及30余个惠民工程，总建筑面积200多万平方米。现有职工500余人。2017年，集团实现产值13亿元，上缴税收1.2亿，连续三年纳税过亿元，连续三年实现地方财政贡献第一名。

◎ 向崔家峪镇捐款

◎ 向河西庄捐电视

在获得良好效益的同时，三众集团始终以“追求卓越、回报社会”为重点，坚持把慈善公益事业作为履行社会责任的重要内容，主动承担社会责任，在精准扶贫、新农村建设、捐资助学、关爱环卫工人等领域倾情投入。2017年4月，董事长朱凤涛在诸葛镇河西庄村实地考察时，发现村里很多老年人家里没有电视或是电视过于陈旧、画面不清晰，他当即决定为村里95户70岁以上老人每户捐赠一台40寸的液晶电视，村里的老人看上了清晰的液晶电视，文化娱乐水平也有所提升。

沂水县四十里堡镇上李家庄村位于浮来山脚下，由于村集体经济薄弱，村内有三条与群众生产生活息息相关的主要街道一直没有得到硬化，平日里，街面上坑坑洼洼，每逢雨雪天气，更是泥泞难行，给群众的生产生活带来极大不便。了解到这一情况后，集团公司当即决定向上李家庄村捐款5万元，用于这个村修路。如今，宽敞平坦的硬化路极大地方便了群众的生产生活。

2017年7月，一场暴雨将沙沟于家洞村与小崮头村之间的生产路冲毁，给村民出行和孩子上学带来了极大的不便。在实地考察后得知镇政府也在积极筹集善款修路，但是所筹善款依然不足的情况下，董事长当即决定捐款用于道路重修，以方便村民出行，同时保障马上到来的秋收道路通畅。

◎ 向沙沟镇于家洞村捐款

崔家峪镇磨峪村共计411户，1246人，位于崔家峪镇驻地北5公里处。村里一条长达2000米与群众生产生活息息相关的生产路一直未得到硬化，村民拉庄稼的车经常陷在坑里，给群众的生产生活带来极大不便。通过崔家峪镇政府得知这一情况后，捐款20万元用于硬化磨峪村的生产路，方便村民的生产生活。

◎ 向诸葛镇常庄村捐款

诸葛镇常庄村老年公寓于2017年建成并投入使用，村里的老年人搬进了新房，住进了新家，但是仍有部分老年人生活拮据，甚至连家具等生活必备品都负担不起。三众又捐赠10万元，用于为困难家庭购买衣橱、茶几等家具。

2017年，集团公司先后投入100余万元助力5个村的脱贫攻坚工作。未来，三众集团将继续以回报社会为己任，主动参与全县脱贫攻坚、新农村建设、捐资助学以及其他公益慈善事业，勇于承担社会责任，真正实现企业价值和社会使命。

供稿：刘菲

沂水县优秀企业家风采录

李劲松 男，1965年8月出生，山东省莒南县人，中共党员，大学学历。2017年5月担任国网山东省电力公司沂水县供电公司总经理、党委副书记。工作中，先后提出了“三降两去一补”“筑基础、补短板、强管理、提素质”的发展思路，始终坚持“工作上的100分，安全就是100分的那个1”，以空前的力度开展安全生产大整顿；坚持“进得来、落得下、供得好”，坚定不移优化全县电网布局；坚持“让用心服务成为自觉”，全力提升为民服务能力；坚持“让有序工作成为常态”，持续提升企业基础管理水平；坚持“让卓越争先成为追求”，大力加强党建和精神文明建设，带领公司走上了科学发展、规范发展的快车道，为全县经济社会发展做出了积极贡献，被县委、县政府授予“优秀企业家”荣誉称号。

◎ 公司办公大楼

◎ 特高压放线

◎ 特高压铁塔组立

◎ 公司加大农网升级改造力度

◎ 公司组织党员到王尽美纪念馆开展红色教育

◎ 公司组织开展春节电网检修

◎ 国网沂水县供电公司带电作业“火速”给客户送电

◎ 国网沂水县供电公司工作人员向客户讲解用电操作流程

◎ 国网沂水县供电公司召开职工代表大会暨 2018 年工作会议

◎ 国网沂水县供电公司组织青年志愿者来到夏蔚镇王庄村贫困户臧春余家中，给他送上大米、面条等重阳节祝福，并陪伴老人聊天、读报，学习分享“十九大”精神，感受美好生活

◎ 国网沂水县供电公司组织团员青年到沂水县福利中心开展“学雷锋”志愿服务活动

国网山东省电力公司沂水县供电公司简介

国网山东省电力公司沂水县供电公司现有在册员工 552 人，农电用工 643 人，下设 7 个职能部室、2 个业务支撑和实施机构、18 个供电所，服务于全县 49 万客户。截至 2016 年年底，公司资产总额 9.54 亿元。县域内有 220 千伏变电站 3 座，容量 93 万千伏安；110 千伏变电站 14 座，35 千伏变电站 14 座，主变总容量 132.39 万千伏安，35 千伏及以上输电线路 516.597 千米，10 千伏配电线路 2854 千米。

2017 年，公司完成售电量 22.63 亿千瓦时（同比增长 10.76%）；平均电价 638.57 元 / 千千瓦时；综合线损率完成 4.85%（同比降低 0.16 个百分点）；实现营业收入 12.42 亿元（同比增加 10.8%）。公司先后荣获“省公司先进基层党委”“省公司先进单位”“省公司同业对标管理标杆”“山东省电力行业安全生产先进单位”“富民兴鲁劳动奖状”等称号，在地方行风评议中连续 15 年荣获第一名或免评。

供稿：翟沂　解海涛

沂水县优秀企业家风采录

胸怀若谷，雄鹰展翅　昌辰集团创业发展史

——记沂水县优秀企业家相其军

从普通建筑工人到成为拥有十余个子公司的现代化企业集团董事长相其军和昌辰集团的管理团队，在短短8年时间里，让公司从无到有，从弱到强，让昌辰集团成长为一家以住宅地产、商业地产、产业地产综合开发为核心产业，涉足地产开发、建筑施工、船舶修造、机械制造、园林绿化、旅游开发、物业管理、建材研发、软件开发、教育培训、海外投资、养老产业、金融理财、基金管理、IT等领域的多元化现代大型综合企业集团。集团产业遍及北京、浙江、山东多地。拥有子公司12家，总资产近50亿元，近四年累计缴纳税款2.27亿元。集团连续多年被评为“沂水功勋企业”“临沂市守合同重信用企业”“贡献大美新临沂建设功勋企业”。短短几年时间，事业的快速发展展示了集团管理团队的创业本领和管理能力，沂城的品位和形象提升见证了他们的拼搏与付出。在创业风雨历程中，一路挥洒青春的汗水与激情，诠释出一段坚持成就梦想的创业传奇。

2009年，相其军董事长和其他几位公司创始人出资创建了山东昌辰房地产开发有限公司，其中他提出了诚信兴业的发展目标，制定了以房地产为主、多业共存的创业思路，采取规范管理、加强企业文化建设、外树公司形象等有效措施，使公司在短时间内实现了大发展、大跨越、大提升。

在内部管理方面，集团坚持“以人为本、依法立企、诚信兴业”管理理念，建立了公司职业道德规范，健全了公司经营管理体系，充分尊重员工劳动，多方为员工创造良好的工作条件和舒适的工作环境；逐年大幅提高员工工资，保持了公司薪酬水平当地同行业前列，达到了企业与员工长期、中短期经济利益的有机结合；注重企业文化建设，积极倡导以孝为先的传统美德文化，多方帮贫助困，每年的父亲节、母亲节给员工的父母发放孝敬金，凝聚了员工的力量，实现了员工和公司的共赢与发展，树立了集团对外良好形象。

在外业管理方面，集团坚持以“规划一流、管理一流、为业主奉献满意工程”为宗旨，严格按照“规划人性化、质量精品化、设施优能化”的要求，全力打造生态、优质工程；积极推广应用新材料、新工艺、新技术，在降低工程成本、提高工程质量及节能环保、改善民居使用功能、防治建筑工程质量通病等方面做出了积极努力。

一份耕耘，一份收获。自2010年以来，集团领导带领公司先后开发建设了北园春天、昌辰御园、雪山风情街（3A级景区）、鲁星花园、文昌苑、御花园、御开园等精品住宅、商业项目7处，在建昌辰·御泽苑

◎ 昌辰大厦

小区，累计建筑面积超60万平方米，为沂水县房地产业及建筑业持续、健康、快速发展，改善沂城居民环境，促进地方经济建设做出了积极贡献。

对沂城东部开发，沂水县委、县政府高度重视，规划多年，几经论证，确定了整体规划建设思路。当地及外地市一些大的规划公司、建筑集团多次提出效果图，但终因水平欠缺、特色不明显等被一一否决，一直以来该区域没有合适的开发商、没有合适的项目、没有体现特色建设。相其军董事长和集团管理团队果敢做出决定，全部亲自参与规划设计，亲自确定特色基调，最终，昌辰集团在众多的强手面前脱颖而出，于2011年11月竞得沂水城东旅游开发项目的土地使用权。该项目命名为“雪山风情街”，秉承了徽派建筑风格，通过传统徽派与现代商业风格相结合的建筑形态，充分利用项目的自身独特区位，形成融合商业、休憩景观为一体，实现可购可游的主体性旅游文化商业街，并于2013年12月被评为国家AAA级景区，作为一个新型复合项目，该项目的建成，为沂水人民打造了沂城新亮点，为沂水县城品位提升、建设“品牌沂水”增添了浓墨重彩的一笔。

不断超越，为社会创造更多的价值是昌辰集团管理团队永远不懈追求的目标。房地产项目做精做专的同时，集团优化转调决策，坚持多产业协调发展的理念，努力打造综合性现代化企业集团。2013年，果断决策，出资1.1亿元成功取得山东沂水机床厂经营管理权，迈出了多元化发展的坚实一大步。在管理过程中，坚持人本管理，大幅提高员工福利待遇；高薪聘请、引进高层次人才，增强了公司技术力量；严格产品质量控制，推行质量管理和环境管理体系认证，产品成功开拓了俄罗斯市场，企业形象得到进一步提升；投资近千万元进行设备改造，全力研发创新，研发的Q1350管子螺纹车床、QK1350数控螺纹车床，填补了省内空白；通过一系列有效措施，实现了改制后机床厂的良性发展，为当地的发展做出了积极的贡献。

在做大沂水市场的同时，集团管理团队把眼光放眼到全国市场。2015年7月，集团投资近3亿元收购原宁波最大造船企业—恒富集团优质资产，组建了宁波环海重工有限公司，主营各种运输船舶和特种船舶的修理及改造业务。公司拥有10万吨级干船坞、3万吨级干船坞、1.5万吨级干船坞各1座，320米码头1座，120米码头1座，共有大中小型码头5座，码头总泊位667米，厂区总占地达20万平方米，各类建筑面积12万平方米。

山东连杆总厂有限公司成立于1971年，是发动机连杆专业生产企业，产品主要为一汽、锡柴、常柴、朝柴、莱动、扬动等主机厂配套，覆盖全国30个省、市、自治区。该厂于2017年6月因经营不善破产，为了重振本土品牌雄风，为政府减负，为社会贡献，2017年11月，集团出资对连杆厂收购重整。连杆厂的收购，让这个沂水老牌企业重新焕发活力，让企业员工生活得到了保障。

2017年12月，集团成功收购中国机械工业集团旗下中汽国华文化发展有限公司70%股权，为集团进军文化产业，同时与国有资本进行合作经营打下坚实基础。

近年来，集团或投资、或设立，先后涉足金融投资、基金管理、教育培训、信息技术等行业领域，通过一系列的举措实现了集团区域合作、产业互动、发力赶超的跨越式发展。

做一个对社会有用的人，这是相其军董事长的人生抱负。公司发展了，在为当地城市建设和经济建设努力贡献的同时，相其军和昌辰集团并没有忘记对社会的回报。对社会公益事业更是积极参与，几年来，昌辰集团在他的带领下累计为“慈心一日捐”“尊老爱幼蛋奶工程”“希望小书包”、捐资助学、资助失学儿童、帮扶农村建设及职工患病家属等公益工程捐款捐物达200余万元，出资10余万元举办了以“梦想飞翔”为主题的少儿书画大赛，为少年儿童提供了一个享受艺术教育的良好环境，激发了少年儿童爱国爱家的道德情操，捐款20万元宣传见义勇为活动，并设立了200万元的“昌辰慈善基金”，2016年出资100万元对沂水县诸葛镇上小诸葛村进行精准扶贫，给村民建设了社区活动中心、文化广场和集贸市场，让村民真正得到实惠。一直以来，昌辰集团不断地为社会上需要帮助的人们送去一份温暖，得到了上级领导的高度赞扬和广大干部群众的普遍赞誉。

供稿：马瑜泽　彭文彬

沂水县优秀企业家风采录

耿铭生 男，1976年8月出生，沂水县首届十大青年杰出企业家之一，现任山东铭泽集团董事长。

山东铭泽集团创建于2004年，是集房地产开发及销售、房屋建筑、装饰装修、建筑幕墙工程、物业管理、建材营销、农业科技发展、各种金属及塑钢门窗制作、安装工程于一体的综合性房地产开发企业，公司注册资金5678万元，拥有一流的6000平方米的办公楼和4000多平方米的园林式广场，是目前沂水较有发展潜力的房地产开发企业之一。

近年来，铭泽集团广大员工在耿铭生的带领下，完成多个开发项目以及工程建设。所有的施工项目合格率为100%。公司开发的“阳光馨苑”小区和“玉龙园”小区已经建设完毕，交付业主使用，业主满意率100%。在工程施工中铭泽置业注重规范管理，每项工程都层层把关，按章操作，严格规范施工程序，不说假话，不做表面文章，铭泽置业所承建的工程从无偷工减料的现象，为企业赢得了信誉。

山东铭泽集团为房地产开发二级企业，建筑装修装饰工程专业总承包二级企业，建筑幕墙工程二级企业，天铭建筑公司为建筑工程二级企业，铭泽驾校为省级规范化一级综合驾校，人和物业为三级资质企业。在公司不断突飞猛进的同时，耿铭生还带领公司积极回报社会，踊跃参与捐资助学行动，帮助贫困学子圆梦大学。

◎ 捐资助学座谈会

铭泽置业

◎ 铭泽置业

◎ 铭泽·阳光馨苑

铭泽·龙和湾简介

铭泽·龙和湾是铭泽置业集团2018年倾力巨献，项目位于沂河山庄酒店以东，总建筑面积40余万平方米，设计理念源于“龙”文化与“和”文化的融合，旨在打造沂水首个孝文化主题高端旅游居住社区、首个休闲养老居住社区、首个新中式院落文化社区，成为引领沂水房地产行业的高端住宅社区。

◎ 铭泽·龙和湾

亲情沂蒙旅游

山东亲情沂蒙旅游有限公司

◎ 雪山彩虹谷

◎ 天谷·天然地下画廊

◎ 沂蒙山根据地

山东亲情沂蒙旅游有限公司成立于2010年12月24日，是由沂水雪山旅游开发有限公司、沂水天谷·天然地下画廊旅游有限公司、山东沂蒙山根据地文化旅游有限公司、沂水亲情沂蒙旅行社、四星级彩虹绿岛大酒店、怡然居沂蒙风情度假村合并新设而成，公司先后被评为“全国农业旅游示范点”“国家AAAA级景区”“沂蒙山国家地质公园画廊园区”“省诚信旅游示范单位”“省文明创建工作先进单位”“山东省餐饮名店”“省食品卫生A级单位”“山东十大最美的地方”“山东省自驾游首选目的地”“山东最佳浪漫风情景地”等几十项国家、省、市级荣誉。公司拥有员工400余人，是目前临沂地区最大的旅游企业之一，是沂水县史志办倾力打造的史志开发利用服务基地。

山东亲情沂蒙旅游有限公司以旅游景区开发管理、酒店经营管理、青少年拓展、旅游地产开发、养老养生产业开发、休闲观光农业开发、旅行社服务、休闲运动等八大运营板块为核心，构筑“吃、住、行、游、娱、购”全产业链经营模式，通过引进战略投资及合作开发等方式，创立了山东旅游行业新的商业模式，并正在为争创全国一流的旅游企业而不断努力。

亲情沂蒙旅游

雪山彩虹谷

◎ 雪山彩虹谷

雪山彩虹谷，国家AAAA级旅游景区，成立于2003年11月13日，地处沂水县与莒县交界，山东省沂水县城东2公里处，主要包括雪山、大山、马山，三座山中以雪山最为秀丽，海拔400多米，是自东部沿海以来最高、最秀、最奇、最美的一座山。雪山树木葱郁，奇石林立，文化内涵丰厚，自古就有“雪山七十二景”之说，以及彩虹仙子和龙太子的浪漫爱情传说。景区主要有以“晴天幽谷见彩虹”而著称的彩虹谷，浪漫温馨的情人谷，惊险刺激的欢乐谷，重现硝烟战火的野战谷，“飞跃彩虹”滑草项目，精彩纷呈的红嫂剧场，趣味十足的彩虹漂流、回归童真的摸鱼池及彩虹谷滑雪场等体验项目，是一处集观光、休闲、度假、娱乐、参与、表演于一体的高档旅游区，立志打造中国最浪漫彩虹爱情文化圣地。

天谷·天然地下画廊

天谷·天然地下画廊景区，即天谷生态旅游区，被称为“崖壁上的天然溶洞”，位于沂蒙风情旅游区沂水院东头镇留虎峪村，景区总面积20平方千米，规划总投资4.6亿元，共打造提升11个项目体验区，集“国家AAAA级旅游景区”“全国农业旅游示范点”“沂蒙山国家地质公园”三大国家级称号于一身，以“穿越天谷，回归乡愁”为核心元素的天谷旅游区，主要由百万年绘就的天然地下画廊溶洞、别有洞天的地下河探险穿越漂流、大型高尔夫球场、激情卡丁车等组成。天谷旅游区，以打造地下、地上两大天谷观光及体验产品概念产品为理念，让天然的自然景色，留住原始的乡愁，让游客在穿越天谷的同时，领略天谷内原始的沂蒙乡愁。

◎ 天谷·天然地下画廊

沂蒙山根据地

沂蒙山根据地，国家AAA级旅游景区，沂蒙红色文化旅游胜地，位于山东省沂水县夏蔚镇。旅游区南北长约12.7公里，东西长约5.7公里，总面积32.6平方公里。由夏蔚、双山、王庄、大战地、云头峪五大景区构成。景区内东、西方文化底蕴深厚，历史遗迹众多：中共山东分局旧址、八路军山东纵队指挥部旧址、大众日报创刊地及孟良崮战役陈毅指挥所旧址、百年天主教堂、山东省政府旧址、圣母山圣母堂、沂蒙红嫂园、民俗支前村、沂蒙山纪念馆及根据地广场等景点融教育、爱国、休闲、参与于一体。

◎ 沂蒙山根据地

供稿：郭力源　李学强　李金伟

沂水县优秀企业家风采录

师立亮 男，出生于1974年7月，汉族，中共党员，大专学历，经济师，毕业于山东农业广播电视大学，经营管理专业，现任山东泓达生物科技有限公司党委书记兼董事长。

1997年6月至2000年5月在浙江省外贸公司从事商贸工作

2000年6月至2002年3月在浙江省安吉县粮食局工作

2002年4月至2004年3月在沂水县酒厂任副厂长职务

2004年3月至今任山东泓达集团党委书记、董事长

◎ 园区办公楼

◎ 大门口

◎ 洞藏大门

◎ 窖池群

◎包装车间生产线

◎洞藏

◎展厅

◎展厅

沂蒙山的品格——沂蒙山酒

——山东沂蒙山酒业有限公司简介

山东沂蒙山酒业有限公司是山东泓达生物科技有限公司旗下的子公司，地处风景秀丽的养生之乡、红嫂故里、沂蒙旅游胜地——沂蒙风情旅游景区。是一家始建于新中国成立前1948年、具有60多年酿酒历史的老字号企业。生产沂蒙山牌浓香型和芝麻香型粮食白酒、鲁沂牌红薯粉条和赤蜜山泉牌山泉水。企业已通过ISO9001质量体系认证，先后被评为国家AAA级旅游景区、全国休闲农业与乡村旅游示范点、中国商务部市场运作监测系统先进单位、山东名牌、山东工业旅游示范点、临沂市消费者最喜爱的白酒品牌和消费者满意单位、临沂市安全生产承诺示范单位、临沂市民营企业公益之星、临沂市旅游行业先进单位，沂蒙山牌粮食白酒和鲁沂牌红薯粉条被中国绿色食品发展中心评为绿色食品。

公司驻地沂蒙风情旅游景区，植被茂密，森林覆盖率达61.5%，被誉为“天然氧吧”。原生态的自然环境为公司提供了得天独厚的发展条件。公司始终坚持“以质量铸品牌，以品牌赢天下”的品牌质量观。沂蒙山牌白酒以优质高粱、大米、糯米、小麦、玉米为原料，采用传统手工工艺，通过天然洞藏长期储存，优中选优，精心勾兑而成。红沂蒙、绿沂蒙、金沂蒙、红色经典、原生态、沂蒙全蝎酒等系列浓香型白酒，具有“窖香浓郁、绵甜醇厚、香味协调、尾净爽口”的独特风格。以小麦、高粱为主要原料，经“三高一长”工艺生产的芝麻香型白酒，具有“优雅纯正、醇和细腻、香气协调、余味悠长、风格典雅”的特点，兼酱香之细腻、浓香之芳香、清香之典雅。两种香型的高中低档系列白酒，由于具备优质稳定的品质和独特的风格而备受广大消费者青睐。鲁沂牌和山亩地牌红薯粉条采用沂蒙山特产优质红薯（俗称地瓜）为原料，经精细加工而成，是纯天然绿色食品，具有质地晶莹细腻、耐煮撑泡、筋道爽口之特点。赤蜜山泉牌山泉水取自沂蒙山优质深层地下水，经天然麦饭石自然滤析，含有20多种对人体有益的微量元素，呈弱碱性，经常饮用，可平衡人体酸碱度，消除疲劳，延缓衰老，增强机体免疫力。

到目前为止，公司已经形成了多个产品优势互补，不同市场借势发展的良好局面，极大地增强了抵御市场风险的能力，为公司今后持续、快速、优质、高效的发展奠定了良好的基础，为推动当地旅游事业和农业产业经济发展做出了积极的贡献。

山东沂蒙山酒业有限公司斥资打造的沂蒙山酒文化园被评为国家AAA级旅游景区。

供稿：李梓

沂水县“中国好人”风采录

王继耕　男，1956年12月出生，沂水县人，中共党员。牛岭埠社区党支部书记、居委会主任。王继耕系中共沂水县第十二届党代会代表、沂水县第十七届人代会代表。先后荣获“临沂市沂蒙十佳敬老楷模”“大义临沂人”“山东好人”“中国好人”“中国乡村旅游致富带头人”等称号。原中共山东省委副书记、省长姜大明和原临沂市委书记张少军等省、市领导到牛岭埠社区视察指导工作时，均对其工作成绩给予高度评价。《人民日报》《大众日报》、山东卫视、中国文明网等媒体都对其事迹进行过报道。

◎ 社区全景

◎ 社区服务中心楼

◎ 美食街部分店面

◎ 王继耕书记在便民市场开业仪式上讲话

◎ 发放计划生育奖金

◎ 秧歌演出队

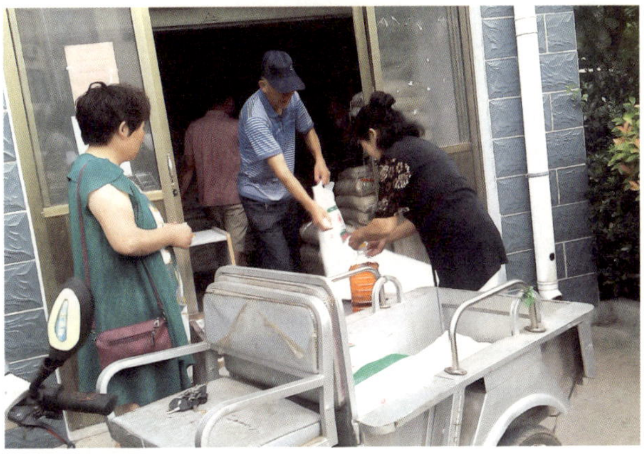

◎ 发米面慰问群众

◎ 齐鲁名村志奖牌

◎ 牛岭埠村志获得齐鲁名村志

社　区　简　介

牛岭埠社区地处沂水县城北部，前临小沂河北路，后依青援路。社区占地面积 359.8 亩，建有社区驻地小区、西小区及北院、玉秀花园小区及西院共 5 个住宅小区和牛岭埠新村。社区居民共有 3200 户，10800 人。其中，原居民有 669 户，1560 人。近年来，社区两委不忘初心，牢记使命，带领全体党员、居民撸起袖子加油干，砥砺前行谋发展，积极主动地开展了旧村整体拆迁改造、美食一条街和便民市场建设等大项工作，使自身成为全县首个资产过亿元并按月向居民发放福利的社区，先后被国家、省、市、县、街道授予上百项荣誉称号，王继耕亦被原中共山东省委副书记、省长姜大明夸赞“不愧是从部队出来的兵书记，了不起！”

供稿：徐顺厚　朱义娜

沂水县“全国人大代表”风采录

刘文玲 女，汉族，1994 年 10 月加入中国共产党，2018 年 1 月当选全国人大代表，现任沂水县沂城街道西朱家庄社区党支部书记、居委会主任。先后被授予山东省“优秀共产党员”、山东省“优秀女村官”、山东省“科技致富女能手”、山东省“三八红旗手”、临沂市“三八红旗手标兵”、临沂市“劳动模范”、临沂市十佳“沂蒙新红嫂”、临沂市“新沂蒙·新红嫂”十佳女村官、临沂市“妇女儿童工作先进个人”等荣誉称号。先后当选山东省、临沂市党代表，沂水县人大代表，沂水县人大常委会常委、中共沂水县委候补委员，临沂市乡村文明建设女村官联谊会会长等职务。

1998 年 7 月，时年 36 岁的刘文玲同志怀着共产党员的强烈责任感，毅然挑起了村党支部书记这副担子。刘文玲积极带领党员干部，以弘扬“爱党爱军、艰苦创业、开拓奋进、无私奉献”的沂蒙精神为强大动力，尽职尽责，自强不息，西朱家庄村发生了翻天覆地的变化。截至 2017 年，社区集体经济总收入达到 400 余万元，农民人均收入达到 18000 元，一跃成为远近闻名的“富裕村”“文明村”。成为全县、全市乃至全省女支部书记带领党员干部脱贫致富奔小康的一面旗帜！

◎“三·八”节表彰“好婆婆”“好媳妇”

◎ 沂水大集

◎ 沂水文诚市场

◎ 沂水文诚市场

◎ 沂水文诚果品批发中心

◎ 西朱家庄社区服务中心

狠抓党建促发展　构建和谐新农村

——沂水县沂城街道西朱家庄社区党支部

沂水县沂城街道西朱家庄社区位于县城北1公里处，总面积952亩，共430户，1289口人，其中，党员39名，村民代表38名。现有社区“两委”干部3人，全部实现交叉任职。近年来，社区党支部以“两学一做”活动为契机，以发挥党员模范带头作用为突破口，以加快社区经济发展为主题，全方位抓好社区基层党建工作，有力推进了西朱家庄社区经济社会各项事业又好又快发展。先后被授予“全国妇联基层组织建设示范村”、“全国美德在农家活动示范点”、“全国计划生育协会先进单位”等40多项国家、省、市荣誉称号。

一、抓班子，努力增强社区党组织的凝聚力。一是凝聚合力。“两委”换届时，注重把具备“一面旗、一团火、一盘棋”能力素质的干部选进班子，并实行交叉任职，努力加强班子团结合作，增强工作合力。二是达成共识。班子成员之间坚持遇事多商量，多交换意见，多进行沟通，做到办事公平、公正、公开，避免了“两套马车”、“两张皮”的现象。三是加强管理。常年坚持三会一课、支委联系党小组、党小组联系困难党员、党员联系困难户、民主评议党员等制度。经常组织学党章、学政策、学科技，使“两委”成员始终走在党员、群众前列，人人成为党员群众的一面旗帜。

二、强队伍，努力提升党员干部的向心力。一是开展“公开承诺”明责任。根据“两委”任期目标和年度工作计划，年初，社区党员干部结合各自工作实际，人人进行设岗定责、公开承诺，并签订目标责任书。二是开展“包片联户”见行动。近年来，社区38名党员包片11个网格，重点以包政策宣传、包环境卫生、包治安调解、帮按期脱贫“三包一帮”为主题，通过帮思想促转变、帮学习促提高、帮生活促感情“三帮三促”，基本实现无上访事件、无诉讼纠纷、无违法违纪、无卫生死角，争创合格共产党员“四无一创”目标。三是开展考核评议抓落实。通过“民主评议、会议学习、包片联户落实、遵纪守法”四个方面，对党员干部每半年一次进行考核评议，结果作为全年绩效考核的重要依据。通过以上活动，党员参与社区事务积极性明显提高，群众满意度明显提升，队伍向心力进一步增强。

三、促发展，努力提升党员干部的向心力。一是排解“群众难”。先后投资500万元建成社区综合服务中心，设立了便民服务大厅，配备了农家书屋、电子阅览室、卫生室、托儿所、便民超市、警务室等，为群众提供全方位的服务；投资4000多万元，建设适龄青年楼9幢，全部供暖、供气，安置适龄青年及住房困难户160户；每年出资近200万元，对社区群众的日常生活、计划生育家庭、因病致困群众及老年人最低生活保障等进行补助。发动党员自愿捐款，设立了“党员爱心救助基金”，对困难党员进行无偿求助。二是开辟“致富路”。投资2000多万元，建设了占地总面积90亩的沂水大集市场和文诚农贸市场，目前，集肉类、水产、熟食、水果、青菜、干货、副食等8个大类，1000余个品种等零售批发的高标准集贸市场经营红火，共有摊位600余个，安置就业人员2000余人，年交易额达到5亿元，为社区集体经济年收入增加400多万元。2017年9月，投资1200余万元的沂水文诚果品批发中心正式营业，预计年纯收入200万元。四是建设“新农村”。投资200多万元，建设垃圾中转站1处，地埋式垃圾箱6处，新添垃圾桶106个，对社区进行了全方位硬化、绿化、亮化和净化，社区面貌焕然一新。完善了社区规划，健全了《村规民约》，组织社区60岁以上老年人家庭签订了赡养协议，连续13年组织开展了“好婆婆”、“好媳妇”、“美在农家明星户”、“幸福家庭”等评选活动，社区秩序逐渐实现了翻天覆地的变化。多年来，西朱家庄无发生一起重大刑事案件和安全事故，成了人人称赞的“和谐村”。

如今，西朱家庄人在社区党支部的带领下，党员、群众生活有尊严，生计有保障，生活有奔头，初步实现集体有积累，家家有存款，人人露笑脸，正一步步走上幸福小康路……

供稿：郭庆叶

2017 年 5 月 15 日，山东省政府办公厅党组成员、史志办主任刘爱军（前排右三）带队到沂水县调研史志工作

全县史志工作会议召开

沂水县政府副县长武开鑫在全县史志工作会议上讲话

2017年12月13日，临沂市史志办副调研员王卫东（左二）、市志编审科科长肖功江（左一）到沂水县院东头镇调研红色文化

2017年8月29日，沂水县史志办主任高仲平（左二）一行到沂城街道牛岭埠村指导村志编纂工作

2017年6月7日，兰陵县史志办主任陈永亮（左一）一行到沂水县史志办考察交流史志事业转型升级经验做法

拍摄沂水名片之《高桥手绣》

2017年1月，县史志办指导编修的《西朱家庄志》出版发行，该志是沂水县首部公开出版发行的村志。在2017年度“山东省优秀史志成果奖”评选中，该志被山东省人民政府办公厅评为优秀基层（专门）志

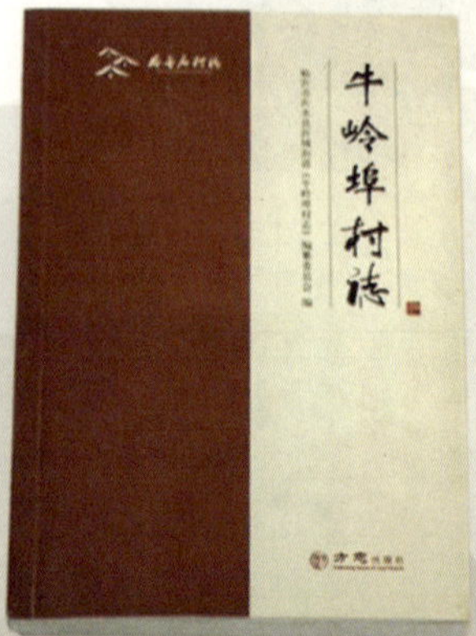

2017年12月，县史志办指导编修的《牛岭埠村志》出版发行。该志是全省第一批出版发行的齐鲁名村志，在2017年度“山东省优秀史志成果奖”评选中，被山东省人民政府办公厅评为优秀基层（专门）志

2017年5月，《沂水年鉴》出版发行，是沂水史上安排部署最早、成稿速度最快、编纂周期最短的年鉴。在2017年度“山东省优秀史志成果奖”评选中，该鉴被山东省人民政府办公厅评为优秀年鉴

全体工作人员合影

前排左起：王新玲　吴　方　高仲平　贺卫东　张圆圆　孝建涛

后排左起：鞠昱晓　鞠增艳　王会考　韩　笑　李春明　徐　艳

索　引

说明：

1. 主题索引的主题词后面的数字表示内容所在的页码，按汉语拼音字母（同音字按声调）顺序排列。
2. 表格索引按页码顺序排列。

主题索引

A

B

C

D

E

F

G

H

J

Z

表格索引

图书在版编目（CIP）数据

沂水年鉴. 2018 / 沂水县地方史志办公室编. — 北京：方志出版社，2018.5

ISBN 978-7-5144-3082-0

Ⅰ.①沂… Ⅱ.①沂… Ⅲ.①沂水县—2018—年鉴 Ⅳ.①Z525.24

中国版本图书馆CIP数据核字（2018）第101240号

沂水年鉴2018

编　　者：	沂水县地方史志办公室编
责任编辑：	王　俊
出 版 人：	冀祥德
出 版 者：	方志出版社 地址　北京市朝阳区潘家园东里9号（国家方志馆4层） 邮编　100021 网址　http://www.fzph.org
发　　行：	方志出版社发行中心 电话（010）67110500
经　　销：	各地新华书店
印　　刷：	山东黄氏印务有限公司
开　　本：	889×1194　　1/16
印　　张：	30.5
字　　数：	851千字
版　　次：	2018年5月第1版　　2018年5月第1次印刷
印　　数：	0001～1000册
ISBN 978-7-5144-3082-0	定价：680.00元